Expansion · Interaktion · Akkulturation

Globalhistorische Skizzen
Band 37

Die erste Ernte und der große Hunger
Klima, Pandemien und der Wandel der Alten Welt bis 500 n. Chr.

Expansion · Interaktion · Akkulturation

Globalhistorische Skizzen

Geschäftsführende Herausgeber:

Helene Breitenfellner (Wien), Eberhard Crailsheim (Madrid),
Andreas Obenaus (Wien)

Mitherausgeber:

Thomas Ertl (Berlin), Sylvia Hahn (Salzburg),
Bernd Hausberger (Mexiko-Stadt), Stephan Nicolussi-Köhler (Mannheim),
Andrea Komlosy (Wien), Thomas Kolnberger (Luxemburg),
Jean-Paul Lehners (Luxemburg), Gottfried Liedl (Wien),
John Morrissey (Baden), Florian Musil (Wien),
Manfred Pittioni (Wien), Angela Schottenhammer (Leuven),
Ilja Steffelbauer (Wien), Philipp A. Sutner (Wien),
Birgit Tremml-Werner (Växjö), Peer Vries (Amsterdam)

für den Verein zur Förderung von
Studien zur interkulturellen Geschichte,
Pichlergasse 6/8, A-1090 Wien und den
Forschungsschwerpunkt Globalgeschichte der Historisch-
Kulturwissenschaftlichen Fakultät der Universität Wien,
Universitätsring 1, A-1010 Wien

Johannes Preiser-Kapeller

Die erste Ernte und der große Hunger

Klima, Pandemien und der Wandel der Alten Welt
bis 500 n. Chr.

mandelbaum *verlag*

Deutsche Bibliothek – CIP Einheitsaufnahme
Die erste Ernte und der große Hunger
Klima, Pandemien und der Wandel der Alten Welt bis 500 n. Chr.
Johannes Preiser-Kapeller –
Wien: Mandelbaum Verlag, 2021
ISBN 978-3-85476-961-3

Gedruckt mit Unterstützung der Stadt Wien

© 2021, Johannes Preiser-Kapeller, Wien
Alle Rechte vorbehalten
Satz: Marianne Oppel, Weitra
ISBN 978-3-85476-961-3
Lektorat: Helene Breitenfellner
Coverbild: Die Pyramiden von Gizeh (erbaut ca. 2600 bis 2500 v. Chr.),
nach: https://upload.wikimedia.org/wikipedia/commons/a/a4/The_amazing_
Giza_Pyramids.jpg?uselang=de (25.11.2020).
Umschlaggestaltung: Kevin Mitrega
Druck: Primerate, Budapest

Inhalt

7 Vorwort

11 Einleitung: (Wie) Machen Klima und Epidemien Geschichte?

53 Macht Euch die Erde untertan oder macht Euch zu Untertanen? Frühe Agrargesellschaften, erste Großreiche, das Klima und die Mikrobiologie

79 Fette und magere Jahre und Herrschaft am Nil von den Pharaonen bis zu den Mamluken (2200 v. Chr.–1500 n. Chr.)

115 Ökologie und Imperium im Zweistromland von Akkad bis zu den Kalifen (2200 v. Chr.–1258 n. Chr.)

149 Netzwerke, Klima und Pandemien im Mittelmeerraum von der Bronzezeit bis zu Alexander dem Großen

189 Der Bauch, das Schwert und ein Optimum: Klimaschwankungen, Wachstumskrisen und Gewalt in Rom von Romulus bis Augustus

221 Wann wurde der Gelbe Fluss gelb? Klima und die Reiche Chinas von Kaiser Yu bis zum Zusammenbruch der Han-Dynastie (2200 v. Chr.–220 n. Chr.)

257 Was, frage ich euch, haben die Römer je für uns getan? Die ‚Blütezeit' des Imperium Romanum und ihr Ende zwischen zwei Seuchen

299 Völkerwanderung oder Klimaflüchtlinge? Die Barbaren und der Zerfall des Weströmischen Reiches vom Hunnenzug bis zum Rom der Päpste

327 **Anhang: Kategorien und Beispiele von Proxydaten zur Klimageschichte**

337 **Landkarten**

341 **Quellen und Literatur**

*Für meinen Vater Johann zu seinem 70. Geburtstag
und meine Mutter Maria zu ihrem 65. Geburtstag*

Vorwort

Als (stolzer) Sohn einer Bauernfamilie wird man gelegentlich mit so manch dummer Bemerkung oder schlechtem Witz konfrontiert; den wohl längsten Bart hat der folgende: „Warum kaufen Bauern ihren Kindern zu kleine Gummistiefel?" Antwort: „Damit sie schon früh das Jammern lernen!" Und worüber denn die Bauern ständig jammerten? Über die Höhe der Agrarförderungen, so heißt es, und natürlich das Wetter.

Zumindest Letzteres stimmt. Die tägliche Beobachtung des Wetters gehört seit der Entwicklung der Landwirtschaft vor 10 000 Jahren in einer Weise zum bäuerlichen Alltag, die jenen, für die Regen oder Sonnenschein allenfalls einen gelungenen oder ‚ins Wasser gefallenen' Sonntagsausflug bedeuten, mittlerweile übertrieben scheinen mag. Doch entschied und entscheidet der Verlauf des Witterungsgeschehen von Tag zu Tag, Woche zu Woche, Monat zu Monat über das Ausmaß der Ernte – und somit für hunderte Generationen und für viele Millionen Bauern bis heute insbesondere in Ländern, wo die Landwirtschaft nicht die ‚industrielle' Dimension wie in den USA oder in Europa angenommen hat, über Überfluss oder Hunger. Aber selbst im ‚globalen Norden' zeigt die vermehrte Zahl an Witterungsextremen, die mit dem gegenwärtigen Klima-Wandel einhergeht, der technisierten Landwirtschaft ihre Grenzen auf. Das vorliegende Buch schildert gemeinsam mit dem parallel erschienenen Band *Der Lange Sommer und die Kleine Eiszeit* im Überblick über 5000 Jahre und verschiedene Weltregionen, warum der erste skeptische Blick am Morgen für die meisten Menschen stets zum Himmel gerichtet war.

Eine andere Konstante, die insbesondere mit dem engeren Zusammenleben von Mensch und Tier mit dem Beginn der Viehzucht eine Intensivierung erfahren hat, ist das Auftreten von neuen Krankheitserregern und ihr Austausch zwischen den Spezies. Die ‚heiße' Phase der Fertigstellung des Buches begann in Wien während des ersten ‚Corona-Lockdowns' im März 2020, diese letzten Zeilen bringe ich während des zweiten ‚Lockdowns light' im November zu Papier. Natürlich beeinflusste diese Ausnahmesituation den Schreibprozess, und an manchen Stellen konnte ich nicht widerstehen, Parallelen zwischen der Vergangenheit und der Gegenwart zu ziehen. Ich hoffe aber, dass sie der Leserin oder dem Leser nicht zu bemüht daherkommen und sie oder er auch selbst die Kontinuitäten der Interaktion zwischen Klima, Mensch, Tier und Pathogenen über die Jahrtausende erkennen kann.

Dieses Buchprojekt ist viel umfangreicher geworden (und wurde deshalb auch auf zwei Bände geteilt), als ursprünglich geplant, aber in seiner geografischen Perspektive beschränkter, als am Anfang gehofft (oder es 2018 in meinem letzten Band in dieser Reihe, *Jenseits von Rom und Karl dem Großen*, der Fall war), wobei Ersteres Letzteres bedingt. Nachdem die vorgesehene Seitenzahl schon bei Weitem überschritten war, konnten nicht auch noch die im Entwurf vorliegenden Kapitel zu Japan oder Indien in das Manuskript gepresst werden. Deshalb liegt im vorliegenden Buch und im parallel erschienenen Band *Der Lange Sommer und die Kleine Eiszeit* der Fokus der Darstellung auf dem Nahen Osten, dem Mittelmeerraum und Europa und auf China – also ‚klassischen' Kernräumen der Alten Welt Afro-Eurasiens. Dies lässt aber hoffentlich immer noch genug Spielraum für überregionale Vergleiche zum Wechselspiel zwischen komplexen Gesellschaften, Natur, Klima und Epidemien.

Auf vielen Seiten stehen das Klima, das Wetter oder die Seuche nicht so im Vordergrund, wie man es von anderen Publikationen gewohnt sein mag. Insbesondere längerfristige klimatische Entwicklungen liefern einen leiseren *basso continuo* als die lauteren Extremereignisse und Naturkatastrophen. Um dennoch ihrer Wirkung nachzuspüren, gilt es, die ebenso längerfristigen Verschiebungen ökonomischer oder politischer Gewichte innerhalb von und zwischen Gesellschaften darzustellen. Das Ziel der zwei Bände *Die erste Ernte und der große Hunger* und *Der Lange Sommer und die Kleine Eiszeit* ist die Einbettung klimatischer und epidemischer Faktoren in die Darstellung der Verwandlung der Alten Welt von der Antike über das Mittelalter bis in die Neuzeit im Rahmen aktueller Debatten der Globalgeschichte, und nicht eine Aneinanderreihung von Unglücksfällen, auch wenn menschliches Leid immer wieder in bedrückenden Dimension sichtbar wird. Menschliche Gemeinschaften sind dabei nicht passive ‚Opfer' der Natur, sondern verändern aktiv Ökologien – mit Absicht zu ihrem Nutzen (oder zumindest dem der maßgeblichen Eliten), aber oft unabsichtlich zu ihrem Schaden. Sichtbar werden soziale, wirtschaftliche und politische Ungleichheiten wiederum dann, wenn ein Extremereignis eine Gemeinschaft heimsucht und über den Zugriff auf und die Verteilung von Ressourcen zur Abpufferung der Auswirkungen der Katastrophe entschieden wird. Diese Prozesse interessieren mich in der Regel mehr als das bloße Ausmaß der Temperaturschwankung oder der Vulkaneruption.

Begonnen wurden die Studien, die diesen Bänden zugrunde liegen, im Jahr 2014 während eines von der Onassis-Stiftung finanzierten Forschungsaufenthalts an der National Hellenic Research Foundation in Athen, und mein Dank gilt der Stiftung und ihrer Vertreterin Niki Tsironi sowie allen Athener Kolleginnen und Kollegen, Freundinnen und Freunden, darunter Kriton Chryssochoidis, Eleonora Kountoura-Galaki, Marios Hatzopoulos, Taxiarches Kolias, Nikos Livanos, Zisis Melisakis, Gerasimos Merianos, Angeliki Panopoulou, Ioannis Telelis, Costas Tsiamis und Anastasia Yangaki.

Meine Auseinandersetzung mit den verschiedenen „Archiven der Natur" und „Archiven der Gesellschaft", die uns Auskunft über die klimatischen Faktoren der Entwicklung menschlicher Gemeinschaften geben, profitierte in den letzten Jahren ganz besonders von der Zusammenarbeit mit Historikerinnen und Historikern, Archäologinnen und Archäologen und Paläoklimatologinnen und Paläoklimatologen im Rahmen der von Princeton aus organisierten Climate Change and History Research Initiative. Für die Einladung zu mehreren Workshops und die vielen Diskussionen danke ich den Projektleitern Nicola di Cosmo und John Haldon sowie Adam Izdebski, Jürg Luterbacher, Lee Mordechai, Tim Newfield und Elena Xoplaki.

Eine besondere Gelegenheit, zentrale Thesen und Inhalte des Buches mit Spezialistinnen und Spezialisten für andere Weltregionen, insbesondere Ostasien, zu diskutieren, bot eine Einladung der Rikkyo-University in Tokio zu einem mehrwöchigen Forschungs- und Vortragsaufenthalt in Japan im November 2019, der neben Veranstaltungen in der japanischen Hauptstadt Workshops in Osaka und Sapporo inkludierte. Für ihre liebenswürdige Gastfreundschaft und ihr enorme Expertise danke ich Minoru Ozawa, Hideyuki Arimitsu, Hisashi Hayakawa, Yoichi Isahaya, Hisatsugu Kusabu, Shiro Momoki, Satoshi Urano und Yasuhiro Yokkaichi.

In der Hauptsache verfasst und fertiggestellt wurde das Buch natürlich an meiner Arbeitsstätte an der Abteilung für Byzanzforschung am Institut für Mittelalterforschung der Österreichischen Akademie der Wissenschaften. Ein großer Dank gilt der Leiterin der Byzanzforschung,

Claudia Rapp, für ihre Unterstützung und ihr beständiges Interesse an meiner Forschung an und jenseits der Grenzen von Byzanz, insbesondere im Rahmen des von ihr initiierten Wittgenstein-Preis-Projekts Moving Byzantium. Darüber hinaus danke ich allen Kolleginnen und Kollegen in Wien für ihr Wissen und ihren Zuspruch, besonders auch den Mitgliedern des ‚Hafenteams' Falko Daim, Ewald Kislinger, Andreas Külzer, Klaus Belke, Alkiviadis Ginalis, Dominik Heher und Grigori Simeonov.

Für die Aufnahme und Finanzierung der Bände in der Roten Reihe danke ich einmal mehr dem Verein zur Förderung von Studien zur interkulturellen Geschichte , insbesondere Andreas Obenaus, der auch die redaktionelle Betreuung übernommen hat, und Helene Breitenfellner für das hervorragende Lektorat; im Mandelbaum Verlag danke ich besonders dem Verlagsleiter Michael Baiculescu und Kevin Mitrega, der für die Reihe zuständig ist, sowie Marianne Oppel für die Arbeit an Satz und Layout. Ihnen allen gilt auch mein Dank, dass sie das Buchprojekt trotz des ‚unmäßigen' Zuwachses an Seiten und die Aufteilung auf zwei Bände akzeptiert haben.

Zu guter Letzt danke ich für ihre ständige Unterstützung und ihre Geduld meiner lieben Frau Ekaterini Mitsiou und unseren Familien in Griesbach, Ioannina, St. Pölten und Wien. Insbesondere für die jüngste Generation und unsere Taufkinder in Griechenland und Österreich hoffen wir auf einen glücklichen Ausgang der Geschichten, die sich in diesem Buch von der Vergangenheit in die Zukunft fortspinnen.

Johannes Preiser-Kapeller
Wien, im November 2020

Einleitung:
(Wie) Machen Klima und Epidemien Geschichte?

Im Jahr 1975 sang der niederländische Showmaster Rudi Carrell (1934–2006) im deutschen Fernsehen mit großem Erfolg: „Wann wird's mal wieder richtig Sommer, / Ein Sommer, wie er früher einmal war? / Ja, mit Sonnenschein von Juni bis September, / Und nicht so nass und so sibirisch wie im letzten Jahr." In der dritten Strophe heißt es: „Der Winter war der Reinfall des Jahrhunderts, / Nur über tausend Meter gab es Schnee. / Mein Milchmann sagt: Dies Klima hier, wen wundert's? / Denn schuld daran ist nur die SPD – he he he."[1]

In seinem Lied vergleicht Carrell die Schwankungen der Ausprägung der Jahreszeiten von einem Jahreslauf zum nächsten mit den Erwartungen aufgrund langjähriger Beobachtung, die die Grundlage der Beschreibung eines bestimmten regionalen Klimas darstellen. Ebenso verknüpft er den aktuellen Witterungsverlauf mit dem in anderen Klimazonen und bezeichnet den Sommer als „sibirisch". Als klimahistorischer Beobachter taugt Rudi Carrell nur bedingt. Zwar begann der Sommer 1975 in Deutschland im Juni relativ kühl, wurde aber dann doch noch zu einem „wie er früher einmal war" mit Temperaturen über 30 Grad Celsius im August. Hingegen galt der Winter 1974/1975 tatsächlich als einer der mildesten, dessen hohe Durchschnittstemperatur erst im Winter 2006/2007 wieder übertroffen wurde.[2]

Wetter, Klima und Klimaveränderung

Dem Wetter als „augenblicklichen Zustand der Atmosphäre an einem bestimmten Ort" steht also (nicht nur laut Rudi Carrell) das Klima als

---

[1] https://www.songtexte.com/songtext/rudi-carrell/wann-wirds-mal-wieder-richtig-sommer-1bc22190.html [28.10.2020].

[2] http://www.donnerwetter.at/ecke/specials/990623.htm [28.10.2020]; Glaser 2008.

durchschnittliches Wetter auf der Grundlage eines längeren Beobachtungszeitraums gegenüber. Dieser wird in der Regel mit 30 Jahren angesetzt. Als typische Merkmale eines Klimas eines bestimmten Orts gelten mittlere Temperaturen und Niederschlagswerte, ihre Maxima und Minima und Häufigkeitsverteilungen sowie mittlere und extreme Tages- und Jahresabläufe. Dabei werden verschiedene räumliche Abstufungen, vom Spotklima an einem einzelnen Baum über das Mikroklima an einem Acker, das Mesoklima in einer Stadt und das Makroklima in einer Region bis zum Weltklima, beobachtet. Das Klimageschehen umfasst Einzelereignisse innerhalb einer Sekunde bis hin zur gesamten Erdklimageschichte der letzten 4,5 Milliarden Jahre.[3] Für die (vor allem landwirtschaftlichen) Aktivitäten des Menschen lässt sich die Unterscheidung von Wetter und Klima so beschreiben: „Eine Spätfrostnacht, durch die die Obstblüte erfriert, ist ein Witterungsphänomen. Wenn aber in der betreffenden Gegend in 80 % aller Jahre während der Blüte ein solches Spätfrostereignis auftritt, so ist dies ein Charakteristikum des Klimas, das offenkundig für den Obstanbau wenig geeignet ist."[4]

Das Klimageschehen wird durch eine komplexe Wechselwirkung des Energieaustauschs zwischen Atmosphäre, Hydrosphäre (Meere, Flüsse, Seen), Kryosphäre (Meereis, Gletscher), Pedosphäre (Boden) und Biosphäre (Lebewesen, insbesondere Pflanzen) bestimmt. Wichtige externe Einflussfaktoren sind die Sonneneinstrahlung, daneben der Vulkanismus und – zumindest in den letzten Jahrzehnten – auch menschliche Eingriffe.[5] Das Wechselspiel zwischen diesen Sphären, insbesondere zwischen Atmosphäre und den Ozeanen, bestimmt den Witterungsverlauf von Tag zu Tag. Dabei beobachten wir auch regelmäßige Schwankungen zwischen großräumigen atmosphärischen Zuständen, wie etwa die Nordatlantik-Oszillation (NAO). Sie wird aufgrund der Luftdruckdifferenz „zwischen den Azoren, wo sich üblicherweise ein Hochdruckgebiet befindet, und Island, wo im allgemeinen Tiefdrucktätigkeit herrscht," definiert, die in einem entsprechenden Index (NAOI) erfasst wird. Sind diese beiden Luftdruckgebiete stark ausgeprägt und der Index positiv, dann ist das Wetter in Mittel- und Westeuropa in der Regel wärmer und feuchter, mit relativ milden Wintern.

---

[3] Schönwiese 2008, 41–59 (Zitat); Häckel 2008, 315–321; Mauelshagen 2010, 6 f.; Mathez/Smerdon 2018, 1–5.
[4] Mauelshagen 2010, 7; Häckel 2008, 316. Allgemein zu den Wechselwirkungen des Klimas mit der Biosphäre siehe Schönwiese 2008, 257–279.
[5] Schönwiese 2008, 39–41; Kappas 2009, 86–90; Mauelshagen 2010, 10 f.

Die Witterung im Mittelmeerraum ist hingegen trockener als üblich. Ist der Unterschied zwischen den Luftdruckgebieten schwach ausgeprägt, dann ist die Witterung in Mittel- und Westeuropa kühler und trockener (mit strengen Wintern). Dafür gelangen mehr Niederschläge in den Mittelmeerraum. Die Daten der letzten eineinhalb Jahrhunderte legen eine gewisse zyklische Abfolge zwischen positivem und negativem NAOI alle sieben Jahre nahe.[6]

‚Berüchtigt' ist die im Pazifikraum seit den 1950er Jahren wissenschaftlich beobachtete El Niño-Southern Oscillation (ENSO), die anhand der Meeresoberflächentemperaturen vor den Küsten Südostasiens und Perus beschrieben wird. Kehrt sich der Unterschied zwischen diesen Temperaturen um und wird das Meerwasser vor Peru wärmer als üblich, dann spricht man von einem El-Niño-Ereignis (auf Spanisch Christkind, da es oft um Weihnachten herum auftritt). Damit geht allgemein trockenere Witterung als üblich in Südostasien und Australien von Juni bis Jänner einher, hingegen feuchtere und kühlere Witterung im Süden der USA in den Monaten Jänner bis April. Ein gegenteiliges Kaltwasserereignis vor Perus Küste (La Niña) sorgt dagegen für Niederschlagsreichtum in Südostasien und Australien und Trockenheit im Süden der USA. Darüber hinaus beeinflusst die El Niño-Southern Oscillation das Witterungsgeschehen bis nach Ostasien, Indien und Ostafrika. Mit ausgeprägten El Niño- und La Niña-Ereignissen verbunden ist auch eine höhere Wahrscheinlichkeit von Extremwitterung, insbesondere Dürren oder Überschwemmungen. Aufgrund paläoklimatologischer, archäologischer und historischer Daten werden entsprechende Effekte auf Gesellschaften beiderseits des Pazifiks für mehrere Jahrtausende zurück vermutet.[7]

Neben diesen regelmäßigen Oszillationen kann sich auch das generelle Klimaregime global und regional verändern, also der Erwartungshorizont eines aufgrund generationenlanger Beobachtung als typisch erachteten Jahreswinterungsverlaufs. Die antreibenden Faktoren für das *climate forcing* werden in ihrer Bedeutung nach ihrem Einfluss auf die „Balance zwischen einfallender und abgestrahlter Energie des Erd-/Atmosphäre-Systems" gewichtet.[8] Obwohl die Schwankungen der

---

[6] Schönwiese 2008, 183–185; Kappas 2009, 137–139; Mathez/Smerdon 2018, 91–93.
[7] Schönwiese 2008, 185, 196–201; Kappas 2009, 122–136; Mathez/Smerdon 2018, 71–88; Grove/Adamson 2018.
[8] Schönwiese 2008, 280–282; Mauelshagen 2010, 12 f.

Aktivität der Sonne als Hauptenergiequelle im Promille-Bereich stattfinden, haben sie Einfluss auf das atmosphärische Geschehen auf der Erde. Bei einer erhöhten Aktivität beobachtet man eine größere Zahl von Sonnenflecken. Aufgrund der Messungen der letzten Jahrzehnte wird ein Zyklus von elf Jahren für die Häufigkeit der Sonnenflecken (und der Sonnenaktivität) angenommen. Zählungen von Sonnenflecken wurden z. B. in China schon im 11. Jahrhundert n. Chr. unternommen, allerdings ohne Kenntnis des potenziellen Einflusses auf das Klima. Auf der Grundlage dieser Beobachtungen und anderer Daten können auch längerfristige Schwankungen der Sonnenaktivität rekonstruiert werden, darunter mehrere Jahrzehnte andauernde Minima mit wenig oder keinen Sonnenflecken. Diese Minima gingen häufig mit deutlich kälteren Klimaperioden einher, wie während des nach Edward Walter Maunder (1851–1928) benannten Minimums in den Jahren 1645–1715, das eine noch einmal besonders kalte Periode innerhalb der Kleinen Eiszeit auszeichnete.[9]

Die Verteilung der eintreffenden Sonnenstrahlung auf die Planetenoberfläche wird auch durch Veränderungen der Umlaufbahn der Erde (Exzentrizität), der Neigung der Erdachse (Obliquität) und der kreisförmigen Bewegungen der Rotationsachse um die Erdachse (Präzession) beeinflusst. Diese Schwankungen folgen (in menschlichen Maßstäben) sehr langen Zyklen, für die Exzentrizität 400 000 bzw. 100 000 Jahre, die Obliquität 41 000 Jahre und die Präzession 23 000 bzw. 19 000 Jahre. Diese Zyklen werden nach ihrem Entdecker, dem serbischen Mathematiker Milutin Milanković (1879–1958), benannt. Bedeutsam sind sie für (aus der Sicht des Menschen langfristige) Veränderungen im Rahmen von Jahrtausenden, etwa für die Abfolge von Eiszeiten und Zwischeneiszeiten.[10]

Für kurzfristigere Schwankungen in Zeiträumen „von maximal zwei bis drei Jahren" können hingegen Vulkanausbrüche beitragen, die „durch teils riesige, von ihnen in die Atmosphäre ausgestoßene Mengen an feinen Aschepartikeln und Gasen die Strahlungsbilanz verändern" und somit für Abkühlung auf der Erdoberfläche sorgen. Eine Aufeinanderfolge „solcher Ereignisse in kurzen Zeitabständen kann auch klimatische Folgen für ein Jahrzehnt oder mehrere Jahrzehnte

---

[9] Schönwiese 2008, 109–116; Kappas 2009, 262 f.; Mauelshagen 2010, 13 f., 78–81; Hayakawa 2015; Mathez/Smerdon 2018, 180–185.

[10] Schönwiese 2008, 299 f.; Mauelshagen 2010, 14; Mathez/Smerdon 2018, 197–206; Rahmstorf/Schellnhuber 2019, 20–23.

haben."¹¹ ‚Klimaeffektiv' wirken aufgrund der globalen Strömungssysteme insbesondere Vulkanausbrüche in Äquatornähe. Ein Beispiel für eine kurzfristige Schwankung ist das berühmte „Jahr ohne Sommer" 1816 nach einem Ausbruch des Vulkans Tambora in Indonesien im Jahr 1815. Einen Beitrag zu einer längerfristigen Abkühlung leisteten hingegen mehrere große Eruptionen in den 530er und 540er Jahren als Auftakt zur sogenannten Spätantiken Kleinen Eiszeit, die zwischen 536 und 660 n. Chr. datiert wird.¹²

Fraglich ist ein möglicher menschlicher Einfluss auf klimatische Schwankungen schon vor der Industrialisierung. Der US-amerikanische Paläoklimatologe William Ruddiman nimmt an, dass die Ausbreitung der Landwirtschaft seit dem Neolithikum in den letzten 10 000 Jahren zu einem langsamen Anstieg des Kohlendioxids- und Methananteils in der Atmosphäre und somit zur Stabilisierung eines wärmeren Klimatrends beigetragen hätte. Hingegen sei auch der messbare Rückgang an Kohlendioxid in der Atmosphäre am Höhepunkt der Kleinen Eiszeit ab 1550 ‚menschengemacht'. Durch die Entvölkerung Nord- und Südamerikas sei nach der Ankunft der Europäer (infolge von Kriegen und eingeschleppten Infektionskrankheiten) aufgegebenes Ackerland durch Wälder verdrängt und somit weniger Kohlendioxid ausgestoßen und mehr davon gebunden worden.¹³ In ähnlicher Weise wurde spekuliert, dass die Verluste an Menschen und Ackerland durch die mongolischen Eroberungen in China und andernorts im 13. Jahrhundert den Beginn der Kleinen Eiszeit mit eingeleitet hätten. Diese Szenarien sind höchst umstritten. Für den Fall der mongolischen Eroberung und der europäischen Expansion in Amerika legen Modellrechnungen einen eher vernachlässigbaren und vor allem auch in den Proxydaten (zu diesem Begriff siehe unten) im Gegensatz zum modernen anthropogenen (von Menschen gemachten) Klimawandel kaum oder gar nicht messbaren Effekt nahe.¹⁴

---

[11] Mauelshagen 2010, 14 f., 8–84.
[12] Behringer 2016; Sigl u. a. 2015; Büntgen u. a. 2016; Haldon/Elton/Huebner/Izdebski/Mordechai/Newfield 2018a. Vgl. dazu das erste Kapitel im parallel erschienenen Band *Der Lange Sommer und die Kleine Eiszeit*.
[13] Ruddiman 2005.
[14] Schönwiese 2008, 336–339; Mauelshagen 2010, 77 f.; Pongratz/Caldeira/Reick/Claussen 2011. Zur Klimawirksamkeit von Kohlendioxid siehe zusammenfassend Häckel 2008, 25–27; Kappas 2009, 159–169; Rahmstorf/Schellnhuber 2019, 30–35.

Die Rekonstruktion des Klimas der Vergangenheit

Wie aber ist die Rekonstruktion klimatischer Bedingungen für Zeiträume vor der Messung mit modernen Instrumenten (Thermometer, Barometer usw.) überhaupt möglich? In manchen Gebieten wie in Italien oder England begannen solche Messungen bereits im 17. Jahrhundert, weltweit aber systematisch meist erst mit dem 19. oder sogar 20. Jahrhundert.[15] Für die Jahrhunderte davor greift man auf Proxydaten zurück. Das sind Näherungswerte auf der Grundlage von Phänomenen, deren Wachstum oder (chemische) Zusammensetzung in der Zeit von klimatischen Parametern wie Temperatur oder Niederschlag abhängt und somit eine Annäherung an diese erlaubt. Diese Proxys stammen zum Teil aus den vom Schweizer Pionier der Klimageschichtsforschung Christian Pfister so bezeichneten „Archiven der Natur", die vor allem von der naturwissenschaftlich ausgerichteten Paläoklimatologie genutzt werden.[16] Einige davon werden auch in den Medien immer wieder zitiert, wie Eisbohrkerne aus Grönland, aber auch aus Sedimentablagerungen extrahierte Pollen oder Baumringe (einen Überblick bietet der Anhang zum vorliegenden Buch). Diese Archive der Natur liegen in sehr unterschiedlichen zeitlichen und räumlichen Auflösungen vor und erlauben manchmal Aussagen über die Veränderungen eines Parameters von einem Jahr zum nächsten oder auch nur von einem Jahrhundert oder Jahrtausend zum nächsten, oder für ein räumlich sehr begrenztes oder sehr großes Gebiet. Somit sind sie unterschiedlich nützlich für historische Untersuchungen und die Verknüpfung mit wichtigen Veränderungen in menschlichen Gesellschaften, die bekanntlich auch in Zeitspannen unterhalb eines Jahres ablaufen. Die Klimawirkungsforschung interessiert sich ebenso für einzelne Extremereignisse, die in der Langzeitperspektive nicht aufscheinen. Zusätzlich kompliziert wird die Einbettung in historische Interpretationen durch Datierungsprobleme; so weisen manche Messreihen Schwankungsbreiten von plus minus 25 Jahren oder mehr auf.[17] Doch gilt dies in ähnlicher Weise für die „Archive der Gesellschaft"; das sind auf menschli-

---

[15] Mauelshagen 2010, 49–52.
[16] Pfister 2001.
[17] Mauelshagen 2010, 38 f.; Bradley 2014; Mathez/Smerdon 2018, 229–237; Rahmstorf/Schellnhuber 2019, 10–12. Zur Nutzung naturwissenschaftlicher Daten für die Geschichtswissenschaften siehe auch Winiwarter/Knoll 2007, 87–114.

che Tätigkeit zurückgehende historische oder archäologische Befunde (auch dazu ein Überblick im Anhang). Zwar trifft man hier im Idealfall auf niedergeschriebene direkte Beobachtungen zum Witterungsgeschehen von einem Tag zum nächsten, die man genau lokalisieren und datieren kann.[18] Wertvoll können auch indirekte (phänologische) Beobachtungen über den alljährlichen jeweiligen Beginn der Weinernte an einem Ort oder der Kirschblüte in der damaligen japanischen Hauptstadt Kyoto sein, die ab dem 9. Jahrhundert n. Chr. verfügbar sind.[19] Aussagekräftig sind auch Verzeichnisse der Häufigkeit von Bittprozessionen für Regen (oder Sonnenschein), auf deren Grundlage die Niederschlagsverhältnisse in verschiedenen Regionen Spaniens in den letzten 400 Jahren rekonstruiert wurden.[20] Manchmal erlaubt die Dichte der Daten die Erstellung von in Zahlen gefasste Indices zum Witterungsverlauf der Jahreszeiten.[21] Jedoch begegnen auch hier Datierungsprobleme. Gerade archäologische Befunde (z. B. zur Aufgabe oder Zerstörung von Siedlungen) weisen oft die aus naturwissenschaftlichen Daten bekannten Schwankungsbreiten auf. Ebenso sind Schriftquellen zeitlich und räumlich ungleich verteilt, mit einer vergleichsweise hohen Informationsdichte über politische Zentren, die aber weite Regionen im Schatten lässt. Dazu kommen Interpretationsprobleme. Können etwa Schwankungen von Getreidepreisen als Proxys für das Wettergeschehen genutzt werden, wenn wir wissen, dass Preise in einem komplexen ökonomischen Zusammenspiel entstehen, das nicht nur die Witterung und den damit verbundenen Ernteertrag berücksichtigt?[22] In der Regel versucht man, Proxydaten aus den beiden Archiven der Natur und der Gesellschaft zu kombinieren und dann mit tatsächlichen Messzahlen für Temperatur oder Niederschlag zu verknüpfen, wo dies die chronologische Überlappung erlaubt. Auf dieser Grundlage werden mit verschiedenen statistischen Verfahren wie Regressionsanalysen frühere Temperatur- oder Niederschlagsbedingungen ‚rückgerechnet'. Dabei entstehen abhängig von der Dichte der für die jeweilige Periode zur Verfügung stehenden Proxys wieder Schwankungsbreiten, die die Aussagekraft solcher Zeitreihen limitieren.[23] Manchmal bereitet der

---

[18] Brázdil u. a. 2005.
[19] Aono/Saito 2010; Labbé u. a. 2018.
[20] Bravo-Paredes u. a. 2020.
[21] Camenisch/Rohr 2018.
[22] Post 1985; Mauelshagen 2010, 16–19, 40–49, 55 f.; Schönwiese 2008, 286–288; Collet 2019, 55–72.
[23] Mauelshagen 2010, 52–58.

Widerspruch zwischen solchen Rekonstruktionen und den Archiven der Gesellschaft Probleme, wie es Dominik Collet für die Jahre 1770 bis 1772 demonstriert. Der *Old World Drought Atlas* (OWDA) ist eine auf Grundlage von Baumringen erstellte Rekonstruktion der jährlichen Sommerniederschlagsverhältnisse in Europa für die letzten 2000 Jahre. Er zeigt für die Sommer 1770 bis 1772 schwere Dürren an, während sie tatsächlich von Starkregen und daraus resultierenden Missernten gekennzeichnet waren. Wie Collet erläutert, liegt dieser Differenz eine Fehlinterpolation von instrumentellen Messreihen, die in dieser Zeit schon existierten, für den OWDA zugrunde.[24]

Umso wichtiger ist eine kritische Nutzung dieser Daten im interdisziplinären Dialog zwischen Naturwissenschaftlern, Historikern und Archäologen. Schon alleine die komplexe und mit verschiedenen Interpretationsschritten verbundene Erstellung sowohl der naturwissenschaftlichen als auch der historischen Daten verbietet eine simple lineare Verknüpfung mit einem einfachen Wirkzusammenhang zwischen Klimaveränderung und gesellschaftlichen Krisen.[25] Allerdings steigt die Aussagekraft solcher Untersuchungen mit der in den letzten Jahrzehnten wachsenden Zahl von Daten aus unterschiedlichen Quellen:

> „Je mehr Rekonstruktionen vorliegen, mögen sie auf Proxys aus den Archiven der Natur oder der Gesellschaft beruhen, desto mehr Chancen bieten sich Klimahistorikern, die Ergebnisse ihrer Rekonstruktionen abzugleichen. Ein wichtiger methodischer Vorzug besteht darin, dass Rekonstruktionen, die auf so unterschiedlichen Quellen wie Eisbohrkernen, Baumringen oder Wetterjournalen beruhen, ganz sicher unabhängig voneinander sind. Diese Unabhängigkeit reduziert die Wahrscheinlichkeit statistischer Fehler, die sich von einer Kalkulation in die nächste fortpflanzen."[26]

Lange Sommer und kleine Eiszeiten

Auf der Grundlage dieser Forschungen lässt sich der durchschnittliche Temperaturverlauf der letzten 5000 Jahre auf der Nordhalbkugel so beschreiben: Gegen Ende des 4. Jahrtausends v. Chr. endete das sogenannte Holozäne Klimaoptimum, das als „langer Sommer" seit ca. 7000 v. Chr. (mit Unterbrechungen) die Ausbreitung von Landwirt-

---

[24] Collet 2019, 72–79, zum OWDA 74 mit Anm. 166, sowie Cook u. a. 2015.
[25] Izdebski u. a. 2016; Bauch/Schenk 2020b.
[26] Mauelshagen 2010, 58 f.; Vgl. auch Camenisch u. a. 2016.

schaft und Sesshaftigkeit in ganz Afro-Eurasien begünstigt und durch erhöhten Niederschlag sogar in heutigen Wüstengebieten wie in der Sahara ermöglicht hatte. In dieser Zeit um 3000 v. Chr., die von einem Übergang zu trockeneren und kälteren Bedingungen gekennzeichnet war, entstanden vor allem im Niltal in Ägypten und in Mesopotamien erste komplexere staatliche Formationen. Zu einer weiteren Kalt- und Trockenphase, die mit der späteren Kleinen Eiszeit des Spätmittelalters und der frühen Neuzeit verglichen wird, kam es in den letzten Jahrhunderten des 3. Jahrtausends, die mit dem „4,2-Kilojahr-Ereignis" um 2200 v. Chr. und der Krise früher Imperien wie dem Alten Reich in Ägypten und dem Reich von Akkad in Mesopotamien verknüpft wird (ein Szenario, das im Detail in den folgenden Kapiteln untersucht wird). Nach einer Stabilisierung der klimatischen Bedingungen markiert das „3,2-Kilojahr-Ereignis" um 1200 v. Chr. in der üblichen Deutung eine weitere Periode ungünstiger Bedingungen, die die Krise der Staatenwelt der späten Bronzezeit im östlichen Mittelmeerraum und im Nahen Osten, aber auch in China begleitete. Auch in der ersten Hälfte des 1. Jahrtausends werden Phasen reduzierter Sonnenaktivität wie das „Homer-Minimum" zwischen 850 und 730 v. Chr. mit krisenhaften Ereignissen verknüpft, wobei erneut starke regionale Unterschiede zu beobachten sind. Ab ca. 300/200 v. Chr. kennzeichnete die „Römische Warmzeit" die Klimabedingungen, für den Mittelmeerraum auch „Optimum der Römerzeit" genannt, während man für Ostasien teilweise analog von einem „Optimum der Han-Dynastie" spricht. Ab dem 2./3. Jahrhundert n. Chr. ging diese Warmzeit allmählich in eine „Spätantike Kaltzeit" (manchmal auch „Vandalen-Minimum" genannt) über, mit einem Höhepunkt in der „Spätantiken Kleinen Eiszeit" zwischen 536 und 660 n. Chr. Ab dem 9. Jahrhundert ist ein Übergang zur „Mittelalterlichen Klima-Anomalie" (auch „Mittelalterliche Warmzeit" genannt) zu beobachten. Sie wurde wiederum ab der Mitte des 13. Jahrhunderts von der „Kleinen Eiszeit" abgelöst, die vom 14. Jahrhundert bis zum Anbruch der „Modernen Warmzeit" im 19. Jahrhundert anhielt.[27]

Was bedeuten solche längerfristigen Schwankungen für menschliche Gesellschaften? Wenn wir das Beispiel des Obstanbaus wieder aufgrei-

---

[27] Behringer 2007; Brooke 2014; Mathez/Smerdon 2018, 246–260; Wozniak 2020, 17–23 (auch zu den verschiedenen Datierungsansätzen für diese Periodisierungen). Die Entwicklung ab der Spätantiken Kleinen Eiszeit wird im parallel erschienenen Band *Der Lange Sommer und die Kleine Eiszeit* dargestellt.

fen: „Mit dem Klimawandel ändern sich Wachstumsbedingungen und Wirtschaftlichkeit bestimmter Nutzpflanzen. Ein gutes Beispiel bietet der Weinbau in der Kleinen Eiszeit: Im Vergleich zur mittelalterlichen Warmperiode verschob sich, wesentlich bedingt durch eine Klimaabkühlung, die Weinbaugrenze in Europa deutlich nach Süden."[28] Relevant war dabei aber nicht nur die geografische Breite, sondern auch die Höhenlage; so verkürzte sich die durchschnittliche Vegetationsperiode für Getreide für Regionen über 300 m Seehöhe deutlich. Der Klimahistoriker Franz Mauelshagen erläutert dazu ebenso:

> „Eine durchschnittliche Klimaabkühlung über einen Zeitraum von mehreren Jahrhunderten wie während der Kleinen Eiszeit (ca. 1300–1900) bedeutete nicht, dass es in dieser Epoche keine außergewöhnlich warmen Sommer oder Winter gab. Bezeichnend für das Klima der Kleinen Eiszeit war jedoch eine Zunahme der monatlichen oder jahreszeitlichen Kaltanomalien, im Vergleich zur mittelalterlichen Warmzeit oder zum Klima des 20. Jahrhunderts, und ihr Übergewicht im Verhältnis zu den Warmanomalien. Einzelne Hitzesommer sprechen also nicht gegen die These einer Kleinen Eiszeit – so wenig, wie ein einzelner kalter Winter (wie 2008/09 in Europa) heute als Evidenz gegen die globale Klimaerwärmung gelten kann. [...] Indikatoren für Klimawandel sind [...] nicht einzelne Extreme, sondern ihre Häufigkeit oder Frequenz."[29]

Insbesondere Übergangphasen zwischen globalen Klimaregimen sind nicht nur mit einer Veränderung der Mittelwerte, sondern auch der „Schwankungsbreite von Anomalien und der Häufigkeit von Extremereignissen" verknüpft.[30] Klar ist aber ebenso, dass Begriffe wie (Kleine) Eiszeit Periodisierungs- und somit Interpretationsversuche heutiger Wissenschaftler auf der Grundlage von rekonstruierten Daten über damalige Klimabedingungen darstellen. Sie sind somit immer der wissenschaftlichen Diskussion unterworfen. Sprach man z. B. früher oft von einem (aus der Sicht Westeuropas) Mittelalterlichen Klimaoptimum, so wird heute meist der Begriff der Mittelalterlichen Klima-Anomalie verwendet, da diese Periode nicht global überall warm oder gar optimal für die jeweiligen Gesellschaften verlief.[31]

---

[28] Mauelshagen 2010, 7, 87.
[29] Mauelshagen 2010, 7 f.
[30] Schönwiese 2008, 314–327; Mauelshagen 2010, 9.
[31] Schönwiese 2008, 303–307; Kappas 2009, 260–262; Mauelshagen 2010, 25 f.; Preiser-Kapeller 2015c.

Klima und Geschichte

„Die Klimageschichte ist für Fachhistoriker eine Herausforderung, vielleicht sogar immer noch eine Provokation", hielt Mauelshagen 2010 fest.[32] Insbesondere waren „die Wechselwirkungen zwischen Klima und Gesellschaft(en)lange umstritten, weil sie unter Determinismusverdacht standen." Was ist darunter zu verstehen?

> „[Es handelt sich um] Deutungen und Modelle [...], in denen die äußerst komplexe Wirkungsbeziehung einseitig auf die Wirkrichtung von klimatischen Verhältnissen auf den Menschen vereinfacht wird. Die [Veränderungen] sozialer Systeme werden in solchen Modellen lediglich als Reaktionen biologischer oder gesellschaftlicher Systeme auf Veränderungen des Klimasystems erklärt. Ausgeblendet bleiben andere Umweltfaktoren oder andere gesellschaftliche Elemente; ausgeblendet bleibt auch die aktive Rolle des Menschen in der Interaktion mit der natürlichen Umwelt."[33]

Dementsprechend schrieb etwa der US-amerikanische Geograf und Pionier der Paläoklimatologie Ellsworth Huntington (1876–1947) in seinem Buch *Civilization and Climate* (1915) dem Klima die Hauptrolle bei historischen Entwicklungen zu: „[V]iele der großen Nationen der Antike sind im Einklang mit günstigen oder ungünstigen Klimabedingungen aufgestiegen oder gefallen".[34]

Dagegen versuchte die im 20. Jahrhundert stark von der Soziologie beeinflusste Geschichtsforschung lange Zeit, „Soziales" nur aus „Sozialem" zu erklären, und das Klima als Faktor für die Veränderung menschlicher Gesellschaften auszuklammern. Auch Vertreter der für die Geschichtswissenschaft wichtigen französischen Annales-Schule standen in engem Kontakt zur soziologischen Forschung, suchten aber ebenso Verbindung mit anderen Wissenschaften wie der Geografie. Fernand Braudel (1902–1985) etwa ließ in seinem bahnbrechenden Werk über *Das Mittelmeer und die mediterrane Welt im Zeitalter Philipps II.* (1949) die kurz getaktete Ereignisgeschichte des 16. Jahrhunderts vor den wirt-

---

[32] Mauelshagen 2010, 1 und 29. Einen Überblick zu umwelthistorischen Werken für die antike und mittelalterliche Geschichte bieten auch Winiwarter/Knoll 2007, 46–50.
[33] Winiwarter/Knoll 2007, 258–260, 269–271; Mauelshagen 2010, 21 (Zitat); Krämer 2015, 183.
[34] Mauelshagen 2010, 21 f.; Huntington 1915.

schaftlichen und sozialen Veränderungen mittlerer Dauer und diese wiederum vor dem Hintergrund der durch lange Dauer (*longue durée*) gekennzeichneten Parametern Umwelt und Klima ablaufen. Letztere blieben bei Braudel zwar vorerst weitgehend statisch, aber er übernahm in späteren Werken neue Erkenntnisse der Klimageschichtsforschung und erkannte auch die Bedeutung kurzfristigerer Schwankungen klimatischer Parameter an.[35]

Doch blieben diesbezüglich auch Pioniere wie Emmanuel Le Roy Ladurie vorsichtig, der 1967 seine *Geschichte des Klimas seit dem Jahr 1000* vorlegte, aber festhielt:

> „Kurz- oder relativ kurzfristig […] ist die Agrargeschichte anfällig für die Launen der Meteorologie, die schlechte Ernten bringen und die zu Nahrungsmittelkrisen führten. Aber auf lange Sicht scheinen die Folgen des Klimas für den Menschen gering, vielleicht vernachlässigbar und sicherlich schwer zu erkennen zu sein."[36]

Eine Bedeutung für die Erforschung der menschlichen Geschichte könne die Paläoklimatologie aber nur beanspruchen, wenn sie solche Folgen dokumentieren könnte.[37] Auch der niederländische Historiker Jan de Vries erklärte noch 1980:

> „[B]is nicht gezeigt werden kann, dass solche (durch Klimaextreme mitverursachten) Krisen etwas anderes sind als einzelne, exogene Schocks, können Skeptiker sich berechtigt fühlen daraus zu schließen, dass kurzfristige Klimakrisen im selben Bezug zur Wirtschaftsgeschichte stehen wie ein Bankraub zur Geschichte des Bankwesens."[38]

Doch füllten „die Lücken, welche die Geschichtswissenschaft gelassen hat" gerade unter dem Eindruck der Umweltschutz- und zuletzt vor allem Klimawandeldebatte „zunehmend neo-deterministische Arbeiten aus Klimaforschung und Geographie." Wie Dominik Collet festhält, „postulieren sie (erneut) starre und direkte Ursache-Wirkungs-Verhältnisse zwischen Umweltextremen und menschlichen Gesellschaften".[39] Zu nennen wären dabei die enorm populären Bücher des US-amerika-

---

[35] Mauelshagen 2010, 30 f.; Collet 2019, 7.
[36] Zitiert nach Rohr 2007, 27 f.
[37] Siehe auch Mauelshagen 2010, 22 f.; Krämer 2015, 184 f.
[38] de Vries 1980, 603; vgl. dazu auch Mauelshagen 2010, 115 f.; Krämer 2015, 186 f.
[39] Collet 2019, 15 (Zitate). Siehe etwa Fraser/Rimas 2010.

nischen Evolutionsbiologen Jared Diamond wie *Arm und Reich. Schicksale menschlicher Gesellschaften* (1999) und *Kollaps. Warum Gesellschaften überleben oder untergehen* (2005), mit denen er gesellschaftliche Zusammenhänge primär auf Grundlage der Ökologie erklären wollte.[40] Doch auch der einflussreiche Umwelthistoriker J. Donald Hughes (1933–2019) hielt 1975 unter dem Eindruck der ersten Welle der Umweltschutzbewegung fest: „Das Versäumnis der Römer, ihre Gesellschaft und Wirtschaft auf harmonische Weise an die natürliche Umwelt anzupassen, ist eine der Ursachen für den Niedergang und den Untergang des Römischen Reiches, wenn nicht sogar die grundlegende."[41] Demgegenüber schreibt Dominik Collet:

> „Auch in renommierten wissenschaftlichen Zeitschriften erscheinen immer wieder Studien, die Hunger- und Klimakrisen als Ursache für den Kollaps ganze Zivilisationen, den Ausbruch von Kriegen oder die allgemeine Zunahme von Gewalt verstehen. […] Oft projizieren sie die langfristigen Trends der Paläoklimatologie einfach auf gesellschaftliche Entwicklungen. Angaben aus historisch-gesellschaftlichen Quellen werden dabei häufig extrapoliert, geglättet und rein statistisch ausgewertet. […] Diese Untersuchungen bleiben im Kern deterministisch, prägen aber nicht nur populäre Geschichtsbilder, sondern auch die Wahrnehmung historischer Umweltextreme in Politik- und Naturwissenschaften."[42]

Nun mag man erwidern, dass solche Studien ihren Wert auch als ‚Weckruf' an die Menschheit oder Entscheidungsträger erweisen könnten. Jedoch darf bezweifelt werden, dass grob vereinfachende Szenarien für die Wechselwirkung zwischen Klimawandel und gesellschaftlichen Krisen letztlich hilfreich sind. Dies möchte ich an einem weiteren Beispiel demonstrieren: In ihrer Studie *Climatic Change, Wars and Dynastic Cycles in China* vermuteten David D. Zhang und seine Kollegen 2006 auf der Grundlage eines Vergleichs zwischen paläoklimatischen Rekonstruktionen und einer Zeitreihe zur Frequenz von Kriegen in China seit 1000 n. Chr., dass statistisch „starke und signifikante Korrelationen" zwischen Klimawandel und der Häufigkeit von kriegerischen

---

[40] Diamond 1999 und 2005. Dazu auch kritisch Winiwarter/Knoll 2007, 66, 118–120.
[41] Hughes 1975, 128.
[42] Collet 2019, 7, 15 f. Eine kritische Evaluierung eines solchen Kollaps-Szenarios für den Nahen Osten des 11. Jahrhunderts (n. Chr.) z. B. bei Preiser-Kapeller 2015c.

Ereignissen bestehen. Insbesondere Klimaabkühlungen „erzeugten eine Schubkraft, die zu häufigeren Kriegen zwischen Staaten, Regionen und Stämmen führte, die zum Zusammenbruch von Dynastien und zum Rückgang der menschlichen Bevölkerungszahl führen konnten."[43] Tatsächlich sind die statistischen Korrelationen bei näherer Betrachtung nicht so eindeutig. Auch die Autoren müssen teilweise eine erhebliche „Zeitverzögerung" zwischen Klimaanomalie und Kriegsausbruch sowie große regionale Unterschiede einräumen. Darüber hinaus wird die historische Information zu einer Zeitreihe von 1672 Kriegen kondensiert, sodass völlig unklar bleibt, wie ein klimatischer Langzeittrend den jeweiligen Konflikt spezifisch beeinflusst haben könnte. Dies ist nicht nur für die historische Analyse wenig hilfreich. Auch im Hinblick auf die von den Autoren angebotene Orientierung zu potenziellen Folgen des derzeitigen Klimawandels mag man danach fragen, welche politische Maßnahmen konkret auf Grundlage der grob simplifizierenden Aussage: „Wird das Klima schlechter, gibt es mehr Krieg" getroffen werden sollten.

Wechselwirkungen zwischen Klima und Gesellschaft

Den neo-deterministischen Szenarien gegenüber liegt die Aufgabe der Klimageschichtsforschung nicht nur in der Kombination der Archive der Gesellschaft und der Natur zur Rekonstruktion frühere klimatischer Verhältnisse, sondern auch in der Erkundung des komplexen Wechselspiels zwischen Naturbedingungen und gesellschaftlichen und wirtschaftlichen Entwicklungen.[44] So betont auch Franz Mauelshagen:

> „Den historischen Wandel generell ohne die Paradigmen Natur oder Klima beschreiben zu wollen, ist die schlechtere von zwei Alternativen. Angemessen und überfällig wäre stattdessen, differenzierte, nichtdeterministische Modelle für die historischen Bedingungen der Interaktion zwischen Klima und Gesellschaft weiterzuentwickeln. Antideterministisch sind vor allem solche Ansätze, mit denen aufgezeigt werden kann, wie klimatische Faktoren gleichsam vergesellschaftet und damit in soziokulturelle Elemente übersetzt werden."[45]

---

[43] Zhang u. a. 2006. Seitdem sind weitere Studien ähnlichen Zuschnitts aus ihrer Feder erschienen.
[44] Rohr 2007, 30 f.; Behringer 2007; Mauelshagen 2010, 27 f.
[45] Mauelshagen 2010, 35.

Ins selbe Horn stößt die Wiener Schule der Sozialen Ökologie, etwa vertreten durch die Umwelthistorikerin Verena Winiwarter. Sie betont „die Rolle der Menschen und der von ihnen hergestellten biophysischen Strukturen (Gebäude, Infrastruktur, Nutztiere) als Teil von Natur und gleichzeitig als Teil von Kultur".[46]

Mehrere Umwelthistoriker wie Christian Pfister, Franz Mauelshagen, Daniel Krämer und Chantal Camenisch haben ein Modell der Wechselwirkungen zwischen Klimavariabilität, Naturraum, Wirtschaft, Politik und Gesellschaft entwickelt. Es stellt zwar auf den ersten Blick immer noch lineare Wirkzusammenhänge dar, aber es erlaubt, sich systematisch der tatsächlichen Komplexität der möglichen Einflüsse und Reaktionen zu nähern (s. Abb. 1).

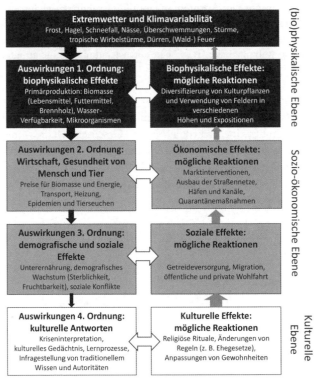

Abb. 1: Vereinfachtes Modell zu den Wechselwirkungen zwischen Klima und Gesellschaft (Grafik: Johannes Preiser-Kapeller, modifiziert nach Krämer 2015; Camenisch u. a. 2016; Bauch/Schenk 2020b)

---

[46] Winiwarter/Knoll 2007, 127–130.

Daniel Krämer erläutert dazu:

> „Klimavariabilität und Naturkatastrophen wirkten sich [...] auf die Quantität und Qualität der Biomasse [insbesondere die Ackererträge] aus (Auswirkungen erster Ordnung). [Ernteerträge] bestimmten mit politischen und institutionellen Faktoren das Preisgeschehen (Auswirkungen zweiter Ordnung). Preisschwankungen und schlechte Ernten konnten zu Teuerungswellen führen, die demographische und soziale Krisen nach sich ziehen konnten (Auswirkungen dritter Ordnung). Schließlich wirkte sich das sozio-ökonomische Wirkungsgeflecht auch auf den gesellschaftlichen Umgang mit Klimavariabilität und Naturkatastrophen aus (Auswirkungen vierter Ordnung). Die kausale Wirkung der Klimavariabilität nimmt mit jeder Impact-Stufe ab (schwarze Pfeile, von oben nach unten), d. h., die Handlungsspielräume der Gesellschaften werden grösser. Umgekehrt nimmt die Einflussmöglichkeit von Anpassungen auf das gesellschaftliche und besonders auf das (bio-)physikalische Geschehen mit jeder Impact-Stufe ab (graue Pfeile, von unten nach oben)."[47]

Die Pfeile im Modell repräsentieren im Gegensatz zu deterministischen Modellen nicht fixe, gleichsam gesetzmäßige Wirkungszusammenhänge in nur eine Richtung (Natur > Gesellschaft), die womöglich durch Korrelation von Zeitreihen eindeutig quantifiziert werden könnten. Sie stellen Potenziale für Wechselwirkungen zwischen den klimatisch-naturräumlichen, sozio-ökonomischen und kulturellen Sphären dar. Krämer schreibt dazu:

> „Naturkatastrophen konnten schlechte Ernten nach sich ziehen, sie waren aber nie die einzige Ursache des Hungers. Es waren die ökonomischen, sozialen, politischen und kulturellen Rahmenbedingungen, welche die Verletzlichkeit der Gesellschaften bestimmten, auch wenn meteorologische Faktoren wie Dauerregen, Frost, Dürre usw. leichter zu verstehen sind als die sozialen Ursachen von Hunger."[48]

---

[47] Krämer 2015, 135–137. Vgl. auch Mauelshagen 2010, 85–87; Bauch/Schenk 2020a; Collet 2019, 32 f.
[48] Krämer 2015, 134. Für einen ähnlich komplexen Ansatz siehe auch Winiwarter/Knoll 2007, 74–76; Schönwiese 2008, 364–366; Slavin 2019, 30–32.

Warum gibt es Hunger?
Die gesellschaftliche Einbettung klimatischer Effekte

Die Auswirkungen extremer Witterung können entweder in der Form ‚schneller' Katastrophen wie Wirbelstürmen oder Sturmfluten Menschenleben, Behausungen und Infrastruktur zerstören oder als ‚langsame' Phänomene wie Dürren Acker- und Weideflächen beeinträchtigen. Einzeln oder in der Summe gefährden sie direkt oder indirekt die Ernährungssicherheit als wohl grundlegendste Bedürfnisebene. Hungerkrisen eignen sich deshalb besonders dazu, die Wechselwirkungen zwischen klimatischen Extremen und gesellschaftlichen Phänomenen zu untersuchen.[49]

Die Forschung hat vorindustrielle Nahrungsmittelkrisen des ‚alten Typs' insbesondere auf durch Witterung verursachte Missernten, aber auch unzureichende Transport- und Lagerungsinfrastrukturen zurückgeführt.[50] Hungersnöte der Moderne verknüpft man hingegen mit Misswirtschaft, Versäumnissen (aber auch absichtlicher Vernachlässigung) von Regierungen bzw. auch den mangelnden Zugang zu Nahrungsmärkten aufgrund sozio-ökonomischer Ungleichheit.[51]

Insbesondere für den ersten Fall des tatsächlichen Rückgangs des Nahrungsangebots (*Food Availability Decline*/FAD) verwies man auf die Theorie des britischen Ökonomen Thomas Robert Malthus (1766–1834). Er ging, auch unter dem Eindruck zweier Hungerkrisen in seiner Heimat in den 1790er Jahren, davon aus, dass gleichsam gesetzmäßig das Wachstum der Bevölkerung an einem bestimmten Punkt die Verfügbarkeit an Ackerland und somit Nahrungsmitteln in einem Land übersteigen würde. Daraus resultierende sinkende Lebensqualität und schließlich Hungersnöte würden wiederum die Bevölkerung soweit reduzieren, bis sie die „Tragfähigkeit" nicht mehr überbeanspruchte. Die verbesserten Bedingungen für die „Überlebenden" würde allerdings erneut zu erhöhtem Bevölkerungswachstum führen, bis die nächste Krise ausbricht. Missernten durch Extremwitterung würden also nur ohnehin bestehende Ungleichgewichte zwischen Demogra-

---

[49] Collet 2019, 7 und 17. Siehe auch Krämer 2015; Slavin 2019.
[50] Mauelshagen 2010, 94–95; Krämer 2015, 128–130, 137 f.; Collet 2019, 16 f.; Slavin 2019, 169–191, zum Beitrag dieser Faktoren zur großen Hungersnot in England 1315–1317.
[51] Engler 2012a und 2012b.

fie und Ökonomie verschärfen.⁵² So schreibt Philip Slavin über England am Vorabend der Hungersnöte und Pestpandemie des 14. Jahrhunderts, dass es „in seiner Gesamtheit gemessen an den Standards der vor-industriellen Ära definitiv stark überbevölkert war." Dies zeige sich aber nicht nur „in seiner schieren Bevölkerungszahl und Bevölkerungsdichte", sondern auch in der höchst ungleichen Besitzverteilung. 64 % der Bevölkerung verfügten über sehr geringen Grundbesitz, der auch in guten Jahren kaum das Auslangen ermöglichte. Slavin räumt ebenso ein, dass es große regionale Unterschied gab, und dass die Hungersnöte auch spärlich besiedelte Gebiete heimsuchten. Dies demonstriert die Grenzen des Modells von Malthus.⁵³ Trotzdem zweifeln manche Ökonomen bis heute die allgemeine Gültigkeit des Malthus-Models für Gesellschaften vor der Industrialisierung nicht an, so etwa Gregory Clark in einer *Brief Economic History of the World* (2007).⁵⁴ Dagegen beobachtete die dänische Agrarökonomin Ester Boserup (1910–1999) eine stärkere Anpassungsfähigkeit agrarischer Gesellschaften auf der Grundlage ihrer Untersuchungen in sogenannten ‚Entwicklungsländern' des 20. Jahrhunderts. Dort würde in manchen Fällen anhaltender Bevölkerungsdruck zu einer Intensivierung und Modernisierung der Landwirtschaft beitragen, sodass deren Wachstum auch den steigenden Bedarf abfedern könnte. Trotzdem auftretende Hungerkrisen würden die Bereitschaft zur Anpassung und Innovation von Anbaumethoden erhöhen und somit zu einer nachhaltigen Stärkung der Widerstandskraft der Gesellschaft beitragen. In gewissem Umfang wäre somit auch bei Boserup die längerfristige Wirkung einer Nahrungskrise auf die betroffene Gesellschaft eine „positive" und systemverändernde.⁵⁵ Das unmittelbare menschliche Leid bleibt dabei aber unterbelichtet.

Dem Fokus auf den Rückgang des Nahrungsangebots (FAD) steht der *Food Entitlement-Decline* (FED)-Ansatz des indischen Wirtschaftsnobelpreisträgers Amartya Sen gegenüber. Auf der Grundlage seiner Analyse der verheerenden Hungersnot im damals noch unter briti-

---

52 Mauelshagen 2010, 93 f.; Preiser-Kapeller 2012b; Krämer 2015, 121–126; Slavin 2019, 16–21.
53 Slavin 2019, 18–21. Vgl. dazu auch das entsprechende Kapitel im parallel erschienenen Band *Der Lange Sommer und die Kleine Eiszeit*.
54 Clark 2007; Slavin 2019, 17 f. Daneben ist auch der „Neo-Malthusianismus" in der Diskussion um die „Grenzen des Wachstums" der modernen Industriegesellschaften angesichts von Umweltzerstörung und anthropogenem Klimawandel zu berücksichtigen, vgl. Krämer 2015, 132 f.
55 Boserup 1965; Krämer 2015, 127 f.

scher Kolonialherrschaft stehenden Bengalen 1942/1943 betont er die entscheidende Rolle der mangelnden Zugangsmöglichkeiten (*entitlements*) zu Nahrung für bestimmte Gruppen aufgrund geringer Kaufkraft und sozialem Status. Diese *entitlements* sind entsprechend der Verteilung von Besitz und Macht ebenfalls ungleich verteilt, selbst bei einem ausreichenden Nahrungsangebot. Im Fall von Bengalen waren der Hungersnot zwar Wirbelstürme und Überschwemmungen vorangegangen, doch verschärfte für viele Betroffene neben der großen sozioökonomischen Ungleichheit auch die Konzentration der britischen Autoritäten auf die Versorgung der Truppen im Land bzw. des ‚Mutterlandes' in Europa die Lage entscheidend. Vorhandene Kapazitäten zur Linderung der Knappheit, wie etwa Importe aus anderen Teilen des British Empire, wurden nicht genutzt. Dies mochte vor dem Hintergrund des Zweiten Weltkriegs zum Teil nachvollziehbar gewesen sein. Doch reagierte Premierminister Winston Churchill auf Hinweise zur Not in Bengalen mit der zynischen Replik, warum denn nicht auch der „Unruhestifter" Gandhi verhungert sei.[56] Auf jeden Fall verdeutlicht der FED-Ansatz von Sen die Relevanz der politischen Institutionen und der Besitzverhältnisse für die tatsächlichen Auswirkungen einer Nahrungsmittelverknappung. Sie betrifft insbesondere wirtschaftlich und sozial marginalisierte Gruppe ungleich stärker. Auf dieser Grundlage wurden auch (im Gegensatz zu Krisen des ‚alten Typs') ‚neue Hungersnöte' im 20. und 21. Jahrhundert als politisches Versagen gedeutet, da „selbst abgelegene Regionen […] heute dank der modernen Kommunikations- und Transportmitteln" innerhalb kurzer Zeit mit ausreichend Lebensmitteln versorgt werden könnten, entweder durch die jeweilige Regierung oder die internationale Gemeinschaft.[57]

Die jüngere Forschung zeigt, dass beide Aspekte (Mangel an Nahrungsangebot und Mangel als Zugangsmöglichkeiten) für die Hungerkrisen der Vormoderne zu berücksichtigen sind. Daniel Krämer schlägt auf dieser Grundlage in seiner Studie über *Die letzte große Hungerkrise der Schweiz* infolge des „Jahrs ohne Sommer" 1816 auch eine Abstufung von Dimensionen des Mangels an Nahrungsmitteln vor:[58]

---

[56] Sen/Dreze 1999, 52–85.
[57] Mauelshagen 2010, 95 f.; Krämer 2015, 153–161; Collet 2019, 13–17; Slavin 2019, 21 f., 75–78.
[58] Kramer 2015, 103 f., 161–180.

- die Nahrungsmittelverknappung, die die Mehrheit der Menschen zu einer Beschränkung auf Grundnahrungsmittel zwang. Damit einher ging eine sinkende Lebensqualität, die aber noch keine dauerhaften körperlichen Folgen verursachte. Derartige Verknappungen waren oft jährlich zu beobachten, etwa wenn die Getreidevorräte der letzten Ernte im Frühsommer zur Neige gingen und somit die Preise auf ein hohes Niveau stiegen. Darauf mussten ärmere Gruppen mit der Beschränkung ihres Konsums reagieren; nach einer Schätzung gehörte in Deutschland noch im 18. Jahrhundert für ein Viertel der Bevölkerung saisonaler oder chronischer Hunger zum Alltag.[59]
- der Nahrungsmittelmangel, auch der Grundnahrungsmittel, etwa aufgrund von schlechten Ernten oder Lieferschwierigkeiten. Der kurzfristige Mangel trat, in Verschärfung der (jährlichen saisonalen) Verknappung, häufig auf. Dauerte er länger, konnte bei den ökonomisch besonders verwundbaren Gruppen der optimale Erhalt aller Körperfunktionen nicht mehr gewährleistet werden. Dies führte zu nachhaltigen körperlichen Beeinträchtigungen (insbesondere bei Heranwachsenden) und einer gesteigerten Anfälligkeit für Infektionskrankheiten bei den Betroffenen.
- die Hungerkrise war das Resultat eines Zusammenbruchs des Nahrungssystems (der Produktion und/oder der Verteilung), begleitet von einer extremen Verteuerung der Grundnahrungsmittel. Vielen Menschen stand weniger Nahrung als das ‚physiologische Mindestmaß' zu Verfügung. Darauf reagierten sie z. T. durch das Ausweichen auf oft minderwertige oder sogar gesundheitsschädigende ‚Notnahrung' wie Wurzeln, Gräser oder ansonsten vermiedene Tiere (Katzen, Ratten). In Ausnahmesituationen wird auch von Einzelfällen von Kannibalismus berichtet. Es kam zu einer erhöhten Sterblichkeit (Übersterblichkeit) von Risikogruppen (Kinder, Alte, Menschen mit Vorerkrankung) durch Unterernährung und insbesondere dadurch verstärkt wirkenden Infektionskrankheiten, aber oft auch zu einem Anstieg von Selbstmordraten (aufgrund sozialer und psychischer Not).[60]

---

[59] Collet 2019, 49.
[60] Zum Zusammenhang zwischen Not und Suizid siehe auch Slavin 2019, 258–260, ebenso dort 265–272 zur „Übersterblichkeit", insbesondere bei Kindern, Kranken und Armen. Zu paläopathologischen Befunden siehe Schulz 2011, 694–705; DeWitte/Slavin 2013.

- Die Hungersnot schließlich zeichnete sich durch einen vollständigen Zusammenbruch des Nahrungssystems aus, in dem auch Pufferstrategien wie der Rückgriff auf ‚Notnahrung' nicht mehr greifen konnten. Es kam zu einer dramatisch erhöhten Sterblichkeit[61] insbesondere unter den wirtschaftlich schlechter gestellten Gruppen, oft durch den begleitenden Ausbruch von Epidemien, die sich z.T. durch die Mobilität von Menschen auf der Suche nach Nahrung weiter verbreiteten. Gleichzeitig gingen Hochzeiten und Geburten zurück (bzw. stieg auch die Säuglingssterblichkeit), weite Teile der Gesellschaft verarmten. Teilweise löste sich das Sozialgefüge auf, Ehepaare bzw. Eltern und Kinder kamen nicht mehr ihren wechselseitigen Fürsorgepflichten nach. Notdiebstähle und die Kriminalität allgemein nahmen zu.

Für weniger gut dokumentierte Krisen als jene, die Krämer behandelt, ist die genaue Zuweisung zu einer dieser Kategorien oft schwierig bzw. sind die Übergänge zwischen Verknappung, Mangel und Not fließend. Dennoch ist ein solches Schema nützlich, um über die Frequenz und Dimension solcher Phänomene und ihre möglichen kurz- und langfristigen sozialen und demografischen Folgen nachzudenken. Ebenso deutlich wird das Wechselspiel zwischen tatsächlichem Mangel an Nahrungsmitteln etwa infolge von Missernten und den nach wirtschaftlicher Ausstattung und sozialem Einfluss unterschiedlichen Kompensationsmöglichkeiten (und somit der „Verletzlichkeit") von Haushalten und Individuen.[62] Das Konzept der „Verletzlichkeit" oder „Verwundbarkeit" (im Englischen *vulnerability*) gegenüber Gefahren und Störungen des sozio-ökonomischen Systems wird als eine Brücke zwischen natur- und geschichtswissenschaftlicher Deutung von Katastrophen genutzt. Die gilt ebenso für den Begriff der „Resilienz", der die Fähigkeit eines Systems, durch verschiedene Strategien Störungen abzupuffern und seine Funktionsfähigkeit aufrecht zu erhalten, bezeich-

---

[61] Dazu auch Collet 2019, 101–109, der für die Hungersnöte der Jahre 1770–1772 in verschiedenen Regionen Deutschlands, Österreichs, Böhmens und der Schweiz Verluste von bis zu 10 % der Bevölkerung dokumentiert (allein für Böhmen ca. 250 000 Menschen). Für England in den Hungerjahren 1315–1317 nimmt Slavin 2019, 287–288, einen Bevölkerungsverlust von 17 % (ca. 900 000 Menschen) an.

[62] Vgl. auch Krämer 2015, 104–107. Ein eindrucksvolles Beispiel für den Nutzen eines ähnlichen Modells bei der Analyse einer mittelalterlichen Hungersnot bietet Slavin 2019.

net. Dabei sind wiederum das Ausmaß der Verwundbarkeit und die „Pufferfähigkeiten" von „Individuen und Haushalten (stark) durch ihre gesellschaftliche Position bestimmt". Die Resilienz einer Gemeinschaft oder Gesellschaft als Ganzes wird durch ihre Abhängigkeit von ökologischen, technischen und organisatorischen Parametern beeinflusst. Dabei spielt ebenso die Verteilung von Macht zwischen gesellschaftlichen Gruppen eine wesentliche Rolle bei Aushandlungsprozessen über mögliche Maßnahmen.[63]

Der Anteil des Klimas am ‚Aufstieg' oder ‚Fall' von Gesellschaften

In diesem und im parallel erschienenen Band *Der Lange Sommer und die Kleine Eiszeit* untersuche ich im Detail die „Resilienz" und „Verwundbarkeit" vorindustrieller (Agrar)Gesellschaften in Afro-Eurasien gegenüber lang- und kurzfristigen klimatischen Schwankungen und Pandemien vom Altertum bis zum späten Mittelalter. Dabei wird deutlich werden, dass viele Pufferstrategien die Lasten der Resilienz auf gesamtgesellschaftlicher Ebene sehr ungleich auf die verschiedenen Gruppen der Gesellschaft verteilten.

Über verschiedene Ausprägungen früher Staaten hinweg entwickelten der Wirtschaftsnobelpreisträger Douglass North (1920–2015), John Joseph Wallis und Barry R. Weingast in ihrem Buch *Violence and Social Orders* das Modell einer „dominanten Koalition".[64] Diese ist gleichsam ein (formeller oder informeller) Verbund der Eliten (in unterschiedlicher Gestalt, seien es ein König und die Aristokratie, sei es eine Oligarchie reicher Kaufleute in einer Handelsstadt), in dem die Verteilung von Ressourcen (Land, Arbeitskräfte, Kapital) und Macht zum wechselseitigen Vorteil und zur Einhegung gewaltsamer Konflikte ausgehandelt wird. In Agrargesellschaften ist „Land […] das wichtigste Kapital. […] Zugang, Nutzung und die Möglichkeit, Einkommen aus Land zu erzielen, bieten daher eine Vielzahl von Instrumenten, mit denen eine dominante Koalition und ihre Beziehung zur Gesamtwirtschaft strukturiert wer-

---

[63] Dazu ausführlich Pfister/Brázdil 2006; Mauelshagen 2010, 96–98; Collet 2012; Krämer 2012; Toner 2013, 14–16; Curtis 2014; Krämer 2015, 192–212 (auch für die Zitate); Collet 2019, 30–40.

[64] In der Organisationstheorie bezeichnet man als „dominante Koalition" jene „Gruppe der Entscheider, die als mächtige Akteure offen, manchmal aber auch verdeckt, die Geschicke einer Organisation letztlich lenken, wobei häufig auch Eigeninteressen im Spiel sind", vgl. Stangl 2020.

den können."⁶⁵ Dabei werden die Produktion, Abschöpfung und Verteilung von agrarischen Überschüssen oft über „Patronage-Netzwerke" organisiert. In ihnen binden Mitglieder der Elite durch die Gewährung der Nutzung von Land oder eines Teils der Erträge „Klienten" an sich, deren Zahl wiederum ihr Gewicht innerhalb der dominanten Koalition steigert.⁶⁶ Über diese Netzwerke wird nicht nur in ‚normalen' Zeiten der Zugang zu materiellem und politischem Kapital verhandelt, sondern gerade auch in Notzeiten der Zugriff auf die umso begehrteren Ressourcen geregelt. Die Verhandlungsmacht innerhalb und außerhalb der dominanten Koalition entscheidet über den Anteil an den vorhandenen Pufferkapazitäten, der den jeweiligen Klienten in Krisenzeiten zugutekommt.⁶⁷ Dieser Kreis der Begünstigten umfasste in der Regel nicht nur relevante administrative, militärische, wirtschaftliche oder religiöse Eliten auf zentraler oder regionaler Ebene. Er inkludierte auch größere Teile Bevölkerung, sofern ihr Wohlverhalten als bedeutsam für die Stabilität des Regimes erachtet wurde, etwa in der Hauptstadt oder in Regionen mit guten Verbindungen zu wichtigen Akteuren. Im Zentrum der Macht konnten auch breitere Gruppen ihre Forderungen wirkungsvoll vermitteln, etwa auf der Grundlage von Vorstellungen einer „moralischen Ökonomie", wie sie der britische marxistische Historiker Edward Palmer Thompson (1924–1993) in einem Aufsatz 1971 für Massenbewegungen im England des 18. Jahrhunderts beobachtete.⁶⁸ Wie Christian Pfister ausführte, „könnte (man) die moralische Ökonomie als Normensystem der breiten Volksmassen bezeichnen, das jedem einzelnen Glied der Gesellschaft den Anspruch auf eine minimale Versorgung mit lebensnotwendigen Gütern des täglichen Bedarfs zu erschwinglichen Preisen zubilligt, vor allem Nahrung."⁶⁹ Wurden diese Erwartungen im Fall einer tatsächlichen Entbehrung verletzt, konnte dies zum Anlass für direktes Handeln werden. Dies konnte unter anderem in scheinbar spontane Proteste vor Symbolen der Verteilungsmacht wie Getreidespeichern oder den Anwesen tatsächlicher oder vermeintlicher Spekulanten münden. Dabei basierten diese Akti-

---

65 North/Wallis/Weingast 2009, 30 f.
66 North/Wallis/Weingast 2009, 30 f., 77.
67 Siehe dazu etwa die illustrativen Beispiele bei Toner 2013, 45–66, für das Römische Reich.
68 Thompson 1971. Siehe auch Thompson 1991 und Harvie/Milburn 2013 für die Anwendbarkeit des Konzepts für moderne soziale Konflikte.
69 Zitiert nach Krämer 2015, 142. Kritik zum Konzept von Thompson bei Fassin 2009.

onen jedoch oft auf einem (meist unausgesprochenen) Kalkül auf den Erfolg den Protests auch ohne Eskalation, da alleine schon die Drohkulisse des Massenaufruhrs zu gewünschten Ergebnissen (der Verteilung von Vorräten oder der Einhegung von Preissteigerungen) führen konnte.[70] Thompson konnte die die Wirksamkeit solcher Aktionen für viele Städte Englands dokumentieren, das im 18. Jahrhundert schon über eine etwa durch Printmedien verflochtene nationale Öffentlichkeit verfügte. In Antike und Mittelalter blieben die effektiven Bühnen für solche Proteste, wie angedeutet, meist auf die für die Steuerungsmacht der dominanten Koalition besonders relevanten Zentralregionen und -orte beschränkt. In ihnen wurde auch sonst die direkte Kommunikation zwischen Eliten und Bevölkerung auf symbolischer Ebene gepflegt, etwa in öffentlichen Zeremonien oder Spielen. Im Gegenzug wollten jene Bevölkerungsgruppen, die an diesen Orten der staatlichen Pufferkapazitäten teilhaftig wurden, dieses Vorrecht (insbesondere in Notzeiten) umso mehr gegen andere verteidigt wissen, die etwa im Wissen um die bevorzugte Stellung einer Stadt danach strebten, dorthin zu gelangen. Forderungen nach der Ausweisung von „Bettlern" und „Vagabunden" wurden gerade während Nahrungskrisen erhoben. Der „Elende" ist etymologisch im Deutschen ursprünglich der, der aus der Fremde kommt und somit kein Einheimischer ist.[71] Die Autoritäten der Stadt oder des Staates setzten entsprechende Maßnahmen nicht nur durch, um die ohnehin begrenzten Ressourcen zu schonen, sondern auch um die Bindung zu den ‚Anspruchsberechtigten' zu stärken. Für diese „legitimierte Verteilung in Notzeiten […] die Herrschaft, das Anrecht auf diese Hilfen materialisierte gesellschaftliche Partizipation".[72] Gerade die verwundbareren und marginalisierten Teile der Bevölkerung wurden hingegen zusätzlich benachteiligt, und „bereits vorher bestehender Asymmetrien in der Gesellschaft" in der Krise noch verschärft.[73]

Wurde aber die Krise für die ‚relevanten' Segmente zumindest symbolisch bewältigt, dann bot sie die Gelegenheit zur Steigerung der Legitimation der Eliten und der sozialen Kohäsion innerhalb der dominanten Koalition. Dies gilt auch dann, wenn objektiv für viele marginalisierte Betroffene keine Linderung oder sogar eine Verschärfung

---

[70] Thompson 1971, 79. Vgl. etwa Pfeilschifter 2013 für solche Beispiele im spätantiken Konstantinopel.
[71] Lexers 1978, 37; Angel 1996, 15.
[72] Collet 2019, 41–54, 200.
[73] Krämer 2015, 144 f.

der Not festzustellen ist.⁷⁴ Die Lösung der Krise hatte meist auch eine religiöse Dimension. Man interpretierte etwa die extreme Witterung und die damit einhergehende Missernte als Störung in der Kommunikation mit dem (wie auch immer vorgestellten) Göttlichen. Sie wurde in der als Strafe verstandenen Herbeiführung der Not oder zumindest in der Verweigerung des Schutzes ihr gegenüber sichtbar. Umgekehrt konnte dann das Ende der Knappheit als Beleg für die göttliche Begünstigung der weltlichen oder religiösen Eliten gedeutet werden. Dies konnte auch zur Etablierung neuer Riten (etwa dem Kult neuer, als wirksam erachteter Götter oder Heiliger) oder entsprechender Bauten (Kultstätten und Bildwerke als Danksagung) führen. Sie machten dauerhaft die zumindest innerhalb der ‚privilegierten' und ‚staatstragenden' Segmente als erfolgreich erachtete Krisenbewältigung oft monumental sichtbar.⁷⁵

Allerdings konnte eine (wenn auch nur subjektiv wahrgenommene) Steigerung in der Frequenz von Unglücksereignissen als Zeichen des Entzugs der göttlichen Gunst und der Legitimation eines Regimewechsels gedeutet werden – in der chinesischen Tradition etwa mit dem Konzept des dem Kaiser übertragenen „Mandats des Himmels".⁷⁶ Kritisch wurde die Krise dann, wenn das etablierte Arrangement der Macht- und Ressourcenverteilung seine Leistungsfähigkeit auch für Teile der dominanten Koalition und andere ‚relevante' Gruppen in Zeiten der Not nicht mehr erweisen konnte. Die konnte der Fall sein, wenn die vorhandenen materiellen Pufferkapazitäten nicht mehr ausreichen oder ihre Verteilung als ineffizient oder ungerecht wahrgenommen wurde. Perioden des Klimawandels konnten hier insofern eine Rolle spielen, da sie oft mit einer Häufung von Extremen einhergingen, die mehrere Missernten nacheinander und andere Verwüstungen verursachten. Dann konnten die Schäden am Besitz und Humankapital von zentralen und regionalen Eliten vielleicht nicht mehr kompensiert werden. Schieflagen bei der Verteilung von Ressourcen wurden als Korruption des Systems gedeutet. Teile der

---

74 Zu der tatsächlich begrenzten Wirksamkeit staatlicher Katastrophenhilfe selbst in einem unter vorindustriellen Bedingungen höchst aufwendigen System wie jenem der Getreidespeicher im China des 18. Jahrhunderts siehe Shiue 2004 und Ma 2014.
75 Für Beispiele aus der Tradition des alten Ägypten siehe Pfeiffer 2008, für das Römische Reich Toner 2013. Zu psychologischen Aspekten der Krisenbewältigung siehe Clausen/Geenen/Macamo 2003; Toner 2013, 153–170.
76 Pines 2012; Vogelsang 2012, 147–150; Schottenhammer 2014b.

dominanten Koalition, aber auch weitere Bevölkerungsgruppen verloren das Vertrauen (eine ebenfalls wichtige Ressource des Regimes) und kündigten den Konsens auf.[77] Die Loyalität gegenüber dem etablierten Regime wurde insbesondere dann fragil, wenn sein Nutzen (materiell, aber auch symbolisch gedeutet) an mehreren Fronten infrage gestellt wurde, wenn also z. B. mehrere Missernten mit Misserfolgen bei der Abwehr militärischer Invasionen oder der Aufrechterhaltung der inneren Sicherheit zusammenfielen.[78] Dann konnte der ‚Umschlagpunkt' (im Englischen *tipping point*) eines soziopolitischen Systems erreicht werden, an dem die Summe der Verwundbarkeiten die Pufferkapazitäten auch im Sinne der Kohäsion der dominanten Koalition überstieg. Das Resultat konnte ein Regimewechsel mit Austausch der herrschenden Dynastie oder von Teilen der Elite, auch von außen durch Eroberung, oder gar der Zerfall des gesamtstaatlichen Rahmen sein.[79] Die Folgen der Fragmentation für die Aufrechterhaltung des bisherigen organisatorischen Komplexitätsgrads konnten unterschiedlich dramatisch ausfallen. Schrumpften nicht nur der materielle Ausstattungsgrad und die Handlungsspielräume der (neuen oder verbliebenen alten) Eliten und weiterer Kreise der Bevölkerung, sondern gingen auch für frühere Regime zentrale Kulturtechniken wie die Schrift z. B. am Ende der späten Bronzezeit (um 1200 v. Chr.) im nachmykenischen Griechenland für mehrere Jahrhunderte verloren, dann wird man tatsächlich von einem ‚Kollaps' sprechen dürfen. An ihm dürften in diesem Fall klimatische Veränderungen, neben und in Wechselwirkung mit mehreren anderen endogenen und exogenen Faktoren, einen Anteil beanspruchen.[80]

Jedoch konnte nicht nur Extremwitterung, sondern auch das, was Bruce Campbell in seiner Beschreibung der Bedingungen der Mittelalterlichen Warmzeit für Westeuropa als „begünstigendes" (*enabling*) Klima bezeichnete, zu gesellschaftlichen Krisen beitragen.[81] Zwar ‚erlaubten' die im Durchschnitt freundlicheren klimatischen Parameter den Wikingern im 10. Jahrhundert die Besiedlung Grönlands, und

---

[77] Ein eindrückliches Beispiel für die Wirkung des Vertrauensverlusts auf die Stabilität eines Regimes bei einer gescheiterten Krisenbewältigung ist die Kernreaktorkatastrophe von Tschernobyl am 26. April 1986 als ein *tipping point* hin zum Zusammenbruch der Sowjetunion, vgl. Higginbotham 2019.
[78] So etwa während der sogenannten „Krise des 3. Jahrhunderts" n. Chr. im Römischen Reich, vgl. Sommer 2010.
[79] Scheffer 2009; Preiser-Kapeller 2012b.
[80] Drake 2012; Cline 2014; Knapp/Manning 2016; Finné u. a. 2017.
[81] Campbell 2016.

sie ‚ermöglichten' z. B. im Alpenraum die Nutzung höherer Gebirgslagen für Landwirtschaft und Transport.[82] Allerdings verschoben das mit der Witterungsgunst intensivierte (land)wirtschaftliche und demografische Wachstum auch die machtpolitischen Gewichte innerhalb der Gesellschaft. Daniel R. Shultz und Andre Costopoulos präsentierten 2019 ein einfaches Computermodel, um mögliche Zusammenhänge zwischen besseren klimatischen Parametern und der Dauerhaftigkeit von Reichsbildungen unter Steppenvölkern zu simulieren. Nomadische Haushalte mit verschiedenen Herdengrößen agieren dabei in einer virtuellen Umwelt, deren wechselnde Witterungsparameter den Zuwachs an Tieren begünstigen oder behindern können. Bei günstigen Bedingungen profitieren alle Haushalte, allerdings in unterschiedlichem Ausmaß. Die bestehende materielle Ungleichheit zwischen den Haushalten steigt, was den *big players* in einem größeren Umfang erlaubt, durch Zuwendungen (in Form von Tieren) kleinere Haushalte als Klienten an sich zu binden. Dadurch entstehen größere und dauerhafte Netzwerke des Einflusses als potenzieller Kern neuer Machtbildungen.[83] Außerhalb des Computers werfen solche Prozesse die Frage nach der Abschöpfung und Verteilung der wachsenden Überschüsse und der damit einhergehenden Machtpotenziale insbesondere innerhalb der Eliten auf. North, Wallis und Weingast hielten fest:

„Preise, Demographie, Wirtschaftswachstum, Technologie und eine Vielzahl anderer Variablen ändern sich kontinuierlich in einer Weise, die sich auf die Macht und Position verschiedener Eliten auswirkt. Da diese Änderungen manche Mitglieder der dominanten Koalition begünstigen und andere benachteiligen, ändern sich ihre relativen Verhandlungspositionen. Anpassungen bei der Verteilung von Privilegien und Kapital müssen daher vorgenommen werden, um dem neuen Kräfteverhältnis Rechnung zu tragen. […] Die tatsächliche Struktur dominanter Koalitionen ist von Natur aus instabil. Die dominante Koalition ändert regelmäßig Größe und Zusammensetzung, indem sie schwächere Mitglieder aussortiert, neue starke Mitglieder einbezieht und die gesamte Zusammensetzung der Koalition neu ordnet. […] Wenn […] dramatische Veränderungen erforderlich sind, erleiden dominante Koalitionen häufig teilweise einen Zusammenbruch, und Bürgerkrieg kann eher die Folge sein als eine friedliche Anpassung der Arrangements."[84]

---

[82] Dugmore u. a. 2007; Barrett 2006.
[83] Shultz/Costopoulos 2019.
[84] North/Wallis/Weingast 2009, 35 f., 40, 51. Siehe dazu jetzt auch van Besouw/Ansink/van Bavel 2016.

Zu denken ist dabei an die Stärkung bislang peripherer Regionen gegenüber der Zentrale, oder den ökonomischen Aufstieg neuer Gruppen, die einen Anteil am Machtarrangement einfordern, wie es gerade auch in Westeuropa im 11. und 12. Jahrhundert der Fall war.[85]

Ich werde in den folgenden Kapiteln mehrere Beispiele dafür anführen, dass auch begünstigende Klimabedingungen nicht automatisch in größerer gesellschaftlicher Stabilität resultierten. Insgesamt wird deutlich werden, dass nicht das Klima die historische Entwicklung ‚determiniert', sondern dass verschiedene Gesellschaften wechselnde klimatische Parameter ganz unterschiedlich ‚verarbeiten' konnten. Die Ergebnisse wirkten kurz- oder langfristig stabilisierend oder verändernd.

Pandemien in vorindustriellen Gesellschaften

Neben dem Krieg und dem Hunger gehörte die Seuche zum traditionellen ‚apokalyptischen Dreigespann' in vorindustriellen Gesellschaften.[86] Als wesentlicher Bestandteil der mikrobiologischen Ökologie des Planeten stehen auch Pathogene im Wechselspiel mit dem Klima, insbesondere durch wechselnde Parameter für ihre menschlichen und nichtmenschlichen Wirte.[87] Die Malaria (früher unter anderem auch ‚Klimafieber' genannt) wird in ihren verschiedenen Formen durch Erreger der Plasmodium-Familie hervorgerufen, die wiederum durch den Stich weiblicher Stechmücken der Gattung Anopheles übertragen werden. Je nach Temperatur und naturräumlichen Bedingungen können verschiedene Stämme des Erregers in verschiedenen Gattungen der Stechmücken in bestimmten tropischen und subtropischen Regionen endemisch sein. Das hat je unterschiedliche Auswirkungen auf Gefahr und Heftigkeit eines Krankheitsausbruches. Klimatische Veränderungen beeinflussen auch diese ‚Krankheitsökologien' und können zu deren Wachstum, Schrumpfung oder räumlichen Verschiebung beitragen. Auch der Mensch hat daran einen Anteil, indem er Feuchtgebiete besiedelt, trockenlegt, aber auch erweitert, etwa durch den Nassreisanbau in Südchina, und sich somit dem Erreger aussetzt oder ihn (unabsichtlich)

---

[85] Bisson 2009. Vgl. dazu die entsprechenden Kapitel im parallel erschienenen Band *Der Lange Sommer und die Kleine Eiszeit*.
[86] Vgl. dazu auch Krämer 2015, 166; Slavin 2019, 29 f. Zum Krieg als einer eigenen Form der Katastrophe siehe auch Toner 2013, 131–152, und Scheidel 2018b.
[87] Dazu als Überblick siehe Crawford 2007; McMichael 2017.

sogar ‚begünstigt'. So wurde vermutlich bereits seit der Römerzeit die Malaria in temperaturbegünstigten Feuchtgebieten nördlich der Alpen endemisch, wenn auch nicht mit ihrem gefährlichsten Erregerstamm, der doch deutlich wärmere Bedingungen benötigte. Eine neuerliche Ausdehnung der Malaria nach Norden wird durch den modernen Klimawandel begünstigt.[88]

Ähnlich wie für das Klima wurde und wird manchmal auch für Infektionskrankheiten ein allein bestimmender Einfluss auf historische Entwicklungen angenommen. So schrieb der britische Historiker William Henry Samuel Jones (1876–1963), der mit der Krankheit während seines Dienstes in den Kolonien des Empires in Kontakt geraten war, 1907 über die Malaria:

> „Es wird nicht der Anspruch erhoben, dass Malaria die einzige Ursache [des Untergangs des Römischen Reiches] war, aber es ist sicher, dass die Krankheit anderen desintegrierenden Faktoren volle Wirkungskraft gab. […] Malaria machte den Griechen schwach und ineffizient; es verwandelte den strengen Römer in ein blutrünstiges Tier."[89]

Derartige, früher auch für das Klima vermutete Einflüsse auf den ‚Volkscharakter' wird heute niemand mehr ins Treffen führen. Jedoch nimmt ebenso heute die Debatte um den Beitrag von Pandemien wie der „Justinianischen Pest" (im 6. Jahrhundert n. Chr.) oder dem „Schwarzen Tod" (im 14. Jahrhundert) auf das ‚Ende' der Antike oder des Mittelalters, meist in Kombination mit Klimafaktoren, in manchen Studien eine deterministische Dimension an. In ihnen wird das Pathogen zum *prime mover* von Wirtschaft und Gesellschaft.[90] Ähnlich wie in der Paläoklimatologie können neue naturwissenschaftliche Daten dazu beitragen. So gelang der Paläogenetik etwa die Bestimmung der in Skeletten von Opfern der Pestpandemien sowohl des 6. bis 8. Jahrhunderts als auch des 14. bis 18. Jahrhunderts gefundenen Erreger als verschiedene Zweige des Bakteriums Yersinia pestis, des Pathogens der Beulen- und Lungenpest. Eine jahrzehntelange Debatte aufgrund widerstreitender Deutungen der historischen Schriftquellen wurde damit geklärt. Weitere Erkenntnisse erlauben es mehr und mehr auch

---

[88] Sallares 2002; Sallares/Bouwman/Anderung 2004; Crawford 2007, 35–47; Kappas 2009, 231–233; Newfield 2017; Newfield 2018, 104–106.
[89] Jones 1907, 85.
[90] Dazu u. a. kritisch Leven 2016; Eisenberg/Mordechai 2019; Mordechai/Eisenberg 2019.

das epidemische Potenzial dieser früheren Formen des Pestbakteriums zu ermitteln.[91] Doch wurde aufgrund von Funden noch früherer Formen des Erregers bereits in Gräbern des 3. Jahrtausends v. Chr. der Seuche auch ein Beitrag zu Migrationen aus den Steppen nördlich des Schwarzen Meers (von Angehörigen der Jamnaja-Kultur) in Richtung Zentral- und Westeuropa ab 2800 v. Chr. zugeschrieben. Nachdem der genetische Befund als Ergebnis einer weitgehenden Verdrängung früherer Bevölkerungsgruppen interpretiert wurde, vermutete man, dass die Neuankömmlinge eine Frühform der Pest mitbrachten. Diese habe gleichsam durch Massensterblichkeit der gegenüber dem Erreger noch ‚jungfräulichen' Vorbevölkerung das Feld bereitet, in einem Analogieschluss zu der Auswirkung neuer Krankheiten auf die Bewohner Amerikas nach der Ankunft der Europäer in Amerika ab 1492. Darüber hinaus wurden diese Migrationsbewegungen mit der Ausbreitung der indo-europäischen Sprachenfamilie verknüpft.[92] Nachdem für diesen Raum in dieser Epoche keinerlei Schriftquellen vorliegen, besteht für derartige kühne Interpretationen viel Spielraum. Jedoch relativieren allerneueste archäologische und paläogenetische Befunde deren Stichhaltigkeit und weisen auf eine allmähliche Migration und Vermischung mit der früheren Bevölkerung über mehrere Jahrhunderte hin, ohne dass die Pest überall eine große Rolle gespielt hätte.[93] Einmal mehr wird deutlich, dass bei scheinbar einleuchtenden und einfachen Rekonstruktionen historischer Prozesse alleine aufgrund der naturwissenschaftlichen Befunde angesichts der tatsächlichen Komplexität solcher Vorgänge Vorsicht angebracht ist.[94]

Demgegenüber nimmt die Umweltgeschichte die gesellschaftliche Einbettung von Epidemien in den Blick, wobei Christian Rohr festhält, dass „Krankheiten und Seuchen [...] anderen Deutungsmustern als Naturkatastrophen" unterliegen.[95] Der Zusammenhang zwischen Witterung und Missernte war für den antiken oder mittelalterlichen Beobachter eindeutig, auch wenn er den biophysikalischen Wirkzusammenhang um außernatürliche Ursachen wie Gottesstrafen erweiterte. Die tatsächlichen Erreger infektiöser Krankheiten blieben hingegen im

---

[91] Benedictow 2010; Wagner 2014; Keller u. a. 2019; Spyrou u. a. 2019; Demeure u. a. 2019; Green 2018; Green 2019.
[92] Haak u. a. 2015; Krause/Haak 2017; Valtueña u. a. 2016; Rascovan u. a. 2019.
[93] Immel u. a. 2020.
[94] Siehe dazu auch Feuchter 2016.
[95] Rohr 2007, 17.

Zeitalter vor dem Mikroskop (ab dem 17. Jahrhundert) bzw. de facto bis zur allgemeinen Etablierung der Mikrobiologie durch die Leistungen von Louis Pasteur (1822–1895) oder Robert Koch (1843–1910) ‚unsichtbar'. Umso mehr wurden religiöse Deutungsmuster auf Seuchen angewandt, wie die Pestpfeile des Apoll schon in der *Ilias* oder die ägyptischen Plagen im Buch *Exodus*. Damit verknüpfte Vorstellungen von ritueller Reinheit oder Unreinheit konnten aber auch zu Handlungsanweisungen führen, die aus heutiger Sicht (medizinisch) wirksam sein konnten. So verfügt das alttestamentarische Buch *Levitikus* im Fall des Verdachts auf „Aussatz", dass der Betroffene mehrfach im Abstand von jeweils sieben Tagen vom Priester untersucht wird, wobei er während dieser Zeit von der Gemeinschaft isoliert werden soll. Bestätigt sich letztlich der Verdacht, dann wird Folgendes vorgeschrieben:

> „Der Priester [soll] ihn für unrein erklären: Es handelt sich um Aussatz. […] Der Aussätzige, der von diesem Übel betroffen ist, soll eingerissene Kleider tragen und das Kopfhaar ungepflegt lassen; er soll den Schnurrbart verhüllen und ausrufen: Unrein! Unrein! Solange das Übel besteht, bleibt er unrein; er ist unrein. Er soll abgesondert wohnen, außerhalb des Lagers soll er sich aufhalten."[96]

Die über die dauerhafte Absonderung hinausgehenden Bestimmungen, die die ‚Unreinheit' allgemein sichtbar machen, verweisen auf die religiöse Deutung der Krankheit als Bestrafung. Sie trennte den Betroffenen in physischer wie ritueller Weise von der Gemeinschaft. Derselbe Begriff (im Hebräischen *tsara'at*) wurde auch auf Hautanomalien von Tieren bzw. Anomalien an der Oberfläche materieller Objekte angewandt, die dadurch gleichfalls ‚unrein' wurden. Erst in der griechischen Übersetzung der *Septuaginta* (zwischen 250 und 100 v. Chr.) wurde daraus „Lepra", ohne dass der „Aussatz" ursprünglich nur mit dieser Krankheit verknüpft gewesen wäre.[97] In den Evangelien lässt dann Jesus den „Aussätzigen" in Taten und Gleichnissen seine besondere Fürsorge angedeihen. Aus der Kombination der alt- und neutestamentarischen Vorbilder entstand im spätantiken und mittelalterlichen Christentum ein für andere, biblisch weniger ‚prominente' Krankheiten nicht zu beobachtendes Standardverfahren. Demnach wurden die an Lepra Erkrankten nach offizieller, auch mit einer entsprechenden Liturgie verknüpften Prüfung aus der Gemeinde abgesondert, aber im

---

[96] Levitikus 13, 1–46 (Einheitsübersetzung).
[97] Angel 1996, 66–68; Frey-Anthes 2007.

Zeichen der Nächstenliebe in eigens gestifteten Leprosorien versorgt. Zwar war man sich der Verursachung und tatsächlichen Übertragungswege des erst 1873 entdeckten Mycobacterium leprae nicht bewusst, jedoch kann man eine nicht nur durch das biblische Vorbild, sondern auch lange Erfahrung gewonnene Einsicht in den Nutzen der Absonderung annehmen. Gleichzeitig ist Lepra weit weniger ansteckend als andere Infektionskrankheiten, sodass das Ausmaß der Krankheitsfälle im Gegensatz etwa zur Pest einen relativ geordneten Umgang mit dem Phänomen ermöglichte.[98]

Weit weniger nützlich erwiesen sich traditionelle Handlungsmuster aber angesichts von epidemischen Massenausbrüchen. Neben den religiösen Deutungen hatte die griechische Medizin seit Hippokrates von Kos (ca. 460–370 v. Chr.) verschiedene Theorien zur Ausbreitung von Krankheiten entwickelt, die sie auf durch Fäulnisprozesse entstandene Verunreinigungen der Luft (*miasmata*) zurückführte. Diese Konzepte waren dann maßgeblich für die weitere Entwicklung der römischen, westlich-lateinischen und byzantinischen sowie islamischen Medizin. Massive Verunreinigungen konnten nach Ansicht von antiken und mittelalterlichen Gelehrten auch durch Kometen und andere Himmelsphänomene angezeigte Unordnungen der Gestirne verursacht werden; davon stammt auch der Begriff des „Desasters" (vom lateinischen *astrum* für Stern). Eine weitere vermutete Ursache stellten mit Erdbeben verknüpfte Eruptionen von Gasen (griechisch *pneumata*) aus dem Erdinneren dar. Der dabei entstandene „Pesthauch" breitete sich, so die Annahme, dann über weite Strecken aus. Diese Miasmen könnten sich zwar auch im Körper von Erkrankten verdichten und von dort an andere etwa durch den Atem weitergegeben werden. Doch wurde diesem, nach modernen Gesichtspunkten als ‚Ansteckung' beschreibbaren Vorgang allenfalls sekundäre Bedeutung gegenüber der primären Gefahr der allgemeinen ‚Verseuchung' über die Luft beigemessen. Somit galt in den auf dieser Grundlage erstellten Empfehlungen der Ärzte der generellen Hygiene einer Siedlung und der ‚Reinigung' der

---

[98] Angel 1996, 68–71, 229–231, 388–390; Leven 1997, 50–53; Miller/Nesbitt 2014; Dross 2016. Ein Parallelbeispiel wäre der durch den Genuss von aufgrund von Pilzbefall vergiftetem Getreide ausgelöste Ergotismus („Antoniusfeuer"), der gerade in Zeiten feuchter Witterung und Missernten weit verbreitet war; seiner Behandlung widmete sich insbesondere der 1095 gegründete Antoniter-Orden, der zeitweilig um die 370 Niederlassungen in ganz Westeuropa besaß, vgl. Mischlewski 1976; Angel 1996, 262 f., 276, 433–438; Schulz 2011, 736–741.

Luft etwa durch Feuer und Wohlgerüche das Hauptaugenmerk. Für den Einzelnen wurden prophylaktisch auf der Grundlage der hippokratischen Humoralpathologie (der Lehre von den vier Körpersäften) verschiedene Nahrungsmittel ge- oder verboten. Ebenso wurden manchmal auch die Flucht bzw. die Vermeidung von derart verunreinigten Orten angeraten.[99] Dazu musste man aber über die entsprechenden materiellen Grundlagen verfügen. Ein Fürst konnte seine Residenz an einen Ort außerhalb des betroffenen städtischen Zentrums verlegen; so verließ der byzantinische Kaiser Konstantin V. (reg. 741–775) im Jahr 747 seine von der Pest betroffene Hauptstadt Konstantinopel, oder Herzog Albrecht II. von Österreich (reg. 1330–1358) im Frühjahr 1349 Wien in Richtung Purkersdorf. Auch andere Mitglieder der Eliten konnten sich auf ihre Landsitze zurückziehen. Diese Gelegenheit bot sich aber den meisten anderen, die ihren Besitz nicht verlassen konnten oder wollten, nicht. Dazu kamen auch andere Verpflichtungen, die höher als die persönliche Unversehrtheit gewichtet wurden. In der islamischen Tradition wurde zwar empfohlen, von der Seuche befallene Gebiete zu meiden, aber auch nicht aus ihnen zu flüchten. Gerade in solchen Situationen galt die Sorge um Angehörige und Nachbarn als besonders verdienstvoll, die einen im Fall des Todes einen Platz im Paradies sichern konnte.[100] Darüber hinaus versuchten auch staatliche Autoritäten massenhafte Fluchtbewegungen und die damit verbundenen Störungen der Ordnung an den Orten des Aufbruchs und der Ankunft zu unterbinden.[101]

Das große Sterben, die Ungleichheit, die Religion und der Staat

Die Massensterblichkeit der ersten Welle der „Justinianischen Pest" (541–544) und des „Schwarzen Todes" (1346–1350), für die man von 30–60 % Bevölkerungsverlust in den betroffenen Gebieten im Mittelmeerraum und Europa ausgeht, überwältigte jedoch Traditionen und Institutionen. Auffällig ist zuerst das Schweigen der etablierten Heilkunde. Die byzantinischen medizinischen Schriftsteller des 6. und 7.

---

[99] Angel 1996, 204–206, 674–676: Leven 1997, 29–31; Jankrift 2012. Zur teilweise vergleichbaren Deutung von Epidemien in der chinesischen Tradition siehe Boyanton 2015; Pfister 2019.
[100] Dols 1974; Congordeau/Melhaoui 2001; Varlik 2015, 72–76 (auch zur tatsächlichen Wirksamkeit dieser idealen Vorgaben im Extremfall); Ayalon 2015, 10–12, 23–28.
[101] Ayalon 2015, 71–74.

Jahrhunderts haben zur Pest nichts zu sagen.[102] Auch während der zweiten Pandemie wagten 1348 die Gelehrten der Pariser Medizinischen Fakultät ihr dann vielzitiertes Pestgutachten nur als anonyme Schrift des Gesamtgremiums herauszugeben. Es bot letztlich nur den traditionellen Erklärungsansatz mit Gestirnen und Miasmen samt den überlieferten prophylaktischen und therapeutischen Ansätzen.[103] Und noch 1535 zögerte die Medizinische Fakultät der Universität Wien die Erstellung eines von der Regierung angesichts der neuerlichen Pestgefahr gefordertes Gutachtens bis 1540 hinaus, um dann die üblichen Erklärungen über Sternenkonstellationen, Erdbeben und „böse Dämpfe" vorzulegen.[104] Auch das Vertrauen in etablierte Religionen wurde zeitweilig erschüttert; während der Ausbrüche der „Justinianischen Pest" wird im 6. und 7. Jahrhundert vom Rückgriff bereits sicher christianisiert geglaubter Gemeinden auf „heidnische" Praktiken berichtet.[105] Im 14. Jahrhundert beunruhigten die Laienbewegung der Geißler (oder Flagellanten) und die gewaltsamen Übergriffe auf jüdische Gemeinden, denen die Vergiftung der Brunnen vorgeworfen wurden, die kirchlichen Autoritäten. Gegen beide Übertretungen erließ Papst Clemens VI. (reg. 1342–1352) von Avignon aus Bestimmungen, die aber wenig fruchteten.[106] Und schließlich erwiesen sich auch die staatliche Institutionen insbesondere während der ersten ‚Wellen' als machtlos und mussten sich darauf beschränken, für die Entfernung der mittlerweile von den einzelnen Haushalten nicht mehr zu bewältigenden Menge an Leichen und deren massenhafte Bestattung zu sorgen. Im Gegensatz zum Hunger gab es vorerst kein wirksames staatliches Instrument, um die Gefahr selbst für die Eliten und ‚relevante' Gruppen zu mindern. Vielmehr schienen alle üblichen sozialen Bindungen auseinanderzubrechen und wechselseitige Fürsorge- und Gefolgschaftsverpflichtungen nicht mehr zu gelten.[107]

---

[102] Leven 2007 und 2008; Meier 2016; Harper 2017; Sarris 2020. Vgl. auch das erste Kapitel im parallel erschienenen Band *Der Lange Sommer und die Kleine Eiszeit*.
[103] Leven 1997, 33 f. Siehe auch das entsprechende Kapitel im parallel erschienenen Band *Der Lange Sommer und die Kleine Eiszeit*.
[104] Flamm 2008, 49 f.
[105] Congordeau 1993; Meier 2016.
[106] Graus 1988; Angel 1996, 591–594; Anderson/Johnson/Koyama 2016. Siehe auch das entsprechende Kapitel im parallel erschienenen Band *Der Lange Sommer und die Kleine Eiszeit*.
[107] Horstmanshoff 1992; Graus 1988; Leven 1995; Toner 2013, 39 f.

Selbst wenn dann das große Sterben nach mehreren Wochen endete, mochte der schiere Verlust an Bevölkerung die bisherige sozio-ökonomische Ordnung infrage stellen. Insbesondere für die zweite Pestpandemie des 14. Jahrhunderts wurde – unter Nutzung des Malthus-Modells – etwa für England eine Verschiebung der Verhandlungsmacht von den Eliten zu den stark dezimierten und somit umso wertvolleren agrarischen und urbanen Arbeitskräften angenommen. Diese hätte es ihnen erlaubt, bessere materielle Bedingungen zu erlangen. Solche Veränderungen hätten nicht nur den Einzelnen, sondern in Summe dann die gesamte Gesellschaft wohlhabender gemacht. Eine neue ökonomische Dynamik wäre in Gang gesetzt worden, die letztlich in die Industrielle Revolution des 18. Jahrhunderts gemündet hätte. Die Pestpandemie wird damit zum Auslöser einer *Great Transition*, die zur *Great Divergence* zwischen den expandierenden Staaten Westeuropas und dem restlichen, von ihnen dann teilweise kolonisierten Globus (wo Gesellschaften nicht in langfristig ebenso ‚gewinnbringender' Weise auf vergleichbare Herausforderungen reagiert hätten) führte.[108]

Ich diskutiere weitere Aspekte dieses Szenario in den letzten Kapiteln des parallel erschienenen Bandes *Der Lange Sommer und die Kleine Eiszeit*. An dieser Stelle sei angemerkt, dass die Ausverhandlung neuer Lohn- und Arbeitsbedingungen voraussetzt, dass auch die ‚Seuche' mit ihren Folgen im gesellschaftlichen Gefüge in ähnlicher Weise verarbeitet wurde wie klimatische Extreme samt dem Hunger. Und in vergleichbarer Weise gelang es auch etablierten Autoritäten, in Reaktion auf die pandemische Krise Macht auszubauen. Religiöse Establishments etwa vermochten, unter dem Schock der Pest entwickelte oder intensivierte neue Formen der Frömmigkeit, etwa die Verehrung von Pestheiligen (im 7. Jahrhundert der Hl. Sebastian, im 14. Jahrhundert der Hl. Rochus), für ihre Zwecke zu kanalisieren und somit ihr ‚Bewältigungsarsenal' zu erweitern.[109] Auch hinsichtlich der (zeitweiligen) Verschiebung der Verhandlungsmacht zu den an Zahl geschrumpften Bauern und Arbeitern kommt Walter Scheidel in seiner großen Geschichte der Ungleichheit zu einem ernüchternden Befund:

„Mit institutionellen Regelungen konnten die Wirkungen demografischer Erschütterungen aufgefangen und die Arbeitsmärkte durch

---

[108] Allen 2001; Pamuk 2007; Ayalon 2015, 31–40; Campbell 2016; Alfani/Murphy 2017; van Bavel/Buringh/Dijkman 2018; Bauch/Schenk 2020b.
[109] Meier 2016; Graus 1988; Angel 1996, 394–408; Dormeier 2003.

Zwang unter Kontrolle gebracht werden. Eine Form der Gewalt konnte durch eine andere ausgeglichen werden: Wenn die Eliten auf Angriffe von Mikroben mit ausreichender menschlicher Gewalt reagierten, um die Verhandlungsposition der Arbeiter zu schwächen, konnten sie ein hohes Maß an Ungleichheit aufrechterhalten oder rasch wiederherstellen. Die egalisierende Wirkung der Pestepidemien wurde also durch zwei Faktoren beschränkt: durch die Zeit, denn der Bevölkerungsschwund wurde im Lauf der Jahrhunderte schrittweise wieder ausgeglichen, und durch die soziale und politische Umgebung, in der die Krankheit ihre Wirkung entfaltete. Epidemien konnten die Ungleichheit nur unter bestimmten Bedingungen und nur für eine gewisse Zeit deutlich verringern."[110]

Schließlich entwickelten auch die Regierungen in einem (schmerzhaften) Lernprozess während der zweiten Pestpandemie ab dem 14. Jahrhundert angesichts der Wiederkehr der Seuche im Abstand von Jahren oder Jahrzehnten organisatorische Maßnahmen zur Vermeidung von Pestausbrüchen. Erste Versuche italienischer Staaten während der ersten Welle ab 1346, Häfen für einfahrende Schiffe und Städte für Reisende aus von der Seuche betroffenen Orten zu sperren, erwiesen sich als ungenügend. Erst ab 1377 setzten Ragusa (Dubrovnik) an der Adria, dann Venedig und andere italienische Städte effizientere Bestimmungen der „Quarantäne" (von den 40 Tagen der Isolation verdächtiger Schiffe etwa auf vorgelagerten Inseln) und weitere Beschränkungen des wirtschaftlichen und öffentlichen Lebens um.[111] Schrittweise, aber oft erstaunlich langsam wurden vergleichbare Pestregime in anderen Regionen übernommen, z. B. in den verschiedenen österreichisch-habsburgischen Ländern nach ersten zaghaften Maßnahmen im Verlauf des 15. Jahrhunderts umfassend erst ab 1521 (für Graz), in Wien 1540. Erneut können Geschwindigkeit und Umfang der Anpassung mit den jeweiligen Aushandlungsprozessen zwischen Regierenden und den verschiedenen Eliten, Ständen und Kommunen verknüpft werden. So standen der allzu strikten Beschränkung des Verkehrs der Städte nach außen die Interessen des Handels gegenüber, dem Verbot von Festlichkeiten und des Betriebs von Gasthäusern jene der Gewerbetreibenden und der Aussetzung der Gottesdienste jene der Kirchen. Strittig war auch die Übernahme der Kosten der Versorgung jener, die sich in Hausisolation oder in eigens eingerichtete Pesthäuser begeben mussten, aber

---

[110] Scheidel 2018b, 397.
[111] Blažina Tomić/Blažina 2015; Drews 2013.

ihre Grundversorgung nicht selbst bestreiten konnten. Wie im Fall der Hungernot symbolisierte der Zugriff auf die Pufferkapazitäten gesellschaftliche Partizipation. Über ohnehin marginalisierte Gruppen wurde hingegen erneut der Ausschluss von diesen Maßnahmen und den mit entsprechenden Infrastrukturen ausgestatteten Orten verfügt. Ohnehin verdächtigte man die „Elenden" besonders, potenzielle Träger der Seuche zu sein, und so wurde die Ausweisung ortsfremder „Bettler" und „Vagabunden" fixer Bestandteil der erlassenen Pestordnungen.[112] Zu beobachten ist aber auch, dass einmal eingeübte Verhaltensregeln aufgeweicht oder sogar vergessen wurden, wenn ein Ort über mehrere Jahrzehnte nicht mehr von der Pest betroffen wurde. Und manchmal erwiesen sich auch die Partikularinteressen der Regierenden als fatal. Als 1720 ein mit Baumwolle beladenes Schiff aus dem von der Pest betroffenen Syrien im Hafen von Marseille anlandete, wurden die (bereits seit 1384 geltenden) Quarantänebestimmungen unterlaufen. Mehrere Stadträte waren an der Fracht beteiligt und an deren schnellem Verkauf interessiert. Das Resultat war der schwerste Ausbruch der Epidemie in der Stadt seit Langem in den folgenden zwei Jahren.[113]

Umso mehr setzte sich letztlich der Zentralstaat durch, dessen Zugriffs- und Kontrollinstrumente durch die ordnungspolitischen Maßnahmen zur Bekämpfung der Pest Schritt für Schritt gestärkt wurden. Ramón Reichert etwa hält in seinem Aufsatz *Auf die Pest antwortet die Ordnung* (1996) fest:

> „Was nunmehr den medizinischen Raum mit dem gesellschaftlichen Raum zusammenfallen oder ihn durchdringen lassen wird, ist die unbegrenzte, sich ständig verschiebende Ansteckung, die den pathologisierten Gesellschaftskörper durchläuft, eine endlose Reihe von sich verzweigenden Ansteckungsereignissen und -konstitutionen. Die in den Pestordnungen geforderte verallgemeinerte Anwesenheit des ärztlichen Blickes soll ein Netz bilden, um dieses Spiel der Serien, der endlosen Reihen der Ansteckungen zu erfassen: die Dimension der individuellen Krankengeschichte; die medizinische Topographie der Häuser, ihrer Familienmitglieder und Dienstboten, der Plätze, der Stadtviertel und öffentlichen Anstalten und ihrer verdächtigen Spezies; die

---

[112] Dinges 1994; Reichert 1996; Angel 1996, 231 f.; Christensen 2003; Flamm 2008; Fahlenbock 2009, 149–154; Alfani/Murphy 2017. Siehe auch das entsprechende Kapitel im parallel erschienenen Band *Der Lange Sommer und die Kleine Eiszeit*.

[113] Leven 1997, 31 und 34; Barbieri/Drancourt 2018.

Beobachtung der klimatischen und meteorologischen Einflüsse auf die Gemüter; die sanitätspolizeyliche Gliederung und nachrichtendienstliche Verbindung sämtlicher Provinzen, Bezirke und Distrikte des Staates. [...] In den groß angelegten Seuchengesetzen und Quarantäneordnungen um 1700 geht es weniger darum, die Seuche zu mäßigen, sondern den sozialen Körper besser zu regieren. [...] Das Regierungsmodell der Pestordnungen besteht in der ursprünglichen Setzung eines gewaltsamen, regellosen Todes, der den Selbsterhaltungstrieb der Individuen entfesselt: Von dieser Verknüpfung ausgehend, geht es nun in der Pestordnung darum, aus dem Selbsterhaltungstrieb permanente Pflichten abzuleiten, um die Seriosität des zweckrationalen Sollens zu demonstrieren."[114]

Somit wird letztlich auch die gesellschaftliche ‚Einbettung' der Seuche zur Gelegenheit, etablierte politische und soziale Ordnungen zu stärken und sogar auszubauen. Der vorindustrielle Staat wächst als ‚Krisenstaat'. Er kann exogene Schocks wie Seuchen oder klimatische Extreme zwar oft ungenügend, aber mittel- und langfristig mit Verfahren bewältigen, die den Zugriff auf materielle und symbolische Ressourcen bekräftigten. An die Grenzen stoßen diese Entwicklungen dann, wenn die Pufferkapazitäten in einem Ausmaß überbeansprucht werden, das den allgemeinen Nutzen bestehender Ordnungen für wesentliche Teile der Eliten und ‚relevanter' Gesellschaftsgruppen fragwürdig werden lässt. Dies ist insbesondere dann der Fall, wenn mehrere exogene Extremereignisse (Witterungskatastrophen, Seuchen) mit endogenen Bruchlinien zusammenwirken und die Krise bis hin zum Zusammenbruch der sozialen und politischen Kohäsion verschärfen.

Klima, Krisenstaat, Katastrophenkulturen und Risikogesellschaften: der Historiker im Labor

Trotz dieser tatsächlichen ‚Kollapse' im Verlauf der antiken und mittelalterlichen Geschichte darf man abschließend fragen, ob die selbst in ‚klimabegünstigten' Zeiten hohe Frequenz an Extrem- und Notereignissen die (aus unserer heutigen Sicht) ‚Katastrophe' nicht auch zum Alltag machte. Im vorindustriellen Europa war mit Missernten alle vier Jahre zu rechnen; eine größere Hungerkrise erlebte wohl jede Generation, und letzteres galt auch für die wiederkehrenden Aus-

---

[114] Reichert 1996, 328, 342 und 351.

brüche der Pest während der ersten und zweiten Pandemie.[115] Daneben gab es natürlich die bis heute beschworenen ‚Jahrhundert-‘ oder ‚Jahrtausendereignisse' wie das „Jahr ohne Sommer" 536 n. Chr. oder den Ausbruch des „Schwarzen Todes" 1346–1350.[116] Doch fragt etwa Christian Rohr in seiner Untersuchung mit dem Titel *Extreme Naturereignisse im Ostalpenraum*:

> „Wie weit konnten Menschen davon ausgehen, dass eine Naturgewalt in unregelmäßigen, aber kurzen Abständen wiederkehrte? Wie weit beeinflusste dieser Erfahrungsschatz die Wahrnehmungs-, Deutungs- und Bewältigungsstrategien? Konnten selbst extreme Naturereignisse zur Normalität werden, so dass sie innerhalb einer regionalen Gesellschaft nicht mehr oder nur mehr in einem geringen Ausmaß als Katastrophe wahrgenommen wurden?"[117]

Rohr erwägt die Möglichkeit der Integration von Naturrisiken in den Alltag in einer Weise, die ihnen nicht mehr den Charakter von Ausnahmesituationen zuschreibt. Er denkt dabei z. B. an die erwartbaren „alltäglichen Überschwemmungen", die gegenüber den Vorteilen des Lebens am Fluss in Kauf genommen wurden. Sie trugen zum Entstehen einer „Katastrophenkultur" bei, mit entsprechenden Vorsorgemaßnahmen (Bauholzvorratshaltung für erwartete Reparaturen an Brücken), Warnsystemen, Schutzbauten, der Vermeidung oder auch dem Verlassen bestimmter Siedlungslagen und der Anpassung der Bauweise der Häuser. Er dokumentiert dies mit einer Detailstudie für die Stadt Wels und ihre Brücken über den Fluss Traun in Oberösterreich vom 13. bis zum 16. Jahrhundert. Eine ähnliche Studie legte Ling Zhang für Gebiete am Gelben Fluss in China im 11. bis 12. Jahrhundert vor. Viel größeren Schaden und Eindruck als die jahreszeitlich ‚üblichen' und erwarteten, auch größeren überregionalen Überschwemmungen erzeugten demgegenüber lokal begrenzte, aber überraschend und schnell eintreffende Hochwässer z. B. durch Eisstoß oder Dammbruch.[118]

---

[115] Post 1985; Schulz 2011; Kießling/Konersmann/Troßbach 2016, 17–28; Collet 2019, 32; Ó´Gráda 2009. Ähnliche Zahlen nennt Toner 2013, 7, für das Römische Reich, auch auf der Grundlage von Garnsey 1988.
[116] Siehe dazu die entsprechenden Kapitel im parallel erschienenen Band *Der Lange Sommer und die Kleine Eiszeit*.
[117] Rohr 2007, 16.
[118] Rohr 2007, 16, 44, 279–311, 327–345, 353–391; Rohr 2013; Zhang 2016. Dazu auch Bankoff 2003; Mauelshagen 2010, 121–123; Jäger 2019.

In diesem und folgenden Kapiteln sehen wir, dass auch für andere erwartbar wiederkehrende Extremereignisse wie Naturkatastrophen samt Missernten, ja sogar für die Seuche organisatorische und mentale Bewältigungsstrategien entwickelt werden konnten. Sie konnten trotz ihrer tatsächlichen Unzulänglichkeit zu einer allmählichen Einbettung in regionale und überregionale ‚Katastrophenkulturen', ja sogar zur Stärkung des ‚Krisenstaates' beitragen.[119] Jedoch mochten als ‚erprobt' etablierte Verfahren die Risiken für eine Gemeinschaft oder Gesellschaft auch erhöhen. Rohr und Zhang verweisen auf die ungeplanten hydrologischen Auswirkungen großangelegter Umlenkungs- und Begradigungsversuche an Flussläufen, die die Katastrophengefahr insbesondere bei Extremwitterungsereignissen ‚unerwarteter' Dimension verschärften.[120] Ebenso konnte etwa die Zentralisierung von Speicheranlagen an einem dann besonders betroffenen Ort oder die Konzentration auf einige wenige, für die Besteuerung oder den Absatz besonders attraktive Feldfrüchte die Pufferkapazitäten lokal und überregional vermindern. Der deutsche Soziologe Ulrich Beck beschrieb 1986 in seinem Buch *Risikogesellschaft*, wie unsere modernen Gesellschaften im Bemühen um die Produktion von Reichtum und Wohlstand ständig neue Risiken generieren (Stichwort Kernkraftwerk).[121] Wir werden auf den folgenden Seiten auch den Stadtstaaten und Großreichen des afro-eurasischen Mittelalters als Risikogesellschaften begegnen. Sie belasteten – meist unbewusst und ungeplant – durch die Anhäufung zusätzlicher Verwundbarkeiten ihre etablierten ‚Katastrophenkulturen' manchmal über ihre Pufferkapazitäten hinaus, mit potenziell verheerenden Folgen angesichts unerwarteter klimatischer und epidemischer Extreme.[122]

Um dabei den Anteil von Klimawandel und Pandemien aber angemessen bewerten zu können, müssen wir uns nochmals daran erinnern, Katastrophen als hybride ‚sozionaturale Ereignisse' in den Blick zu nehmen:

> „(Sie sind) sowohl kulturell konstruiert als auch physikalisch ausgeprägt. Auf der einen Seite konnten sie nicht von ihrer physischen Exis-

---

[119] Angel 1996, 334–336, spricht von der „Normalität des Grauens"; Toner 2013, 13–15, 87–97; Ayalon 2015, 84–86; Krämer 2015, 201 f.; Collet 2019, 18 f. Weitere Beispiele finden sich im parallel erschienenen Band *Der Lange Sommer und die Kleine Eiszeit*.
[120] Rohr 2007, 353–391; Zhang 2016.
[121] Beck 1986.
[122] Gerrard/Petley 2013.

tenz losgelöst werden, obwohl es sich um kulturelle Konstrukte handelte. Natur war und ist mehr als ein soziales Gebilde ohne Bezug zur materiellen Welt. Auf der anderen Seite war die Natur ein Akteur, der auch ohne menschliche Wahrnehmung die Umwelt beeinflusste. [Dennoch] besaßen Katastrophen einen sozialen Kontext, weil sich menschliche Handlungen auf die Intensität und Häufigkeit von Katastrophen auswirken konnten."[123]

Gleichzeitig können wir solche Krisen als historisches ‚Laboratorium' oder ‚gesellschaftliches Realexperiment' nutzen, in dem sich zentrale Achsen der sozialen Arrangements und deren Bruchlinien deutlicher abzeichnen; denn sie „setzten die sozialen Systeme von außen unter Druck. Sie veränderten die Ausgangsbedingungen auf einer Skala und in einer geographischen Breite, die sich im historischen Verlauf sonst nicht beobachten lassen."[124] Der großräumige Vergleich zwischen diesen ‚Realexperimenten' in den mittelalterlichen Gesellschaften Afro-Eurasiens wird es uns im vorliegenden und im parallel erschienenen Band *Der Lange Sommer und die Kleine Eiszeit* erlauben, die Verwandlungen der Alten Welt zwischen Antike und früher Neuzeit auf eine neue Weise zu verstehen.

---

[123] Krämer 2015, 203. Vgl. auch Collet 2019, 7 f.
[124] Ayalon 2015, 2 f.; Collet 2019, 139–141, 397 (Zitat). Zu ‚Experimenten der Geschichte' auch Robinson 2008.

Macht Euch die Erde untertan oder macht Euch zu Untertanen?

Frühe Agrargesellschaften, erste Großreiche, das Klima und die Mikrobiologie

Im biblischen Buch *Genesis* finden wir mit der Geschichte von Josef in Ägypten eine der berühmtesten Schilderungen einer klimatischen Schwankung. Josef wird von seinen eifersüchtigen Brüdern als Sklave ins Land am Nil verkauft. Dort deutet er erfolgreich einen beunruhigenden Traum des Pharaos von sieben fetten und sieben mageren Kühen und gibt auch konkrete Handlungsanweisungen zur Abwehr der Not:

> „Siehe, sieben Jahre kommen, da wird großer Überfluss im ganzen Land Ägypten sein. Nach ihnen aber werden sieben Jahre Hungersnot heraufziehen: Da wird der ganze Überfluss im Land Ägypten vergessen sein und Hunger wird das Land auszehren. Dann wird man nichts mehr vom Überfluss im Land merken wegen des Hungers, der danach kommt; denn er wird sehr drückend sein. […] Nun sehe sich der Pharao nach einem klugen, weisen Mann um und setze ihn über das Land Ägypten. Der Pharao möge handeln: Er bestelle Bevollmächtigte über das Land und besteuere das Land Ägypten mit einem Fünftel in den sieben Jahren des Überflusses. Sie sollen alles Brotgetreide der kommenden guten Jahre sammeln und unter der Hand des Pharao Getreide als Nahrungsmittel in den Städten speichern und verwahren. Das Brotgetreide soll dem Land als Rücklage dienen für die sieben Jahre der Hungersnot, die über das Land Ägypten kommen werden. Dann wird das Land nicht an Hunger zugrunde gehen."[1]

Natürlich ist es der von Gott begünstigte Josef selbst, der vom Pharao mit der Aufsicht über das Land betraut wird und dann auch die Verteilung der gespeicherten Vorräte leitet:

> „Die sieben Jahre des Überflusses im Land Ägypten gingen zu Ende und es begannen die sieben Jahre der Hungersnot, wie es Josef voraus-

---

[1] Genesis 41, 29–36 (Einheitsübersetzung).

gesagt hatte. Eine Hungersnot brach über alle Länder herein, im ganzen Land Ägypten aber gab es Brot. Als das ganze Land Ägypten Hunger hatte, schrie das Volk zum Pharao nach Brot. Der Pharao aber sagte zu allen Ägyptern: Geht zu Josef! Tut, was er euch sagt! Als die Hungersnot über das ganze Land gekommen war, öffnete Josef alle Speicher und verkaufte Getreide an die Ägypter. Aber der Hunger wurde immer drückender im Land Ägypten. Alle Welt kam nach Ägypten, um bei Josef Getreide zu kaufen; denn der Hunger wurde immer drückender auf der ganzen Erde."[2]

Durch die Abschöpfung der Ernteüberschüsse und die Kontrolle über deren Speicherung und Verteilung in Zeiten des Mangels werden der Pharao und der von ihm als Oberverwalter eingesetzte Josef zu den tatsächlichen Herren Ägyptens. Dieser Zusammenhang zwischen der Verfügung über das Getreide und der Manifestation königlicher Macht wurde in der späteren arabisch-islamischen Tradition, die in der Sure 12 des Koran die biblische Geschichte übernahm, dadurch verdeutlicht, dass man die gewaltigen Pyramiden von Gizeh als Getreidespeicher deutete, die Josef in den sieben Jahren des Überflusses für den Pharao errichten ließ. Auch ein Teil der modernen Forschung nimmt einen engen Zusammenhang zwischen der Infrastruktur für Anbau, Ernte und Speicherung und der Entstehung früher Staaten größeren Umfangs an, insbesondere für den Bau und Erhalt der in den Flusslandschaften Ägypten, Mesopotamiens oder Chinas notwendigen Dämme und Kanäle. Hermann A. Schlögl etwa scheibt über Ägypten: „[D]ie Organisation dieser Bewässerungsarbeiten führte zur Bildung von Gemeinschaften, die über eine bloße Stammeszugehörigkeit hinausgingen und das Entstehen einer einheitlichen Kultur begünstigten."[3] Der deutsche Soziologe und China-Spezialist Karl A. Wittfogel (1896–1988) prägte, unter Rückgriff auf frühere Ideen von Karl Marx und Max Weber, sogar den Begriff des „hydraulischen Despotismus". Die für die Errichtung und Erhaltung großer Bewässerungssystem notwendige Mobilisierung und Koordination vieler Menschen hätte die Etablierung großer Herrschaftsgebilde unter autokratischer Führung begünstigt und frühe Gesellschaften auf diesen politischen Entwicklungspfad festgelegt.[4] Die Josefsgeschichte spiegelte

---

[2] Genesis 41, 53–57 (Einheitsübersetzung). Zum möglichen historischen Hintergrund der Josefsgeschichte siehe auch Vieweger 2019, I 274 f.
[3] Schlögl 2006, 15–23. Vgl. auch Agut/Moreno-García 2016, 12–24.
[4] Wittfogel 1963. Siehe auch Mikhail 2011, 31–33; Vogelsang 2012, 240 f.; Gallagher/McIntosh 2015, Lander 2015, 25 f.; Blaschke 2018, 468–470.

demnach die Geburt des Staates als Steuerungs- und Zwangsinstruments in Antwort auf eine klimatische Schwankung wieder.

Die ungeplanten Nebenwirkungen von Landwirtschaft und Urbanisierung

Zweifellos war die Entstehung früher komplexer Gesellschaften nur auf Grundlage der Entwicklung der Landwirtschaft und der damit einhergehenden höheren Siedlungsdichten und Konzentration agrarischer Überschüsse möglich. Mit dem Ausklingen der letzten Eiszeit ab ca. 12 500 v. Chr. stiegen die Durchschnittstemperaturen auf der Erde. Unterbrochen wurde diese beginnende Warmzeit durch die sogenannte Jüngere Dryas (ca. 10 800–9700 v. Chr.), eine Periode relativ rascher Abkühlung, die vielleicht durch eine Störung des globalen Wärmeaustausches im Nordatlantik durch einfließendes Schmelzwasser der schrumpfenden Gletscher hervorgerufen wurde. Die vorangehende Erwärmung hätte demnach zu einer Kleinen Eiszeit geführt. Umstritten ist, ob diese neuerliche Kaltzeit die Hinwendung zu landwirtschaftlichen Praktiken beförderte. Auf jeden Fall begannen danach bereits weitgehend sesshaft gewordene Gemeinschaften in verschiedenen Gebieten des Nahen Ostens, aber auch in anderen Weltregionen, verstärkt Ackerpflanzen zu nutzen und über viele Generationen nach ihren Bedürfnissen zu verändern sowie Wildtiere zu domestizieren und gezielt zu züchten.[5] Anfangs ergänzten diese neuen Aktivitäten nur die traditionellen Nahrungsquellen der Jagd und des Sammelns. Mit steigender Bevölkerungsdichte wuchs aber die Bedeutung der Landwirtschaft. Sie erlaubte die Ernährung einer größeren Anzahl an Menschen bei geringerem Flächenbedarf als durch Jagd und das Sammeln von Wildfrüchten. Jedoch erhöhte sich damit auch die Abhängigkeit dieser Gemeinschaften vom Ernte- und Zuchterfolg ihrer Äcker und Herden, insbesondere wenn diese Wälder oder Feuchtgebiete mit ihrem ergänzenden Nahrungsangebot verdrängten. Die Menschen wur-

---

5   Brooke 2014, 114–127 und 136–140, mit einer ausführlichen Diskussion der klimatischen Hintergründe dieses Wandels. Vgl. auch Elvin 2004, 24; Vogelsang 2012, 18–20, 239–241; Lander 2015, 46, 80; Scott 2019, 57 f., 73 f.; Headrick 2020, 32 f.; Ruddiman 2005. Für den (a priori einleuchtenden) Zusammenhang zwischen klimatischer Veränderung und technisch-kultureller Anpassung im Fall der Entwicklung von Bekleidung während der Eiszeitperioden des Paläolithikums vgl. Gilligan 2019, 130–184 auch zur Veränderung der Bekleidung in Agrargesellschaften.

den mehr und mehr von einer relativ kleinen Anzahl an Nutzpflanzen und ihrer Verwundbarkeit gegenüber Witterung und anderen Faktoren abhängig. Umstritten ist, ob die Ausbreitung der Landwirtschaft ab ca. 10 000 v. Chr. zu einem langsamen Anstieg des Kohlendioxids- und Methananteils in der Atmosphäre beitrug, der den wärmeren Klimatrend der Nacheiszeit weiter stabilisierte, wie William Ruddiman vorschlug. Ohne Zweifel begann aber eine Epoche viel tiefgreifenderer ökologischer Veränderungen durch den Menschen als in den Jahrhundertausenden zuvor.[6]

Mit der Konzentration auf die Landwirtschaft ging auch eine Verengung der Nährstoffbasis und das Auftreten von Mangelerkrankungen einher, selbst wenn die Ernten gut ausfielen. Vergleichende paläopathologische Untersuchungen an den Skeletten von Jäger- und Sammlergesellschaften und früher agrarischer Gemeinschaften zeigen weltweit meist, dass, obwohl auch erstere zeitweilig unter Nahrungsmangel litten, letztere ein ungesünderes Leben führten und nicht die durchschnittliche Körpergröße ihrer Vorfahren erreichten. Der überwiegend auf Getreide basierenden Ernährung fehlte es an Proteinen; insbesondere Frauen litten während Menstruation und Schwangerschaft auch an Eisenmangel. Dazu kam eine stärkere und auf bestimmte Teile des Bewegungs- und Stützapparats abzielende körperliche Dauerbeanspruchung durch die schwere Feldarbeit.[7] Gleichzeitig trug das engere Zusammenleben von Menschen und ihren Haustieren zur Entstehung und Verbreitung von Infektionskrankheiten bei. James C. Scott schreibt in seinem jüngsten Buch zu den frühen Zivilisationen auf Grundlage neuerer Forschung:

> „Die Krankheitsökologie des späten Neolithikums war nicht bloß eine Folge der Konzentration von Menschen und der von ihnen domestizierten Tieren in festen Siedlungen. Eher war sie ein Effekt des gesamten Hauskomplexes als ökologisches Modul. Die Räumung und Rodung von Land für Ackerbau und für die Beweidung der neuen Haustiere schuf eine gänzlich neue Landschaft und eine gänzlich neue ökologische Nische mit mehr Sonnenlicht und mehr freiliegenden Böden,

---

[6] Ruddiman 2005. Vgl. auch Brooke 2014, 276 f.; Ellis 2020, 128–132; Headrick 2020, 63–65. Man geht von einer bis zu 250fach höheren möglichen Bevölkerungsdichte auf derselben Fläche bei agrarischer Nutzung im Vergleich zu jener durch Jäger und Sammler aus, vgl. Headrick 2020, 56.

[7] Roberts 2015; Brooke 2014, 212–215; Wilkinson 2015, 102; Scott 2019, 90–100, 124–126.

in die neue Arten von Flora, Fauna, Insekten und Mikroorganismen zogen, da das alte ökologische Muster gestört war."[8]

Die agrarischen Monokulturen etwa begünstigten Pilzinfektionen und andere Pflanzenkrankheiten und lockten darüber hinaus auch ‚Schädlinge' an.[9] Aber insbesondere Menschen und Haustiere samt ihren Fäkalien sowie Dörfern und Speichern wurden Brutstätten von ‚ungeladenen Gästen' wie Nagetieren und Vögeln, Parasiten und Insekten und deren Mikroorganismen. Aus diesem gemeinsamen mikrobiologischen Pool entwickelten sich viele der bis heute zirkulierenden Infektionskrankheiten, etwa, indem Erreger (oder Pathogene) die Artenbarriere von Tier zu Mensch übersprangen und dann als verschiedenen Arten gemeinsame „Zoonose" weiter mutierten. Nach einer Schätzung sind bis zu 900 der 1400 bekannten für den Menschen krankheitserregenden Organismen solche zoonotische Krankheiten, die von nichtmenschlichen Wirten stammen. Scott führt dazu aus, „dass nahezu alle ansteckenden Krankheiten, die sich Mikroorganismen verdanken, die spezifisch an den Homo sapiens angepasst sind, erst in den letzten zehntausend Jahren entstanden, viele davon vielleicht erst in den letzten fünftausend."[10] Krankheiten wie „Cholera, Pocken, Mumps, Masern, Grippe, Windpocken und vielleicht auch Malaria" sind „im strengen Sinne Zivilisationskrankheiten", die erst in Folge der Landwirtschaft und der damit einhergehen Veränderungen der Landschaft und höheren Bevölkerungsdichte auftraten.[11] Man spricht in diesem Zusammenhang auch vom „ersten epidemiologischen Übergang".[12] Damit in einer Bevölkerung z. B. das Virus der hoch ansteckenden Masern dauerhaft endemisch wird, sind mindestens 3000 neue Wirte jährlich erforderlich, was erst ab einer Populationsgröße von ungefähr 300 000 Men-

---

[8] Scott 2019, 116.
[9] Scott 2019, 120 f.
[10] Scott 2019, 113. Vgl. auch Roberts 2015, 113–115; Brooke 2014, 214–216, 226 f.; Harper 2020, 38 f.
[11] Scott 2019, 113–116. Vgl. auch Headrick 2020, 58–60.
[12] Siehe dazu Barrett/Kuzawa/McDade/Armelagos 1998; Roberts 2015, 95 f.; Snowden 2020, x–xi, 7 f. Der „zweite epidemiologische Übergang" wird mit der Zurückdrängung vieler Infektionskrankheiten infolge der Industriellen Revolution und der Entwicklung der modernen Mikrobiologie verknüpft, der dritte (bereits 1998 bei Barrett/Kuzawa/McDade/Armelagos) mit dem Auftreten und der globalen Verbreitung neuer Erreger bzw. der ‚Rückkehr' bestimmter Infektionen durch antibiotikaresistente Keime.

schen möglich ist. Dementsprechend sind die Masern einer aktuellen paläogenetischen Studie zufolge ein relativer Neuankömmling, der erst um 500 v. Chr. nach einer Mutation aus dem Rinderpestvirus dauerhaft die Artenbarriere überwand und sich in menschlichen Gemeinschaften verbreitete. In den frühen Agrargesellschaften gab es zwar bereits Siedlungen von mehreren tausend Einwohnern. Jedoch erst in den Großreichen der Antike entstanden Großstädte mit zehntausenden Menschen und einer samt Umland ausreichenden Bevölkerungsdichte, die das ‚Überleben' des Masernvirus gestattete. Darüber hinaus war für die Ausbreitung dieser Erreger auch die Mobilität von Menschen zwischen den neuen Großsiedlungen entscheidend; diese Netzwerke des Austausches schufen – erneut ungeplant – die Voraussetzungen für den ‚Erfolg' der neuen Pathogene (siehe auch unten).[13] Aufgrund der höheren Gefahr der Ansteckung in größeren, dichter besiedelten Orten mit ihrer durch Verschmutzung, teilweise durch die eigenen Abwässer gefährdeten Wasserversorgung, vermuten viele Demografen einen „urbanen Friedhofseffekt" von der Antike bis ins 18. Jahrhundert n. Chr. Demnach hätte die Anzahl der Todesfälle in Städten von den ersten Zentren bis zur Zeit der Französischen Revolution jene der Geburten stets überschritten, und eine Aufrechterhaltung oder gar ein Wachstum der Bevölkerungszahl war nur durch stetige (freiwillige oder unfreiwillige) Zuwanderung aus dem agrarischen Umland möglich.[14]

Vor diesem Hintergrund wird die leicht scherzhafte Behauptung Jared Diamonds, der Übergang zu Sesshaftigkeit, Landwirtschaft und Viehzucht sei der „schlimmste Fehler der Menschheitsgeschichte" gewesen, vielleicht nachvollziehbar.[15] Dennoch verbreiteten sich auf lange Sicht die frühen Agrargesellschaften immer weiter. Neben der Fähigkeit, trotz aller Verluste durch Missernten, Hunger und Krankheiten, relativ hohe Bevölkerungsdichten aufrecht zu erhalten, mag auch die durch den Übergang zur Getreidekost verursachte Ausdehnung der fruchtbaren Phase der Frauen in den frühen Ackerbaugemeinschaften und die durch die Sesshaftigkeit (und das frühere Abstillen der Säuglinge mit tierischer Milch oder Getreidebrei) ermöglichten kürzeren Abstände zwischen den Schwangerschaften ein höheres Bevölkerungswachstum als bei Jäger- und Sammlerpopulationen gestattet haben. Der Preis,

---

[13] Brooke 2014, 233 f., 269–271; Scott 2019, 113–116; Düx u. a. 2020; Headrick 2020, 111 f.

[14] van Oosten/Schats/Fast 2018; Woolf 2020, 398–400.

[15] Diamond 1987. Vgl. auch Lander 2015, 83 f.

den die Frauen dafür bezahlten, war allerdings eine stärkere Bindung an den Haushalt sowie ein höheres Risiko, bei einer der vielen Schwangerschaften ums Leben zu kommen (um bei einer durchschnittlichen Lebenserwartung von 20 Jahren ab Geburt die Bevölkerungszahl einer Gemeinschaft aufrecht zu erhalten, waren mehr als sechs überlebende Kinder pro Frau notwendig, bei einer Lebenserwartung von 40 Jahren immer noch drei). Gleichzeitig vermehrte sich zwischen den nun am sesshaften Besitz hängenden Gemeinschaften die Anzahl der Kämpfe, was die Stellung der Männer als ‚Krieger' aufwertete, und gleichfalls zur Entstehung von Ungleichgewichten zwischen den Geschlechtern beitrug. Neuere paläopathologische Befunde in frühen sesshaften Gemeinschaften von Mitteleuropa bis nach China legen nahe, dass sich diese neuen Geschlechterhierarchien sogar im unterschiedlichen Zugang zu Nahrung manifestierten, wobei das Fleisch großteils den Männern vorbehalten blieb und sich die oben erwähnten Auswirkungen von proteinarmer Mangelernährung bei Frauen noch verschärften.[16]

Das Ende des Holozänen Klimaoptimums und das Wachstum von Staaten und Ungleichheit

Begünstigend für das Wachstum der Ackerbaupopulationen wirkten vermutlich ab ca. 7000 v. Chr. die meist wärmeren und niederschlagsreicheren Bedingungen des sogenannten Holozänen Klimaoptimums. Auf Ackerbau und Viehzucht beruhende Gemeinschaften verbreiteten sich im gesamten Nahen Osten und Nordafrika, im Mittelmeerraum und Europa, in Zentralasien, in Indien, in Südostasien und in Nord- und Südchina. Das feuchtere Klima erlaubte selbst in weiten Regionen der damals ‚grünen' Sahara das Aufblühen von Agrargesellschaften.[17] Als jedoch ab dem 4. Jahrtausend v. Chr. die Bedingungen trockener wurden, schrumpften die ausreichend bewässerten Gebiete in Nordafrika auf wenige Oasen zusammen – bzw. auf die größte ‚Oase' von

---

[16] Roberts 2015; Rebay-Salisbury u. a. 2018; Scott 2019, 90–100, 124–126; Brooke 2014, 155 f., 210 f.; Hin 2013, 104 f.; Headrick 2020, 55–60, 56–60. Zur Bedeutung von Kriegsführung für die Entstehung größerer Gemeinschaften siehe auch Turchin 2016. Ich danke Peter Turchin für die mehrfache Gelegenheit, diese Aspekte mit ihm zu diskutieren, und auch an der Seshat: Global History Databank mitarbeiten zu können, siehe http://seshatdatabank.info/ [28.10.2020].

[17] Brooke 2014, 126 f., 149 f.; Elvin 2004, 24; Vogelsang 2012, 18–20, 239–241; Lander 2015, 46, 80; Scott 2019, 57 f., 73 f.; Vogelsang 2019, 25 f.

allen, das Niltal. Die damit steigenden Bevölkerungsdichten begünstigten vermutlich die Entstehung größerer Gemeinschaften, bis hin zur Etablierung eines zentral regierten Großreichs unter dem ersten Pharao der sogenannten 1. Dynastie um 3000 v. Chr.[18] Ähnliche Prozesse lassen sich für Mesopotamien beobachten, wo infolge zunehmender Trockenheit sich die Bevölkerung um verbliebene Wasserläufe drängte, die zu Keimzellen der Herausbildung größerer und komplexerer Gemeinschaften bis hin zu Großstädten wurden. Uruk im heutigen Südirak gilt als erste ‚Mega-City' ab ca. 3500 v. Chr., mit schließlich wohl 50 000 Einwohnern auf einer Fläche von 550 Hektar um 3000 v. Chr. Auch im Indusgebiet kam es angesichts immer trockener Bedingungen ab 3200 v. Chr. zu einer Siedlungskonzentration, die in das Entstehen größerer städtischer Zentren mündete.[19] Damit einher ging aber auch ein weiteres ‚Übel' der Zivilisation: wachsende soziale und wirtschaftliche Ungleichheit und die Herrschaft weniger über die Mehrheit der Menschen. Über die Geschwindigkeit dieses Prozesses herrscht Uneinigkeit in der Forschung; John L. Brooke etwa vermutet eine relativen raschen „Phasenübergang" zu größeren und komplexeren Herrschaftsformen, für den die klimatischen Veränderungen am Ende des 4. Jahrtausends v. Chr. als Katalysatoren gewirkt hätten:

„Auslöser war eine […] Naturkatastrophe, Dürren in Ägypten und Mesopotamien, Überschwemmungen in China […], die zum Zusammenbruch der Bevölkerung und zu einer kulturellen Krise führten. Solche Perioden von Naturkatastrophen untergruben die Integrität lokaler neolithischer Gesellschaften […]: Menschen starben in großer Zahl, Dörfer wurden entvölkert, lokale Götter diskreditiert, alte Erinnerungen gingen verloren. Aus dieser Asche entstanden die ersten Staaten […], angeführt von charismatischen Führern, in denen eine neue Kaste von Priestern das rituelle Gebet monopolisierte und routinierte; eine Kaste von Kriegern, die mit neuen Bronzewaffen bewaffnet waren, monopolisierte und routinierte kollektive Gewalt."[20]

---

[18] Hendrickx/Vermeersch 2000, 25–29; Bard 2000; Midant-Reynes 2000; Brooke 2014, 147 f., 152 f., 166 f.; Wilkinson 2015, 27–41; Bunbury 2019, 2 f., 14–38.

[19] Algaze 1993; Stein 1999; Wengrow 2010, 69–75; Selz 2010, 23–26, 30–33, 55–61; Paulette 2012, 168; Frahm 2013, 47 f., 60 f., 91–100; Brooke 2014, 153 f., 172–180, 197–201; Breuer 2014, 205–214; Lafont/Tenu/Joannès/Clancier 2017, 49–92; Scott 2019, 131 f., 134; Headrick 2020, 69–72.

[20] Brooke 2014, 182.

Nachdem längere erzählende Texte jenseits der Auflistung von Gütern meist erst mehrere Jahrhunderte nach dem Übergang zur komplexeren Staatlichkeit niedergeschrieben wurden, ist es schwer, die Gültigkeit eines solche Szenarios zu überprüfen. Unklar ist, wieweit sich hinter ‚charismatischen Führern', legendären Helden und Königen wie Gilgamesch in Mesopotamien oder Kaiser Yu in China, die in diesen Geschichten erfolgreich Maßnahmen gegen Katastrophen wie Fluten, Dürren oder Seuchen ergreifen, tatsächliche historische Gestalten früherer Zeiten verbergen. Die Experimental-Anthropologen Tamás Dávid-Barrett und James Carney nehmen aber an, dass die posthume Vergöttlichung solcher Führungsfiguren eine wichtige Rolle für den sozialen Zusammenhalt in größeren frühstaatlichen Gemeinschaften spielte. Auch später beschriebene Verknüpfungen von Herrschertum und Aufrechterhaltung der ‚Weltordnung' im Angesicht von klimatischen Schwankungen und Extremereignissen (siehe unten) mögen auf einen solchen Nexus als einen Aspekt der Entstehung früher Staatswesen hinweisen.[21]

Mehrere Gelehrte ziehen eine Parallele zwischen der ‚Eingliederung' des Menschen in die Zwänge der sesshaften Agrargesellschaften und frühen Staaten und der Domestizierung der Haustiere. Der Sinologe Mark Elvin etwa schreibt: „Was auch immer die erstaunlichen späteren Errungenschaften der Zivilisation waren, sie hatten einen wenig berücksichtigten Preis: Die Menschheit selbst wurde zu einer ihrer eigenen domestizierten Spezies. Wir versklavten uns, um zu erobern."[22] Auch Brian G. Lander schreibt mit einem Blick auf China und Mesopotamien:

> „Tatsächlich ist die Entwicklung der Staaten, die dadurch charakterisiert sind, dass eine kleine Minderheit von der Arbeit der Mehrheit lebt, vergleichbar mit der früheren Domestizierung von Pflanzen und Tieren. Wie Algaze über das frühe Mesopotamien schreibt, betrachteten Eliten schwer belastete Arbeiter auf dieselbe ausbeuterische Weise, wie die menschlichen Gesellschaften in den unmittelbar vorhergehenden Jahrtausenden die Arbeit domestizierter Tiere betrachtet hatten. Dies war ein neues Paradigma für die Natur der sozialen Beziehungen in menschlichen Gesellschaften."[23]

---

[21] Wengrow 2010, 81–87; Dávid-Barrett/Carney 2015; Breuer 2014, 20–37, 205–207; Brooke 2014, 188, 198, 203 f.; Gallagher/McIntosh 2015.
[22] Elvin 2004, 87. Vgl. auch Scott 2019, 27, 131–134; Headrick 2020, 55–60.
[23] Lander 2015, 8. Er zitiert Algaze 2008, 129.

Die Eliten der frühen Agrarstaaten bzw. die vor allem für diese tätigen Schreiber und Gelehrten waren sich der prekären Lage der Bauern, auf deren Arbeit die Apparate der Herrschaft beruhten, durchaus bewusst, wenn wir zwei Texte aus unterschiedlichen Regionen und Zeiten herausgreifen. Im sogenannten *Papyrus Sallier I*, einem Text des 13. Jahrhunderts v. Chr. aus dem Neuen Reich in Ägypten, lesen wir:

> „Denkst du nicht, wie es dem Bauern geht, wenn man die Steuer von seiner Ernte fordert? Der Wurm hat die eine Hälfte des Korns geholt, und das Nilpferd hat die andere gefressen. Mäuse sind viele auf dem Feld, und Heuschrecken fallen ein, das Vieh frisst, und die Sperlinge stehlen – wehe den Bauern! Der Rest, der auf der Tenne liegt, dem bereiten Diebe ein Ende. Das Gespann stirbt beim Dreschen und Pflügen. Der Schreiber [der Finanzbehörde] landet [mit seinem Boot] am Damm und will die Ernte aufschreiben, seine Wächter haben Stöcke und die Nubier, die ihn begleiten, Palmruten. Sie sagen: Her mit dem Korn! Er antwortet: Es ist keines da! Sie schlagen den Bauern lang ausgestreckt, er wird gebunden und in den Graben geworfen."[24]

In ähnlichen Worten beschreibt der Philosoph Chao Cuo (ca. 200–154 v. Chr.) das Leben der Bauern im Reich der frühen Han-Dynastie in China:

> „Im Frühjahr sind sie den schneidenden Winden und dem Staub ausgesetzt, im Sommer schwitzen sie unter der Glut der Sonne, sie erstarren unter den herbstlichen Regengüssen und zittern vor Kälte im Winter. Das ganze Jahr rasten sie nicht einen einzigen Tag. […] Geplagt sind sie mit tausend Pflichten, dann aber stürzen noch Naturkatastrophen über sie herein – seien es Dürren oder Überschwemmungen. Sie müssen die Forderungen einer allzu harten Regierung erfüllen, den Steuererhebungen der Jahreszeit entsprechend nachkommen. […] Wer etwas Eigentum besitzt, muss es zum halben Preis verkaufen, wer aber nichts hat, muss für den doppelten Wert borgen gehen. Ach, wie oft geschieht es, dass ein Bauer seine ganze Habe verkaufen muss, seine Felder, seinen Hof und sogar seine Kinder und die Enkelkinder, um jene Schulden zu bezahlen."[25]

Auch körperlich unterschied sich die Masse der Bauern von den Herrschenden, die in der Regel besser ernährt und weniger durch Arbeit

---

[24] Zitiert nach Schlögl 2006, 309.
[25] Zitiert nach Vogelsang 2012, 149, bzw. Vogelsang 2019, 95.

Frühe Agrargesellschaften, erste Großreiche, das Klima ... 63

bedrückt waren und deshalb ihre Untertanen meist um mehrere Zentimeter überragten, wie vergleichende paläopathologische Untersuchungen an Gräbern der Eliten und an jenen der ‚normalen' Bevölkerung in verschiedenen Regionen zeigen.[26] Diese physische Unterscheidung wurden auch bewusst zelebriert, wie die deutsche Althistorikerin Elke Stein-Hölkeskamp am Beispiel der Olympischen Spiele und anderer Wettkämpfe der archaischen Periode in Griechenland (ca. 800/700–500 v. Chr.) erläutert, die fast ausschließlich von Vertretern der Eliten der verschiedenen Stadtstaaten bestritten wurden: „Die wohltrainierten Körper und die anmutigen Bewegungen der jungen Athleten wurden dabei zugleich zu einem zentralen sozialen Distinktionsmerkmal, denn ihre Schönheit und ihre Anmut unterschieden sie sichtbar und unübersehbar von denjenigen, deren Leiber durch Mühe und Arbeit depraviert waren."[27] Hier liegt auch der Beginn des ‚klassischen' Schönheitsideals, das die nachfolgenden Jahrtausende letztlich bis heute prägte.

Die neue imperiale Ökologie der Großreiche: Segen und Gefahr der Vernetzung

Entgegen der oben erwähnten Annahme von Wittfogel nimmt die jüngere Forschung meist aber nicht mehr an, dass der Bau und Erhalt der Bewässerungsinfrastruktur in den nun auf die Täler des Nils, des Euphrat und Tigris, des Indus oder Gelben Flusses konzentrierten Bevölkerung diese automatisch unter das Zepter von Pharaonen und Großkönigen zwang. Vielmehr wurden Errichtung und Reparatur dieser Anlage und die Regelung der Wasserverteilung sowohl vor der Etablierung übergeordneter staatlicher Strukturen als auch oftmals danach in kleineren Gemeinschaften, etwa im Verbund mehrere Dörfer organisiert. Ebenso wenig ergab sich eine ‚hydraulisch' zwingende Logik der politischen Einheit im Niltal, in Mesopotamien, am Indus oder in Nordchina, auch wenn die offizielle Geschichtsschreibung dieser Reiche rückblickend die Reichseinheit als natürliche Ordnung, unterbrochen von Zerfall und Verfall, darstellten wollte. Diese Einheit musste in der Regel durch kriegerische Gewalt hergestellt und immer wieder aufrechterhalten werden; in Mesopotamien gelang dies etwa in den ersten zwei Jahrtausenden geschriebener Geschichte ab 3000 v. Chr.

---

[26] Vgl. die Beiträge in Agarwal/Glenncross 2011 und Wilkinson 2015, 129 f., für Befunde aus dem Alten Reich in Ägypten.
[27] Stein-Hölkeskamp 2015, 201.

immer nur für relativ kurze Zeit.[28] Demgegenüber steht die Frage des Nutzens solcher größeren Staatsverbände über den Kreis der herrschenden Eliten hinaus, auch im Hinblick auf die Reduktion oder Steigerung der Verwundbarkeit gegenüber klimatischen Extremen. Tate Paulette etwa schreibt:

> „Hat die Einführung institutioneller Kontrolle zu einer Veränderung der wirtschaftlichen Planung, der Risikopufferstrategien oder anderer Formen des Gefahrenmanagements auf Ebene der Haushalte geführt? Beeinflussten verschiedene institutionelle Organisationssysteme die lokalen Auswirkungen bestimmter Arten von Gefahren? Führten einige Formen der institutionellen Kontrolle zu Katastrophen oder erhöhten sie die Wahrscheinlichkeit eines Zusammenbruchs in großem Maßstab, während andere Formen ein höheres Maß an Flexibilität und Belastbarkeit mit sich brachten?"[29]

Für Skeptiker des Staates wie James C. Scott fallen die Antworten auf diese Fragen negativ aus: Nicht nur verschärfte die noch größere Dichte und Verflechtung der Populationen der ersten Staaten die oben genannten epidemischen Risiken und gesundheitlichen Belastungen der durch Abgaben und Arbeitsleistungen, etwa für Monumentalbauten wie die Pyramiden, noch stärker ausgebeuteten Massen der Bauern. Das beständige Streben des Staates nach Expansion seiner Machtbasis, auch um im kriegerischen Wettstreit mit Nachbarreichen zu bestehen, begünstigte das kurzfristige Streben nach der Ausbeutung agrarischer und natürlicher Ressourcen auf Kosten ihrer nachhaltigen Nutzung. Lander schreibt dazu:

> „Agrarstaaten fördern tendenziell die Ausbreitung von Menschen und ihren Nutzpflanzen und Nutztieren und sowie [ungeplant] der davon profitierenden Arten (Unkraut, Flöhe, Ratten, Katzen usw.) auf Kosten der natürlichen Umwelt. Dies führt im Allgemeinen zu einer drastischen Verringerung der Vielfalt des Pflanzen- und Tierlebens und der Ersetzung komplexer natürlicher Ökosysteme durch einfachere landwirtschaftliche."[30]

---

[28] Mikhail 2011, 31–37; Paulette 2012, 165 f.; Breuer 2014, 199 f., 233 f.; Blaschke 2018, 469 f.

[29] Paulette 2012, 167. Vgl. auch Marston 2011; Gallagher/McIntosh 2015, 198–200.

[30] Lander 2015, 7. Vgl. auch Elvin 2004, 86–88, 102. Nach einer Schätzung machen heute der Mensch und seine Nutztiere 97 Prozent der Biomasse aller

Mögliche Konsequenzen dieses Ringens um höhere Erträge waren z. B. die Reduktion der Brachzeiten von Ackerflächen, was zu ihrer Auslaugung oder Übersalzung beitrug, oder die Abholzung von Wäldern, die zur Erosion fruchtbarer Böden, aber auch der Verschlammung von Bewässerungskanälen führte. Darüber hinaus schufen die Bedürfnisse dieser Reiche nach einer weiträumigeren Verteilung von Ressourcen innerhalb ihrer Grenzen, aber auch ihr steigender Bedarf an „Produkten anderer ökologischer Zonen" wie Bauholz oder Edelmetallen neue Abhängigkeiten von solchen Distributions- und Austauschnetzwerken. Insbesondere ihrer Organisation und Verwaltung dienten auch die frühesten Entwicklungen von Schrift.[31] Gleichzeitig erforderten diese größeren Infrastrukturen ständige Investitionen und banden für ihren Erhalt dauerhaft die Arbeitskraft und Ressourcen einer Gesellschaft.[32]

Die Ausdehnung der Versorgungsnetzwerke eines städtischen Zentrums über sein unmittelbares Umland hinaus lässt sich auch mit Hilfe der Konzepte des „urbanen Stoffwechsels" oder „Metabolismus" und der „Kolonisierung der Natur" beschreiben, die im Bereich der Sozialökologie entwickelt wurden. Dieter Schott erklärt sie so:

„Das Konzept [des urbanen Stoffwechsels] befasst sich mit Ressourcen, die für die Reproduktion einer Stadt wesentlich sind, sowohl auf der Ebene der physischen Reproduktion der Stadtbewohner (einschließlich der Tiere), das heißt ihres biologischen Metabolismus, als auch auf der Ebene der kollektiven Reproduktion der Stadt als ein soziales, wirtschaftliches und kulturelles System, das heißt der Bau und die Instandhaltung von Häusern und der Allgemeinheit gehörenden Bauten wie Kirchen, Straßen, Mauern usw., die materielle Produktion von Waren für die Bedürfnisse der Stadtbewohner selbst oder für den Handel, um die notwendigen Ressourcen von anderen Orten zu importieren. Der Fokus dieses Konzepts liegt auf Materialflüssen und deren zeitlicher Veränderung. Das Konzept der Kolonisierung der Natur bringt weitere dynamische zeitliche und räumliche Dimensionen in diese Beziehung ein: wenn Städte und ihre Bevölkerung wachsen […], müssen sie über ihre unmittelbare Umgebung hinausgreifen, um ihre Grundbedürfnisse zu befriedigen. Sie tendieren dazu, entweder politische Dominanz aus-

---

Landwirbeltiere aus, und nur mehr drei Prozent wildlebende Spezies, vgl. Horn/Bergthaller 2019, 10.

[31] Malek 2000, 96; Shaw 2000, 316 f.; Schlögl 2006, 106–108; Wengrow 2010, 32–38; Scott 2019, 135, 149–158 (Zitat).
[32] Elvin 2004, 115, 162 f.

zuüben, indem sie das von ihnen kontrollierte Gebiet erweitern, oder ihre Marktmacht zu nutzen, um Produktionsüberschüsse aus weiter entfernten Regionen anzuziehen. So mobilisieren Städte auf vielfältige Weise Ressourcen eines immer größer werdenden Hinterlandes für ihren sozialen Stoffwechsel. Dabei verändern sie häufig auch abgelegene ökologische Systeme dieses Hinterlandes, indem sie beispielsweise den Wasserstand durch großflächige Wasserentnahme senken, Wälder abholzen, Flüsse verschmutzen und städtische Abfälle auf Deponien und Senken in einiger Entfernung von der Stadt ablagern."[33]

Setzten solche Zentren ihre Dominanz ein, um das von ihnen kontrollierte Gebiet politisch und militärisch zu erweitern, dann verknüpfte sich der urbane Stoffwechsel mit den Ressourcenflüssen eines ganzen Imperiums. Sam White spricht (ursprünglich für das Beispiel des Osmanischen Reichs) von einer „imperialen Ökologie", die er als die „vom imperialen Zentrum gelenkten Flüsse von Ressourcen und Menschen" definiert, auf denen der Erfolg und das Überleben eines Imperiums basierte. Wurden diese Flüsse gestört oder gar unterbrochen, war der Fortbestand des Reiches bedroht.[34]

Noch weiter geht, ebenfalls am Beispiel des Osmanischen Reichs, Alan Mikhail, der ein Imperium als dicht verflochtenes Ökosystem von der Mikrobe bis zum Herrscher verstehen möchte:

> „Die Analyse [...] zeigt Zusammenhänge zwischen Ressourcen, Völkern, Ideen, Tieren und Orten auf, in denen alle Elemente des Systems miteinander verbunden und voneinander abhängig sind. Eine Veränderung oder Störung in einem Teil der Umwelt wirkt sich auf alle anderen aus. Die Idee vom Osmanischen Reiches als Ökosystem [...] stellt in den Vordergrund, wie die kleinsten und größten imperialen Akteure über Zeit und Raum hinweg durch Austausch, Verwaltung und gegenseitige Abhängigkeit verbunden wurden. Das Beispiel der Bewässerung im osmanischen Ägypten [...] zeigt deutlich, wie Bauern in manchmal sehr abgelegenen Teilen des Reiches in ständigem Dialog mit dem Palast in Istanbul standen und wie die beiden zusammenarbeiteten, um das Ackerland produktiv zu halten. Die Bauern benutzten das Imperium und das Imperium benutzte die Bauern. Ein Vulkan in Island, Ratten in Nordindien, Holzvorräte im Mittelmeerraum, Wasserbüffel in Dörfern in ganz Ägypten – all dies wirkte sich auf das Osmanische Reich aus und muss in unseren analytischen Rah-

---

[33] Schott 2014a, 172 f. Siehe auch Baccini/Brunner 2012.
[34] White 2011, bes. 16–51. Vgl. auch Davies 2005, 127–156.

men aufgenommen werden, um die Geschichte des Reiches richtig zu verstehen. [...] Eine ökologische Herangehensweise an das Osmanische Reich zeigt, wie die vielfältigen Geografien, überlappenden Chronologien und verbundenen Geschichten des Reiches über Raum und Zeit hinweg funktionierten und wie kleine Veränderungen in einem Teil des Reiches Orte, Ideen und Völker im gesamten Imperium und darüber hinaus beeinflussten."[35]

Klimatische Veränderungen, bei Mikhail repräsentiert durch den Vulkan Laki auf Island, dessen Ausbruch 1783 zu einer kurzfristigen Kalt-Anomalie und einer Minderung der Nilfluten in Ägypten beitrug, sind in diesem Szenario einer neben anderen natürlichen und sozio-ökonomischen Faktoren, die in einem dichten Geflecht die Dynamik des Imperiums von der lokalen bis zur globalen Ebene bestimmen. Doch wirft dieser Zugang (zumindest) zwei Probleme auf: Zum einen übersieht die Verknüpfung all dieser Phänomene als gleichwertige Akteure in einem Geflecht das tatsächliche Ungleichgewicht an Macht und Durchsetzungsmitteln etwa zwischen den Bauern am Nil und dem Sultan am Bosporus, auch wenn diese gelegentlich im direkten Austausch miteinander standen. Darüber hinaus mag die Zuschreibung von Handlungsmacht (im Englischen *agency*) an nicht-menschliche Akteure zwar helfen, den Faktoren der belebten und unbelebten Natur gebührende Aufmerksamkeit zu schenken; doch kommentiert dies die an der Universität Wien lehrende Kulturwissenschaftlerin Eva Horn mit Recht so: „Wenn der inflationäre Gebrauch des Agency-Begriffs dazu führt, dass die Unterscheidung zwischen intentionalem Handeln und kausaler Wirkung nivelliert wird, dann negiert er auch die Verantwortung des Menschen für das, was er tut."[36] Zum anderen erfordert eine angemessene Beschreibung all dieser Verknüpfungen über räumliche und zeitliche Skalen hinweg eine Dichte an Quellen und Daten, die entweder für viele Zeiten und Orte, die im vorliegenden Buch behandelt werden, (noch) nicht vorhanden ist oder deren detaillierte Aufarbeitung in einer auf die lange Dauer und den globalen Vergleich hin angelegten Studie nicht zu leisten ist. Wir werden deshalb meist die gröbere Perspektive auf die Makrostrukturen und Ressourcenflüsse der imperialen Ökologie nach dem Vorbild von Sam White beibehalten, aber bei Gelegenheit auf den anregenden Ansatz von Mikhail zurückkommen.

---

[35] Mikhail 2017, 199 f.
[36] Zitiert nach Horn/Bergthaller 2019, 21.

Eine Möglichkeit, sich diesen imperialen Verflechtungsstrukturen weiter anzunähern, bietet die Netzwerktheorie. Monica L. Smith etwa beschrieb antiken Staaten und Imperien als eine „Reihe von Knoten (Bevölkerungszentren und Ressourcen), die durch Korridore (Straßen, Kanäle, Flüsse) verknüpft werden".[37] In ähnlicher Weise (aber ohne Bezugnahme auf Smith) schrieb Pekka Hämäläinen, dass das von ihm so genannte „Imperium der Comanchen" im nordamerikanischen Westen des 18. bis 19. Jahrhunderts „nicht auf einer umfassenden territorialen Kontrolle beruhte, sondern auf der Fähigkeit, wichtige wirtschaftliche und ökologische Knotenpunkte miteinander zu verbinden – Handelskorridore, graswachsene Flusstäler, kornproduzierende Bauerndörfer, Tribut zahlende Kolonialhauptstädte."[38] Im Rahmen von Netzwerkmodellen können wir historische und archäologische Daten über die Zentren und Verbindungswege früherer Staaten so kombinieren, dass sie als ein Geflecht von Knoten (z. B. Städte) und Verbindungslinien (z. B. Straßen) und weniger als bunte Flächen auf einer Landkarte dargestellt werden. Für das Römische Reich etwa wurde dies durch den aus Österreich stammenden, in Stanford lehrenden Althistoriker Walter Scheidel und sein Team mit dem ORBIS Stanford Geospatial Network Model of the Roman World geleistet. ORBIS stellt ein Netzwerkmodell der wichtigsten Straßen, Flussverbindungen und Seerouten (insgesamt 1104 Verbindungslinien) und städtischen Zentren (insgesamt 678 Knoten) dar, wobei das Gewicht der Verbindungslinien je nach den Kosten für die Überwindung der geografischen Distanz, die sie repräsentieren, unterschieden ist (vgl. Abb. 2).[39] Da ORBIS auf das gesamte Verkehrssystem des Imperiums abzielt, ist es auf regionaler und lokaler Ebene weniger detailliert als vergleichbare Netzwerkmodelle für kleinere Gebiete.[40] Solche Netzwerkmodelle dienen nicht nur der grafischen Darstellung oder, wie im Fall von ORBIS, der Berechnung der hypothetisch günstigsten Routen innerhalb des Imperiums, sondern können in ihrer Struktur z. B. hinsichtlich der Zentralität der einzelnen Knoten oder der Belastbarkeit des gesamten Geflechts mit mathematischen Methoden weiter analysiert werden. Für eine im Jahr 2019 veröffentlichte Studie untersuchte ich das ORBIS-Netzwerkmodell des Imperium Romanum

---

[37] Smith 2005; Smith 2007.
[38] Hämäläinen 2013. Vgl. auch St. John 2013.
[39] Scheidel/Meek u. a. 2014.
[40] Siehe z. B. Orengo/Livarda 2016.

(im Vergleich mit einem ähnlich konstruierten Modell für das kaiserzeitliche China) auf dieser Grundlage weiter (vgl. Abb. 3).[41]

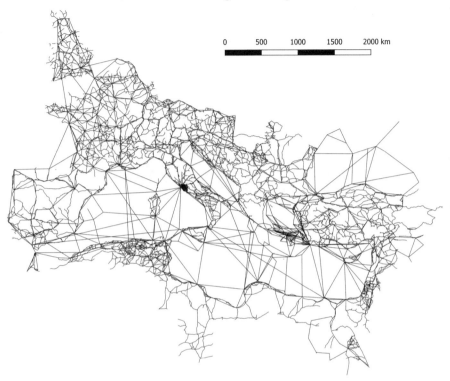

Abb. 2: Das Römische Reich als Netzwerk von Land-, Fluss- und Seerouten (Grafik: Johannes Preiser-Kapeller, modifiziert nach Scheidel/Meek u. a. 2014)

Deutlich wurden dabei die großen Unterschiede in der Zentralität der Position der einzelnen Knoten (Städte) im Geflecht, die ihre Bedeutung für die Aufrechterhaltung der Verbindungen widerspiegelt. Die Gesamtstruktur des sich aus den historischen und archäologischen Daten ergebenden Routensystems ist durch dichte regionale Netzwerke zwischen nahe beieinander liegenden Orten gekennzeichnet. Zwischen diesen regionalen Systemen garantierten Fernverbindungen, vor allem zur See, den Zusammenhalt des ganzen Geflechts und ermöglichen den überregionalen Austausch von Menschen, Gütern und Informationen und damit die Etablierung weiterer Netzwerkebenen der Verwaltung, der

---

[41] Preiser-Kapeller 2019.

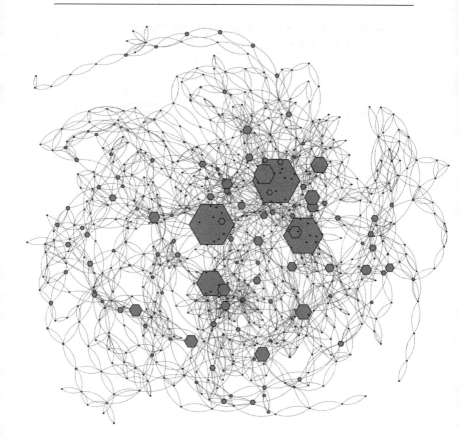

Abb. 3: Netzwerkmodell der wichtigsten Städte und Routen im Römischen Reich; die Größe der Knoten (= Städte) zeigt ihre relative Bedeutung („betweenness centrality") für den Zusammenhalt des Netzwerks an (Grafik: Johannes Preiser-Kapeller, modifiziert nach Scheidel/Meek u. a. 2014 und Preiser-Kapeller 2019)

Religion oder des Handels. So verbindet z. B. der Wasserweg des Nils an seinen Ufern eine Siedlung mit der nächsten über ein paar Kilometer; in Alexandria im Nildelta am Mittelmeer angekommen, bestehen von dort jedoch über hunderte Kilometer mehr oder weniger direkte Seeverbindungen nach Rom oder Konstantinopel. Diese Kombination von regionaler und überregionaler Konnektivität erlaubt einem Zentrum nicht nur den Zugriff auf Ressourcen über unterschiedliche Reichweiten, sondern ermöglicht es im Idealfall auch, die etwa aufgrund von Witterungsextremen in einer Region ausgefallenen Ernteüberschüsse durch solche aus anderen, nicht betroffenen Gebieten zu kompensieren. Derart strukturierte Netzwerke erweisen sich auch als relativ robust gegenüber dem Ausfall einzelner oder mehrerer Knoten, etwa durch Naturkatastrophen (man denke an den Vulkanausbruch des Vesuv, der 79 n. Chr. Pompeji zerstörte). Selbst beim Verlust zentraler Knotenpunkte kann in einer großen Anzahl der anderen Sektoren das Geflecht weiter funktionieren (man denke an die Verlagerung der Hauptstadt von Rom nach Konstantinopel, von wo aus das Oströmische Reich auch nach dem Zerfall des Imperiums im Westen weiter blühte). Fatal wirkt sich allerdings eine Schwächung oder Störung der überregionalen Verbindungen aus, etwa da die militärische Sicherheitslage oder ungünstigere Witterungsbedingungen für die Schifffahrt ihre Aufrechterhaltung verteuern oder gefährden. Lockern sich diese Verknüpfungen über größere Distanzen, werden rasch die Bruchlinien zwischen den Clustern regionaler Konnektivität sichtbar, und jene Zentren, die für ihren urbanen Metabolismus auf das weitgespannte Netzwerk der imperialen Ökologie angewiesen sind, können ihr eigenes Gewicht nicht mehr aufrechterhalten. So schrumpfte auch die Bevölkerung Roms vom 5. bis zum 7. Jahrhundert n. Chr. rasant, als sich das Imperium im Westen des Mittelmeerraums auflöste.[42]

Ein anderer Aspekt, dessen Simulation solche Netzwerkmodelle erlauben, ist die Nutzung der Verflechtungen durch ungebetene Gäste wie Krankheitserreger. Auch sie profitieren von den Fernverbindungen und der besonderen Stellung der zentralen Knoten: Deren hohe Dichte an Bevölkerung ermöglicht eine rasche lokale Ausbreitung, auch im regionalen Umland, die große Zahl an Fernverbindungen wiederum die globale Verbreitung im ganzen imperialen Raum. Tatsächlich sind regelrechte Pandemien in solchen Geflechten leichter möglich als bei dezentraleren und stärker fragmentieren Strukturen. Allerdings mag die demografische und wirtschaftliche Wirkung einer solchen Seuche durch die Schädigung sowohl der Marktmacht und kommerziellen Verbindungen als auch der Fähigkeit der Zentrale, entsprechende Human- und andere Ressourcen für die Instandhaltung oder Verteidigung der Fernverknüpfungen aufzubringen, das Netzwerkgefüge soweit schwächen, dass sich sein Zusammenhalt lockert, auch mit der Wirkung, dass epidemische Ausbrüche wieder mehr regional beschränkt bleiben.[43]

---

[42] Preiser-Kapeller 2019. Vgl. auch Gallagher/McIntosh 2015, 200 f.
[43] Preiser-Kapeller 2019.

Ein Lob des Zusammenbruchs? Die materielle und symbolische Dimension von Herrschaft im Angesicht klimatischen Wandels

In der dargestellten Weise konnten die Segnungen der weiträumigen Verflechtung also auch die Verwundbarkeit dieser Imperien gegenüber verschiedenen klimatischen und epidemischen Extremereignissen verstärken, bis selbst die mit der Vernetzung erweiterten Pufferkapazitäten erschöpft waren.[44] Den dadurch mitverursachten Zusammenbruch solcher Großreiche, traditionell oft als Beginn eines ‚dunklen Zeitalters' bezeichnet, will James C. Scott aber keineswegs nur als Katastrophe gedeutet wissen. Befreit vom Druck zentralisierender und ausbeuterischer Eliten, hätten die kleinräumigeren Gemeinschaften nun zu einer gesünderen und auch nachhaltigeren Lebensform finden können, auch wenn ihre Errungenschaften in der Geschichtsschreibung nicht dieselbe Aufmerksamkeit wie die Monumentalbauten der Großreiche erhalten. Scott stimmt deshalb ein „Lob des Zusammenbruchs" an, der ein „goldenes Zeitalter der Barbaren" jenseits des Zugriffs des Staates ermöglichte.[45] Allerdings überschätzt Scott meiner Ansicht nach das Ausmaß der „Gleichheit" in den kleinteiligeren Gemeinschaften, die auf den Zusammenbruch von frühen Staaten folgten, bzw. auch den Grad der Ungleichheit, der in dem von ihm als Vergleich zu den „sesshaften" Staaten ins Feld geführten nomadischen „barbarischen" Gesellschaften existierte.[46] David Sneath etwa stellt in seiner auf der Untersuchung nomadischer Gruppen in Zentralasien beruhenden Studie *The Headless State* die „traditionelle Zweiteilung zwischen staatlichen und nichtstaatlichen Gesellschaften" infrage und präsentiert stattdessen Formen „staatsähnlicher Macht" auf der Grundlage horizontaler Beziehungen zwischen einzelnen Anführern ohne übergreifenden Herrscher. Diese zeichneten sich durch ein relativ hohes Maß an sozio-ökonomischer und politischer Ungleichheit und Ausbeutung auch ohne „zentrale bürokratische Autorität" aus und waren definitiv keine „egalitären, auf Verwandtschaft basierenden Stammesgesellschaften".[47] Nun könnte man erwidern, dies seien erst jüngere Entwicklungen in diesen Gemeinschaften in Imitation sesshafter Staaten. Auch Scott verwendet den Begriff des „Schattenimperiums", um die Entstehung stär-

---

[44] Vgl. auch Brooke 2014, 256–258.
[45] Scott 2019, 191–225.
[46] Scott 2019, 244–247.
[47] Sneath 2007.

ker zentralisierter Formationen in nomadischen Gesellschaften (z. B. in den mongolischen Steppen) als Reaktion auf Einigungsprozesse in benachbarten sesshaften Regionen (z. B. Nordchina) zu beschreiben.[48] Allerdings weisen verschiedene archäologische Befunde auf beträchtliche Ungleichheiten sowohl in frühen sesshaften als auch nomadischen Gesellschaften schon vor der Entstehung der ersten Großreiche hin. Tatsächlich erhöht allein das Anwachsen einer Gemeinschaft auf eine Größe, die den Zusammenhalt nur durch direkte Interaktion zwischen allen Mitgliedern der Gruppe nicht mehr erlaubt, die Wahrscheinlichkeit der Ungleichheit im Hinblick auf den Zugang zu Positionen der Macht und des Wohlstands. Diese verschwand keineswegs beim Zerfall solcher Staaten bzw. wurden so manche Traditionen stärkeren Zugriffs auf Erträge und Arbeitskraft der Masse der Menschen auch von kleinräumiger agierenden *big men* (wie sie die ethnologische Forschung oft nennt) beibehalten.[49] Unzweifelhaft ist hingegen, dass die Großreiche über mehr Möglichkeiten verfügten, Mensch und Material für die weiträumigere Umgestaltung von Ökologien zu ihrem Nutzen (im Sinn der Ziele der Eliten) zu mobilisieren und somit potenziell größeren ‚Schaden' im Hinblick auf die langfristige Widerstandskraft gegenüber klimatischen Extremen anzurichten. Kurz- und mittelfristig konnten, wie in der Geschichte des Josef in Ägypten, diese Ressourcen sowie die weiterreichenden Verteilungs- und Handelsnetzwerke aber auch zu einer Steigerung der Pufferkapazitäten eingesetzt werden. Eine solche Bewältigung einer Katastrophe, die zumindest für die maßgeblichen, das Regime stützenden Gruppen nutzbringend war, konnte somit die Legitimation der Regierenden steigern.[50]

Dabei geht es auch um symbolische Handlungen und Rituale, die während und nach dem Schadensereignis die Sorge der Herrschenden um die Wiederherstellung der ‚Weltordnung', insbesondere auch in Übereinstimmung mit dem Göttlichen, manifestieren – am nachhaltigsten in entsprechenden Kultbauten. Diese Ebene scheint mir in der von rein materiellen Kosten-Nutzen-Rechnungen bestimmten Debatte um den frühen Staat bei James C. Scott und anderen ‚unterbelichtet', wenn man von einer marxistischen Deutung des Religiösen als „illuso-

---

[48] Scott 2019, 253–255.
[49] Für eine ‚Tiefengeschichte' der Ungleichheit siehe Flannery/Marcus 2012 und Kohler/Smith 2018, bes. 9–22. Siehe auch die Modellberechnungen von Dávid-Barrett/Dunbar 2012.
[50] Siehe auch van Bavel/Curtis/Soens 2018.

risches Glück", gleichsam als „Opium des Volkes", das damit durch die Eliten von der „Forderung seines wirklichen Glücks" abgelenkt wird, absieht.[51] Die mobilisierende Kraft der Religion weit vor der Entstehung der ersten größeren agrarischen Siedlungen oder frühen Staaten dokumentiert der monumentale Kultbau von Göbekli Tepe mit seinen bis zu sechs Meter hohen und 20 Tonnen schweren Steinpfeilern in der heutigen Südosttürkei, dessen erste Phase in das 10. Jahrtausend v. Chr. datiert wird.[52] Während wir in diesem Fall mangels Schriftquellen über die diesem Projekt zugrunde liegende gesellschaftliche Organisation nur Vermutungen anstellen können, ging dem Bau der Pyramiden hingegen sicher eine Intensivierung des Zugriffs des Staates auf die Erträge und Arbeitsleistung der Bevölkerung in Ägypten ab der 3. Dynastie mit ihrem bedeutendsten Herrscher Djoser (ca. 2720–2700 v. Chr./ca. 2670–2650 v. Chr.[53]) und seinem berühmten Architekten Imhotep voraus. Wohl ein Jahrhundert später war mit der Pyramide des Cheops aus der 4. Dynastie (ca. 2620–2580 v. Chr./2589–2566 v. Chr.) mit 2,5 Millionen Blöcken auf fast 147 Meter buchstäblich der Höhepunkt erreicht. Für diese Zeit schwanken die modernen Schätzungen zur Bevölkerung Ägyptens zwischen einer halben und einenhalb Millionen Menschen, von denen ein nicht unbeträchtlicher Teil vielleicht nicht direkt (Modellrechnungen gehen von maximal bis zu 10 000 Arbeitern aus, die auf der Baustelle der Cheops-Pyramide am Werk waren), aber indirekt durch Abgaben ihre Arbeitsleistung diesem Projekt widmen musste.[54] Befunde aus einem 1990 entdeckten Friedhof der Pyramidenarbeiter der 4. und 5. Dynastie weisen zwar auf eine proteinreichere Ernährung als für den Durchschnitt der Bevölkerung hin, lassen mit Anzeichen von Arthritis, geheilten Knochenbrüchen und auf Unfälle zurückgehenden Amputationen jedoch auch die har-

---

[51] Marx 1844, 71 f.
[52] Schmidt 2016.
[53] Zu den verschiedenen Chronologien und Datierungsansätzen siehe Malek 2000, 84 f., Höflmayer 2015 und insbesondere das von der EU geförderte Projekt von Roman Gundacker an der Österreichischen Akademie der Wissenschaften „Challenging Time(s) – A New Approach to Written Sources for Ancient Egyptian Chronology": https://www.orea.oeaw.ac.at/forschung/levantine-and-egyptian-histories/challenging-times/ [28.10.2020].
[54] Malek 2000, insbesondere auch 84 f. für das Zitat und zu Problemen der Chronologie; Schlögl 2006, 79–100 (mit anderen chronologischen Ansätzen); Andrássy 2008; Breuer 2014, 248–250; Wilkinson 2015, 78–95, 111 f.; Agut/Moreno-García 2016, 52, 111–149.

ten Arbeitsbedingungen erahnen. Diese Menschen waren keine Sklaven, würden aber wohl, als zum Arbeitsdienst verpflichtet, von Scott als typisches Beispiel der vom frühen Staat domestizierten Untertanen gedeutet werden.[55] Dennoch trieben sie wohl nicht nur die Zwangsmittel des Pharaonenregimes an. In seiner in manchen Aspekten idealisierenden Beschreibung der ägyptischen Gesellschaft des Alten Reichs (zwischen 2700 und 2200 v. Chr.) verdeutlich Jaromir Malek die Bedeutung der religiös-symbolischen Ebene für diese Bauten und allgemein den Zusammenhalt des Staates:

> „Für das ägyptische Volk war ihr König ein Garant für die fortgesetzte Ordnung ihrer Welt: der regelmäßige Wechsel der Jahreszeiten, die Rückkehr der jährlichen Überschwemmung des Nils und die vorhersehbaren Bewegungen der Himmelskörper, aber auch die Sicherheit vor den bedrohlichen Kräfte der Natur sowie Feinden von außerhalb der Grenzen Ägyptens. Die Wirksamkeit des Königs bei der Erfüllung dieser Aufgaben war daher für das Wohl jedes Ägypters von größter Bedeutung. Interne Meinungsverschiedenheiten waren minimal, und die Unterstützung für das System war echt und weit verbreitet. Zwangsstaatsmechanismen wie die Polizei fielen durch ihre Abwesenheit auf. Die Menschen waren an das Land gebunden und die Kontrolle über jeden Einzelnen wurde von lokalen Gemeinschaften ausgeübt, die für Neuankömmlinge geschlossen waren. Die Rolle des Königs endete nicht mit seinem Tod: Für seine Zeitgenossen, die in der Nähe seiner Pyramide begraben wurden, und für diejenigen, die an seinem Grabkult beteiligt waren, bestand ihre Beziehung zum König für immer. Es lag daher im Interesse aller, die Position und den Status des Königs nach seinem Tod ebenso wie zu Lebzeiten zu wahren. In dieser Zeit der ägyptischen Geschichte war Monumentalität ein wichtiges Ausdrucksmittel für ein solches Konzept."[56]

Nachdem die Masse der Menschen, die an den Pyramiden mitbaute, keine eigenen Schriftzeugnisse hinterlassen hat, wissen wir nicht, wie viele von ihnen Maleks Darstellung zugestimmt hätten. Ebenso mag der weitgehende Mangel an Belegen für ‚Meinungsverschiedenheiten' und ‚Zwangsstaatmechanismen' mit dem Charakter und der Dichte der Schriftquellen für diese Zeit zusammenhängen. Der britische Ägyptologe Toby Wilkinson etwa kommentiert die Ausführungen Maleks so:

---

[55] Schlögl 2006, 94; Wilkinson 2015, 112 f.
[56] Malek 2000, 92 f. Ähnlich Assmann 2000, 58–60, und Schlögl 2006, 94. Siehe auch Andrássy 2008, 23 f.; Breuer 2014, 248–254.

„Falls das Ägypten der 4. Dynastie keine utopische Gesellschaft war, wie man sie in der Geschichte nie wieder erlebte, erscheint diese rosige Darstellung wenig glaubwürdig. Wo ein vollkommener Gott als Staatsoberhaupt herrscht, ist jede Form der Opposition schlicht undenkbar. Und da, wo der König sämtliche schriftlichen Aufzeichnungen überwacht, wundert es kaum, wenn Berichte über Repressalien und brutale Unterdrückung fehlen."[57]

Dennoch wird, wie auch Wilkinson einräumt, die Einschätzung Maleks hinsichtlich der Bedeutung des pharaonischen Regimes für die Vergewisserung der Ordnung der Welt und ihres Funktionierens im Diesseits (besonders im Hinblick auf den Ernteerfolg) und Jenseits auch für den ‚einfachen' Ägypter nicht gänzlich falsch sein (was aber nichts am Zwangscharakter des Regimes ändert). Der Sturz einer solchen Herrschaft wurde deshalb – einmal abgesehen von den damit einhergehenden Unruhen und möglichen kriegerischen Verwüstungen – entgegen Scotts Einschätzung von der Masse der Untertanen wohl nicht nur als ‚Segen' wahrgenommen. Umgekehrt konnte ein Ausbleiben der genannten Anzeichen „für die fortgesetzte Ordnung ihrer Welt", also „des regelmäßigen Wechsels der Jahreszeiten, der Rückkehr der jährlichen Überschwemmung des Nils und der vorhersehbaren Bewegungen der Himmelskörper" die Eignung des königlichen Garanten umso mehr infrage stellen, auch über die objektive Wirkung der z. B. durch ausbleibende Nilfluten verursachten materiellen Not hinaus.[58] Dies konnte in manchen Gesellschaften zur Absetzung oder sogar Tötung des Herrschers führen, wie Thomas Wozniak etwa anhand von Darstellungen vorchristlicher Praktiken in Nordeuropa ausführt:

> „Insgesamt scheint der Einfluss des Herrschers auf die Ernährungslage der Gesamtbevölkerung und seine Verantwortung für fruchtbare wie für unfruchtbare Phasen in der Vorstellung der Menschen sehr groß gewesen zu sein. Im Fall von Hunger und Lebensmittelknappheit wurde er – zumindest nach dem späteren christlichen Darstellungswillen – getötet und geopfert, im Fall fetter Jahre nach seinem Tod physisch zerteilt und seine Gebeine als mythische Kraftzentren betrachtet. Im Fokus der vorchristlichen Handlungsentscheidungen steht dabei die Fähigkeit des Herrschers, die Ernährungslage zu sichern."[59]

---

[57] Wilkinson 2015, 98.
[58] Wilkinson 2015, 113 f., 467.
[59] Wozniak 2020, 755.

Umso mehr ist die kulturelle, religiöse und ideologische Deutung von klimatischen Extremen oder Seuchen zu berücksichtigen, um sich dem komplexen Wechselspiel dieser exogenen Faktoren mit der inneren Dynamik früher Gesellschaften anzunähern. Eine bloße Bestandsaufnahme der verwüsteten Felder, zerstörten Städte und getöteten Menschen wird dazu nicht ausreichen, auch wenn diese dramatischen Wirkungen unsere Aufmerksamkeit mit Recht beanspruchen dürfen.

Wertvolle Hinweise für diese kulturelle Verarbeitung von Extremereignissen bietet schließlich die Erinnerungskultur: Welcher Katastrophen gedachte man auch mittel- und langfristig, etwa durch religiöse Zeremonien an ihrem Jahrestag und/oder durch Inschriften und Monumente? Interessant sind dabei auch die (aus heutiger Sicht) Auslassungen. So wurden in der byzantinischen Hauptstadt Konstantinopel im 11. Jahrhundert n. Chr. alljährlich kirchliche Prozessionen zur Erinnerung an mehrere Erdbeben (unter anderem der Jahre 438, 447, 525, 557, 542, 780 und 869), fünf Belagerungen (617, 619, 626, 660er Jahre, 717), einen Ascheregen, der nach einem Ausbruch des Vulkans Vesuv 472 auch den Bosporus erreichte, und eine verheerende Feuersbrunst im Jahr 464 veranstaltet. Es ‚fehlt' aber z. B. die dramatische, ebenfalls durch einen Vulkanausbruch verursachte, mehrwöchige Verdunkelung der Atmosphäre des Jahres 536, die von einer Reihe von Missernten begleitet wurde, und insbesondere der Ausbruch der sogenannten Justinianischen Pest im Jahr 541/542, der zahlreiche Opfer forderte. Auffallend ist ebenso, dass die meisten Ereignisse in die ersten Jahrhunderte der Geschichte Konstantinopels datieren, als sich die vormalige griechische Kolonie Byzantion als neue und immer mehr christliche Hauptstadt des Römischen Reiches etablierte. Wie auch oben am Beispiel des Gilgamesch oder des chinesischen Kaisers Yu angedeutet, boten somit Extremereignisse, die in der Frühzeit einer Gesellschaft in ihrer Erfahrung und Bewältigung als ‚gemeinschaftsbildend' wahrgenommen wurden, die Bezugspunkte auch für spätere Katastrophen, selbst wenn deren Ausmaß bisherige Erfahrungen bei Weitem überstiegen haben mag.[60]

Als problematisch konnten sich solche ‚Katastrophenkulturen' in ihrer dinglichen und symbolischen Dimension letztlich dann erweisen, wenn eigentlich Qualität und Umfang etwa eines klimatischen Wandels oder einer Pandemie ein neues Arsenal an materiellen und immateriel-

---

[60] Meier 2003, 493 f. Vgl. dazu auch das erste Kapitel im parallel erschienenen Band *Der Lange Sommer und die Kleine Eiszeit*.

len Pufferstrategien erfordert hätten. Dies setzt allerdings voraus, dass Zeitgenossen überhaupt in der Lage waren, die Dimension der Herausforderung zu erkennen – etwas, was uns auch heute aus der Perspektive verschiedener ideologischer und kultureller Prägungen angesichts der modernen Klima-Erwärmung offenbar schwerfällt.

Fette und magere Jahre und Herrschaft am Nil von den Pharaonen bis zu den Mamluken (2200 v. Chr.–1500 n. Chr.)

Der Nilometer auf der Insel Roda bei Kairo, erbaut um 715 n. Chr., ist nicht nur eine der ältesten Messanlagen für Klimadaten der Welt. Aufgrund der besonderen Bedeutung der Höhe der Nilschwemme für die Landwirtschaft und das gesamte Leben in Ägypten kam ihm auch eine besonders bevorzugte Behandlung zu, wie der arabische Historiker Ibn at-Tuwair für die Zeit der Herrschaft der Fatimidenkalifen im 11. Jahrhundert n. Chr. beschreibt:

> „Wenn ihm [dem Kalifen] beim Morgengrauen […] die Meldung der Fülle [ein Pegelstand von 16 Ellen] überbracht wird, begibt er sich zum Nilometer, um ihn zu parfümieren. […] Der Kalif geht an Bord seiner Leibbarke und betritt den [darauf befindlichen] Pavillon. […] Sie fährt vom Brückentor hinüber zum Tor des Nilometers, das hoch über einer vom Nil überspülten Treppe liegt. […] Dann bringt man die Gefäße mit dem Safran und dem Moschus; der Kalif mischt beides mit eigener Hand in einem Gefäß, das der Chef des Schatzhauses dann im Empfang nimmt und an den Wärter des Nilometers weiterreicht. Dieser lässt sich, mit seinem Hemd und Turban bekleidet, in den Schacht hinab. Er umklammert nun die Pegelsäule, die von der Treppe des Schachtes nicht weit entfernt ist, mit beiden Beinen und der linken Hand und parfümiert sie mit der rechten; dabei rezitieren die Koranleser auf der anderen Seite des Schachtes abwechselnd aus dem Koran. Danach bricht der Kalif unverzüglich auf und besteigt wieder seine Barke […]. Auf dem Nil sind an diesem Tag tausend Boote voller Leute, die sich über die Fülle des Nils und den Anblick des Kalifen freuen."[1]

---

[1] Zitiert nach Halm 2003, 62 f. Zur Datierung des Nilometers auf Roda vgl. Halm 2003, 55; Bunbury 2019, 131 f.

Die Landwirtschaft Ägyptens war (vor dem Bau des älteren Assuan-Staudamms zwischen 1899 und 1902 und insbesondere des neueren gewaltigen Assuan-Staudamms zwischen 1960 und 1970) von den alljährlichen Nilschwemmen abhängig, die die Gebiete beiderseits des Stromes (das fünf bis 20 Kilometer breite Niltal und das Delta im Norden, insgesamt nur etwa 36 000 Quadratkilometer) bewässerten und mit fruchtbarem Sediment bedeckten. Der Umfang dieser Flut war entscheidend für die Menge der Ernte. Ihr Anstieg, der in der Regel im Juni begann, wurde spätestens seit dem frühen 3. Jahrtausend v. Chr. mit Nilometern Tag für Tag genau gemessen und verzeichnet. Der Höhepunkt der Schwemme wurde je nach Region Ende August/Anfang September erreicht. Fiel er zu niedrig aus, blieben weite Gebiete unbewässert. War die Flut zu hoch, verursachte sie Schäden an Siedlungen und Feldern. Eine ‚optimale' Nilfluthöhe galt dementsprechend als besonderer Segen. Sie hing von den Regenfällen in den Quellgebieten der verschiedenen Zuflüsse des Nils in Ostafrika, insbesondere im Hochland von Äthiopien, ab.[2] Der römische Autor Plinius der Ältere (23–79 n. Chr.) schreibt in seiner *Naturkunde* dazu:

> „Der Nil beginnt bei dem Neumond, der auf die Sonnenwende folgt, anzuschwellen, nur allmählich und mäßig, wenn die Sonne durch das Sternbild des Krebses geht, sehr reichlich aber, wenn sie durch das des Löwen geht, und er fällt im Sternbild der Jungfrau im selben Maße, in dem er anschwoll, wieder zurück. […] Das Ausmaß des Anwachsens beobachtet man an den Merkzeichen in den Brunnen. Die richtige Höhe beträgt 16 Ellen. Niedrigere Wasserstände bewässern nicht alles, höhere sind hinderlich durch das langsamere Abfließen. Diese verzögern durch den nassen Boden die Saatzeit, jene lassen sie durch den trockenen Boden nicht zu. Beides ist für [Ägypten] von Bedeutung. Bis 12 Ellen leiden sie Hunger, bei 13 herrscht auch noch Mangel, 14 Ellen bringen Heiterkeit, 15 Sorglosigkeit und 16 Üppigkeit. […] Wenn die Wassermassen den höchsten Stand erreicht haben, werden sie durch die geöffneten Dämme freigelassen. Sobald irgendein Landstück wasserfrei ist, wird gesät."[3]

Beschreibungen aus dem 11. Jahrhundert n. Chr. bestätigen die Schilderung des Plinius auch für ein Millennium später (siehe unten). Auf

---

[2] Hughes 1994, 36 f.; Hassan 1996; Ibrahim 1996, 52–56; Mikhail 2011, 9–12; Cooper 2014, 107–123; Breuer 2014, 231–233; Wilkinson 2015, 41–45, 80; Bunbury 2019, 12 f., 39–42.

[3] Plinius 5, 57 f.; Übersetzung zitiert nach Plinius 2008, II 121.

der Grundlage einer Auswertung der Nilometer-Aufzeichnungen, die ab dem 7. Jahrhundert n. Chr. als einer der frühesten kontinuierlichen Klimadatensätze erhalten sind, ermittelte ein belgisches Team schon 1998 mehrjährige zyklische Abfolgen hoher und niedriger Fluten unterschiedlicher Länge.[4] Auch die sogenannte Hungersnot-Stele auf der Nilinsel Sehel an der Südgrenze des alten Ägyptens verzeichnet so wie die im vorherigen Kapitel zitierte biblische Josefsgeschichte eine siebenjährige Hungersnot. Diese Inschrift gibt an, Ereignisse aus der Zeit des Pharaos Djoser (reg. ca. 2720–2700 v. Chr.) zu berichten, wurde aber tatsächlich erst ungefähr 2500 Jahre später erstellt. Ähnliche katastrophale Niedrigfluten über mehrere Jahre sind für das 10. und 11. Jahrhundert n. Chr. belegt (siehe unten). Jeweils zu klären ist allerdings, in welcher Wechselwirkung sie mit den gesellschaftlichen Verhältnissen und der Stabilität der Regime in Ägypten standen.[5]

Das 4,2-Kilojahr-Klima-Ereignis und der Zusammenbruch des Alten Reichs um 2200 v. Chr.

In der Zeit um 2100 v. Chr. rühmte sich der Regionalfürst Anchtifi von Hierakonpolis in seiner Grabinschrift in Hefat in Südägypten:

„Ich gab Brot an die Hungrigen und Kleidung an die Nackten. […] Der Süden kam mit seinen Leuten und der Norden mit seinen Kindern; sie brachten feinstes Öl im Austausch für die Gerste, die ihnen gegeben wurde. Meine Gerste reiste stromaufwärts, bis sie Unternubien erreichte, und stromabwärts bis zum Gau von Abydos. Ganz Oberägypten starb wegen des Hungers, und Menschen aßen ihre Kinder, aber ich ließ niemand in diesem Gau vor Hunger sterben. […] Das ganze Land ist wie Heuschrecken geworden, die [auf der Suche nach Nahrung] stromaufwärts und stromabwärts herumwandern. Aber ich ließ niemand in Not aus diesem Gau in einen anderen fortgehen. Ich bin ein Held ohne gleichen."[6]

Diesmal, so scheint es, hatte nur Anchtifi gleich dem biblischen Josef für seine Heimatregion ausreichende Vorsorge für die mageren Jahre

---

[4] De Putter/Loutre/Wansard 1998. Vgl. auch Wozniak 2020, 35 f., mit quellenkritischen Bemerkungen zur Auswertung der Nilflut-Daten. Für Praktiken der Prognose der Nilflut siehe Quack 2017.

[5] Quack 2013; Hassan 2007.

[6] Zitiert nach Seidlmayer 2000, 118 f. Vgl. auch Wilkinson 2015, 160–162.

getroffen, während der Rest des Landes Not litt. Tatsächlich war um 2200 v. Chr. die politische Einheit Ägyptens das erste Mal seit 800 Jahren wieder zerfallen. Die etwa 150 Jahre bis zur neuerlichen Vereinigung des Landes bezeichnete die Forschung als Erste Zwischenzeit und deutete sie als Periode nicht nur des politischen, sondern auch kulturellen Verfalls. Den Beginn dieses Prozesses verortete man in der langen Regierungszeit des Pharaos Pepi II. (reg. ca. 2245–2180 v. Chr.), gleichsam der Kaiser Franz Josef I. des Alten Reiches. Der tschechische Ägyptologe Jaromír Málek schreibt dazu:

> „Die Zentralregierung hörte fast auf zu existieren, und die Vorteile eines vereinten Staates gingen verloren. Die Situation wurde durch klimatische Faktoren weiter verschärft, insbesondere durch eine Reihe niedriger Nilschwemmen und einen Rückgang der Niederschläge, die Gebiete außerhalb des Niltals betrafen und zu Druck auf die ägyptischen Grenzgebiete durch Nomaden führten."[7]

Diese vermutete Verschlechterung der Witterungsparameter versuchte man mit dem sogenannten 4,2-Kilojahr-Ereignis (also 4200 Jahre vor der üblicherweise mit 1950 n. Chr. festgesetzten Gegenwart, auf Englisch *4,2-ka-BP-event*) zu verknüpfen, einer allgemeinen Trendveränderung der klimatischen Bedingungen in weiten Teilen des Nahen Ostens und darüber hinaus. Eine wachsende Anzahl an Proxydaten aus vielen Weltregionen von Nord- und Südamerika bis Ostasien erlaubt es, das 4,2-Kilojahr-Ereignis in eine längere und globale Periode höherer Klimavariabilität zwischen 2500 und 1900 v. Chr. einzubetten. Der Geowissenschaftler Frank Sirocko vergleicht sie mit der Kleinen Eiszeit zwischen 1300 und 1800 n. Chr., die ebenfalls mit verschiedenen soziopolitischen Verwerfungen in vielen Gesellschaften jener Zeit verknüpft wird. Unklar sind die Ursachen dieses Klimawandels. Sirocko hält fest:

> „Der einzige Klimaantrieb mit globaler Wirkung, der in dieser Zeit ebenfalls eine Anomalie zu verzeichnen hat, ist das pazifische El Niño-System, das sich zwischen 2200 v. Chr. und 2000 v. Chr. […] in einer Phase geringer Aktivität befand. Entsprechend dürfen wir annehmen, dass Sonnen- und Vulkanantriebe nicht verantwortlich waren für die

---

[7] Malek 2000, 106–108, bes. 107 für das Zitat. Siehe auch Bell 1975; Shea 1976; Butzer 1984; Butzer 1996; Hassan 1996; Weiss 1996; Schlögl 2006, 117–119; Wilkinson 2015, 147 f., 154 f.; Agut/Moreno-García 2016, 159–182; Headrick 2020, 73.

mit dem 4,2 ka BP Ereignis verbundene Dürreperiode im Nahen Osten, dass aber ein solches Signal durchaus durch eine Reduzierung der El Niño-Aktivität hätte ausgelöst werden können."[8]

Der klimatologische Vergleich mit der Kleinen Eiszeit lässt auch darauf schließen, dass sich diese Kalt/Trockenzeit des späten 3. und frühen 2. Jahrtausends v. Chr. zu verschiedenen Zeiten regional unterschiedlich ausprägte, mit spezifischen Wechselwirkungen mit den jeweiligen Gesellschaften. Eine exaktere Ermittlung dieser möglichen Einflüsse wird aber durch Unsicherheiten der Chronologie sowohl der paläoklimatischen als auch der archäologischen und historischen Evidenz behindert. Selbst eine einfache Verknüpfung klimatischer Extreme mit zeitgleichen wirtschaftlichen und politischen Umwälzungen ist schwer möglich. Hingegen deuten verbesserte C14-Datierungen, wie sie z. B. die Projekte von Felix Höflmayer von der Österreichischen Akademie der Wissenschaften bieten, eher die Unhaltbarkeit früherer Hypothesen zum direkten Zusammenhang zwischen Klimawandel und dem Zerfall des Alten Reiches in Ägypten an.[9]

Darüber hinaus veränderte sich auch die Einschätzung der Ersten Zwischenzeit unter den Ägyptologen. So wird der Zerfall des Alten Reiches nun als Verschiebung der wirtschaftlichen und kulturellen Dynamik hin zu regionalen Zentren gedeutet, die sich etwa im Wachstum von Städten in verschiedenen Gebieten manifestierte.[10] Auch vermeintlich eindeutige Schriftquellen werden im neuen Licht gesehen. Zwar reflektieren die eingangs zitierte Grabinschrift des Anchtifi von Hierakonpolis und ähnliche Texte zum Teil tatsächliche Notzeiten. Jedoch bot eine umso drastischere Schilderung des Elends diesen regionalen Herrschern die Gelegenheit, sich als besonders wohltätig und machtvoll im Angesicht des Krise darzustellen, sowohl vor ihren Untertanen als auch gegenüber den Richtern der Unterwelt.[11] Ein düsteres Bild der Ersten Zwischenzeit zeichnet auch die sogenannte „Klageliteratur" in der Periode des nachfolgenden Mittleren Reiches, nachdem es Men-

---

[8] Brooke 2014, 282–285 und 297 f. zu verschiedenen Hypothesen über die Ursachen dieses Klimawandels; Weiss 2015, 36 f.; Jung/Weninger 2015, 205–207; Sirocko 2015, 579 f.; Baillie/McAneney 2015.
[9] Seidlmayer 2000, 109 f.; Höflmayer 2015. Das ‚traditionelle' Szenario hingegen noch bei Brooke 2014, 282 f.
[10] Seidlmayer 2000, 110–112; Moeller 2005; Agut/Moreno-García 2016, 199–226. Dazu auch Scott 2019, 221 f.
[11] Seidlmayer 2000, 118 f.

tuhotep II. (reg. ca. 2061–2010/2055–2004 v. Chr.) von Theben aus gelungen war, das gesamte Land zu erobern. Doch war das Ziel dieser Texte die Legitimation der neuen Ordnung in Kontrast zum angeblichen früheren Chaos in Ägypten. Hingegen gibt es keine archäologischen Hinweise auf eine dramatische Hungerkrise oder die Aufgabe von Siedlungen in dieser Zeit, die in verschiedenen Regionen sogar eine Periode des Wohlstands gewesen zu sein scheint.[12] Geoarchäologische Rekonstruktionen der durchschnittlichen Nilfluthöhe zeigen, dass diese im Verlauf des gesamten 3. Jahrtausends v. Chr. kontinuierlich abnahm, in Fortsetzung des trockeneren Trends ab dem Ende des Holozänen Klimaoptimums, und auch in Jahrhunderten, für die kein Niedergang Ägyptens angenommen wird.[13] Deshalb hält der Ägyptologe Juan Carlos Moreno García fest:

> „Periodische Versorgungskrisen waren ein wiederkehrendes Problem in einer vor-industriellen Agrargesellschaft wie dem alten Ägypten, im selben Ausmaß wie unzureichende oder zu heftige Nilfluten und katastrophale Epidemien, aber sie fanden sowohl in Zeiten stark zentralisierter Regierungen als auch in Perioden politischer Krise statt."[14]

Jedoch mag eine bereits bestehende politische Krise durch ‚unzureichende oder zu heftige Nilfluten' oder ‚katastrophale Epidemien' eine Verschärfung erfahren haben, die die Pufferkapazitäten eines Regimes oder einer gesamtstaatlichen Ordnung überstieg. Dies kann auch für den Zerfall des Alten Reiches um 2200 v. Chr. gelten, wobei die zeitweilige Regionalisierung eine für einzelne Mitglieder der „dominanten Koalition" und die von ihnen kontrollierten Gebiete offenbar erfolgreiche Antwort auf das Versagen des Zentralstaates darstellte.

Bürokratie, Vulkane und Unruhe am Nil zwischen Alexander dem Großen und Kleopatra

Auch über die als Blütezeiten interpretierten Perioden des Mittleren und Neuen Reichs im 2. Jahrtausend v. Chr. und zwei weiterer ‚Zwischenzeiten' bis in das 1. Jahrtausend v. Chr. hinweg blieben die grundsätzlichen Parameter der wirtschaftlichen Abhängigkeit von der Nil-

---

[12] Moreno García 2015; Höflmayer 2015, 121 f.; Wilkinson 2015, 203 f.
[13] Vgl. dazu zusammenfassend Bunbury 2019, 41–43, 56 und 60–76. Siehe auch Burn 2018 und Stanley 2019.
[14] Moreno García 2015, 84. Vgl. auch Moeller 2005; Bunbury 2019.

flut bestehen, wie auch die oben zitierte Passage des Plinius aus dem 1. Jahrhundert n. Chr. belegt. Gleichzeitig wurde aber das Land am Nil während des kurzzeitigen Vormarschs der Assyrer (zwischen 671 und 631 v. Chr.) und der längeren Herrschaft der Perser (525–404 v. Chr. und erneut 341–332 v. Chr.) erstmals als Provinz in andere Imperien eingegliedert.[15] Nachdem der Makedonenkönig Alexander III., genannt der Große, das Perserreich in wenigen Jahren erobert hatte, aber nach kurzer Regierung 323 v. Chr. verstarb, gelang es seinem General Ptolemaios I. (reg. als König 306–285 v. Chr.) Ägypten und weitere Gebiete im östlichen Mittelmeerraum aus der Konkursmasse des kurzlebigen Imperiums zu sichern. Regiert wurde dieses neue ägyptische Reich vom 331 v. Chr. an einem der besten Hafenplätze im westlichen Delta gegründeten Alexandria aus. Der griechische Geograf Strabon (ca. 63 v. Chr.–23 n. Chr.) lobt unter Rückgriff auf Ansichten des Hippokrates zur Entstehung von Seuchen auch das gesunde Klima der Stadt:

> „Denn andere an Seen erbaute Städte haben in der Hitze des Sommers schwere und erstickende Luft, weil an den Rändern zufolge der durch Sonnenhitze verursachten Ausdünstungen die Seen Sümpfe bilden. Indem nun so viel verunreinigte Feuchtigkeit aufsteigt, wird eine verdorbene Luft eingeatmet, welche ansteckende Krankheiten verursacht. In Alexandria hingegen füllt der mit beginnendem Sommer gefüllte Nil auch den See, und lässt keine Sümpfe entstehen, welche schädliche Ausdünstungen geben könnten. Zugleich wehen dann auch die jahreszeitlichen Winde, so dass die Bewohner von Alexandria den Sommer sehr angenehm verleben."[16]

Die wichtigste Grundlage der Macht der Ptolemäer war der Reichtum des Landes am Nil. Der Dichter Theokrit aus Syrakus brachte dies 273/272 v. Chr. in einem Lobpreis auf Ptolemaios II. (reg. 285–246 v. Chr.) zum Ausdruck: „Zahllose Länder der Erde und zahllose Menschengeschlechter bringen, vom Regen des Zeus begünstigt, die Saat zum Gedeihen. Keines bringt jedoch so viel hervor wie die Niederung Ägyptens, wenn der schwellende Nil den Boden durchfeuchtet und lockert, keines auch hat so viele Städte mit Menschen, die Arbeit erlernten." Diese Idee der Auszeichnung Ägyptens durch seine besondere

---

[15] Taylor 2000, 324–363; Lloyd 2000a, 367–375; Huß 2001, 15–54; Schlögl 2006, 329–347; Agut/Moreno-García 2016, 451–485, 487–627.
[16] Strabon, Geographie 17, 7; Übersetzung zitiert nach Strabon 2007, 792 f.

Ökologie finden wir auch in einem Hymnus an den Sonnengott Aton des Pharaos Echnaton mehr als 1000 Jahre zuvor.[17]

Im ptolemäischen Ägypten, in dem einer ersten Volkzählung zufolge um 300 v. Chr. drei Millionen Menschen lebten, stand theoretisch alles Land im Besitz des Königs. Tatsächlich existierten neben den eigentlichen königlichen Domänen große Ländereien der Tempel, die von den auf die Kooperation der einheimischen religiösen Eliten für ihre Anerkennung als Pharao angewiesenen Ptolemäern gefördert wurden. Die Erträge weiterer Äcker wurden an Soldaten, darunter viele Söldner aus Makedonien und Griechenland, aber auch jüdische Kontingente, und Beamte vergeben. Einige Monopole über den Bergbau sowie die Produktion und den Vertrieb ölhaltiger Pflanzen und Salz behielt sich die Regierung vor. Einer strengen Kontrolle unterlag die Herstellung von Papyrus, Leinen und Bier, einem ‚Grundnahrungsmittel' der Ägypter. Man hat diesen ‚bürokratischen Zentralismus' mit dem Merkantilismus der absolutistischen europäischen Staaten des 17. und 18. Jahrhunderts verglichen; sein Hauptziel war die „Anhäufung wertvoller Metalle durch Handelskontrolle und Unterordnung der Wirtschaft unter die Staatsgewalt".[18] Der Verbreiterung der Ressourcenbasis dienten ebenso Verbesserungen in der Landwirtschaft, wie der vermehrte Einsatz von eisernen Pflügen sowie Öl- und Weinpressen. Auch die Bewässerung im Fajum, einem oasenartigen Becken westlich des Niltals, wurde ausgebaut (die Region plagte allerdings aufgrund der Ausdehnung der Feuchtgebiete die Malaria) und der Anbau neuer Weizensorten forciert.[19] Die Verwaltung sollte die landwirtschaftliche Produktion eng überwachen, aber auch Übergriffe auf die Bauern verhindern, um deren Leistungsfähigkeit zu erhalten und die Steuerflucht aus den Dörfern, eine ‚traditionelle' Form bäuerlichen Widerstands, hintanzuhalten. In einer Vorschrift für einen Beamten aus dem Jahr 210 v. Chr. lesen wir:

---

[17] Zitiert nach Scholz 2015, 172. Im Hymnus des Echnaton (reg. ca. 1351–1334 v. Chr.) heißt es: „Den Nil am Himmel, den gibst du den Fremdvölkern und allem Wild der Wüste, das auf Füßen läuft; aber der wahre Nil kommt aus der Unterwelt nach Ägypten." Zitat nach Schlögl 2006, 231. Zur Gründung Alexandrias vgl. Huß 2001, 63–69.

[18] Walbank 1994, 102–112.

[19] Hölbl 1994, 9–31, 61–64; Walbank 1994, 165; Lloyd 2000b, 388–410; Huß 2001, 218–224, 313–317; Hin 2013, 108; Sommer 2013, 166–168; Scholz 2015, 159–170; Wilkinson 2015, 609 f.; Agut/Moreno-García 2016, 679–693.

„Du hast es als eine von Deinen dringlichsten Pflichten anzusehen, darauf zu achten, dass im Gau jene Getreidesorten ausgesät werden, die laut Anweisung vorgeschrieben sind. Sollten irgendwelche Leute wegen ihrer Abgaben unter starken Druck gesetzt oder völlig ausgesaugt werden, dann darfst Du dies nicht ohne eine Untersuchung durchgehen lassen."[20]

Letzteres gelang allerding im Verlauf der ptolemäischen Dynastie immer weniger. Die Ressourcen Ägyptens dienten auch dem Aufbau eines weitgespannten Netzwerks der Diplomatie, etwa durch Getreidespenden an verschiedene griechische Städte in Notzeiten, z. B. an Rhodos nach einem großen Erdbeben 227/226 v. Chr., bei dem der berühmte Koloss zerstört wurde. Dass in den ptolemäischen Kernländern Überfluss, im Ägäis-Raum hingegen Mangel herrschte, mag auch mit den manchmal entgegengesetzten Niederschlagsmustern im Norden und im Süden des östlichen Mittelmeerraums zusammenhängen, die zur selben Zeit der einen Region Dürre, der anderen hingegen ausreichende Feuchtigkeit bescherten. Eine Verflechtung zwischen diesen Räumen wäre somit gleichsam klimatisch begünstigt worden.[21] Die Ptolemäer eroberten mehrere Territorien in Südwestasien sowie in verschiedenen Küstengebieten des östlichen Mittelmeerraums und der Ägäis. Nach Alan B. Lloyd handelte sich dabei weniger um ein zusammenhängendes Imperium als eine „Ansammlung vom Stützpunkten, Allianzen, Protektoraten, und freundlich gesonnenen Parteiungen und Individuen, oft erkauft durch ägyptisches Gold", die „ein Netzwerk von Knoten bildete, durch das die Ptolemäer politische und militärische Macht" außerhalb Ägyptens zum Schutz des Kernlandes ausüben konnten. Gleichzeitig erlaubte dieses Netzwerk den Zugang zu Rohstoffen, die in Ägypten rar waren, etwa Bauholz für die große Flotte der Ptolemäer, die wiederum notwendig war, um die Kontrolle in diesem maritimen Geflecht aufrecht zu erhalten. Über Häfen am Roten Meer wurden sogar direkte Seeverbindungen nach Indien etabliert.[22]

Diese ‚imperiale Ökologie' ermöglichte es den Ptolemäern ebenso, die Folgen einer Missernte in Ägypten zu dämpfen, als dort zwischen 245 und 240 v. Chr. die Nilfluten zu niedrig ausfielen. Wie Fran-

---

[20] Zitiert nach Scholz 2015, 165. Zur ‚Tradition' der Steuerflucht in Ägypten vgl. Mikhail 2011, 74–78.
[21] Vgl. dazu Roberts u. a. 2012; Izdebski/Pickett/Roberts/Waliszewski 2016, 196.
[22] Lloyd 2000b, 392; Huß 2001, 288–290; Harris 2013, 180 f.; Scholz 2015, 162–164.

cis Ludlow und Joseph G. Manning zeigten, könnte diese Dürre mit einer in Eisbohrkernen in Grönland dokumentierten Vulkaneruption zusammenhängen, die eine kurzfristige Klima-Anomalie verursachte. Durch den Hunger mit motivierte Unruhen in Ägypten, die erstmals seit der makedonischen Eroberung ausbrachen, zwangen König Ptolemaios III. (reg. 246–222 v. Chr.) zur Rückkehr von einem Feldzug in Syrien. Auch um die Lage im Land zu beruhigen, griff er zu außergewöhnlichen Maßnahmen. In einer Ehreninschrift ägyptischer Priester für Ptolemaios III. und seine Frau Berenike II. von 238 v. Chr. heißt es:

„Als der Fluss einmal nur ungenügend anstieg und alle im Lande niedergeschmettert waren wegen dieses Ereignisses und an die frühere Verderbnis dachten unter einigen der früheren Könige, unter denen es sich ereignete, dass die Einwohner des Landes durch eine Dürre heimgesucht wurden, traten sie [Ptolemaios III. und seine Gattin] fürsorglich ein für die in den Heiligtümern befindlichen und für die anderen Einwohner des Landes, indem sie für vieles im Voraus Sorge trugen und einen großen Teil der Steuereinkünfte erließen um der Errettung der Menschen willen. Indem sie aus Syrien und Phönizien und Zypern und aus mehreren anderen Gegenden Getreide zu hohen Preisen in das Land herbeiholen ließen, haben sie die in Ägypten Lebenden bewahrt und haben (so) eine ewige Wohltat und ein außerordentliches Denkmal ihrer Tüchtigkeit den jetzt Lebenden, wie auch den Nachfolgenden hinterlassen. Deshalb haben die Götter ihnen ein stabiles Königtum gegeben und sie werden ihnen alle anderen guten Dinge bis in Ewigkeit geben."[23]

Die Bewältigung der Krise wird hier einmal mehr mit der göttlichen Legitimation der Herrschaft verknüpft. Andere Texte weisen aber darauf hin, dass sich die königliche Fürsorge auf bestimmte Gruppen der „dominanten Koalition" konzentrierte, neben den oben genannten einflussreichen Priestern und ihren Tempelländereien insbesondere auf die wachsende Bevölkerung Alexandrias, deren Versorgung mit Korn Priorität gegenüber anderen Regionen Ägyptens eingeräumt wurde. Dorthin entsandte auch der befreundete König Hieron II. von Syrakus sein riesiges Palastschiff Syracusia, das über 20 Ruderreihen verfügte und angeblich 1000 Tonnen laden konnte, mit Korn aus Sizilien.[24]

---

[23] Zitiert nach Pfeiffer 2008, 246. Vgl. auch Hölbl 1994, 100–102; Huß 2001, 338–350, 373–375.
[24] Vgl. Ludlow/Manning 2016, 156 und 166 f., sowie Manning u. a. 2017.

Zumindest unter der Bevölkerung der Hauptstadt und den Eliten mussten solche spektakulären Aktionen das Prestige des Ptolemaios III. gesteigert haben. Die Verteidigung des weitreichenden Netzwerks an Stützpunkten war aber enorm teuer. Insbesondere über die Kontrolle Palästina und Südsyriens, für die Ptolemäer sowohl zur Sicherung des Vorfelds Ägyptens als auch wegen des Zugangs zu Bauholz und anderen Gütern wichtig, lag man ständig im Streit mit den östlich benachbarten Seleukiden, einer anderen von einem General Alexanders begründeten Dynastie. Sie beherrschten den Norden Syriens und darüber hinaus Mesopotamien und zu ihren besten Zeiten den Iran bis an die Grenzen Indiens. Nicht weniger als neun ‚syrische' Kriege trugen die Seleukiden und Ptolemäer aus. Letztere konnten sich 219 v. Chr. nach einem überraschenden Vorstoß des Feindes bei Raphia im heutigen Gazastreifen nur behaupten, indem sie erstmals 20 000 ägyptische Soldaten nach Art der makedonischen Phalanx ausrüsteten. Ein kurz danach ausbrechender Aufstand dieser Soldaten zeigte den Beginn einer krisenhaften Periode an, die die Fragilität ptolemäischer Herrschaft in Ägypten und anderswo offenlegte.[25]

Zwischen 217 und 200 v. Chr. gingen den Ptolemäern die meisten Territorien außerhalb Ägyptens verloren. Gleichzeitig setzten sich die Unruhen im Inneren fort, nicht zuletzt aufgrund der sich verschlechternden wirtschaftlichen Lage. Nach den Gebietsverlusten erhöhte sich der Steuerdruck des Regimes auf die verbliebenen Gebiete. Niedrige Nilfluten, die sich nach der Untersuchung von Ludlow und Manning in einigen Fällen erneut mit durch Vulkanausbrüchen verursachten kurzzeitigen Klima-Anomalien überlappten, verschärften die Not der ägyptischen Bauernschaft, die sich nun um einheimische Anführer scharte. Zwischen 206 und 186 v. Chr. spaltete sich der Süden des Landes unter Gegenkönigen in Theben de facto von Alexandria ab, während 197 v. Chr. auch im Delta ein Aufstand ausbrach. Solche Unruhen bedrohten ebenso die Versorgung des Großstadt Alexandria, deren Bevölkerung ohnehin immer als zum Aufruhr neigend galt. Mehrfach mischte sie sich auch in die innerdynastischen Streitigkeiten der Ptolemäer ein, die für eine zusätzliche Destabilisierung des Regimes sorgten. Dennoch gelang es den Ptolemäern ab 186 v. Chr., die Kontrolle

---

[25] Fraser 1972, 60 f.; Hölbl 1994, 111–140, 157–227; Lloyd 2000b, 410–413; Huß 2001, 386–404, 445–450; Schlögl 2006, 353–371; Scholz 2015, 171–175, 212–229, 247–250, 272–278; Ludlow/Manning 2016; Crawford 1984, 196–198; Hughes 1994, 97 f.

über ganz Ägypten wiederzuerringen. Als aber die Seleukiden 168 v. Chr. wieder einen Vorstoß an den Nil unternahmen, wurden die Ptolemäer nur durch das Eingreifen eines römischen Gesandten gerettet, der dem Seleukidenkönig Antiochos IV. (reg. 175–164 v. Chr.) mit Krieg drohte, wenn er nicht abzog. Kurz danach brach nach einer niedrigen Nilschwemme 165 v. Chr. erneut ein Aufstand im Gebiet von Theben aus, während Unruhen ebenso das Fajum heimsuchten. Ein Dekret dieses Jahres, dass die Bauern zwingen sollte, aufgrund der Steuerflucht ihrer Nachbarn unbebaut gebliebenes Land zusätzlich zu bewirtschaften und dafür Pacht zu bezahlen, verschärfte die Situation weiter. Zwischen 164 und 154 sowie 132 und 124 v. Chr. kämpften verschiedene Mitglieder der Ptolemäer-Dynastie um den Thron, während kurzzeitig von Rebellen wieder ein einheimischer Pharao ausgerufen wurde. Es spricht für den trotz aller Unruhen und Niedrigfluten immer noch beträchtlichen Reichtum Ägyptens, dass das Ptolemäer-Regime weitere 100 Jahre Bestand hatte, wenn auch de facto unter der außenpolitischen Schutzherrschaft Roms. Um sich die dort führenden Kreise gewogen zu halten, setzten die Herrscher Ägyptens enorme Bestechungsgelder ein, die aber wiederum aus den Steuerzahlern am Nil herausgepresst wurden.[26]

Das spektakuläre Finale des ptolemäischen Ägyptens dirigierte die berühmte Kleopatra VII. (reg. 51–30 v. Chr.). Sie lag am Beginn ihrer Herrschaft im Thronstreit mit ihrem Bruder (und, gemäß ptolemäischer Tradition, Ehemann) Ptolemaios XIII. Auch sonst war die Lage nach einer Reihe niedriger Nilfluten um 50 v. Chr., die wiederum mit einer durch einen Vulkanausbruch verursachten, kurzfristigen Klima-Anomalie zusammenhängen könnten, höchst instabil. In einem Edikt

---

[26] Hölbl 1994, 111–140, 157–227; Walbank 1994, 115 f., 121–123, 204–206; Lloyd 2000b, 410–413; Huß 2001, 506–513; Schlögl 2006, 353–371; Sommer 2013, 168 f.; Scholz 2015, 171–175, 212–229, 247–250, 272–278; Agut/Moreno-García 2016, 694–725; Crawford 1984, 196–198. Ludlow/Manning 2016 beobachten Überschneidungen zwischen niedrigen Nilfluten und Aufständen in Ägypten mit möglicherweise durch Vulkanausbrüche ausgelösten kurzzeitigen Anomalien für die Zeit um 245 v. Chr., 215 v. Chr., 205 v. Chr., 180 v. Chr., 165 v. Chr., 155 v. Chr., 145 v. Chr., 120 v. Chr., 100 v. Chr. und 85 v. Chr. Allerdings weisen Untersuchungen zu den üblichen Schwankungen von Zeit und Ausmaß der Niederschläge in den Quellgebieten des Nils darauf hin, dass diese regelmäßig zu Ausfällen der notwendigen Fluthöhen führen konnten, ohne dass jedes Mal eine vulkanische Eruption daran beteiligt sein musste, vgl. Teferi Taye/Willems/Block 2015.

des Ptolemaios XIII. und der Kleopatra VII. vom Oktober des Jahres 50 wurde allen Händlern von Getreide und Hülsenfrüchten in den Provinzen angrenzand an das Delta sogar die Todesstrafe angedroht, wenn sie ihren Waren nicht nach Alexandria brachten.[27] Erneut galt es vor allem, die unruhige Bevölkerung der Hauptstadt durch Lieferungen zu besänftigen. Gleichzeitig entzogen sich aber viele Bauern durch Flucht aus ihren Dörfern dem steigenden Abgabendruck.[28] Der römische Schriftsteller Plinius der Ältere verknüpfte einen der niedrigsten Höchststände des Nils von nur fünf Ellen im Jahr 48 v. Chr. mit dem Tod des römischen Feldherrn Pompeius, der nach seiner Niederlage im Bürgerkrieg gegen Gaius Julius Caesar nach Ägypten geflohen, aber dort auf Betreiben des Ptolemaios XIII. ermordet worden war. Dennoch unterstützte Caesar nach seiner Ankunft in Ägypten Kleopatra VII. und ließ sie 47 v. Chr. nach dem Sieg über die Truppen ihres Bruders und die rebellierende Bevölkerung Alexandrias (wobei die berühmte Bibliothek in Flammen aufging) als unumstrittene Herrscherin am Nil zurück. Jedoch fiel Caesar schon im März 44 v. Chr. einer Verschwörung in Rom zum Opfer, während Kleopatra dort zu Gast war.[29]

Kurz danach waren die Jahre 43 und 42 v. Chr. erneut von katastrophalen Niedrigfluten geprägt; nach dem späteren Bericht des römischen Philosophen Seneca soll die Nilschwemme in diesen Jahren ganz ausgeblieben sein. Zusätzlich zum Hunger litt Ägypten unter einer Seuche.[30] Kleopatra VII. versuchte nach ihrer Rückkehr aus Rom die Not in Alexandria mit Getreidespenden aus den königlichen Speichern zu lindern. Ausgenommen waren davon allerdings Bewohner, die nicht das Bürgerrecht besaßen, wie die jüdische Gemeinde. Eine neue Untersuchung rekonstruiert aufgrund von Baumringen einen generellen Tem-

---

[27] Edition und Faksimile des Papyrus-Dokuments online: https://berlpap.smb.museum/03856/ [06.12.2020].

[28] Fraser 1972, 147; Hölbl 1994, 205 f.; Wilkinson 2015, 630 f.

[29] Fraser 1972, 126–128; Sommer 2013, 502–530; Blösel 2015, 239–248; Crawford 1984, 9; Hughes 1994, 156 f.; Thommen 2009, 100; Benjamin 2018, 127. Zu den Klimadaten siehe Rossignol/Durost 2007 sowie Ludlow/Manning 2016 und Manning u. a. 2017. Zur Niedrigflut von 48 v. Chr. vgl. Plinius 5, 58; Übersetzung zitiert nach Plinius 2008, II 121.

[30] Seneca, Quaestiones Naturales IV, 2, 16. Text online: https://www.thelatinlibrary.com/sen/sen.qn4.shtml [06.12.2020]. Appian, Bürgerkriege 4, 61 und 108. Text online: https://penelope.uchicago.edu/Thayer/E/Roman/Texts/Appian/Civil_Wars/4*.html [28.10.2020]. Vgl. auch Hölbl 1994, 214; Wilkinson 2015, 636 f.

peraturabfall in Europa und im Mittelmeerraum in diesen Jahren. Diese Klima-Anomalie ging auf eine vulkanische Eruption zurück, die sich in Bohrkernen aus Grönland ablesen lässt. Auf der Grundlage von geologischen Proben wird der klimawirksame Ausbruch im Frühjahr 43 v. Chr. dem Vulkan Okmok in Alaska zugeschrieben. Dass dieser Vulkan aber sowohl das Ptolemäerreich als auch die Römische Republik zu Fall gebracht habe, wie einige Medien die Erkenntnisse der Studie im Sommer 2020 verkürzten, ist eine grobe Vereinfachung der Wirkzusammenhänge. Erstaunlich ist hingegen einmal mehr, wie das Ptolemäerregime unter Kleopatra VII. trotz dieser Katastrophen und unter großen menschlichen und materiellen Kosten in den folgenden Jahren nochmals enorme Ressourcen insbesondere für die militärische Rüstung mobilisierte.[31]

Denn tatsächlich wurde das Schicksal Ägyptens auf dem Schlachtfeld entschieden. Nach dem Sieg über die Cäsar-Mörder gemeinsam mit dessen Neffen Octavian übernahm der Feldherr Marcus Antonius ab 40 v. Chr. die Macht im Osten des Römerreichs und verband sich dort politisch und privat mit Kleopatra VII. Er plante die Errichtung eines römisch-griechisch-ägyptischen Großreichs und unternahm auf den Spuren Alexanders des Großen sogar einen Feldzug gegen die Parther in Persien. In diesem Krieg von 36 bis 35 v. Chr. erlitt die Armee des Marcus Antonius jedoch große Verluste, angeblich 25 000 Mann, davon die Hälfte durch Seuchen und Krankheiten. Dies verringerte nachhaltig sein militärisches Potenzial, da er wegen der wachsenden Entfremdung von Octavian keine neuen Legionäre in Italien rekrutieren konnte. Das Zerwürfnis führte zu einem neuerlichen Bürgerkrieg, den Octavian 31 v. Chr. für sich entschied. Er marschierte danach gegen Ägypten, das nach dem Selbstmord des Marcus Antonius und der Kleopatra VII. als Provinz in das Römische Reich eingegliedert und zu einer wesentlichen Stütze des neuen kaiserlichen Regimes im Imperium wurde. Ägypten entwickelte sich, bis ins 2. Jahrhundert n. Chr. auch begleitet von günstigen Klima- und Nilflutbedingungen, zum zentralen Knotenpunkt eines imperialen ‚Netzwerks der Kalorien', die in Form seines Getreides nach Rom und in andere Regionen des Mittelmeerraums transportiert wurden.[32]

---

[31] McConnell u. a. 2020 sowie bereits Rossignol/Durost 2007, 410–412. Siehe auch Hölbl 1994, 214 f.

[32] Hölbl 1994, 111–140, 157–227; Walbank 1994, 204–206; Ritner 1998; Lloyd 2000b, 410–413; Huß 2001, 722–750; Schlögl 2006, 353–371; Ellerbrock/

Die neuen Pharaonen und die schwankenden Fluten des Nils: Aufstieg und Krise des Fatimidenkalifats, 969–1171 n. Chr.

Von 30 v. Chr. bis zum Jahr 642 n. Chr. blieb Ägypten Provinz des Römischen Reiches, wobei seine Getreideüberschüsse ab dem 4. Jahrhundert n. Chr., in dem sich auch das Christentum am Nil durchsetzte, nicht mehr nach Rom, sondern in die neue Hauptstadt Konstantinopel am Bosporus transportiert wurden. Entlang dieser maritimen Versorgungsachse verbreitete sich von Ägypten aus in der Regierungszeit des Kaisers Justinian I. um 541 auch der Erreger der Beulenpest nach Konstantinopel und weiter im gesamten Mittelmeerraum, mit nachhaltigen demografischen und wirtschaftlichen Folgen für das Imperium. Die Römer verloren in den 630er und 640er Jahren ihre reichsten Provinzen in Syrien, Palästina und Ägypten an die Araber, die ein neues Weltreich vom Atlantik bis an die Grenzen Indiens errichteten.[33] Das Getreide Ägyptens diente nun teilweise der Ernährung der heiligen Stätten des Islams in Mekka und Medina und wurde vom Nil über einen Kanal, der im 6. Jahrhundert v. Chr. angelegt und danach mehrfach versandet und wieder freigebaggert worden war, ans Rote Meer transportiert. An der Abzweigung dieses Kanals vom Nil nach Nordosten errichteten schon die Römer die Festung Babylon, die unter ihrem arabischen Namen Fustat anstelle Alexandrias zur Hauptstadt der Provinz wurde.[34] Als die Zentralmacht im arabischen Kalifat schwand, regierten zwischen 868 und 905 zuerst die Tuluniden und dann von 935 bis 969 die Ichshīdiden, beides türkischstämmige Familien, nominell als Statthalter des Kalifen in Bagdad, de facto aber weitgehend selbstständig das Land am Nil. Unter ihnen wurde auch Fustat weiter ausgebaut.[35]

Zwischen 963 und 969 suchte allerdings eine an die biblische Geschichte des Josef erinnernde siebenjährige Abfolge von Niedrigfluten des Nils das Land heim. Die damit einhergehende Schwächung des Regimes der Ichshīdiden nutzte die schiitisch-ismaelitische Dynastie der Fatimiden, die sich auf Fatima, die Tochter des Propheten Mohammed,

---

Winkelmann 2012, 59 f.; McCormick 2013; Agut/Moreno-García 2016, 694–725; Bunbury 2019, 130 f. Zum Begriff des „Netzwerks der Kalorien" siehe Mikhail 2011, 88–95.

[33] Ritner 1998, 24–33; Kaegi 1998. Vgl. auch das erste Kapitel im parallel erschienenen Band *Der Lange Sommer und die Kleine Eiszeit*.

[34] Kennedy 1998; Halm 2003, 27–32.

[35] Feldbauer 1995, 348–350; Bianquis 1998.

zurückführten. Sie behaupteten, einen besseren Anspruch auf die Führung der islamischen Gemeinschaft als die sunnitischen Abbasidenkalifen in Bagdad zu besitzen, und hatten 909 ein Gegenkalifat im heutigen Tunesien ausgerufen.[36] Von dort versuchten sie mehrfach vergeblich, das reiche Ägypten zu erobern. Doch nun erlaubte die schwindende Unterstützung der hungernden Bevölkerung für die Ichšīdiden dem fatimidischen General Ǧauhar as-Siqillī ('der Sizilianer') mit angeblich 100 000 Mann den Vorstoß nach Fustat.[37] Im seinem für die Geschichte Ägyptens enorm wertvollen Werk schildert der Historiker al-Maqrīzī (1364–1442) unter Nutzung von älteren Berichten die Ereignisse nach dem Einzug des Ǧauhar in der Stadt:

> „Unter anderem befasste er sich mit der Frage der Kornpreise. Eine Reihe von Müllern wurde ausgepeitscht und dann öffentlich vorgeführt. Er versammelte die Getreidehändler an einem Ort und ordnete an, dass Getreide ausschließlich dort verkauft wird. Er ordnete auch an, dass ein einziger Weg von und zu diesem Getreidemarkt beschritten wird, damit nicht einmal ein Maß Weizen diesen Markt verlässt, außer unter der Aufsicht […] des Muhtasib [des Marktaufsehers]. Diese Hungersnot dauerte bis zum Jahr 360 [970/971], in dem sich Epidemien verschlimmerten und Krankheiten ausbreiteten. Der Tod war so häufig, dass die Menschen nicht in der Lage waren, Leichentücher für alle Toten bereitzustellen und sie zu begraben, sodass Leichen in den Nil geworfen wurden. Als das Jahr 361 [971/972] begann, sanken die Preise, das Land wurde fruchtbar und es entstand Wohlstand."[38]

So etablierte sich das neue Regime durch Maßnahmen zur Bewältigung der durch die niedrigen Nilstände mitverursachten Krise und die Befriedigung der materiellen und ‚moralischen' Ansprüche der Bevölkerung durch Bestrafung der – vermeintlich – Schuldigen. Das bald nach der Machtübernahme der Fatimiden eintreffende Ende der Niedrigfluten mag als göttlicher Wink der Legitimation ihrer Herrschaft gedeutet worden sein, auch wenn die Mehrheit der muslimischen Bevölkerung

---

[36] Halm 1991, bes. 104–133; Feldbauer 1995, 350 f.; Bianquis 1998, 117–119; Walker 1998, 121–129; Brett 2017, 20–37; Jiwa 2018, 22–39.

[37] Halm 1991, 361–366; Walker 1998, 130–141; Ellenblum 2012, 41–46; Jiwa 2018, 40 f., 124–126.

[38] al-Maqrīzī 1994, 30 f.

Ägyptens (neben den damals noch zahlreichen Christen) der sunnitischen Richtung anhing.[39]

Nördlich von Fustat begann Ǧauhar as-Siqillī mit Errichtung einer separaten ummauerten Residenzstadt für seinen Kalifen al-Muʿizz (reg. 953–975), der 972 dort Einzug hielt; die neue Stadt erhielt den programmatischen Namen al-Qāhira (‚die Siegreiche'), üblicherweise wiedergegeben als Kairo.[40] Die Stadt wurde zum Zentrum eines weitgespannten imperialen Netzwerkes, das vom Roten Meer (wo sich zeitweilig auch die heiligen Stätten und der Jemen den Fatimiden unterstellten) bis an die Küsten Palästinas und Syriens bzw. im Westen in die Ursprungsregionen fatimidischer Macht in Nordafrika reichte. Noch weiter erstreckte sich das von Ägypten ausgehende blühende Handelsnetzwerk, bis nach Spanien im Westen, Konstantinopel im Norden und sogar bis nach Indien im Osten und Madagaskar im Süden, wie etwa die tausenden Dokumente jüdischer Kaufleute belegen, die in der Geniza, dem Lagerraum der Ben-Esra-Synagoge in Kairo, erhalten blieben. Ähnlich wie die Ptolemäer unterhielten die Fatimiden große Flotten, für die das Bauholz zum Teil von den ‚Außengebieten' in der Levante, aber auch durch Importe mithilfe italienischer Händler wie der Venezianer aus dem Balkanraum herbeigebracht wurde. Darüber hinaus wurden staatliche Waldungen in verschiedenen Provinzen Ägyptens unterhalten, in der Gegend von Assuan im Süden angeblich auf einer Fläche von mehr als 8000 Hektar. Auch nachfolgende Dynastien sorgten sich um diese Wälder.[41]

Fustat und Kairo blieben vorerst getrennte Siedlungen, teilten sich aber die Abhängigkeit vom Nil als Bringer der Fluten und Träger der Versorgungstransporte.[42] Wie die Ptolemäer übernahmen die Fatimiden

---

[39] Halm 1991, 366–369; Brett 2017, 77–83; Jiwa 2018, 126 f. Zum Begriff der „moralischen Ökonomie" siehe Thompson 1971 und die Einleitung zum vorliegenden Buch.

[40] Halm 1991, 368–372; Halm 2003, 18–26; Brett 2017, 84–94; Jiwa 2018, 129–135; Marozzi 2019, 131 f.

[41] Walker 1998, 141–148; Sanders 1998, 161–165; Humphreys 1998, 447–450; Mikhail 2011, 126 f.; Brett 2017, 106–112; Feldbauer 2019, 60–73, 182–189. Generell zur fatimidischen Verwaltung siehe Feldbauer 1995, 354–358; Sanders 1998, 157–161. Zu den Geniza-Dokumenten jetzt zusammenfassend Rustow 2020, und für die Reichweite der fatimidischen Fernverbindungen Rapoport/Savage-Smith 2018.

[42] Zu Verlagerungen des Nilufers und den Häfen von Fustat und Kairo vgl. Cooper 2014, 187–194.

das System der Messung der steigenden Nilfluten durch die Nilometer, von denen der der Hauptstadt nächste auf der Insel Roda stand. In ähnlicher Weise wie der römische Schriftsteller Plinius im 1. Jahrhundert n. Chr. beschreibt der 957 in Fustat verstorbene arabische Gelehrte al-Masʿūdī die Bedeutung der unterschiedlichen Pegelstände für das Land. Der führende Fatimiden-Experte Heinz Halm fasst al-Masʿūdīs Schilderung so zusammen:

> „Die 13. und 14. Elle tragen die Namen der beiden Grabesengel Munkar und Nakīr, denn wenn das Wasser unterhalb der 15. Elle stehenbleibt, droht eine Hungersnot, und das öffentliche Gebet um Regen wird angeordnet. Zeigt der Pegel zwar 15, bleibt aber unter 16 Ellen, dann bedeutet das für einen Teil der Bevölkerung Wohlstand; doch muss den Benachteiligten, deren Felder nicht überflutet werden, ein Teil der Steuern erlassen werden. Erst bei vollen 16 Ellen kann der Fiskus die Erntesteuer in vollem Umfang erheben. Da aber auch bei diesem Wasserstand das höher gelegene Weideland nicht überflutet wird, entsteht ein Mangel an Viehfutter. Erst bei üppigen 17 Ellen ist die Gefahr gebannt. Bei der 18. Elle beginnt bereits der Katastrophenbereich: die Siedlungen sind bedroht, der Abfluss des Wassers dauert zu lange, die Felder nehmen Schaden und können nicht rechtzeitig besät werden."[43]

Wurde der ersehnte Pegelstand von 16 Ellen erreicht, so begab sich der Kalif, wie eingangs beschrieben, zur Salbung des Nilometers auf die Nilinsel Roda. Zeuge eines weiteren Zeremoniells wurde der persische Reisende Nāsir-i Chusrau (1004–1078) bei seinem Besuch in Ägypten, als man die Bewässerung der Äcker durch den Nil feierte:

> „Wenn der Nilstrom die Fülle erreicht, sind die Mündungen der Gräben und Kanäle im ganzen Land geschlossen. Dann reitet der Herrscher hinaus, um persönlich jenen Kanal zu öffnen, [...] der bei Fustat beginnt und an Kairo vorbeiführt und der zum Krongut gehört. Zu diesem Zeitpunkt öffnet man auch die anderen Kanäle, Wasserläufe und Abzugsgräben im ganzen Land; es ist das größte aller Feste, und man nennt es den Ritt zur Öffnung des Kanals. [...] Der Herrscher zieht bis zu dem Sonnensegel, das man am Beginn des sogenannten Kanalmunds aufgeschlagen hat. [...] Dann gibt man ihm einen Speer in der Hand, und den schleudert er nach dem Damm. Männer mit Hacken, Schaufeln und Picken machen sich eiligst daran, den Damm

---

[43] Zitiert nach Halm 2003, 61 f.

einzureißen. Das aufgestaute Wasser gewinnt an Kraft, schießt plötzlich herab und stürzt in den Kanal. [...] An diesem Tag kommt die gesamte Bevölkerung von Fustat und Kairo, um der Öffnung des Kanals und verschiedenen Spielen zuzusehen. In das erste Boot, das in den Kanal hineingesogen wird, setzt man einige Taubstumme; dies gilt als gutes Omen. An diesem Tag verteilt der Herrscher dort Almosen."[44]

Mit dieser Zeremonie illustrierte der Fatimidenkalif sowohl seine Wohltätigkeit als auch seine Begünstigung durch Gott, der den Nil zu einer ausreichenden Höhe anstiegen ließ. Ähnlich wie die Pharaonen wurde der Herrscher damit zum Garanten der Fülle und der klimatischen Ordnung der Welt.

Allerdings befanden sich die urbanen Stoffwechsel der alten Metropole Fustat und der neuen Palaststadt Kairo insbesondere in Zeiten des Mangels im Wettstreit: Ibn Ridwan (998–1061), der als Arzt in den beiden Städten wirkte und ein Buch über die Krankheiten Ägypten verfasste, schilderte seine Bedenken hinsichtlich der Hygiene des Trinkwassers:

„Kairos Gassen und Straßen sind breiter und sauberer als die von Fustat und weisen weniger Schmutz und Fäulnis auf. Das Trinkwasser der Bewohner stammt meist aus Brunnen [...]. Da aber der Wasserspiegel der Brunnen von Kairo dicht unter der Oberfläche liegt und der Boden obendrein durchlässig ist, sickert zwangsläufig einiges vom Unrat der Latrinen in die Brunnen. [...] Viele Bewohner von Kairo trinken aber auch Nilwasser, besonders wenn dieses [zur Zeit der Nilschwemme] den Kanal füllt; diese Wasser aber wird geschöpft, nachdem es Fustat passiert und sich mit dessen Abwässern gemischt hat [...]. [Die Bewohner von Fustat] werfen ihre toten Haustiere – Katzen, Hunde und andere – auf die Straßen und Gassen, wo sie verwesen und ihre Verwesung sich mit der Luft vermischt [was entsprechend der auch von den Arabern übernommenen Tradition hippokratischer Medizin Seuchen hervorrufen konnte]. Auch haben sie die Gewohnheit, die Exkremente und das Aas ihrer Tiere in den Nil zu werfen, aus dem sie doch trinken, und auch der Unrat ihrer Latrinen fließt in den Fluss. Manchmal stagniert das Wasser; dann trinken sie mit dem Wasser vermischt diese Jauche."[45]

---

[44] Zitiert nach Halm 2003, 64–67. Vgl. auch Nāsir-i Chusrau 1993, 91–96, mit der vollständigen Schilderung dieses Ereignisses.

[45] Zitiert nach Halm 2003, 24 und 32. Zum Werk des Ibn Ridwan und seine Anleihen bei den Traditionen der hippokratischen Medizin siehe auch Mikhail 2011, 203–211.

Unter diesen Bedingungen gehörten Darmparasiten und Infektionskrankheiten zu den ständigen Begleitern der Bevölkerungen beider Städte, und die privilegierte Stellung Kairos wurde durch seine Lage flussabwärts von Fustat teilweise aufgehoben.[46] Doch verfügte der Palast in der Regel über die Mittel, eine bevorzugte Versorgung Kairos sicherzustellen, wenn die Lebensmittel knapp wurden. Andererseits durfte der Kalif die Bedürfnisse der viel zahlreicheren Bevölkerung Fustats nicht zu sehr vernachlässigen, da ansonsten Unruhen drohten. Diese Balance zwischen den urbanen Stoffwechseln der beiden Städte konnte im Laufe des 11. Jahrhunderts mehrfach nur schwer und schließlich gar nicht mehr hergestellt werden, als sich – nach einer gewissen Stabilität nach der Dürre der Jahre 963 bis 969 – die extremen Schwankungen der Nilfluthöhen mehrten. Das Ausbleiben der Regenfälle in den ostafrikanischen Quellengebieten kann mit anderen Witterungsextremen dieser Jahrzehnte vom Mittelmeerraum bis Ostasien verknüpft werden, die vermutlich durch ein Minimum der Sonneneinstrahlung (benannt nach dem niederländischen Astronomen Jan Hendrik Oort, 1900–1992) zwischen 1010/1040 und 1080 mitverursacht wurden.[47]

Eine erste Häufung von Niedrigfluten wird für die Jahre 1004 bis 1008 berichtet. Damals herrschte der Fatimidenkalif al-Hākim (reg. 996–1021), der aufgrund seiner oft unberechenbaren Politik eine rätselhafte Figur bleibt. Durch seine zeitweilige Unterdrückung der nichtmuslimischen Minderheiten und insbesondere den Abriss der Grabeskirche in Jerusalem im Jahr 1009 erwarb er sich dauerhaft schlechte Presse in der christlichen Geschichtsschreibung. Von einem Teil seiner Anhänger wurde er aber schon vor seinem ungeklärten Verschwinden in der Wüste, bei dem er wie üblich auf einem Esel ritt, sogar zu einer göttlichen Figur erhoben; daraus entstand die heute vor allem in Syrien, Libanon und Israel lebende Religionsgemeinschaft der Drusen.[48] Die Furcht vor seinen oft drastischen Maßnahmen erwies sich aber während des Mangels der Jahre 1004 bis 1008 in gewisser Weise als nützlich. Anfangs blieb der Nil 1004/1005 nur knapp unter den idealen 16 Ellen, doch führte schon die Erwartung einer verminder-

---

[46] Mikhail 2011, 201–213.
[47] Hassan 2007; Sirocko 2015, 582–585, 590–592. Zu ähnlichen Witterungsextremen in Westeuropa, im Byzantinischen Reich und in China siehe die entsprechenden Kapitel im parallel erschienenen Band *Der Lange Sommer und die Kleine Eiszeit*.
[48] van Ess 1977; Halm 2003, 186–228, 253–268, 281–304; Brett 2017, 129–140, 148–153.

ten Ernte zu Spekulationen und Preissteigerungen, die noch durch den Umlauf von Münzen geringeren Edelmetallgehalts verschärft wurden. Der Palast ließ bessere Münzen aus dem Schatz des Kalifen verteilen und auch die Brotpreise fixieren. Darüber hinaus wurden zur Befriedigung der ‚moralischen' Erwartungen der Bevölkerung einige Müller und Bäcker, die der Preistreiberei verdächtigt wurden, öffentlich ausgepeitscht. Doch dann erreichte der Nil nur einen Pegelstand von 13 Ellen, was zu einem neuerlichen Preisanstieg und Unruhen führte. Wir lesen bei al-Maqrīzī:

> „Masud al-Saqlabi [der Befehlshaber der Polizei und Aufseher der Märkte in Fustat und Kairo] wurde angewiesen, sich mit der Preisfrage zu befassen. Er versammelte die Getreidespeicherbesitzer, die Müller und die Bäcker, beschlagnahmte das Getreide, das in Sahul al-Ghallah [einem Getreidespeicher am Al-Maks-Hafen am Nil] vorhanden war, und befahl, es nur an die Müller zu verkaufen. Er regulierte die Preise für Weizen, Gerste und Holz. Er regulierte auch die Preise für alle anderen Getreidearten und Waren, peitschte eine Gruppe von Menschen aus und führte sie öffentlich vor. Die Bevölkerung beruhigte sich, als Brot zur Verfügung stand, aber später beeilten sie sich, es zu kaufen, so dass es am späten Abend nicht mehr verfügbar war."[49]

Nach diesen Hamsterkäufen war der Markt wie leergefegt, die Teuerung verschärfte sich und das Volk hungerte. Die Bevölkerung wandte sich nun bei einem seiner öffentlichen Auftritte direkt an den Kalifen al-Ḥākim.

> „[Der Kalif] bestieg seinen Esel und ritt durch das Bab al-Bahr [ein Stadttor]. Dann blieb er stehen und sagte: ‚Ich werde jetzt zur Rashidah-Moschee gehen. Ich schwöre bei Gott, dass ich, wenn ich zurückkomme, wenn mein Esel einen einzigen Ort ohne Getreide betreten kann, jedem, der Getreide besitzt, den Kopf abschneiden werde. Ich werde sein Haus niederbrennen und sein Vermögen beschlagnahmen.' Dann ging er und blieb bis zum späten Nachmittag fort. Jeder Einwohner von Fustat und Kairo, der über eine bestimmte Menge Getreide verfügte, beeilte sich, es aus seinem Haus oder Wohnsitz zu holen und auf den Straßen abzulegen. [...] Die Menschen waren überglücklich und erfreut. Al-Ḥākim ordnete an, dass die für den täglichen Verzehr benötigten Mengen von den Getreidehändlern bereitgestellt werden,

---

[49] al-Maqrīzī 1994, 31–33. Zur Marktaufsicht im fatimidischen Kairo siehe Halm 2003, 38 f.

> wobei ihnen eine Nachfrist eingeräumt wurde und sie die Wahl hatten, Getreide zum offiziellen Preis zu verkaufen, der eine Gewinnspanne zu ihren Gunsten beinhaltete, oder dies zu verweigern. Wenn sie die zweite Alternative wählten, würde er die Mengen, die sie behielten, versiegeln und ihnen nicht erlauben, irgendeinen Teil davon zu verkaufen, bis die neuen Ernten verfügbar wären. Sie antworteten also auf seinen Ruf und folgten seinem Befehl. Die Preise gingen zurück und der Schaden wurde abgewendet."[50]

Nachdem die Getreidehändler und andere wohlhabende Gruppen dem ‚unkonventionellen' Kalifen zutrauten, seine Drohung wahrzumachen, gelangte das offenbar zu Spekulationszwecken gehortete, noch vorhandene Getreide auf den Markt und linderte die Not. Dem Ruf des Herrschers unter den breiten Massen war dies sicher zuträglich, auch wenn die ihres Profits verlustig gegangenen Kaufleute weniger glücklich waren. Sie hatten auf die Unzuverlässigkeit des Nils gesetzt und mussten vor der Unberechenbarkeit des Herrschers kapitulieren.[51]

Unter al-Ḥākims Nachfolger Kalif az-Ẓāhir (reg. 1021–1036) kam es 1023 bis 1025 zu einer noch größeren Hungerkrise, für die wir auch über genaue Angaben zum Preisanstieg (bis auf das Zehnfache des Werts zum Beginn der Teuerung) verfügen, die der französische Orientalist Thierry Bianquis (1935–2014) in einer wichtigen Studie ausgewertet hat. Er stellte auch Vermutungen über die sozio-ökonomischen Hintergründe der sich im 11. Jahrhundert verschärfenden Mangelzeiten an, die Heinz Halm so zusammenfasst:

> „Ägypten [habe] vom Beginn der fatimidischen Herrschaft an eine Stagnation, wenn nicht gar einen Rückgang der agrarischen Produktion zugunsten der Viehzucht erlebt, und dies bei wachsender Bevölkerungszahl. Das habe weitreichende Konsequenzen für die Geschichte der Fatimiden gehabt; so sei etwa die Versorgung der Beduinen mit Getreide nicht mehr im selben Umfang wie früher möglich gewesen, was zu Raubzügen und Aufständen [dieser Gruppen aus den benachbarten Steppen- und Wüstengebieten] in Ägypten und Syrien führte. Ein langsamer, aber stetiger Anstieg der Getreidepreise habe das Nilland für die Krisen im Gefolge zu niedriger Nilfluthöhen immer anfälliger gemacht."[52]

---

[50] al-Maqrīzī 1994, 31–33.
[51] Halm 2003, 69 f.; Ellenblum 2012, 46–49; Rassi 2017, 78.
[52] Zitat bei Halm 2003, 71 f.

Zusätzlich verweisen Gottfried Liedl und Peter Feldbauer in ihrem Überblick zur islamischen Landwirtschaft des Mittelalters auch auf die Ausweitung des Anbaus von *cash crops* wie Flachs, Zuckerrohr und Baumwolle, die dem oben erwähnten Aufschwung des ägyptischen Handels zugutekam, aber gleichfalls den Umfang der Getreideproduktion reduziert haben dürfte. Wenn diese Hypothesen zutreffen, dann fand dieser Strukturwandel angesichts der während des Oort-Minimums steigenden Frequenz niedriger Nilfluthöhen zur Unzeit statt. Dies konnten die Zeitgenossen allerdings nicht wissen.[53]

Der Chronist al-Musabbihi hielt zur Situation der Jahre 1023 bis 1025 fest:

„Das Wasser [des Nils] sank unablässig und über die Maßen; die Ländereien wurden nicht überflutet, und der Boden trug nichts. Die Einwohner von Fustat schrien und flehten zu Gott um Feuchtigkeit. Viele Leute aus der Stadt, Männer und Kinder, zogen mit Koranen zum Gebirge, um Gott um Wasser anzuflehen. In den Märkten wurde das Brot rar; die Menge drängte sich um das Getreide."[54]

In dieser Not erwies sich ein anderes etabliertes Zeremoniell als fatal: Am Vorabend des islamischen Opferfests, das den Höhepunkt der Pilgersaison nach Mekka (Haddsch) markiert, wurden wie üblich im Februar 1025 besonders ausgefallene Arrangements von Speisen, die am nächsten Tag beim Bankett des Kalifen der erlesenen Gästeschar vorgesetzt werden sollten, durch die Stadt getragen, um den Glanz des Herrscherhofes zu präsentieren. Diesmal verdeutlichte aber diese unsensible Zurschaustellung den hungernden Massen die soziale Fallhöhe zwischen dem Palast und dem Rest der Stadt – man fühlt sich an das (ihr allerdings fälschlich zugeschriebene) Zitat der französischen Königin Marie Antoinette (1755–1793) erinnert, wonach die nach Brot darbende Bevölkerung von Paris doch Kuchen essen möge. Auch in Fustat begann es zu brodeln. Aus Angst vor Revolten wurde nicht nur die breite Masse, sondern auch ein Teil der Gardetruppen, darunter aus afrikanischen Sklaven rekrutierte Regimenter, die ebenfalls zuletzt nicht wie üblich verpflegt werden konnten, vom Festakt ausgeschlossen. Doch verschafften sich einige dieser Soldaten Zutritt zum Palast und stürmten das Bankett mit den Worten: „Hunger! Wir haben mehr Recht darauf, an der Tafel unseres Herrn teilzuhaben!" Dann, so berichtet al-Musabbihi, „fielen

---

[53] Bianquis 1980, bes. 100 f. Vgl. auch Liedl/Feldbauer 2017, 122–124.
[54] Zitiert nach Halm 2003, 322.

sie über die Speisen her, prügelten sich und raubten alles, was zubereitet war: Brot, Braten und Süßigkeiten; sie stahlen Schüsseln, Tabletts und Schalen. Eine schlimme Sache! 300 Teller nahmen sie mit, und die Anwesenden konnten es kaum glauben, dass sie selbst ihnen entronnen und mit heiler Haut davongekommen waren."[55] Kairo und Fustat erlebte in diesen Tagen einen mehrfachen Zusammenbruch der symbolischen Kommunikation zwischen Herrscher, Palastgesellschaft, Armee und Volk. Die Akzeptanz für das Regime schwand in einem gefährlichen Ausmaß.[56] Entlastung brachten schließlich wieder ausreichende Nilfluten, die eine Rückkehr zur üblichen Großzügigkeit des Kalifen insbesondere gegenüber seinen Truppen gestatteten. Auch wenn er in Zeiten der Not den Bedürfnissen seines Palasts und Gefolges Priorität einräumte, konnte es fatal sein, dabei die Garde-Regimenter für längere Zeit zu vernachlässigen, oblag es doch ihnen, bei Bedarf das Regime auch mit Gewalt gegen die unzufriedene Bevölkerung Fustats zu schützen.[57]

Das Fatimidenreich steuerte aber in der langen, von Krisen gekennzeichneten Regierungszeit des Kalifen al-Mustansir (reg. 1036–1094) auf einen Zusammenbruch dieser Arrangements und zeitweilig auch des Regimes zu. Seit 1040 erschütterte der Vormarsch türkischer Gruppen unter der Oberhoheit der Dynastie der Seldschuken aus Zentralasien das Mächtesystem der islamischen Welt zuerst im Iran und ab 1055 auch im Irak, wo die Abbasiden-Kalifen in Bagdad seit 945 unter der Schutzherrschaft der eigentlich schiitischen Buyiden-Dynastie gestanden hatten. Nachdem die Buyiden von den Seldschuken besiegt worden waren und ihr Regime in Bagdad zusammenbrach, gelang es zwar zeitweilig Anhängern der Fatimiden, den Traum von einer Ausdehnung des Gegenkalifats auf das Zentrum der sunnitischen Konkurrenten zu verwirklichen. In Bagdad erscholl 1058 der Gebetsruf von den Minaretten im Namen des Kalifen al-Mustansir und nicht der Abbasiden. Allerdings bereiteten die Seldschuken diesem Spuk nach wenigen Monaten ein Ende und übernahmen nun ihrerseits die Macht in Bagdad.[58] Darüber hinaus stießen türkische Verbände gegen die fatimidischen Territorien in Syrien und Palästina vor, die nun allmählich der Kontrolle Kairos entglitten. Um dieselbe Zeit führten 1054 und 1055

---

[55] Zitiert nach Halm 2003, 322.
[56] Vgl. Oesterle 2009, besonders 160–162. Siehe auch Halm 2003, 319–324; Brett 2017, 163 f.
[57] Zur Rolle des fatimidischen Militärs vgl. Sanders 1998, 154–157.
[58] Halm 2003, 383–395; Ellenblum 2012, 103–105; Brett 2017, 194–197.

ausbleibende Niederschläge in Ostafrika einmal mehr zu einer niedrigen Nilflut; al-Maqrīzī bemerkt:

> „Zu dieser Zeit waren in den Getreidespeichern des Staates nur ausreichende Mengen für die Versorgung der Beamten der Paläste, der herrschaftlichen Küche und der verschiedenen Dienstboten vorhanden, nicht mehr als dies […]. Für die Menschen war es eine sehr schmerzhafte Krise; Brot wurde ein seltenes Gut."[59]

Ähnlich wie die Ptolemäer 1300 Jahre zuvor setzte Kalif al-Mustansir auf sein diplomatisches Netzwerk im Mittelmeerraum; der byzantinische Kaiser Konstantin IX. Monomachos (reg. 1042–1055) in Konstantinopel, mit dem die Fatimiden meist in guten Beziehungen standen, versprach, umgerechnet 2700 Tonnen Getreide nach Ägypten zu verschiffen. Diese Menge hätte immerhin gereicht, 30 000 Menschen für vier Monate zu versorgen. Im Gegensatz zu Ägypten erlebte das Byzantinische Reich in diesem Jahr nach Auskunft des Historikers Zonaras eine Rekordernte, was vielleicht erneut die mehrfach beobachteten Unterschiede in den Niederschlagsmustern zwischen dem Norden und dem Süden des östlichen Mittelmeerraums belegt. Allerdings verstarb Kaiser Konstantin IX. im Jänner 1055, und seine Nachfolgerin Theodora (reg. 1042 und 1055–1056) beschloss, das Lieferabkommen mit den Fatimiden zu annullieren.[60]

Doch sah sich der Kalif danach nicht nur außerstande, die Not der breiteren Bevölkerungsmassen zu lindern, er versuchte sogar selbst durch Spekulationen am Preisanstieg des Korns zu verdienen, bis ihn ein Berater davon abbrachte. Bei al-Maqrīzī heißt es:

> „Jährlich kaufte der Kalif für einhunderttausend Dinar Getreide für seine eigenen Handelsgeschäfte. [Der Richter und Wesir] al-Yazuri teilte dem Kalifen mit, dass der Getreidehandel des Kalifen den Muslimen schaden würde, und dass auch die Getreidepreise gegenüber dem Preis sinken könnten, den der Kalif für den Kauf gezahlt hatte, was den Verkauf dieses Getreides unmöglich machte. Es würde in den Silos verderben und könnte zum Totalverlust werden. Dann riet er dem

---

[59] al-Maqrīzī 1994, 25. Vgl. auch Telelis 2004, 535 f. (Nr. 475); Halm 2003, 381; Ellenblum 2012, 148 f.; Brett 2017, 192 f.

[60] Miotto 2008, 251 f. (mit Verweis auf die arabischen Quellen); Halm 2003, 381 f.; Preiser-Kapeller 2015c, 208 f. (mit Verweis auf die byzantinischen Quellen); Rassi 2017, 78. Zu den unterschiedlichen Niederschlagsmustern in Kleinasien und in der südlichen Levante vgl. Roberts u. a. 2012.

Kalifen, Handel zu betreiben, der die Bevölkerung nicht belastet und um ein Vielfaches rentabler ist als der Handel mit Getreide, ohne die Gefahr von Verderb oder sinkenden Preisen, wie der Handel mit Holz, Seife, Eisen, Blei, Honig und dergleichen. Der Kalif folgte dem Rat."[61]

Während al-Yazuri zwar auch den Schaden für die Bevölkerung durch die Hortung des Getreides ins Treffen führte, überzeugten den Kalifen al-Mustansir offenbar vor allem die betriebswirtschaftlichen Argumente hinsichtlich der finanziellen Risiken solcher Spekulationen. Umso weniger erwies sich das Regime gerüstet, als die Krise ihrem Höhepunkt zusteuerte.[62]

Während seldschukische und andere türkische Anführer die fatimidischen Provinzen in Syrien eroberten und sogar in Kairo selbst Angst vor einem Vorstoß des Feindes bis an den Nil herrschte, brachte ab 1064/1065 eine Abfolge von mehreren Jahren an unzureichenden Nilfluten die Versorgung Fustats, dann aber auch Kairos und des gesamten Apparats des Regimes zum Zusammenbruch. Rückblickend bezeichneten die ägyptischen Historiker diese Jahre als Zeit des „großen Unglücks"; al-Maqrīzī schildert sie eindrücklich:

> „Unter der Herrschaft von al-Mustansir brach diese Hungersnot aus, deren Folgen abscheulich waren und deren Erinnerung schrecklich bleibt. Sie dauerte sieben Jahre: Die Ursachen waren die Schwäche der Regierung, die Unordnung der Staatsangelegenheiten, die ständigen Kämpfe zwischen den Beduinen, die schlechte Flut des Nils und die Tatsache, dass das [auch bei ausreichender Nilhöhe] von der Flut bedeckte Land nicht bebaut wurde. Dieses Unglück begann im Jahr 457 [1065]: Die Preise stiegen und die Knappheit wurde spürbar, gefolgt von einer Epidemie, so dass der größte Teil des Landes nicht bebaut wurde. Land- und Seewege wurden unsicher, und Reisen wurden ohne eine große Eskorte unmöglich. [...] So viele Hunde und Katzen wurden verzehrt, dass Hunde knapp wurden, und ein Hund, der für eine Mahlzeit bestimmt war, wurde für fünf Dinar [Goldmünzen] verkauft. Die Bedingungen verschlechterten sich so sehr, dass die Menschen sich gegenseitig aßen. Die Leute waren ständig auf der Hut. Gruppen von Menschen saßen in den oberen Stockwerken ihrer Häuser und hielten Seile, an deren Ende sie Haken anbrachten. Wenn jemand vorbeikam, überfielen sie ihn und zerschnitten sein Fleisch und aßen es. [...] Eines Tages ritt der Wesir auf einem weiblichen Maultier zum Palast. Wäh-

---

[61] al-Maqrīzī 1994, 34 f.
[62] Halm 2003, 382.

rend er mit dem Kalifen zusammentraf, aß es die Bevölkerung. Deshalb ließ er eine Reihe von ihnen aufhängen [...]. Der Nil schwoll an, stieg und fiel zu den üblichen Zeiten, aber es wurde niemand gefunden, der den Boden kultivierte und die Dämme pflegte."[63]

Al-Maqrīzī beschreibt den Rückgriff der Menschen auf Notnahrung wie Hunde und Katzen bis hin zum Kannibalismus, ein Motiv, das in vielen Hungersnot-Schilderungen auftaucht, dessen Wahrheitsgehalt aber von der Historiografie oft als Übertreibung infrage gestellt wird.[64] Interessant ist seine Reihung der Gründe für das „große Unglück": die ausbleibenden Nilfluten folgen erst an vierter Stelle nach den Symptomen der Schwächung der Regierung und des Zusammenbruchs der öffentlichen Sicherheit. Aufgrund letzterer wurden die Felder auch dann nicht wieder bebaut, als der Nil seine üblichen Pegelstände erreichte, da die Bauern vor Not, Seuche und Plünderung durch marodierende Truppen geflüchtet waren. Al-Maqrīzī legt damit nahe, dass ein besser vorbereitetes Regime die Not hätte effektiver lindern können, wie es etwa früheren Fatimidenkalifen gelang. Unter al-Mustansir brach jedoch die staatliche Ordnung vollkommen zusammen. Nachdem konkurrierende Regimenter um den Zugang zu den immer knapperen Ressourcen in Fustat und auf dem offenen Land gekämpft hatten, plünderten die Truppen schließlich auch Kairo und den Palast des Kalifen, der mit Mühe mit dem Leben davonkam und kaum seine eigene Versorgung gewährleisten konnte.[65] Tatsächlich waren die materiellen und symbolischen Puffer des Fatimidenkalifats erschöpft, und das Regime schien am Ende. Allerdings hätte die außergewöhnliche Häufung von Dürrejahren wohl auch jede andere Regierung am Nil in schwere Schieflage gebracht, wie etwa die Beispiele der den Fatimiden vorangehenden Ichschīdiden oder der Ptolemäer-Zeit zeigen.

Die Rettung für die Fatimiden kam durch ihnen noch treue Truppen aus den verbliebenen Stützpunkten an der Küste Palästinas, die unter dem Kommando des armenisch-stämmigen Generals Badr al-Ǧamālī standen. Er marschierte im Jänner 1074 nach Kairo und konnte die rebel-

---

[63] al-Maqrīzī 1994, 37 f. Vgl. auch Telelis 2004, 541 f. (Nr. 480); Halm 2003, 400–404; Marozzi 2019, 139 f.
[64] Zum Motiv des Kannibalismus und seinen literarischen Vorbildern in der antiken und biblischen Tradition vgl. zuletzt Wozniak 2020, 732–739, mit weiterer Literatur. Siehe auch Raphael 2013, 69 f.
[65] Halm 2003, 404–420; Ellenblum 2012, 151–155; Brett 2017, 201–206.

lierenden Kommandanten der anderen Regimenter bei einem Festmahl in eine Falle locken und allesamt umbringen lassen.[66] Danach wurde Badr al-Ǧamālī von Kalif al-Mustansir mit dem Amt des Wesirs betraut und machte sich daran, ähnlich Ǧauhar as-Siqillī mehr als 100 Jahre zuvor nach dem Einmarsch der Fatimiden in Ägypten, den Getreide- und Brotmarkt in Fustat und Kairo neu zu ordnen – mit drastischen Mitteln, die die von Kalif al-Hākim bei ähnlicher Gelegenheit ausgesprochenen Drohungen nun Wirklichkeit werden ließen. Wieder ist al-Maqrīzī unsere wichtigste Informationsquelle:

> „Der Wesir [Badr al-Ǧamālī] brachte eine Gruppe von Personen aus dem Gefängnis, die zum Tode verurteilt worden waren [und demnach nichts zu verlieren hatten], und kleidete sie in weiße Mäntel, runde Turbane und Schals. Dann versammelte er die Getreidehändler und die Bäcker und hielt einen großen Rat ab. Er befahl, einen Vertreter dieser Gruppe herbeizubringen, und die Person trat in prächtiger Kleidung ein. Als er vor dem Wesir stand, sprach dieser ihn an: ‚Weh dir! Es hat Dir nicht gereicht, dass Du den Kalifen betrogen und das Geld des Staates gestohlen hast, dass Du den Ruin der Provinzen verursacht und die Ernten zerstört hast, was zu einer Krise des Staates und dem Ruin der Bevölkerung geführt hat? Kopf ab!' Sein Befehl wurde an Ort und Stelle ausgeführt, und der Tote blieb vor ihm liegen. Dann befahl der Wesir, dass ein anderer gebracht werden sollte, und sagte zu ihm: ‚Wie konntest Du es wagen, gegen das Dekret zu verstoßen, das das Horten von Getreide verbot, und weiterhin gegen das Gesetz zu handeln, so dass andere in Deine Fußstapfen traten und so den Untergang der Bevölkerung herbeiführten? Kopf ab!' Dieser Befehl wurde an Ort und Stelle ausgeführt. Dann befahl er, eine dritte Person hereinzubringen. Die Versammlung der Kaufleute, Müller und Bäcker stand auf und sagte: ‚O Befehlshaber! Genug davon! Wir holen das Getreide hervor und drehen die Mühlen, um den Markt mit Brot zu versorgen. Wir werden die Preise für die Bevölkerung senken und Brot zu einem Dirham pro ratl [eine Gewichtseinheit von je nach Ware zwischen 500 und 900 Gramm] verkaufen.' Der Wesir antwortete: ‚Die Bevölkerung wird damit nicht zufrieden sein.' Sie antworteten: ‚Zwei ratl.' Der Gouverneur stimmte diesem Preis zu, nachdem sie ihn gebeten hatten. Sie erfüllten ihr Versprechen, während Gott es seinen Kreaturen leichter machte und den Nil anschwoll. Dies beendete die Krise: Die Menschen kultivierten das Land und der Wohlstand folgte."[67]

---

[66] Halm 2014, 17–21; Brett 2017, 207–210.
[67] al-Maqrīzī 1994, 39.

Erneut wurde ein neues Regime durch die symbolische (durch blutige Bestrafung der ‚Schuldigen') und materielle Bewältigung der Krise etabliert und die kurz darauf folgende Rückkehr regulärer Nilfluten legitimiert, die auch in den folgenden Jahrzehnten (nach dem Ende des Oort-Minimums um 1080) meist die erforderliche Höhe erreichten. Die wahre Macht im Fatimidenstaat lag nun in den Händen des Wesirs Badr al-Ǧamālī, der auch Kairo neu befestigen und weite ausbauen ließ, und nicht mehr der Kalifen.[68] Badr al-Ǧamālī gelang es auch, vor seinem Tod 1094 das Wesirat an seinen Sohn al-Afdal (im Amt 1094 bis 1121) weiterzugeben. In seiner Regierungszeit verlor das Reich ähnlich wie die Ptolemäer um 200 v. Chr. endgültig die meisten Besitzungen außerhalb Ägyptens, darunter 1099 Jerusalem an die Krieger des Ersten Kreuzzugs. Im Land am Nil blieb das Regime jedoch einigermaßen fest im Sattel, bis al-Afdal 1121 auf Betreiben des Kalifen al-Amir (reg. 1101–1130) ermordet wurde.[69] Der Kalif wollte die Macht wieder selbst übernehmen, fiel allerdings im Oktober 1130 selbst einem Attentat der unter dem Namen der Assassinen bekannten Nizariten-Sekte, die sich nach 1094 vom religiösen Hauptstrang der Fatimiden abgespalten hatte, zum Opfer.[70] Die Regierungszeit seines Nachfolgers al-Hafiz (reg. 1130–1149) war von einer neuerlichen Krise der staatlichen Ordnung gekennzeichnet, die 1139 und in den 1140er Jahren auch wieder durch mehrfache niedrige Nilfluten und 1142 durch eine Seuche verschärft wurde. 1148 trat hingegen eine Rekordflut von mehr als 19 Ellen ein, die jedoch großen Schaden anrichtete und selbst das Gebiet um die Stadtmauern Kairos überschwemmte; rückblickend wurde sie als Vorzeichen des nahen Todes des Kalifen al-Hafiz gedeutet.[71] Die Schwächung der Fatimiden-Macht im Land setzte sich fort, sodass sogar die Kreuzfahrer im Bündnis mit dem Byzantinischen Reich sowie ihre muslimischen Konkurrenten in Syrien die Eroberung Ägyptens planten. Schließlich setzte sich der kurdisch-stämmige Feldherr Saladin, zuerst 1169 noch nominell als Wesir des letzten Fatimiden-Kalifen al-Adid und nach dessen Tod 1171 als Sultan in Kairo durch. Saladin begann den Bau eines Fustat und Kairo gemeinsam umschlie-

---

[68] Feldbauer 1995, 361 f.; Halm 2014, 17–86, bes. 44 f. zu den Nilfluthöhen; Petry 1998, 153–155; Brett 2017, 210–215.

[69] Halm 2014, 87–109, 131–142; Brett 2017, 228–251. Zu den Kreuzzügen siehe auch das entsprechende Kapitel im parallel erschienenen Band *Der Lange Sommer und die Kleine Eiszeit*.

[70] Halm 2014, 143–176; Brett 2017, 251–261.

[71] Halm 2014, 177–198, 216–222; Brett 2017, 262–283.

ßenden Mauerrings, der das Zusammenwachsen der beiden Städte symbolisierte, nachdem während der mit dem Machtwechsel verbundenen Unruhen zwischen 1167 und 1171 große Teile von Fustat durch Feuer zerstört worden waren.[72]

Nilfluten, Hunger, Seuchen und Regime am Nil von den Mamluken bis Mubarak

Doch auch die von Saladin begründete Ayyubiden-Dynastie wurde bereits 1249/1250 von ihren eigenen Truppen entmachtet, als eine Kreuzfahrerarmee das Land bedrohte. Die Regimenter bestanden aus Mamluken (Kriegersklaven), die vor allem aus den Steppengebieten nördlich des Schwarzen Meers nach Ägypten exportiert wurden. Diese Praxis setzten die Mamluken auch nach ihrer Machtergreifung fort und etablierten so ein dauerhaftes Regime der „dominanten Koalition" der Kriegersklaven. Sie legitimierten ihre Herrschaft dadurch, dass sie erfolgreich 1261 in Palästina sowohl die Mongolen abwehrten, die 1258 Bagdad erobert und verwüstet hatten, als auch bis 1291 die letzten Stützpunkte der Kreuzfahrer an der Küste eroberten.[73] Allerdings vollzog sich in der zweiten Hälfte des 13. und der ersten Hälfte des 14. Jahrhunderts, so wie in vielen anderen Regionen Afro-Eurasiens, in den mamlukischen Territorien in Syrien und Ägypten ein Übergang zu einer klimatisch instabileren, oft von Dürren und anderen Extremen charakterisierten Periode, die den Wechsel von der Mittelalterlichen Klima-Anomalie zur Kleinen Eiszeit markierte.[74] Insbesondere nahm auch die Frequenz von außergewöhnlich niedrigen oder besonders hohen und somit gleichfalls schädlichen Nilfluten erneut zu.[75]

---

[72] Feldbauer 1995, 363 f.; Eddé 2011, 13–55; Ibrahim 1996, 154–156; Chamberlain 1998, 211–220; Halm 2014, 223–250, 261–300, 314–316; Hassan 2007; Brett 2017, 283–295; Marozzi 2019, 141–148, ebenso 148 f. sowie Chamberlain 1998, 221 f., und Raphael 2013, 84 f., für eine weitere dramatische Niedrigflut des Nils im Jahr 1200.

[73] Haarmann 1994, 219–222; Feldbauer 1995, 379 f.; Northrup 1998, 244–253; Halm 2014, 321–323; Loiseau 2014, 25–88. Siehe dazu auch das entsprechende Kapitel im parallel erschienenen Band *Der Lange Sommer und die Kleine Eiszeit*.

[74] Zu den entsprechenden Befunden in den Pollen-Daten für Nordsyrien vgl. Kaniewski u. a. 2011 und für weitere paläoklimatische Befunde Xoplaki u. a. 2018.

[75] Hassan 2007; Raphael 2013, 95–97; Campbell 2016, 11 und 343.

Schon wenige Jahre nach der Eroberung der letzten Kreuzfahrerfestung Akkon (1291) wurde Ägypten zwischen 1295 und 1297 von Trockenheit und Hunger geplagt. Der Dominikanermönch, Missionar und Kreuzzugs-Propagator Guillelmus Ade vermutete dahinter eine Strafe Gottes für die Muslime, beschreibt aber entrüstet, wie die Not durch eine Getreidelieferung eines anderen christlichen (orthodoxen) Herrschers, des byzantinischen Kaiser Andronikos II. Palaiologos (reg. 1282–1328), der ähnlich wie seine Vorgänger im 11. Jahrhundert mit den Fatimiden, auch im Interesse der unter ihrer Herrschaft lebenden Christen, mit den Mamluken in gutem Einvernehmen stand, gelindert wurde:

> „Als die Christen Akkon und seine Umgebung verloren, geschah es, dass der Herr Ägypten mit einer großen Hungersnot heimgesucht hatte, denn der Nil war drei Jahre lang nicht überflutet worden, so dass die Sarazenen zusammenbrachen, wild vor Hunger, überall tot, ohne die Mittel zum Überleben. Die Hungersnot war so groß, dass kein Getreide gefunden werden konnte, weder für die Ernährung noch für die Aussaat. Die Sarazenen führten diese Plage tatsächlich darauf zurück, dass der Herr durch ein Wunder Ägypten plagte, weil die Christen aus dem Heiligen Land vertrieben worden waren, und sie erwogen deshalb, das Heilige Land den Christen zurückzugeben. Dieser Kaiser [Andronikos II. Palaiologos], der Verfolger und alte Feind der römischen Kirche, baute eines der größten Schiffe der Welt und schickte es mit Getreide beladen nach Alexandria. Dieses Schiff beförderte neben Waffen und vielen anderen Dingen 14 000 Maultierladungen Getreide. So linderte der Kaiser, der perfide Freund und Verbündete der Sarazenen und der Feind und die Qual der Römer, die Bedürftigkeit der Einwohner von Kairo."[76]

Dass die Mamluken ernsthaft daran dachten, das Heilige Land an die Kreuzfahrer zu übergeben, ist sicher Unsinn. Guillelmus Ade verschweigt ebenso, dass nicht nur aus dem ‚ketzerischen' Konstantinopel, sondern auch von der Insel Rhodos und aus dem ‚katholischen' Sizilien Getreide nach Ägypten geliefert wurde.[77] Den Mamluken gelang es also ähnlich wie den Ptolemäern, durch ein weitgespanntes diplomatisches und merkantiles Netzwerk im Mittelmeerraum die Not in Ägypten, zumindest in ihrer Hauptstadt, zu lindern und somit ihre Herrschaft durch Krisenbewältigung weiter zu stabilisieren.[78]

---

[76] Guillelmus Ade 2012, 40–43.
[77] Haarmann 1994, 255; Raphael 2013, 90–94; Chalyan-Daffner 2013, 566–578.
[78] Vgl. auch Humphreys 1998, 452–454.

Allerdings sorgte diese Verflechtung auch für die leichtere Einschleppung von Pathogenen. 1303 und 1304 brach in den Stallungen der vor allem als Kavalleristen kämpfenden Mamluken in Ägypten und Syrien eine verheerende Pferdeseuche aus, die ihre Kampfkraft ernsthaft gefährdete. Vielleicht steht sie im Zusammenhang mit einer anderen Welle von Viehseuchen, die im späten 13. und frühen 14. Jahrhundert offenbar über die im Mongolenreich nun intensiver genutzten Routen aus Zentralasien nach Ost-, Mittel- und schließlich Westeuropa bis hin nach Irland eingeschleppt wurde.[79] Dramatische Auswirkungen hatten dann aber insbesondere der erste und der zweite Ausbruch der Beulenpest 1348 und 1362, die vermutlich über ähnliche Kanäle wie die Viehseuche ins westliche Afro-Eurasien gelangte und im dicht besiedelten Niltal besonders viele Opfer forderte.[80] Der Mangel an Arbeitskräften erschwerte auch die Instandhaltung der für die Bewässerung notwendigen Infrastruktur an Dämmen und Kanälen bzw. deren Reparatur nach den nun vermehrt auftretenden zerstörerischen Hochfluten des Nils. Dennoch erwies das Regime vorerst seine Fähigkeit, Krisen materiell und symbolisch zu meistern. Al-Maqrīzī berichtet uns für das Jahr 1373/1374:

> „Während der Regierungszeit von Sultan al-Ashraf Shaʿbān [reg. 1363–1376] kam es zu einer Hungersnot. Sie wurde durch das Versagen des Nils verursacht, seine Fülle im Jahr 1373/1374 zu erreichen: tatsächlich erreichte er nicht 16 Ellen. Der Kanal wurde geöffnet, wodurch der Wasserstand sank und die Preise stiegen. […] Lebensmittel wurden knapp und waren selten verfügbar. So viele Menschen starben an Hunger, dass sie die Straßen füllten. Es folgte eine Epidemie, die weitere Todesfälle verursachte. […] Der Sultan gab den Befehl, die Armen zu sammeln, die er unter den Kommandanten der Mamluken und den reichen Kaufleuten [zur Versorgung] verteilte. Die Hungersnot dauerte ungefähr zwei Jahre. Gott sandte der Menschheit Beistand und ließ den Nil fließen, wodurch der Durst des Landes gestillt wurde."[81]

---

[79] Eine Schilderung der Seuche bei an-Nuwairī 2016, 276 f. Vgl. auch Raphael 2013, 47. Zu den militärischen Grundlagen des Mamlukenregimes vgl. Haarmann 1994, 225 f.; Loiseau 2014, 146–160. Zur Viehseuche in Zentralasien und Europa vgl. Newfield 2009; DeWitte/Slavin 2013; Campbell 2016, 209–227.

[80] Dols 1977; Benedictow 2004, 62 f., Campbell 2016, 227–252; Büssow-Schmitz 2017, 87–90. Für Berechnungen über die mögliche Anzahl der Pestopfer in Kairo bei späteren Ausbrüchen im 15. Jahrhundert siehe Borsch/Sabraa 2016. Zur Pestpandemie des Spätmittelalters siehe auch das entsprechende Kapitel im parallel erschienenen Band *Der Lange Sommer und die Kleine Eiszeit*.

[81] al-Maqrīzī 1994, 49.

Ähnliche Maßnahmen waren schon unter früheren Mamlukenherrschern wie Baybars während einer Hungersnot 1263/1264 gesetzt worden. Allerdings ging damit unter Androhung der Todesstrafe ein Bettelverbot für die registrierten Personen einher; sonstige Verteilungen von Almosen wurden unterbunden. Das Ziel war also weniger Fürsorge als soziale Kontrolle über potenziell unruhige Bevölkerungsgruppen.[82]

Das Mamlukenreich war somit sicher kein Wohlfahrtsstaat, und als weitere Ausbrüche der Pest und ungünstige Nilfluten (so insbesondere in den Jahren 1403/1404, 1423 bis 1425, 1432 bis 1434, 1450 bis 1452, 1468/1469, 1484, 1491/1492 und 1496/1497) wiederholt das demografische und ökonomische Potenzial Ägyptens schädigten, konzentrierte sich das Regime ähnlich wie die Ptolemäer und die Fatimiden in ihrem je letzten Jahrhundert des Bestehens auf die Bedürfnisse der Kerngruppen der militärischen und zivilen Eliten und erhöhte den Abgabedruck auf die verbliebene Bauernschaft. Eine demografische Erholung nach den weiter wiederkehrenden Ausbrüchen der Pest wurde damit umso weniger ermöglicht, und die materielle Grundlage des traditionellen Reichtums Ägyptens schwand dahin.[83] In einer gemeinsamen Studie von Historikern und Klimaforschern kamen wir 2018 zum Schluss:

> „Trotz sich ändernder Bedingungen versuchten die Mamluken-Eliten, an etablierten landwirtschaftlichen Praktiken und Investitionsstrategien festzuhalten, um ein stabiles Niveau der Einnahmenabschöpfung aufrechtzuerhalten. Obwohl diese Strategien im 15. Jahrhundert zu einer anhaltenden demografischen und wirtschaftlichen Depression führten, erweisen sie auch die Dauerhaftigkeit einer kulturellen Logik verwurzelt in etablierten spezifischen Vorstellungswelten."[84]

Nach außen agierten die Mamluken weiterhin als Großmacht und profitierten auch von den Erträgen des Zwischenhandels mit Gewürzen vom Indischen Ozean an die Venezianer, Genuesen und andere europäische

---

[82] Vgl. dazu Nagel 1993, 274 f.; Raphael 2013, 22 f., 63 f.; Chalyan-Daffner 2013, 578–587.

[83] Siehe dazu Borsch 2005, Borsch 2014 und Borsch 2017, dessen Thesen zum Niedergang des Mamluken-Reichs infolge der Reaktion auf die demografischen und ökonomischen Einwirkungen der Pest allerdings nicht unwidersprochen geblieben sind, vgl. etwa Jo Van Steenbergen 2006, dem ich auch für eine Diskussion der Probleme dieses Szenarios aus Anlass einer Konferenz in Jerusalem danke. Siehe auch Garcin 1998; Büssow-Schmitz 2017. Für einen Katalog der Niedrigfluten siehe Chalyan-Daffner 2013, 668–671.

[84] Xoplaki u. a. 2018, 372. Vgl. auch Haarmann 1994, 247 f.

Händler.⁸⁵ Jedoch brach die Mamluken-Herrschaft 1516–1517 relativ rasch zusammen, als mit den Osmanen eine neue islamische Supermacht nach Syrien und Ägypten vorrückte. Trotz des Rückgangs der Produktivität der ägyptischen Bewässerungswirtschaft im letzten Jahrhundert der Mamlukenherrschaft wurde Ägypten auch im expandierenden Osmanischen Reich zentraler Knotenpunkt eines imperialen ‚Kalorien-Netzwerks', das vom Jemen und den Häfen der heiligen Stätten Mekka und Medina (insbesondere während der Pilgersaison des Haddsch) am Roten Meer im Süden bis nach Konstantinopel und Thessalonike im Norden und Algerien und Marokko im Westen reichte. Um die für diese Transporte notwendigen Schiffe zu bauen, wurde wiederum Bauholz aus dem Schwarzen Meer, vom Balkan, Kleinasien und der Levante, im Fall von Suez am Roten Meer (wie schon in früheren Jahrhunderten) sogar aus Indien und Ostafrika nach Ägypten importiert.⁸⁶

Auch nach der osmanischen Eroberung übten mamlukische Haushalte einigen Einfluss aus und konnten mit der Schwächung der osmanischen Zentralmacht im 18. Jahrhundert de facto wieder die Regierung am Nil übernehmen. Allerdings stritten dabei verschiedene Parteiungen um die Macht, von denen einige die formelle Anerkennung durch den osmanischen Sultan suchten. Ab 1783 wurde dieses fragile Gefüge erneut durch große Schwankungen der Nilfluten beunruhigt, die mit einer kurzzeitigen Klima-Anomalie als Folge der gewaltigen Eruption des Vulkans Laki auf Island verknüpft werden. Mit den Missernten einer gingen neuerliche Ausbrüche der Pest, der auch der von Konstantinopel anerkannte Mamluken-Regent Ismail Bey 1790 zum Opfer fiel.⁸⁷ Es folgte eine mehrfach von Zwistigkeiten unterbrochene Doppelherrschaft zweier Emire, bis die französische Invasion Ägyptens unter Napoleon zwischen 1798 und 1801 der Mamlukenherrschaft ein Ende bereitete und gleichzeitig das Land für die nächsten 150 Jahre in den Fokus europäischer Kolonialinteressen brachte. Als erste Manifestation eines neuen Nutzungsregimes schlägerten die französischen Truppen viele traditionell von Staats wegen gepflegte Waldungen und Dattelhaine rund um Kairo, um ihre Lager und Feldbefestigungen zu errichten. Auch Muhammad Ali Pascha (ca. 1770–1849), der nach dem

---

85 Humphreys 1998, 456–460; Loiseau 2014, 98–105, 124–137.
86 Mikhail 2011, 96–100, 113–123, 155–157.
87 Vgl. dazu die meisterhafte Darstellung von Mikhail 2011, besonders 221–230, sowie spezifisch für die 1780er und 1790er Jahre Mikhail 2008, Mikhail 2013 und Mikhail 2017.

Abzug der Franzosen ab 1805 Ägypten de facto unabhängig von den Osmanen beherrschte, versuchte die Ressourcen des Landes nach europäischem Vorbild intensiver und ‚rationaler' auszubeuten. Dies führte zu einem weitgehenden Verschwinden der noch bestehenden Wälder, während sich oft mit Gewalt angeordnete Aufforstungsprogramme als wenig erfolgreich erwiesen. Auch ansonsten wurde der Druck auf die Abgaben- und Arbeitsleistung der Bauern erhöht, um ein Modernisierungsprogramm etwa durch große neue Kanalbauten vom Nil nach Alexandria durchzusetzen. Ebenso auf einheimischen Widerstand stieß eine zuerst von den Franzosen nach europäischem Vorbild verordnete und von Muhammad Ali Pascha übernommene Pestordnung, die unter schwersten Strafandrohungen entgegen der traditionellen Obsorgepflicht um Angehörige die Isolation von Kranken und einzelnen Stadtvierteln durchsetzen wollte. Umso mehr versuchten Menschen, sich den Quarantänebestimmungen durch Flucht zu entziehen, was wiederum zur Ausbreitung der Seuche beitrug. Erst allmählich verschwand die Pest im Lauf des 19. Jahrhunderts aus Ägypten. Der vom westeuropäischen Vorbild inspirierte Arm des neuen ägyptischen ‚Nationalstaates' war also unter Muhammad Ali Pascha weitaus stärker spürbar also unter früheren Regimen. Jedoch führte unter seinen Nachfolger das nach europäischem Muster 1859 begonnene Mammutprojekt des Suezkanals das Land letztlich in die finanzielle und schließlich auch politische Abhängigkeit von der britischen Kolonialmacht.[88]

Deren Ende markierte 1956 die Verstaatlichung des Suezkanals unter Präsident Gamal Abdel Nasser (1918–1970). Die neue Unabhängigkeit wurde wiederum durch den bereits seit 1947 geplanten und 1960 begonnen gewaltigen neuen Assuan-Staudamm manifestiert. Er lieferte nach seiner Fertigstellung 1970 nicht nur die Hälfte des damaligen Strombedarfs Ägyptens (heute noch 10 Prozent), sondern schuf mit dem 500 Kilometer langen Nasser-See auch ein gewaltiges Wasserreservoir, das es erlaubt, die Fluten des Nils zu steuern und sowohl Dürreperioden als auch katastrophale Hochwässer zu vermeiden. An die Stelle der seit Jahrtausenden betriebenen saisonalen Überschwemmung der Felder trat eine dauerhafte Bewässerungswirtschaft; die landwirtschaftliche Nutzfläche wurde um mehr als 500 000 Hektar erweitert. Allerdings verblieb der nährstoffreiche Schlamm, den der Nil sonst von seinem Oberlauf mitbrachte, im Stausee, sodass am Unterlauf vermehrt Kunstdünger ein-

---

[88] de Planhol 1975, 120–122; Mikhail 2011, 131 f., 160–167, 230–237; Ibrahim 1996, 113–115; Bunbury 2019, 140–146.

gesetzt werden musste.[89] Dennoch konnte das Land seine rasch wachsende Bevölkerung, die sich seit 1970 auf nunmehr (2020) fast 100 Millionen annähernd verdreifacht hat, immer weniger selbst ernähren. Bis zum Zweiten Weltkrieg war Ägypten Selbstversorger beim Weizen, während 1980 z. B. dreimal so viel eingeführt als im Land selbst geerntet wurde. Auch in guten Erntejahren übersteigt die Menge der Einfuhren die Eigenproduktion.[90] Dementsprechend trugen die während der globalen Wirtschaftskrise ab 2007/2008 nach weltweiten Missernten, die mit der aktuellen Klima-Erwärmung verknüpft werden, aber vor allem auch durch Spekulationen enorm gestiegenen Lebensmittelpreise in Ägypten zur wachsenden Unruhe in der Bevölkerung bei, die sich dann im Jänner und Februar 2011 in Massenprotesten gegen die als korrupt wahrgenommene Regierung des Langzeitpräsidenten Hosni Mubarak (im Amt seit 1981) entlud. Einmal mehr hatte ein Regime seine materiellen und symbolischen Pufferkapazitäten verspielt und wurde gestürzt. Die mittlerweile ‚gebändigten' Fluten des Nils spielten dabei nicht mehr jene Rolle wie in den Jahrtausenden zuvor, doch stellt der Streit um das Nilwasser mit den Nachbarn in Ostafrika weiterhin eine Konstante in der Außenpolitik des modernen Ägyptens dar. Neueste Modellberechnungen zum gegenwärtigen Klimawandel prognostizieren zwar sogar einen Anstieg der durchschnittlichen Niederschlagsmengen an den Zuläufen des Nils, die jedoch durch eine Zunahme der Frequenz heißer und trockenerer Perioden mehr als wettgemacht werden wird. Seit mehr als 5000 Jahren hatten verschiedene Regime trotz schwerer Verwerfungen im Wechselspiel mit der Natur immer wieder recht stabile Staats- und Gesellschaftsordnungen über Jahrhunderte aufrechterhalten können. Die Nachhaltigkeit des vor 50 Jahren mit dem Bau des Assuan-Staudamms errichteten neuen Arrangements mit dem Nil wird sich erst erweisen.[91]

---

[89] Ibrahim 1996, 56–73; Meyer 2004; Hughes 2005, 213–230.
[90] Ibrahim 1996, 86–88.
[91] Siehe Hessler 2020, der auch die Langzeitperspektive ägyptischer Geschichte einbezieht. Vgl. Langbein 2015, 14–16, zum globalen Agrarhandel. Zu den Niederschlagsprognosen siehe Teferi Taye/Willems/Block 2015; Coffel u. a. 2019.

Ökologie und Imperium im Zweistromland von Akkad bis zu den Kalifen (2200 v. Chr.–1258 n. Chr.)

Zum Jahr 627/628 n. Chr. berichtet der arabische Historiker al-Balādhurī (gest. 892):

> „[Es] trat eine enorme Flut der Flüsse Euphrat und Tigris auf, wie sie noch nie jemand zuvor gesehen hatte. Große Dammbrüche öffneten sich, die [der sasanidische Großkönig] Chosrau [II.] zu schließen versuchte; das Wasser aber war stärker, erreichte die tiefer liegenden Gebiete und überschwemmte Dörfer, Ackerfrüchte und mehrere Bezirke in dieser Region. Chosrau kam persönlich vor Ort, um die Dammbrüche zu stoppen; […] er verurteile die Arbeiter zum Tode, die nicht hart genug arbeiteten (man sagt, dass er an einem einzigen Deich 40 von jenen, die dort arbeiteten, ans Kreuz schlagen ließ). Er konnte aber die Wassermassen nicht aufhalten. […] Die Perser waren von da an mit dem Krieg beschäftigt, sodass die Dammbrüche wuchsen, ohne dass sich jemand darum kümmerte."[1]

Diese Flutkatastrophe wurde durch mehrere außerordentlich kalte und schneereiche Winter in den Quellgebieten des Euphrats und des Tigris in Ostanatolien und Armenien ausgelöst; sie fügen sich in eine weitreichendere Kaltanomalie zwischen 626 und 632 ein. Diese wurde durch eine Vulkaneruption initiiert, die mit einer Trübung der Atmosphäre einherging, die Beobachter von Irland bis zum Nahen Osten beschreiben. Insgesamt war die Periode der (seit 2016) so benannten Spätantiken Kleinen Eiszeit von 536 bis 660 durch besonders kalte und schwankende Klimabedingungen charakterisiert.[2] Die Überschwemmung von 627/628 verwüstete die fruchtbaren südmesopotamischen Provinzen des

---

[1] Zitiert nach al-Balādhurī 2002, 453 f. Vgl. auch Verkinderen 2015, 53–55.
[2] Brooke 2014, 347 f.; Büntgen u. a. 2016; di Cosmo/Oppenheimer/Büntgen 2017. Siehe dazu auch das erste Kapitel im parallel erschienenen Band *Der Lange Sommer und die Kleine Eiszeit*.

persischen Sasanidenreichs in einer ohnehin kritischen Periode. Seit 20 Jahren kämpften die Perser in einem verlustreichen und zuletzt immer erfolgloseren Krieg gegen das Oströmische Reich. 627 und 628 brach auch erneut die seit den 540er Jahren in Wellen wiederkehrende Pest aus. Diese außergewöhnliche Häufung von politischen, klimatischen und epidemischen Katastrophen trug zum Sturz des Regimes bei; in einer Palastverschwörung wurde Großkönig Chosrau II. 628 abgesetzt und später ermordet. Den Thron bestieg sein Sohn Kavadh II., der zwar Frieden mit den Römern schließen konnte, aber schon im September 628 selbst ums Leben kam. Weitere sieben Könige und Königinnen folgten einander in den nächsten vier Jahren. Erst Yazdegerd III. (reg. 632–651) konnte sich wieder länger an der Macht halten; er war jedoch der letzte persische Großkönig aus der Sasanidendynastie. Die kurz zuvor unter dem Banner des Islam geeinten Araber eroberten während seiner Regierungszeit den Irak und den Iran.[3]

Doch suchte die Flutkatastrophe die Region nicht nur kurzzeitig heim, sondern veränderte dauerhaft und entscheidend die Landschaft; ein großes Gebiet südlich und südwestlich der Stadt Wasit wurde für Jahrhunderte als al-Baṭāʾih („die Sümpfe") bekannt. Weite Strecken von bebautem, künstlich bewässertem Land gingen verloren, Siedlungen verschwanden und Menschen mussten ihre Heimat verlassen. Die langfristigen Auswirkungen der Flut des Jahres 628 werden im Werk des persischen Geografen Ibn Rusta im 10. Jahrhundert so beschrieben:

> „Der Fluss schnitt durch die Erde, bis er an Wasit vorbeifloss, und seine Wasser flossen nach al-Baṭāʾih [„die Sümpfe"]. Zu jener Zeit [vor der Flut] bestand das Gebiet von al-Baṭāʾih aus Ackerland, das sich ohne Unterbrechung bis zu den Gebieten der Araber erstreckte [...]. Das Wasser ergriff nun Besitz von den niedriger gelegenen Gebieten, und die höher gelegenen Gebiete wurden zu Inseln. [...] Unter Wasser sind im Gebiet von al-Baṭāʾih immer noch Ruinen sichtbar, denn das Wasser ist ruhig und klar; dies zeigt, dass das Gebiet festes Land war. Und die ursprünglichen Sümpfe, in denen sich das Wasser des Tigris sammelte, bevor es sich in das Gebiet von Wasit ergoss, waren in Juha, im Gebiet zwischen al-Madar und Abdasi. Als sich der Lauf des Tigris verlegte, wurde das Wasser von diesen Sümpfen abgeschnitten, und sie

---

[3] Christensen 1993, 74 f.; Howard-Johnston 2010; Verkinderen 2015, 53–55; Headrick 2020, 95 f.; Bonner 2020, 304–343.

wurden zu Wüsten. Wer sie auch immer im Sommer durchwandert, erlebt heftige Sandstürme."⁴

Während also ein Teil Südmesopotamiens durch die Flut und Verlagerung der Flussläufe zum Sumpfland wurde, verwandelten sich andere Gebiete in Wüste. Somit hatte die Klima-Anomalie der Jahre 626 bis 632 in Verschärfung einer Regime-Krise zu einer nachhaltigen Veränderung der Ökologie und der politischen Landkarte des Zweistromlands beigetragen.

Ökologie und politische Landschaft im Zweistromland

Im Gegensatz zum Nil wird das Flutgeschehen in Südmesopotamien (der Süden des heutigen Irak), wo man mit einem Jahresniederschlag von 200 Millimeter auf künstliche Bewässerung angewiesen ist, von zwei Flüssen bestimmt, dem westlichen Euphrat und dem östlichen Tigris, der in der Regel 40 Prozent mehr Wasser führt. Ihre Fluten kommen zu unterschiedlichen Zeiten und geben somit keinen eindeutigen Rhythmus für Aussaat und Ernte vor wie in Ägypten; im Gegenteil treffen sie oft in jenen Perioden ein, in denen sie mehr Schaden als Nutzen für die bereits bepflanzten Felder bringen könnten. Deshalb galt es, die Wassermassen durch Deiche und Kanäle zu bändigen und für den weiteren Gebrauch in Reservoirs zu speichern; ab dem 6. Jahrtausend v. Chr. entstand im Umland der frühen Siedlungen eine entsprechende Infrastruktur.⁵ Dabei ergaben sich weitere Herausforderungen; Euphrat und Tigris bildeten durch die mitgeführten Sedimente Dämme an ihren Ufern, durch die sich das Flussbett über das Niveau des umliegenden Landes hob. Dies erleichterte zwar durch das natürliche Gefälle die Bewässerung, erhöhte aber die Gefahr einer unkontrollierten Überschwemmung bei einem Dammbruch. Neben natürlichen Ursachen wie Witterungsextremen wurden Dämme aber auch immer wieder im Rahmen von kriegerischen Handlungen zerstört, um den Gegner zu schädigen. Im Extremfall wurden, wie 627/628 n. Chr., größere Regionen permanent zu Sumpfgebieten, oder der gesamte Flusslauf verlagerte sich so, dass früher bewässerte Areale jetzt trocken lagen.

---

4 Übersetzung nach Verkinderen 2015, 54.
5 Selz 2010, 15 f., Weintritt 2009, 165 f.; Paulette 2012, 172 f.; Frahm 2013, 89 f.; Breuer 2014, 198–200; Jotheri 2016; Lafont/Tenu/Joannès/Clancier 2017, 18–27, 30–47; Radner 2017, 9; Blaschke 2018, 9–65.

Gleichzeitig wuchs durch die Sedimentlast der Flüsse das Schwemmland in ihren Mündungsgebieten beständig nach Süden in den Persischen Golf; so war das berühmte Ur um 2000 v. Chr. eine Hafenstadt, liegt aber heute 240 Kilometer im Landesinneren. Der römische Autor Plinius der Ältere schildert im 1. Jahrhundert n. Chr. beeindruckt diese Sedimentdynamik und den steten Kampf gegen die Fluten am Beispiel der von Alexander dem Großen gegründeten Stadt „Alexandria in Susiana" (später als Charax bekannt) etwas nördlich des heutigen Basra, die ein wichtiger Handelshafen für den Seeverkehr in den Persischen Golf (über Bahrain) und den Indischen Ozean wurde:

> „Die Flüsse haben diese Stadt jedoch zerstört; später hat sie [der Seleukidenkönig] Antiochos V. [reg. 164–162 v. Chr.] wiederhergestellt und nach seinem Namen benannt. Die später erneut zerstörte Stadt hat wiederum Hyspaosines [als König reg. 127–124 v. Chr.] [...] hinter aufgeführten Deichen wiederaufgebaut und ihr seinen Namen gegeben, wobei er ihre Lage in der Umgebung in einer Länge von sechs Meilen und kaum weniger Breite befestigte. Einst war sie von der Küste nur 10 Stadien [ca. zwei Kilometer] entfernt, [...] später 50 Meilen; dass sie jetzt [zur Zeit des Plinius] aber 120 Meilen von der Küste entfernt ist, versichern die Gesandten der Araber und unsere Kaufleute, die von dort gekommen sind. Nirgends sind die Landmassen mehr oder rascher durch die von den Flüssen herbeigeführte Erde vorgerückt [als hier]. Noch wundersamer ist, dass jenes Land nicht durch die weit darüber hinausgehende Flut weggespült worden ist."[6]

Ein weiteres Problem war die mit der künstlichen Bewässerung einhergehende Versalzung der Böden; ihr konnte man zwar mit Ausschwemmungs- und Entwässerungsmaßnahmen begegnen, doch schädigten diese die Bodenstruktur und konnten eindämmende Uferstrukturen schwächen. Alternativen waren eine zeitweilige Brache von Äckern, die zur Erholung der Böden beitrug, aber mit Ertragsverlusten einherging, sowie der Anbau von salzresistenteren Feldfrüchten wie der Gerste anstelle des sensibleren Weizens. Bei günstigen Bedingungen konnten dafür die Erträge enorm sein; so wurde im 6. Jahrhundert v. Chr. bei Sippar (16 Kilometer südwestlich des heutigen Bagdad) das 20-Fache

---

[6] Plinius 6, 139–140; Übersetzung zitiert nach Plinius 2008, II 197–198. Vgl. auch Christensen 1993, 62; Schuol 2000; Hughes 2005, 185–187; Ellerbrock/Winkelmann 2012, 77–79; Benjamin 2018, 229–231.

des eingesetzten Saatguts geerntet, während andernorts in der antiken Welt das Drei- bis Vierfache die Regel war.[7]

Im Gegensatz zum Süden des Zweistromlandes war in Nordmesopotamien (heute der Norden des Irak, der Osten Syriens und der Südosten der Türkei) Regenfeldbau möglich, wenn auch oft unter prekären Niederschlagsverhältnissen knapp an der Grenze von 200 bis 300 mm. In diesen ‚Zonen der Unsicherheit' lag das Risiko eines Ernteausfalls unter ‚normalen' Bedingungen bei ca. einem Drittel der Jahre, sodass schon kurzfristige Verschlechterungen der klimatischen Parameter fatale Folgen haben konnten. Die Nutzung des Euphrat und Tigris und, soweit möglich, von deren Zuflüssen zur künstlichen Bewässerung bot auch hier eine zusätzliche Absicherung. Andererseits konnte Ackerland bei längerer Dürre verloren gehen, insbesondere an den Rändern der noch trockeneren Steppengebiete. Diese wurden als Weideland von Nomaden genutzt und besaßen Anziehungskraft für mobile Gruppen aus angrenzenden, zum Teil noch wasserärmeren Regionen Arabiens, woraus sich immer wieder Konflikte mit den Ackerbau betreibenden Gemeinschaften etwa um die Nutzung von Wasserläufen ergaben.[8] Manchmal im Norden, seltener im Süden konnte in den Wintermonaten Dezember bis Februar bei Kaltlufteinbrüchen aus dem Inneren Asiens aber auch Frost die Feldfrüchte schädigen und im Extremfall durch Zufrieren von Flüssen und Kanälen den Transport von Menschen und Gütern behindern.[9] Häufiger bestand bei entsprechenden Witterungskombinationen Gefahr durch Heuschreckenschwärme, die nach Untersuchungen im 19. und 20. Jahrhundert in Syrien und im Irak über Areale von 400 Kilometer Länge bis zu 70 Prozent der Ernte vernichteten; wie in der Bibel beschrieben, konnten die Tiere zwar auch als ‚Notnahrung' genutzt werden, was jedoch die Verluste an Feldfrüchten nicht wettmachte.[10]

Die politische Landschaft Mesopotamiens entsprach in ihrer Komplexität mit einer Vielzahl von Stadtstaaten jener der naturräumlichen Gliederung; ständige Konkurrenz und Kriege konnten zur Übernutzung

---

[7] Christensen 1993, 50–52; Blaschke 2018, 57–75, 451–455, 469–474, 496–498; Paulette 2012, 173 f.; Frahm 2013, 44 f.; Jotheri 2016, 2–8, 111 f., 180, und insgesamt zur Rekonstruktion der Verlagerung von Flussläufen; Blaschke 2018, 57–75, 451–455, 469–471, 496–498. Zu Maßnahmen gegen die Versalzung vgl. auch Paulette 2012, 174 f.; Altaweel 2018.
[8] Paulette 2012, 164 f., 169 f.
[9] Paulette 2012, 171 f.
[10] Paulette 2012, 176; Raphael 2013, 168–171.

von Ressourcen oder der Vernichtung von Bewässerungsinfrastruktur beitragen und somit das ohnehin oft delikate ökologisch-ökonomische Gleichgewicht einzelner Gemeinschaften stören. Vor der Mitte des 1. Jahrtausends v. Chr. konnten sich übergreifende Reichsbildungen meist nur kurz halten; danach jedoch wurde das Zweistromland mehrfach zum dicht besiedelten Zentralraum von mächtigen Imperien, insbesondere unter den persischen Sasaniden (3.–7. Jahrhundert n. Chr.) und den Kalifen der Abbasidendynastie (8.–13. Jahrhundert n. Chr.). Aber auch in diesen Fällen konnte das Wechselspiel zwischen klimatischen Veränderungen, sensibler Hydrologie und politischer Instabilität zum Schwanken dieser Regime beitragen.[11]

Die Könige der vier Weltgegenden als Opfer des Klimawandels, 2300–2000 v. Chr.?

Während die politische Einheit des Alten Reichs in Ägypten um 2200 v. Chr. zerfiel, entstand in Mesopotamien wenige Generationen zuvor mit dem Reich von Akkad der „erste sicher nachweisbare […] geeinte Territorialstaat" in einer in den 700 Jahren zuvor von vielen verschiedenen Stadtkönigtümern geprägten politischen Landschaft.[12] Von Akkad, das vermutlich nahe dem heutigen Bagdad lag, aber nicht eindeutig lokalisiert werden kann, unternahmen der Reichsgründer Sargon und seine Nachfolger ab ca. 2350/2300 v. Chr. weitreichende Feldzüge nicht nur gegen ihre Nachbarn im Zweistromland, sondern darüber hinaus bis zum Mittelmeer im Westen und Oman im Persischen Golf im Süden. Diese Expeditionen, etwa in den ,Zedernwald des Libanon', dienten auch der Gewinnung wertvoller Rohstoffe für die prächtigen Bauten dieser Könige, die materiell ihren Anspruch auf die ,Herrschaft über die vier Weltgegenden' manifestierten. Damit wurden die Könige von Akkad, trotz der relativ kurzen Lebensdauer ihres Reiches von nicht einmal zwei Jahrhunderten, zum Vorbild für alle nachfolgenden Imperien der Region in den nächsten zwei Jahrtausenden, ähnlich wie später Rom in Europa. Ebenso blieb das (semitische) Akkadische für lange Zeit die vorherrschende Schrift- und Verwaltungssprache.[13] Die Aufrechterhaltung solch weitreichender Herrschaftsansprüche erforderte

---

[11] Breuer 2014, 218–220; Lafont/Tenu/Joannès/Clancier 2017; Schrakamp 2018. Zum Ausmaß sozialer Ungleichheit in diesen Gesellschaften vgl. Stone 2018.
[12] Selz 2010, 65–70.
[13] Frahm 2013, 31 f., 116–120; Radner 2017, 30–35.

ständige Feldzüge, die die Ressourcen des Staates und der unterworfenen Territorien schwer belasteten. Letztere mussten neben Tributzahlungen auch Hilfstruppen beisteuern. Dementsprechend unbeliebt war das Regime der Akkadier bei den vormals unabhängigen Stadtstaaten Südmesopotamiens, und unter Sargons Sohn Rimusch (reg. ca. 2283–2274 v. Chr.[14]) erhoben sich mehrere in einem großen Aufstand. Dieser wurde blutig niedergeschlagen; der siegreiche König von Akkad rühmte sich zehntausender toter und deportierter Feinde. Den territorialen Höhepunkt erlebte das Reich unter Sargons Enkelsohn Naram-Sin (reg. ca. 2273–2219 v. Chr.[15]), der Vorstöße bis in den Oman und östlichen Iran unternahm und als erster unter den Herrschern Mesopotamiens göttlichen Status beanspruchte. Doch schon gegen Ende seiner Regierung brachen erneut Rebellionen aus, und unter Naram-Sins Sohn Schar-kali-scharri (ca. 2218–2193 v. Chr.[16]) entbrannten diese in allen Ecken des Reiches. Einige Stadtfürsten machten sich wieder dauerhaft unabhängig, während von außen Gruppen der Gutäer aus dem Zagrosgebiet im Osten und der Amurriter (was wörtlich so viel wie ‚Söhne des Westwinds' bedeutet) von den Steppen- und Wüstengebieten Arabiens und Syriens her ins Reich vordrangen. Nach dem Tod des Schar-kali-scharri zerfiel das Imperium gänzlich.[17]

Während das Reich von Akkad über die vier Generationen seiner Könige hinweg ein recht fragiles Gebilde blieb und als klassisches Beispiel ‚imperialer Überdehnung' gelten kann, wurden für seinen Untergang auch klimatische Ursachen gesucht. Man vermutete das Einsetzen einer längeren Trockenperiode (im Englischen *mega drought*) mit um 30 bis 50 Prozent reduzierten Niederschlägen um das 4,2-Kilojahr-Ereignis von 2200 v. Chr. herum, die sowohl die Landwirtschaft innerhalb des Reichsgrenzen beeinträchtigt als auch die ‚Völkerwanderungen' der Gutäer und Amurriter aus den Grenzregionen ausgelöst hätte. Auch in aktuellen Überblickswerken wie Daniel R. Headricks *Human Versus Nature. A Global Environmental History* aus dem Jahr 2020 scheint der Zusammenhang klar: „Als sich die Umweltbedingungen verschlechterten,

---

[14] Alternative Chronologie: 2219–2210 v. Chr.
[15] Alternative Chronologie: 2209–2155 v. Chr.
[16] Alternative Chronologie: 2154–2129 v. Chr.
[17] Zusammenfassend zur Geschichte Akkads: Selz 2010, 65–74; Frahm 2013, 31 f., 116–126; Radner 2017, 30–41; Lafont/Tenu/Joannès/Clancier 2017, 165–189.

brach das Königreich von Akkad [...] zusammen."[18] Jedoch bereitet ähnlich wie in Ägypten die zeitliche Verknüpfung der politischen mit den klimatischen Ereignissen Schwierigkeiten, ist doch die Chronologie Mesopotamiens vor dem 15. Jahrhundert v. Chr. stark umstritten. So werden für die Regierungszeit des akkadischen Staatsgründers Sargon drei verschiedene Datierungen vorgeschlagen (mittlere Chronologie: 2356 bis 2300 v. Chr.; kurze Chronologie: 2292 bis 2236 v. Chr., ultrakurz: 2200–2145 v. Chr.), und damit wandert die gesamte Reichsgeschichte zwischen dem 24. und 22. Jahrhundert v. Chr. hin und her.[19] Die deutsche Altorientalistin Karen Radner hat das daraus resultierende Dilemma treffend zusammengefasst:

> „Die moderne Forschung ist sich [...] nicht einig, ob der Zusammenbruch der Zentralmacht des Reiches von Akkad eventuell mit Klimaveränderungen in Verbindung zu binden ist: Die großen Unsicherheiten in der absoluten Datierung der Zeit der Herrscher von Akkad, zusammen mit der kurzen Lebensdauer ihres Reiches, machen es bislang unmöglich, das Einsetzen jener Trockenperiode, die sich für den Zeitraum von 4200 bis 3900 Jahre vor heute nachweisen lässt, sicher mit der politischen Geschichte Mesopotamiens in Beziehung zu setzen. Die Trockenperiode könnte zwar zum Kollaps des Akkadreiches beigetragen haben, aber es wäre umgekehrt auch denkbar, dass durch eine Verschlechterung der landwirtschaftlichen Bedingungen in den nordmesopotamischen Regenfeldbaugebieten die dortigen politischen Gebilde geschwächt und solcherart die Bedingungen für die rasche Ausdehnung des Reiches von Akkad begünstigt wurden."[20]

Ebenso unklar ist, ob sich für die Menschen Südmesopotamiens jenseits des Zusammenbruchs der Macht der Eliten weitere Folgen wie Bevölkerungsverluste und die Aufgabe von Siedlungen mit klimatischen Faktoren oder vor allem mit der verheerenden Kriegsführung der Akkadier verknüpfen lassen.[21]

Einige Zeit nach dem Ende Akkads gelang es dem Stadtfürsten Gudea von Lagasch (ca. 2141–2122 v. Chr.[22]) kurzzeitig die Vorherr-

---

[18] Headrick 2020, 70. Für dieses Szenario vgl. Weiss 1996; Brooke 2014, 283 f.; Weiss 2015; Frahm 2013, 122; Vieweger 2019, I 50 f. Zum 4,2-Kilojahr-Ereignis siehe auch das vorangehende Kapitel.
[19] Selz 2010, 16 f.; Frahm 2013, 81 f., 118.
[20] Radner 2017, 40. Dazu auch Paulette 2012, 170 f., 179; Blaschke 2018, 23.
[21] Paulette 2012, 179.
[22] Alternative Chronologien: 2122–2102 v. Chr./2080–2060 v. Chr.

schaft in Südmesopotamien zu erlangen und auf den Spuren Sargons weitreichende Handelsbeziehungen bis zum Mittelmeer, in den Oman (von dort stammte das begehrte Diorit-Gestein, aus dem seine heute im Louvre in Paris befindliche berühmte Statue gefertigt wurde) und ins Indus-Gebiet zu etablieren.[23] Lagaschs Hegemonie wurde abgelöst vom Reich der sogenannten „dritten Dynastie von Ur" unter seinem Gründer Ur-Namma (reg. ca. 2112–2095 v. Chr.[24]). Ihm gelang auch die Vertreibung der Gutäer, worauf er sich wie die Könige Akkads als Herrscher der ‚vier Weltgegenden' feiern ließ, obwohl sein Reich vor allem im Norden bei weitem nicht dieselbe Ausdehnung erreichte. Dort musste sich die dritte Dynastie von Ur neuerlich mit Gruppen der Amurriter auseinandersetzen, gegen die Ur-Nammus Sohn und Nachfolger Schulgi (reg. ca. 2092–2045 v. Chr.) zwischen Euphrat und Tigris eine Reihe von Mauern und Festungen errichten ließ. In einem Text aus dem 37. Regierungsjahr Schulgis heißt es: „Die Mauer wurde gebaut, sodass die Amurriter ihre Herden nicht an den Ufern […] von Tigris und Euphrat tränken können." Dies weist auf Konflikte über den Zugang zu Wasser hin, die vielleicht durch die für diese Zeit ermittelte Trockenperiode verschärft wurden.[25] Als große Bauherren verewigten sich die Herrscher Urs auch in ihrer Hauptstadt mit dem berühmten Tempelturm (Zikkurat) für den Mondgott Nanna, dessen unterste Plattform schon alleine eine Höhe von 11 Metern erreichte und mit 30 000 Kubikmetern Rauminhalt mehr als sieben Millionen Lehmziegel verschlang. Grundlage dieser und anderer Projekte war ähnlich wie im Ägypten der Pyramidenzeit eine Intensivierung der Nutzung der Ressourcen sowohl im Kernland, wo Feuchtgebiete trockengelegt und Bewässerungskanäle erweitert wurden, als auch in den unterworfenen Provinzen, die umfangreiche Abgaben an Getreide und anderen Gütern an die Hauptstadt liefern mussten. Der ‚urbane Stoffwechsel' von Ur, also die Summe der für den Erhalt der Bevölkerung und Infrastruktur der Hauptstadt notwendigen ‚Inputs' an Energie, Wasser, Ressourcen, Material und auch Menschen, war in steigenden Ausmaß abhängig von der imperialen Ökologie seines Reiches.[26] Dies machte Ur

---

23 Selz 2010, 76–87; Lafont/Tenu/Joannès/Clancier 2017, 194–199.
24 Alternative Chronologien: 2161–2144 v. Chr./2046–2029 v. Chr./2018–2001 v. Chr.
25 Zitiert nach Blaschke 2018, 253; Sommer 2005, 11 f.; Selz 2010, 94 f.; Frahm 2013, 131; Scott 2019, 234.
26 Frahm 2013, 127–135; Radner 2017, 42–50; Lafont/Tenu/Joannès/Clancier 2017, 201–247.

umso anfälliger gegen Störungen des Versorgungsnetzwerks, die durch weitere Vorstöße der Amurriter verursacht wurden. Als unter Schulgis Enkelsohn, König Ibbi-Sin (reg. ca. 2026–2004 v. Chr.), die üblichen Getreidelieferungen aus den Gebieten von Umma und Lagasch ausblieben, kam es zu einem fünfzehnfachen Anstieg des Kornpreises in Ur, wo eine Hungersnot und Unruhen ausbrachen. Ein anderer Kommandant des Königs schrieb eindrücklich „Wegen der Amurriter habe ich das Getreide nicht dreschen können; sie sind zu stark für mich; ich sitze in der Falle." Schließlich nutzte der König des benachbarten Reiches von Elam (im heutigen Südwestiran) die Schwächung Urs, plünderte die Hauptstadt und verschleppte König Ibbi-Sin, mit dem das Reich nach gerade einmal 100 Jahren zu Ende ging.[27]

Rückblickend erschien der rasche Zusammenbruch von Ur als eine Strafe der Götter. In der einige Jahre danach verfassten *Klage über Sumer und Ur* heißt es:

„[Der Gott] Enki hatte den Lauf von Tigris und Euphrat verändert […], sodass an den beiden Ufern des Tigris und des Euphrat schlechtes Unkraut wachsen sollte, dass niemand auf die Straße gehen sollte, […], dass die Stadt und ihre besiedelte Umgebung zu Ruinenhügeln zerstört werden sollten, […] dass die Hacke die fruchtbaren Felder nicht berühren sollte, dass Samen nicht in den Boden gepflanzt werden sollten, dass die Melodie der Kuhhirtenlieder nicht im offenen Land erklingen sollte, dass Butter und Käse nicht im Viehstall hergestellt werden sollten […]. Leichen trug der Euphrat davon, Räuber durchstreiften die Straßen."[28]

Wieder versuchte man, diese Schilderungen mit den verschlechterten klimatischen Bedingungen rund um das 4,2-Kilojahr-Ereignis zu verknüpfen. Andere Forscher vermuten auch, dass die intensive Nutzung der Ackerflächen in der Zeit der dritten Dynastie von Ur zu einer stärkeren Versalzung der Böden beitrug, die gemeinsam mit der einsetzenden Trockenheit die Ernteerträge dramatisch verminderte.[29] Man wird

---

[27] Selz 2010, 16 f., 87–105, bes. 104 für das Zitat; Frahm 2013, 127–135; Weiss 2015, 45 f.; Radner 2017, 42–50; Lafont/Tenu/Joannès/Clancier 2017, 201–247.

[28] Zitiert nach Blaschke 2018, 473 f. bzw. nach http://etcsl.orinst.ox.ac.uk/section2/tr223.htm# (The Electronic Text Corpus of Sumerian Literature, mit englischer Übersetzung) [28.10.2020]. Vgl. auch Selz 2010, 105 f.; Frahm 2013, 133; Lafont/Tenu/Joannès/Clancier 2017, 247–250.

[29] Paulette 2012, 174, 179; Weiss 2015.

einen tatsächlichen Beitrag der ungünstigeren Klimaparameter zur Verschärfung der aber vor allem durch den Zusammenbruch der imperialen Versorgungsnetzwerke verursachten inneren Systemkrise annehmen können. Jedoch muss auch die *Klage über Sumer und Ur* ähnlich wie die ägyptische Klageliteratur des Mittleren Reiches als Propagandatext des nachfolgenden Regimes des Königs Ischbi-Erra von Isin (reg. ca. 2019–1987 v. Chr.) gelesen werden. Ihm gelang die Vertreibung der Elamiter aus Ur, und seine Großtaten mussten umso glanzvoller erscheinen, je düsterer das Bild der vorangehenden Katastrophe gemalt wurde.[30]

Löwenjagd, Niederschlag und Mega-Dürre: der Aufstieg und Fall des Assyrer-Reichs, 900–600 v. Chr.

Gegen Ende des 2. Jahrtausends v. Chr. verschob sich das Machtzentrum des Zweistromlands nach Norden, wo im 13. Jahrhundert v. Chr. Assyrien als neue Großmacht auf den Plan trat und seine Nachbarn, insbesondere die Hethiter in Kleinasien und die Kassiten in Babylon herausforderte, aber auch mit den anderen Staaten der Region bis hin nach Ägypten in diplomatischen und materiellen Austausch trat. Wie das gesamte Staatensystem der späten Bronzezeit geriet Assyrien ab 1200 v. Chr. in eine Krise, die erneut mit klimatischen Schwankungen verknüpft wird und sogar zum Zusammenbruch mehrerer Imperien wie jenes der Hethiter führte.[31] Die Assyrer lagen hingegen mehrfach im Krieg mit verschiedenen (halb-)nomadischen Verbänden der Aramäer, die aus den angrenzenden Wüsten- und Steppengebieten Arabiens nach Mesopotamien und Syrien vordrangen. König Tiglath-pileser I. (reg. 1114–1076 v. Chr.) unternahm nicht weniger als 28 Feldzüge gegen sie. Dabei dürfte eine auch durch die neuen Sauerstoffisotopen-Daten aus der Kuna-Ba-Höhle im Nordirak belegte, immer stärker wirkende Dürreperiode zwischen 1200 und 1000 v. Chr. die Konflikte um den Zugang zu Wasser, Weiden und Ackerland verschärft haben.[32] Assyrische Texte berichten etwa zum Jahr 1082 v. Chr. von schweren Hungersnöten bis hin zum Kannibalismus unter den Aramäern. Ab der Mitte des 11. Jahrhunderts verloren schließlich die Assyrer die Kont-

---

[30] Koenen 2013; Frahm 2013, 139; Lafont/Tenu/Joannès/Clancier 2017, 257–263.
[31] Mehr dazu im folgenden Kapitel.
[32] Sinha u. a. 2019. Eine grafische Darstellung der Kuna-Ba-Daten findet sich im Anhang zum vorliegenden Band.

rolle über Nordmesopotamien bis auf ihr Kerngebiet um die Hauptstadt Assur, während die Aramäer verschiedene Fürstentümer im Zweistromland und in Syrien gründeten. Sie und andere Kleinstaaten prägten nach dem Zerfall der Großreiche des Nahen Ostens die politische Landschaft an der Wende vom 2. zum 1. Jahrtausend v. Chr.[33]

Nach dem Verlust der Vorherrschaft in Nordmesopotamien im 11. Jahrhundert v. Chr. im ‚Ausklang' der Krisenzeit des späten 2. Jahrtausends v. Chr. erholte sich Assyrien im späteren 10. Jahrhundert wieder. König Aššur-dan II. (reg. 935–912 v. Chr.) rühmte sich, die wegen Hunger und Not geflohenen Bewohner Assurs zurückgebracht und Dörfer und Städte wiederhergestellt zu haben. Das Kerngebiet des Reiches umfasste ein Dreieck am Tigris zwischen der alten Hauptstadt Assur im Süden, Ninive im Nordwesten und Arbela (Erbil) im Nordosten davon.[34] Dem Wiederaufbau folgt eine Zeit der Expansion, nicht nur des Reiches, sondern auch der Siedlungstätigkeit. Die ‚Wildnis' wurde bezwungen, auch symbolisch durch die mehrfach bildlich verewigte Jagd des Königs auf Löwen, urbar gemacht und neu besiedelt. Dazu diente eine Intensivierung der Bewässerungstätigkeit ab dem 9. Jahrhundert v. Chr., um Beschränkungen durch den vorher allein auf dem häufig unzuverlässigen Niederschlag beruhenden Regenfeldbau zu überwinden. Frühere Steppenflächen und Weideland wurden zu Ackerland, auf denen man nun als zusätzliche Winterfrucht Linsen, die mehr Wasser benötigten als davor angebaute Pflanzen, sowie als neue Sommerfeldfrüchte Hirse und Sesam anpflanzte. Ebenso baute man mehr Gerste an, was aber auch als Anzeichen von Problemen mit der Versalzung der durch künstliche Bewässerung gewonnenen neuen Äcker verstanden werden kann (da die Gerste wenig sensibel auf einen höheren Salzgehalt reagiert als andere Pflanzen). Insgesamt war nun neben dem traditionellen Wintergetreide eine zweite Ernte am Ende des Sommers möglich. Damit erweiterte sich aber auch das agrarische Arbeitsjahr und die Belastung der abgabepflichtigen Bauern. Um den erhöhten Bedarf an Arbeitskräften zu decken, griffen die assyrischen Herrscher vermehrt auf die Deportation von Bevölkerung aus eroberten Gebie-

---

[33] Kirleis/Herles 2007; Radner 2011, 321 f.; Paulette 2012, 172, 180 f.; Frahm 2013, 178–183; Rosenzweig 2016, 52; Radner 2017, 82–84, 87–92; Lafont/Tenu/Joannès/Clancier 2017, 514–527, 563–575, 591–604; Blaschke 2018, 23–25, 419 f.

[34] Kirleis/Herles 2007, 13 f. (mit den entsprechenden Quellen); Radner 2011; Lafont/Tenu/Joannès/Clancier 2017, 629–633.

ten zurück.³⁵ Sargon II. (reg. 721–705 v. Chr.) rühmt sich einer solchen Umsiedlungsaktion nach der Eroberung Israels:

> „Die Bewohner von Samaria, die sich einigten und sich mit einem mir feindlichen König verschworen, nicht länger Knechtschaft zu erleiden und Assur keinen Tribut zu bringen und die kämpften, gegen sie habe ich mit der Macht der großen Götter, meiner Herren, gekämpft. Als Beute zählte ich 27 280 Menschen, zusammen mit ihren Streitwagen und Göttern, auf die sie vertrauten. Ich bildete eine Einheit mit 200 ihrer Streitwagen für meine königlichen Streitkräfte. Den Rest siedelte ich in der Mitte Assyriens an. Ich bevölkerte Samaria mehr als zuvor. Ich brachte Völker aus Ländern, die ich mit meinen Händen erobert habe, hinein. Ich setzte meinen Beauftragten als Gouverneur über sie. Und ich zählte sie zu den Assyrern."³⁶

Das heißt, im Gegenzug wurden auch Menschen aus anderen Regionen nach Israel verbracht, um auf diese Weise neue und gefügige Gemeinschaften weit entfernt von ihren jeweiligen Heimatländern zu bilden. Karen Radner schreibt dazu:

> „Im großen Stil [wurden] Bevölkerungsgruppen deportiert, und die Kernregion profitierte davon am meisten, denn dort sollten die erfolgreichsten Landwirte, die geschicktesten Handwerker und die besten Köpfe dem Land zur Hochblüte verhelfen. Betroffen waren alle Gegenden, in denen die assyrische Armee aktiv war, zum Teil auch lange nach der Eingliederung in das Provinzsystem. Selbst bei konservativen Berechnungen kommt man auf Millionen von Menschen, die von solchen Maßnahmen in der Zeit vom 9. bis zum 7. Jahrhundert v. Chr. betroffen waren."³⁷

Die Summe der in den erhaltenen Texten dokumentierten 157 Deportationen ergibt 1,2 Millionen Menschen, aber nach einer modernen Schätzung ist mit bis zu 4,5 Millionen zwangsumgesiedelten Menschen während der 200 Jahre der assyrischen Großreichszeit zu rechnen.³⁸

---

35 Rosenzweig 2016; Ur 2018.
36 Zitiert nach Finkelstein/Silberman 2002, 240. In der biblischen Tradition entstand auf dieser Grundlage die Legende von den „verlorenen zehn Stämmen Israels", vgl. Shavitsky 2012.
37 Radner 2017, 105 f.
38 Frahm 2013, 210–213; Lafont/Tenu/Joannès/Clancier 2017, 669 f.; Sinha u. a. 2019.

Eine erste Welle der Expansion initiierte König Assurnasirpal II. (reg. 883–859 v. Chr.). Er machte den Einfluss Assyriens auch 879 v. Chr. durch die Errichtung einer neuen Residenzstadt anstelle Assurs in Kalchu (heute Nimrud) sichtbar und ließ verkünden: „Ich grub einen Kanal vom Oberen Zab-Fluss. Dafür durchstieß ich eine Bergspitze. […] Die Aue des Tigris bewässerte ich. Obstgärten pflanzte ich in der Umgebung."[39] Die neue Hauptstadt war mit 380 Hektar Fläche doppelt so groß wie die alte. Kalchu wurde mit einem zehntägigen Fest eingeweiht, zu dem mehr als 69 000 Gästen geladen wurden, die mit dem Fleisch von 17 000 Schafen und Rindern, über 30 000 Stück Geflügel, 10 000 Fass Bier und 10 000 Schläuchen Wein verköstigt wurden. Auch diese an das Münchner Oktoberfest erinnernde Statistik sollte die enormen Ressourcen und die Pracht und Macht des Herrschers für die Nachwelt verewigen. Der Nachfolger Assurnasirpals II., König Salmanassar III. (reg. 859–824 v. Chr.), der sich als ‚Hüter der Weltordnung' feiern ließ, unternahm Vorstöße nach Westen gegen die kleinteilige Staatenwelt Syriens. Dabei setzte die assyrische Armee, in der Kavallerie die Streitwagen der späten Bronzezeit ersetzt hatte, und deren mit Eisenwaffen ausgestattete Infanterie großen Erfindungsreichtum beim Bau von Belagerungsmaschinen entwickelte, auch bewusst auf Terror durch die Verwüstung von Feldern und Siedlungen und die massenhafte Ermordung oder Verstümmelung von Gefangenen. Dennoch kam es oft genug zu Aufständen der gerade Unterworfenen, die wieder neue Feldzüge mit der Gelegenheit zur Beute erforderten.[40]

Neue Klimadaten von der Kuna-Ba-Höhle im Nordirak bestätigen ältere Vermutungen, dass der Reichsausbau und die Expansion Assyriens durch besonders feuchte Witterungsverhältnisse zwischen ca. 925 und 725 v. Chr. unterstützt wurde, mit einer der feuchtesten Periode der letzten 4000 Jahre zwischen ca. 850 und 740 v. Chr. Eigentlich überschneidet sich diese Zeit mit dem sogenannten Homer-Minimum der Sonneneinstrahlung, doch haben wir mit regional je unterschiedlichen Ausprägungen des globalen Klimatrends zu rechnen, der sich im Nordirak (vorerst) in einer für das imperiale Projekt der Assyrer günstigen Form niederschlug. Wie neue archäologische Surveys etwa um die Stadt Erbil belegen, wurde damals ein in Antike und Mittelalter einmaliger Höhepunkt der Siedlungsdichte erreicht. Angesichts solcher demogra-

---

[39] Zitiert nach Blaschke 2018, 283.
[40] Radner 2011, 323–325; Frahm 2013, 192–196; Radner 2017, 93–96; Lafont/Tenu/Joannès/Clancier 2017, 633–639; Ur 2018.

fischer Indikatoren könnte man nach dem Modell von Malthus vermuten, dass die Grenzen der ‚Tragfähigkeit' der nordmesopotamischen Kerngebiete der Assyrer erreicht wurde; John L. Brooke hält demgegenüber fest, dass im Altertum das Bevölkerungswachstum wohl selten so groß war, dass es die lokalen Ressourcen in einem kritischen Ausmaß überforderte. Auch im Fall Assyriens lässt sich dies kaum belegen.[41]

Trotz dieser begünstigenden klimatischen Parameter erlebte das Reich ab 826 v. Chr. eine neuerliche Krisenzeit, als verschiedene Gruppen um den Thron stritten; die Verschiebung der machtpolitischen Gewichte innerhalb der dominanten Koalition durch unterschiedlichen Profit aus der vorangehenden Wachstumsperiode mag dazu beigetragen haben. Gleichzeitig tauchte mit dem Reich von Urartu um den Vansee in der heutigen Osttürkei im Norden ein mächtiger neuer Gegner auf. Um 765 v. Chr. suchte eine schwere Seuche Assyrien heim, der eine (in den Augen der Zeitgenossen unglückverheißende) Sonnenfinsternis im Jahr 763 v. Chr. folgte. 754 v. Chr. erlitten die Assyrer eine weitere empfindliche Niederlage gegen Urartu, während sich im Jahr 746 v. Chr. die Bevölkerung der Hauptstadt Kalchu erhob. Letztlich konnte sich Tiglath-pileser III. (reg. 744–727 v. Chr.) als König durchsetzen, der Urartu besiegte und bis 729 v. Chr. sogar das südlich benachbarte Babylonien eroberte.[42] Allerdings begann nun um die Mitte des 8. Jahrhunderts v. Chr. ein Übergang zu trockeneren Niederschlagsbedingungen.[43] Gleichzeitig schwankte das Reich zwischen äußerer Expansion und inneren Streitigkeiten. Der bereits erwähnt Sargon II. putschte im Jahr 721 v. Chr. gegen seinen eigentlich für den Thron vorgesehenen älteren Bruder; darauffolgende Unruhen in vielen Provinzen des Reiches schlug er mit blutigen Feldzügen nieder. Nachdem die Bevölkerung der bisherigen Hauptstadt Kalchu nicht zu seinen Unterstützern gezählt hatte, nutzte Sargon II. die bei seinen Kriegen errungene Beute an Arbeitskräften und Materialien ab 717/712 v. Chr. für den Bau einer neuen Residenz bei Dur-Sharrukin (Chorsabad) auf einer Fläche von 315 Hektar. Diese Prachtentfaltung stand im Widerspruch zu ersten Berichten über Dürren in verschiedenen Regionen des Reiches. Dennoch ließ Sargon II. seine Hauptstadt 706 v. Chr. feierlich einwei-

---

[41] Sinha u. a. 2019; Brooke 2014, 307. Siehe auch Kirleis/Herles 2007, 31; Rosenzweig 2016, 52 f.; Ur 2018.

[42] Frahm 2013, 199–202; Radner 2017, 98–100; Lafont/Tenu/Joannès/Clancier 2017, 672–679, 683–689.

[43] Sinha u. a. 2019.

hen, starb allerdings schon ein Jahr später bei einem Feldzug in Anatolien.[44] Der Nachricht vom Tod Sargons II. folgt eine neue Welle von Aufständen, die aber sein Sohn und Nachfolger Sanherib (reg. 704–681 v. Chr.) niederkämpfte. Allerdings gab er die nach dem unglücklichen Tod seines Vaters als wenig segenbringend geltende Hauptstadt Dur-Sharrukin auf und begann 704 v. Chr. mit dem Ausbau der Stadt Ninive, der zweite Residenzwechsel innerhalb eines Jahrzehnts. Ninive wurde mit enormem Aufwand auf einer Fläche von mehr als 700 Hektar zur größten aller assyrischen Hauptstädte erweitert. Eine halbe Million Menschen wurde unter Sanherib umgesiedelt, viele davon in und um die neue Hauptstadt. Um die Versorgungsbasis der Metropole zu verbreitern, legte man im Umland insgesamt 150 Kilometer an Kanälen, Dämmen und Wasserreservoirs an, darunter das Aquädukt von Jerwan 40 km nordöstlich von Ninive, für das mehr als zwei Millionen Kalksteinblöcke verbaut wurden.[45] Dafür ließ Sanherib nach einem Aufstand die Stadt Babylon verwüsten und prahlte: „Nachdem ich Babylon zerstört, seine Götter zerschmettert und die Menschen mit Waffen niedergemacht hatte, beseitigte ich den Boden, damit der Boden dieser Stadt nicht mehr erkennbar ist. Durch den Euphrat ließ ich ihn bis zum Meer tragen. Die Erde kam in Dilmun [Bahrain im Persischen Golf] an."[46] Doch verkehrte sich um diese Zeit die vorherige feuchte Gunstperiode in ihr völliges Gegenteil einer ‚assyrischen Mega-Dürre' zwischen 700 und 600 v. Chr., vergleichbar nur mit der Extremdürre, die diese Region ab den 1980ern und insbesondere in den 2000ern heimsuchte. Nordmesopotamien, das trotz der neuen Bewässerungsanlagen immer noch stark vom Regenfeldbau abhing, wurde dabei vermutlich härter getroffen als die ohnehin auf künstlicher Bewässerung beruhenden Anbaugebiete Südmesopotamiens.[47] Sanherib wurde von einem oder zwei seiner Söhne ermordet, ein weiterer, Asarhaddon (reg. 680–669 v. Chr.), bestieg den Thron. Er setzte, trotz (oder vielleicht wegen) der wachsenden wirtschaftlichen Probleme, den Expansionskurs fort und unternahm zwischen 673 und 671 v. Chr. sogar eine erste Invasion

---

[44] Radner 2011, 325–327; Frahm 2013, 203–206; Schneider/Adali 2016, 167 f.; Radner 2017, 100–102; Lafont/Tenu/Joannès/Clancier 2017, 689–696.
[45] Radner 2011, 327; Frahm 2013, 193, 206–208, 217; Rosenzweig 2016, 53 f.; Radner 2017, 102–104; Lafont/Tenu/Joannès/Clancier 2017, 696–704.
[46] Zitiert nach Blaschke 2018, 382.
[47] Sinha u. a. 2019. Vgl. auch Schneider/Adali 2014 und Schneider/Adali 2016. Kritisch dazu Sołtysiak 2016, allerdings vor der Publikation der neuen Daten 2019.

Ägyptens, das damals unter Kontrolle der Könige von Kusch (im Norden des heutigen Sudan) stand. Unter Asarhaddons Sohn Assurbanipal (reg. 668–631 v. Chr.) erreichte die assyrische Macht mit einem Vorstoß bis Theben in Südägypten ihre maximale Ausdehnung. Allerdings war eine direkte Kontrolle Ägyptens logistisch kaum möglich, sodass Necho und dann sein Sohn Psammetich I. (reg. 664–610 v. Chr.) in Sais im Nildelta als Vasallen eingesetzt wurden.[48] Psammetichs Herrschaft sollte sogar das Reich der Assyrer überdauern, das seine Kräfte mit dem Marsch nach Ägypten überdehnt hatte, während die zentralen Provinzen unter Dürre und Missernten litten. Mit welchen Naturgefahren und Krankheiten man in dieser Zeit in Assyrien zu rechnen hatte, mögen die Flüche, die gemäß den diplomatischen Gepflogenheiten der Zeit einen Vertrag zwischen König Asarhaddon und den Medern im westlichen Iran begleiteten, vermitteln. Brachen letztere den Vertrag, dann sollte ihnen Folgendes widerfahren:

> „Möge Anu, der König der Götter, Krankheit, Erschöpfung, Malaria [?], Schlaflosigkeit, Sorgen und Krankheit auf alle eure Häuser regnen lassen. Möge die […] Helligkeit von Himmel und Erde euch mit Aussatz bekleiden und euch verbieten, in die Gegenwart der Götter oder des Königs einzutreten. Möget ihr durch die Wüste streifen wie der wilde Esel und die Gazelle! […] Möge Adad, der Kanalinspektor von Himmel und Erde, das Meer von eurem Land abschneiden und eure Getreidefelder verwüsten, möge er euer Land mit einer großen Flut überfluten. Möge die Heuschrecke, die das Land verkleinert, eure Ernte verschlingen […]. Esst in eurem Hunger das Fleisch eurer Söhne! In Not und Hunger möge ein Mann das Fleisch eines anderen essen. […] Möge Nergal, der Held der Götter, euer Leben mit seinem gnadenlosen Schwert auslöschen und Sterben und Seuche unter euch senden. […] Möge Gula, der große Arzt, Krankheit und Müdigkeit [in eure Herzen] und eine nicht heilende Wunde in eure Körper bringen. [Mögt ihr] in Blut und Eiter baden wie in Wasser! […] Mögen Nahrung und Wasser euch verlassen; Hungersnot, Hunger und Seuche mögen sich niemals von euch entfernen. […] Möge eine unwiderstehliche Flut von der Erde aufsteigen und euer Land verwüsten. […] Möge Ea, König des Abgrunds, Herr der Quellen, euch tödliches Wasser zum Trinken geben und euch mit Wassersucht füllen. […] Das Gleiche gilt für alle Götter, die in der Vertragstafel [namentlich erwähnt] sind;

---

[48] Taylor 2000, 352–354; Lloyd 2000a, 365 f.; Schlögl 2006, 338–340; Frahm 2013, 209 f.; Agut/Moreno-García 2016, 569–578; Radner 2017, 104 f.; Lafont/Tenu/Joannès/Clancier 2017, 704–709.

sie mögen den Boden für euch so hart wie einen Ziegelstein machen. Mögen sie euren Boden wie Eisen machen, damit nichts daraus sprießen kann. [...] So wie kein Regen von einem dreisten Himmel fällt, so mögen Regen und Tau nicht auf eure Felder und Wiesen kommen. Anstelle von Tau mögen brennende Kohlen auf euer Land regnen. [...] Mögen eure Bäche und Quellen ihr Wasser rückwärts fließen lassen. [...] Mögen die Götter Heuschrecken schicken. Mögen Läuse, Raupen und andere Feldschädlinge eure Städte und euer Land verschlingen. [...] So wie [dieser] Wasserschlauch gespalten ist und sein Wasser abläuft, so möge euer Wasserschlauch an einem Ort mit starkem Durst brechen. [Mögt ihr] zuerst sterben!"[49]

Diese eindringlichen Drohungen hielten die Meder einige Zeit später jedoch nicht davon ab, sich mit den Feinden der Assyrer zu verbünden. Gleichzeitig stieß aus den Steppen nördlich des Kaukasus das Reitervolk der Kimmerier nach Süden vor, die zwar vor allem Urartu verwüsteten, aber auch die assyrischen Grenzgebiete beunruhigten. Ihnen folgten einzelne Gruppe der Skythen, die sich zeitweilig dauerhaft südlich des Kaukasus festsetzten. Die klimatischen Bedingungen des Homer-Minimums waren zwischen dem 9. und 7. Jahrhundert v. Chr. für die Steppenregionen teilweise mit besseren Niederschlagsbedingungen verbunden, die das Wachstum der Pferdeherden und somit auch neue Formen der weitreichenden Mobilität und Kriegsführung als berittene Bogenschützen begünstigten. Dazu kamen waffentechnische Innovationen wie der aufwändig aus Tiersehnen, Horn und Holzteilen hergestellte Kompositbogen, der die Reiter aus der Steppe zu umso gefährlicheren Gegnern für die Assyrer (und andere Reiche des Nahen Ostens) machte.[50]

So zerbrach das Reich innerhalb von 20 Jahren nach dem Tod des Assurbanipal. Um 620 v. Chr. machte sich Babylon wieder unabhängig und verbündete sich mit den Medern, die 614 v. Chr. Assur und 612 v. Chr. Ninive eroberten; dabei bedienten sie sich auch skythischer Alliierter. Bis um 610 v. Chr. war das Assyrer-Reich vollständig zerstört. Zu den klimatischen Bedingungen sowohl des Aufstiegs als auch des rasanten Zerfalls Assyriens liefern die Klimadaten aus der Kuna-Ba-Höhle einzigartige neue Hinweise. Dabei sollte allerdings beachtet werden, dass sich die Krisenzeit der Jahre 826–744 v. Chr. genauso mit einer feuch-

---

[49] Zitiert nach Robertson 2010, 152 f. Zur Malaria in Mesopotamien vgl. auch Winegard 2020, 70–72.

[50] Parzinger 2010, 18–22; Cunliffe 2015, 160–164, 194–196; Cunliffe 2019, 31–35, 85–89, 105–115; Brooke 2014, 314 f.; Benjamin 2018, 29–31.

teren Gunstperiode überschnitt wie die neuerliche Expansion zwischen 721 und 669 v. Chr. mit dem Übergang zur ‚Megadürre'. Eine einfache lineare Korrelation zwischen Klimaschwankung und dem „Aufstieg und Fall" eines Großreichs ist somit einmal mehr nicht gegeben.[51]

Von Babylon nach Bagdad, von der Mega-Dürre zur Spätantiken Kleinen Eiszeit

Besonders vom Zerfall Assyriens profitierte das sogenannte Neubabylonische Reich, das sich unter Nabopolassar (reg. 626–605 v. Chr.) von Assur unabhängig machte und unter seinem berühmten Sohn Nebukadnezar II. (reg. 605–562 v. Chr.) zur Großmacht in Mesopotamien und Syrien aufstieg. Babylon wurde auf einer Fläche von fast 900 Hektar zur größten Stadt der Welt ausgebaut, überragt vom 91 Meter hohen Stufentempel für den Gott Marduk, das Vorbild für den biblischen „Turm zu Babel". Nebukadnezar II. rühmte sich auch seiner hydraulischen Bauten im Umland der Hauptstadt:

> „An der Grenze von Babylon, von der Prozessionsstraße zum Ufer des Euphrat bis nach Kish, häufte ich auf einer Distanz von 4 2/3 beru [ca. 50 Kilometer] einen Erdwall auf. Ich ließ die Stadt mit einem großen Wasser umgeben. Damit darin keine Breschen entstehen, konstruierte ich ihre Böschung mit Asphalt und Ziegeln. Zur Verstärkung des Schutzes von Babylon tat ich ein zweites: Ich häufte oberhalb von Upi bis nach Sippar, vom Ufer des Tigris bis zum Ufer des Euphrat, einen Erdwall über eine Distanz von 5 beru [ca. 55 km] auf. Über eine Distanz von 20 beru [ca. 220 Kilometer] ließ ich die Stadt mit einem großen Wasser wie die Masse des Meeres umgeben."[52]

Die Klimadaten aus der Kuna-Ba-Höhle wiederum zeigen an, dass die ‚assyrische Megadürre' um 600 v. Chr. endete und von einem niederschlagsreicheren Trend abgelöst wurde, der vielleicht den Aufstieg Babylon begünstigte.[53]

---

[51] Schneider/Adali 2016, 166 f.; Radner 2017, 107 f.; Lafont/Tenu/Joannès/Clancier 2017, 718–729, 774–779; Sinha u. a. 2019.
[52] Zitiert nach Blaschke 2018, 373.
[53] Sinha u. a. 2019.

Doch auch das Neubabylonische Reich war nicht von allzu langer Dauer, insgesamt nicht ganz 90 Jahre. Um 555 v. Chr. gelangte Nabonid durch Mord auf den Thron, er stand deshalb mit verschiedenen Hofkreisen und insbesondere der mächtigen Marduk-Priesterschaft im Konflikt und verlegte nach einem Feldzug, der ihn bis nach Jathrib (das spätere Medina) geführt hatte, ab 552 v. Chr. seine Residenz für zehn Jahre in die Stadt Tema in der arabischen Wüste. Wenige Jahre nach seiner Rückkehr nach Babylon brach dort sein Regime 539 v. Chr. unter dem Angriff des Perserkönigs rasch zusammen.[54] Babylon wurde erobert und Mesopotamien zur Gänze erstmals Teil eines Imperiums, dessen Zentrum ursprünglich im angrenzenden iranischen Raum lag. Das Weltreich der Perser unter den Großkönigen aus der Achämenidendynastie erstreckte sich schließlich von der Ägäis bis an die Grenzen Indiens und schloss, zumindest zeitweilig, auch Ägypten ein.[55] Dennoch fiel dieses Imperium nach einigen glücklichen Siegen binnen weniger Jahre dem Feldzug des makedonischen Königs Alexander III., genannt der Große, zum Opfer. Dessen frühem Tod 323 v. Chr. folgte allerdings der Zerfall in verschiedene untereinander ständig kriegführende Reiche unter der Herrschaft von Alexanders Generälen und deren Nachkommen.[56] Mesopotamien fiel mit Nordsyrien und dem Iran an die Dynastie der Seleukiden, die mit Seleukeia ca. 40 km südwestlich des heutigen Bagdad eine neue Hauptstadt am Tigris begründeten, die zu einer Metropole mit 100 000 Einwohnern anwuchs, nachdem unter anderem Teile der Bevölkerung Babylons dorthin umgesiedelt worden waren. Als die Parther, ursprünglich ein Steppenvolk aus Zentralasien, das sich ab 220 v. Chr. südöstlich des Kaspischen Meers festgesetzt hatte, um 141 v. Chr. die Seleukiden aus dem Zweistromland vertrieben, bauten sie das nahe bei Seleukeia gelegene Ktesiphon als Residenz aus; daneben ergänzte die Neugründung Vologesias dieses urbane Ballungsgebiet. Den Parthern gelang es, ihre Macht in der Region auszubauen, obwohl die Isotopendaten aus der Kuna-Ba-Höhle für die folgenden Jahrzehnte bis um Christi Geburt eine ausgeprägte Dürreperiode in Nordmesopotamien anzeigen. Einmal mehr korreliert

---

[54] Davies 1983, 87 f.; Lloyd 2000a, 374–382; Schlögl 2006, 348–353; Agut/Moreno-García 2016, 629–677.
[55] Wiesehöfer 1993, 19–24; Briant 2002; Frahm 2013, 220–226; Radner 2017, 109–114; Lafont/Tenu/Joannès/Clancier 2017, 781–831; Blaschke 2018, 361 f., 372 f., 391–393; Murray 1995, 287 f. und 311–313; Stein-Hölkeskamp 2015, 216.
[56] Wiesehöfer 1993, 149–161; Walbank 1994, 164 f.; Scholz 2015, 41–89.

der Klima-Trend nicht einfach mit der politischen Dynamik.[57] Die Parther wurden im Nahen Osten sogar zu den Hauptgegnern der Römer, denen sie schwere Niederlagen zufügten. Die römischen Armeen wiederum stießen mehrfach bis in die urbane Zone von Seleukeia-Ktesiphon, die damals vielleicht 400 000 Einwohner umfasste, vor und verwüsteten die Städte unter anderem 165 n. Chr. schwer. Dabei, so zumindest die Deutung der Römer, zogen sich die Legionäre eine Seuche zu, die sie dann ins Imperium Romanum einschleppten, wo sie großen Schaden anrichtete (die sogenannte „Antoninische Pest"). Ob die Krankheit auch Mesopotamien und das Partherreich in größerem Umfang schädigte, ist, wie so vieles im Zusammenhang mit dieser Epidemie, unklar oder strittig. Peter Christensen etwa nimmt an, dass das Pathogen in Mesopotamien schon länger ‚heimisch' und somit für die teilweise immunisierte lokale Bevölkerung weniger gefährlich war als für die ungeladenen Gäste aus dem Römischen Reich.[58]

Auf jeden Fall schwächten aber die Kämpfe mit Rom die Parther so sehr, dass sie im Jahr 224 n. Chr. von der aus dem alten persischen Kernland Fars im Südwestiran stammenden Dynastie der Sasaniden gestürzt wurden. Auch ihnen diente Seleukeia-Ktesiphon als Residenz, das, wie weitere Regionen Mesopotamiens einen neuen Höhepunkt der Kanalbau- und Siedlungstätigkeit erlebte. Diesem Zweck dienten auch mehrfach Deportationen von zehntausenden Menschen aus Städten, die auf römischen Gebiet geplündert worden waren, etwa die Metropole Antiochia in Nordsyrien.[59] Die vom den Parthern übernommene ‚traditionelle' Feindschaft mit den Römern manifestierte sich im 3.–4. Jahrhundert und 6.–7. Jahrhundert in mehreren langwierigen und für beide Seiten verlustreichen Kriegen. Ähnlich wie im Römischen Reich trugen während der sogenannten Spätantiken Kleinen Eiszeit ab den 540er Jahren mehrere Wellen der Pest zu einem demografischen Einbruch bei, zuletzt der eingangs erwähnte Ausbruch 627/628 zeitgleich mit einer Flutkatastrophe.[60] Dementsprechend ging aus dem letzten der persisch-römischen Kriege zwischen 602 und 628/630 n. Chr. vor allem die kurz zuvor durch den Propheten Mohammed vereinte arabi-

---

[57] Adams 1965, 61–68; Christensen 1993, 61–65; Ellerbrock/Winkelmann 2012. Vgl. Sinha u. a. 2019.

[58] Christensen 1993, 67 f., 80.

[59] Adams 1965, 69–82; Ellerbrock/Winkelmann 2012, 205–210; Wieshöfer 1993, 255–265; Christensen 1993, 68–75; Bonner 2020, 25–44.

[60] Winter/Dignas 2001; Greatrex/Lieu 2002; Bonner 2020, 151–307, bes. 191–195 zum Ausbruch der Pest im Sasanidenreich.

sche Gemeinschaft der Muslime als Nutznießer hervor, die den Römern die reichsten Provinzen in Syrien, Palästina und Ägypten entriss und das Sasanidenreich in Mesopotamien und im Iran zur Gänze eroberte.[61]

Nach der arabischen Eroberung verfiel Seleukeia-Ktesiphon; Zentrum arabischer Macht wurde vorerst die Garnisonsstadt Kufa im Südwesten Mesopotamiens an der Route in Richtung der heiligen Stätten des Islam bzw. nach Westen Richtung Syrien, wo die Kalifen der Umayyaden-Dynastie Damaskus als ihre Residenz erwählten. Auch unter arabischer Herrschaft wurde die Region noch mehrfach von der Pest heimgesucht, so in den Jahren 638 bis 640, 669 bis 670, 686 bis 689, 706, 718 bis 719, 744/745 und mit einem letzten großen Ausbruch im Jahr 749, der bis nach Konstantinopel reichte.[62] Um diese Zeit wurden die Umayyaden durch die Abbasiden gestürzt, die sich auf zahlreiche Unterstützer aus dem iranischen Raum stützten; deshalb erwählte die neue Dynastie wie die Sasaniden wieder das Zweistromland als Zentrum ihres Imperiums. Im Jahr 762 feierte der Abbasiden-Kalif al-Mansūr (reg. 754–775) etwa 40 Kilometer nordöstlich der Stätte von Seleukeia-Ktesiphon die Einweihung seiner neuen Hauptstadt Madinat as-Salam („Stadt des Friedens"), die aber vor allem als „Geschenk des Herrn" (Bagdad) bekannt werden sollte. An die 100 000 Arbeitskräfte wurden in den Jahren zuvor eingesetzt, um die sogenannte ‚Rundstadt' mit dem Kalifenpalast und der Hauptmoschee auf einer Fläche von 4,5 Quadratkilometern als Kern der neuen Residenz zu errichten. Bereits bei der Auswahl des Orts dachte der Kalif an die Erfordernisse des urbanen Stoffwechsels einer noch größeren Metropole. Laut dem persischen Historiker at-Tabarī (839–923) überlegte al-Mansūr: „Die Preise sollen dort nicht steigen und die Versorgung soll nicht schwierig sein. Wenn ich mich an einem Platz niederließe, an dem nicht alles über Land und Wasser eingeführt werden könnte, würden die Vorräte zu gering und die Versorgung zu schwierig sein."[63] Der Historiker al-Yaʿqūbī lobte dagegen die Position Bagdads am Kreuzungspunkt weitreichender Routennetzwerke:

---

[61] Christensen 1993, 81–83; Bonner 2020, 313–347.
[62] Dols 1974; Christensen 1993, 81 f. Vgl. auch das erste Kapitel im parallel erschienenen Band *Der Lange Sommer und die Kleine Eiszeit*.
[63] Zitiert nach Kennedy 2011. Vgl. auch Le Strange 1900, 1–46; Lombard 1992; Rührdanz 1991; Gaube/Leisten 1993; Nagel 1994, 101–113; Marozzi 2019, 51 f.

> „[Bagdad] ist eine Insel zwischen dem Tigris und dem Euphrat [...] und ein Hafen für die ganze Welt. Alles, was auf dem Tigris aus Wasit [im Süden des Irak], Basra, al-Ahwaz [im Südwesten des Iran], Fars, Oman [...] Bahrain und den benachbarten Orten kommt, kann dort hingebracht und entladen werden. Ebenso kann alles, was auf dem Tigris auf Booten aus Mosul, Nordostmesopotamien, Aserbaidschan und Armenien kommt, und was auch immer auf dem Euphrat von Nordwestmesopotamien, ar-Raqqa [am Euphrat im heutigen Syrien], Syrien, den Grenzgebieten zu Byzanz, Ägypten und dem Maghreb [dem äußersten Westen des Kalifats] kommt, zu diesem Hafen gebracht und hier entladen werden. Die Stadt kann auch ein Treffpunkt für die Menschen aus dem Iran und Isfahan [...] und Chorasan [im Osten Irans und in Zentralasien] sein."[64]

Bagdad wuchs in den nächsten Jahrzehnten enorm bis zu einer Fläche von mehr als 70 Quadratkilometern mit je nach Schätzung zwischen 400 000 und einer Million Einwohner. Die Demografie der Stadt profitierte davon, dass mit der Mitte des 8. Jahrhunderts die seit zwei Jahrhunderten wütende Pest verschwand. Ebenso zeigen die Isotopen-Daten aus der Kuna-Ba-Höhle bis um die Mitte des 9. Jahrhunderts trotz einiger Schwankungen relativ stabile Niederschlagsverhältnisse an.[65] In Fortführung der Infrastrukturprojekte der vorangegangenen Imperien der letzten 4000 Jahre wurde das der Bewässerung und dem Transport dienende Kanalnetzwerk im Süden Mesopotamiens weiter ausgebaut. Man intensivierte die Landwirtschaft, unter anderem auch durch den vermehrten Anbau von ursprünglich auch Indien stammenden Nutzpflanzen wie Zuckerrohr und Baumwolle. Bagdad wurde ebenso zum Hauptumschlagplatz von exotischen Gütern aus aller Herren Länder bis hin nach China, an dessen Südküste arabische und persische Seefahrer von Basra über Indien und Südostasien in einer dreimonatigen Seereise gelangten. In der Hafenstadt Guangzhou (Kanton) entstand eine große Kolonie dieser Kaufleute.[66] Allerdings machte die Lage am Tigris Bagdad so wie alle Metropolen des Zweistromlandes verwundbar gegenüber Überschwemmungen; die Kalifen richteten eine Art

---

[64] Zitiert nach Kennedy 2011. Vgl. auch Lombard 1992; Kennedy 2005; Gaube/Leisten 1993; Marozzi 2019, 51 f.
[65] Christensen 1993, 93 f.; van Bavel 2016, 42 f.; Sinha u. a. 2019.
[66] Adams 1965, 84–87; Watson 1983, 129–135; Christensen 1993, 85–95; Feldbauer 1995, 63 f.; Kennedy 2011; Campopiano 2012; Fletcher 1995; Verkinderen 2015; van Bavel 2016, 43–45; Liedl/Feldbauer 2017, 96–100; Preiser-Kapeller 2018, 158–161; Feldbauer 2019, 139–151.

Vorwarnsystem ein, über das mit Signalfeuern kritische Wasserhöhen aus Amida (heute Diyarbakır in der Türkei), das 800 Kilometer flussaufwärts lag, in die Hauptstadt übermittelt wurden. Die Erhöhung von Dämmen und die Öffnung von Entlastungskanälen konnte dann rechtzeitig vorbereitet werden; in besonders heftigen Flutsituationen erwiesen sich aber auch diese Maßnahmen als ungenügend, und Teile Bagdads wurden überschwemmt.[67]

Bagdad zwischen Krise und Blüte von Hārūn ar-Raschīd bis zu den Mongolen

Nach der großen, auch in den Geschichten von *Tausendundeiner Nacht* gerühmten Blütezeit unter Kalif Hārūn ar-Raschīd (reg. 786–809) wurde Bagdad allerdings zum Schauplatz des Bruderkriegs seiner Söhne al-Amīn (reg. 809–813) und al-Maʾmūn (reg. 809–833). Letzterer setzte sich durch, nachdem seine Truppen nach langer Belagerung Bagdad erobert hatten, verlegte aber erst 819 seine Residenz aus dem heute in Turkmenistan gelegenen Merw an den Tigris. Er und sein Bruder und Nachfolger al-Muʿtasim (reg. 833–842) brachten aus Zentralasien viele neue Gefolgsleute mit, darunter unter den dortigen türkischen Völkern erworbene Kriegersklaven (Mamluken). Ihre Ansiedlung in Bagdad führte ab 819 zu Konflikten mit den alteingesessenen Bewohnern und Eliten. Deshalb entschied sich al-Muʿtasim 836 zum Bau einer neuen Hauptstadt Samarra weiter nördlich am Tigris.[68] Diese Neuanlage einer Hauptstadt stellte allerdings, ähnlich wie im Fall des mehrfachen Residenzwechsels der assyrischen Großkönige 1600 Jahre zuvor, eine große Belastung der Ressourcen des Reiches dar. Denn auch für Samarra wurden auf eine Länge von 35 Kilometern und bis einer Breite von fünf Kilometern entlang des Tigris neue Stadtviertel und Märkte für die verschiedenen Regimenter des Kalifen und ihre Familien angelegt. Der urbane Stoffwechsel einer zweiten Metropole dieser Größe neben Bagdad stellte die imperiale Ökologie vor große Herausforderungen. Insbesondere die Wasserversorgung Samarras blieb ein ständiges Problem, das sich in Dürrezeiten wie um 841/842, die in Schriftquellen und den Kuna-Ba-Daten angezeigt werden, noch verschärfte. Zur Tro-

---

[67] Weintritt 2009, bes. 168 (mit den entsprechenden Quellen).
[68] Nagel 1994, 123–131; Feldbauer 1995, 291–294; Gordon 2000, 20 f., 47–55; de la Vaissière 2007, 188–194; Kennedy 2005, 217–219; Northedge 2007, 97–99; Marozzi 2019, 62–69.

ckenheit kam politische Instabilität. Im Jahr 861 wurde Kalif al-Mutawakkil (reg. 847–861) von den Kommandanten der Mamlukengarden ermordet, die danach de facto die Kontrolle über den Kalifenhof in Samarra übernahmen. Dagegen empörte sich mehrfach die Bevölkerung Bagdads, sodass die beiden Metropolen nun oft im Widerstreit lagen.[69] Verschärft wurde die Situation ab 868 durch einen Aufstand der sogenannten Zandsch, Sklaven aus Ostafrika, die in großer Zahl für Trockenlegungsprojekte und auf den Zuckerrohrplantagen des südliche Irak eingesetzt wurden. Bis 883 errichteten sie sogar einen eigenen Staat und plünderten Zentren wie die wichtige Hafenstadt Basra. Auch nach der Niederschlagung der Zandsch-Rebellion blieb die Versorgung der beiden Großstädte problematisch, umso mehr, da gegen des Ende des 9. Jahrhunderts den Isotopen-Daten der Kuna-Ba-Höhle nach zu urteilen eine stärkere Dürreperiode begann, die bis zum Beginn des 11. Jahrhunderts anhielt.[70] Angesichts knapper werdender Ressourcen versuchten Samarra und Bagdad einander fast buchstäblich das Wasser abzugraben; der zeitgenössische Historiker at-Tabarī berichtet: „Mitten im Ramadan des Jahres 886 [...] sollen die Menschen in Samarra verhindert haben, dass Schiffe mit Mehl [flussabwärts] Bagdad erreichen. [...] Im Gegenzug verhinderten die Menschen in Bagdad, dass Olivenöl, Seife, Datteln und andere Lebensmittel [flussaufwärts] nach Samarra verschifft wurden."[71] Letztlich erwies sich der Sog der größeren Metropole Bagdad als stärker; im Jahr 892 wurde die Residenz des Kalifen wieder dorthin verlegt und Samarra, wo einzelne Stadtviertel schon vorher verlassen worden waren, völlig aufgegeben. Doch hatten die vorangegangenen Krisenjahrzehnte auch in Bagdad ihre Spuren hinterlassen. Größere Gebiete waren verödet, darunter die alte zentrale Rundstadt. Außerdem hatte eine Flutkatastrophe im Jahr 883 nach einem Dammbruch ein ganzes Stadtviertel mit 7000 Häusern zerstört. Dafür hatten sich neue Schwerpunkte städtischen und wirtschaftlichen Lebens am vormals wenig besiedelten Ostufer des Tigris herausgebildet. Dort

---

[69] Christensen 1993, 93 f.; Nagel 1994, 131–133; Northedge 2007; Campopiano 2012.
[70] Feldbauer 1995, 294–296; Popovic 1999; de la Vaissière 2007, 39 f., 131–138; Stark 2012, 236–239; Northedge 2007; Rührdanz 1991; Gaube/Leisten 1993; van Bavel 2016, 69 f.; Liedl/Feldbauer 2017, 84 f. (auch generell mit wertvollen Überlegungen zum Wechselspiel zwischen Klima und Geschichte für diese Periode) und 117 f. (zur Schädigung der Bewässerungsinfrastruktur durch diese Unruhen); Sinha u. a. 2019.
[71] Zitiert nach Northedge 2007.

wurde nach 892 auch die neue Kalifenresidenz (Dār al-hilāfa) errichtet, während man den alten Palast westlich des Flusses aufgab.[72] Dennoch wurde die Nachfragemacht der Metropole noch einmal zu einem Motor des landwirtschaftlichen Wachstums, von dem aber vor allem die Kalifendynastie, deren führende Gefolgsleute und andere Mitglieder der Elite profitierten, die über Großgrundbesitz, die Kontrolle über Kanäle und Getreidespeicher verfügten. Dies ermögliche ihnen auch reiche Gewinne durch die Hortung von Korn und Preisspekulationen; darüber hinaus pachteten sie oft das Recht zur Steuereintreibung in einzelnen Provinzen, was ihren Einfluss auf die kleineren Grundbesitzer noch mehr verstärkte. Insbesondere für die Regierungszeit des Kalifen al-Muqtadir (reg. 908–932) ermittelten der Ökonom Bas van Bavel und sein Team aufgrund der Daten zu Einkünften, Preisen und Löhnen ein historisch fast beispielloses Ausmaß an wirtschaftlicher Ungleichheit.[73] Wiederkehrende Trockenheit, aber ebenso andere Extreme wie ein auch im Byzantinischen Reich wirksamer Kälte-Einbruch im Winter 927/928, bei dem, so der syrische Historiker des 13. Jahrhunderts Bar Hebraeus, „sogar der Weinessig in den Kellern gefror [der Gefrierpunkt von fünfprozentigem Weinessig liegt bei -2 Grad Celsius], und die Eier und das Öl [in den Vorratsräumen] gefroren, und die Bäume verdorrten", verschärften die Not der Kleinbauern und der Bevölkerung der Hauptstadt, während die Reichen und Mächtigen umso mehr von steigenden Preisen profitierten.[74] Schon unter al-Muqtadir brachen immer wieder Unruhen in Bagdad aus, die sich nach seinem Tod zu einem Bürgerkrieg zwischen verschiedenen Parteiungen innerhalb und deren Verbündeten außerhalb der Stadt entwickelten. Bagdad zerfiel in mehrere konkurrierende Siedlungskerne und Stadtviertel, zwischen denen die verlassenen und verfallenden Areale der früheren Blütezeit lagen. Der berühmte französische Orientalist Claude Cahen (1909–1991) beschrieb diese Situation so:

> „[Bagdad bestand aus] einer Gruppe von halbautonomen Vierteln, die durch Flächen voller Ruinen oder leere Landstriche und Gärten

---

[72] Le Strange 1900, 168–186; de la Vaissière 2007, 39 f., 131–138; Weintritt 2009, 173 f.; Stark 2012, 236–239; Northedge 2007; Rührdanz 1991; Gaube/Leisten 1993.

[73] van Bavel/Campopiano/Dijkman 2014; van Bavel 2016, 61–78; van Bavel 2019. Vgl. auch van Berkel/El Cheikh/Kennedy/Osti 2013; Campopiano 2012; Mårtensson 2011.

[74] Bar Hebraeus 1932, 155. Vgl. auch Telelis 2004, 443–448 (Nr. 373).

getrennt waren. […] In sozialer Hinsicht wurde auch die Unterscheidung zwischen diesen Vierteln betont, sogar ihr gegenseitiger Hass, ein Zustand des maskierten Krieges, zum Beispiel zwischen dem schiitischen Karch-Viertel und den abgelegenen sunnitischen Vierteln. Die belebtesten Zonen wurden unterdessen am Ostufer des Tigris etabliert, den Zentren des Kalifats […], den Residenzen der Aristokratie […], die sich weiterhin selbst erhalten konnten."[75]

Im Zuge dieser Kämpfe wurde 937 auch das für die Bewässerung des Umlands der Hauptstadt und ihre Versorgung besonders wichtige, über 300 Kilometer lange Nahrawan-Kanalsystem unterbrochen, was zu wiederkehrenden Hungerkrisen führte, nachdem auch ein Reparaturversuch des Kalifen al-Muttaqī 941/942 misslang.[76] Ein trauriger Höhepunkt wurde im Jahr 946 erreicht, als eine von der sunnitischen Hamdaniden-Dynastie, die in Nordmesopotamien herrschte, unterstützte Partei die Viertel Bagdads östlich des Tigris kontrollierte und jegliche Nahrungstransporte in die westlich des Tigris gelegenen Stadtgebiete unterband, die von der schiitischen Buyiden-Dynastie aus dem westiranischen Raum dominiert wurden.[77] Das Ausmaß der Hungersnot dort schildert der persischer Historiker Ibn Miskawayh (932–1030):

„In diesem Jahr [946] stiegen die Preise so hoch, dass die Menschen absolut kein Brot hatten und die Toten aßen, oder Gras oder irgendeine Kreatur, die eines natürlichen Todes gestorben war, oder Aas. […]. Männer, Frauen und Kinder standen an der Straße und brüllten vor Hunger, bis sie zusammenbrachen und starben. Wenn jemand ein kleines Brot fand, versteckte er es unter seinen Kleidern, sonst würde es ihm entrissen werden. Es gab so viele Leichen, dass sie nicht rechtzeitig begraben werden konnten, und die Hunde verschlangen ihr Fleisch. Die Armen zogen in lange Reihen nach Basra, um dort Datteln zu essen, doch die meisten von ihnen kamen auf dem Marsch ums Leben, und diejenigen von ihnen, die den Ort erreichten, starben nach kurzer Zeit. Es wurde eine Frau aus dem Clan der Haschemiten [der Verwandtschaft des Propheten Mohammed] gefunden, die ein Kind gestohlen und es lebendig in einem Ofen gebacken hatte. Sie hatte es schon teilweise gegessen und wurde ergriffen, als sie den Rest aß; sie wurde getötet. Häuser und Grundstücke wurden für Brote verkauft, wobei ein Teil des Brotes dem Makler als Provision zugewiesen wurde.

---

[75] Cahen 1962, 295. Vgl. auch Adams 1965, 89 f.
[76] Christensen 1993, 55, 94 f.; Busse 2004, 379 f.; Weintritt 2009, 175 f.
[77] Nagel 1994, 142 f.; Busse 2004, 19–28.

Eine andere Frau wurde dabei erwischt, wie sie Kinder tötete und aß, und die Praxis wurde üblich, so dass viele Frauen wegen dieser Straftat hingerichtet wurden."[78]

Ein klimatischer Anteil an dieser außergewöhnlichen, durch die üblichen Kannibalismus-Erzählungen besonders drastisch geschilderten Hungersnot lässt sich nicht eindeutig nachweisen. Die Daten der Kuna-Ba-Höhle zeigen für diese Jahre sogar einen kurzen feuchteren Zwischentrend in dem ansonsten von Trockenheit gekennzeichneten 10. Jahrhundert an. Allerdings hatten davor 934/935 und 940/941 Trockenheit und 942/943 Heuschreckenschwärme das Umland von Bagdad heimgesucht; letztere kehrten auch 954 zurück. 957–960 herrschte wieder Dürre aufgrund eines Ausbleibens der winterlichen Regenfälle, erneut begleitet von Heuschreckenplagen.[79] Für 946 schließt Ibn Miskawayh aber mit der Bemerkung, dass die Preise sofort fielen, als die öffentliche Ruhe in Bagdad wiederhergestellt worden war und die Lieferungen die Stadt wieder erreichen konnten. Mit Muʿizz ad-Daula (reg. 945–967) setzten sich die Buyiden in Bagdad durch und wurden vom nun de facto entmachteten Kalifen al-Mustakfi trotz ihrer schiitischen Ausrichtung als Schutzherrn des sunnitischen Kalifats anerkannt. Als Muʿizz ad-Daula 956/957 den Nahrawan-Kanal wiederherstellen ließ, wurde, so Ibn Miskawayh, „Bagdad wieder wohlhabend. 20 Ratl [in Bagdad eine Gewichtseinheit von 400 Gramm] feines Brot wurden für nur einen Dirhem [eine Silbermünze] verkauft. Deshalb stimmte die Bevölkerung dem Regime von Muʿizz ad-Daula zu und mochte ihn persönlich."[80] Somit hatte sich einmal mehr ein neues Regime mit der Bewältigung einer Versorgungskrise legitimiert. Jedoch dauerte diese Zeit des Wohlstands nicht allzu lange. Einerseits stritten nach 983 verschiedene Vertreter der Buyiden-Dynastie um die Macht, was zu Störungen der Versorgung Bagdads und weiteren Schäden an der Bewässerungs- und Transport-Infrastruktur durch kriegerische Handlungen führte. Daneben stieg die Steuerlast zur Finanzierung der Truppen; und darüber hinaus forderten die verschiedenen Regimenter zusätzliche ‚Schutzgelder' von den Bauern und Gewerbetreibenden.[81] Zum ande-

---

[78] Zitiert nach Adams 1965, 86 f.
[79] Sinha u. a. 2019. Vgl. auch Christensen 1993, 102; Busse 2004, 379 f.
[80] Zitiert nach Adams 1965, 87. Vgl. Le Strange 1900, 231–241; Christensen 1993, 94 f.; Feldbauer 1995, 305–312; Busse 2004, 381 f., 386 f., 392 (zu den Gewichtseinheiten); Liedl/Feldbauer 2017, 118 f.
[81] Le Strange 1900, 322 f.; Busse 2004, 61–107, 364–370, 382 f.

ren endete zwar laut den Kuna-Ba-Daten die ausgeprägte Trockenheit der Jahrzehnte zuvor im frühen 11. Jahrhundert, doch traten nun vermehrt andere Extreme wie Hochwasser und Kälte-Einbrüche auf, auch begleitet von Epidemien.[82] Bar Hebraeus berichtet z. B. zum Jahr 1026: „Und in diesem Jahr gab es in Bagdad im Winter starke Kälte, und die Ufer des Euphrat und des Tigris waren mit Eis bedeckt, und die Palmen wurden zerstört. Und in Bagdad überquerten Männer die kleinen Kanäle auf dem gefrorenen Wasser, und die Bauern konnten kein Saatgut aussäen."[83] 1015/1016 verbreitete sich eine Epidemie von Basra aus nach Bagdad, 1031/1032 soll zusätzlich zu Frost und Hungersnot sogar eine Seuche von Indien über den Iran in den Irak eingeschleppt worden sein. 1047 folgte ein weiterer Seuchenausbruch.[84] Ähnlich wie in Ägypten, in Byzanz und in China um diese Zeit mag das sogenannte Oort-Minimum der Sonnenaktivität zwischen 1010/1040 und 1080 zur Häufung solcher Extremwitterungen beigetragen haben. Die Kombination innerer Zwistigkeiten und wiederkehrender Katastrophen und Versorgungskrisen überforderte schließlich die materiellen und symbolischen Pufferkapazitäten der Buyiden, deren Regime in Bagdad um 1054/1055 zusammenbrach. Ihre Position als Schutzherrn der Abbasiden-Kalifen nahmen türkische Neuankömmlinge aus den Steppen Zentralasiens ein, die Seldschuken, die ab 1040 die Kontrolle über den Iran und nun auch Mesopotamien erringen konnten. Der Machtwechsel von den Buyiden zu den Seldschuken wurden neben kriegerischen Verheerungen erneut von Hungersnot und einer Seuche begleitet.[85] Auch im Reich der Seldschuken blieb die Zentralmacht schwach. Doch erst den Kalifen al-Muqtafī (reg. 1136–1160) und insbesondere an-Nāṣir li-Dīn Allāh (reg. 1180–1225) gelang es, sich noch einmal dauerhaft von der Bevormundung durch Palastgarden oder auswärtige Schutzherrn zu befreien und tatsächlich in Bagdad und seinem weiteren Umland im südlichen Irak zu herrschen. Mehr war vom Imperium der Abbasiden nicht mehr übriggeblieben, nachdem sich seit dem 9. Jahr-

---

[82] Eine systematische Liste dieser Extremereignisse bietet Busse 2004, 386–392.
[83] Bar Hebraeus 1932, 191. Vgl. auch Telelis 2004, 506 f. (Nr. 439); Busse 2004, 390; Ellenblum 2012, 65–68.
[84] Christensen 1993, 101 f.; Telelis 2004, 509–511 (Nr. 443) und 528 (Nr. 466); Busse 2004, 389 f.; Raphael 2013, 49 f.
[85] Telelis 2004, 537 (Nr. 477); Busse 2004, 108–127; Peacock 2015, 39–52. Der von Ellenblum 2012, 96–105, vermutete klimatische Hintergrund der türkischen Migration unter Führung der Seldschuken wurde zuletzt mehrfach kritisch diskutiert und zurückgewiesen, vgl. Paul 2016; Tor 2018; Frenkel 2019.

hundert in allen Teilen der islamischen Welt eigenständige Dynastien etabliert hatten. Doch schon unter al-Musta'sim bi-'llāh (reg. 1242–1258) ging diese späte Blüte der Abbasiden zu Ende, als mit den Mongolen eine neue Steppenmacht auf den Plan trat, die 1258 Bagdad verwüstete und den letzten Kalifen ermordete.[86]

Das Zweistromland vom Schwarzen Tod bis Saddam Hussein

Bagdad verlor seinen Status als Hauptstadt, erlitt große Bevölkerungsverluste durch den Verfall des Kanalnetzwerks und die ab 1347 bis ins 19. Jahrhundert wiederkehrende Pest.[87] Die Seuche ist für den dänischen Historiker Peter Christensen aber nur ein umwelthistorischer Faktor unter mehreren, die zusammen mit den politischen Verhältnissen auf längere Sicht zum ‚Niedergang' der mesopotamischen Bewässerungswirtschaft beitrugen; er führt aus:

> „Die Pest […] verursachte durch Dezimierung der arbeitenden Bevölkerung so viel Schaden am Bewässerungssystem, dass dieser tatsächlich irreparabel wurde. Auf diese Weise machten die Pest und andere Epidemien im Allgemeinen die inhärente Umweltinstabilität sichtbar, die meines Erachtens der Schlüsselfaktor für den Niedergang Mesopotamiens war. Die großflächige Besiedlung und Expansion in parthischer und sasanidischer [und arabischer] Zeit hatte ein ökologisches System geschaffen, das äußerst empfindlich auf kleinste Störungen reagierte. Auf lange Sicht könnte das System aufgrund der unvermeidlichen Versalzung und der Verschlammung sogar selbstzerstörerisch gewesen sein. In jedem Fall sollten die Auswirkungen von Kriegszerstörungen, politischen Problemen, administrativer Inkompetenz und anderen Faktoren im spezifischen Umweltkontext betrachtet werden."[88]

Man darf allerdings festhalten, dass dieses fragile System von den Parthern bis zu den Abbasiden – mit einigen Zwischentiefs – immerhin mehr als ein Millennium funktionierte und in der Nachfolge vorangehender Zyklen imperialer Ökologie im Zweistromland über drei Jahrtausende stand. Erstaunlich ist deshalb auch, wie die Herausforderungen von Klima-Schwankungen, verfallenden Bewässerungskanä-

---

[86] Nagel 1993, 17–31; Nagel 1994, 150–165; Feldbauer 1995, 330–347; Peacock 2015, 101–123; Jackson 2017, 125–130.
[87] Dols 1977; Benedictow 2004, 64 f.; Varlık 2015, 99–102; van Bavel 2016, 90–92; Jackson 2017, 405–408.
[88] Christensen 1993, 103 f.

len und versalzenden Böden – durch die Arbeitskraft von Millionen Bauern – immer wieder bewältigt wurden, um neuerlich die Pracht von Megastädten wie Babylon, Seleukeia-Ktesiphon oder Bagdad zu ermöglichen. Das Ende der Abbasidenherrschaft 1258 markierte aber sicher eine Wende, durch die spezifische Kombination von Verwüstungen durch die Mongolen, den Verlust der Position als imperiales Zentrum, die wiederkehrenden Ausbrüche der Pest ab den 1340er Jahren und die deutlich instabileren Niederschlagsverhältnisse, die mit dem globalen Übergang von der Mittelalterlichen Klima-Anomalie zur Kleinen Eiszeit ab dem späteren 13. Jahrhundert einhergingen.[89] Das tatsächliche Ausmaß der Zerstörungen durch die mongolische Eroberung wird immer wieder infrage gestellt. Für die zeitgenössischen muslimischen arabischen und persischen (aber auch christlichen) Beobachter handelte es sich um eine furchtbare ‚barbarische' Invasion, die enorme Opferzahlen und Verwüstungen forderte. Demgegenüber verweist ein Teil der neueren Forschung auf die Förderung bestimmter Städte sowie von Handwerkern und Händlern durch die mongolischen Herrscher der Ilchan-Dynastie in Persien und Mesopotamien, insbesondere nach deren Konversion zum Islam Ende des 13. Jahrhunderts. Peter Jackson, einer der führenden Kenner der mongolischen Geschichte im westlichen Eurasien, plädiert wiederum dafür, bei dieser jüngeren Betonung der positiven Aspekte mongolischer Herrschaft die negativen kurz- und langfristigen Folgen sowohl der Kriegszüge als auch oft drückender Besteuerung, etwa für die Bewässerungsinfrastruktur, nicht zu vergessen. Auch in Bagdad war nach Überwindung der Folgen der mongolischen Eroberung von 1258 zwischen 1300 und 1370 eine gewisse Erholung des städtischen und wirtschaftlichen Lebens festzustellen, der aber eine verheerende Flutkatastrophe 1373 und mit Timur Leng ein weiterer mongolischer Eroberer durch zwei verheerende Plünderungen 1393 und 1401 ein Ende bereitete.[90]

Danach wurde Bagdad als Provinzstadt in andere Imperien eingegliedert, zuletzt ab 1534 in jenes der Osmanen. Sie herrschten (mit kurzer Unterbrechung zwischen 1623 und 1638) bis zum Einmarsch briti-

---

[89] Siehe dazu auch das entsprechende Kapitel im parallel erschienenen Band *Der Lange Sommer und die Kleine Eiszeit*.

[90] Zu den Niederschlagsdaten siehe Sinha u. a. 2019. Zu den Eroberungen und Extremereignissen vgl. Nagel 1993, 204–208, 234, 353; Haarmann 1994, 258–263; Raphael 2013, 101 f.; Jackson 2017, 3–6, 153–181, 206 f. Zur Entwicklung der Landwirtschaft im Irak in dieser Zeit siehe Liedl/Feldbauer 2017, 145 f.

scher Truppen während des Ersten Weltkriegs im Jahr 1917 in Mesopotamien. Nach der britischen Mandatszeit wurde der Irak 1932 formell unabhängig; anstelle der Bewässerungssysteme bildete nun das Erdöl die Grundlage des Reichtums, der aber von neuen autoritären Regimen, seit 1963 bzw. 1968 jenem der Baath-Partei und ab 1979 von der Diktatur des Saddam Hussein, kontrolliert wurde. Bagdad wurde wieder zu einer der größten Städte des Nahen Ostens, in der heute 5,4 Millionen Menschen, im näheren Umland sogar fast 12 Millionen Menschen, fast ein Drittel der Gesamtbevölkerung des Irak, leben. Wie sehr auch diese Mega-City ähnlich wie im 10. und 11. Jahrhunderten von religiösen und sozialen Bruchlinien durchzogen ist, zeigten die Unruhen, die nach dem Sturz des Saddam Hussein durch die US-Truppen im Jahr 2003 ausbrachen. Verschärft wurden die sozialen Spannungen im Irak wie auch im angrenzenden Syrien durch eine langjährige Dürre; die Daten aus der Kuna-Ba-Höhle etwa zeigen seit den späten 1990er Jahren die trockensten Bedingungen der letzten 4000 Jahre an.[91] Mehrere Studien haben mittlerweile Vermutungen über den Zusammenhang zwischen dem modernen Klimawandel, der Extremdürre im Nahen Osten und dem Bürgerkrieg in Syrien und im Irak samt dem Aufstieg des monströsen sogenannten „Islamischen Staats" (IS), dem so viele Kulturdenkmäler der Jahrtausende zuvor zum Opfer fielen, angestellt.[92] Manche Klimahistoriker sind vorsichtiger; Dominik Collet etwa schreibt:

> „In den meisten Hungerprotesten manifestierten sich keine vorrevolutionären Konfliktsverläufe […]. Dies zeigt sich bis hin zu den aktuellen Hungerprotesten. Von den food riots im Rahmen der globalen Nahrungskrise 2008 führt kein gerader Weg zu den späteren Regierungsstürzen und Bürgerkriegen des Arabischen Frühlings."[93]

Daniel Krämer räumt hingegen einen Beitrag der sowohl durch regionale Dürren als auch globale Preisspekulationen verursachten Nahrungskrisen zum politischen Geschehen ein:

> „Im Frühling 2011 trieben sehr hohe Preise für Grundnahrungsmittel wie Weizen und Zucker im arabischen Raum zahlreiche Menschen auf die Straße. Es waren nicht nur die Preise, die sie protestieren ließen. Korrupte und kleptokratische Strukturen, patriotische Gefühle,

---

[91] Sinha u. a. 2019.
[92] Gleick 2014; Kelley u. a. 2015; Daoudy 2020.
[93] Collet 2019, 219.

die politische Marginalisierung konfessioneller Minderheiten und der fehlende Zugang zu den staatlichen Fleischtöpfen waren genauso wichtig für den politischen Flächenbrand im arabischen Raum wie ein Ereignis, an dem sich die unterdrückte Wut entzünden konnte."[94]

Somit können auch wir einmal mehr festhalten, dass im frühen 21. Jahrhundert wie in den Jahrtausenden zuvor durch klimatische Anomalien mitverursachte Witterungsextreme, Missernten und Versorgungsmängel zu einem bereits bestehenden Bündel an Krisenmomenten beitrugen, das in seiner Gesamtheit die materiellen und symbolischen Puffermöglichkeiten von Regimen überstieg und ihre Herausforderer auf den Plan rief. Klimamodellierungen für die Auswirkungen der derzeitigen globalen Erwärmung in der Region deuten darauf hin, dass sich dieser Nexus in den kommenden Jahrzehnten noch verstärken könnte, zusätzlich verschärft um die Konflikte über die Kontrolle des Wassers von Euphrat und Tigris zwischen der Türkei, Syrien und dem Irak.[95]

---

[94] Krämer 2015, 138.
[95] Vgl. Adamo u. a. 2018. Zu den Umweltproblemen des heutigen Irak und die Konflikte um das Wasser von Euphrat und Tigris siehe Hughes 2005, 167–175.

Netzwerke, Klima und Pandemien im Mittelmeerraum von der Bronzezeit bis zu Alexander dem Großen

Die älteste schriftlich überlieferte Erzählung der griechischen und europäischen Tradition beginnt mit einer Seuche: die dem Dichter Homer zugeschriebene *Ilias* über den Krieg der Griechen und Trojaner. Genauer schildert das Epos 51 Tage im neunten Jahr der Belagerung Trojas durch die Griechen. Letztere haben kurz zuvor bei einem Raubzug Chryseis, die Tochter des Chryses, eines Priesters des Gottes Apoll, verschleppt. Der Vater will Chryseis freikaufen, was ihm König Agamemnon, der oberste Heerführer der Griechen verweigert. Daraufhin bittet Chryses seinen Gott um Hilfe; Apoll kommt vom Olymp herab und verschießt seine seuchenbringenden Pfeile im Lager der Griechen:

> „Schnell von den Höhn des Olympos enteilet' er, zürnendes Herzens,
> Auf der Schulter den Bogen und ringsverschlossenen Köcher.
> Laut erschallen die Pfeile zugleich an des Zürnenden Schulter,
> Als er einher sich bewegt'; er wandelte, düster wie Nachtgraun;
> Setzte sich drauf von den Schiffen entfernt, und schnellte den Pfeil ab;
> Und ein schrecklicher Klang entscholl dem silbernen Bogen.
> Nur Maultier' erlegt' er zuerst und hurtige Hunde:
> Doch nun gegen sie selbst das herbe Geschoss hinwendend,
> Traf er; und rastlos brannten die Totenfeuer in Menge.
> Schon neun Tage durchflogen das Heer die Geschosse des Gottes."[1]

In der darauffolgenden Ratsversammlung der Griechen wird schon erwogen, den Feldzug abzubrechen, da „ja zugleich der Krieg und die Seuche sie hinrafft".[2] Als jedoch der Seher Kalchas den Grund für

---

[1] Ilias I, 44–53 (Übersetzung Johann Heinrich Voß von 1793, nach https://www.gottwein.de/Grie/Homer.php) [28.10.2020].
[2] Ilias I, 61 (Übersetzung Johann Heinrich Voß von 1793, nach https://www.gottwein.de/Grie/Homer.php) [28.10.2020].

den Zorn des Apolls enthüllt, beschließt man, Chryseis an ihren Vater zurückzugeben. Agamemnon fordert Ersatz für die verlorene Beute, und zwar Briseis, eine Sklavin des wichtigsten Helden der Griechen, Achill. Diesen Anspruch kann er als oberster Feldherr durchsetzen, doch bleibt Achill nun aus Zorn den Kämpfen gegen die Trojaner fern, woraus sich das weitere blutige Geschehen der *Ilias* entspinnt.³

Wie auch in anderen Fällen würden moderne Beobachter gerne aus der Beschreibung Homers die mikrobiologische Identität des Erregers ermitteln. Ein Indiz mag sein, dass die Seuche zuerst Maultiere und Hunde ergreift und dann auf den Menschen ‚überspringt'; handelt es sich also um eine Zoonose?⁴ Jedoch sind solche Versuche wohl bei einem Epos noch weniger erfolgversprechend als bei historischen Texten. In der *Ilias* verschwindet die Seuche, nachdem Chryseis an ihren Vater zurückgegeben wird und die Griechen sich und ihr Lager rituell entsühnen, in dem sie die ‚Unreinheit' ins Meer werfen und dem Gott Apoll Opfer darbringen. Dass sie nicht primär als medizinisches Problem wahrgenommen wird, mag man auch daraus ersehen, dass die ansonsten mehrfach gerühmten ‚tüchtigen Ärzte' im griechischen Heer, die Söhne Machaon und Podaleirios des später als Heilgott verehrten Asklepios, bei dieser Gelegenheit gar nicht erwähnt werden.⁵ Die Reaktion der Griechen auf die Krankheit gleicht jener der Hethiter im 14. Jahrhundert v. Chr. (siehe unten). Auch sonst steht der Text zwischen den Jahrtausenden. Er verknüpft Erzählungen und Details der mykenischen Zeit um 1200 v. Chr., die vermutlich mündlich überliefert wurden, mit Elementen der zeitgenössischen Gesellschaft des Homer, dessen Leben üblicherweise ins 8. Jahrhundert v. Chr. datiert wird. Damit markiert die *Ilias* den Beginn einer neuen Epoche in der Geschichte der Ägäis und des gesamten Mittelmeerraums.⁶

---

3 Vgl. Blickman 1987.
4 Brooke 2014, 289, möchte die Seuche in der *Ilias* als tatsächliches historisches Ereignis mit anderen Epidemien, die im 14.–12. Jahrhundert im Hethiter-Reich und Ägypten belegt sind (siehe unten), verknüpfen, doch bleibt dies reine Spekulation.
5 Ilias I, 312–317 (Übersetzung Johann Heinrich Voß von 1793, nach https://www.gottwein.de/Grie/Homer.php) [28.10.2020]. Siehe auch Horstmanshoff 1992, 44–46; Hughes 1994, 186; Huber 2005, 92–96. Zu den Söhnen des Asklepios siehe Flashar 2016, 12–17.
6 Latacz 2001; Cline 2013.

Die ‚Globalisierung' der Bronzezeit: Migration, Handel, Epidemien und ein Vulkan in der Ägäis

Nach den Umwälzungen am Ende des 3. Jahrtausends v. Chr. entstanden im Nahen Osten viele neue politische Formationen. Gleichzeitig begann eine Verdichtung schon früher bestehender Handelsverbindungen. Luxusgüter wie der Halbedelstein Lapislazuli aus Lagerstätten im heutigen Afghanistan waren schon um 3000 v. Chr. über tausende Kilometer und mehrere Zwischenstationen nach Mesopotamien und Ägypten transportiert worden. Nun galt dies vermehrt auch für essenzielle Rohstoffe wie Zinn, das ab 2300 v. Chr. Arsen als Beimischung zu Kupfer bei der Bronzeherstellung ablöste. Da Zinnlagerstätten im Mittelmeerraum und Nahen Osten rar waren, wurde das Erz aus Bergwerken in Zentralasien (wie Mushiston im heutigen Tadschikistan oder Karnab in Usbekistan), später auch von den Britischen Inseln importiert. Diese Produkte dienten ebenso zur Etablierung politischer Netzwerke; so verteilte König Zimri-Lim von Mari in Nordwestmesopotamien (reg. ca. 1773–1759 v. Chr.[7]) über 400 Kilogramm Zinn an Vasallen und Verbündete. Durch die Ausweitung solcher Interaktionen friedlicher Natur, aber auch durch Kriege, die mit dem Einsatz von pferdezogenen Streitwagen, die wohl aus den Steppen nördlich des Kaukasus übernommen wurden, eine neue Dynamik erhielten, entstand schließlich ein ‚internationales' System der Kommunikation, das weite Teile des Mittelmeerraums und Westasiens einbezog.[8]

Dieser Prozess erfasste auch Ägypten. Um 2050 v. Chr. hatten die Herrscher Thebens nach 150 Jahren der Reichsteilung vom Süden aus die Herrschaft über das ganze Land errungen. Danach versuchten Pharaonen wie Amenemhet I. (reg. ca. 1994–1965 v. Chr.) und sein Sohn Sesostris I. (reg. ca. 1975–1930 v. Chr.) ihre Macht jenseits Ägyptens nach Nubien im Süden und in den Sinai und das Jordangebiet im Osten auszudehnen. Von dort wurden Menschen in großer Zahl sowohl als Kriegsgefangene deportiert als auch als Migranten ins Land gebracht, und Ägypten enger mit den südwestasiatischen Regionen verbunden.[9]

---

[7] Alternative Chronologien: 1709–1695 v. Chr./1677 bis 1663 v. Chr.
[8] Umfassend dazu Broodbank 2013, 257–444; Wilkinson 2014. Vgl. auch Sommer 2013b, 38–42; Brooke 2014, 279–280; Mull 2017, 23–26, 69–71, 107–132, 135 f.; Lafont/Tenu/Joannès/Clancier 2017, 459–461. Zu Zimri-Lim insbesondere Podany 2010, 69–90, 107–109.
[9] Wilkinson 2015, 220 f.; Scholz 2006, 73–84.

Unter Pharao Amenemhet III. (reg. ca. 1831–1786 v. Chr.) erschöpfte die umfangreiche Bautätigkeit (er ließ gleich zwei Pyramiden errichten) und der damit verbundene Aufwand für die Herbeibringung exotischer Materialien jedoch die Ressourcen des Reiches, während in den letzten Jahren seiner Regierung die Nilschwemmen unter dem für eine ausreichende Ernte notwendigen Wasserstand blieben. Nach seinem Tod brachen Unruhen aus, und nachfolgende Könige herrschten oft nur kurze Zeit, während der politische Zusammenhalt des Reiches erneut schwand und schließlich verloren ging – die sogenannte Zweite Zwischenzeit bracht an.[10]

Im östlichen Delta gelang es einer aus Südwestasien stammenden Gruppe, den Hyksos (von Altägyptisch *Heka-chasut*, das heißt „Herrscher der Fremdländer"), von ihrer Hauptstadt Avaris (Tell el-Daba) ab ca. 1640 v. Chr. aus das Umland und in einer Art Feudalsystem weitere Fürstentümer im Norden Ägyptens zu beherrschen. Wie neue Isotopen-Untersuchungen zur Herkunft der dort bestatteten Individuen dokumentieren, bestand in Avaris schon seit Jahrhunderten eine Gemeinschaft von Migranten aus Westasien. Von dort unterhielten die Hyksos weitreichende maritime Beziehungen in die Levante, nach Zypern und bis in die Ägäis, wie aus minoischen Werkstätten auf Kreta stammende Funde belegen. Nachdem für die frühe Zeit der Hyksosherrschaft Massengräber auf den Ausbruch einer Epidemie hindeuten, erlebte die Stadt danach ein rasantes Wachstum bis zu einer Fläche von 400 Hektar.[11] Die einheimische Konkurrenz der Hyksos saß im Süden Ägyptens in Theben. Nach mehreren Kriegen mit den Hyksos expandierten Kamose und sein Nachfolger Ahmose I. immer weiter nach Norden, bis es ihnen um 1530 v. Chr. gelang, Avaris zu erobern und ihre Kontrolle auf das ganze Land auszudehnen.[12]

---

[10] Seidlmayer 2000, 120–126, 134–136; Callender 2000; Shaw 2000, 312 f., 318–320; Agut/Moreno-García 2016, 227–283.

[11] Bourriau 2000, 174–190; Schlögl 2006, 177–182; Abulafia 2011, 37–39; Broodbank 2013, 383–386; Wilkinson 2015, 231–233, 237–243; Agut/Moreno-García 2016, 285–299; Köpp-Junk 2017; Vieweger 2019, I 187–190. Zu den Hyksos siehe das von Manfred Bietak, einem der Hauptausgräber von Avaris, an der Österreichischen Akademie der Wissenschaften geleitete EU-Projekt The Hyksos Enigma: https://thehyksosenigma.oeaw.ac.at/ [28.10.2020] sowie die neue Untersuchung von Isotopen unter Bietaks Beteiligung: Stantis u. a. 2020.

[12] Bourriau 2000, 191–204; Schlögl 2006, 182–188; Broodbank 2013, 386–388; Wilkinson 2015, 260–268; Agut/Moreno-García 2016, 299–314.

In die Zweite Zwischenzeit fällt auch einer der größten Vulkanausbrüche der antiken Geschichte, die sogenannte „minoische Eruption" auf der Insel Santorin/Thera in der Ägäis. Während ein Großteil der Insel dabei zerstört und die dortige Siedlung Akrotiri bis zu ihrer Wiederentdeckung 3500 Jahre später verschüttet wurde, verwüstete ein Tsunami umliegende Küstengebiete. Auswurfmaterial (Bimsstein) der Eruption wurde über den ganzen östlichen Mittelmeerraum verstreut. Strittig ist aber die Datierung dieser Katastrophe. Während die frühere Forschung sie mit der Zerstörung minoischer Paläste auf Kreta um 1450 v. Chr. in Verbindung bringen wollte, deuten naturwissenschaftliche Befunde, darunter Baumringe, auf ein Datum um 1630 v. Chr. hin.[13] Demgegenüber wollen andere Gelehrte ein Echo der mit der Eruption einhergehenden Naturphänomene in der sogenannten Unwetter-Stele des Pharaos Ahmose I. (reg. ca. 1550–1525 v. Chr.) entdecken, in deren fragmentarisch überliefertem Text es heißt:

> „Die Götter beschworen [all] ihre Anweisungen. Dann ließen sie den Himmel mit einem Regensturm kommen. Finsternis war in der westlichen Gegend. Der Himmel war [vollständig] bewölkt, [und sein Geräusch war lauter] als [das Rufen der Leute], stärker [als ... und ...] auf den Wüsten als das Geräusch der Quellgrotte von Elephantine [im Süden Ägyptens]. Dann [ging] jedes Haus und jedes Stadtviertel, das sie erreichten, [zugrunde, ...] trieb im Wasser wie die Papyrusboote der Marschen an den Portalen (?) der Königsresidenz für eine Zeitspanne von [x] Tagen, wobei keine Fackel entzündet werden konnte über den beiden Ländern."[14]

Ins Treffen für eine daraus resultierende Spätdatierung der Eruption führte man auch die Verarbeitung von aus Santorin stammendem Bimsstein in Werkstätten in Avaris, die in die Regierungszeit von Amenophis I. (reg. ca. 1525–1504 v. Chr.) datiert werden. Dieser Befund liefert allerdings nur ein Datum, bevor die Eruption standgefunden haben muss, denn der Bimsstein könnte auch als Überrest eines länger zurückliegenden Ereignisses gesammelt worden sein.[15]

---

[13] Yurco 1999; Broodbank 2013, 370–372; Brooke 2014, 286 f. Zu neuen Funden von vulkanischem Material dieser Eruption im Umland von Ephesos in Westkleinasien und ihrer Datierung siehe Stock u. a. 2020.

[14] Übersetzung zitiert nach Quack 2012, der einen Zusammenhang mit dem Vulkanausbruch von Santorin bezweifelt.

[15] Vgl. Yurco 1999; Bourriau 2000, 205; Wilkinson 2015, 269 f.; Bunbury 2019, 57.

Ahmose I. gilt als Begründer des Neuen Reichs in Ägypten, das unter nachfolgenden Pharaonen die unter den Hyksos intensivierten Außenbeziehungen fortführte und zu einer Großmacht im Nahen Osten wurde. Die bei diesen Feldzügen verschleppten Menschen und Beutegüter erweiterten die materielle Basis für eine neue Welle monumentaler Architektur.[16] Auch der Nil schien die Herrscher des Neuen Reiches zu begünstigen; der Minister Cha-em-het berichtet in einer Inschrift in seinem Grab stolz von einer unter seiner Aufsicht eingebrachten ‚Rekordernte' im 30. Jahr des Pharaos Amenophis III. (reg. ca. 1388–1351 v. Chr.). Dessen Nachfolger Amenophis IV. (reg. ca. 1351–1334 v. Chr.), aufgrund seiner religiösen Reformbemühungen besser bekannt als Echnaton, pries den von ihm propagierten Sonnengott Aton mit folgenden Worten: „Den Nil am Himmel, den gibst du den Fremdvölkern und allem Wild der Wüste, das auf Füßen läuft; aber der wahre Nil kommt aus der Unterwelt nach Ägypten."[17]

Mit diesen ‚Fremdvölkern' unterhielt Echnaton vielfältige diplomatische Korrespondenz, wie ein in der von ihm in Mittelägypten neu errichteten Residenzstadt Amarna erhaltenes Archiv belegt. Es dokumentiert einmal mehr ein eng verflochtenes Staatensystem im Nahen Osten, das auch weitreichende Handelsnetzwerke vom Mittelmeer bis nach Zentralasien im Osten spannte.[18] Alle Großmächte von Babylon und Assyrien bis zu den Hethitern in Kleinasien und Ägypten standen in immer engeren, nicht nur kriegerischen Kontakten zueinander; ihre Herrscher bezeichneten sich als „Brüder" und tauschten wertvolle Geschenke und Prinzen und Prinzessinnen als Ehekandidaten aus. Anschluss fanden an diese Netzwerke auch die kleineren Staaten Westkleinasiens und der Ägäis. Dort lösten die verschiedenen Fürsten der Mykener vom griechischen Festland um 1450 v. Chr. die Paläste der Minoer auf Kreta als Vormacht zur See ab und übernahmen ihr weitreichendes Handelsnetz von Ägypten über die Levante und Kleinasien bis in den westlichen Mittelmeerraum, über den Zinn von den

---

[16] Bryan 2000, 207–252; Schlögl 2006, 190–220; Podany 2010, 134–152; Agut/Moreno-García 2016, 320–354; Mull 2017, 62–64; Vieweger 2019, I 195–201.

[17] Bryan 2000, 253–260; van Dijk 2000, 265–285; Schlögl 2006, 220–248, bes. 231 (Zitat); Agut/Moreno-García 2016, 354–385; Vieweger 2019, I 201–208. Zu den Klima-Daten für diese Periode siehe auch Bunbury 2019, 113–117.

[18] Cohen/Westbrook 2000; Podany 2010, 191–264; Van de Mieroop 2010, bes. 223–234; Frahm 2013, 158.

Britischen Inseln und Bernstein von der Ostsee in den Güterverkehr eingespeist wurde. Ein Artefakt dieser Verflechtungen ist das um 1300 v. Chr. datierte und vor der Südwestküste Kleinasiens gesunkene Schiffswrack von Uluburun, das unter anderem zehn Tonnen Kupfer und eine Tonne Zinn geladen hatte. Das mag nach heutigen Begriffen nicht allzu beeindruckend klingen, doch reichte diese Menge für die Herstellung von 25 000 Schwertern und die Bewaffnung einer ganzen Armee. Und dies war nur eines von vielen solcher Schiffe.[19]

Mit dem intensiveren Austausch auch essenzieller Rohstoffe stieg aber ebenso die Abhängigkeit der einzelnen Staaten und Städte von der ungestörten Funktion dieser Netzwerke.[20] Die höhere Mobilität von Menschen und Waren zwischen Bevölkerungszentren begünstigte gleichermaßen die Verbreitung von Epidemien.[21] In den letzten Jahren gelang die paläogenetische Bestimmung einiger Pathogene an Skeletten der Bronzezeit. Dies gilt für die Bakterien der Familie Yersinia pestis, die in Flöhen von Nagetierpopulationen endemisch waren und sind und auf andere Säugetiere und den Menschen ‚überspringen' können. Der älteste Stamm dieser Pesterreger wird derzeit auf die Zeit zwischen ca. 2900 und 1600 v. Chr. datiert, wurde aber bislang vor allem in Gräbern in Ost- und Mitteleuropa und Zentralasien nachgewiesen und nicht im Nahen Osten.[22] Hingegen gelang es, in ägyptischen Mumien ab der Zeit um 2000 v. Chr. Malaria-Plasmodien zu entdecken. In den Feuchtgebieten des Nils bestanden ideale Lebensbedingungen für die verschiedenen Zweige der Anopheles-Mücken, die die Erreger auf den Menschen übertragen konnten. Die galt ebenso für das südliche Schwemmland Mesopotamiens. In den folgenden Jahrhunderten

---

[19] Podany 2010, 255–258; Abulafia 2011, 29–35; Broodbank 2013, 399–402, 440–444; Wilkinson 2015, 338–340; Bresson 2016, 98 f.; Lafont/Tenu/Joannès/Clancier 2017, 433–461; Cunliffe 2017, 198–204; Mull 2017, 23–26, 69–71, 107–132, 136.
[20] Vgl. Mull 2017, der in seine erhellenden Analysen auch seine beruflichen Erfahrungen zu „supply chains" aus der Autoindustrie einfließen lässt.
[21] Vgl. Huber 2005, 210–212.
[22] Brooke 2014, 288 f.; Valtueña u. a. 2016; Spyrou u. a. 2018; Demeure u. a. 2019; Jones u. a. 2019; Zhou u. a. 2020. Panagiotakopulu 2004 vermutete demgegenüber, dass der Pesterreger zusammen mit der Ratte schon um 1600 v. Chr. von Indien her nach Ägypten eingeschleppt wurde; allerdings gibt es dafür bislang keine überzeugenden paläogenetischen Befunde.

verbreiteten sich Mücken und Erreger dann über den weiteren Mittelmeerraum und mit den Römern auch über die Alpen.[23]

Ähnlich wie bei der Verknüpfung zwischen paläoklimatischen Daten und historisch-archäologischer Evidenz ist aber der Versuch, nun einzelne Erreger mit in den Schriftquellen beschriebenen Krankheiten zu verbinden, riskant. Zum einen bleiben die zeitgenössischen Berichte in ihren Beschreibungen der Symptome oft widersprüchlich oder so generell, dass eine eindeutige Zuweisung an ein Pathogen unmöglich ist (Fieber z. B. begleitet fast alle Infektionskrankheiten). Zum anderen sind moderne Erkenntnisse über die Wirkung von Erregern auf den menschlichen Körper nicht eins zu eins auf deren antike ‚Vorfahren' oder ‚Verwandten' anwendbar. Und insgesamt ist zu beachten, dass heutige, auf den Entdeckungen der Mikrobiologie der letzten 150 Jahre basierende Definitionen von Krankheit weder die Wahrnehmung von Seuchen noch die Reaktionen früherer Generationen bestimmten. Selbst das jüngste Beispiel von COVID-19, medizinisch eindeutig dem Virus SARS-CoV-2 zuzuschreiben, zeigt, wie die individuelle und gesamtgesellschaftliche Interpretation von Krankheiten in kulturelle und ideologische Rahmen eingebettet wird – vom Vertrauen in die Erkenntnisse der Wissenschaftler über deren Relativierung oder Umdeutung (z. B. als Teil einer vermuteten Verschwörung) bis hin zur Leugnung der schieren Existenz des ‚unsichtbaren' Erregers.[24]

Umso mehr ist Vorsicht bei der Deutung vergangener Zeugnisse für Epidemien und deren mögliche Auswirkungen auf die jeweilige Gesellschaft angebracht. Nicht eindeutig sind etwa die Hinweise für den Ausbruch einer Epidemie unter Pharao Amenophis III. (reg. ca. 1388–1351 v. Chr.), der immerhin der seuchenbringenden löwenköpfigen Göttin Sechmet, der „Herrin des Zitterns", im Tempel der Mut in Karnak in Südägypten 600 Statuen weihte. Auch für das Ende der Regierungszeit des Amenophis IV.-Echnaton (reg. ca. 1351–1334 v. Chr.) wurde eine Seuche vermutet, die vielleicht zur Aufgabe der gerade neugegründeten Residenzstadt Amarna nach dem Tod des Pharaos beitrug. Eine wie immer auch geartete „Krankheit, die das Land durchmachte" wurde jedenfalls dem Wirken der durch die Religions-

---

[23] Nerlich u. a. 2008; Al-Khafif u. a. 2018; Blaschke 2018, 495; Winegard 2020, 74–76. Vgl. auch Sallares 2002; Sallares/Bouwman/Anderung 2004.

[24] Vgl. dazu Hays 2006; Snowden 2020 und den wertvollen medizinsoziologischen Überblick von Fangerau/Labisch 2020, auch zur Interpretation von Seuchen der Vergangenheit.

politik Echnatons erzürnten Götter zugeschrieben, die es nun wieder zu versöhnen galt.²⁵ Falls in den 1330er Jahren v. Chr. in Ägypten tatsächlich eine Seuche ausbrach, dann verbreitete sie sich vielleicht auch von dort ins Reich der Hethiter in Kleinasien, mit dem die Ägypter um die Oberhoheit in Syrien konkurrierten. Jedenfalls behauptete König Muršili II. (reg. 1321–1294 v. Chr.), dass in Hatti (dem Kerngebiet der Hethiter in Zentralanatolien) eine Epidemie eingeschleppt wurde, als sein Vater Šuppiluliuma I. (reg. 1350–1322 v. Chr.) gegen Ende seiner Regierungszeit „Kriegsgefangene aus dem ägyptischen Gebiet" in Syrien mitbrachte.²⁶ Der Krankheit fielen auch Šuppiluliuma I. und sein älterer Sohn Arnuwanda II. zum Opfer, sodass der jüngere Muršili II. den Thron bestieg. Die Sorge um die Gesundheit der Angehörigen der Königsfamilie belegt ein Befehl, eine Prinzessin namens Appada aus der Stadt Asusuha, wo „das Sterben herrscht", an „irgendeinen anderen Ort" wegzubringen.²⁷ Muršili II. beschrieb in einem seiner in der Forschung so bezeichneten „Pestgebete" (obwohl die Identität des zugrundeliegenden Erregers unklar ist) aber auch die breitere Wirkung der Seuche unter der Bevölkerung:

> „O Götter, was habt Ihr getan? Ihr habt eine Seuche in Hatti zugelassen, und ganz Hatti stirbt. Niemand bereitet mehr das Opferbrot und das Trankopfer für Euch vor. Die Pflüger, die früher die Brachfelder der Götter bearbeitet haben, sind gestorben, deshalb arbeiten sie nicht und ernten nicht die Felder der Götter. Die mahlenden Frauen, die früher das Opferbrot für die Götter gemacht haben, sind gestorben, also machen sie das Opferbrot der Götter nicht mehr. [...] O Götter habt [wieder] Mitleid mit dem Land Hatti. Einerseits wird es von der Seuche niedergedrückt, andererseits wird es von Feinden bedrängt. [...] Wendet die Seuche, die Feindseligkeit, die Hungersnot und das schwere Fieber gegen Mittani und Arzawa. Ausgeruht sind die kriegführenden Länder, aber Hatti ist ein müdes Land."²⁸

Die Bevölkerungsverluste führten also offenbar auch zu einer Hungersnot aufgrund des Mangels an Arbeitskräften, während gleichzei-

---

[25] Bryan 2000, 253–260; van Dijk 2000, 265–285; Schlögl 2006, 220–248 (Zitat auf 231); Pommerening 2009; Wilkinson 2015, 376–378; Agut/Moreno-García 2016, 354–385; Vieweger 2019, I 201–208.
[26] Norrie 2016, 55. Vgl. auch Huber 2005, 48 f.; Podany 2010, 301 f.; Wilkinson 2015, 406 f.
[27] Zitiert nach Huber 2005, 211.
[28] Übersetzung nach Norrie 2014, 79; Norrie 2016, 54.

tig die feindlichen Nachbarn der Hethiter (genannt werden Mittani in Nordmesopotamien im Osten und Arzawa in Westkleinasien) ihre Notlage für einen Angriff nutzen wollten. Für die von Muršili II. erhoffte ‚Wendung' der Seuche gegen diese Gegner ist auch ein Ritual überliefert, mit dem das eigene Land von der Krankheit ‚gereinigt' und diese symbolisch in das Land des Feindes übertragen werden sollte. Es ist in ähnlicher Form auch später in der Bibel belegt: der „Sündenbock". Dafür wurde bei den Hethitern ein Hammel mit buntgefärbter Wolle geschmückt und dem Gott geweiht, der die Seuche gesandt hatte, um ihn versöhnlich zu stimmen. Dann wurde das Tier „in das feindliche Gebiet" getrieben, eine besondere Form des zwischenstaatlichen Austauschs.[29]

Der Zusammenbruch des Staatensystems der späten Bronzezeit und das 3,2-Kilojahr-Klimaereignis (um 1200 v. Chr.)

Schließlich wurde das Hethiterreich von der Seuche befreit und konnte auch außenpolitisch seine frühere Machtstellung wiederherstellen. Dem Nachfolger des Muršili II., König Muwattalli II. (reg. ca. 1294–1272 v. Chr.), gelang es, einen Vorstoß der Ägypter nach Nordsyrien unter Pharao Ramses II. (reg. 1279–1213 v. Chr.) in der Schlacht bei Kadesch 1274 v. Chr. abzuwehren. Nach weiteren Geplänkeln schlossen die beiden Großmächte 1259 v. Chr. einen Friedensvertrag, der tatsächlich die Feindseligkeiten dauerhaft beendete und Ausgangspunkt für ein fast freundschaftliches Verhältnis zwischen den Höfen in Ägypten und in Hatti wurde. Dies lag auch deshalb im Interesse der Hethiter, dass es bei ihnen im Gegensatz zur langen Regierungszeit des Ramses II. mehrfach zu Thronstreitigkeiten und Umstürzen im Königshaus kam.[30] Und während nun an der Südgrenze Ruhe herrschte, wurden die Hethiter von Osten her durch die Assyrer herausgefordert; sie besiegten die Hethiter um 1237 v. Chr. und beraubten sie wertvoller Kupfervorkommen im Südosten Anatoliens. Die Westflanke in Richtung Ägäis wurde wiederum durch die Leute von Achijawa, hinter denen

---

[29] Huber 2005, 48–50, 53–66 (für verschiedene Formen und Anlässe dieses Rituals, auch mit anderen Tieren wie Stieren oder Affen); Robertson 2010, 77. Für den Sündenbock im Alten Testament siehe Levitikus 16, 8–21 (Einheitsübersetzung).

[30] van Dijk 2000, 285–294; Schlögl 2006, 252–294; Podany 2010, 303 f.; Wilkinson 2015, 428–432; Agut/Moreno-García 2016, 386–442; Vieweger 2019, I 208–212.

sich vielleicht Achäer und somit mykenische Griechen verbergen, bedroht.[31] Zu dynastischen Konflikten und außenpolitischen Verlusten kamen Missernten und Hungersnot in Hatti. Im Zeichen des Vertrags von 1259 v. Chr. wandte sich König Šuppiluliuma II. (reg. ca. 1215–1190/1180 v. Chr.) an den Nachfolger des Ramses II., Pharao Merenptah (reg. 1213–1204 v. Chr.) und schrieb: „Ich habe kein Getreide in meinem Land".[32] Der ägyptische König verkündete der Nachwelt: „Ich ließ Getreide auf Schiffe verladen, um das Land von Hatti am Leben zu erhalten."[33] Eine Bitte um Korn richtete der Hethiterkönig auch an die wichtige Handelsstadt Ugarit in Nordsyrien und hielt fest: „Es ist eine Frage von Leben und Tod!"[34] Allerdings waren mit solchen Transporten ins Kernland der Hethiter in Zentralanatolien vom Mittelmeer über das Taurusgebirge große logistische Schwierigkeiten verbunden. Gleichzeitig galt es, die Versorgungsrouten zu Wasser und zu Lande zu sichern, was gegen Ende des 13. Jahrhunderts v. Chr. aufgrund vermehrter Unruhen und Raubzüge immer schwieriger wurde.[35] Weitere Schreiben aus Ugarit an den Hethiterkönig beschreiben Angriffe zur See; gegen Ende der Regierungszeit des Šuppiluliuma II. wurde die Stadt völlig verwüstet. In einem im Archiv von Ugarit erhaltenen Brief heißt es: „Als Dein Bote ankam, wurde die Armee gedemütigt und die Stadt geplündert. Unsere Nahrung in den Dreschböden wurde verbrannt, und die Weinberge wurden ebenfalls zerstört. Unsere Stadt ist geplündert. Mögest du es wissen! Mögest du es wissen!" Nach der Zerstörung blieb der Ort lange Zeit unbesiedelt.[36]

Ähnliche Angriffe fanden um 1200 v. Chr. an verschiedenen Orten des östlichen Mittelmeers statt und werden mit den sogenannten Seevölkern in Zusammenhang gebracht, wie sie vor allem in Texten Ägyptens erwähnt werden. Dort griffen sie das erste Mal unter Pharao Merenptah im Bündnis mit den Libyern an, konnten aber zurückgeschlagen werden. „Sie kamen in das Land Ägypten, um das Notwendige für ihre Münder zu suchen", hielt der siegreiche Pharao Beweggründe der feind-

---

[31] Frahm 2013, 171–178; Radner 2017, 84–85; Lafont/Tenu/Joannès/Clancier 2017, 530–563; Mull 2017, 151–165, 192–194.
[32] Zitiert nach Cline 2014, 115.
[33] Zitiert nach Cline 2014, 115. Vgl. auch Huber 2005, 188 f.
[34] Zitiert nach Cline 2014, 116. Vgl. auch Sommer 2005, 52 f.
[35] Huber 2005, 220–222; Mull 2017, 154.
[36] Zitiert nach Cline 2014, 120. Vgl. auch Sommer 2005, 47–49; Vieweger 2019, I 215–217, 228. Siehe ebenso Huber 2005, 67–72, zu Ritualen der Seuchenabwehr aus Ugarit im 14.–13. Jahrhundert v. Chr.

lichen Allianz fest.[37] Dies deutet auf Nahrungsnot, die vielleicht durch Missernten und Witterungsextreme ausgelöst wurde, hin. Umstritten ist die Herkunft der Seevölker, jedoch spricht einiges für Südosteuropa und den Ägäis-Raum. In Richtung Ägypten stießen sie nicht aus (un)heiterem Himmel vor. Einige der von Merenptah genannten Gruppen wie die Shardana waren schon im 14. Jahrhundert v. Chr. den Ägyptern bekannt und dienten ihren Vasallenfürsten in der Levante als Söldner. Ähnlich wie bei der „Völkerwanderung" in der Spätantike nutzten die Seevölker bereits etablierte Kontakte und Routen.[38] Auch andere Umwälzungen werden ihnen zugeschrieben: In Griechenland wurden um 1200 v. Chr. einige der großen mykenischen Palastzentren wie Pylos oder Orchomenos verwüstet, nachdem sich schon in den Jahrzehnten zuvor die Hinweise auf kriegerische Bedrohungen gemehrt hatten.[39] Um 1180 v. Chr. wurde schließlich auch die hethitische Hauptstadt Hattusa zerstört, wobei allerdings sowohl Angreifer von außen als auch interne Gegner als Täter infrage kommen; das Reich der Hethiter zerfiel. Mehr und mehr brach die gesamte Staatenordnung der späten Bronzezeit zusammen.[40]

Als eine Ursache für diese Krisenzeit wird einmal mehr eine klimatische Veränderung hin zu trockeneren und kälteren Bedingungen vermutet, die sich in verschiedenen Proxydaten im Nahen Osten und darüber hinaus für die Zeit um 1200 v. Chr. ablesen lässt. Analog zum Klimawandel ein Jahrtausend zuvor nennt man dies das 3,2-Kilojahr-Ereignis. Ein Auslöser könnten diesmal Schwankungen der Sonnenaktivität gewesen sein, die mit entsprechenden Änderungen der Nordatlantik- und El Niño-Oszillationen einhergingen. Schon für die Zeit ab 1300 v. Chr. nimmt Sirocko eine mit der Kleinen Eiszeit des 14.–19. Jahrhunderts vergleichbare Klima-Anomalie an, die die Witterungsparameter für mehrere Jahrhunderte veränderte und mehrfach von besonders extremen Trockenperioden begleitet wurde.[41] Hinweise auf Dürren und Missernten gibt es nicht nur im Hethiterreich, sondern auch

---

[37] Vieweger 2019, I 212–220.
[38] van Dijk 2000, 294–299; Shaw 2000, 321–323; Sommer 2005, 42–46; Schlögl 2006, 294–323; Abulafia 2011, 49–51; Bietak 2012; Broodbank 2013, 460–472; Wilkinson 2015, 435–436; Agut/Moreno-García 2016, 442–449; Mull 2017, 166–202; Lafont/Tenu/Joannès/Clancier 2017, 465–469, 586–591.
[39] Bintliff 2012, 184–185; Broodbank 2013, 460–470; 386–388; Stein-Hölkeskamp 2015, 28–31; Finné u. a. 2017.
[40] Knapp/Manning 2016; Mull 2017, 151–165, 192–194; Manning 2018, 45–47.
[41] Sirocko 2015. Vgl. auch Brooke 2014, 291 f.; Manning 2018, 153 f.

im Ägäisraum, in Syrien und in Nordmesopotamien. Darüber hinaus könnten ähnliche Krisen in an die Großreiche angrenzenden Regionen Migrationsbewegungen von dort mit motiviert haben.[42] Neben den Seevölkern im Mittelmeer spielen in den ägyptischen und assyrischen Texten neue nomadische Verbände aus den Halbwüsten- und Steppengebieten Syriens und Arabiens eine Rolle, die unter dem Namen der Aramäer zusammengefasst werden. Daneben tauchen in einem Text des Pharaos Merenptah auch kleinere Gruppen wie „Israel" auf, die ägyptische Besitzungen in Südwestasien bedroht hätten, aber nun „verwüstet und ohne Saatgut" darniederliegen.[43]

Doch war dieser Klimawandel nicht der einzige Hintergrund der allgemeinen Krise um 1200 v. Chr. Wie wir gesehen haben, hatten schon davor innere und äußere Konflikte die Stabilität verschiedener Regime bedroht; daraus resultierende Störungen der Versorgungsrouten verschärften die Situation. Zu diesen ‚hausgemachten' Problemen kamen nun äußere Faktoren, wie Witterungsextreme, aber auch Erdbeben (die mehrere Siedlungen im östlichen Mittelmeerraum zerstörten, darunter vermutlich auch Troja VI um 1300 v. Chr.) und Seuchen. Wie der US-amerikanische Archäologe Eric Cline in seinem Bestseller *1177 B.C.: The Year Civilization Collapsed* beeindruckend darlegt, erschöpfte die Summe dieser Herausforderungen die materiellen und symbolischen Pufferkapazitäten größerer und kleinerer Staaten, deren Zusammenbruch wiederum mit ihnen verflochtene andere Regime in Bedrängnis brachte, bis wie in einem Domino der „Kipppunkt" des gesamten Staats- und Handelssystems erreicht war.[44] Ähnlich fasst die deutsche Altorientalistin Karen Radner, ausgehend von der Situation in Syrien und Mesopotamien, die Summe der Befunde zusammen:

> „Die moderne Forschung vermutet [...] eine Kombination aus veränderten Klima- und Umweltbedingungen, die in den Risikozonen zu einer Einschränkung oder gar zur Aufgabe der Landwirtschaft führten (es gibt z. B. in Anatolien und Nordsyrien klare Hinweise auf Hungersnöte), sowie Auswirkungen der Schwächung der Zentralregierung in manchen der größeren Staaten, insbesondere dem Hethiterreich und

---

[42] Kaniewski u. a. 2010; Drake 2012; Cline 2014, 142–147; Kagan u. a. 2015; Kaniewski/Guiot/Van Campo 2015; Kaniewski u. a. 2017; Finné/Weiberg 2018.
[43] Vieweger 2019, I 212–220.
[44] Cline 2014, bes. 160–170. Vgl. auch Van de Mieroop 2010, 235–254; Brooke 2014, 290 f.; Manning 2018, 151–154.

dem ägyptischen Neuen Reich; diese konnten den Menschen in der Peripherie in Krisenzeiten keine staatliche Unterstützung mehr gewähren, sodass diese sich auf eigene Initiativen verwiesen sahen. Ein Resultat dieser failed-states-Entwicklung war das Aufkommen von Banditen- und Seeräuberbanden, welche die ohnehin schon geschwächten Staaten noch weiter schwächten und die zwischenstaatlichen Kommunikationsstränge und Handelsverbindungen empfindlich störten."[45]

Allerdings verlief die Krise nicht überall so schnell und zerstörerisch wie im Hethiter-Reich, das innerhalb einer Generation zusammenbrach. Ägypten etwa verlor zusehends die Kontrolle über seine Außengebiete in der Levante, war aber in der Lage, unter Pharao Ramses III. (reg. 1187–1156 v. Chr.) neuerliche Angriffe der Seevölker abzuwehren, wobei diese den Darstellungen auf dem Tempel von Medinet Habu nach diesmal mit ‚Kind und Kegel' auf Ochsenwagen und zu Schiff aufgebrochen waren.[46] Überlebende dieser Kriege wurden von Ramses III. mit „Kleidung und Korn aus den Speichern" ausgestattet und sowohl in Nordägypten als auch im Umland des heutigen Gaza angesiedelt, wo sie dann als Philister als Nachbarn der Israeliten, die nach dem Verfall ägyptischer Macht die Kontrolle über einige Gebiete im Landesinneren erlangten, in der Bibel auftauchen.[47] Doch mehrten sich in den späteren Jahren des Ramses III. die wirtschaftlichen Probleme in Ägypten; so kam es sogar zu Versorgungsengpässen für die Arbeiter an den Pharaonengräbern im Tal der Könige, was zu Protestmärschen, die als erster ‚Arbeiterstreik' der Geschichte gedeutet werden, führte. Vielleicht wurden unregelmäßige Nilfluten durch eine kurzfristige Klima-Anomalie mit ausgelöst, die auf einen großen Vulkanausbruch zurückzuführen war; solche Eruptionen können nicht nur für eine Abkühlung sorgen (wie sie sich für die Zeit zwischen 1159 und 1140 v. Chr. in Baumringen in Irland ablesen lässt), sondern auch für eine Verschiebung von Niederschlagsmustern, etwa in den Quellgebieten des Nils. Ein Teil der Forschung schreibt eine solche mächtige Eruption für die Zeit um 1159 v. Chr. dem Vulkan Hekla auf Island zu; andere Geologen plädieren hingegen für eine alternative Datierung. Ramses III. wurde schließlich nach einer Hofverschwörung ermordet; seine Nachfolger regierten meist nur kurze Zeit. Einer von ihnen, Ramses V. (reg. ca.

---

[45] Radner 2017, 88.
[46] Wilkinson 2015, 446–451; Mull 2017, 166–202; Lafont/Tenu/Joannès/Clancier 2017, 465–469, 586–591.
[47] Zitiert nach Mull 2017, 199.

1150–1145 v. Chr.), starb in jungen Jahren vermutlich an den Pocken, wie Hautveränderungen an seiner Mumie anzeigen (auch wenn der paläogenetische Erweis des Erregers bislang noch nicht gelungen ist). Sein Tod könnte auf einen größeren Ausbruch der Seuche hinweisen, der die politischen und ökonomischen Probleme des Reiches zusätzlich verschärft hätte. Niedrige Nilfluten führten zu Missernten, Teuerungen und schließlich Hungersnöten und stellten somit auch den jeweiligen Pharao als Garant der Weltordnung infrage. Unter Ramses XI. (reg. ca. 1105–1076 v. Chr.) war die Macht des Königs schließlich nur mehr auf das Delta beschränkt, während etwa im südlichen Gebiet um Theben die Hohepriester des Amun eine de facto eigenständige Herrschaft etablierten. Mit Verzögerung zerbrach in der Krisenzeit des späten 2. Jahrtausends v. Chr. auch die politische Einheit des vormals so glanzvollen Neuen Reiches in Ägypten.[48]

Zwischen dem 3,2-Kilojahr-Klimaereignis und dem Homer-Minimum: Fragmentierung und neue Netzwerke in der Ägäis und im Mittelmeer

Auch im mykenischen Griechenland erfolgte der ‚Zusammenbruch' der späten Bronzezeit weniger schnell und flächendeckend als früher vermutet, wie neue archäologische Befunde nahelegen. Zwar verschwand hier im Gegensatz zu Ägypten, Assyrien oder Babylon der Gebrauch der Schrift, die aber „ausschließlich den konkreten, praktischen Zwecken der minoisch-mykenischen Palastherrschaft" gedient und mit deren Ende ihren Nutzen verloren hatte.[49] Dementsprechend galt die folgende Periode als ‚dunkles Zeitalter' ohne Schriftzeugnisse. Darüber hinaus wurden einige große Zentren aufgegeben und in den Jahrhunderten zuvor errichtete Infrastruktur wie Straßen und Brücken verfiel. Dies gilt auch für das System von Kanälen und Deichen um den Kopaïs-See in Böotien (Mittelgriechenland), das zu dessen Entwässerung und zur Neulandgewinnung angelegt worden war. Nach dem Ende der nahen Zentren Orchomenos und Gla verwandelte sich die

---

[48] van Dijk 2000, 294–299; Shaw 2000, 321–323; Sommer 2005, 42–46; Schlögl 2006, 294–323; Brooke 2014, 289; Wilkinson 2015, 454–472; Agut/Moreno-García 2016, 442–449; Vieweger 2019, I 212–220. Zur möglichen Eruption des Hekla und ihren Auswirkungen: Yurco 1999; Eiríksson u. a. 2000; Siebert/Simkin/Kimberly 2010, 203; Ludlow/Manning 2016, 165.

[49] Bintliff 2012, 197–199; Stein-Hölkeskamp 2015, 23 (Zitat), 28–31; Bresson 2016, 97 f.

Kopaïs wieder in einen „seichten, sumpfigen See".[50] Nach einem späteren Versuch im 4. Jahrhundert v. Chr. gelang erst dem modernen griechischen Staat ab 1879 die Trockenlegung des Gebiets, womit gewissermaßen ein mehr als 3000-jähriges Projekt zum Abschluss gebracht wurde.[51] Die Aufgabe verschiedener Zentren war, so die deutsche Althistorikerin Elke Stein-Hölkeskamp, auch auf die grundsätzliche Fragilität des mykenischen Palastsystems, das „gerade einmal 150 Jahre einigermaßen stabil" blieb, zurückzuführen. Die Abhängigkeit „vom reibungslosen Austausch mit anderen Zentren des Festlandes und des östlichen Mittelmeerraumes" erwies sich wie in anderen Regionen als fatal, als diese Netzwerke gestört wurden. Ebenso standen die „Pracht der Paläste" und der „schiere Aufwand an bürokratischer Organisation in einem Missverhältnis zu der schmalen territorialen Basis" der im Vergleich zu den Reichen des Nahen Ostens viel kleinräumigeren mykenischen Staaten. Diese ohnehin begrenzte materielle Grundlage geriet bei sinkenden Ernteerträgen auch aufgrund der Reduktion der Niederschläge im Lauf des 13. Jahrhunderts v. Chr. noch stärker an ihr Limit.[52] Mehrere zentrale Orte blieben aber auch nach 1200 v. Chr. vorerst weiter besiedelt, darunter Mykene und Tiryns. In anderen Gebieten stieg nach 1200 v. Chr. sogar die Zahl der Siedlungen, nicht nur auf als Rückzugsräumen dienenden Inseln wie Euböa, den Ionischen Inseln und den Kykladen, Kos, Rhodos und Zypern, sondern auch in der Attika, Teilen der Peloponnes und Mittelgriechenlands. Um 1100 v. Chr. erlebten einige dieser Orte eine späte Blüte, ohne große Paläste und Schriftlichkeit, jedoch mit eindeutigen Anzeichen einer fortgesetzten Herrschaft von Eliten in Fürstensitzen nun bescheideneren Ausmaßes. Auf jeden Fall folgte dem ‚Zusammenbruch' nicht die egalitäre barbarisch-staatenlose Gesellschaft, wie sie James C. Scott beschreibt.[53] Archäologische Funde belegen auch noch einzelne Fernkontakte vom Festland nach Kreta, Rhodos, sogar Zypern, Syrien und Ägypten. Jedoch lagen auch diese kleineren Fürstentümer häufig untereinander im Krieg, was mehrfache Zerstörungen und Verlagerungen von Siedlungen zeigen. Wie Elke Stein-Hölkeskamp festhält, war diese Nach-

---

[50] Stein-Hölkeskamp 2015, 31 f.
[51] Bintliff 2012, 191 f. Vgl. auch Hughes 1994, 144.
[52] Stein-Hölkeskamp 2015, 32–37; Sommer 2013b, 34 f. Zu den klimatischen Veränderungen vgl. auch Drake 2012; Finné 2014; Finné u. a. 2017; Finné/Weiberg 2018.
[53] Dazu siehe Kapitel 1 im vorliegenden Band.

blüte „zeitlich und räumlich begrenzt, blieb überall prekär und mündete um die Mitte des 11. Jahrhundert in die Endphase". Ab 1075 v. Chr. verfielen die meisten dieser späteren Zentren, die Bevölkerung nahm ab, und qualitätsvolle Keramik und Steinarchitektur verschwanden.[54] Immerhin legt auch das Beispiel Griechenlands nahe, die Umwälzung des späten 2. Jahrtausends v. Chr. weniger als eine mit dem 3,2-Kilojahr-Ereignis verbundene singuläre Katastrophe zu verstehen, sondern als einen krisenhaften Prozess der Desintegration und Fragmentierung früherer politischer und ökonomischer Systeme, zu dem eine Klima-Anomalie zwischen 1300 und 1000 v. Chr. eine Begleitmusik beisteuerte. Die zweite Häufung von Krisenphänomenen in Ägypten, Assyrien und Griechenland im späteren 11. Jahrhundert v. Chr. überlappt sich dabei mit einem letzten ‚Ausläufer' der Anomalie, verknüpft mit einem zwischen ca. 1030 und 990 v. Chr. besonders ausgeprägten Minimum der Sonnenaktivität.[55]

Der krisenbedingte Wechsel von einem ‚Weltsystem' der Großreiche und Palastwirtschaften hin zu einer Vielzahl von Kleinstaaten erlaubte im östlichen Mittelmeerraum aber auch die Entstehung anderer Muster politischer und ökonomischer Organisation. Der deutsche Althistoriker Michael Sommer führt dazu aus:

„Es war aber die Levante mit ihrer Kleinräumigkeit, ihren beschränkten landwirtschaftlichen Nutzflächen und ihren fortan dezentralen, ethnischen Faktoren ein stärkeres Gewicht gebenden Strukturen, welche die Vorlage für einen Gesellschaftsverband schuf, der zum Erfolgsmodell für den gesamten Mittelmeerraum werden sollte: die sich selbst organisierende Bürgergemeinde des überschaubaren Stadtstaates."[56]

Dieses Modell des Stadtstaates sollte sich über die Levante hinaus für die durch eine Gliederung in Mikroregionen gekennzeichneten Gebiete des Mittelmeerraums wie die Ägäis als geeigneter erweisen als das in Mesopotamien oder Ägypten entwickelte zentralisierende Palaststaatsmodell der Bronzezeit.[57] So sind etwa die Niederschlagsverhältnisse in Griechenland regional sehr unterschiedlich. Die Gebiete westlich des Pindos-Gebirges erhalten sehr viel mehr Niederschläge als die östlichen, der Ägäis zuge-

---

[54] Stein-Hölkeskamp 2015, 32–37 (Zitat); Bintliff 2012, 209–212. Vgl. auch Bresson 2016, 99 f.
[55] Manning 2013; Sirocko 2015.
[56] Sommer 2005, 53. Vgl. auch Rohde/Sommer 2016, 16 f.; Woolf 2020.
[57] Zum griechischen Stadtstaat vgl. insbesondere Ober 2015.

wandten Regionen; z. B. misst man in Ioannina in Epirus ca. 1250 Millimeter Jahresniederschläge, in Athen nur knapp 400 Millimeter.[58] Der britische Althistoriker Peter Garnsey wertete die Wetter- und Ertragsdaten für das Umland von Athen in den Jahren 1931 bis 1960 aus; in diesem Zeitraum betrug die Wahrscheinlichkeit für eine durch Niederschlagsmangel bedingte Schädigung der Weizenernte (als Hauptfrucht) 28 Prozent (das heißt, sie trat im Durchschnitt ungefähr einmal alle vier Jahre auf), für Gerste hingegen 5,5 Prozent (einmal alle 20 Jahre). Die Wahrscheinlichkeit, dass sich eine solche Missernte zwei Jahre nacheinander ereignete, betrug für Weizen 7,8 Prozent (im Durchschnitt war also alle 13 Jahre damit zu rechnen), für Gerste nur 0,3 Prozent. Ähnlich sind die Zahlen für Larissa in Thessalien, das mit seiner Ebene ein wichtiges Anbaugebiet war und ist. Nachdem Missernten in zwei aufeinanderfolgenden Jahren bereits meist die Vorratskapazitäten agrarischer Gemeinschaften im vormodernen Mittelmeerraum überlasteten, erlebte wohl jede Generation zumindest einmal eine Nahrungskrise. Veränderten sich die klimatischen Parameter dauerhaft in Richtung trockenere Bedingungen, konnte sich diese Frequenz auch erhöhen – mit entsprechenden Auswirkungen. Allerdings konnte man auf einen allmählichen Wandel leichter durch Anpassungen der Anbaustrategien (etwa den Umstieg auf weniger risikobehaftete Feldfrüchte wie Gerste) reagieren als auf kurzfristige eintretende Extreme (etwa nach klimawirksamen Vulkaneruptionen), die für einige wenige Jahre die Witterung stark veränderten.[59] Jedoch waren aufgrund der topografischen und naturräumlichen Vielfalt selten alle Regionen Griechenlands oder der Ägäis in gleicher Weise von Witterungsextremen betroffen. Der Philosoph Aristoteles (384–322 v. Chr.) hielt in seiner Schrift über die Meteorologie fest:

„Manchmal gibt es viel Dürre oder Regen, und sie herrschen in einem großen und ununterbrochenen Teil des Landes vor. Zu anderen Zeiten ist [die Witterung] lokal. Das umliegende Land bekommt oft die jahreszeitlich üblichen oder sogar übermäßigen Regenfälle, während es in einem bestimmten Teil Dürre gibt. Oder im Gegenteil, das ganze umliegende Land bekommt wenig oder gar keinen Regen, während ein bestimmter Teil reichlich Regen erhält."[60]

---

[58] Hütteroth 1982, 108–127; Lienau 1989, 82–90; Bresson 2016, 33–38.
[59] Garnsey 1988, 10, 17 f.; Halstead 2014; Bresson 2016, 39–41, 64–70, 119–122; Manning 2018, 113–115.
[60] Aristoteles, Meteorologie 2,4, zitiert nach Garnsey 1988, 9.

Garnsey verglich diese Beobachtung mit den oben genannten starken regionalen Unterschieden der modernen Niederschlagsdaten im Ägäis- und Mittelmeerraum. Dementsprechend war eine mögliche Pufferstrategie für eine Stadt oder Gemeinschaft die maritime und wirtschaftliche Vernetzung mit anderen Mikroregionen, die aufgrund anderer naturräumlicher Gegebenheiten nicht in gleicher Weise von einem Witterungsextrem betroffen und somit in der Lage waren, Ernte-Überschüsse in ein notleidendes Gebiet zu verkaufen.[61] Diese Tendenz zur Verflechtung (oder „Konnektivität", wie sie Peregrine Horden und Nicholas Purcell in ihrem wichtigen Buch *The Corrupting Sea* nannten) bot auch eine Grundlage für eine neue Welle der Vernetzung im Mittelmeerraum im 1. Jahrtausend v. Chr.[62]

In der Levante profitierten die Städte der Phönizier im heutigen Libanon vom Zusammenbruch der Oberhoheit der Ägypter und Hethiter. Gestützt auf die schon zuvor begehrten Zedernwaldungen, die ebenso umfangreichen Schiffbau erlaubten, und andere Produkte wie den extrem teuren Farbstoff der Purpurschnecke, knüpften die Phönizier ab dem 11. Jahrhundert v. Chr. die in der vorangehenden Krisenzeit gelockerten Nah- und Fernhandelsnetze neu und erweiterten sie, insbesondere in den westlichen Mittelmeerraum. Dort lockten sie Edelmetall- und Erzlagerstätten, auch für Eisen, das zwar schon in der späten Bronzezeit vermehrt zum Einsatz gekommen war, etwa bei den Hethitern, nun aber Bronze als wichtigsten metallischen Werkstoff ablöste.[63] Die Phönizier gründeten mehrere Stützpunkte und Kolonien, von denen die im 9. Jahrhundert v. Chr. entstandene Stadt Karthago (mit dem traditionellen Gründungsdatum 814 v. Chr.) im heutigen Tunesien später selbst zu einem Handelsimperium aufsteigen sollte. Zur Organisation ihres Handels bedienten sich die Phönizier der Schrift, allerdings einer gegenüber den ägyptischen Hieroglyphen und der meso-

---

[61] Garnsey 1988, 9. Vgl. dazu auch ausführlich Horden/Purcell 2000, 53–88.
[62] Horden/Purcell 2000, bes. 123–172. Vgl. auch Broodbank 2013, 490–523; Ober 2015, 21–28; Bresson 2016, 31 f., 79 f.; Manning 2018, 85–90; Hofrichter 2020, 79–81.
[63] Brooke 2014, 276 f. und 311, möchte ähnlich wie für das Entstehen der frühen Staaten den Klimawandel zwischen dem 2. und 1. Jahrtausend v. Chr. als wesentlichen Katalysator für diese und andere technische und kulturelle Veränderungen annehmen. Tatsächlich scheint aber z. B. die Nutzung von Eisen über Jahrhunderte schon vor der Krise ab 1200 v. Chr. intensiviert worden zu sein. Brooke räumt selbst ein, man könne ihm „kruden Determinismus" vorwerfen.

potamischen Keilschrift weit einfacher zu erlernenden und benutzenden Alphabetschrift.[64]

Dieses Alphabet passten ab ca. 800 v. Chr. auch die Griechen für die Zwecke ihrer Sprache an.[65] In Griechenland waren die Verbindungen zur Levante nach dem Zusammenbruch der mykenischen Paläste nie völlig abgerissen und intensivierten sich ab dem 10. Jahrhundert v. Chr. wieder, wie etwa die Funde in Lefkandi auf der Insel Euböa zeigen. Lefkandi selbst wurde um 700 v. Chr. zerstört und aufgegeben, aber zu diesem Zeitpunkt war schon eine Vielzahl weiterer Stadtstaaten unterschiedlicher Größe auf dem griechischen Festland, den Inseln der Ägäis und an der Westküste Kleinasiens entstanden.[66] Vor dem Hintergrund dieser neuen Dynamik erfolgte auch die Übernahme des Alphabets von den phönizischen Handelspartnern. Zu den ersten Inhalten, die damit verschriftlicht wurden, gehörten die beiden Epen *Ilias* und *Odyssee*, die traditionell dem Dichter Homer zugeschrieben wurden, aber wohl mündlich tradierte Erzählungen der mehrere Jahrhunderte zurückliegenden mykenischen Periode mit zeitgenössischen Elementen kombinierten. Im Gegensatz zu jener vergangenen Epoche wurde die neue Schrift nun aber zum Medium einer Vielfalt an nicht nur administrativen, sondern auch religiösen, literarischen und philosophischen Inhalten. Parallele religions- und geistesgeschichtliche Entwicklungen in anderen Räumen, so die Entstehung der ersten Schriften der Bibel im Alten Israel, der Grundlagen der zoroastrischen Religion im Iran und des Hinduismus und Buddhismus in Indien sowie der chinesischen Philosophie, vor allem mit Konfuzius (ca. 551–479 v. Chr.), führten zur modernen Bezeichnung der Jahrhunderte zwischen 800 und 500 v. Chr. als „Achsenzeit", in der verschiedene Kulturen der alten Welt auf neue Fundamente gestellt wurden.[67]

---

[64] Sommer 2005; Abulafia 2011, 63–82; Sommer 2013b, 42–46; Mull 2017, 42–50; Cunliffe 2017, 223–240; Manning 2018, 47–50, 236–238; Terpstra 2019, 33–53.

[65] Eine neue Studie zur Evaluierung von C14-Daten deutet darauf hin, dass Datierungen insbesondere archäologischer Befunde in Griechenland für diese Zeit weniger gesichert sind als vielleicht angenommen, und Entwicklungen, die bislang zwischen 800 und 735 v. Chr. datiert wurden, ein- bis eineinhalb Jahrhunderte früher anzusetzen wären, vgl. Gimatzidis/Weninger 2020.

[66] Stein-Hölkeskamp 2015, 37–43, 53 f., 69–95, 123–130; Bresson 2016, 101 f.

[67] Dazu zuletzt und zusammenfassend Assmann 2018. Vgl. auch Manning 2018, 40 f. Zur neuen Konzeption des Verhältnisses zur Natur während der „Achsenzeit" siehe auch Marangudakis 2006.

Die Klimageschichte datiert demgegenüber nach dem Ende der Anomalie des späten 2. Jahrtausends v. Chr. in der Zeit zwischen dem 9. und dem 7. Jahrhundert v. Chr. eine weitere Periode größerer Schwankungen, die zwei Minima der solaren Aktivität zwischen 847 und 737 v. Chr. und 697 und 677 v. Chr. einschließt. Das erste dieser Minima nennt man aufgrund der (vermuteten) Überlappung mit der Lebenszeit des Dichters das „Homer-Minimum".[68] Wie aber wirkten sich diese Klima-Anomalien auf die Gemeinschaften der Ägäis und des Mittelmeerraums aus?

Eine Entwicklung, die traditionell mit Missernten, wirtschaftlicher Not, Bevölkerungsdruck und sozialen Spannungen in den griechischen Heimaträumen verknüpft wurde, ist die Gründung von Kolonien in vielen Regionen des Mittelmeerraums und des Schwarzen Meers ab ca. 770 v. Chr. Als klassisches Beispiel galt die Insel Santorin/Thera, die nach der Vulkankatastrophe des 17./16. Jahrhunderts v. Chr. wiederbesiedelt worden war. Die mit 92,5 Quadratkilometern relativ kleine Insel erlebte, so berichtet der 200 Jahre später schreibende Historiker Herodot, um 630 v. Chr. eine siebenjährige Dürre: „Danach regnete es sieben Jahre nicht auf Thera, und in der Zeit verdorrten ihnen alle Bäume auf der Insel, bis auf einen einzigen."[69] Dauer und Darstellung dieses Extremereignisses klingen reichlich legendenhaft; und auch die weiteren Ereignisse haben viel von einer Sage. Denn als man in der Not das Orakel von Delphi befragte, riet dieses zur Gründung einer Kolonie in Libyen, dessen Lage den Einwohnern Theras aber unbekannt war. Erst nach der Anwerbung eines ortskundigen Führers wurden mehrere junge Männer ausgelost, die auf zwei Fünfzigruderern nach Süden aufbrachen und ins Gebiet der dort gegründeten Kolonie Kyrene an die nordafrikanische Küste gelangten.[70] Die Stadt blühte bald auf und erwarb durch den Export von Getreide, Leder, Wolle, Pferden und insbesondere Silphion, einer (bereits in der Spätantike ausgestorbenen) Gewürz- und Heilpflanze, großen Reichtum.[71]

---

[68] Manning 2013, 112–115, 131–133; Sirocko 2015, 582–585, 590–592; Manning 2018, 41 f. Vgl. auch Thommen 2009, 27 f. Brooke 2014, 261, 269, 314 will demgegenüber die Anomalien zwischen 1300 und 1000 v. Chr. und 850 und 650 v. Chr. zu einer „Preclassical Crisis" zusammenziehen.

[69] Herodot IV, 151; Übersetzung zitiert nach Herodot 1991, 377 f.

[70] Herodot IV, 151–158, vgl. Herodot 1991, 378–383. Vgl. auch Bresson 2016, 67 f.

[71] Faure 1981, 162–169; Broodbank 2013, 570–572. Zu den Naturgefahren der Region gehörten neben dem Ausbleiben der Regenfälle offenbar auch

Allerdings lässt ein Vergleich zwischen dieser legendenhaften Geschichte und dem archäologischen und historischen Befund für andere Kolonien Zweifel an der allgemeinen Gültigkeit einer simplen klimatisch-demografischen Erklärung aufkommen. Eine der ersten Gründungen schon um 770 v. Chr., die Siedlung Pithekoussai, lag weit weg vom Mutterland auf der Insel Ischia im Golf von Neapel. Dorthin fuhren die griechischen Auswanderer nicht auf gut Glück, sondern auf der Grundlage schon vorher bestehender Fernhandelsbeziehungen. Archäologische Funde weisen Ischia als multiethnischen Handelsposten aus, auf dem bereits seit dem 9. Jahrhundert v. Chr. Kaufleute aus den benachbarten Gebieten Italiens, darunter Etrusker, mit solchen aus Nordafrika, Phönizien und Griechenland zusammentrafen. Ebenso lassen neuere archäologische Untersuchungen für verschiedene Regionen Griechenlands Zweifel an „einer andauernden ökonomischen Krise, die durch Überbevölkerung und daraus resultierender Landnot verursacht" wurde, als Hauptursache für die Kolonisation aufkommen. Einer der aktivsten Gründerorte von Kolonien war Korinth, das im Vergleich zu anderen Städten über ein vergleichsweise großes Hinterland von 900 Quadratkilometern verfügte, das aber im 8.–7. Jahrhundert v. Chr. keineswegs übermäßig dicht besiedelt war. Ebenso hätten auch die im Fall von Kyrene genannten kleinen Auswanderergruppen von 100 bis 200 Männern einen recht geringen Beitrag zur Linderung einer allfälligen Überbevölkerung geleistet. Elke Stein-Hölkeskamp führt an, dass „neuere Untersuchungen schätzen, dass zwischen 750 und 650 v. Chr. insgesamt etwa 30 000 Menschen umsiedelten – was sich auf nicht mehr als ein bis zwei Prozent der Bevölkerung des Ägäisraums beläuft." Was aber diese Kolonien, die als eigenständige Städte ohne politische Abhängigkeit zum Herkunftsort gegründet worden, bewirkten, war eine Expansion und Verdichtung des Handelsnetzwerks der Mutterstädte, das bei Bedarf auch die Einfuhr von Nahrungsmitteln etwa in Zeiten des Mangels erleichterte.[72]

---

insbesondere Heuschreckenschwärme. So schrieb ein Gesetz in Kyrene eine dreimal jährliche Ausrottung dieser Tiere und ihrer Brut vor, um Schädigungen der Ernte vorzubeugen, vgl. Huber 2005, 226.

[72] Stein-Hölkeskamp 2015, 96–121, 179 f., 261–263 (für die Zitate). Siehe auch Murray 1995, 132–160; Bintliff 2012, 245–249; Sommer 2013b, 49–53; Broodbank 2013, 524–530, 546–556; Lomas 2017, 28–34. Von einem „wachsenden Malthusianischen (Bevölkerungs)druck" spricht hingegen noch Ober 2015, 133; ähnlich auch Cunliffe 2017, 246–254. Zur Forschungsdiskussion jetzt auch umfassend Mauersberg 2019.

Darauf weisen auch neueste Ergebnisse einer von Adam Izdebski und seinem Team erstellten synthetischen Untersuchung von Pollendaten aus sechs Fundorten auf dem griechischen Festland (zwei von der Peloponnes, zwei aus dem weiteren Umland Athens, einer aus Thessalien und einer aus Westgriechenland) für die Zeit zwischen 1000 v. Chr. und 600 n. Chr. hin. Sie dokumentieren einen Rückgang der Getreideproduktion zwischen ca. 900 und 500 v. Chr., während der Anbau von Oliven und Wein immer wichtiger wurde. Eigentlich hätte man bei steigendem Bevölkerungsdruck in diesen Jahrhunderten eine Konzentration auf Getreide als Grundnahrungsmittel erwarten müssen. Den gegenteiligen Befund erklären Izdebski und sein Team so:

„Griechenland entwickelte eine Exportwirtschaft [...], hauptsächlich durch Olivenanbau (vielleicht auch Weinbau), was mit der Ausnutzung des komparativen Vorteils dieser Region vereinbar wäre. [...] Getreide wurde (bei Bedarf) aus dem Schwarzmeerraum [und anderen Gebieten mit Kolonien, wie Kyrene] importiert, während Olivenprodukte sowohl auf lokaler als auch auf interregionaler Ebene gehandelt wurden. Diese Veränderungen von einer [...] Subsistenzwirtschaft, die hauptsächlich auf dem Getreideanbau basiert, zu einem System, das auf expansiveren Investitionen in Cash Crops für den Export setzt, können möglicherweise mit den frühen Stadtentwicklungen ab dem späten 8. und frühen 7. Jahrhundert v. Chr. in Verbindung gebracht werden."[73]

Auch die für die Zeit zwischen 700 und 500 v. Chr. signifikant wachsende Zahl an datierten Schiffswracks im Mittelmeerraum würde auf solche Prozesse hindeuten. Tatsächlich bezeugen die Gedichte des Hesiod, der um 700 v. Chr. (wie 80 bis 90 Prozent der Bevölkerung in vorindustriellen Gesellschaften) als Landwirt in Askra in Böotien lebte, eine noch weitgehend von Selbstversorgung, vor allem mit Getreide, das vermutlich bis zu 70 Prozent der Kalorienzufuhr lieferte, geprägte bäuerliche Welt. Dazu kamen Wein und Oliven und verschiedene andere Kulturen, möglichst in verschiedenen Lagen, um das Risiko eines völligen Ernteausfalls zu minimieren. Jedoch ergaben sich in der Folgezeit mit der Intensivierung des zwischen- und überregionalen Handels Spezialisierungen in manchen für bestimmte Anbaukulturen besonders günstigen Gebieten, so auf den Inseln Thasos, Chios und Kos auf

---

[73] Izdebski u. a. 2020, 23. Die Autoren der Studie ziehen auch andere Gründe für den Pollenbefund in Erwägung, finden aber ihre grundsätzliche Annahme durch weitere Daten und historische Evidenz bestätigt. Vgl. auch Andwinge 2014; Manning 2018, 219–221; Terpstra 2019, 3–5.

Wein oder in Thessalien mit seinen weiten Flächen auf Getreide. Auch Athen erließ unter Solon um ca. 594/593 v. Chr. angesichts wachsenden Eigenbedarfs ein Exportverbot für alle Agrargüter außer für Olivenöl.[74] Die Entwicklungen zumindest in einzelnen Regionen Griechenlands scheinen den übergreifenden Befund von Izdebski und seinem Team zu bestätigen. Auf regionale Unterschiede selbst innerhalb der Peloponnes deuten auch die paläoklimatischen Daten hin: So weisen die Sauerstoffisotopen-Daten von den Tropfsteinen der Alepotrypa-Höhle auf der Halbinsel Mani im Süden der Peloponnes die gesamte Zeit zwischen 1000 und 650 v. Chr. als relativ trocken aus. Demgegenüber zeigen die Daten aus der Kapsia-Höhle in Arkadien in der nördlichen Zentralpeloponnes das Jahrhundert zwischen 850 und 750 v. Chr., dem trockenere Perioden vorangehen und folgen, als feuchter an. Und die zusammengefassten Ergebnisse archäologischer Surveys aus verschiedenen Regionen der Peloponnes weisen ab 900 v. Chr. ein langsames und ab 700 v. Chr. ein rasch beschleunigtes Wachstum der Anzahl der Siedlungen in allen Gegenden nach.[75] Somit kann dem Homer-Minimum bzw. der Periode größerer klimatischer Schwankungen vom 9. bis zum 7. Jahrhundert v. Chr. keine generelle ungünstige Wirkung auf die demografische und wirtschaftliche Entwicklung des Ägäis-Raums zugeschrieben werden. Einzelne und regional beschränkte Extreme wie etwa die mehrjährige Dürre auf Santorin traten hingegen vielleicht mit höherer Frequenz auf und konnten zu sozialen Spannungen und ‚Entlastungsstrategien' wie etwa einer Koloniegründung beitragen. Auch Elke Stein-Hölkeskamp sieht

> „Indizien für das Auftreten und die krisenverschärfende Wirkung […] klimatischer Störungen wie etwa anhaltender Dürreperioden und aus ihnen resultierender Hungersnöte und Epidemien […] für einen Zeitraum von der Mitte des 8. Jahrhunderts bis zum Ende des 7. Jahrhunderts für unterschiedliche Regionen in Griechenland."[76]

---

[74] Thommen 2009, 36 f.; Stein-Hölkeskamp 2015, 159–177; Rohde/Sommer 2016, 39 (zu Hesiod); Bresson 2016, 119–131 (zu den Hauptprodukten Getreide, Wein und Oliven).
[75] Weiberg u. a. 2016; Katrantsiotis u. a. 2016; Post 2017.
[76] Stein-Hölkeskamp 2015, 178–180. Zu Epidemien in dieser Periode siehe auch Horstmanshoff 1992.

Ebenso halten auch Dorothea Rhode und Michael Sommer fest:

„Einen Beweggrund, sich in der Ferne eine neue Existenz aufzubauen, bildeten sozioökonomische Verwerfungen in der Heimat: Auseinandersetzungen innerhalb der Gruppe der Aristokraten um Macht und Einfluss, Akkumulation von Landbesitz und Emporkömmlinge aus nichtadligen Kreisen zeichnen die Archaik als Krisenzeit aus."[77]

Der urbane Stoffwechsel Athens, die Demokratie und der Imperialismus

Auch in Athen dürften Missernten zum Anstieg wirtschaftlicher Ungleichheit zwischen kleinen Bauern und adeligen Großgrundbesitzern und daraus resultierenden sozialen Spannungen beigetragen haben. Insbesondere die Schuldknechtschaft, die unter wirtschaftlichen Druck geratene Bauern in die Knechtschaft und offenbar sogar in die Sklaverei führen konnte, wurde angeprangert. Der, je nach Datierung zwischen 594 und 570 v. Chr., als Schiedsrichter eingesetzte Solon verfügte deshalb auch das Verbot des Verkaufs von Schuldnern als Sklaven ins Ausland sowie eine zeitweilige ‚Lastenabschüttelung', die die Pfandsteine von den Feldern beseitigte. Auch das bereits erwähnte Exportverbot insbesondere für Getreide verringerte die Brotpreise und den ökonomischen Druck auf die sozial Schwächeren, während es die Möglichkeiten der adeligen Großgrundbesitzer zu Spekulation und Wucher beschränkte. Im Gegenzug wurden Getreideimporte aus dem Mittelmeerraum und Schwarzmeergebiet für die Ernährung der wachsenden Bevölkerung Athens immer bedeutender und ein Motivator für die spätere Expansion der attischen Seemacht zur Sicherung dieser Versorgungsrouten. Je nach Datierung hielt Solons Kompromisslösung aber nur sehr kurz oder doch einige Jahrzehnte, denn im inneraristokratischen Machtkampf griff Peisistratos ab 561 und dauerhaft ab 546 v. Chr. nach der Alleinherrschaft als Tyrann in Athen, die er bis zu seinem Tod 528/527 v. Chr. innehatte. Ihm folgten seine Söhne Hipparchos, der 514 v. Chr. ermordet wurde, und Hippias, den die Athener 510 v. Chr. mit Hilfe Spartas vertrieben; er flüchtete ins Perserreich.[78]

---

[77] Rohde/Sommer 2016, 18.

[78] Murray 1995, 228–251, 332–336; Sommer 2013b, 12; Stein-Hölkeskamp 2015, 183 f., 238–251; Ober 2015, 144–153; Rohde/Sommer 2016, 98–100. Einen Überblick zur Besitzverteilung im antiken Griechenland bietet Bresson 2016, 142–157.

Die Etablierung der Macht der Perser, die bereits den gewaltigen Raum von Indien bis Ägypten in ihr Imperium eingegliedert hatten, beiderseits der Meerengen zwischen Asien und Europa musste Athen beunruhigen, da es mehr und mehr auf die Getreideimporte aus dem Schwarzen Meer angewiesen war. Um ihre Interessen an diesen Seerouten zu wahren, hatten die Athener die Inseln Lemnos und Imbros unter Kontrolle gebracht. Wichtige athenische Familien erwarben weitere Besitzungen in der Nordägäis am Hellespont und der Küste Thrakiens, von wo auch Schiffsbauholz importiert wurde. Dementsprechend unterstützte Athen den Aufstand einiger griechischen Städte Westkleinasiens gegen die Perser, der 500 v. Chr. ausbrach. Dieser hatte nicht den Charakter einer ‚nationalen' Erhebung (wichtige Städte wie Ephesos nahmen gar nicht daran teil), sondern war inneren Streitigkeiten in verschiedenen Stadtstaaten geschuldet, in denen einige der Konkurrenten es schließlich für nützlich befanden, die persische Oberhoheit abzuschütteln. Doch endete der Aufstand in einem Fiasko und wurde bis 493 v. Chr. niedergeschlagen.[79]

In Athen waren nach der Vertreibung des Tyrannen Hippias 510 v. Chr. mit den Reformen des Kleisthenes die vormals so mächtigen aristokratischen Netzwerke zerschnitten und den Bürgern ein größerer Anteil an den Staatsgeschäften zugebilligt worden. Athen befand sich, nach zeitgenössischen Maßstäben, auf dem Weg zur Demokratie, der Herrschaft des „Demos" im Sinne der das „Volk" repräsentierenden männlichen Vollbürger. Diese ca. 25 000 bis 30 000 Mann machten aber nur einen Bruchteil der damals ca. 250 000 Einwohner des Athener Staates aus.[80] Das neue, breiter aufgestellte Regime war nun bedroht, als 490 v. Chr. in Reaktion auf die Athener Unterstützung des Aufstands in Westkleinasien eine persische Flotte eine Armee an der Nordküste der Attika anlandete. Bei ihr befand sich auch der 20 Jahre zuvor vertriebene Hippias, der als Herrscher von Persiens Gnaden wiedereingesetzt werden sollte. Dies wurde mit dem folgenden Sieg der Athener bei Marathon nicht nur verhindert, sondern gleichermaßen auch die Demokratie als Vertretung der als schwergepanzerte Hopliten erfolgreich kämpfenden Bürger legitimiert. Während aber die Kosten der Ausrüstung eines gepanzerten Fußsoldaten nicht für alle Bürger erschwinglich waren, erlaubte der in den nächsten Jahren folgende

---

[79] Briant 2002, 146–156; Murray 1995, 320–340; Schmidt-Hofner 2016, 26–48.
[80] Zu Bevölkerungsschätzungen für das antike Griechenland vgl. jetzt zusammenfassend Bresson 2016, 54–62.

Ausbau der Seemacht mit dem steigenden Bedarf an Ruderern auch den ärmeren Athenern eine Beteiligung an den Kriegsanstrengungen, der für die Teilhabe an den Staatsgeschäften in den griechischen Städten als maßgeblich galt. Dieses Flottenbauprogramm wurden neben dem Ausbau der Hafenanlagen vor allem vom Staatsmann und Feldherrn Themistokles gefordert, der auch die Verwendung eines Teils der Gewinne aus den 483 neuentdeckten Silbervorkommen im Laureion-Gebirge im Südosten Attikas für diesen Zweck durchsetzte (ein weiterer Teil diente der Finanzierung der wachsenden Getreideimporte).[81]

Nach der Schlappe bei Marathon hatten innere Unruhen Großkönig Dareios von einem neuerlichen Feldzug gegen Griechenland abgehalten. Diesen bereitete nach Dareios' Tod 486 v. Chr. sein Sohn und Nachfolger Xerxes I. (reg. 486–465 v. Chr.) vor, der das gesamte Machtpotenzial seines Imperiums mobilisierte und nach modernen Schätzungen bis zu 200 000 Mann und 600 Schiffe in Marsch setzte. Das Ziel war diesmal die Unterstellung aller griechischen Stadtstaaten in der Ägäis unter persische Oberhoheit. Dieses Vorhaben scheiterte zur See an der Athener Flotte bei Salamis 480 v. Chr. und zu Lande an der Armee der verbündeten Griechen, darunter diesmal auch der Spartaner, bei Plataiai in Böotien 479 v. Chr. Bis heute werden diese Siege als ‚Europas erster Freiheitskrieg' gefeiert (so im populären deutschen Geschichtsmagazin *G/Geschichte* im Juli 2020), der die westliche Zivilisation gerettet hätte. Tatsächlich weist die Forschung daraufhin, dass die jahrzehntelange ‚asiatische' Oberhoheit der Lyder und danach der Perser die intellektuelle Blüte der griechischen Städte Westkleinasiens, die vor allem mit den Namen der vorsokratischen Philosophen Thales (624–544 v. Chr.) oder Heraklit (ca. 520–460 v. Chr.) verbunden wird, keineswegs behinderte. Zynisch könnte man feststellen, dass die Stadtstaaten Griechenlands ihre Unabhängigkeit vor allem dazu nutzten, sich gegenseitig zu bekriegen und zu schwächen, bis sie sich letztlich anderen Imperien, zuerst der Makedonen, dann der Römer, beugen mussten.[82]

---

[81] Murray 1995, 338–355; Abulafia 2011, 135–140; Ober 2015, 166–175; Stein-Hölkeskamp 2015, 267–274; Schmidt-Hofner 2016, 48–52. Zu den umwelthistorischen Aspekten des Laureion-Bergbaus siehe Thommen 2009, 67 f.; Bresson 2016, 73 f., 372 f. Man schätzt, dass für die Gewinnung von einer Tonne Silber bis zu 10 000 Tonnen Holz (in Form von Holzkohle) verbraucht wurden.

[82] Murray 1995, 359–372; Briant 2002, 525–542; Schmidt-Hofner 2016, 52–67; Scholz 2015, 221–224.

Hauptprofiteur des Sieges von 480/479 v. Chr. wurde aber vorerst Athen, das in der Folge eine Allianz mit vielen Stadtstaaten und Inseln in der Ägäis, einschließlich der westkleinasiatischen Küste, zum Schutz vor den Persern etablierte. Dieser ‚Seebund' wurde aber bald zu einem Instrument der Hegemonie Athens über die Ägäis, und die einzelnen Mitgliedsstaaten, die Abgaben für die gemeinsame Bundeskasse auf der Insel Delos leisten mussten, sahen sich in ihrer Freiheit „teilweise massiv beschnitten".[83] Die Verwandlung des Seebundes in ein imperiales Projekt der Athener wurde spätestens 454 v. Chr. durch die Verlegung der Bundeskasse von Delos nach Athen deutlich sichtbar. Von den Beiträgen der Mitgliedsstaaten und der Seeherrschaft Athens in der Ägäis und seiner Rolle als Hauptknotenpunkt in einem weitgespannten Netzwerk an Stützpunkten und Handelsrouten profitierten vor allem die Athener. Einige wurden als Siedler in Kolonien an strategisch wichtigen Orten entsandt. Durch die breite Verteilung der Segnungen des Seereichs unter den Vollbürgern wurde auch das demokratische Regime gestärkt, symbolisiert durch den Bau des Parthenon-Tempels auf der Akropolis, der in einer kurzen Phase des Friedens zwischen 447 und 432 v. Chr. errichtet wurde. Für die Versorgung seiner wachsenden Bevölkerung war Athen aber immer mehr auf Getreideimporte aus Übersee und die Kontrolle der Handelsrouten angewiesen; auch das für den Schiffsbau notwendige Holz musste importiert werden, vor allem von den stärker bewaldeten Nordküsten der Ägäis auf der Chalkidike, in Makedonien und Thrakien. Der urbane Metabolismus der Metropole war nun eingebunden in das Geflecht der imperialen Ökologie des Seereichs.[84]

Der Peloponnesische Krieg, die ‚Pest' in Athen und ein Vulkan

Kurz nach der Einweihung der Parthenons 432 v. Chr. brach der schwelende Konflikt mit der anderen Vormacht Griechenlands, Sparta, voll aus, nachdem sich Athen in einen Krieg zwischen Kerkyra (Korfu) und Spartas Bündnispartner Korinth eingemischt hatte. Da die Armee der Spartaner zu Land überlegen war, riet der damals führende Staatsmann Athens, Perikles, (ca. 490–429 v. Chr.) dazu, die Bevölkerung aus dem

---

[83] Schmidt-Hofner 2016, 69 f., 90–134.
[84] Garnsey 1988, 120–133; Thommen 2009, 37–44; Sommer 2013b, 87 f.; Ober 2015, 198–206; Tietz 2015, 327; Schmidt-Hofner 2016, 69 f., 90–154. Zum Holzverbrauch im antiken Griechenland siehe auch Bresson 2016, 72–75.

Umland hinter die mehr als fünf Kilometer „Langen Mauern" zurückzuziehen, durch die die Verbindung der Stadt mit ihrem Hafen Piräus gesichert war. Gleichzeitig sollte die Flotte des Seebunds die Küsten der spartanischen Allianz angreifen. Damit stand allerdings das unmittelbare agrarische Hinterland der Verwüstung durch die Spartaner offen, weshalb Athen im Krieg umso mehr auf Getreideimporte aus Übersee angewiesen war.[85]

Vielleicht über diese maritimen Verbindungen wurde 430 v. Chr. eine verheerende Seuche nach Athen eingeschleppt, während die Bevölkerung gedrängt in den Notquartieren hinter den Langen Mauern hauste – aus heutiger Sicht ‚ideale' Bedingungen für die Verbreitung der Infektion. Der zeitgenössische Historiker Thukydides, der selbst erkrankte, aber wieder gesundete, schildert diese Ereignisse: „Die Armee der Spartaner war noch nicht viele Tage in Attika, als in Athen zum ersten Mal die Seuche ausbrach. Es hieß, sie habe schon vorher mancherorts eingeschlagen, bei Lemnos und anderwärts, doch von nirgends wurde eine solche Seuche, ein solches Hinsterben der Menschen berichtet." Der Hinweis auf Lemnos, seit dem frühen 5. Jahrhundert ein wichtiger Athener Stützpunkt auf der Route zu den Meerengen in Richtung Schwarzes Meer, könnte ein Indiz für einen ‚Import' der Seuche mit den Versorgungsflotten sein. Auch berichtet Thukydides, dass die Seuche „zunächst die Menschen in Piräus" im Gebiet des Hafens ergriff. Auch von einer noch weiter reichenden Verbreitungsroute der Krankheit hatte Thukydides gehört: „Die Seuche begann zuerst, so heißt es, in Äthiopien […] und stieg dann nieder nach Ägypten, Libyen und in weite Teile des Landes des Perserkönigs". Aus diesen Regionen fehlen aber Hinweise auf den Ausbruch einer Epidemie um diese Zeit, sodass diese Angaben nicht verifiziert werden können. Zwar existiert ein angeblicher Briefwechsel zwischen dem Großkönig Artaxerxes I. (reg. 465–424 v. Chr.) und dem berühmten griechischen Arzt Hippokrates von Kos (ca. 460–370 v. Chr.), in der die Perser um Unterstützung bei der Bekämpfung einer Seuche in ihrem Heer bitten, doch sind diese Texte erst zwischen dem 1. Jahrhundert v. Chr. und den 2. Jahrhundert n. Chr. entstanden. Ob sich darin ein authentischer Kern verbirgt, ist unklar. Die Athener selbst suchten angesichts des Belagerungszustands ohnehin nach einer näher liegenden Ursache. Es „kam die Meinung auf", so Thukydides, „die Spartaner und ihre Verbündeten hätten Gift in die Brunnen geworfen", ein Motiv, dass noch mehrfach

---

[85] Will 2019, 22–42; Ober 2015, 212–217; Schmidt-Hofner 2016, 163–182.

bei der Deutung von Epidemien begegnen wird. Gleichzeitig versagten sowohl die Möglichkeiten der Medizin als auch die Schutzwirkung der Religion: „Nicht nur die Ärzte waren mit ihrer Behandlung zunächst machtlos gegen die unbekannte Krankheit, ja, da sie am meisten damit zu tun hatten, starben sie am ehesten selbst […]. Auch alle Bittgänge zu den Tempeln, Weissagungen und was sie dergleichen anwandten, half alles nichts […]." Ebenso beklagt Thukydides den zeitweiligen Zusammenbruch der üblichen sozialen Bindungen, da die Bürger „nämlich in Angst einander mieden", während jene, die sich dennoch um ihre erkrankten Verwandten und Freunde kümmern wollten, selbst an der Seuche verstarben. Auch die üblichen Bestattungsgebräuche und andere Sitten wurden missachtet.[86]

Die berühmte und für spätere Autoren als Vorbild dienende Schilderung der Seuche durch Thukydides, der betonte, „dass sie etwas anderes war als alles Herkömmliche", motivierte auch viele moderne Gelehrte, Vermutungen zur mikrobiologischen Identität des Erregers anzustellen.[87] Mehr als 30 verschiedenen Hypothesen wurden dazu aufgestellt; sie reichen von Masern (die nach neuen Untersuchungen ungefähr um diese Zeit ihre ‚Karriere' als Krankheitserreger beim Menschen begannen[88]) und Pocken über Milzbrand und Influenza bis zu Pest und Ebola. Mehrfach wurde auch Typhus, übertragen durch verseuchte Nahrung oder Wasser, vorgeschlagen. Dies schien 2006 eine Bestätigung zu finden, als in Skeletten mutmaßlicher Opfer der Seuche vom großen antiken Kerameikos-Friedhof in Athen DNA-Fragmente eines Erregers aus der Salmonellen-Familie nachgewiesen wurden. Allerdings fand diese Deutung keine allgemeine Anerkennung, da dieses Pathogen auch ohne ursächlichen Zusammenhang mit der verheerenden Epidemie von 430 v. Chr. unter den hygienischen Bedingungen der damaligen Zeit zu den

---

[86] Thukydides II, 47–49, zitiert nach Thukydides 1996, 118 f. (samt Kommentar). Vgl. Horstmanshoff 1992, 48 f., auch zur Verknüpfung der Epidemie von 430 v. Chr. mit einem Seuchenausbruch in Athen 200 Jahre zuvor, der mit einer ‚Blutschuld' der Athener nach Verletzung des Asylrechts am Altar der Göttin Athene in Verbindung gebracht wurde, und 53 mit Schätzungen zur Zahl der Opfer; Thommen 2009, 61 f.; Huber 2005; Steger 2020. Zum Briefwechsel des Artaxerxes I. und des Hippokrates siehe Flashar 2016, 196 f.

[87] Thukydides II, 47, 4, zitiert nach Thukydides 1996, 118. Steger 2020, 59. Zur Vorbildwirkung des Thukydides vgl. Meister 2013. Für die Vorbildwirkung des Thukydides vgl. auch das erste Kapitel im parallel erschienenen Band *Der Lange Sommer und die Kleine Eiszeit*.

[88] Vgl. Düx u. a. 2020.

üblichen mikrobischen Begleitern der Menschen gehört haben könnte. Ebenso wurde eine nachträgliche Verunreinigung der Proben nicht ausgeschlossen. Somit ist diese Debatte nach wie vor offen.[89]

Interessanter für die zeitgenössische Deutung der Seuche ist der Hinweis des Thukydides auf die Ärzte, aber auch seine offenbar auf der Humoralpathologie (der Lehre von der vier Körpersäften Blut, Schleim sowie gelbe und schwarze Galle) beruhende Beschreibung der Symptome. Zum Durchbruch verholfen hatte dieser Lehre insbesondere Hippokrates von der Insel Kos, die auch zum Attischen Seereich gehörte. Einer späteren, aber unzuverlässigen Überlieferung zufolge hielt sich Hippokrates zur Zeit der Seuche sogar in Athen auf. Er entwickelte eine Theorie zur Entstehung von Epidemien, die bis ins 19. Jahrhundert als maßgeblich galt (der Lehrstuhl für hippokratische Medizin in Paris wurde erst 1811 aufgehoben). Demnach wären sie auf durch Fäulnisprozesse entstandene Verunreinigungen der Luft (*miasmata*) zurückzuführen. Als vorbeugende Maßnahme wurde deshalb eine Reinigung der Luft etwa durch Feuer und Wohlgerüche angeraten; doch ebenso konnte die Flucht von derart verunreinigten Orten von Nutzen sein.[90] Letztere war während der Belagerung Athens durch die spartanischen Truppen aber unmöglich, und insgesamt konnte sich unter diesen Bedingungen kaum jemand der Bedrohung entziehen. Im Frühjahr 429 fiel selbst Perikles der Seuche zum Opfer, nachdem ihn die Athener unter dem Eindruck der Epidemie kurzfristig seines Amtes enthoben und Friedensverhandlungen mit den Spartanern eröffnet hatten, die aber scheiterten. Der Krieg wurde also fortgesetzt, selbst als die Seuche im Winter 427/426 v. Chr. nochmals ausbrach. Auch danach gingen die Kampfhandlungen fünf Jahre weiter, ehe die erschöpften Gegner

---

[89] Papagrigorakis u. a. 2006; Huber 2005, 215 f.; Antonio u. a. 2019, 213 f.; Will 2019, 45. Zu Problemen mit der Wasserversorgung Athens, die die Ausbreitung solcher Erreger begünstigt hätten, siehe Bresson 2016, 45–48, der ebenfalls eher an einen Typhusausbruch glaubt.

[90] Flashar 2016, 81–90, 205 f., 247 f.; Will 2019, 48 f.; Angel 1996, 204–206, 674–676: Leven 1997, 29–31; Steger 2020, 60 f. Beim griechischen Historiker Diodor (1. Jahrhundert v. Chr.) werden später als Ursachen für den Ausbruch der Seuche in Athen ein regenreicher Winter genannt, der viele stehende Gewässer zurückgelassen hätte, die mit ihren „Ausdünstungen" für eine Verunreinigung der Luft gesorgt hätten; daneben hätte die schlechte Qualität des geernteten Wintergetreides und das Ausbleiben der Etesien-Winde für eine erhöhte Krankheitsanfälligkeit gesorgt, vgl. Huber 2005, 235 (mit den entsprechenden Quellenangaben).

421 v. Chr. offiziell Frieden schlossen. Diese erstaunliche Hartnäckigkeit, selbst nach einer solchen Katastrophe die ohnehin geschwächten Kräfte für den Krieg einzusetzen, mag zynisch als Zeichen der Widerstandskraft dieser Gesellschaften gedeutet werden. Kurz nach dem Friedensschluss überführten die Athener ein Standbild des Asklepios von Epidauros auf der Peloponnes, eigentlich eine mit Sparta verbündete Stadt, in ihre Stadt, wo dem Heilgott am Südabhang der Akropolis ein Tempel errichtet wurde, wohl auch zur symbolischen Bewältigung der im Jahrzehnt zuvor zweimal wütenden Epidemie.[91]

Nicht nur in Athen, sondern auch andernorts wurde der Krieg von Extremereignissen begleitet, wie Thukydides am Beginn seines Werks darlegt:

> „Denn nie sind so viele Städte erobert und verödet worden, teils durch die Hand von Barbaren, teils im Kampf von Griechen wider Griechen; etliche aber haben auch bei der Einnahme ihre Bewohner gewechselt; nie hat so viel Verbannung und Blutvergießen stattgefunden, teils im Krieg selbst, teils in Folge von Parteiungen. Überdies ist, was man vordem zwar nach alter Überlieferung erzählt, aber durch die Erfahrung nur selten bestätigt wurde, nunmehr zu unzweifelhafter Gewissheit erhoben, was Erdbeben anbetrifft, welche sich über den größten Teil der Erde und zugleich mit äußerster Heftigkeit erstreckten, desgleichen Sonnenfinsternisse, welche gegen die aus der früheren Zeit überlieferten in größerer Zahl eintraten, hier und da große Dürre und infolge derselben Hungersnot und die ganz besonders nachteilige und für einen Teil geradezu vernichtende Seuche. Denn alles dies erschien im Gefolge dieses Krieges." [92]

An Erdbeben verzeichnet Thukydides für das Jahr 426 v. Chr. eine Erschütterung im Kanal von Atalanti vor der Insel Euböa nördlich von Athen, die sogar mit einem Tsunami einherging.[93] Die von ihm erwähnte „große Dürre" könnte wiederum mit einer kurzfristigen Witterungsanomalie um das Jahr 426 v. Chr. zusammenhängen, für das in den Eisbohrkernen in Grönland die chemische Signatur einer der größ-

---

[91] Will 2019, 45–49, 52–130; Schmidt-Hofner 2016, 183–185, 203–205. Zum Asklepios-Heiligtum siehe Horstmanshoff 1992; Flashar 2016, 212 f.

[92] Thukydides I, 23, 2–3, zitiert nach Thukydides 1996, 16 (samt Kommentar). Vgl. auch Will 2019, 45; Schmidt-Hofner 2016, 192.

[93] Thukydides III, 89, zitiert nach Thukydides 1996, 204 (samt Kommentar). Vgl. Thommen 2009, 64; Willershäuser 2014; Hofrichter 2020, 564–569, auch generell zu Tsunamis im Mittelmeerraum.

ten vulkanische Eruptionen der letzten 2500 Jahre entdeckt wurde. Ein solches Ereignis führt vor allem zu einer allgemeinen Abkühlung (wie im „Jahr ohne Sommer" 1816), und diese lässt sich auch am verminderten Wachstum von Baumringen aus Mittel- und Nordeuropa für diesen Zeitraum nachweisen. Jedoch können regional auch andere Witterungsextreme im Gefolge eines Vulkanausbruchs dieser Größe resultieren, wie eben eine Verminderung der Niederschläge über einen längeren Zeitraum. Francis Ludlow und Joe G. Manning führen dazu aus:

„Vulkanausbrüche können Niederschläge auf verschiedene Weise beeinflussen, am direktesten durch die Verminderung von Verdunstung über Wasserflächen durch die Abkühlung von Oberflächentemperaturen; dadurch wird der durchschnittliche Niederschlag auf verschiedenen räumlichen Skalen, von regional über hemisphärisch bis global, reduziert."[94]

Eine Verknüpfung der Dürre während des Krieges zwischen Athen und Sparta mit der Eruption von 426 v. Chr., die auch für Trübungen der Atmosphäre und ‚Verdunkelungen' der Sonne gesorgt haben könnte, bleibt vorerst Hypothese, umso mehr, da der Vulkan, dessen Ausbruch diese kurzfristige Klima-Anomalie verursachte, bislang noch nicht identifiziert wurde. Auch die oben erwähnten paläoklimatischen Daten aus den Tropfsteinhöhlen der Peloponnes helfen hier wenig, da sie aufgrund ihrer zeitlichen Auflösung derartige kurzfristige Anomalien nicht registrieren.[95]

Die wahre Katastrophe für Athen folgte aber erst in der zweiten Phase des Konflikts. 415 v. Chr. ließen sich die Athener von der Aussicht auf die Ausdehnung ihrer Macht auf die reiche, Getreide exportierende Insel Sizilien, dazu verleiten, dem Hilfsersuchen einiger dort vom mächtigen Syrakus bedrängten Städte Folge zu leisten. Unter enormen Kosten wurde ein gewaltiges Expeditionskorps mit über 200 Schiffen und 40 000 Soldaten und Söldnern entsandt. Dies mag man, zehn Jahre nach dem letzten dokumentierten Auftreten der Seuche, als Zeichen der Erholung attischer Macht deuten. Doch scheiterte das Unternehmen der Eroberung von Syrakus spektakulär. Als nach zwei Jahren vergeblicher Kämpfe und dem neuerlichen Ausbruch einer Seuche im Heer

---

[94] Ludlow/Manning 2016, 165
[95] Zu den Eisbohrkerndaten und ihrer Interpretation siehe Sigl u. a. 2015. Zu den Daten von der Peloponnes siehe Weiberg u. a. 2016.

im Sommer 413 v. Chr. schon der Abzug beschlossen war, wurde dieser aufgrund einer als unheilvolles Omen für die Seefahrt interpretierten Mondfinsternis am 27. August verzögert. Dies nutzten die Syrakusaner, um die Truppen des Feindes einzukesseln. Die Athener mussten kapitulieren, viele endeten in der Sklaverei. Der Verlust an Menschen, Material und Prestige für Athen war gewaltig.[96]

Dies motivierte auch die Spartaner und ihre Verbündeten zu einem neuerlichen Angriff. Die Athener folgten wieder der Strategie des Perikles und zogen sich hinter die Langen Mauern zurück. Doch diesmal hinterließen die Spartaner nicht nur eine dauerhafte Besatzung in Attika (in der ersten Phase des Krieges hatten sie sich im Winter immer wieder zurückgezogen), sondern gingen 412 v. Chr. ein Bündnis mit den Persern ein. Die persischen Unterstützungsgelder erlaubten Sparta den Aufbau einer eigenen Flotte, mit der es auch zur See Athen herausfordern und seine Stützpunkte und Versorgungswege bedrohen konnte. Diese bedrohliche Lage trug 411/410 v. Chr. zum zeitweiligen Sturz der Demokratie in Athen und die Einrichtung eines oligarchischen Regimes bei. Dieses wurde zwar wieder beseitigt, und man konnte in den nächsten Jahren einige Erfolge im Krieg feiern. Als aber die Kontrolle über die Seerouten und insbesondere die Meerengen mit dem Zugang zum Getreide des Schwarzmeerraums verloren ging, trieb der Hunger Athen im April 404 v. Chr. zur Kapitulation. Dem Frieden mit dem Verlust des Seereichs folgte die zeitweilige Abschaffung der Demokratie durch eine „Herrschaft von 30 Tyrannen" von August 404 bis März 403 v. Chr., der mehr als 1500 politische Gegner des neuen Regimes zum Opfer fielen. Nach der Vertreibung der 30 Tyrannen konnte zwar die Demokratie wieder eingeführt werden; zu den Nachwehen der Erschütterung der attischen Gesellschaft gehörte aber auch die Anklage wegen Gottlosigkeit gegen den Philosophen Sokrates, der 399 v. Chr. zum Tode verurteilt wurde.[97]

Krieg, Landschaftsveränderung, Klimawandel und die ‚Überlegenheit' der Griechen

Der Sieg von 404 v. Chr. führte zu einer zeitweiligen Vorherrschaft Spartas in Griechenland, aber vor allem zur Rückkehr persischer Macht in

---

[96] Will 2019, 157–201; Ober 2015, 217–220; Schmidt-Hofner 2016, 206–210.
[97] Will 2019, 203–287; Ober 2015, 220–222; Schmidt-Hofner 2016, 214–225; Bresson 2016, 413 f.

die Ägäis. Geschickt spielten die Vertreter des Großkönigs die Stadtstaaten untereinander aus und erzwangen 387/388 v. Chr. sogar einen allgemeinen „Königsfrieden", der die Städte Westkleinasiens erneut unter persische Oberhoheit stellte. Gegen die Bedrohung durch Sparta und Persien konnte Athen immerhin ab 378/377 v. Chr. wieder einige seiner früheren Alliierten in einem Zweiten Seebund zusammenführen, der aber wesentlich kleiner als der erste blieb. Nach wie vor war Athen auf die Getreideimporte aus Übersee, insbesondere dem Schwarzen Meer, angewiesen und musste versuchen, die entsprechenden Routen durch Allianzen abzusichern, nachdem es die maritime Dominanz verloren hatte. Spartas Macht wurde hingegen 371 v. Chr. nach einer Niederlage gegen die Stadt Theben (in Böotien) gebrochen.[98] Doch war auch die Hegemonie Thebens von kurzer Dauer, als sein führender General Epaminondas 362 v. Chr. fiel. Ohne eindeutige Führungsmacht entbrannten noch mehr Konflikte zwischen den griechischen Stadtstaaten von Sizilien bis in die Ägäis. Diese „nahezu permanente Kriegsführung" bedingte die Entstehung wachsender Söldnerheere anstelle der Bürgerkontingente, ebenso vielfache soziale Unruhen und Verwüstungen von Siedlungen und Ackerflächen.[99] Die von Izdebski und seinem Team ausgewerteten Pollendaten zeigen für Griechenland in dieser Zeit eine „Trendumkehr"; während der Anteil der Cash Crops sank, wurde der Anbau von Getreide erstmals seit der Expansion der Handelsnetzwerke in der Zeit der Kolonisation des 8. und 7. Jahrhunderts v. Chr. wieder gesteigert. Dieser „synthetische" Befund für ganz Griechenland verdeckt sicher viele regionale Unterschiede, jedoch mochte für verschiedene Städte einen Intensivierung der heimischen Produktion von Grundnahrungsmittel eine Antwort auf die Bedrohung der Versorgungsrouten zur See durch ständige Kriege und Piraterie gewesen sein.[100]

Für die Auswirkungen der intensiven Nutzung der Landschaft im unmittelbaren Umland der Metropole Athens wird oftmals der Philosoph Platon (428–348 v. Chr.) als Zeuge herangezogen, der in einem der Dialoge *(Kritias)*, in dem er über die ‚Urgeschichte' Athens und dessen vermeintlichen Krieg mit der seitdem als Mythos etablierten Insel Atlantis berichtet, schreibt:

---

[98] Garnsey 1988, 134–164; Schmidt-Hofner 2016, 67, 226–256; Will 2019, 300–303.
[99] Ober 2015, 224–232; Schmidt-Hofner 2016, 257–290.
[100] Izdebski u. a. 2020. Vgl. auch Bintliff 2012, 311–315.

> „Da nun in den neuntausend Jahren, denn so lange ist von damals bis jetzt verstrichen, viele und mächtige Überschwemmungen stattfanden, so dämmte sich die in so langer Zeit und bei solchen Naturereignissen von den Höhen herabgeschwemmte Erde nicht, wie anderwärts, hoch auf, sondern verschwand, immer ringsherum fortgeschwemmt, in der Tiefe. Es sind nun aber, wie bei kleinen Inseln gleichsam, mit dem damaligen Zustande verglichen, die Knochen des erkrankten Körpers noch vorhanden, indem nach dem Herabschwemmen des fetten und lockeren Bodens nur der hagere Leib des Landes zurückblieb. In dem damaligen noch unversehrten Lande aber erschienen die Berge wie Erdhügel, die Talgründe des jetzt sogenannten Phelleus [die Ebene im Inneren der Attika] waren mit fetter Erde bedeckt, und die Berge bekränzten dichte Waldungen, von denen noch jetzt augenfällige Spuren sich zeigen. Denn jetzt bieten einige der Berge nur den Bienen Nahrung; vor nicht gar langer Zeit aber standen noch die Bedachungen von zum Sparrenwerk tauglichen, dort für die größten Bauten gefällten Bäumen unversehrt. Auch trug der Boden viele andere, hohe Fruchtbäume und bot den Herden höchst ergiebige Weide; vorzüglich aber gab ihm das im Laufe des Jahres von Zeus entsandte Wasser Gedeihen, welches ihm nicht, indem es wie jetzt bei dem kahlen Boden in das Meer sich ergoss, verlorenging; sondern indem er viel Erde besaß, in die er es aufnahm und es in einer schützenden Tonschicht verteilte, entließ er das von den Höhen eingesogene Wasser in die Talgründe und gewährte nach allen Seiten reichliche Bewässerung durch Flüsse und Quellen, von welchen auch noch jetzt an den ehemaligen Quellen geweihte Merkzeichen zurückgeblieben sind, dass das wahr sei, was man jetzt davon erzählt."[101]

Obgleich Platon seine Schilderung in ferner Vergangenheit beginnt, vergleicht er den jetzigen Zustand der attischen Landschaft mit jenem „vor nicht gar langer Zeit", als die stärkere Bewaldung auch für eine bessere Bewässerung der Gegend sorgte, während seitdem Erosion die „Knochen des erkrankten Körpers" bloßlegte. Ähnliche Prozesse, die zu verkarsteten, kahlen oder mit niedriger Macchie (Gebüschformationen) bewachsenen Landschaftsformen führten, wurden für viele Regionen des Mittelmeerraums als Folge der antiken Übernutzung von Wäldern und Feldern gedeutet. Jedoch erwiesen jüngere Untersuchungen auch hier große Unterschiede zwischen den Mikroregionen, von denen einige mehrere Phasen der Ent-, aber auch erneuten Bewal-

---

[101] Platon, Kritias 111a–d; Übersetzung zitiert nach Platon 1994, 112 f. Vgl. auch Radkau 2002, 160 f.

dung seit dem Beginn der landwirtschaftlichen Nutzung vor ca. 7000 Jahren erlebten. Der entscheidende Schritt zum jetzigen erodierten Zustand wurde oft erst mit dem demografischen und ökonomischen Wachstum des 19. und 20. Jahrhunderts gesetzt und kann nicht antikem Raubbau zugeschrieben werden.[102] Die ‚Mega-City' Athen mag aber auch in der Ägäis schon damals ein Sonderfall besonders intensiver und weniger nachhaltiger Nutzung des Umlandes gewesen sein. Auf jeden Fall blieb sie auch im 4. Jahrhundert v. Chr. nach dem Verlust des Seereiches weitgehend abhängig von den Importen von Getreide und anderen Gütern.[103] Der Athener Feldherr, Staatsmann und Historiker Xenophon (ca. 430–354 v. Chr.) legt eine entsprechende Beobachtung dem Herrscher Thessaliens Jason von Pherai (reg. ca. 390–370 v. Chr.) in den Mund, der weitgehende Pläne zur Erlangung der Vorherrschaft in Griechenland hegte:

> „Denn wenn wir Makedonien besitzen, den Ort, von dem die Athener ihr Bauholz beziehen, werden wir in der Lage sein, mehr Schiffe als sie zu bauen. Und ist eher wahrscheinlich, dass wir, die wir so viele und ausgezeichnete Knechte haben, oder die Athener diese Schiffe richtig bemannen können? Und wer kann eher die Seeleute versorgen: wir, die wir eine solche Überfülle an Getreide haben, dass wir es exportieren, oder die Athener, die nicht genügend Getreide für ihre Leute hätten, wenn sie es nicht anderswo kaufen könnten?"[104]

Allerdings veränderte die mit solchen Großmachtplänen einhergehende Intensivierung der Nutzung der Landschaft auch die Ökologie

---

[102] Vgl. Horden/Purcell 2000, 332–338; Radkau 2002, 161–163; Harris 2013; Veal 2013; Headrick 2020, 98–101; Hofrichter 2020, 248–251, 368–377, 470–472.

[103] Zu den verschiedenen diplomatischen und wirtschaftlichen Maßnahmen, auch in anderen griechischen Städten, um eine ausreichende Getreideversorgung zu (sozial) akzeptablen Preisen zu gewährleisten vgl. Huber 2005, 224–226; Ober 2015, 232–236; Rohde/Sommer 2016, 19; Bresson 2016, 325–338, 384–390, 402–412. Nach der Schätzung von Bresson 2016, 411, wurden 27 Prozent des Getreidebedarfs von Athen um die Mitte des 4. Jahrhunderts v. Chr. durch die Eigenproduktion gedeckt, 32 Prozent wurden aus dem Schwarzmeerraum importiert, 12 Prozent von den Kolonien auf Lemnos und Imbros, und ungefähr je sieben Prozent aus Kyrene, Ägypten und dem griechischen Westen (Sizilien usw.).

[104] Xenophon, Hellenika 6, 1, 11; zitiert nach Xenophon 2009, 223 f. Vgl. auch Davies 1983, 252 f.; Harris 2013, 177 f.

in Thessalien, für das der Philosoph Theophrast (ca. 371–287 v. Chr.), ein Schüler des Platon und Aristoteles, eine der frühesten Beschreibungen eines menschengemachten Klimawandels liefert:

> „Im Land um die Stadt Larissa in Thessalien herum war früher, als es dort viel stehendes Wasser gab und die Ebene ein einziger See war, die Luft dicker und das Land wärmer. Nun aber, da man die Fläche entwässert hat und man das Wasser daran hindert, sich wieder zu sammeln, ist das Land kälter geworden, und es gibt häufiger Frost als früher. Als Beleg dafür mag dienen, dass es früher direkt in der Stadt und auch in ihrem Umland ausgezeichnete Ölbäume gab, während man jetzt nirgends welche sieht; und dass Weinreben früher nie Frost litten, dies heutzutage aber häufig geschieht."[105]

Eine Veränderung des Klimas beobachtet Theophrast auch für das nördlich benachbarte Makedonien, die er auf die Rodung von Wäldern, u. a. für den Bedarf der athenischen Flotte, zurückführt; dort wurde die Witterung allerdings wärmer, und Winterfröste blieben im Gegensatz zu Thessalien aus. Der deutsche Althistoriker Werner Tietz bemerkt dazu:

> „Vermutlich lag (Theophrast) in beiden Fällen richtig: Im bergigen Makedonien blies der Wind die Kälte nach der Entwaldung aus den hartnäckigsten Mulden, während derselbe Wind im ebenen Thessalien eine ohne Bäume weitgehend ungeschützte Landschaft vorfand und die früheren großen Wasserflächen auch nicht mehr zu Abmilderung des Frosts beitragen konnten."[106]

Wieweit eine Milderung der Fröste auch den Aufstieg Makedoniens zur Vormacht in Griechenland begünstigte, bleibt Spekulation. Unter König Philipp II. (reg. 359–336 v. Chr.) unterwarf Makedonien seine Nachbargebiete, darunter das an Edelmetallen und anderen Ressourcen reiche Thrakien, und intervenierte dann südlich im griechischen Kernland. Mit der Kontrolle über den Norden der Ägäis und die Meerengen konnte Philipp II. auch die Stadt Athen unter Druck setzen, die er schließlich zusammen mit ihren Verbündeten 338 v. Chr. in der Schlacht von Chaironeia in Böotien entscheidend schlug. Die unterlegenen Stadtstaaten mussten einem „Hellenischen Bund" beitreten, dessen lebenslangen Vorsitz Philipp II. und nach seiner Ermordung

---

[105] Theophrast, Über den Ursprung der Pflanzen 5, 14, 2 f; Übersetzung zitiert nach Tietz 2015, 331 f.
[106] Tietz 2015, 332.

sein Sohn Alexander III. (reg. 336–323 v. Chr.), später genannt „der Große", übernahm. Sein Eroberungsfeldzug gegen Persien führte ihn aber bald weit weg von der Ägäis bis nach Indien. Bereits 346 v. Chr. hatte der hochbetagte Redner Isokrates aus Athen (436–338 v. Chr.), der schon länger die Idee einer Vereinigung aller Griechen propagierte, Philipp II. geraten, das Perserreich anzugreifen, ihm Kleinasien zu entreißen, um dort griechische Städte zu gründen und „die darin anzusiedeln, welche jetzt aus Mangel am täglichen Brot umherschweifen und wen sie nur treffen beunruhigen".[107]

Nach der Niederlage der Perser in den Schlachten von 490 und 480 v. Chr. hatten sich bei den Griechen Vorstellungen von einer vermeintlich naturgegebenen Unterlegenheit der „Asiaten" entwickelt, und auch Isokrates vertrat solche Ansichten. Dabei wurde auch das Klima als Faktor herangezogen; Hippokrates etwa vermutete in seiner Schrift *Über die Umwelt*, dass im Gegensatz zum griechischen ‚Reizklima' mit seinen Wechseln zwischen Sommer und Winter das gleichmäßig heiße Klima bei den Persern und anderen „Asiaten" einen „Mangel an Geist und Mut" verursache und sie „weniger kriegerisch und sanfter" mache; er schreibt, aufgrund der „Einheitlichkeit der Jahreszeiten, die bei ihnen keinen gewaltsamen Wechsel zwischen heiß und kalt aufweisen, sondern gleich sind" gibt es dort „keine geistigen Aufregungen und keine gewaltsamen körperlichen Veränderungen, die die Leidenschaften des Menschen wahrscheinlich mehr anheizen und ihm eher ein feuriges Temperament verleihen als die ewige Gleichförmigkeit. [...] Aus diesen Gründen sind [...] die Asiaten kraftlos. Ihre Institutionen sind ein zusätzlicher Grund, denn der größte Teil Asiens wird von Königen regiert. Wo aber die Menschen nicht unabhängig und ihre eigenen Herren sind, sondern von Despoten beherrscht werden, da sind sie nicht interessiert an militärischen Erfolgen und wollen nicht kriegerisch erscheinen."[108] Ähnlich wie andere Thesen des Hippokrates wurden solche Vorstellungen vom Einfluss des Klimas auf den ‚Charakter' eines Volkes, seine (vermeintlichen) Stärken und Schwächen und daraus abzuleitende Vorstellungen der Über- oder Unterlegenheit in die Tradi-

---

[107] Übersetzung zitiert nach Davies 1983, 265–276. Vgl. auch Walbank 1994, 28–45; Scholz 2015, 15–36; Schmidt-Hofner 2016, 297 f., 310–330, 339–342.

[108] Zitiert nach Davies 1983, 49 f. Vgl. Flashar 2016, 64–73 (auch mit Überlegungen zur Verlässlichkeit der Zuschreibung dieses Werks an Hippokrates); Thommen 2009, 27 f., 31 f.; Schmidt-Hofner 2016, 75–79.

tion der ‚klassischen' Gelehrsamkeit mit Fortwirkung bis zu den Nationalismen und Rassismen des 19., 20. und 21. Jahrhunderts übernommen.[109] Hippokrates konnte nicht mehr erleben, wie jetzt die Griechen nicht als ihre ‚eigenen Herren', sondern auch unter dem Kommando eines Königs, Alexanders von Makedonien, einen Angriffskrieg gegen das Perserreich begannen.[110] Als Alexanders Reich nach seinem frühen Tod 323 v. Chr., vielleicht nach einer Malariainfektion[111], zerfiel, wurde Griechenland erneut zum Schlachtfeld der konkurrierenden Nachfolgereiche der Ptolemäer in Ägypten, der Seleukiden in Vorderasien und der Antigoniden in Makedonien, schließlich aber vor allem der Römer. Sie profitierten auch von den nach Alexander noch intensivierten Verflechtungen zwischen dem Mittelmeerraum und dem Nahen Osten.

---

[109] Vgl. Müller 1997b, 131–137 und bes. 189–191 zu ähnlichen Vorstellungen bei Aristoteles (384–322 v. Chr.), einem der Lehrer Alexanders des Großen, der sagte: „Die Völkerschaften nämlich, die in den kalten Gegenden Europas wohnen, sind zwar voller Mut, aber weniger mit Denkvermögen und Kunstfertigkeit begabt. Daher behaupten sie zwar leichter ihre Freiheit, aber sie sind zur Bildung staatlicher Gemeinwesen untüchtig und die Herrschaft über Nachbarvölker zu gewinnen unvermögend. Die Völker Asiens dagegen sind mit Denkvermögen und Kunstfertigkeit begabt, aber ohne Mut. Daher leben sie in Unterwürfigkeit und Sklaverei. Das Geschlecht der Griechen endlich, wie es örtlich die Mitte zwischen beiden einnimmt, vereint die Vorzüge beider, denn es ist voll Mut und zugleich mit Denkvermögen begabt. Daher erhält es sich nicht bloß fortwährend frei, sondern auch am meisten in staatlicher Ordnung und würde die Herrschaft über alle anderen Völker zu gewinnen imstande sein, wenn es zu einem einzigen Staat verbunden wäre." Aristoteles, Politik VII 7.1237b; Übersetzung zitiert nach Müller 1997b, 190.
[110] Ober 2015, 297–300.
[111] Winegard 2020, 106–110.

Der Bauch, das Schwert und ein Optimum:
Klimaschwankungen, Wachstumskrisen und Gewalt in Rom von Romulus bis Augustus

Im Jahr 494 v. Chr. eskalierte in Rom der Streit zwischen der Elite der Patrizier und der Masse der nichtadeligen Plebejer. Erst 15 Jahre zuvor hatten die Römer den letzten ihrer Könige vertrieben und ein auf eine breitere Beteiligung der Bürger hin ausgerichtetes Regime etabliert, das aber vom Rat der Patrizier, dem Senat, dominiert wurde. Um ihrer Forderung nach stärkerer Vertretung Nachdruck zu verleihen, zogen die Plebejer aus der Stadt aus und siedelten sich am nördlich gelegenen Mons Sacer (dem „Heiligen Berg") an. Als sich diese Protestaktion hinzog und den Zusammenhalt des Stadtstaats bedrohte, entsandte der Senat den früheren Konsul Agrippa Menenius Lanatus zu den Plebejern. Er wandte sich mit folgender Erzählung an sie:

> „Einst, als im Menschen noch nicht wie heute alles einheitlich verbunden war, als jedes der einzelnen Glieder des Körpers seinen Willen, seine eigene Sprache hatte, empörten sich die übrigen Glieder, dass sie ihre Sorge und Mühen und ihre Dienste nur aufwendeten, um alles für den Magen herbeizuschaffen. Der Magen aber liege träge mittendrin und tue nichts, als sich an den dargebotenen Genüssen zu sättigen. Sie verschworen sich also folgendermaßen: Die Hände sollten keine Speise mehr zum Munde führen, der Mund nichts Angebotenes mehr annehmen, die Zähne nichts mehr zerkleinern. Während sie nun in ihrer Erbitterung den Magen durch Aushungern bezwingen wollten, kamen die einzelnen Glieder alle zugleich mit dem ganzen Körper an den Rand völliger Entkräftung. Da sahen sie ein, dass sich auch die Aufgabe des Magens durchaus nicht in faulem Nichtstun erschöpfte, dass er ebenso sehr andere ernähre, wie er selbst ernährt werde. Er bringe ja das Blut, das durch die Verarbeitung der Speisen gebildet wird und durch das wir leben und bei Kräften bleiben, gleichmäßig auf die Adern verteilt in alle Glieder des Körpers. Indem er [Agrippa Menenius Lanatus] durch den Vergleich zeigte, wie dieser Aufruhr im Kör-

per Ähnlichkeit hatte mit der Erbitterung des Volkes gegen die Väter [den Senat], soll er die Gemüter umgestimmt haben."[1]

Entgegen den Angaben des Livius war es aber die Einführung eigens von den Plebejern gewählter Amtsträger, der Volkstribune, die gegen Entscheidungen des Senats und der Magistrate ein Veto einlegen durften, die den Zwist beendete. Dennoch blieb der Magen der Stadt Rom, im weiteren Sinne ihr urbaner Stoffwechsel, ein wesentlicher Aspekt des politischen Lebens und seiner Entwicklung. Regime, denen es gelang, die Ansprüche des Magens zu befriedigen, konnte ihre Stellung stärken, jene, die dabei versagten, in Turbulenzen geraten. Durch klimatische Schwankungen mitverursachte Häufungen von Witterungsextremen sowie Seuchen konnten die Bewältigung dieser Aufgaben noch herausfordernder gestalten oder sogar unmöglich machen.

Die Geburt der Römischen Republik aus der Krise, ca. 500–250 v. Chr.

Entgegen der späteren Tradition der Gründung durch Romulus im Jahr 753 v. Chr. war das Areal von Rom am Fluss Tiber schon seit ca. 1500 v. Chr. besiedelt, beherbergte aber erst ab ca. 900 v. Chr. eine dichtere Bevölkerung. Ab 650/600 v. Chr. gibt es erste Anzeichen städtischen Lebens, das durch die Trockenlegung des Gebiets des späteren Forum Romanum zwischen zwei der berühmten sieben Hügel, dem Kapitol und dem Palatin, sowie den Bau der Cloaca maxima gefördert wurde. Dennoch blieben Überschwemmungen durch den Tiber eine ständige Plage für die Stadt, deren Bewohner aber in gewissem Umfang damit zu leben lernten. Der Schriftsteller Plinius der Ältere schrieb dazu im 1. Jahrhundert n. Chr. in seiner Naturgeschichte:

> „Und keinem anderen der Flüsse wird weniger Freiheit zugestanden [als dem Tiber], da er auf beiden Seiten von Dämmen eingeschlossen wird; und doch wütet er selbst nicht, obwohl er häufig und plötzlich anschwillt [und] sich seine Wassermassen nirgendwo mehr ausbreiten als in der Stadt [Rom] selbst. Ja, man betrachtet ihn sogar eher als Propheten und Warner, da er sich durch sein Anschwellen immer eher als abergläubisch denn als wild erwies."[2]

---

[1] Livius 2, 32, 9–12; Übersetzung zitiert nach Livius 2019, 291–293.
[2] Plinius 3, 55; Übersetzung zitiert nach Plinius 2008, II 25 f. Vgl. auch Aldrete 2006; Keenan-Jones 2013, 235 f.

Heute weist Rom eine Jahresniederschlagsmenge von ca. 890 Millimetern auf, was für Regenfeldbau prinzipiell mehr als ausreichend ist. Jedoch konnte die jahreszeitliche Verteilung ungünstig ausfallen, sodass Feldfrüchte in der Wachstumsphase von Trockenheit geschädigt wurden. Geschah dies zwei oder mehre Jahre in Folge, drohte Nahrungsknappheit. Andererseits konnte das Frühjahr auch deutlich zu feucht sein, was die Ernte gleichfalls minderte. Die durchschnittliche Temperatur bleibt in Rom heute selbst im Jänner mit 4,5 Grad Celsius deutlich über Null; dennoch erfahren wir von gelegentlichen Kälteeinbrüchen, bei denen sogar der Tiber zufror.[3]

Das 6. Jahrhundert v. Chr. war in ganz Italien eine Zeit wirtschaftlichen Wachstums. Durch seine Lage am Tiber und an einer wichtigen Salzhandelsroute profitierte auch das damals von Königen regierte Rom davon.[4] Der Überlieferung nach um 509 v. Chr. vertrieben die Römer jedoch ihren letzten König, und die Zeit der Republik begann. Als deshalb der Etruskerkönig Porsenna ein Jahr später die Stadt angriff, kam es zu Nahrungsmangel. Da beschloss der Rat der adeligen Patrizier (der Senat), die Not durch Getreideeinkäufe bei den benachbarten Volskern und in der Stadt Cumae, einer griechischen Kolonie nordwestlich von Neapel, zu lindern. Gleichzeitig stellte man den Salzhandel wegen zu hoher Preise unter staatliche Aufsicht und reduzierte die Abgaben für die ärmeren Bevölkerungsgruppen. Der wichtigste Historiker für diese Zeit, Titus Livius (ca. 59 v. Chr.–17 n. Chr.) schrieb dazu:

„Aus diesen Vergünstigungen vonseiten der Väter [d. h., des Senats] erwuchs daher für die folgende bittere Zeit der Belagerung und Hungersnot eine solche Eintracht [lateinisch *concordia*] in der Bevölkerung, dass bei hoch und nieder gleicher Abscheu vor dem Königsnamen herrschte."[5]

Einmal mehr hatten also eine erfolgreiche Vorbeugung und Bewältigung einer Krise ein neues Regime legitimiert und gestärkt. Allerdings begann an der Wende vom 6. zum 5. Jahrhundert v. Chr. eine generelle

---

[3] Camuffo/Enzi 1996; Aldrete 2006, bes. 169–173 zur *Cloaca maxima*; Thommen 2009, 106–108; Sommer 2013a, 51 f., 60–68. Zu den naturräumlichen Bedingungen siehe auch Tichy 1985, 143–163, 193–199.

[4] Blösel 2015, 19–31; Tietz 2015, 44–46; Lomas 2017, 37–44, 90–95, 115–118, 139–142.

[5] Livius 2, 9, 6–7; 2, 34–2, 35, 1; Übersetzung zitiert nach Livius 2019, 221, 297–299. Vgl. auch Garnsey 1988, 168 f.; Ogilvie 1988, 94–96.

Krisenzeit in Italien, die sich in vielen Regionen durch einen Rückgang des Handels, darunter der griechischen Importe, eine Verarmung der materiellen Kultur sowie Unruhen, Kriege und Plünderungen manifestierte. Rekonstruktionen der historischen Wasserstände mehrerer italienischer Seen, auch im Hinterland von Rom, weisen auf feuchtere, aber auch kältere klimatische Bedingungen in dieser Periode hin. Auch Rom wurde dem archäologischen Befund nach schwer getroffen, wie etwa der Einbruch beim Import attischer Keramik anzeigt. Dazu kommen wiederkehrende Berichte über Missernten und Epidemien. Michael Sommer vermutet, dass der Beginn dieser Krise vielleicht auch den Hintergrund zum Sturz der Monarchie in Rom lieferte.[6] Problematisch ist allerdings die Verlässlichkeit der vor allem bei Titus Livius zusammengefassten Überlieferung aus dieser Zeit, da er mehr als 400 Jahre nach den Ereignissen der frühen Republik schrieb. Er konnte zwar auf ältere Historiker wie Quintus Fabius Pictor (ca. 254–201 v. Chr.) zurückgreifen, der wiederum frühere offizielle Aufzeichnungen des jeweiligen Oberpriesters (Pontifex maximus) über die wichtigsten Ereignisse eines Jahres (darunter auch Naturphänomene wie Sonnen- und Mondfinsternisse oder Getreidepreise) benutzte. Jedoch ließ Livius bei der Abfassung seines Werks (wie alle Historiker) Deutungen seiner eigenen Zeit einfließen. Dennoch nehmen Gelehrte wie Peter Garnsey an, dass die ältesten Jahresaufzeichnungen gerade für die damalige römische Gesellschaft besonders dramatische Ereignisse wie Witterungsextreme, Missernten und Epidemien im Allgemeinen sorgfältig wiedergaben und wir ihr tatsächliches Geschehen akzeptieren dürfen – auch wenn bei einzelnen Details der Erzählung bei Livius Vorsicht geboten ist.[7]

Auf die Bewältigung der ersten Krise der jungen Republik kurz nach der Vertreibung der Könige folgte 496 v. Chr. eine weitere, als wegen einer Missernte und der Behinderung von Importen durch Krieg eine Hungerkrise ausbrach. Die Römer gelobten den Bau eines Tempels für die von den Griechen in Kampanien ‚importierte' Göttin des Ackerbaus und der Fruchtbarkeit Ceres (griechisch Demeter), der drei Jahre später, auch als Symbol der Überwältigung der Krise, eingeweiht wurde. Für die Römer bestand ein klarer Zusammenhang zwischen dem Zustand ihres Staates und der richtigen Verehrung der Götter sowie der Interpretation der von ihnen gesandten Zeichen.

---

[6] Hin 2013, 81 f.; Sommer 2013a, 74, 87–90. 103 f.; Blösel 2015, 42–45, 51–53; Lomas 2017, 154–156, 171–173, 210–212; Bini u. a. 2020.
[7] Garnsey 1988, 167 f.

Trotz des römischen ‚Konservativismus' erwies sich diese Krisenzeit als Katalysator für die Etablierung eines neuen religiösen Kults. Der Tempel der Ceres blieb allerdings für mehrere Jahrzehnte weitgehend der letzte große öffentliche Bau in Rom, was auf die prekäre Lage der Gemeinschaft hinweist.[8]

Die Lasten der wirtschaftlichen Krise waren ungleich verteilt; viele nichtadelige Bürger (Plebejer) gerieten in Schuldknechtschaft, während die Großgrundbesitzer des Adels mit ihrer Marktmacht sogar von Not und Teuerung profitieren konnten. Dies war ein Grund für den sogenannten „Ständekampf", mit dem die Plebejer einen größeren Anteil an den Staatsgeschäften und eine Verbesserung ihrer rechtlichen Situation erreichen wollten. Nach der traditionellen Darstellung begann er 494 v. Chr. mit dem eingangs geschilderten Auszug der Plebejer aus der Stadt. Diese erste Krise konnte, wie erwähnt, nach Verhandlungen zwischen Patriziern und Plebejern bereinigt werden, doch brodelte der Konflikt weiter. Im Jahr 492 v. Chr. drohte ein Nahrungsmangel, da, so die Überlieferung, aufgrund der vorherigen Unruhen die Felder unbebaut geblieben wären. Die Brotpreise stiegen und Menschen griffen auf Notnahrung zurück. Um den Hunger zu lindern, wurde so wie 508 v. Chr. versucht, anderswo Getreide zu beschaffen, in Etrurien, bei den Volskern, in Cumae und sogar in Sizilien. Die dorthin entsandten Schiffe konnten allerdings erst nach dem Winter im Jahr 491 v. Chr. beladen mit Korn zurückkehren, wovon die Hälfte angeblich ein Geschenk des Tyrannen von Syrakus war. Im Senat wurde nun debattiert, wie man den unverhofften Getreidesegen einsetzten sollte. Während einige für eine Abgabe zu niedrigen Preisen eintraten, wollten andere mit dem Getreide Druck auf die immer noch Mangel leidenden Plebejer als Strafe für ihren vorherigen Ungehorsam ausüben und die Massen durch die Kontrolle der Getreideverteilung disziplinieren (ähnlich wie die Ägypter in der biblischen Josefsgeschichte). Letztlich setzten sich die Vertreter der gemäßigten Fraktion durch, wobei nicht ganz klar ist, ob sich hinter dieser vermeintlichen Senatsdebatte nicht auch Diskussionen aus der Zeit des Livius verbergen. Ein weiteres Mittel zur Verringerung der sozialen Spannungen in Rom war die Entsendung von Bürgern zur Gründung von Kolonien auf im Krieg neugewonnene Gebiete; diese konnten dort Ackerland erwerben, gleichzeitig wurden strategisch wichtige Orte abgesichert. Zwischen 498 und 382

---

[8] Garnsey 1988, 168 f., mit Quellen. Zur gemeinschaftsbildenden Funktion der römischen Religion siehe Sommer 2013a, 44–48; Lomas 2017, 180–185.

v. Chr. gründeten die Römer insgesamt 15 solcher Städte.[9] Trotzdem blieben die Spannungen zwischen Plebejern und Patriziern insbesondere in Krisenzeit stark. Als nach einer Niederlage gegen die etruskische Nachbarstaat Veji 477 v. Chr. wieder Mangel an Brot herrschte, rebellierte ein Teil der Bevölkerung und vergriff sich an den Vorräten der Reichen, von denen manche Getreide gehortet hatten. Man mag hier Ansätze einer „moralischen Ökonomie" entdecken, wie sie Thompson für England im 18. Jahrhundert beschrieb.[10]

Feuerzeichen am Himmel kündigten im Jahr 463 v. Chr. ein Unheil an:

> „[Und es herrschte] ein Seuchenjahr […] in Stadt und Land, ebenso schlimm für Mensch und Tier. Weil man aus Furcht vor Plünderung Vieh und Landbewohner in die Stadt aufgenommen hatte, nahm die Macht der Seuche zu. Dieser Schmelztiegel von Kreaturen aller Art machte infolge seiner ungewohnten Ausdünstung die Stadtleute beklommen und quälte wegen der Hitze und des Wachens in der Nacht auch den Landmann, den man in enge Behausungen gepfercht hatte; dazu verbreitete die Hilfe am Nächsten sowie der Körperkontakt [lateinisch *contagium*] selbst die Krankheiten."[11]

In der Folge erkrankte ein Großteil der kriegstauglichen Bevölkerung und des Senats, sogar die Konsuln als Oberbeamte des Staates starben. Besonders interessant ist hier die Verknüpfung des (mit der Situation in Athen während der spartanischen Belagerung 430 v. Chr. vergleichbaren) beengten Zusammenlebens von Mensch und Tier mit den „Ausdünstungen", die die Krankheit verursachen. Zur Zeit des Livius hatten die Römer bereits die Theorien des Hippokrates und der griechischen Medizin zur Verunreinigung der Luft durch Miasmata übernommen. Die Zeitgenossen des 5. Jahrhunderts v. Chr. hingegen versuchten durch einen allgemeinen Bittgang die Götter zu besänftigen; und von da an, „sei es, dass man die Versöhnung mit den Göttern erwirkt habe, sei es,

---

[9] Livius 2, 23, 1; Übersetzung zitiert nach Livius 2019, 259; Garnsey 1988, 169, 173 f., 179 f.; Ogilvie 1988, 111–117; Sommer 2013a, 74, 87–90. 103 f.; Blösel 2015, 42–45, 51–53; Lomas 2017, 154–156, 171–173, 210–212.

[10] Livius 2, 52, 1; Übersetzung zitiert nach Livius 2019, 357; Garnsey 1988, 169 f., 174, 176; Sommer 2013a, 102. Zur „moralischen Ökonomie" siehe die Einleitung.

[11] Livius 3, 6, 2–3; Übersetzung zitiert nach Livius 2019, 411.

dass die ungesündere Zeit des Jahres abgelaufen war", verschwand die Seuche, und viele gesundeten wieder.[12]

Im Jahr 456 v. Chr. verursachten übermäßige Regenfälle eine Missernte und einen Mangel an Getreide.[13] Drei Jahre später, 453 v. Chr., paarte sich Nahrungsknappheit mit einer *pestilentia* bei Mensch und Vieh; „verödet war das Ackerland, die Stadt erschöpft vom ständigen Sterben". Auch viele prominente Patrizier starben, und die Seuche verbreitete sich ebenso unter den Nachbarn Roms. Die Krankheit setzte sich im Jahr 452 v. Chr. fort, in dem das Getreide durch die Auswirkungen auf die Landbevölkerung weiterhin knapp blieb. Erneut konnte nur der Import von Korn die Situation entschärfen. Diese Krise fiel mit wichtigen Weichenstellungen für die Organisation der Republik zusammen; ab 451 v. Chr. begann man mit der Erstellung der Zwölf-Tafel-Gesetze. Gleichzeitig kam es 449 v. Chr. zu einem nochmaligen zeitweiligen Auszug der Plebejer aus der Stadt.[14]

Zwischen 440 und 439 v. Chr. suchte erneut eine schwere Nahrungskrise, vielleicht nach einer Missernte, Rom heim. Einige verarmte Plebejer verübten vor Verzweiflung Selbstmord im Tiber; der Anstieg der Suizidraten aus materieller, sozialer und psychischer Not wurde auch bei Hungerkrisen des Mittelalters und der Neuzeit beobachtet.[15] Der Senat, so Livius, übertrug die Verantwortung für die Getreideversorgung an Lucius Minucius, der zu Lande und zu Wasser Korn zu erwerben versuchte, allerdings mit wenig Erfolg. Währenddessen kam es in der Stadt zu Übergriffen auf Getreidehändler, die Minucius zur Beruhigung der Volksseele (im Sinne der „moralischen Ökonomie", ähnlich wie die Fatimidenkalifen in Kairo im 11. Jahrhundert) an den Pranger stellen ließ. Gleichzeitig wurden die Lebensmittelrationen der Sklaven reduziert und alle Bürger gezwungen, ihre Kornvorräte offenzulegen. Linderung brachte erst Spurius Maelius, ein reicher Mann aus dem Ritterstand (der rangmäßig unter den Senatoren verortet wurde), der mit „Hilfe von Gastfreunden und Gefolgsleuten" Getreide in Etrurien und vermutlich Kampanien erwarb und es dann zu einem billigen Preis in Rom verkaufte. Die steigende Beliebtheit dieses ‚Neureichen' beunru-

---

[12] Livius 3 3, 6, 5–3, 8, 1; Übersetzung zitiert nach Livius 2019, 413–417. Vgl. auch Hughes 1994, 187.
[13] Livius 3, 31, 1; Übersetzung zitiert nach Livius 2019, 489; Garnsey 1988, 170.
[14] Livius 3, 32, 1–7; Übersetzung zitiert nach Livius 2019, 491–493; Ogilvie 1988, 128–130; Garnsey 1988, 170; Sommer 2013a, 94–99; Blösel 2015, 45 f.; Lomas 2017, 190–193.
[15] Vgl. Slavin 2019, 258–260, sowie die Einleitung zum vorliegenden Buch.

higte den Senat, und in seinem Auftrag wurde Maelius ermordet, weil er angeblich nach der Königswürde gestrebt hätte. Danach wurde der Rest seiner Vorräte durch Minucius zu einem noch geringeren Preis verkauft, um die Gunst des Volkes zurückzugewinnen. In verschiedenen Details der Geschichte bei Livius finden sich eindeutig Anklänge an die späteren Auseinandersetzungen in der Republik (siehe unten); dennoch ist ein authentischer Kern der Geschichte zu vermuten.[16]

436 und 435 v. Chr. verhinderte der Ausbruch einer Seuche im Heer die sonst Jahr für Jahr übliche Kriegsführung.[17] Eine noch heftigere Epidemie befiel Mensch und Tier in Stadt und Land im Jahr 433 v. Chr., sodass dem Gott Apoll ein Tempel versprochen wurde. Dies war der erste große Tempelbau seit 50 Jahren, was auf die Schwere der Krankheit hinweist. Die Magistrate erwarteten wegen der Seuchenopfer und der Flucht der die Krankheit fürchtenden Bauern von ihren Gehöften eine neuerliche Nahrungsknappheit, und importierten vorbeugend Getreide aus Etrurien, Cumae und Sizilien. Dennoch ließ die Seuche auch in den folgenden Jahren nicht von den Römern ab, zu der sich 428 v. Chr. noch eine Dürre gesellte. Livius schreibt:

> „An manchen Orten bewirkte der Wassermangel, dass das Vieh verdurstete und um ausgetrocknete Quellen und Bäche sterbend niedersank; anderswo ging es an der Räude zugrunde, und die Krankheiten verbreiteten sich durch Kontakt unter den Menschen. Zuerst waren sie unter den Landbewohnern und Sklaven ausgebrochen; dann wurde auch die Stadt befallen. Aber nicht nur die Leiber wurden von der Seuche infiziert, sondern vielgestaltiger und zumeist fremder Aberglaube befiel auch die Seelen, indem Leute, die mit den im Irrglauben befangenen Gemütern ein Geschäft machten, als Propheten neue Opferriten in die Familien einführten, bis diese bereits allgemeine Schande zu den ersten Männern der Bürgerschaft vordrang, die in allen Gassen und Heiligtümern ausländische und ungewohnte Kulte sahen, durch die der Götterfriede erfleht werden sollte. Hierauf bekamen die Ädilen

---

[16] Livius 4, 12–16, 2; Übersetzung zitiert nach Livius 2019, 659–669; Garnsey 1988, 170 f., 175–177; Ogilvie 1988, 145 f., 152 f.; Blösel 2015, 40; Bresson 2016, 336 f.; Lomas 2017, 183 f.

[17] Livius 4, 21, 1–6; Übersetzung zitiert nach Livius 2019, 683 f. Vgl. Ogilvie 1988, 145 f.

den Auftrag, darauf achtzugeben, dass keine Götter außer denen Roms verehrt würden und auf keine andere Art als auf die der Väter."[18]

Neben dem Hinweis auf das *contagium* ist die Hinwendung zu neuen, Heilung versprechenden Kulten interessant. In der konservativen Sicht des Staates drohte jedoch ein Abfall von der überlieferten Religion den Zorn der Götter, deren gemeinsame Verehrung zudem als eine Grundlage des inneren Zusammenhalts diente, noch zu verschärfen.[19] Die Aufmerksamkeit einiger Forscher erregte die zeitliche Überlappung dieser Epidemie in Rom mit der bei Thukydides beschriebenen Seuche in Athen zwischen 430 und 427 v. Chr. Effie N. Coughanowr etwa vermutete nicht nur, dass die Ereignisse Teil derselben Epidemie waren, sondern dass Sizilien, wo die Präsenz von Schiffen beider Städte belegt ist, ein möglicher Übertragungsort der Seuche war. Dies bleibt allerdings Spekulation. Die Angaben bei Thukydides könnten zwar darauf hindeuten, dass die Krankheit über weitere Strecken im Mittelmeerraum zirkulierte, aber Livius bleibt die einzige sonstige verlässliche Quelle, die von einer Seuche zu ungefähr derselben Zeit berichtet.[20]

Schon 412 v. Chr. brach neuerlich eine Seuche aus, die allerdings „bedrohlicher schien, als sie es war, und die die Gedanken der Menschen vom Forum und den politischen Zwistigkeiten auf das Heim und die Sorge um das körperliche Wohlergehen lenkte; man glaubt auch, sie habe weniger Schaden bereitet als ein möglicher Parteienstreit." Zwar wurden viele von der Krankheit befallen, so Livius, aber wenige starben, sodass sie eher dämpfend auf das von Konflikten gekennzeichnete innenpolitische Leben wirkte. Dennoch folgte 411 v. Chr. ein Mangel an Feldfrüchten, weil Felder wegen der Krankheit unbebaut geblieben waren, und die „Hungersnot war fast schon schlimmer als die Seuche". Dazu hatten die verfeindeten Samniten aus Mittelitalien die Städte Capua and Cumae erobert und verhinderten Getreideimporte aus Kampanien nach Rom.[21]

---

[18] Livius 4, 25, 3–7 und 4, 30, 8–11; Übersetzung zitiert nach Livius 2019, 693 und 711. Siehe auch Garnsey 1988, 171; Ogilvie 1988, 145 f.; Lomas 2017, 184 f., 196–198.
[19] Garnsey 1988, 171; Ogilvie 1988, 145 f.; Lomas 2017, 184 f., 196–198.
[20] Coughanowr 1985. Zu möglichen Kanälen des Einflusses des Werks von Thukydides auf Livius vgl. Meister 2013, bes. 253 f.
[21] Livius 4, 52, 2–8; Übersetzung zitiert nach Livius 2019, 775–777. Ogilvie 1988, 145 f.; Garnsey 1988, 171.

Im Jahr 399 v. Chr. brach ein ungewöhnlich eisiger und schneereicher Winter herein, sodass Straßen unpassierbar wurden und der Tiber nicht schiffbar war. Diese Nachricht überschneidet sich mit einem in den Proxydaten nachweisbaren Minimum solarer Aktivität zwischen 400 und 360 v. Chr., das vielleicht auch zu dieser Extremwitterung beitrug.[22] Dank der zuvor gesammelten Vorräte änderte sich der Getreidepreis nicht, so Livius.

> „[Doch kam] nach einem strengen Winter [...] ein Sommer, der vielleicht durch die rasche Änderung des Klimas, den jähen Umschlag der Temperatur ins Gegenteil, vielleicht aus irgendeinem anderen Grund für alle Lebewesen drückend und ungesund war. Da weder Ursache noch Ende dieser unheilbaren Seuche sich finden ließen, befragte man auf Senatsbeschluss die sibyllinischen Bücher [eine Sammlung von Orakelsprüchen, die in Notzeiten zu Rate gezogen wurden]."[23]

Es folgen wieder Opfer und andere Riten zur Versöhnung der Götter über mehrere Tage; der übliche Zank und Streit in der Stadt sollte unterbrochen werden. Durch vorausschauende Importe von Vorräten wurde auch die auf die Seuche oft folgende Teuerung des Getreides vermieden. Rom hatte, so mag man vermuten, aus den vielen Epidemien der vorangehenden Jahrzehnte gelernt und, ähnlich wie gegenüber den Fluten des Tibers, eine ‚Katastrophenkultur' etabliert.[24] Die wiederkehrenden Notzeiten des ersten Jahrhunderts der Republik schienen auch mit dem großen Sieg über den alten Konkurrenten Veji 396 v. Chr. beendet; nach mehreren Kriegen in den 80 Jahren davor wurde die feindliche Stadt erobert und ihr Territorium dem römischen einverleibt. Die meisten Einwohner wurden versklavt, und insgesamt fand der Einsatz von Sklaven auf den größeren Landgütern des Adels nun allmählich Verbreitung. Auch allgemein erholte sich die wirtschaftliche Lage in Italien, wie archäologische Befunde andeuten.[25]

Aber schon 392 v. Chr. wurde Hitze wieder von Nahrungskrise und Krankheit begleitet, die weitere Angriffe der Römer auf die Nachbarn

---

[22] Manning 2013, 132–134. Zum solaren Minimum vgl. Sirocko 2015, 589 f.; Harper 2020, 77.
[23] Livius 5, 13, 1 und 4–6; Übersetzung zitiert nach Livius 2019, 847–849.
[24] Garnsey 1988, 171.
[25] Ogilvie 1988, 162–165; Thommen 2009, 70; Sommer 2013a, 100–112; Blösel 2015, 53 f.; Lomas 2017, 205–207, 218–220, 240–243.

verhinderten.[26] Kurz darauf folgte 390 oder 387 v. Chr. die ‚Gallierkatastrophe'. Im Laufe des 5. Jahrhunderts v. Chr. waren keltische Gallier über die Alpen nach Norditalien vorgestoßen und hatten sich in der Poebene angesiedelt. Nach Livius geschah dies wegen der „Last der Überbevölkerung" aufgrund der den „Barbaren" üblicherweise zugeschriebenen großen Fruchtbarkeit. Tatsächlich weist der archäologische Befund für das 5. Jahrhundert v. Chr. auch für Mittel- und Westeuropa ähnlich wie in Italien auf kriegerische Auseinandersetzungen und Zerstörungen hin, die einige Gruppen zu einer Migration nach Süden motiviert haben mögen. Eine Armee der Kelten stieß nun um 390 oder 387 v. Chr. nach Süden vor, besiegte die Römer und plünderte ihre Stadt. Dabei mischen sich in der Überlieferung Fakten mit Legenden, etwa jener von den Gänsen, die durch ihr Geschnatter die Verteidiger des Kapitols vor einem gallischen Überraschungsangriff gewarnt hätten. Die Gallier, „an Feuchtigkeit und Kälte gewohnt", seien aber „von beklemmender Sonnenglut gequält" worden und litten an Krankheiten, „die sich wie eine Viehseuche ausbreiteten". Die Leichen der Opfer seien auf großen Scheiterhaufen verbrannt worden. In der Tat klingt der Bericht über den Ausbruch einer Seuche in einem großen Heerlager plausibler als jener über die Gänse, und diese mag auch den Abzug der Gallier beschleunigt haben.[27] Die Römer konnten sich relativ schnell von dieser Niederlage erholen und bauten ihre Stadt auf 426 Hektar Fläche, befestigt von einer 11 Kilometer langen neuen Stadtmauer, wieder auf. Daran änderte auch ein neuerlicher Seuchenausbruch 384 v. Chr. nichts.[28] Allerdings verschärfte sich die soziale Not der Plebejer, die durch Arbeitsleistungen für den Bau der Stadtmauer und den Dienst in den ständigen Kriegen belastet wurden. Viele gerieten in Schulden, und Gesetze zur Beschränkung der Zinsen 357 und 347 v. Chr. änderten daran wenig.[29]

Dennoch stieg die Macht Roms; als eine keltische Armee 350 v. Chr. nochmals nach Süden vorstieß, wurde sie abgewehrt. Ein Sieg über die umliegenden Städte 340–338 v. Chr. sicherte Rom die Vormacht in Latium, und aus dem Stadtstaat wurde eine „expansive Hegemonial-

---

[26] Livius 5, 31, 5–9; Übersetzung zitiert nach Livius 2019, 905–906. Garnsey 1988, 171.
[27] Livius 5, 34, 2–3 und 5, 48, 2–4, Übersetzung zitiert nach Livius 2019, 913 und 955. Ogilvie 1988, 169–183; Garnsey 1988, 171 f.; Sommer 2013a, 114–116, 155 f.; Blösel 2015, 54 f.; Lomas 2017, 167–169, 208–210.
[28] Garnsey 1988, 172; Thommen 2009, 69 f.
[29] Blösel 2015, 62 f.; Lomas 2017, 295–298.

macht". Hauptgegner war in den nächsten Jahrzehnten der Bund der Samniten in Mittelitalien, mit dem man vor allem um die Kontrolle über das reiche Kampanien mit Capua und der Gegend um Neapel stritt.[30] 299 v. Chr. stand Rom gleichzeitig im Krieg mit den Samniten und den Etruskern, was zu einer schweren Teuerung des Korns führte; die Not konnte aber einmal mehr durch intensive Getreideankäufe gelindert werden.[31] Siege konnte man im Jahr 296 v. Chr. feiern, doch in Rom selbst brach wieder eine Krankheit aus:

> „[Jedoch war] dieses Jahr, das auf dem Schlachtfeld von solchem Erfolg gekrönt war, [...] zuhause voll Elend durch die Seuche und voll Besorgnis wegen übler Vorzeichen: denn man empfing Berichte, dass an vielen Orten Erdregen gefallen war und viele Soldaten [...] vom Blitz getroffen worden waren. Sorgfältig befragte man die Sibyllinischen Bücher. Quintus Fabius Maximus Gurges, der Sohn des Konsuls, klagte mehrere Frauen des Ehebruchs an. Sie wurden verurteilt, und von den Bußgeldern baute er den Venustempel beim Zirkus." [32]

Diesmal wurde also die Not auf das moralisch verwerfliche Verhalten einiger Mitglieder der Gemeinschaft zurückgeführt, für das die Götter Sühne verlangten. Als 293 v. Chr. erneut eine Seuche ausbrach, rieten die Sibyllinischen Bücher, den Kult des griechischen Heilgotts Asklepios (auf Lateinisch Äskulap) nach Rom zu transferieren. Aufgrund des Kriegs mit den Samniten geschah dies erst einige Jahre später, als die Römer, ähnlich wie die Athener 420 v. Chr., ein Schiff nach Epidauros auf der Peloponnes entsandten. Der Dichter Ovid (43 v. Chr.–17 n. Chr.) beschreibt später in seinen *Metamorphosen*, dass der Gott in Form einer Schlange (die ihn auch sonst symbolisierte) an den Tiber reiste, bei seiner Ankunft in den Fluss sprang und sich auf einer Insel niederließ, auf der dann sein Heiligtum errichtet wurde. Damit hielt auch ansonsten die Tradition griechischer Heilkunst und Medizin in Rom Einzug.[33] Tatsächlich errang Rom bis 290 v. Chr. den entscheidenden Sieg im Samnitenkrieg und stieg zur Vormacht in Mittelita-

---

[30] Crawford 1984, 47–50; Sommer 2013a, 122–130 (Zitat); Blösel 2015, 67–72.
[31] Garnsey 1988, 172.
[32] Livius 10, 31, 8–9; Übersetzung zitiert nach Ogilvie 1988, 18.
[33] Livius 10, 47, 7, Text bei http://www.thelatinlibrary.com/livy/liv.10.shtml#47 [28.10.2020]; Ovid, Metamorphosen 15, 626–744, Übersetzung bei https://www.gottwein.de/Lat/ov/met15de.php#Aesculapius [28.10.2020]. Vgl. dazu Flashar 2016, 222 f., 229 f.

lien auf.³⁴ Nach verlustreichen Kriegen gegen die Griechenstädte Süditaliens in den Jahren 281 bis 275 v. Chr., die zeitweilig die Hilfe des Königs Pyrrhos von Epiros (in Westgriechenland), der mit Kriegselefanten nach Italien übersetzte, erhielten, errang Rom schließlich die Kontrolle über die gesamte Apenninenhalbinsel.³⁵

Die Römische Republik wurde also von Beginn an durch Witterungsextreme und Seuchen heimgesucht, die gemeinsam mit Bedrohungen von außen so manche Krise auslösten. Dazu war der innere Zusammenhalt keineswegs gesichert, wie die wiederholten Konflikte zwischen Plebejern und Patriziern zeigen. Jedoch scheint es letzteren gelungen zu sein, durch Puffermaßnahmen wie Getreideimporte die Notlage zu entschärfen und durch rituelle Handlungen und Tempelbauten die Gemeinschaft zwischen Mensch und Göttern sichtbar wiederherzustellen und somit ihr Regime mehrfach aufs Neue zu legitimieren. Dazu trugen aber insbesondere auch die wachsenden militärischen Erfolge bei. Besiegte Städte und Gemeinschaften wurden als Bundesgenossen durch ein Netzwerk von Verträgen an Rom gebunden und steigerten durch Hilfstruppen dessen militärisches Potenzial weiter. Der „Durchdringung des eroberten Raumes" diente die bereits erwähnte Gründung von Kolonien, in denen zwischen 334 und 263 v. Chr. weitere 70 000 Römer neu angesiedelt wurden. Sie dienten „faktisch als Garnisonen im Land der Unterworfenen" und bildeten „ein Netz von Stützpunkten, das ganz Italien überzog". Durch Vermessung des eroberten und enteigneten Landes wurden Besitzstrukturen nicht nur neu geordnet, sondern Territorium auch symbolisch in Besitz genommen, vor allem zum Nutzen des öffentlichen *ager publicus*, dessen allmähliche Aneignung durch Private allerdings noch zu einem großen Streitpunkt werden sollte. Die unterworfenen Gebiete wurden gleichfalls durch den Bau von Straßen erschlossen und mit Rom verknüpft, erstmals mit der Via Latina von Rom nach Kampanien 334 v. Chr. Ab 311 v. Chr. wurde über 300 Kilometer Länge die noch berühmtere Via Appia von Rom nach Capua errichtet, die im 3. Jahrhundert v. Chr. im Rahmen der Expansion nach Süden bis Benevent und schließlich Tarent verlängert wurde. Nach diesem Vorbild sollten die Römer später in ihrem gesamten Imperium Straßen über eine Länge von 80 000 bis 100 000 Kilometer Länge errichten. Der namensgebende Zensor Appius Clau-

---

34 Garnsey 1988, 172; Sommer 2013a, 131 f.; Lomas 2017, 310–312.
35 Sommer 2013a, 136–139; Blösel 2015, 75–78.

dius Caecus ließ darüber hinaus mit der Aqua Appia auch Roms ältestes Aquädukt erbauen, das den wachsenden Bedarf des urbanen Metabolismus der immer größer werdenden Metropole dokumentiert. Die Kohäsion des derart zur Großmacht gewordenen römischen Staats und des von ihm geschaffenen Bündnissystems in Italien sollte sich in weiteren schweren Krisen bewähren und sich solange als belastbar erweisen, bis Rom die Vormacht im gesamten Mittelmeerraum erringen konnte.[36]

Die Pferdeäpfel des Hannibal und der Beginn des Römischen Klima-Optimums

„Pferdemist verrät, wo Hannibal die Alpen überquerte" schrieb die österreichische Tageszeitung *Die Presse* (nebst anderen Medien) am 6. April 2016, nachdem der kanadische Mikrobiologe Willam C. Mahaney und sein Team die Entdeckung von Überresten hoher Konzentrationen tierischer Ausscheidungen am 2947 Meter über Seehöhe liegenden Col de Traversette, einem Passübergang an der französisch-italienischen Grenze, bekanntgegeben hatten. Sie schrieben sie der Armee des karthagischen Feldherrn Hannibal zu, der mit zehntausenden Fußsoldaten und Reitern samt 37 Kriegselefanten im Herbst 218 v. Chr. von Spanien und Südfrankreich kommend die Alpen überquerte, um die Römer direkt in Italien anzugreifen. Diese Interpretation des Befundes erregte aber schon bald Widerspruch, nicht zuletzt, da die Schwankungsbreite der Kohlenstoff-Datierung ein Zeitfenster im 3. und 2. Jahrhundert v. Chr. offen ließ, in dem mehrere Armeen, auch römische, diese Alpenregion in verschiedene Richtungen überquerten, zweifelsohne auch mit Pferden. Der sichere Nachweis von Elefantenexkrementen, der die Überreste am Col de Traversette wohl eindeutig Hannibals Armee zuweisen würde, gelang hingegen nicht.[37]

Ohnehin interessanter für uns ist die Beobachtung, dass die Alpenüberquerung des Hannibal durch im 3. Jahrhundert v. Chr. allgemein wärmer werdenden Bedingungen, die in der Westalpenregion zu einem Rückgang der Gletscher und einer Wanderung der Baumgrenze nach

---

[36] Crawford 1984, 53–56. Vgl. auch Thommen 2009, 73 f., 106–108 (mit einer Karte des gesamten Aquädukt-Systems Roms); Sommer 2013a, 181–192, 197 f., 202 (für die Zitate); Kay 2014, 10–12; Blösel 2015, 72 f., 80; Lomas 2017, 274–288, 312–314; de Haas/Tol 2017.

[37] Mahaney u. a. 2019. Zur Kritik an diesen Befunden siehe Harrsch 2016. Zum Beitrag in *Die Presse*: https://www.diepresse.com/4961534/pferdemist-verrat-wo-hannibal-die-alpen-uberquerte [28.10.2020].

oben beitrugen, begünstigt wurde.[38] Diese regionale Veränderung war Teil eines globalen Klimawandels. Schon seit den 1970er Jahren versuchen Paläoklimatologen und Klimahistoriker auf der Grundlage naturwissenschaftlicher und historischer Daten für die Zeit zwischen dem 4./3. Jahrhundert v. Chr. und dem 4. Jahrhundert n. Chr. eine Periode im Durchschnitt wärmerer und feuchterer, mithin ‚günstigerer' Klimabedingungen zu definieren. Nach der in Europa und im Mittelmeerraum in dieser Epoche dominierenden Großmacht bürgerte sich bald der Begriff „Optimum der Römerzeit" oder „Römische Warmzeit" ein; damit nahegelegt wurde auch ein förderlicher Beitrag dieser klimatischen Parameter zur Expansion und Blütezeit des Römischen Reiches. Obwohl in letzter Zeit Kritik an diesem (und anderen) Periodisierungsversuchen geäußert wurden, da sie der sich im wachsenden Datenbestand abzeichnenden Variabilität der klimatischen Bedingungen nicht gerecht werden, folgt auch der US-amerikanische Althistoriker Kyle Harper in seinem Bestseller *Fatum. Das Klima und der Untergang des Römischen Reiches*, ursprünglich 2017 auf Englisch erschienen, diesem Muster und datiert das Römische Klimaoptimum zwischen 200 v. Chr. und 150 n. Chr. Er schreibt:

> „Das Römische Klimaoptimum erweist sich als eine Warmphase mit feuchtem und beständigem Klima fast im ganzen mediterranen Kernland des Imperiums. Dies war ein günstiger Moment, um dank einer Reihe voneinander abhängiger politischer und ökonomischer Bedingungen ein agrarisches Reich zu schaffen."[39]

Diese Annahme scheinen auch zeitgenössische Beobachter wie der römische Agrarschriftsteller Columella (gest. ca. 70 n. Chr.) zu bestätigen, der festhielt:

> „Jene Regionen [im Norden Italiens], die früher aufgrund der ständigen Härte des Winters keinen Spross von Wein oder Olive, die in ihnen gepflanzt wurden, bewahren konnten, können nun die üppigste

---

[38] Hohlhauser/Magny/Zumbuhl 2005; Hin 2013, 89; Harper/McCormick 2018, 23 f.

[39] Harper 2020, 23–46, bes. 35 (Zitat), und 69–90. Vgl. auch Hughes 1994, 184–186; Thommen 2009, 27 f.; Malanima 2013; sowie McCormick u. a. 2012; McCormick 2013; Manning 2013; Wilson 2013; Brooke 2014, 313. Harper/McCormick 2018 und Bini u. a. 2020 für verschiedene Klimadatensätze.

Olivenernte und Weinreben des Bacchus hervorbringen, da sich die frühere Kälte gemildert hat."[40]

In ähnliche Weise wurde für die Klimageschichte Chinas ein Optimum in diesem Zeitraum beschrieben, das nach der damals herrschenden Dynastie als „Optimum der Han-Zeit" bezeichnet wurde.[41] Tatsächlich endete ab 300 v. Chr. eine Zeit stärkerer solarer Minima, und eine erhöhte bzw. stabile Sonnenaktivität unterstützte bis ca. 135 n. Chr. eine globale Phase wärmerer Temperaturen. Zwischen 40 v. Chr. und 500 n. Chr. ist auch eine relativ geringe Zahl an größeren, klimawirksamen Vulkanausbrüchen dokumentiert.[42] Allerdings prägte sich diese Warmzeit regional höchst variabel aus und wurde durchaus durch kurzfristigere Kaltanomalien oder Dürrezeiten unterbrochen. Diese nach Raum und Zeit unterschiedlichen Witterungsparameter standen wiederum im Wechselspiel mit ganz verschiedenen politischen und ökonomischen Bedingungen, und das Resultat konnte für einzelne Gesellschaften wenig ‚optimal' ausfallen.[43]

Mit der Erleichterung der Alpenpassage Hannibals trug der klimahistorische Übergang zum Römischen Optimum jedenfalls nicht unmittelbar zur Stärkung Roms bei. Nachdem man sich kurz nach der Erringung der Herrschaft in Italien auf den Kampf mit der schon lange etablierten maritimen Großmacht Karthago eingelassen hatte, brachten die zwei langen (Punischen) Kriege zwischen 264 und 241 v. Chr. und 218 und 202 v. Chr. enorme Belastungen für Rom, insbesondere der zweite, den Hannibal direkt nach Italien trug. Nach schweren Verlusten gegen die Karthager in den Schlachten von 217 und 216 v. Chr. wurden weite Teile Italiens verwüstet oder schlossen sich sogar dem Feind an, während Rom selbst bedroht und seine Versorgungslinien unterbrochen wurden. Gleichzeitig galt es, große Armeen in Italien und in Spanien, um das man mit Karthago stritt, zu ernähren; diese Männer wiederum fehlten in der Landwirtschaft. Mehrfach war die Staatskasse

---

[40] Columella, De re rustica 1, 1, 4–5; Text zitiert nach Hin 2013, 86. Vgl. auch Maschek 2018, 136.
[41] Zhang u. a. 2006; Wang u. a. 2010; Doyle 2012; Wei u. a. 2015. Vgl. auch das entsprechende Kapitel im vorliegenden Buch.
[42] Manning 2013, 133 f., 154–156; Sirocko 2015.
[43] Für Kritik an Harpers Periodisierung mit Verweis auf die regional unterschiedlichen klimatischen Entwicklungen in verschiedenen Regionen des Mittelmeerraums während des Römischen Optimums siehe auch Haldon/Elton/Huebner/Izdebski/Mordechai/Newfield 2018a.

leer, und man musste auf Kredite und die Unterstützung reicher Händler und Lieferanten vertrauen. Um Getreidelieferungen für das hungernde Rom, das damals vielleicht schon 200 000 Einwohner hatte, wandte man sich 210 v. Chr. sogar an König Ptolemaios IV. von Ägypten. 208 und 205 v. Chr. brachen auch Seuchen in der Stadt und in der Armee aus. Erst als Hannibal durch die römische Invasion Nordafrikas 203 v. Chr. zum Rückzug aus Italien gezwungen wurde, entspannte sich die Situation. Durch Lieferungen aus Spanien konnte trotz einer Feuersbrunst und einer Überschwemmung, die in diesem Jahr Rom heimsuchten, sogar die Getreidepreise sehr niedrig gehalten werden. Nach der Kapitulation Karthagos 202 v. Chr., das auf alle Außenbesitzungen verzichten und gewaltige Reparationszahlungen leisten musste, wurde weiteres Getreide aus Afrika nach Rom geschickt, das zur Beruhigung nach den Entbehrungen der langen Kriegsjahre an die Bevölkerung billig verkauft wurde.[44] Dennoch hatte Italien „enorme Verluste" erlitten und ganze Landstriche waren verwüstet; „diese Verödung des Landes und die schweren Belastungen des Bauernstands bildeten eine wichtige Ursache für die Agrarkrise des 2. Jahrhunderts v. Chr.", wie Wolfgang Blösel ausführt.[45]

Klimaoptimum und Wachstumskrise in Rom und Italien

Nach dem Sieg über Karthago und folgenden erfolgreichen Kriegen gegen Makedonien und die Seleukiden im Osten des Mittelmeerraums flossen enorme Gewinne aus Plünderungen und Tributzahlungen sowie weitere Massen an Sklaven nach Rom.[46] Doch verschärften sich dadurch im Kerngebiet und in ganz Italien die sozialen Spannungen, da die Früchte der siegreichen Kriege und des durch die klimatischen Bedingungen begünstigten landwirtschaftlichen Wachstums höchst

---

[44] Garnsey 1988, 186–193; Aldrete 2006, 17; Hin 2013, 42; Marquardt 2013; Sommer 2013a, 278–284; Scholz 2015, 145 f.; Tietz 2015, 191; Maschek 2018, 29–31.

[45] Blösel 2015, 100–119 (mit Zitat). Vgl. auch Hin 2013, 142–149, die allerdings davon ausgeht, dass sich nach dem zweiten Krieg gegen Karthago die Bevölkerungszahlen durch einen ‚Nachkriegs-Babyboom' relativ rasch wieder erholten.

[46] Hin 2013, 34–40, mit einer Erfassung der verschiedenen Zahlenangaben in den Quellen zu den Sklaven; Kay 2014, 21–42, mit Zahlenangaben zu den Tributen und Reparationszahlungen, und 178–182, zur Sklaverei. Vgl. auch Maschek 2018, 12.

ungleich verteilt wurden. Während Angehörige der Oberschicht sowohl von den Erträgen der Tribute und Steuerleistungen aus den Provinzen und besiegten Königreichen profitierten als auch damit ihre Landgüter um Rom und andere Städte Italiens ausbauen konnten, erschwerten die langen Kriegsdienste in Spanien oder im östlichen Mittelmeerraum den mittleren und kleineren Bauern die Bewirtschaftung ihrer Höfe, auch wenn sie, sofern sie den Feldzug überlebt hatten, mit Beute heimkehrten. Dies ermöglichte den Großgrundbesitzern umso mehr die Übernahme benachbarter Güter, die sie nun auch vermehrt mit den zahlreichen in den Kriegen in die Sklaverei verkauften Menschen betreiben konnten. So zumindest stellte es rückblickend der Historiker Appian im 2. Jahrhundert n. Chr. dar:

> „So also wurden die Mächtigen vollends reich, und die Sklaven vermehrten sich im Land, die Italiker aber verloren an Bevölkerung und Stärke, aufgerieben von Armut, Abgaben und Kriegsdienst. Und selbst wenn sie davon einmal Ruhe hatten, blieb ihnen nur völlige Untätigkeit, denn das Land war im Besitz der Reichen, die Sklaven statt freier Männer als Landarbeiter einsetzten."[47]

Die frühere Forschung übernahm diese Deutung, der zufolge die langen Feldzüge das kleine Bauerntum vernichteten und die Nobilität bereicherten, während die verarmten Massen nach Rom strömten und dort für die Versprechungen von Demagogen empfänglich wurden. Tatsächlich wurden nach 177 v. Chr. in Italien auch keine neuen Kolonien gegründet, die ärmeren Familien die Aussicht auf größeren Landbesitz eröffnet hätten, während der öffentliche *ager publicus* immer mehr in private großgrundbesitzende Hände geriet. Jedoch relativieren neuere Ergebnisse der Archäologie dieses Bild und zeigen große regionale Unterschiede in Italien, etwa zwischen dem wegen der Absatzmöglichkeiten für Landbesitz besonders begehrten Umland Roms (wo auch Sonderkulturen wie Wein, Oliven, Obst und sogar Blumen die übliche Vielfalt von Ackerfrüchten der auf Selbstversorgung angelegten kleinen Gehöfte verdrängten) und entlegeneren Gebieten. „Davon, dass die Großagrarier dem italischen Kleinbauerntum systematisch das Wasser abgruben", kann jedenfalls „nicht die Rede sein", wie Michael Sommer

---

[47] Appian, Bürgerkriege 1, 7, 31; Übersetzung zitiert nach Crawford 1984, 120. Vgl. auch Hin 2013, 19. Zu den klimatischen Bedingungen des Wachstums in Italien siehe Hin 2013, 63–97; Brooke 2014, 315 f., 318 f.

festhält. In vielen Gebieten bestand das mittlere und kleinere Bauerntum weiter. Jedoch vertiefte sich mit dem Aufstieg einiger „Superreicher" nicht nur die „soziale Kluft zwischen Arm und Reich". Auch innerhalb der „dominanten Koalition" der römischen Elite wurde der Konkurrenzkampf um profitable Kommando- und Statthalterposten und andere Geldquellen immer schärfer. Nur mit den entsprechenden Summen konnte man überhaupt noch die Wahlkämpfe in Rom, die einem den Aufstieg in der Ämterhierarchie gestatteten, erfolgreich bestreiten. Gesetzliche Regelungen des individuellen Reichtums schon ab der Zeit des zweiten Kriegs gegen Karthago, etwa zur Begrenzung der Ladekapazität von Schiffen im Besitz von Senatoren, erwiesen sich relativ rasch als wirkungslos. Gleichzeitig eröffneten die durch den sozioökonomischen Wandel verstärkten innenpolitischen Problemfelder ehrgeizigen Persönlichkeiten die Möglichkeit, sich gegenüber Mitbewerbern beim Wahlvolk in Rom zu profilieren.[48]

Dazu gehörte die Versorgung der stets wachsenden Bevölkerung Roms, die immer wieder unsicher blieb. Dies war nicht zuletzt dann der Fall, wenn große Armeen in West und Ost mit der Bevölkerung der Hauptstadt um die Getreideflotten aus Sizilien und anderen Provinzen konkurrierten, wie es etwa zwischen 191 und 189 v. Chr. während des Krieges gegen die Seleukiden in Griechenland und Kleinasien geschah. Zur gleichen Zeit richteten zwischen 192 und 189 v. Chr. Überschwemmungen des Tibers mehrfach große Schäden an. Die in dieser Periode beobachtete wachsende Zahl an Fluteregnissen mag auch mit der intensiveren agrarischen Nutzung im Einzugsgebiet des Flusses zusammenhängen, die durch Erosion und Entwaldung die Wirkung von Starkregenfällen verschärfte.[49] Zwischen 182 und 180 v. Chr. trugen hingegen lange Dürreperioden in Italien, unterbrochen von einem verheerenden Starkregen in Rom im Jahr 181, zum Nahrungsmittelmangel bei. Zur selben Zeit litt auch Ägypten unter niedrigen Nilfluten, und beide Phänomene könnten mit einer durch einen Vulkanausbruch ausgelösten kurzzeitigen Klima-Anomalie zusammenhängen. Eine ähnliche Über-

---

[48] Sommer 2013a, 335–350; Hin 2013, 46 f., 158–165; Kay 2014, 133–160; Tietz 2015, 82–90; 187–190, 202–205, 215–217, 267–269; Blösel 2015, 145–147, 155–161; Crawford 1984, 119–125, 125–128; Maschek 2018, 62–65, 120–125, 200–226 (insbesondere auch zum steigenden Konsum der römischen Eliten). Vgl. rückblickend auch die Betrachtung bei Tacitus, Historien II, 38; Übersetzung in Tacitus 1990, 157.
[49] Keenan-Jones 2013, 237 f.; Bini u. a. 2020. Siehe dazu auch das folgende Kapitel.

schneidung mit Notzeiten im Land am Nil und Vulkanausbrüchen lassen sich für Zeiten der Getreideknappheit und auch der Seuche in Rom um 165 v. Chr. und wieder 142 v. Chr. beobachten. Ein Gesetz von 161 v. Chr. versuchte sogar, allerdings mit wenig Erfolg, den Verzehr von Mastgeflügel in Rom zu unterbinden, musste doch dafür das ohnehin knappe Getreide eingesetzt werden.[50] Zwischen 143 und 141 v. Chr. beeinträchtigten als weitere ungeplante Folge der Expansion und des agrarischen Strukturwandels auch Sklavenaufstände in Kampanien die Versorgung Roms, ebenso in Sizilien zwischen 139/135 und 131 v. Chr. Letztere konnten nur mit dem Einsatz der Armee niedergeschlagen werden, 20 000 Sklaven wurden gekreuzigt.[51]

Um dieselbe Zeit musste einmal mehr ein Aufstand in Spanien niedergeschlagen werden, der mit der blutigen Zerstörung des Widerstandszentrums von Numantia (ca. 160 Kilometer westlich von Saragossa) 133 v. Chr. endete. Die heimkehrenden Soldaten hatten trotz der langen Kämpfe relativ wenig Beute vorzuweisen, ihre weitere Versorgung sollte der Staat regeln. Der Volkstribun Tiberius Sempronius Gracchus brachte den Vorschlag ein, widerrechtlich von Privaten in Nutzung genommene Teile des öffentlichen *ager publicus* zurückzufordern, um dieses Land an die Veteranen zu verteilen. Laut der Biografie des Plutarch soll er gesagt haben:

> „Die Männer aber, die für Italien kämpfen und sterben, sie haben nichts außer Luft und Licht. Heimatlos, gehetzt, irren sie mit Weib und Kind durch das Land. […] Sie kämpfen und sterben für anderer Leute Wohlleben und Reichtum. Herren der Welt werden sie genannt und haben nicht eine Scholle Landes zu Eigen."[52]

Doch stieß Tiberius Gracchus auf den erbitterten Widerstand des Senats, nicht nur, weil sich dort viele selbst am Staatsland bereichert hatten, sondern auch, weil er bei Erfolg dieser Maßnahme an Popularität beim Volk kaum mehr einzuholen gewesen wäre. Als er dann versuchte, den Senat zu umgehen und sich gegen die übliche Verfahrensordnung direkt an das Volk wandte, kam es zu Tumulten. Dabei wurde Tiberius Gracchus mit Zustimmung des Senats getötet, nachdem

---

[50] Garnsey 1988, 193 f.; Ludlow/Manning 2016.
[51] Garnsey 1988, 80 f., 182, 195 f.; Camuffo/Enzi 1996; Aldrete 2006, 17 f.; Sommer 2013a, 40–42, 331 f.; Tietz 2015, 77 f.; Maschek 2018, 91 f.
[52] Plutarch, Tiberius Gracchus 9. Übersetzung zitiert nach Tietz 2015, 233.

man ihm vorgeworfen hatte, einen Staatsstreich und die Königsherrschaft anzustreben.[53]

Das politische Erbe des Tiberius Gracchus übernahm sein Bruder Gaius. Für ihn bot sich die Gelegenheit zur Profilierung, als die Getreideversorgung Roms einmal mehr infrage gestellt wurde. Um 125 v. Chr. beanspruchten die Belastungen durch mehrere Feldzüge die Logistik über Gebühr; gleichzeitig suchten Heuschreckenplagen Nordafrika heim, das nach der Vernichtung Karthagos 20 Jahre zuvor zu einer neuen Kornkammer Roms geworden war. Gaius Gracchus legte ein Gesetz vor, das der Bevölkerung Rom eine dauerhafte Versorgung mit Getreide durch den Staat zu verbilligten Preisen garantierte. Finanziert werden sollte der Ankauf von Getreide in Nordafrika und Sizilien durch die Erträge der kurz zuvor nach testamentarischer Übereignung des Königsreichs Pergamon in Westkleinasien eingerichteten neuen Provinz Asia. Damit wurden erste Ressourcenflüsse einer neuen imperialen Ökologie etabliert, zum Nutzen des urbanen Stoffwechsels der Hauptstadt. Für diesen Zweck musste auch eine umfangreiche Speicherinfrastruktur geschaffen werden.[54] Mit weiteren Gesetzen sollte die militärische Ausrüstung auch von besitzlosen Bürgern durch den Staat finanziert und die Verteilung des widerrechtlich angeeigneten Staatslandes in Angriff genommen werden. Neben der Gegnerschaft des Senats erregte dies aber auch den Widerstand von Vertretern der Bundesgenossen in Italien. Diese hatten sich zum einen selbst Teile des *ager publicus* angeeignet, zum anderen konnten sie ohne römisches Bürgerrecht an den Segnungen der Maßnahmen des Gracchus nicht teilhaben. Als nun Diskussionen entbrannten, allen Bundesgenossen das Bürgerrecht zu gewähren, kippte die Stimmung in Rom. Es kam zu gewalttätigen Auseinandersetzungen zwischen Anhängern des Gracchus und den Vertretern der Staatsmacht. Der Senat nutzte die Gelegenheit zur Ausrufung des Notstands und ließ die Gefolgsleute des Gracchus verfolgen; 3000 von ihnen wurden getötet. Gaius selbst beging in ausweglöser Situation Selbstmord.[55] Damit war die Gewalt, die die römische Herrschaft im übrigen Mittelmeerraum seit einem Jahrhundert

---

[53] Tietz 2015, 237–239; Kay 2014, 160–173; Thommen 2009, 80–81; Sommer 2013a, 335–350; Blösel 2015, 145–147, 155–161; Crawford 1984, 119–125, 125–128; Maschek 2018, 145–148.

[54] Sommer 2013b, 90–92; Marquardt 2013; Tietz 2015, 279 f.

[55] Crawford 1984, 128–130, 135–141; Garnsey 1988, 80 f., 182, 195–196; Sommer 2013a, 40–42, 331 f., 352–360; Blösel 2015, 161–168; Maschek 2018, 67 f., 119 f.

begleitete, endgültig in die Innenpolitik Roms eingekehrt und sollte bis zum Untergang der Republik 90 Jahre später nicht aufhören. Der Archäologe Dominik Maschek hält dazu treffend fest:

> „Bürgerkriege und innere Gewalt sind jedoch nicht nur aus der Perspektive der Eliten zu erklären, denn die Anführer mussten die Geführten ja immer von der Sinnhaftigkeit des Unterfangens überzeugen. Die kombinierte Auswertung von archäologischen und historischen Quellen macht klar, dass die Hauptmotivation der Konfliktparteien keineswegs in hehren republikanischen Idealen bestand, sondern in den meisten Fällen wesentlich handfester war: Es gab eine Menge an Prestige zu gewinnen und zu verlieren, und vor allem gab es eine Menge an Besitz zu verteilen und zu verteidigen."[56]

Während sich die innenpolitische Situation nach der blutigen Unterdrückung des Gaius Gracchus und seiner Anhänger 122 v. Chr. aber vorerst für einige Zeit beruhigte, wurde Rom an seinen Grenzen herausgefordert. Um 113 v. Chr. kam es bei Noreia (vermutlich im heutigen Kärnten) zu einem ersten Zusammenstoß römischer Truppen mit den germanischen Kimbern und Teutonen. Aus ihrer früheren Heimat im heutigen Dänemark hatten sich Vertreter dieser Gruppen vielleicht nach Naturkatastrophen auf den Weg nach Süden gemacht. Es könnte ein Zusammenhang mit einer um 120 v. Chr. auch für Ägypten belegten kurzfristigen Klima-Anomalie bestehen, die erneut mit einer Vulkaneruption verknüpft werden kann. Brandon L. Drake wiederum rekonstruiert für das spätere 2. Jahrhundert v. Chr. eine Umkehrung der Nordatlantischen Oszillationsmuster, die für längere Dürreperioden in Mittel- und Nordeuropa gesorgt hätte. Der genaue Wirkzusammenhang mit den besonders weitreichenden Migrationszügen der Kimbern und Teutonen bleibt allerdings unklar.[57] Ungefähr um 120 v. Chr. erreichten sie das Gebiet der Boier im heutigen Böhmen. Von dort zogen sie in den Alpenraum weiter, vielleicht mit dem Plan, in Richtung Mittelmeer vorzustoßen. Dies erregte in Rom, wo man sich an den ‚Galliersturm' 270 Jahre zuvor erinnert fühlte, Unruhe. Gleichzeitig forderte der König des vormals verbündeten Numidien, Jugurtha, die römische Herrschaft in Nordafrika heraus. In beiden Fällen konnte sich Gaius Marius (ca. 157–86 v. Chr.), ein Aufsteiger aus dem Ritterstand, profilieren. Ihm gelang sowohl die erfolgreiche Been-

---

[56] Maschek 2018, 239.
[57] Drake 2017. Zu den Daten für Ägypten siehe Ludlow/Manning 2016.

digung des Kriegs gegen Jugurtha 105 v. Chr. als auch 102 und 101 v. Chr. die ‚Vernichtung' der Teutonen und dann der Kimbern in Südgallien und Norditalien. Während dieser Jahre wurde er zwischen 104 und 100 v. Chr. vom verängstigten und dann dankbaren Volk in Verletzung früherer Bestimmungen jedes Jahr zum Konsul gewählt. Gaius Marius nutzte dies auch für eine Heeresreform, die die durch die Gesetze des Gaius Gracchus mögliche Rekrutierung besitzloser Bürger vorantrieb. Diese neuen Soldaten mussten ihre Hoffnungen und Ansprüche auf Besoldung und Versorgung nach Ende der Dienstzeit nun umso mehr mit der Person des Feldherrn verknüpften, dem ihre Loyalität in einem stärkeren Ausmaß galt als der Republik. Auf der Grundlage seiner Popularität als siegreicher Bezwinger der Barbaren und der Bewunderung seiner Soldaten war Gaius Marius um 100 v. Chr. der mächtigste Mann Roms. Doch nun verlangte die Tradition der Republik, dass er seine Amtsgewalt wieder ablegte, sich unter die anderen Senatoren eingliederte und den Konsens der Nobilität anerkannte. Dies gelang aber aufgrund wechselseitigen Misstrauens nicht mehr. Insbesondere die Versorgung der Veteranen der Feldzüge des Marius, durch die Gründung von Kolonien und die Nutzung des öffentlichen Landes in Italien, wurde einmal mehr zum Streitpunkt. Als Marius seine Vorschläge nicht durchsetzen konnte, zog er sich offiziell aus der Politik zurück. Die innenpolitischen Bruchlinien wurden aber immer größer und vermengten sich wie schon zur Zeit des Gaius Gracchus mit der Frage des Bürgerrechts für die italischen Bundesgenossen. Als Letzteren erneut dieses Recht verweigert wurde, erklärten sich einige der mit Rom seit Jahrhunderten verbündeten Städte und Gemeinden 91 v. Chr. für eigenständig. Nur mit Mühe konnte Rom mit dem ihm verbliebenen Bundesgenossen, denen nun als Belohnung für ihre Treue das römische Bürgerrecht zugebilligt wurde, in einem blutigen Krieg, der weite Teile Italiens verwüstete, die Abtrünnigen besiegen. Im Rahmen dieser Kämpfe kehrte auch Marius auf die politische und militärische Bühne zurück. In Kleinasien hatte inzwischen König Mithridates VI. von Pontus (reg. ca. 120–63 v. Chr.) die Probleme Roms im Jahr 89 v. Chr. für einen Angriff auf die dortige römische Provinz genutzt. Die Ausbeutung dieser Gebiete durch Steuerpächter hatte die römische Herrschaft höchst unbeliebt gemacht, sodass es beim Einmarsch des Mithridates VI. zu zahlreichen Übergriffen auf römische und italische Gemeinschaften in Westkleinasien kam, der angeblich 150 000 Menschen zum Opfer fielen.[58] Um den Oberbefehl im nun unausweichlichen Krieg gegen Mithridates VI. stritten Gaius Marius und der früher unter seinem Kommando in Afrika und gegen die Germanen dienende Lucius Cornelius Sulla, der gewählte Konsul des Jahres 88 v. Chr. Sulla marschierte mit seinen Legionen unter Bruch aller früheren Traditionen direkt nach Rom und vertrieb von dort Marius und seine Anhänger, die zu Staatsfeinden erklärt wurden. Danach brach er in den Osten auf. Seine Abwesenheit nutzten Marius und seine Unterstützer 87 v. Chr. zur Rückkehr nach Rom, wo sie die Macht ergriffen und die Anführer der Gegenseite töteten oder in den Selbstmord trieben; ein Jahr später starb aber auch Marius. Sulla konnte inzwischen den Vormarsch des Mithridates VI. zurückdrängen und schloss 85 v. Chr. mit ihm Frieden. Nun marschierte er erneut gegen Rom und besiegte die Partei des Marius; Sulla wurde zum Diktator ernannt. In Rom herrschte beim Einmarsch des Sulla aufgrund der vielen Unruhen der letzten Jahre große Not. Dennoch wurde auch die von Gaius Gracchus initiierte staatliche Versorgung mit verbilligtem Getreide 81 v. Chr. eingestellt, da sie als Erfindung der mit Marius sympathisierenden Parteiung galt. Sullas politische Gegner wurden systematisch verfolgt und enteignet; tausende kamen in Rom und Italien ums Leben, ihre Besitzungen gingen an Günstlinge des neuen Regimes. Insgesamt wurden 40 Senatoren und 1600 Ritter ermordet und ganze Familien ausgerottet; die traditionelle Sozialordnung mit ihren Netzwerken zwischen Angehörigen der Nobilität und ihren nichtadeligen Klienten brach damit zusammen. Für die gesamte Zeit des Krieges mit den Bundesgenossen und des Bürgerkriegs zwischen 91 und 82 v. Chr. geht man von 200 000 Todesopfern in Italien aus; ganze Landstriche wurden verwüstet, Städte sanken zu Dörfern herab oder wurden gänzlich verlassen. Die derart ‚freigewordenen' Landgüter wurden nun zum Teil an die Veteranen der Feldzüge des Sulla verteilt. Angeblich wurden 120 000 Bauernhöfe geschaffen; diese waren allerdings oft so klein, dass ihre Eigentümer sie lieber an Großgrundbesitzer weiterverkauften als sie selbst zu bewirtschaften, und sich der städtischen Plebs in Rom anschlossen.[59]

---

[58] Crawford 1984, 162–172; Sommer 2013a, 364–380, 387, 394–396, 408–416; Blösel 2015, 15–18, 168–205; Scholz 2015, 257–265; Maschek 2018, 88 f.

[59] Crawford 1984, 162–172; Garnsey 1988, 198–215; Sommer 2013a, 364–380, 387, 394–396, 408–416; Blösel 2015, 188–205; Scholz 2015, 259–261; Maschek 2018, 93 f., 170–172.

Ein Vulkan, der Gallische Krieg und das Ende der Römischen Republik

In einem Brief an seinen Freund Titus Pomponius Atticus schrieb Marcus Tullius Cicero (106–43 v. Chr.): „Oft unterhalten sich Leute aus Kleinstädten und vom Lande mit mir: Ihnen ist es überhaupt nur um ihre Felder, ihre Häuser und ihr bisschen Geld zu tun."[60] Für den berühmten Redner und Politiker Cicero ist dies ein Beleg für die Kleingeistigkeit dieser Menschen, die über ihre Alltagssorgen das ‚große Ganze' des römischen Staates nicht erkennen konnten. Allerding wird man bei einer Betrachtung der vielfach verheerenden Auswirkungen der ‚großen' Politik auf das Leben der ‚kleinen' Leute im letzten Jahrhundert der Republik Sympathie für die Gesprächspartner des Cicero empfinden; von einem „Römischen Optimum" konnten sie jedenfalls wenig bemerken.

Mit dem Rückzug Sullas aus der Politik 79 v. Chr. wurde die alte Ordnung der Republik offiziell wiederhergestellt; sie kam allerdings nicht zur Ruhe. Spanien war unter dem Marius-Anhänger Quintus Sertorius zwischen 79 und 72 v. Chr. der Kontrolle Roms entzogen; ein aufgrund der bei der Verhüttung des Silbers entstandenen Bleiablagerungen im grönländischen Eis erstellter „Index" des römischen Bergbaus zeigt für diese Jahre steil nach unten.[61] Sertorius pflegte auch Kontakte zu König Mithridates VI. von Pontus, der den Krieg gegen die Römer erneut begonnen hatte. Die Vermittlung zwischen Spanien und Kleinasien erfolgte dabei auch über große Verbände an Piraten, die die vielen Kriege sowohl innerhalb des römischen Machtbereichs als auch zwischen den Staaten des griechischen Ostens zur Errichtung weitgehend eigenständiger Stützpunkte in Kilikien und anderen Küstengebieten genutzt hatten. Ihre Hauptgeschäfte waren Menschenraub und Sklavenhandel, auch um den wachsenden römischen Bedarf zu decken. Der Historiker Strabon (ca. 63 v. Chr.–23 n. Chr.) bemerkte:

„Der Grund dafür war, dass die Römer – nach der Zerstörung von Karthago und Korinth reich geworden – sehr viele Sklaven brauchten. Und das Geschäft der Piraten, die sahen, wie einfach alles war, blühte auf, da sie selbst sowohl auf Raub gingen als auch Sklavenhandel

---

[60] Cicero Ad Atticum 8, 13, 2; Übersetzung zitiert nach Crawford 1984, 213.
[61] McConnell u. a. 2018. Eine grafische Darstellung der Daten aus Grönland findet sich im Anhang zum vorliegenden Band.

betrieben. Auch die Könige von Zypern und Ägypten arbeiteten mit ihnen zusammen, da diese Feinde der Könige von Syrien waren."[62]

Wie schon zuvor in Kampanien oder Sizilien konnten aber auch diese Sklavenmassen zu einer Bedrohung Roms werden. Ab 73 v. Chr. gelang es dem entflohenen Gladiator Spartakus, zwischen 70 000 und 120 000 Mann zu mobilisieren und weite Teile Süditaliens zu plündern. Erst mit dem Einsatz mehrerer Legionen konnten die Sklaven 71 v. Chr. besiegt werden; 6000 Überlebende wurden zur Abschreckung gekreuzigt.[63]

Diese Krisenherde erschwerten erneut die Getreideversorgung Roms; zwischen 75 und 73 v. Chr. kam es deshalb in der Stadt zu Unruhen, bis die von Sulla abgeschaffte staatlich garantierte Versorgung mit verbilligtem Getreide erneut eingeführt wurde. Allerdings bedrohten weiterhin Piraten die Seerouten; 67 v. Chr. plünderten sie sogar Ostia, die Hafenstadt Roms. In dieser Situation übertrug man trotz der schlechten Erfahrungen mit Marius und Sulla dem Gnaeus Pompeius Magnus (106–48 v. Chr.), der sich im Kampf gegen Sertorius und Spartakus bewährt hatte, ein gewaltiges Sonderkommando auf drei Jahre über 125 000 Mann und 500 Schiffe samt 36 Millionen Denaren und unbegrenztem Kredit, um gegen die Seeräuber vorzugehen und die Versorgung Roms zu sichern. Ein Teil der Forschung vermutet, dass Pompeius und seine Anhänger zuvor durch Marktmanipulationen den Getreidepreis in die Höhe getrieben hatten, um einen ihnen genehmen Abstimmungsausgang in den derart unter Druck gesetzten Gremien zu erreichen. Mit Sicherheit kann dies für eine ähnliche Situation zehn Jahre später dokumentiert werden. Und schon in Erwartung des Erfolgs des Pompeius sanken die Preise auf einmal wieder. Er erledigte jedenfalls die Aufgabe mit Bravour und zerschlug die Piratenflotten. 66 v. Chr. wurde deshalb sein Kommando auch auf den Krieg gegen Mithridates VI. von Pontus ausgedehnt. Diese Kämpfe brachte Pompeius ebenfalls zu einem glücklichen Abschluss und nutzte seine ungeheure Machtfülle zu einer Neuordnung des gesamten Ostens des Mittelmeerraums. Zwischen 65 und 63 v. Chr. richtete er mehrere neue Provinzen und Klientelkönigreiche ein und dehnte die direkte römische Herrschaft bis die Grenzen Mesopotamiens aus, wo mittlerweile die Parther die Seleukiden abgelöst hatten. Doch ähnlich wie

---

[62] Strabon, 14, 5, 2; Übersetzung zitiert nach Crawford 1984, 152.
[63] Crawford 1984, 176–178; Hin 2013, 34–36; Sommer 2013a, 419–426; Blösel 2015, 208–212; Tietz 2015, 288–290; Maschek 2018, 94 f.

Marius konnte Pompeius nach seiner Rückkehr als siegreicher Feldherr nach Rom seine politischen Pläne, insbesondere die Versorgung der Veteranen, nicht ohne Weiteres durchsetzen. Deshalb schloss er 60 v. Chr. ein Bündnis mit zwei anderen ehrgeizigen Politikern, Marcus Licinius Crassus (114–53 v. Chr.), der über reiche Finanzmittel verfügte und am Sieg über Spartakus beteiligt gewesen war, und dem aus einem alteingesessenen Geschlecht stammenden Gaius Julius Caesar (100–44 v. Chr.). Im selben Jahr richtete ein schwerer Sturm große Schäden in Rom an.[64]

Gemeinsam gelang es den drei, die gewünschten Ämter und Befugnisse zu erringen; sehr bald wurden allerdings Konkurrenten aus ihnen. Um mit dem Feldherrnruhm des Pompeius und dem Reichtum des Crassus mithalten zu können, brach Caesar von seinem Kommando in Norditalien und Südgallien aus im Jahr 58 v. Chr. einen Krieg gegen die keltischen Helvetier vom Zaun, von denen sich Teile schon 50 Jahre zuvor den Kimbern und Teutonen angeschlossen hatten. Sie hätten nun, so Caesar in seinem Werk *Der Gallische Krieg*, aus ihrer Heimat in der heutigen Westschweiz eine Migration durch römisches Gebiet nach Südwestfrankreich geplant. Auch in den keltischen Gebieten nördlich der Alpen war es in den zwei Jahrhunderten zuvor zu einem demografischen und wirtschaftlichen Wachstum gekommen, sodass ein „erstaunlich dichtes, komplexes und kulturell einheitliches Netzwerk protostädtischer Siedlungen (einige mit bis zu 10 000 Einwohnern), mit einer entwickelten Landwirtschaft und überwiegend sesshaften Lebensformen" aufgeblüht war. Darüber hinaus hatten „Fernhandel und ein hochentwickeltes Gewerbe […] eine stratifizierte Gesellschaft entstehen lassen, deren Eliten sich in ihrem Selbstverständnis und ihrer Selbstdarstellung an mediterranen Vorbildern orientierten" und in immer engeren wirtschaftlichen und diplomatischen Beziehungen zu Rom standen.[65] Kurz gesagt, die Gesellschaften Galliens waren jenen der nun römisch dominierten Mittelmeerwelt ähnlich genug geworden, dass sich Eroberung und Integration in das Imperium lohnten. Auch die Siedlungsgebiete der Helvetier zeigen um die Mitte des 1. Jahrhunderts v. Chr. in der archäologischen Evidenz eine ungebrochene Prosperität, die keineswegs von einer von Caesar beschriebenen allgemeinen Auswanderun-

---

[64] Sommer 2013a, 457–472; Scholz 2015, 269–271; Blösel 2015, 212–226, 229 f.; Aldrete 2006, 19 f.; Crawford 1984, 178 f., 184, 203–205; Ellerbrock/Winkelmann 2012, 50–54.
[65] Sommer 2009, 88–90.

gen, die mit der Zerstörung der bisherigen Städte und Dörfer einhergegangen wäre, unterbrochen wurde. Vermutlich handelte es sich also eher um kleinere Kriegszüge einzelner Gruppen der Helvetier als um eine Massenmigration. Dennoch boten diese Vorstöße Caesar den Vorwand zum Einmarsch. In einer Reihe von blutigen Feldzügen wurde, nach mehreren Aufständen, bis 50 v. Chr. ganz Gallien unterworfen und Roms Herrschaft bis zum Rhein ausgedehnt. Die schon von Hannibal genutzte, aufgrund der wärmeren Bedingungen leichtere Passage der Alpen mag die militärische Expansion der Römer nach Norden und auf längere Sicht auch die Etablierung einer auf römisch-mediterranen Traditionen beruhenden Landwirtschaft begünstigt haben. Für Caesar unmittelbar bedeutete der Sieg Feldherrnruhm gegen den gallischen ‚Erzfeind', gestützt auf die Loyalität ‚seiner' kampferprobten Legionen, sowie enorme materielle Gewinne aus der Kriegsbeute. Doch ähnlich wie bei Marius, Sulla und Pompeius vor ihm war unklar, wie er diese Machtbasis ohne weitere Zerrüttung der Republik in den innenpolitischen Wettstreit einbringen konnte.[66]

Die Gegner Caesars scharten sich um Pompeius (Crassus war schon 53 v. Chr. beim Versuch, es seinen beiden Mitbewerbern militärisch gleich zu tun, gegen die Parther in Nordmesopotamien gefallen) und forderten den Verzicht Caesars auf alle Ämter. Dies hätte ihn dem Wohlwollen seiner Feinde ausgeliefert, also wählte er den Bürgerkrieg und marschierte 49 v. Chr. gegen Rom. Pompeius gab Italien preis und zog sich in den Osten, wo er aufgrund seiner früheren Großtaten umfangreiche Unterstützung erhoffte, zurück. Allerdings wurde er schon im Folgejahr bei Pharsalos in Thessalien von Caesar besiegt. Pompeius floh nach Ägypten, wurde dort aber auf Geheiß der Berater des auf Caesars Sympathie hoffenden König Ptolemaios XIII., der im Thronstreit mit seiner Schwester Kleopatra VII. lag, ermordet. Caesar unterstützte aber nach seiner Ankunft in Ägypten Kleopatra und ließ sie 47 v. Chr. nach dem Sieg über die Truppen ihres Bruders als Herrscherin am Nil zurück. Danach musste Caesar weitere Gegner vor allem in Nordafrika und in Spanien, für das die grönländischen Bleidaten erneut einen Einbruch der Bergbau-Aktivität anzeigen, besiegen, ehe er 45 v. Chr. nach Rom zurückkehren konnte. Wieder hatte die Versorgung der Stadt während des Bürgerkriegs gelitten, und Caesar, nun Diktator auf Lebenszeit, ließ Getreide herbeibrin-

---

[66] Sommer 2013a, 158, 483–493; Blösel 2015, 226–228; Cunliffe 2017, 350–358. Zu den klimatischen Bedingungen siehe Brooke 2014, 315 f.

gen. Die Stadt hatte mittlerweile vermutlich 500 000 Einwohner. Das Ausmaß des mit einer solchen Bevölkerungskonzentration verbundenen ‚urbanen Stresses' mag ein Fahrverbot illustrieren, das Caesar für Karren und Wagen zwischen Sonnenaufgang und bis zwei Stunden vor Sonnenuntergang erließ. Um die Anzahl der Bezugsberechtigten für die Getreideversorgung in der Stadt zu reduzieren (von 320 000 auf 150 000 Personen), initiierte er ein „präzedenzloses Umsiedlung- und Koloniegründungsprogramm", insbesondere in Spanien und Gallien. Dieses sollte auch der Versorgung seiner Veteranen dienen. Allerdings fiel Caesar schon im März 44 v. Chr. einer Verschwörung von Gegnern seiner Alleinherrschaft zum Opfer.[67]

Als Erben hatte Caesar seinen jungen Großneffen Octavian (63 v. Chr.–14 n. Chr.) eingesetzt, der sich zur Bekämpfung der Verschwörer mit Marcus Antonius (ca. 86–30 v. Chr.), einem der wichtigsten Generäle Caesars, verbündete. Italien wurde aber nicht nur erneut vom Bürgerkrieg heimgesucht (insgesamt rechnet man in den Kämpfen zwischen 49 und 42 v. Chr. mit 100 000 Todesopfern[68]), sondern auch von Witterungsextremen, Missernten und einer Seuche. Ähnliche Katastrophen, verbunden mit ausbleibenden Nilfluten, werden aus Ägypten berichtet, ebenso aus China. Eine neue Untersuchung rekonstruiert aufgrund von Baumringen einen generellen Temperaturabfall in Europa und im Mittelmeerraum in den Jahren 43 und 42 v. Chr. Diese offenbar globale Klima-Anomalie ging auf eine vulkanische Eruption zurück, die sich in den Bohrkernen aus Grönland ablesen lässt. Ein möglicher Kandidat schien der Ätna auf Sizilien zu sein, dessen Ausbruch 44 v. Chr. wohl auch für einige nach der Ermordung Caesars beschriebene, als unheilvoll interpretierte atmosphärische Erscheinungen sorgte. Jedoch war der klimatische Einfluss der Ätna-Eruption zu gering. Hingegen wird auf der Grundlage von geologischen Proben der klimawirksame Ausbruch im Frühjahr 43 v. Chr. nun dem Vulkan Okmok auf einer der Alaska westlich vorgelagerten Aleuten-Inseln zugeschrieben. Sicher verschärften diese Witterungsextreme die Notlage der ohnehin durch Krieg geplagten Gebiete; dass allerdings hauptsächlich der Vulkan „die Römische Republik ins Wanken" oder gar „zur Strecke brachte", wie

---

67 Sommer 2013a, 502–530 (Zitat); Blösel 2015, 239–248; Crawford 1984, 9; Hughes 1994, 156 f.; Thommen 2009, 100; Hin 2013, 41 f.; Benjamin 2018, 127. Zu den Bleidaten siehe McConnell u. a. 2018.
68 Vgl. Maschek 2018, 95 f.

nach der Veröffentlichung der neuen Studie im Juni 2020 in verschiedenen Medien zu lesen war, mag bezweifelt werden.[69]

Eher darf man erneut überrascht beobachten, wie trotz dieser Katastrophen die Gegner ihre Kräfte für den Krieg mobilisierten. Missernten und Hungersnot suchten auch Griechenland heim. Nun wurde es zudem zum Schlachtfeld der entscheidenden Auseinandersetzung zwischen Octavian, Marcus Antonius und den Caesar-Mördern, die 42 v. Chr. bei Philippi in Makedonien besiegt wurden. Allerdings blieb die Versorgungslage Rom auch danach angespannt, nicht zuletzt, weil der Sohn des Pompeius, Sextus, die Kontrolle über Sizilien, Sardinien und zeitweilig Afrika sowie die Seewege um Italien erringen und somit den Handelsverkehr mit der Hauptstadt stören konnte. Erst 36 v. Chr. wurde er durch Octavian und Marcus Antonius besiegt.[70]

Dies war allerdings die letzte gemeinsame Aktion der beiden, die schon zuvor das Imperium in zwei Sphären geteilt hatten. Marcus Antonius übernahm die Macht im Osten. Gemeinsam mit seiner Geliebten Kleopatra VII. baute er an einem römisch-griechisch-ägyptischen Großreich. In einem Krieg gegen die Parther von 36 bis 35 v. Chr. erlitt die Armee des Marcus Antonius aber große Verluste, auch durch Seuchen. Gleichzeitig konnte er wegen des Zerwürfnisses mit Octavian keine neuen Soldaten in Italien rekrutieren. Der Streit führte zu einem neuerlichen Bürgerkrieg, den Octavian – wieder in Griechenland – in der Schlacht bei Actium 31 v. Chr. für sich entscheiden konnte. Er gliederte nach dem Selbstmord des Marcus Antonius und der Kleopatra VII. Ägypten als Provinz in das Römische Reich ein. Octavian war nun der unbestrittene Herrscher im gesamten Reich, und die Republik kam, zwar nicht offiziell, aber de facto an ihr Ende.[71] Sie hatte die beiden ersten Jahrhunderte des Römischen Klima-Optimums nicht über-

---

[69] McConnell u. a. 2020 sowie bereits Rossignol/Durost 2007, 410–412. Zum Ausbruch des Ätna siehe auch Siebert/Simkin/Kimberly 2010, 53. Vgl. auch Garnsey 1988, 198–215; Sommer 2013a, 502–530; Blösel 2015, 239–248; Crawford 1984, 9; Manning 2018, 156–170 (auch zu den Befunden für Ägypten); Harper 2020, 139. Zu den Medienberichten beispielhaft https://science.orf.at/stories/3201010/ oder https://www.klimareporter.de/gesellschaft/der-okmok-brachte-rom-zur-strecke [jeweils 28.10.2020].

[70] Garnsey 1988, 198–215; Blösel 2015, 258–260.

[71] Wells 1985, 33 f.; Hölbl 1994, 111–140, 157–227; Walbank 1994, 204–206; Lloyd 2000b, 410–413; Schlögl 2006, 353–371; Ellerbrock/Winkelmann 2012, 59 f.; Sommer 2013a, 168 f.; Scholz 2015, 171–175, 212–229, 247–250, 272–278; Agut/Moreno-García 2016, 694–725; Crawford 1984, 196–198.

lebt; wenn wir dabei klimahistorisch argumentierten möchten, dann war das entscheidende Moment nicht die spektakuläre, aber kurzfristige Vulkan-Anomalie des Jahres 43 v. Chr., sondern der begünstigende Klimatrend ab ca. 200 v. Chr., der zwar demografisches und ökonomisches Wachstum förderte, damit aber auch die sozialen und innenpolitischen Bruchlinien im Gefüge der Republik und ihrer ‚dominanten Koalition' verschärfte.[72]

---

[72] Für vergleichbare Entwicklungen während des Mittelalterlichen Klima-Optimums in Westeuropa vgl. die entsprechenden Kapitel im parallel erschienenen Band *Der Lange Sommer und die Kleine Eiszeit*.

Wann wurde der Gelbe Fluss gelb?
Klima und die Reiche Chinas von Kaiser Yu bis zum Zusammenbruch der Han-Dynastie (2200 v. Chr.–220 n. Chr.)

Im 4. Jahrhundert v. Chr. beklagte der chinesische Philosoph Mengzi (Menzius, ca. 370–290 v. Chr.), der sich in Nachfolge des berühmten Meister Kong (Konfuzius, 551–479 v. Chr.) sah, die mit der intensiveren Nutzung aller natürlichen Ressourcen einhergehende Veränderung der Landschaft:

> „Die Bäume am Ochsenberg waren einst wunderschön. Da die Bäume jedoch am Rande eines großen Staates liegen, werden sie von Äxten umgehauen. Könnten sie schön bleiben? Angesichts der Brise des Tages und der Nacht und der Feuchtigkeit von Regen und Tau versäumen sie nicht, neue Knospen und Triebe hervorzubringen, aber dann kommen auch Rinder und Schafe zum Weiden. Dies erklärt das karge Aussehen des Berges. Angesichts dieser Unfruchtbarkeit nehmen die Menschen an, dass der Berg nie bewaldet war. Aber wie könnte das die Natur des Berges sein? So ist es auch mit dem, was in einem Menschen erhalten bleibt. Kann es sein, dass jemandem der Geist der Menschlichkeit und Moralität fehlt? Wenn man den angeborenen guten Geist loslässt, ist das, als würde man eine Axt zu einem Baum bringen; kann er schön bleiben, wenn er Tag für Tag behauen wird?"[1]

Seine Kritik äußerte Mengzi in vergleichbarer Form wie um dieselbe Zeit die Philosophen Platon und Theophrast in Griechenland, wo in ähnlicher Weise wie in China der ständige Wettstreit einander bekriegender Staaten die Ausbeutung der Natur befeuerte.[2]

Tatsächlich sollte die Entwaldung zu einem dauerhaften Problem der chinesischen Ökologie werden, mit dramatischen Auswirkungen auch auf das Erosions- und Flutgeschehen am ungefähr 5000 Kilometer langen Gelben Fluss (chinesisch Huang He).[3] Dort boten im Nord-

---

[1] Zitiert nach Marks 2017, 105. Vgl. auch Radkau 2002, 137.
[2] Vgl. Kapitel 4 im vorliegenden Buch.
[3] Elvin 2004.

westen China seit dem 9. Jahrtausend v. Chr. die bis zu 100 Meter tiefen, mineral- und nähstoffreichen Lössböden, die auch relativ leicht bearbeitet werden konnten, eigentlich günstige Voraussetzungen für frühe landwirtschaftliche Gemeinschaften. Zuerst wurden vor allem die erhöht über dem Huang He gelegenen Terrassen bewirtschaftet und erst später nach einem weiteren Bevölkerungswachstum auch tiefergelegene Areale, wo sowohl Hochwasserschutzmaßnahmen als auch teilweise künstliche Bewässerung zum Einsatz kommen mussten. Der durchschnittliche, von den ostasiatischen Monsunsystemen bestimmte Jahresniederschlag in diesen Regionen, heute zwischen 250 und 500 Millimeter, war aber oft ungünstig übers Jahr verteilt. Trockenheit konnte sowohl während der Vegetationsperiode als auch im Winter, dann zusätzlich zu Kälteeinbrüchen und Staubstürmen, die Feldfrüchte schädigen. Andererseits drohten Starkregen, die die Lössterrassen, umso mehr verwundbar durch die von Mengzi beklagte Entwaldung, erodierten, sodass der Huang He enorme Sedimentmengen Richtung des Unterlaufs und Mündungsgebiets transportierte. Diese Schlammmassen gaben dem Fluss seine ‚gelbe' Färbung und im späteren 1. Jahrtausend v. Chr. auch seinen Namen (siehe unten). Die östlichen Gebiete im Norden Chinas am Unterlauf des Huang He wurden ebenso dichter besiedelt und kultiviert, waren aber immer wieder durch den Bruch der vom Fluss selbst oder von Menschen aufgeschütteten Uferdämme bedroht; mehrmals verlegte der Strom in gewaltigen Flutkatastrophen seinen ganzen Unterlauf. Ebenfalls herausfordernd, aber auf anderen ökologischen Grundlagen erwies sich der zweite große Flusslauf Chinas, der fast 6400 Kilometer lange Jangtsekiang im Süden, der aber erst ab dem 3. Jahrhundert v. Chr. verstärkt zum Ziel der Expansion des nordchinesischen Staates wurde (siehe unten). Diese Flüsse wurden zu den Lebensadern, aber, im Zusammenspiel mit Klima-Anomalien, auch zur wiederkehrenden Nemesis der chinesischen imperialen Regime.[4]

Von Kaiser Yu zu König Wu: Klima und Staatsbildung in Nordchina, 2200–700 v. Chr.

Während relativ zeitnahe Texte es für Ägypten und Mesopotamien gestatten, sich der zeitgenössischen Deutung der teilweise mit klima-

---

[4] Müller 1997a, 22–42, 59–62; Loewe/Shaughnessy 1999, 30–36; Radkau 2002, 130–132; Tuan 2008, 14–25; Lewis 2009a, 7–14; Breuer 2014, 163–168; Marks 2017, 16–26, 33–36.

tischen Änderungen zu verknüpfenden Umwälzungen am Ende des 3. Jahrtausends v. Chr. anzunähern, wird dies umso schwieriger, wenn nur (halb)legendäre Überlieferungen aus sehr viel späterer Zeit existieren. Dies gilt für Nordchina, wo die ersten Schriftzeugnisse ab 1400/1200 v. Chr. und tatsächliche historische Texte ab dem 9. Jahrhundert v. Chr. vorliegen. Darin wird aber der Beginn großräumigerer Herrschaftsgebilde in eine Zeit über 1000 Jahre früher in die letzten Jahrhunderte des 3. Jahrtausends v. Chr. verlegt. Damals soll um 2205 v. Chr. Kaiser Yu „der Große" die Dynastie der Xia begründet haben, nachdem es ihm gelungen war, durch umfangreiche Dammbauten die verheerenden Fluten des Huang He einzuhegen. Der berühmte deutsche Umwelthistoriker Joachim Radkau bemerkt dazu: „Carl Schmitt lehrte, Herrschaft bedeute, im Ausnahmezustand zu entscheiden. Es sind wohl wesentlich die Krisen im menschlichen Verhältnis zum Wasser, die zur Legitimation zentraler Herrschaft beitragen."[5] Tatsächlich belegen so wie in anderen Weltregionen Proxydaten eine ab 2500 v. Chr. einsetzende klimatische Veränderung, wobei sinkende Wasserstände in den Seen Nordchinas einen Übergang zu trockeneren Bedingungen anzeigen. Deshalb scheinen auch verschiedene Ackerbau betreibende Gruppen aus dem niederschlagsärmeren Nordwesten der Regionen am Gelben Fluss in die besser bewässerten Gebiete im Osten übersiedelt zu sein. Doch traten offenbar weitere Wetterextreme auf, etwa plötzliche Starkregen, die nach längere Dürreperioden umso schwerere Überschwemmungen insbesondere in den östlichen Ufergebieten des Huang He auslösten.[6] Somit könnte die 1000 Jahre spätere Überlieferung um Kaiser Yu Elemente mehrfach gefilterter Erinnerungen an diese Krisenzeit am Ende des 3. Jahrtausends v. Chr. bewahrt haben, ähnlich wie das Gilgamesch-Epos in Mesopotamien. Ob es sich bei Yu allerdings um eine historische Persönlichkeit handelte und sein Wirken gar mit einer durch einen Kometen- oder Asteroideneinschlag verursachten Katastrophe im 24. Jahrhundert v. Chr., die sich auch aus Baumringen im weit entfernten Irland ablesen ließe, verknüpft werden könnte, wie es Mike Baillie und Jonny McAneney vorgeschlagen haben, mag bezweifelt

---

[5] Radkau 2002, 114. Vgl. auch Vogelsang 2012, 47–50; Lander 2015, 113–118; Ball 2016, 56–64; Vogelsang 2019, 23–26.

[6] Brooke 2014, 177, 285; Vogelsang 2012, 33–40, 51–61, 239 f.; Lander 2015, 114 f., 122; Wang u. a. 2016; von Glahn 2016, 11 f.; Marks 2017, 38–43; Vogelsang 2019, 21–26, 28–32.

werden. Yus Mythos hingegen wurde von vielen späteren mit den Fluten des Gelben Flusses ringenden Kaisern beschworen.[7]

Nach den Veränderungen am Ende des 3. Jahrtausends setzte sich auch in Nordchina um 2000 v. Chr. die Bearbeitung von Bronze durch, und es entstanden urbane Zentren überregionaler Bedeutung wie an der Fundstätte von Erlitou nahe der späteren Hauptstadt der Han-Dynastie Luoyang am mittleren Huang He. Zwischen 1800 und 1500 v. Chr. wuchs die Stadt auf eine Fläche von 450 Hektar an, einschließlich eines Tempel- oder Palastbezirks von 11 Hektar, und hatte zwischen 20 000 und 30 000 Einwohner. Von dort kontrollierten die Fürsten von Erlitou ein Netzwerk von mehr als 100 Siedlungen unterschiedlicher Größe im weiteren Umfeld. Einige chinesische Historiker möchten dieses Reich mit der traditionell zwischen 2205 und 1766 v. Chr. datierten Xia-Dynastie, begründet durch den Bezwinger der Fluten Kaiser Yu, verknüpfen, doch bleibt dies mangels Schriftquellen reine Spekulation.[8]

Ab ca. 1600 v. Chr. stellte die am Fundort Erligang entdeckte Stadt an Umfang und wohl auch Reichweite politischer Macht Erlitou in den Schatten. Die Einführung von pferdegezogenen Streitwagen aus den benachbarten Steppen Zentralasiens wurde in Kombination mit Bronzewaffen ähnlich wie im Nahen Osten die Grundlage einer kriegerischen Elitenkultur, die sich durch die neuen Statussymbole umso mehr von der Masse der Bauern abgrenzte. Militärische Bedrohungen motivierten auch die Errichtung einer Mauer von sieben Kilometer Länge um Erligang, die die Jahresarbeitsleitung von 80 000 Menschen erforderte.[9] Die chinesische Geschichtsschreibung möchte Erligang mit der Frühzeit der Shang-Dynastie verknüpfen, die um 1766 oder 1675 v. Chr. die Herrschaft der Xia abgelöst haben soll, gefolgt von einer schweren fünfjährigen Dürre. Die Shang sind aber erst ab ca. 1300 v. Chr. für das spätere, noch größere Zentrum von Yinxu nahe Anyang (im Norden der heutigen Provinz Henan) nachweisbar. Vor allem auf mehr als 200 000 Knochen, die für die Befragung von Orakeln verwendet wurden, sind nun erstmals Schriftzeichen erhalten. Zentrale Themen dieser Weissa-

---

[7] Baillie/McAneney 2015; Ball 2016, 64–67. Siehe dazu auch Kapitel zu China im parallel erschienenen Band *Der Lange Sommer und die Kleine Eiszeit*.
[8] Vogelsang 2012, 47–50; Breuer 2014, 169 f.; Lander 2015, 113–118; Benjamin 2018, 46–47; Vogelsang 2019, 23–26.
[9] Elvin 2004, 93; Vogelsang 2012, 48–51; Lander 2015, 119–121; Vogelsang 2019, 23–26.

gungen waren das Eintreten von Regen oder Dürren sowie die richtigen Zeitpunkte für Aussaat und Ernte, aber auch Krieg. Letzterer diente insbesondere der Erbeutung von Gefangenen, nicht nur als Arbeitskräfte, sondern auch als Menschenopfer, von denen 13 000 in diesen Texten belegt sind. In ihren monumentalen Grabanlagen ließen sich die Herrscher der Shang mit ihrem Gefolge bestatten, das davor getötet wurde.[10] Der für den Mittelmeerraum und den Nahen Osten belegte Klimawandel rund um das 3,2-Kilojahr-Ereignis (um 1200 v. Chr.) ist auch in Proxydaten für Nordchina nachweisbar. Wie in anderen Weltregionen wurde es sowohl trockener als auch kälter. Spätere Texte berichten, die Herrschaft der Shang ging zu Ende, als der Huang He austrocknete. Gestürzt wurde die Dynastie um 1050 v. Chr. durch die Zhou, eine Gruppe aus der Region von Guanzhong an der westlichen Peripherie des Einzugsgebiets des Gelben Flusses. Als ‚Zustimmung (Mandat) des Himmels' für ihren Angriff mögen der Zhou-König Wu und seine Berater eine nur alle 516 Jahre auftretende Konstellation der Planeten Jupiter, Saturn, Mars, Venus und Merkur im Jahr 1059 v. Chr. gedeutet haben. Diese Ereignisse fallen zeitlich mit den Krisenzeiten Ägyptens, Assyriens und des nachmykenischen Griechenlands sowie dem solaren Minimum des späteren 11. Jahrhunderts v. Chr. zusammen. Die Zhou verbündeten sich mit ‚barbarischen' Stämmen der Rong aus den benachbarten Steppengebieten, die vermutlich ebenso wie sie unter den ungünstigeren Witterungsbedingungen zu leiden hatten, und marschierten mit einer großen Armee 600 Kilometer nach Osten gegen die Shang. Deren letzter Herrscher wird in der späteren Überlieferung als blutrünstiger und dekadenter Tyrann dargestellt, um die Machtübernahme durch den ‚heldenhaften' König Wu, der unter den Shang ein schreckliches Blutbad anrichtete, zu legitimieren.[11]

Nachdem die Zhou die Dynastie der Shang gestürzt hatten, richteten sie ihr Machtzentrum in der Ausgangregion ihres Vormarsches, dem Guanzhong-Gebiet am Wei, einem westlichen Zufluss des Huang He,

---

[10] Loewe/Shaughnessy 1999, 269–287; Lee/Crawford/Liu/Chen 2007; Vogelsang 2012, 33–40, 51–61; Breuer 2014, 170–172; Lander 2015, 122; von Glahn 2016, 11 f.; Ball 2016, 54 f.; Marks 2017, 50–52; Benjamin 2018, 46–49; Vogelsang 2019, 21–26, 28–32.

[11] Huang/Pang/Li 2002; Elvin 2004, 5, 91–93; Vogelsang 2012, 62–66, 239; Breuer 2014, 179 f.; Brooke 2014, 299 f., zu den klimahistorischen Hintergründen, aber erneut mit einer sehr ‚deterministischen' Deutung; Lander 2015, 117 f.; Shangjun shu 2017, 4 f.; Marks 2017, 56 f.; Benjamin 2018, 48–51 (insbesondere zur Konstellation von 1059 v. Chr.); Vogelsang 2019, 32–35.

ein. Das dortige Gebiet war noch relativ dünn besiedelt, und das *Buch der Oden*, eine Sammlung von mehr als 300 Gedichten aus der Zeit zwischen 1000 und 600 v. Chr., schildert mehrfach die Rodung von Wäldern und die Anlage von Feldern und Dörfern. Ähnlich wie die Herrscher Assyriens bekräftigten die Zhou ihre Dominanz über die wilde Natur mit der Jagd auf gefährliche Tiere; so soll König Wu, der Bezwinger der Shang, bei einer Gelegenheit 12 Tiger und 12 Nashörner, die damals noch im Norden Chinas heimisch waren, erlegt haben. Im selben Text rühmt er sich, ebenfalls vergleichbar mit den Königen Assurs, 78 000 getöteter und 310 000 gefangener Feinde. Die Zhou residierten abwechselnd in ihrer westlichen Hauptstadt Feng-Hao (nahe dem späteren Xian, in Guanzhong) und ihrer östlichen Hauptstadt Chengzhou (das spätere Luoyang), das näher am Gelben Fluss lag. Ihr Reich war allerdings kein Zentralstaat, sondern eine lose Allianz von Fürstentümern, die den Zhou Heerfolge leisteten und Tribute zollten.[12] Im 9. Jahrhundert schwand allmählich die Kontrolle der Zhou über dieses Netzwerk an Vasallen; 841 v. Chr. (dem ersten gesicherten Datum der chinesischen Geschichte) musste König Li sogar aus seiner Residenz flüchten und den Thron einem nicht aus der Zhou-Dynastie stammenden Usurpator überlassen. Diese Krise wurde im 9. und 8. Jahrhundert von einer in Proxydaten und Schriftquellen dokumentierten Kälteperiode begleitet; sogar der Jangtsekiang in Südchina sei mehrfach zugefroren. Global überschneidet sich diese Phase mit dem zwischen 847 und 737 v. Chr. datierten solaren Homer-Minimum. Allerdings gelang König Xuan um 827 v. Chr. noch einmal eine Wiederherstellung der Macht der Zhou. Doch kurz nach seinem Tod wurde die westliche Hauptstadt Feng-Hao 771 v. Chr. bei einem Angriff des Reitervolks der Rong aus der angrenzenden Steppe, gleichsam den Pendants zu den Kimmeriern und Skythen, die im 8. und 7. Jahrhundert v. Chr. im Nahen Osten aktiv wurden, zerstört und König You getötet. Die Reste des Hofes und der Dynastie flohen in die östliche Hauptstadt.[13]

---

[12] Loewe/Shaughnessy 1999, 307–350; Elvin 2004, 10–12, 42–44, 91 f., 323–325; Tuan 2008, 58–62; Lander 2015, 10, 132–139; Shangjun shu 2017, 4 f.; Marks 2017, 73–76; Benjamin 2018, 50 f.

[13] Vogelsang 2012, 123 f.; Breuer 2014, 186 f.; Lander 2015, 175 f.; Ball 2016, 81 f.; Marks 2017, 77 f.; Benjamin 2018, 50–52. Demgegenüber gibt Brooke 2014, 299, an, die Zhou wären bis 480 v. Chr. die dominierende Zentralmacht in Nordchina gewesen, bis ein Wechsel in den Monsunmustern ihr Regime schwächte. Die klimatische Änderung hat wohl stattgefunden, die Zhou hatten aber schon 300 Jahre zuvor die Kontrolle über das Reich eingebüßt.

Diese „Östliche Zhou-Dynastie" konnte aber nie wieder die Kontrolle über den Reichsverband erringen, der in der folgenden „Zeit der Frühlings- und Herbstannalen" (von 722 bis 481 v. Chr.) in über 100 de facto eigenständige Fürstentümer zerfiel, die miteinander in ständiger Konkurrenz standen. Erst 500 Jahre später wurde eine politische Einheit des ganzen Raumes hergestellt.

Während eine klimatische Ungunst-Periode den Aufstieg der Zhou begünstigte, begleitete eine andere den Zusammenbruch ihrer Macht. Einmal mehr erweist sich klimatischer Wandel nicht als eindeutige Determinante der Entwicklung, sondern als Herausforderung, auf die Regime, je nach Verfügbarkeit materieller und symbolischer Ressourcen, in unterschiedlicher Weise antworten und daraus gestärkt oder geschwächt hervorgehen können.

Streitende Reiche und die Beherrschung von Mensch und Natur: der Aufstieg der Qin

Für die „Zeit der Frühlings- und Herbstannalen" werden in den nun zahlreicher werdenden Schriftquellen für 242 Jahre nicht weniger als 480 Kriege verzeichnet, bei der viele der kleineren Herrschaften von größeren annektiert wurden. Dieser Wettbewerb bedingte einen Wettlauf der verschiedenen Fürstentümer um die Vermehrung ihrer Machtmittel, damit sie militärisch bestehen konnten. Einzelne Staaten erlangten zeitweilig eine Vormachtstellung, indem sie ihren Zugriff auf die agrarischen und sonstigen wirtschaftlichen Ressourcen ihrer Territorien verstärkten, etwa durch neue Abgaben auf Feldfrüchte oder Monopole auf die Herstellung von Salz und Eisen, das nun in China wie im Westen Eurasiens die Bronze als Werkstoff ablöste. Mit eisernen Werkzeugen wurde die Rodung von Wäldern und mit der Einführung von Ochsengespannen gezogenen Pflügen die Bearbeitung des Bodens intensiviert. Allerdings wurde dadurch Holz schon im 6. Jahrhundert v. Chr. in manchen Teilen Nordchinas zur Mangelware; deshalb beschränkte 535 v. Chr. der mächtige Staat Chu im Süden Nordchinas die Nutzung der Wälder und verfügte den Schutz von Obst- und anderen -Bäumen vor Abholzung, jedoch vor allem im Interesse der staatlichen Bedürfnisse.[14] Mit der verschärften Kontrolle über die Wälder, die vorher der

---

[14] Bodde 1986, 21–30; Loewe/Shaughnessy 1999, 545–585; Vogelsang 2012, 79–96; Breuer 2014, 189 f.; Lander 2015, 179–183 (Zitat), 192–205, 213; von Glahn 2016, 44–55; Shangjun shu 2017, 6–8; Marks 2017, 66–68, 79–82.

allgemeinen Nutzung durch die Bauern insbesondere auch in Zeiten von Missernten offenstanden, um durch das Sammeln von Wildpflanzen oder die Jagd ihrer Nahrungsmittelbasis zu erweitern, wurden auch die Pufferstrategien der einzelnen Haushalte eingeschränkt; diese mussten nun umso mehr auf staatliche Vorsorge (durch Getreidespeicherung und dergleichen) vertrauen.[15] Herzog Zhuang von Lu im Osten im heutigen Shandong (reg. ca. 693–662 v. Chr.), der bereits ähnliche Maßnahmen durchgeführt hatte, wurde dafür kritisiert, dass er „gierig auf den Profit aus den Bergen, Wäldern, Wiesen und Sümpfen ist. Er konkurriert mit den Menschen, um den Reichtum aus Feldern, Fischerei, Brennholz und essbaren Pflanzen zu gewinnen."[16] Und die Reformen in Chu unter Kriegsminister Wei Yan im 6. Jahrhundert v. Chr. werden so beschrieben:

> „Er zeichnete den Boden und die Felder auf, vermaß die Wälder in den Bergen, erfasste die Feuchtgebiete und Sümpfe, unterschied Hügel von Gräben, notierte unfruchtbare und salzhaltige Böden, berechnete Sumpfgebiete an den Grenzen, kategorisierte Stauseen und Wehranlagen. Er ließ Vieh an sumpfigen Orten weiden, teilte fruchtbares Land nach Gittermustern auf und passte die Abgaben an das Einkommen jedes Gebiets an. Er legte die Abgaben für Streitwagen, das Register der Pferde und die Anzahl der zu erhebenden Streitwagen, Waffen, Fußsoldaten, Rüstungen und Schilde fest."[17]

Wie der Sinologe Brian Lander ausführt, steigerte sich in dieser Periode der chinesischen Geschichte aufgrund des Ressourcenhungers und des Kontrollstrebens der ständig kriegführenden Fürstentümer, „die Fähigkeit menschlicher Gesellschaften, die Umwelt zu verändern", enorm.[18] Um 602 v. Chr. kam es auch zur ersten eindeutig dokumentierten großen Verlagerung des Unterlaufs des Huang He, vielleicht verschärft durch die mit der intensiveren Landnutzung einhergehenden stärkeren Erosion und Sedimentlast. Diese und andere, insbesondere gesellschaftliche Auswirkungen der Innen- und Außenpolitik der streitenden Fürstentümer erregten auch Widerspruch. Zum einen wehrten sich etablierte Adelsfamilien gegen den stärkeren Zugriff des Fürsten auf die Reichtümer des Landes, so im Staat Zheng, wo der Minister Zi Si im

---

[15] Lander 2015, 203–205.
[16] Zitiert nach Lander 2015, 15.
[17] Zitiert nach Lander 2015, 195 f.
[18] Lander 2015, 179–183 (Zitat).

Jahr 563 v. Chr. wegen seiner Pläne zur Trockenlegung und Bewässerung größerer Ländereien von der Aristokratie ermordet wurde. Zum anderen beklagten Philosophen den Verfall der sittlichen Ordnung im Streben nach Macht. Die prominenteste unter diesem Stimmen war Meister Kong (Konfuzius, 551–439 v. Chr.), der eine Orientierung am Vorbild der (in der rückblickenden Verklärung) moralischen Herrscher der früheren Zhou-Dynastie forderte. Er trat, letztlich mit wenig Erfolg, in den Dienst verschiedener Staaten, wurde aber nach seinem Tod zu einer Autorität für eine der wichtigsten geistesgeschichtlichen Strömungen Chinas. In der Lebenszeit des Konfuzius blieb vom Wettstreit der hundert Fürstentümer nur mehr ein Dutzend größerer Staaten übrig; sie lieferten sich nun einen umso erbitterten Kampf um die Vormacht, die als „Zeit der streitenden Reiche" (481–221 v. Chr.) in die Geschichte Chinas einging. Dieser Konzentrationsprozess verlief parallel zu einer Verminderung der Monsun-Niederschläge zwischen 500 und 200 v. Chr., der vielleicht zur Verschärfung des Konkurrenzkampfs um knapper werdende Ressourcen beitrug.[19]

In der „Zeit der streitenden Reiche" verstärkten sich im ständigen Kampf um die Vorherrschaft zwischen den verbliebenen größeren Staaten (man verzeichnet für diese Periode 590 Kriege) die Tendenzen zur Intensivierung des Zugriffs der Regierung auf die Ressourcen des Landes und die Steigerung der Produktivität. Mobilisiert wurde in steigender Zahl nicht nur die Arbeitskraft der Menschen, sondern auch ihre Wehrhaftigkeit, denn ähnlich wie mit der Einführung der Hopliten in Griechenland beherrschten nun mit Eisenwaffen sowie der neuentwickelten Armbrust gerüstete Infanteriemassen die Schlachtfelder. Deshalb wurden nun zehntausende Bauern auch zum Militärdienst verpflichtet. Diese Kriege wurden mit äußerster Grausamkeit geführt; der deutsche Sinologe Kai Vogelsang schreibt:

„Die Quellen der Zeit berichten von Städten, die ausgehungert wurden, bis Eltern ihre Kinder fraßen, von Kriegsgefangenen, die massenweise verstümmelt oder massakriert wurden, von Heerführern, die aus den Schädeldecken ihrer Feinde tranken, von Leichenschändung und Kriegen, bei denen die Toten Felder und Städte füllten."[20]

---

[19] Bodde 1986, 29 f.; Vogelsang 2012, 79–96; Lander 2015, 192–203, 213; von Glahn 2016, 44–55; Marks 2017, 38 f., 104 f.; Vogelsang 2019, 41–53; Elvin 2004, 45–49, 93. Zu den klimatischen Bedingungen siehe Brooke 2014, 308 f.

[20] Vogelsang 2012, 100–105, bes. 101 f. (Zitat); Bodde 1986, 24 f.; Loewe/Shaughnessy 1999, 587–645; Lander 2015, 211–213; Shangjun shu 2017,

Zynisch könne man, so Vogelsang, diese Gemetzel auch als „Regulativ des Bevölkerungswachstums" deuten, das trotz der ständigen Kriege diese Zeit kennzeichnete.[21] Da ein möglichst großes demografisches und somit ökonomisches und militärisches Potenzial im Interesse der Regierungen lag, wurden Siedlungstätigkeit und die Ausdehnung der Ackerflächen vorangetrieben. Der Staaten förderten ebenso die Einführung neuer Methoden der Düngung und der Fruchtfolge, um die Erträge zu steigern, und setzten Beamte zur Organisation und Aufsicht der Bewässerung, Flutvorbeugung, Wasserspeicherung in Reservoirs und den Transport von Überschüssen zu Wasser und deren Speicherung ein, „sodass die Menschen auch in Zeiten von Schlechtwetter, von Flut oder Dürre, etwas zu pflanzen und zu jäten haben". Diese Maßnahmen galten aber auch der Versorgung der wachsenden urbanen Zentren; Linzi, Hauptstadt des Staates von Qi in der heutigen Provinz Shandong, erreichte z. B. in dieser Periode bereits eine Zahl von 210 000 Einwohnern.[22]

Als auf längere Sicht am erfolgreichsten in diesem Wettstreit um die Mobilisierung der Ressourcen erwies sich der Staat Qin an der westlichen Peripherie Nordchinas. Die Qin begannen ihren Aufstieg als Vasallen der Zhou, denen sie 771 v. Chr. bei der Flucht vor den Rong in die östliche Hauptstadt halfen. Dafür erhielten sie Ländereien in Guanzhong im früheren Kerngebiet der Zhou; in den folgenden 150 Jahren gelang es ihnen, alle chinesischen Konkurrenten im Westen dieser Region auszuschalten und auch die Rong 623 v. Chr. entscheidend zu besiegen. Gleichzeitig wurden Teile der unterworfenen „Barbaren" von den Qin in ihr Reich integriert, die ihrerseits, auch aufgrund der westlichen Randlage, von den übrigen Staaten Chinas als „halbbarbarisch" wahrgenommen wurden.[23] Das Gebiet der Qin war im Vergleich zu anderen Fürstentümern nach wie vor relativ dünn besiedelt, besaß aber somit umso mehr Potenzial für den Ausbau der Ackerflächen und Siedlungen, für den auch Bauern aus benachbarten Territorien ange-

---

2 f., 17–20; Vogelsang 2019, 54–62; Elvin 2004, 93. Victoria Tin-bor Hui 2005 verglich diese Periode mit der Zeit der Entstehung des Absolutismus und Merkantilismus zwischen den ständigen kriegführenden Staaten in Europa im 16. bis 18. Jahrhundert.

[21] Vogelsang 2012, 102.

[22] Vogelsang 2012, 100–105, bes. 101 f. (Zitat); Lander 2015, 211–213; Vogelsang 2019, 54–62; Elvin 2004, 93; Marks 2017, 81 f.: Shangjun shu 2017, 8–16.

[23] Bodde 1986, 31 f.; Lewis 2007, 40 f.; Lander 2015, 222–231.

worben wurden.[24] Die wachsende Macht der Qin manifestierte sich in der Grabanlage des Fürsten Jing (reg. 577–537 v. Chr.) die 300 Meter lang und 24 Meter tief war; dabei mussten ihm auch 166 Menschen aus seinem Gefolge in den Tod folgen.[25] Um die Kontrolle des östlichen Guanzhong-Gebiets hatten die Qin mit dem benachbarten Staat Wei zu kämpfen; dabei erlitten sie einige Rückschläge, als zwischen 442 und 385 v. Chr. die Dynastie von inneren Streitigkeiten erschüttert wurde. Erst Fürst Xiao (reg. 361–338 v. Chr.) stellte die Zentralmacht wieder her, sicherte die Grenzen und verlegte 350 v. Chr. seine Hauptstadt weiter östlich nach Xianyang in die Gegend des heutigen Xian, das durch die Zuflüsse aus dem Qinling-Gebirge im Süden über eine gute Trinkwasserversorgung verfügte.[26] Insbesondere aber übergab Fürst Xiao seinem Minister Shang Yang zwischen 359 und 350 v. Chr. die Leitung eines umfangreichen Reformprogramms, das die gesamte Gesellschaft den Bedürfnissen der Kriegsführung unterordnen sollte. Shang Yang, der auch als „Machiavelli des Alten China" bezeichnet wurde, folgte dabei der Maxime: „Wenn die Leute schwach sind, ist der Staat stark. Wenn die Leute stark sind, ist der Staat schwach."[27] Damit verbunden war auch ein Bekenntnis zur Autokratie und eine Absage an jegliche Mitbestimmung der Untertanen: „Mit dem Volk kann man nicht gemeinsam die Anfänge bedenken, sondern sich nur über vollbrachte Leistungen freuen."[28] Im Gegenteil sollte das Volk möglichst unwissend bleiben:

> „Wenn das Volk die Gelehrsamkeit verachtet, dann verdummt es, und wenn es verdummt, dann wird es keine Außenkontakte haben, und wenn es keine Außenkontakte hat, dann wird es sich um den Ackerbau kümmern, ohne zu faulenzen. Wenn das Volk aber den Ackerbau nicht verschmäht, so wird der Staat sicher und ungefährdet sein. Ist der Staat sicher und ungefährdet, und bemüht sich das Volk um den Ackerbau, ohne zu faulenzen, dann wird das Brachland gewiss erschlossen."[29]

---

[24] Shangjun shu 15, 5; Übersetzung zitiert nach Shangjun shu 2017, 198 f.
[25] Vogelsang 2012, 123 f.; Bodde 1986, 32 f.; Lander 2015, 241; Shangjun shu 2017, 14 f.; Vogelsang 2019, 77 f.
[26] Lander 2015, 243, 246.
[27] Shangjun shu 20, 1; Übersetzung zitiert nach Shangjun shu 2017, 226. Vgl. auch Bodde 1986, 34–40; Lewis 2007, 18 f., 31–34; Lander 2015, 253; Shangjun shu 2017, 67 f.
[28] Shangjun shu 1, 2; Übersetzung zitiert nach Shangjun shu 2017, 100.
[29] Shangjun shu 2, 3; Übersetzung zitiert nach Shangjun shu 2017, 107.

Das Ziel war die Rekrutierung, Ausrüstung und Versorgung sowie Motivation von so vielen Soldaten wie möglich, auch, um alle überschüssigen Ressourcen, deren Ansammlung sonst die Entstehung mit dem Herrscher konkurrierender Machtballungen unterstützt hätte, für Zwecke des Zentralstaates zu verbrauchen.[30] Fast das gesamte Ackerland wurde zum direkten Besitz des Staates erklärt und vermessen, die Bevölkerungszahl nach Haushalten genau erfasst und registriert. Dann wurden je nach Arbeitskräftepotenzial der einzelnen Haushalte die Äcker neu verteilt; neben Naturalabgaben mussten regelmäßige Arbeitsdienste und von den Männern im Alter zwischen 16 und 60 auch Kriegsdienst geleistet werden. In der Armee, aber auch außerhalb galt ein Rangsystem, das sich an den militärischen Leistungen und nicht mehr ererbten adeligen Privilegien orientierte, was die Akzeptanz des neuen Systems bei weiteren Kreisen der Bevölkerung erhöht haben mag. Besonders ausgezeichnete Soldaten konnten auch größere Landzuweisungen und Erleichterungen beim Arbeitsdienst für ihre Familien erlangen. Shang Yang strebte den umfassenden Zugriff auf alle Ressourcen des Landes an und schrieb:

> „Ein starkes Land kennt dreizehn Zahlen: die Anzahl der Getreidespeicher innerhalb seiner Grenzen, die Bevölkerungszahl, die Anzahl der arbeitsfähigen Männer und Frauen, die Anzahl der Alten und Kinder, die Anzahl der Beamten und Dienstleute, die Anzahl derjenigen, die ihren Lebensunterhalt durch Reden verdienen, die Anzahl der nützlichen Menschen, die Anzahl der Pferde und Ochsen, die Menge an Futter und Stroh. Will man den Staat stärken und kennt die dreizehn Zahlen nicht, dann kann der Boden noch so ertragreich sein und das Volk noch so zahlreich – der Staat wird immer schwächer werden, bis er zerfällt."[31]

Um die korrekte Leistung der Abgaben und Arbeitsdienste zu gewährleisten, wurde ein System der wechselseitigen Überwachung eingeführt, bei dem je fünf Haushalte untereinander für die Befolgung aller Regeln hafteten. Selbst die Verletzung der Pflicht zur Meldung von Vorstößen wurde mit schweren Strafen, in der Regel Tod oder Zwangsarbeit, geahndet.[32] Dennoch war eine wachsende Zahl an Schreibern

---

[30] Vgl. dazu Lewis 2007, 49 f.
[31] Shangjun shu 4, 10; Übersetzung zitiert nach Shangjun shu 2017, 131. Siehe auch Bodde 1986, 37 f.; Lander 2015, 253 f.
[32] Shangjun shu 2017, 78 f. Vgl. auch Bodde 1986, 36 f.; Lewis 2007, 30 f.

und Beamten notwendig, um alle gewünschten Zahlen zu ermitteln und alle Zuflüsse und Abgänge an Mensch und Material zu verzeichnen, denn das Kontrollstreben des Qin-Regimes ging noch weiter. In einer offiziellen Anweisung hieß es:

> „Immer wenn der Regen fällt und das Getreide Ähren bildet, ist unverzüglich ein schriftlicher Bericht über die zu erwartende Ernte und das Getreide mit Ähren sowie über die Anbaufläche und das Land ohne Frucht zu erstellen. Immer wenn es regnet, wenn die Ernte bereits ausgewachsen ist, sind die Regenmenge und die Anzahl der betroffenen Flächen schriftlich anzugeben. Ebenso ist bei Trockenheit und heftigem Wind oder Regen, Überschwemmungen, Horden von Heuschrecken oder anderen Lebewesen, die die Ernte schädigen, die Anzahl der betroffenen Flächen immer sofort schriftlich zu melden. Bezirke in der Nähe der Hauptstadt müssen leichtfüßige Läufer haben, die den Brief zustellen, während entfernte Bezirke den Kurierdienst haben, um den Bericht zu übermitteln."[33]

Für Klimahistoriker äußerst interessant ist die hier verordnete Einrichtung eines Registrierungssystems über Witterungs- und andere Extremereignisse, das aber offenbar nie in der Dichte und Frequenz wie hier vorgeschrieben umgesetzt wurde. Insgesamt war unter vormodernen Kommunikations- und Transportbedingungen abzusehen, dass ein solches System der zentralen Planung und Organisation an seine Grenzen stoßen musste.[34]

Vorläufig schienen aber die Erfolge Shang Yang Recht zugeben, wiewohl er selbst nach dem Tod seines Förderers Fürst Xiao 338 v. Chr. Opfer eine Hofintrige und hingerichtet wurde. 330 v. Chr. erlang Qin einen entscheidenden Sieg über den alten Rivalen Wei im Osten und dehnte seine Herrschaft auf ganz Guanzhong aus; danach expandierte das Reich Schritt für Schritt in alle Himmelsrichtungen. Weitere Flächen wurden unter den Pflug genommen, und um diesen Prozess zu fördern, begann der Staat im 3. Jahrhundert v. Chr. auch, Ochsen aus den Regierungsstallungen an Bauern zu verleihen, die sich kein eigenes Gespann leisten konnten.[35] Großes Aufsehen erregten aber die Kanalprojekte Qins zur Trockenlegung bzw. Bewässerung tausender Hektar

---

[33] Zitat nach Lander 2015, 328. Vgl. auch Bodde 1986, 52.
[34] Lander 2015, 247–260. Vgl. auch Vogelsang 2012, 124–127; von Glahn 2016, 56–60; Vogelsang 2019, 57–60, 78–80.
[35] Bodde 1986, 38–40; Lewis 2007, 109 f.; Lander 2015, 220, 314 f.

Land. Das berühmteste dieser Projekte umfasste einen Kanal zwischen den zwei nördlichen Zuflüssen des Wei, dem Luo und dem Ling, mit dem ein Areal von angeblich 180 000 Hektar trockengelegt und urbar gemacht wurde. Der berühmte Historiker des 2. Jahrhunderts v. Chr., Sima Qian, übernimmt die vermutlich legendenhafte Überlieferung, dass die die wachsende Übermacht Qins fürchtende Regierung des Staates Han den Ingenieur Zheng Guo an den Hof des Feindes sandte, damit dieser den Herrscher der Qin überredete, seine Ressourcen für dieses als undurchführbar geltende Projekt zu verschwenden, anstatt Krieg zu führen. In wenigen Jahren gelang bis um 246 v. Chr. jedoch die Fertigstellung des Kanals, und dadurch sei Guanzhong zu einem „fruchtbaren Land, das keine schlechten Jahre kannte", geworden.[36] Jedoch erwies sich der Kanal des Zheng Guo auf längere Sicht sehr wohl als Problem für die Region; Lander führt dazu aus:

> „[D]er Kanal war ein klassisches Beispiel für eine High-Level-Gleichgewichtsfalle, ein Projekt, dessen anfänglicher Nutzen auf lange Sicht durch die ständigen Bemühungen um dessen Aufrechterhaltung übertroffen wurde. Tatsächlich ist es wahrscheinlich, dass der Damm, der gebaut wurde, um Wasser für den Kanal zu sammeln, direkt für das Absenken des Flussbettes verantwortlich war, was es für spätere Projekte schwierig machte, den Fluss für die Bewässerung zu nutzen. Vor dem Bau des Damms konnte sich das Hochwasser über die Flutebene ausbreiten, was die Strömung schwächte. Die Qin bauten jedoch einen Damm über einen weiten Abschnitt der Flutebene, und obwohl das Wasser schließlich durch sie schnitt, zwangen die verbleibenden Abschnitte des Damms den gesamten Fluss in den einzelnen Kanal, erhöhten die Flussrate und zwangen ihn, sein Bett nach unten einzugraben."[37]

Ständig steigende Kosten sowohl für die Bewässerung als auch für den Hochwasserschutz der erschlossenen Ackerflächen waren die Folge.[38] Andere Kanalprojekte der Qin wie jenes am Min, einem Zufluss des Jangtsekiang, in der heutigen Provinz Sichuan, erwiesen sich als nachhaltig erfolgreicher und waren über Jahrhunderte in Betrieb.[39]

---

[36] Radkau 2002, 132 f.; Elvin 2004, 120–122; Sadao 1986, 554; Lewis 2007, 18 f.; Vogelsang 2012, 129; Lander 2015, 260–270; von Glahn 2016, 61 f.; Marks 2017, 96–98.
[37] Lander 2015, 268 f.
[38] Bodde 1986, 44–46; Elvin 2004, 122, 460 f.
[39] Bodde 1986, 45; Sadao 1986, 554; Marks 2017, 97 f. Zu frühen Ackerbaukulturen am Jangtsekiang und ihrer Datierung siehe Long/Taylor 2015.

Eindeutig war bei alle diesen Projekten das Primat des Staates und dessen auf Krieg ausgerichteten Ideologie. Als es in der Regierungszeit von König Zhaoxiang (reg. 255–250 v. Chr.) in Qin zu einer Hungersnot kam, verweigerte er der Bevölkerung den Zugriff auf die Früchte der staatlichen Waldungen und Parkreservate, da dies der Politik der Belohnung alleine aufgrund der Verdienste im Kampf zuwiderliefe.[40] Lü Buwei, zwischen 250 und 235 v. Chr. Kanzler von Qin, fasste auch die von Shang Yang übernommene Staatsmaxime nochmals zusammen:

> „Dass das Volk ackert, geschieht nicht allein um der Bodenerträge willen – wichtiger noch ist die Gesinnung. Wenn das Volk ackert, dann bleibt es simpel, und wenn es simpel bleibt, ist es leicht dienstbar zu machen; wenn es leicht dienstbar zu machen ist, dann sind die Grenzen sicher und die Position des Herrschers wird geachtet."[41]

Tatsächlich war Qin, ähnlich wie um diese Zeit Rom im Mittelmeerraum, in der Lage, mehr Truppen für längere Zeit ins Feld zu führen als seine Konkurrenten. 256 und 249 v. Chr. eroberte es auch die verbliebenen Krondomänen der Zhou und besiegelte somit nach 800 Jahren das Ende der alten Königsdynastie. Als König Zheng im Jahr 246 v. Chr. die Macht in Qin übernahm, hielt ein Beamter fest:

> „Qins Territorium nimmt die halbe Welt ein und seine Truppen sind jener der Länder an allen Grenzen ebenbürtig. Es ist von Bergen gesäumt, von Flüssen umgeben und liegt sicher hinter Barrieren in alle Richtungen. Qin hat mehr als eine Million fähige Truppen, tausend Kriegswagen, zehntausend Mann Kavallerie und Getreidevorräte, die so hoch wie Hügel sind. Da seine Gesetze und Verordnungen klar sind, sind seine Soldaten in Widrigkeiten ruhig und glücklich zu sterben."[42]

In den nächsten 25 Jahren gelang es König Zheng, alle verbliebenen Rivalen zu erobern und ein tatsächlich in einer Hand vereintes chinesisches Großreich auf einer Fläche von zwei bis drei Millionen Quadratkilometern zu etablieren. Unter dem Titel Qin Shihuangdi („Erster erhabener Herrscher von Qin") ließ er sich 221 v. Chr. zum ersten Kaiser von China (diese Fremdbezeichnung rührt ebenfalls von „Qin/Ch'in" her) ausrufen, dem „alles unter dem Himmel" gehorchte. Als

---

[40] Lander 2015, 204.
[41] Lüshi chunqiu 26, 3; zitiert nach Shangjun shu 2017, 69.
[42] Zitiert nach Lander 2015, 273.

Symbol für die Beendigung der Zeit der streitenden Reiche ließ er tausende erbeutete Waffen einschmelzen und daraus (keinen eisernen Thron, sondern) Glocken und zwölf monumentale Statuen, die im Palastbezirk aufgestellt wurden, gießen.[43]

Ein Optimum für China? Vom ersten Kaiser zum Reich der Han

Am Ende des 3. Jahrhunderts v. Chr. vollzog sich auch in Ostasien ein klimatischer Wechsel zu besseren Monsunniederschlagsbedingungen, die ähnlich wie das Römische Optimum bis ins 2. Jahrhundert n. Chr. anhielten und deshalb auch als Optimum der Han – und nicht der Qin – bezeichnet werden.[44] Denn nur drei Jahre nach dem Tod des Qin Shihuangdi (reg. 221–210. v. Chr.) wurde seine Dynastie gestürzt und die Reichseinheit wieder bedroht. Die traditionelle Begründung, der sich aber auch die moderne Forschung weitgehend anschließt, fasst Lander so zusammen:

> „Selbst nach der formellen Gründung des Reiches schienen die Qin-Führer nicht in der Lage gewesen zu sein, zu einer Friedenswirtschaft mit geringerer Ausbeutung überzugehen, und die traditionelle Ansicht, dass ihre unnötigen militärischen Kampagnen und Megaprojekte zum Zusammenbruch des Reiches beigetragen haben, ist sicherlich richtig."[45]

Tatsächlich versuchte der erste Kaiser, die in Qin seit einem Jahrhundert praktizierte engmaschige staatliche Kontrolle von Land und Bevölkerung auf das ganze Reich, das anstelle der früheren Teilstaaten in 36 Provinzen gegliedert wurde, auszudehnen. Schriftformen, Maße und Gewichte wurden vereinheitlicht. Durch die Umsiedlung und Mobilisierung von hunderttausenden Menschen für verschiedene Großbauten sollten darüber hinaus regional verankerte Machtstrukturen zerschlagen und die Teile des Reiches durch materielle Manifestationen kaiserlicher Macht zu einer Einheit zusammengeschmiedet werden. So ließ der Kaiser über 120 000 Familien (wohl ca. 600 000 Menschen)

---

[43] Bodde 1986, 20 f., 40–45, 53–56; Lewis 2007, 39–41, 51–53; Vogelsang 2012, 130–139; Breuer 2014, 195 f.; von Glahn 2016, 95–100; Benjamin 2018, 53 f.; Vogelsang 2019, 81–87.

[44] Zhang u. a. 2006; Wang u. a. 2010; Liu 2013; Wei u. a. 2015; Brooke 2014, 316.

[45] Lander 2015, 274 (Zitat). Vgl. auch Sadao 1986, 549 f.; Lewis 2007, 70–72; Vogelsang 2012, 130–139; von Glahn 2016, 95–100; Vogelsang 2019, 81–87.

aus mehreren Provinzen in und um die Hauptstadt Xianyang deportieren, um deren Bevölkerungs- und Arbeitskräftepotenzial zu vermehren. Gleichzeitig wurden über 6800 Kilometer an Straßen und mehr als 4000 Kilometer an Kanalbauten in Angriff genommen, auch in die neu zu erschließenden Gebiete am Jangtsekiang und südlich davon, wo das Reich bis an die Grenzen des heutigen Vietnam expandierte. Für eines seiner bekanntesten Projekte, den Bau einer Großen Mauer zur Abgrenzung gegen die nördlichen Steppenregionen, waren über zehn Jahre ständig 300 000 Menschen im Arbeitsdienst. Ebenso viele Soldaten sollen für einen Feldzug gegen Xiongnu, die mächtigste Gruppe in den Steppen, mobilisiert worden sein. An der Errichtung der Palastbauten des ersten Kaisers und seiner monumentalen, erst 1974 wiederentdeckten Grabanlage (mit den berühmten 8000 Terrakotta-Figuren) arbeiteten angeblich weitere 700 000 Menschen.[46]

Es mag angesichts dieser enormen Dauerbelastung der Bevölkerung nicht verwundern, dass sich bald Widerstand regte und nach dem Tod des Qin Shihuangdi 210 v. Chr., der im Jahr zuvor durch die Sichtung eines Meteors angekündigt worden sei, zu Aufständen führte.[47] Die erste Rebellion brach aus, als ein Beamter im Sommer 209 v. Chr. mit einem Zug von 900 Zwangsarbeitern wegen heftiger Regenfälle nicht rechtzeitig am Bestimmungsort eintreffen konnte. Nachdem die strengen Gesetze der Qin dafür den Tod vorsahen, zog er es vor, gemeinsam mit den verurteilten Männern sein Heil in einer Rebellion zu suchen. Schon bald erhoben sich weitere Regionen gegen die Zentrale.[48] Als das Regime drei Jahre später vor dem Zusammenbruch stand, wurde der Nachfolger des ersten Kaisers, Qin Er Shi (reg. 209–207 v. Chr.) nach einer Hofintrige zum Selbstmord gezwungen.[49] Unter den Anführern der verschiedenen Rebellengruppen setzte sich überraschenderweise auch gegen alteingesessene Adelige der aus einfachen Verhältnissen stammende Liu Bang durch, der bis 202 v. Chr. alle Konkurrenten besiegen und somit auch die Reichseinheit bewahren konnte. Unter dem Namen Gaozu (reg. 202–195 v. Chr.) begründete er die neue Han-Dynastie, die aber in verschiedener Weise vom Erbe der

---

[46] Bodde 1986, 54–66, 82 f., 101; Lewis 2007, 54–59, 88–90; Lander 2015, 334–340; Marks 2017, 84–97; Benjamin 2018, 54 f.; Fang/Feinman/Nicholas 2015 (auch zu den langfristigen Veränderungen der Landschaft durch die Eingriffe der ersten Kaiser in die Natur).
[47] Bodde 1986, 79.
[48] Bodde 1986, 83 f.; Loewe 1986a, 111 f.
[49] Dazu ausführlich Emmerich 2018.

Qin profitierte. So gelang es einem Berater des Gaozu vor der Zerstörung der Qin-Paläste wichtige Akten und Landkarten zu sichern, die Auskunft über die Ressourcen und Infrastruktur des Reiches gaben. Auch seine Residenzstadt Chang'an („Ewiger Friede") errichtete Gaozu auf einer Fläche von 33 Quadratkilometer nicht weniger monumental als der erste Kaiser in Guanzhong am Fluss Wei im früheren Kerngebiet von Qin nahe dem heutigen Xian.[50] Und letztlich wurde auch die neue Organisationsform des geeinten Kaiserstaates von den Han, wenn auch in gemäßigter Form, weitergeführt: „Dies ist die langfristige Bedeutung des Qin-Reiches: es machte die zentralisierte Bürokratie zum politischen Standardmodell. Durch die Einrichtung eines Systems, in dem die Zahlung von Steuern und die Erbringung von Arbeitsdienst und Militärdienst als normal angesehen wurden, wurde das Reich in gewisser Weise legitimiert. Qins Härte tat dies besonders gut, weil es den nachfolgenden Han ermöglichte, als wohlwollend angesehen zu werden", obwohl sie viele dieser Praktiken weiterführten. Dies gilt auch für die nachfolgenden Dynastien bis hin zur Volksrepublik China, deren Gründer Mao Zedong (1893–1976) in einem Gedicht festhielt, dass das Erbe von Qin immer noch lebendig ist.[51]

Allerdings musste Kaiser Gaozu Kompromisse mit jenen Gruppen der Elite eingehen, die ihn im Kampf um die Krone unterstützt hatten – die neue „dominante Koalition"; so wurden im Osten des Reiches zehn Königreiche unter der halbautonomen Kontrolle regionaler Fürsten eingerichtet, während nur die westlichen Provinzen (hauptsächlich das Kerngebiet von Qin) unter direkter kaiserlicher Verwaltung blieben. Auch wenn es den Han in den folgenden Jahren gelang, in den meisten dieser Königreiche Verwandte einzusetzen, bedeutete dies doch eine deutliche Abkehr vom Qin-Ideal des Zentralstaats. Ebenso geschwächt wurde der Zugriff des Herrschers auf die Bauernschaft. Die Qin wollten die kleinbäuerlichen Haushalte als kleinste Einheit für die Forderung von Abgaben sowie Arbeits- und Militärdienst gegen privaten Großgrundbesitz sichern. Nun mussten sich viele Bauern angesichts von Missernten, Überschwemmungen und Heuschreckenplagen sowie Abgabendruck (wobei die Steuerrate unter den Han im Vergleich zur Qin-Zeit reduziert wurde) bei reicheren Nachbarn verschulden und

---

[50] Bodde 1986, 84 f.; Loewe 1986a, 115–120; Sadao 1986, 574 f.; Pines 2012; Benjamin 2018, 57 f.
[51] Lander 2015, 15 f. (für das Zitat).

gerieten in deren Abhängigkeit als Pächter (ein ähnlicher Prozess wie in Teilen Italiens um dieselbe Zeit).[52]

Und schließlich entstand an der Nordgrenze der Han eine neue Bedrohung durch die Etablierung eines größeren Verbunds von Steppenvölkern um die Xiongnu unter ihren Anführern Tu-men (reg. 240–209 v. Chr.) und Mao-tun (reg. 209–174 v. Chr.). Dieser Prozess vollzog sich parallel und auch in Reaktion auf die Reichseinigung in China, nachdem von dort auch Vorstöße nach Norden unternommen worden waren. Wohl auch als Antwort auf die Erhebung der ersten chinesischen „Kaiser" nahmen die Xiongnu-Herrscher den Titel eines „Chanyu" als Zeichen ihrer Hoheit über die gesamte Steppe an. Die Xiongnu wurden somit zu einer sowohl politischen als auch symbolischen Herausforderung des Anspruchs der Han-Kaiser auf die universelle Herrschaft über „alles unter der Sonne". Als Gaozu 201/200 v. Chr. militärisch gegen Mao-tun vorgehen wollte, erwies sich die chinesische Armee den schnellen Steppenreitern unterlegen und wurde besiegt; der Kaiser selbst geriet beinahe in Gefangenschaft und musste in Verhandlungen mit den Xiongnu eintreten. Er und seine Nachfolger versuchten nun Mao-Tun durch eine Politik der „Harmonie und Verwandtschaft", die regelmäßige Tributzahlungen, Eheschließungen mit chinesischen Prinzessinnen und die diplomatische Anerkennung als gleichrangiger Herrscher beinhaltete, von Angriffen auf China abzuhalten. Dies gelang aber immer nur zeitweilig, und nach jedem erfolgreichen Raubzug stellten die Xiongnu-Herrscher höhere Tributforderungen für die Wiederherstellung des Friedens. Das imperiale Projekt der Qin und Han war an seine Grenzen geraten.[53]

Der Gelbe Fluss wird gelb:
Expansion, Wachstumskrise und Zusammenbruch des Imperiums
der frühen Han von Kaiser Wudi bis Wang Mang

Um die Mitte des 2. Jahrhunderts v. Chr. veränderte sich das Gefüge des Han-Reiches. Nach einer Revolte von sieben Regionalkönigen 154 v. Chr. wurde die Autonomie dieser Teilreiche eingeschränkt und ihre

---

[52] Loewe 1986a, 123–127, 150 f.; Sadao 1986, 556 f., 577 f.; Lewis 2007, 19 f.; Vogelsang 2012, 139–149; von Glahn 2016, 85 f., 100–113.

[53] Ying-Shih 1986, 384–388; Loewe 1986a, 127 f., 151 f.; Barfield 1989; Lewis 2007, 131–133; Marks 2017, 87 f.; Benjamin 2018, 34–36, 58–60, 69 f.; Vogelsang 2019, 90–96.

Territorien reduziert bzw. aufgesplittert.[54] Der sehr lange regierende Kaiser Wudi (reg. 141–87 v. Chr.) schritt zu einer weiteren Stärkung der Zentralmacht, wobei er sich am Vorbild des straffen Regimes der Qin orientierte. Als einige der verbliebenen Königtümer 122 v. Chr. darauf mit einem neuerlichen Aufstand reagierten, wurde ihre Macht weiter beschnitten bzw. einige dieser Regionalherrschaften vollständig abgeschafft.[55] Ebenso wurde der Zugriff auf die Bauernschaft verstärkt und das System der wechselseitigen Haftung der Haushalte bei schwerer Strafe wieder eingeführt. Die Intensivierung landwirtschaftlicher Nutzung förderte der Kaiser unter anderem durch Bewässerungsprojekte um die Hauptstadt Chang'an, auch zur Sicherung der Versorgung ihrer bis zu 400 000 Einwohner, sowie durch die Verstärkung von Dammbauten am Huang He, der ab 132 v. Chr. mehrfach über seine Ufer trat. Ebenso dem urbanen Metabolismus der Hauptstadt diente ab 133 v. Chr. die aufwändige Anlage eines Kanals parallel zum Wei-Fluss bis zum Huang He, unter anderem um die felsige „Schlucht der drei Tore" (Chinesisch Sanmenxia) zu umgehen, die große Probleme beim Schiffstransport flussaufwärts vom Gelben Fluss zum Wei und weiter nach Chang'an bereitete. Für diesen Bau waren über mehrere Jahre stets 20 000 bis 30 000 Mann im Einsatz; allerdings wurde die volle Funktionalität des Kanals durch eine (der immer häufigeren) Verlagerungen des Flusslaufs des Huang He beeinträchtigt. Darüber hinaus wurde der Handel stark besteuert und die Produktion und der Verkauf von Salz, Eisen und Alkohol, ähnlich wie im zeitgleichen Ptolemäerreich in Ägypten, staatlichen Monopolen unterstellt.[56] Diesen verstärkten Zugriff auf die Ressourcen nutzte Wu zum Ausbau der Armee und einer aggressiven Außenpolitik. Zum einen expandierte das Reich weiter nach Süden; um 138 v. Chr. wurden das heutiges Fujian, um 111 v. Chr. das heutige Guangzhou und der Norden Vietnams als Provinzen eingegliedert. Während die einheimische Bevölkerung zu Tributen gezwungen wurde, initiierte der Kaiser eine Kolonisierungspolitik, die hunderttausende Bauern aus Nordchina an den Jangtsekiang-Fluss und noch weiter nach Süden umsiedelte. Wie Kai Vogelsang ausführt:

---

[54] Loewe 1986a, 129–150; Lewis 2007, 20.
[55] Loewe 1986a, 157–160.
[56] Loewe 1986a, 160–163; Sadao 1986, 554–557, 575–577, 582–585, 603–606; Tuan 2008, 80 f.; Ball 2016, 113; Marks 2017, 99 f.; Wang u. a. 2017.

„Hier sorgt der Monsunwind, der im Sommer warme, feuchte Luft aus Südosten bringt, für regelmäßige, ergiebige Regenfälle von 100–120 cm; der Jangtsekiang bietet reiche, zuverlässige Wasserversorgung. Das Zusammenwirken dieser Faktoren macht das Jangtsekiang-Tiefland mit seinen Roterde- und Sandsteinböden zum fruchtbarsten Gebiet Chinas. Hier wird vor allem Nassreisanbau betrieben, mit Weizen als Zweitkultur. Die rund neun Monate lange Vegetationsperiode ermöglicht zwei Ernten im Jahr."[57]

Doch zuerst mussten sich die Kolonisten an die neuen ökologischen Bedingungen anpassen; dazu gehörten auch im Norden unbekannte Krankheiten wie Malaria, deren Erreger und Träger in den Feuchtgebieten des Südens ideale Voraussetzungen vorfanden. Dennoch begann ein Prozess, der im Laufe der nächsten 1000 Jahre Südchina zur ‚Kornkammer' und schließlich auch zum demografischen Schwerpunkt Chinas machen sollte.[58]

In ähnlicher Weise beendete Kaiser Wudi die Besänftigungspolitik gegenüber den Xiongnu, nachdem schon seine Vorgänger mit entsprechenden Rüstungen begonnen hatten. Unter enormen Aufwand wurde auf großen Weideflächen im Norden eine Pferdezucht für 450 000 Tiere als Grundlage für die Aufstellung berittener Einheiten errichtet, die den Kampf in der Steppe aufnehmen und den Gegner tatsächlich, aber unter hohen eigenen Verlusten zurückdrängen konnten. Auf der Suche nach möglichen Verbündeten im Rücken der Xiongnu entsandte Wu auch mehrere Expeditionen durch Zentralasien nach Westen, was sowohl zu einer Kontaktaufnahme mit den Yuezhi, einer Gruppe, die um 176 v. Chr. vor den Xiongnu zuerst ins heutige Kasachstan und nach weiteren Angriffe um 130 v. Chr. nach Süden an den Amudarja ausgewichen war, als auch mit dem Reich der Parther im Iran führte. Sogar Nachrichten über weiter westlich gelegene Staaten wie Rom gelangten nun nach China. Entlang dieser Achse nach Nordwesten in Richtung Zentralasien ließ Wudi im Gansu-Korridor und im Tarim-Becken neue Provinzen errichten und auch dorthin bis zu zwei Millionen Menschen umsiedeln, für die Dörfer und Bewässerungsanlagen angelegt wurden. Im Gegensatz zum Süden Chinas überstiegen aber die

---

[57] Vogelsang 2012, 20.
[58] Vogelsang 2012, 150–157; Sadao 1986, 568–574; Elvin 2004, 49 f., 209 f., 262–264, 392–400, 404 f.; von Glahn 2016, 108, 113–120, 131 f.; Benjamin 2018, 64–66; Pfister 2019. Siehe dazu auch das entsprechende Kapitel im parallel erschienenen Band *Der Lange Sommer und die Kleine Eiszeit*.

Kosten der Verteidigung und Versorgung dieser neuen Territorien bei Weitem ihre Erträge, wurden aber auch nach dem Tod Wudis fortgesetzt. Über diese Routen gelangten, wie schon Jahrtausende zuvor z. B. der Weizen, neue Nutzpflanzen nach China wie Weintrauben, Granatäpfel, Sesam, Ackerbohnen und Luzerne.[59]

Zur moralischen Untermauerung seines Herrschaftsanspruchs förderte Wudi verschiedene Gelehrte insbesondere in der Tradition des Konfuzius. Diese formulierten schon länger bestehende Ideen eines dem Kaiser zukommenden „Mandats des Himmels" neu; der Philosoph Dong Zhongshu (179–104 v. Chr.) etwa schrieb: „Wenn der Herrscher von rechter Art ist, dann stehen die Urkräfte (Yin und Yang) in harmonischer Beziehung zueinander. Wind und Regen kommen zur rechten Zeit, glückverheißende Gestirne werden sichtbar, und der Gelbe Drache senkt sich hernieder." Der göttliche Ursprung der Macht des Kaisers verband sich also mit Ideen einer „moralischen Meteorologie"; Wetterextreme, Epidemien und andere Katastrophen konnten demgemäß als Reaktionen des Himmels auf eines schlechtes Verhalten des Volkes, der Beamten oder des Kaisers selbst gedeutet werden. Sie vermochten nicht nur die materielle, sondern auch die ideelle Grundlage der Herrschaft des Kaisers infrage zu stellen und umso destabilisierender zu wirken, da sie als Entzug des „Mandats des Himmels" und Legitimierung seines Sturzes interpretiert werden konnten.[60]

Gegen Ende seiner langen Regierung sah sich Kaiser Wudi selbst herausgefordert; die langen und teuren Feldzüge und weitere Projekte erschöpften die Finanzen des Reiches. Dazu kamen Rivalitäten innerhalb der Kaiserfamilie um die absehbare Nachfolge des betagten Herrschers; ein Kronprinz revoltierte und wurde besiegt, mehrere seiner Unterstützer, darunter die Kaiserin Wei, mussten 91 v. Chr. Selbstmord begehen.[61] Als Wudi 87 v. Chr. starb, richtete man für seinen minderjährigen Sohn Zhaodi (reg. 87–74 v. Chr.) eine Regentschaft ein. Innerhalb dieser Regierung stritt man nun darüber, ob die Maßnahmen zur Stärkung des Staates und seines Zugriffs auf die Wirtschaft, insbeson-

---

[59] Ying-Shih 1986, 388–391, 407–412; Loewe 1986a, 164–170; Sadao 1986, 579; de La Vaissière/Trombert 2004; Lewis 2007, 20 f., 141–146; Anderson 2014; Marks 2017, 89 f.; Benjamin 2018, 35–38, 68–86; Vogelsang 2019, 96–100; Pfister 2019.

[60] Zitiert nach Vogelsang 2012, 159. Vgl. auch Loewe 1986a, 170–173; Bielenstein 1986a, 223; Loewe 1986d; Volkmar 2000, 150 f.; Elvin 2004, 414–436; Benjamin 2018, 61–63.

[61] Loewe 1986a, 173–178.

dere die Staatsmonopole auf Salz, Alkohol und Eisen, materiell und moralisch nutzbringend für das Reich waren. Letztlich setzte sich, auch im Interesse der landbesitzenden und handeltreibenden Eliten am Hof und in den Provinzen, die Partei derer durch, die den Einfluss des Staates wieder zurückdrängen wollten.[62]

Mit der Schwächung des Zugriffs des chinesischen Zentralstaates auf die Wirtschaft nach dem Tod Kaiser Wudis 87 v. Chr. ergeben sich neue Gelegenheiten für die Konzentration von Reichtum und Macht bei lokalen Großgrundbesitzern. Zwar erleichterten wohl um diese Zeit neue Anbaumethoden generell die Bearbeitung der Flächen mit dem Pflug und trugen auch zum besseren Erhalt der Bodenfeuchtigkeit und -fruchtbarkeit bei. Jedoch waren die dafür notwendigen Investitionen von wohlhabenderen Haushalten leichter zu leisten als von kleinbäuerlichen. Insbesondere in der Hand von Verwandten des Kaisers und der Kaiserinnen und von hohen Beamten entstanden große Ansammlungen von Besitztümern, wobei es sich dabei aber meist über eine ganze Region verstreute einzelne Gehöfte und Gruppen von Bauern handelte, die als Pächter Abgaben von bis zu 50 Prozent des Ertrags leisten mussten, und weniger um einzelne große Landgüter. Immer mehr Bauern wurden auch nach Missernten und Naturkatastrophen, die trotz der im Durchschnitt ‚optimalen' Niederschlagsbedingungen regelmäßig auftraten, in solche Abhängigkeitsverhältnisse getrieben.[63]

Eine Auswertung der Aufzeichnungen zur Frequenz von großen Überschwemmungen des Huang He für die Han-Periode in der Zeit zwischen 186 v. Chr. und 153 n. Chr. ergab, dass solche Schadereignisse im Durchschnitt alle 16 Jahre auftraten. In den Jahrzehnten zwischen 66 v. Chr. und 34 n. Chr. häuften sich die Flutkatastrophen jedoch und traten im Durchschnitt alle neun Jahre ein. Diese und andere Extremereignisse können teilweise mit kurzfristigen Klima-Anomalien verknüpft werden, wie sie ebenso für den Mittelmeerraum rekonstruiert wurden; so markierte eine große Vulkaneruption 43 v. Chr. so wie in Europa auch in den Proxydaten für Nordchina ein Sinken der Durchschnittstemperaturen um mehr als zwei Grad Celsius. Schriftquellen

---

[62] Loewe 1986a, 179–190; Elvin 2004, 25; Vogelsang 2012, 164–169; von Glahn 2016, 120–129, 134–137; Vogelsang 2019, 105–107.

[63] Sadao 1986, 557–563, 567; Lewis 2007, 21–23, 105–107, 115f. (auch zur im Vergleich mit dem Römischen Reich geringeren Durchschnittsgröße der Großgrundbesitzkomplexe).

verzeichnen für 43 und 42 v. Chr. eine außergewöhnlich kalte Witterung mit Frösten im späten Frühling und frühen Herbst. Doch hatte vermutlich auch die Verstärkung der Landnutzung am Gelben Fluss aufgrund des demografischen Wachstums des vorangehenden Jahrhunderts und ebenso der Intensivierungspolitik des Kaisers Wudi die Bodenerosion und somit auch die Heftigkeit der Überschwemmungsereignisse verschärft. Die steigende Sedimentlast veränderte die Farbe des vorher nur „Fluss" (He) genannten Stroms; erst jetzt wurde er nach Jahrtausenden der landwirtschaftlichen Nutzung seiner Ufer zum „Gelben Fluss" (Huang He).[64]

Zeitweilig bemühte sich der Staat, die Not der Bevölkerung in Katastrophenzeiten zu lindern. Um die Getreidepreise insbesondere in Mangeljahren zu stabilisieren, wurden zwischen 57 und 54 v. Chr. vor allem in strategisch wichtigen Grenzprovinzen staatliche Lagerhäuser errichtet, die Korn kauften, wenn es billig war, und günstig abgeben sollten, wenn Missernten die Preise hochtrieben. Allerding wurde dieses System schon 44 v. Chr. wieder abgeschafft, weil damit der Staat angeblich in Konkurrenz mit seiner eigenen Bevölkerung trat; tatsächlich hatte sich die Lobby der Großgrundbesitzer, die um ihre Profite bangten, durchgesetzt. Der Kaiserhof reagierte auf diese Schadereignisse darüber hinaus mit Generalamnestien für Verbrecher, aber auch in Schuldknechtschaft geratene Menschen, die als Versuche der Wiederherstellung des Gleichgewichts in Staat und Gesellschaft gedeutet wurden. Damit sollte der Himmel, der sein Missfallen durch die Katastrophen geäußert hatte, versöhnt werden. Demselben Zweck diente der erzwungene Selbstmord eines kaiserlichen Ratgebers, nachdem 30 und 29 v. Chr. Deichbrüche und Überschwemmungen sogar die Hauptstadt gefährdet und eine Sonnenfinsternis zusammen mit einem Erdbeben zusätzlich den Unwillen des Himmels angezeigt hatte.[65] Doch blieben der Nutzen als auch die Lasten der mit dem Optimum der Han einhergehenden Wachstumsperiode ungleich verteilt, mit einigen einflussreichen und wohlhabenden Eliten als Profiteure sowohl der agrarischen Expansion als auch der Schädigung ihrer kleinbäuerlichen Nachbarn durch Extremereignisse. Schon als dieser Prozess im 2. Jahrhundert v. Chr. begann, bemerkte der Gelehrte Dong Zhongshu (ca. 179–104

---

[64] Elvin 2004, 25; Loewe 1986a, 191; Vogelsang 2012, 164–169; von Glahn 2016, 120–129, 134–137; Marks 2017, 98–100; Mischke u. a. 2019; McConnell u. a. 2020.
[65] Loewe 1986a, 201 f., 205 f; Sadao 1986, 590, 605 f.

v. Chr.): „Die Reichen können Landstück an Landstück reihen, während den Armen nicht einmal so viel Land übrig bleibt, dass man eine Nadel darauf stellen könnte."[66]

Zu den großen Gewinnern gehörte hingegen die Familie der Wang Zhengjun, Gattin des Han-Kaisers Yuandi (reg. 48–33 v. Chr.). Die Kaiserin verschaffte ihren Brüdern und Neffen wichtige Posten am Hof. Als nach dem Tod Yuandis sehr junge oder sogar minderjährige Han-Herrscher auf den Thron kamen, ging die Macht mehr und mehr an den Wang-Clan über, bis ab 8 v. Chr. Wang Mang, der Neffe der Zhengjun, de facto die Regierung führte.[67] Außenpolitisch profitierten die Han von einer Spaltung des Xiongnu-Reiches ab 60 v. Chr., wobei sich einer der konkurrierenden Chanyus um 53 v. Chr. sogar dem Kaiser unterstellte und mit seinem Gefolge im chinesischen Grenzgebiet angesiedelt wurde. Dort blieben sie allerdings autonom und sollten später auch noch als eigener Machtfaktor in innerchinesischen Konflikten auftreten.[68]

In der Regentschaft des Wang Mang wurde im Jahr 2 n. Chr. die erste überlieferte Volkszählung im chinesischen Kaiserreich durchgeführt; sie verzeichnete 59,6 Millionen steuerpflichtige Einwohner in 12,2 Millionen Haushalten (davon 246 200 Menschen in der Hauptstadt Chang'an) und dokumentiert das demografische Wachstum der ersten zwei Jahrhunderte des Han-Optimums.[69] Jedoch wurde China auch weiterhin durch wiederkehrende Witterungsextreme geplagt. Zum Jahr 3 v. Chr. heißt es in der Geschichte der Han-Dynastie:

> „Es gab eine große Dürre. Das Volk östlich des Passes [von Guanzhong, der Zentralregion um die Hauptstadt] trug Talismane der Königinmutter des Westens umher, durchquerte Amtsbezirke und Königtümer, bis sie nach Westen durch den Pass und bis zur Hauptstadt kamen. Andere rotteten sich zusammen, um der Königinmutter des Westens zu opfern, manche stiegen nachts mit Fackeln auf Dächer, schlugen Trommeln, brüllten und schreckten einander auf. […] Im Sommer kamen die Menschen in der Hauptstadt und den Provinzen auf den

---

[66] Zitiert nach Lewis 2007, 21. Man fühlt sich unwillkürlich an den Ausspruch Jesu („Eher geht ein Kamel durch ein Nadelöhr, als dass ein Reicher in das Reich Gottes gelangt.") bei Markus 10, 25 (Einheitsübersetzung) erinnert.
[67] Loewe 1986a, 213–220; Bielenstein 1986a, 224–227; Lewis 2007, 23; von Glahn 2016, 120–129, 134–137; Vogelsang 2019, 105–107.
[68] Ying-Shih 1986, 392–398; Lewis 2007, 137 f.
[69] Bielenstein 1986a, 240; Loewe 1986c, 483–485.

Straßen und Feldern zusammen [...] sangen, tanzten und opferten der Königinmutter des Westens. Sie gaben ein Schreiben herum, in dem es hieß: ‚Die Mutter teilt dem Volk mit: wer dieses Schreiben trägt, wird nicht sterben!' [...] Erst im Herbst war es vorbei."[70]

Das Aufkommen neuer religiöser und potenziell die Staatsordnung infrage stellender Kulte wie jenen um die göttliche „Königinmutter des Westens" in Notzeiten, das z. B. auch für Rom beschrieben wird, blieb eine Konstante der Han-Zeit (siehe unten); zu einheimischen Entwicklungen, die später unter dem Begriff des Daoismus zusammengefasst wurden, gesellte sich spätestens im 1. Jahrhundert v. Chr. auch der aus Indien über Zentralasien von Westen her importierte Buddhismus.[71]

Nachdem Wang Mang zwischen 5 und 2 v. Chr. für einige Zeit den Hof hatte verlassen müssen, war er nach seiner Rückkehr an die Macht fest entschlossen, diese nicht mehr loszulassen. Schließlich ließ er die letzten Prinzen der Hauptlinie der Han ermorden und bestieg im Jahr 9 n. Chr. selbst den Kaiserthron, als Begründer einer neuen Dynastie der Xin. Um seine Legitimation zu steigern, berief er sich auch auf die göttliche Zustimmung der populären „Königinmutter des Westens".[72] Innenpolitisch orientierte er sich am Vorbild des Kaisers Wudi und der Qin und plante die Wiedereinführung der Monopole auf Alkohol und Eisen sowie die Abschaffung des privaten Grundbesitzes, um den Adel zu schwächen und den Staat zu stärken. Dies erregte natürlich den Widerstand der Großgrundbesitzer, von denen viele auch mit den abgesetzten Han familiär verbunden waren.[73] Ehe Wang Mang seine Maßnahmen voll umsetzten konnte, trat ein katastrophales Jahrtausendereignis ein: Der Huang He durchbrach, nach einer ersten Flut im Jahr 3 n. Chr., im Jahr 11 auf breiter Front die Deiche, verwüstete riesige Gebiete und verlegte seinen Unterlauf samt Mündung über 100 Kilometer aus dem Gebiet von Tianjin nach Süden in das nördliche Shandong. Neben zehntausenden Toten wurden hunderttausende Menschen obdachlos und verloren ihre Äcker; Flüchtlingstrecks machten sich auf den Weg in die von der Flut verschonten Regionen im Norden, die aber teilweise durch Dürren und Heuschreckenschwärme geschädigt wurden, und in den Süden Chinas. Angesichts der Dimension der Katastrophe waren auch die eifrigsten Hilfsmaßnahmen des Kaisers unge-

---

[70] Zitiert nach Vogelsang 2012, 175. Vgl. auch Benjamin 2018, 64–66, 102 f.
[71] Zürcher 2007; Lewis 2007, 202–204; Lewis 2009a, 198 f.; Espesset 2009.
[72] Bielenstein 1986a, 228–231; Espesset 2009; Ball 2016, 99.
[73] Bielenstein 1986a, 232–234; Sadao 1986, 556–559; Lewis 2007, 23 f., 69 f.

nügend, und die wirtschaftlichen und sozialen Folgen beunruhigten das Reich auf Jahrzehnte; erst im Jahr 70 n. Chr. gelang es, den Unterlauf des Flusses wieder zu zähmen. Tausende nun landlose Bauern schlossen sich zu Räuberbanden zusammen und verbündeten sich mit durch die früheren Pläne Wang Mangs erzürnten Adeligen. Im von der Flut besonders heimgesuchten Shandong formierte sich 18 n. Chr. die Rebellenarmee der aufgrund ihrer Gesichtsbemalung so benannten „Roten Augenbrauen", die ähnlich wie die Bewegung um die Königinmutter des Westens 15 Jahre zuvor auch eine religiöse Stoßrichtung hatten. In weiteren Teilen des Reiches brachen Aufstände aus, die der Kaiser so wie die Fluten des Gelben Flusses nicht einzudämmen vermochte. Ab 22 n. Chr. hatte er die Kontrolle über die meisten Provinzen verloren; Rebellenverbände und Verwandte der Han-Dynastie besiegten die Regierungstruppen und marschierten gegen Chang'an. Im Oktober 23 n. Chr. wurde die Hauptstadt erobert, der Kaiserpalast geplündert und Wang Mang getötet.[74]

Der höchste Frieden: Das Optimum der Östlichen Han-Dynastie und die Not der Xiongnu

Es sollten weitere zwei Jahre des Bürgerkriegs dauern, bis sich Liu Xiu aus einer Nebenlinie der Han-Dynastie durchsetzen und als Kaiser Guangwu (reg. 25–57 n. Chr.) den Thron besteigen konnte; doch erst um das Jahr 42 n. Chr. hatte er alle anderen Rebellengruppen und Warlords, darunter die Roten Augenbrauen, besiegt. Guangwu verlegte die Hauptstadt aus Chang'an in das östlich am Gelben Fluss liegende Luoyang, mit einer ummauerten Fläche von zehn Quadratkilometern und einem Gesamtareal von 24,5 Quadratkilometern. Dort lebte zu Spitzenzeiten ca. eine halbe Million Menschen. Große staatliche Speicheranlagen dienten insbesondere den Bedürfnissen des Hofes und der Verwaltung. Wegen dieser Verlegung der Residenz werden die späteren Han auch als „Östliche" Han-Dynastie bezeichnet.[75] Guangwu

---

[74] Bielenstein 1986a, 240–248; Loewe 1986c, 487 f.; Sadao 1986, 554; Elvin 2004, 25; Tuan 2008, 85 f.; Espesset 2009; Vogelsang 2012, 164–169; Brooke 2014, 316; von Glahn 2016, 120–129, 134–137; Ball 2016, 99 f.; Benjamin 2018, 66 f., 239 f.; Vogelsang 2019, 105–107.

[75] Bielenstein 1986a, 248–256, 262–264; Bielenstein 1986b, 498 f.; Lewis 2007, 24 f., 98–100.

verdankte seinen Aufstieg der Unterstützung vieler Großgrundbesitzerfamilien, die gegen Wang Mangs Politik der Verstaatlichung opponiert hatten. Dementsprechend wurden alle Versuche, ihre Macht einzudämmen, aufgegeben; mehr und mehr Bauern verschwanden nun als Pächter von den Steuerlisten des Staates in die Abhängigkeit solcher ‚Lokalmagnaten'. Dies spiegelte auch das Ergebnis einer neuen Volkszählung im Jahr 57 n. Chr. mit nur mehr 21 Millionen Steuerpflichtigen wider. Zwar mögen tatsächlich viele Menschen den Naturkatastrophen, Hungersnöten, Epidemien und Bürgerkriegen der vorangehenden Jahrzehnte zum Opfer gefallen sein, jedoch war der Löwenanteil der Verluste dem Wandel der Eigentumsverhältnisse zugunsten der Großgrundbesitzer zuzuschreiben. Immerhin erlaubte die Wiederherstellung der inneren Ordnung und die unter enormen Aufwand an Arbeitskraft und Geld 69/70 n. Chr. erreichte Eindämmung des Unterlaufs des Gelben Flusses eine Erholung der Landwirtschaft; ein zeitgenössischer Autor schrieb über die Zeit des Guangwu: „aus steinigen Äckern sind saftige Felder geworden. […] Wenn dies nicht der Höchste Frieden ist, was dann?!"[76] Zu den Wachstumsgebieten gehörte weiterhin vor allem der Süden Chinas am Jangtsekiang-Fluss; in den noch dichten Waldungen wurden die Bauern in einzelnen Siedlungskernen samt ihren Haustieren durch Angriffe von Tigern und Wölfen geplagt. Dementsprechend setzten eifrige Beamte Maßnahmen zur Ausrottung der Raubtiere, die im dichter besiedelten Norden des Landes schon weitgehend verschwunden waren. Allerdings wurden nun einmal mehr die Früchte dieser erneuerten Prosperität höchst ungleich verteilt.[77] Außenpolitisch profitierten die Östlichen Han vom neuerlichen Zerfall des Xiongnu-Reiches, von dem der südliche Teil, auch geplagt durch Hungersnöte und Epidemien, um 50 n. Chr. wieder die zwischenzeitlich abgeschüttelte Oberhoheit des Kaisers anerkannte. Auch aus dem weiterhin eigenständigen nördlichen Xiongnu-Reich ersuchten in den 80er Jahren des 1. Jahrhunderts n. Chr., mehrfach größere Verbände um Ansiedlung auf chinesischem Boden, da sie von Hunger und Seuchen heimgesucht wurden, so im Jahr 83 eine Gruppe von nicht weniger als 38 000 Menschen mit 20 000 Pferden und 100 000 Stück Vieh. Nach einer schweren Niederlage gegen andere Steppenformationen wählten angeblich weitere 200 000 Xiongnu diese Option,

---

[76] Zitiert nach Vogelsang 2012, 175–177. Vgl. auch Loewe 1986b, 296 f.; Sadao 1986, 558 f., 596 f.; Ebrey 1986, 618 f.; Marks 2017, 108 f.

[77] Lewis 2009a, 28–30.

während ihre Vormacht in der heutigen Mongolei um 91 n. Chr. völlig zusammenbrach. Im Gegenzug konnten die Han bis um 150 n. Chr. ihren Einfluss noch einmal weit nach Westen Richtung Zentralasien ausdehnen. Ban Chao, der Oberbefehlshaber dieser westlichen Provinzen, versuchte 97 n. Chr. sogar eine Gesandtschaft nach Rom zu senden, die aber von den Parthern, die kein Interesse an direkten Kontakten zwischen den Imperien im Westen und Osten ihres Reiches haben konnten, abgefangen wurde.[78] Mit der neuerlichen Expansion ging auch eine steigende Nachfrage nach exotischen Produkten aus Zentralasien und Übersee einher; die aber nicht von allen begrüßt wurde. Der Historiker und Dichter Wang Fu (ca. 90–165 n. Chr.) kritisierte die Verschwendung der Eliten in der Hauptstadt, in die für extravagante Särge Edelhölzer aus Südostasien über tausende Kilometer zu Wasser und zu Lande transportiert wurden. Er bietet damit ein Echo für den römischen Schriftsteller Plinius den Älteren (gest. 79 n. Chr.), der beklagte, dass für den Import von Luxuswaren aus dem nahen und fernen Osten, darunter Seide aus China, jährlich hundert Millionen Sesterzen ausgegeben würden.[79]

Nach dem Tod des Kaisers Zhangdi (reg. 75–88 n. Chr.) wurden vor allem minderjährige Han-Prinzen auf den chinesischen Thron gesetzt, über deren Auswahl verschiedene Cliquen von Höflingen und Eunuchen entschieden. Außerhalb des Palastes wurde die Macht der Zentrale zugunsten der in den jeweiligen Regionen einflussreichen Familien immer schwächer, auch wenn die letzten für die Han-Periode überlieferte Volkszählungen im Jahr 140 n. Chr. 49 Millionen Menschen in 9,7 Millionen Haushalten und im Jahr 157 n. Chr. sogar noch einmal 56 Millionen Menschen in 10,7 Millionen Haushalten ergaben. Um diese Zeit lebte schon ein Fünftel der Bevölkerung im Süden Chinas. Während aber die Bevölkerung in den südlichen und inneren Provinzen immer dichter wurde, schrumpfte die Besiedlung in den durch Raubzüge von „barbarischen" nichtchinesischen Gruppen heimgesuchten Grenzprovinzen, insbesondere im Nordwesten nahe der alten Hauptstadt Chang'an. So bemerkte der Gelehrte Wang Fu (ca. 90–165 n. Chr.):

---

[78] Bielenstein 1986a, 268–270; Ying-Shih 1986, 400–405, 412–421, 461; Lewis 2007, 137 f.; Pei/Zhang 2014; Benjamin 2018, 64, 173 f., 240 f.
[79] Ebrey 1986, 609–611; McLaughlin 2010, 2–11, 28–36, 104–106; Harper 2020, 146.

„In den Grenzbezirken [...] gibt es nur wenige hundert Haushalte. [...] Guter Ackerboden ist verlassen und wird nicht bewirtschaftet. In den zentralen Provinzen und inneren Kommandobezirken füllt hingegen Ackerland die Grenzen bis zum Platzen, und man kann nicht allein sein. Die Bevölkerung ist in der Millionenhöhe, und das Land ist vollständig genutzt. Die Menschen sind zahlreich und das Land knapp, und es gibt nicht einmal Platz, um seinen Fuß irgendwo abzusetzen."[80]

Natürlich übertreibt Wang Fu, aber die Schwächung des demografischen Potenzials in den strategisch wichtigen Grenzprovinzen bei gleichzeitiger steigender sozialer Spannung in den dichter besiedelten Regionen ergab eine für das Imperium explosive Mischung.

Gleichzeitig litt vor allem im Norden der Großteil der Bevölkerung vermehrt unter Witterungsextremen, die das Ende des klimatischen Optimums des Han-Zeit anzeigten. In den Jahren 92 bis 93 n. Chr. und 96 bis 97 n. Chr. suchten Heuschreckenschwärme, die in den nächsten 50 Jahren mit steigender Intensität wiederkehren sollten, und Dürren das Reich heim, in den Jahren 98 und 100 n. Chr. Überschwemmungen. Betroffene Regionen wurden durch Steuerreduktionen entlastet, während man den Ärmsten gestattete, ohne Gebühren in den staatlichen Waldungen zu jagen, zu fischen und Nahrung zu sammeln. 107 und 108 n. Chr. schädigte erneut eine Abfolge von Dürren und Überschwemmungen viele Provinzen. Auf Vorschlag des hohen Beamten Fan Chun wurden öffentliche Getreidespeicher eingerichtet, um die Not der betroffenen Menschen zu lindern, während man gleichzeitig an den Ausgaben für die Hofhaltung sparte. Derartige Maßnahmen steigerten das Ansehen des Regimes noch einmal. 133 n. Chr. erschütterte allerdings ein Erdbeben sowohl die Hauptstadt Luoyang als auch das Vertrauen in die himmlische Unterstützung des Kaisers; im selben und folgenden Jahr traten Dürren auf. Eine Rebellengruppe forderte bereits die Absetzung der Han-Kaiser, und einzelne Anführer ließen sich in den Jahren 145, 147, 148 und 150 sogar zu Gegenkaisern ausrufen, allerdings noch ohne Erfolg. Im Jahr 151 markierte schließlich ein weiteres Erdbeben den Beginn einer Periode noch häufigerer Extremereignisse und Unruhen, die alle Pufferstrategien des Staates überforderten und das Ende des „Mandats des Himmels" für die Han-Dynastie einläuteten.[81]

---

[80] Zitiert nach Lewis 2007, 256 f.
[81] Loewe 1986b, 301 f., 308–311; Bielenstein 1986a, 281–290; Mansvelt Beck 1986, 337; Loewe 1986c, 483–485; Ebrey 1986, 620 f.; Elvin 2004, 194; Lewis

Das Ende des Han-Optimums und der Zerfall des ersten chinesischen Imperiums

Mit der Expansion der Han-Imperiums nach Nordwesten in Richtung Zentralasien hatte sich die Anbindung Chinas an die transeurasischen Landrouten und die Nachfrage nach exotischen Produkten aus diesen Regionen verstärkt, mit der Kolonisierung der Gebiete südlich des Jangtsekiang der Seehandel in Richtung Südostasien und von dort weiter nach Indien, wo wiederum die Römer chinesische Seide erwarben. Für direkte Kontakte zwischen Rom und China gibt es hingegen wenig Belege. Chinesische Quellen verzeichnen für das Jahr 166 n. Chr. eine Gesandtschaft, die über Südostasien nach China gelangte und behauptete im Namen des „An-tun, König von Ta-ch'in [= das Römische Reich]" aufzutreten, der mit Kaiser Marcus Aurelius Antoninus (reg. 161–180) identifiziert wird. Allerdings muss bezweifelt werden, dass es sich um eine offizielle Gesandtschaft handelte; vermutlich schmückten sich Händler aus dem römischen Raum mit einem kaiserlichen Auftrag, um leichter Zugang zum chinesischen Hof zu erhalten.[82]

Doch öffnete sich das chinesische Reich insbesondere mit der Expansion nach Süden auch für eine neue Krankheitsökologie. Dazu gehörten, wie erwähnt, im Norden unbekannte Krankheiten wie Malaria, deren Erreger und Träger in den Feuchtgebieten des Südens ideale Voraussetzungen vorfanden. Die chinesischen Gelehrten der Zeit gingen, ähnlich wie ihre Zeitgenossen im Mittelmeerraum, davon aus, dass „feuchte Hitze" die Krankheit hervorrief. Darüber hinaus schlummerten in der reicheren Wildtierwelt Südchinas weitere Pathogene, die durch die Rodung von Wäldern, die Anlegung von Feuchtreisfeldern und die Entstehung von neuen Siedlungen, in den Mensch und Haustier eng zusammenlebten, neue Möglichkeiten der Mutation und Verbreitung vorfanden. Damals begann die Entwicklung der „wahrscheinlich (…) größten, am dichtesten besiedelten und historisch am tiefsten zurückreichenden Konzentration von Homo sapiens, Schweinen, Hühnern, Gänsen, Enten und Wildtiermärkten auf

---

2007, 25 f.; Tian u. a. 2011 (zur Frequenz der Heuschreckenschwärme); von Glahn 2016, 129; Ellerbrock/Winkelmann 2012, 64.

[82] Bielenstein 1997, 85 f.; Chen 2003/2004, 278, 306 f., 331 f., 345; McLaughlin 2010; Ball 2016, 152; Demandt 2018, 244; Preiser-Kapeller 2018, 70 f.

der Welt" als „eine der wichtigsten Petrischalen für die Inkubation neuer Stämme" von Krankheitserregern, wie James C. Scott ausführt.[83]

Einige dieser Pathogene reisten mit den Beamten, Soldaten und Händlern des Reiches auch nach Norden, insbesondere ab der Mitte des 2. Jahrhundert n. Chr. Die Identität dieser Erreger ist unklar. Ein Beobachter des 3. Jahrhunderts n. Chr. beschrieb die Symptome eines späteren Ausbruchs so:

> „In letzter Zeit gab es Personen, die an Geschwüren litten, die Kopf, Gesicht und Rumpf ergreifen. In kurzer Zeit breiten sich diese Geschwüre über den ganzen Körper aus. Sie haben das Aussehen von heißen Furunkeln, die etwas weiße Substanz enthalten. Während einige dieser Pusteln austrocknen, erscheinen dann frische. Wenn sie nicht früh behandelt werden, sterben die Patienten normalerweise. Diejenigen, die sich erholen, werden durch violette Wunden entstellt, die erst nach einem Jahr verblassen."[84]

Auf der Grundlage dieser und ähnlicher Schilderungen vermutete man, dass sich die Pocken, ausgelöst durch das Orthopoxvirus variolae, im Reich der Han verbreiteten. Derselbe Erreger wurde auch als verantwortlich für die ungefähr um dieselbe Zeit zwischen 165 und 180 n. Chr. im Römischen Reich grassierende Antoninische Pest vermutet; dies bleibt allerdings ebenso so hypothetisch wie ein möglicher Zusammenhang zwischen diesen Epidemien im Westen und Osten Afro-Eurasiens, etwa über Vermittlung durch den Handel Roms und Chinas mit Indien.[85]

Diese Seuchen forderten in vielen Regionen Chinas zahlreiche Tote. Der Arzt Zhang Ji (ca. 141–220), der auch als Beamter im besonders von Seuchen heimgesuchten Süden in der heutigen Provinz Hunan tätig war, berichtet, dass in weniger als zehn Jahren zwei Drittel seiner Verwandten solchen Krankheiten zum Opfer fielen. Dadurch motiviert, konzentrierte er seine Studien auf Epidemien und Fieberkrankheiten; seine Schriften wurden maßgeblich für nachfolgende Generationen von Gelehrten. Neben der populären Verknüpfung von Krankheiten

---

[83] Scott 2019, 116. Vgl. auch Volkmar 2000, 149 f.; Vogelsang 2012, 20, 150–157; Sadao 1986, 568–574; Elvin 2004, 49 f., 209 f., 262–264, 392–400, 404 f.; von Glahn 2016, 108, 113–120, 131 f.; Benjamin 2018, 64–66; Pfister 2019.
[84] Zitiert nach Marks 2017, 109.
[85] Chang 1996; Marks 2017, 108 f. Vgl. auch Rossignol/Durost 2007, 420 f.; Sabbatani/Fiorino 2009; Harper 2020, 157–166.

mit dem Wirken von boshaften Dämonen hatte die chinesische Medizin ähnlich wie die griechisch-römische (in Nachfolge des Hippokrates) Verunreinigungen der Luft durch üble Dämpfe oder Unordnungen in den Erscheinungen des Himmels und der Witterung als mögliche Ursachen von Epidemien ausgemacht. Zhang Ji konzentrierte sich aber insbesondere auf kurzzeitige (und im Süden Chinas sonst unübliche) Kälteeinbrüche, die die Harmonie des Körpers stören und gefährliche Krankheiten verursachen würden.[86] Dies mag auch auf die höhere Frequenzen von Witterungsextremen zurückzuführen sein, die zu Lebzeiten Zhang Jis, verbunden mit Überschwemmungen, Heuschreckenplage und Missernten, den Übergang vom Klima-Optimum der Han-Dynastie zu einer instabileren Periode anzeigten.[87] Entsprechend der Idee vom „Mandat des Himmels" wurden diese Katastrophen einem moralischen Versagen der Kaiser zugeschrieben. Da sich am Hof weiter verschiedene Parteiungen von Höflingen und Eunuchen um den Einfluss auf die meist minderjährigen Kaiser stritten, blieben die Katastrophenhilfsmaßnahmen der Regierung meist ungenügend. Demgegenüber brachen ab 168 n. Chr. mehr oder weniger dauernd Aufstände in verschiedenen Teilen des Reiches aus. Einige der gefährlichsten dieser Bewegungen verknüpften die Opposition gegen das Regime mit neuen religiösen Vorstellungen, die (ähnlich wie im Römischen Reich, dort aber ohne die offene Gegnerschaft zum Staat) auch die Heilung von Seuche und Krankheit versprachen. Der Sektenführer und Wunderheiler Zhang Jiao etwa lehrte seine Anhänger, dass Krankheit aus der Sünde resultierte, und dass das Bekenntnis der Sünde, verbunden mit bestimmten Ritualen, zur Genesung führe. In ähnlicher Weise müsse die Weltordnung durch die Wiederherstellung der Harmonie im Reich geheilt werden, Die Han aber hätten ihre göttliche Berechtigung zur Herrschaft verspielt und müssten durch Zhang Jiaos neue, vom „Gelben Himmel" begünstigte Dynastie ersetzt werden. Auf dieser Grundlage entfachten seine (nach ihrer Kopfbedeckung so benannten) „Gelben Turbane" im Jahr 184 einen Aufstand in 16 Regionen gleichzeitig; selbst am Kaiserhof fanden sich ihre Anhänger. Zwar konnte die Rebellion mit großen Mühen niedergeschlagen werden, jedoch brodelte die Unzufriedenheit, angefacht von Not und Krankheit, weiter. Im Jahr 188 ließ sich z. B. ein weiterer Anführer der Gelben Turbane zum Kaiser ausrufen, wurde aber bald besiegt. Diese Kämpfe steigerten wiede-

---

[86] Volkmar 2000, 154 f.; Goldschmidt 2007, 91 f.; Boyanton 2015.
[87] Zhang u. a. 2006; Wang u. a. 2010; Tian u. a. 2011; Wei u. a. 2015.

rum die Macht der Militärs, die vom Hof mit der Bekämpfung dieser Aufstände betraut wurden.[88]

Schließlich konnte einer von ihnen, General Cao Cao, ab 196 die Kontrolle über den Hof der Han erlangen. Um seine Truppen zu versorgen, siedelte er in den von ihm beherrschten Territorien viele der durch die Naturkatastrophen und Unruhen heimatlos gewordenen Bauernfamilien als Pächter des Staates in neuen Agrarkolonien (Chinesisch *tuntian*) an. Allerdings vermochte er seine Macht in den folgenden Jahren nur im Norden Chinas durchzusetzen, während im Südosten und Südwesten unter anderen Generälen zwei weitere Teilreiche entstanden, die Cao Cao 208 in der berühmten Schlacht am Roten Felsen am Jangtsekiang besiegten. Die Reichseinheit zerbrach de facto. Schon um 170 n. Chr. hatte der Großgrundbesitzer Cui Shi festgehalten: „Kaiserliche Edikte werden nur mehr zur Dekoration an die Wand gehängt."[89]

Formell durften die Han-Kaiser bis 220 n. Chr. weiterregieren, bis Cao Caos Sohn und Nachfolger Cao Pi (reg. 220–226) den letzten von ihnen absetzte und sich selbst als Kaiser der neuen Dynastie der Wei aufrufen ließ. Kurz danach beanspruchten die Herrscher im Süden ebenso den Kaisertitel, sodass auch das symbolische Band der imperialen Einheit zerschnitten wurde.[90] Eine Mitte des 3. Jahrhundert n. Chr. durchgeführte Volkszählung im Norden Chinas ergab gegenüber dem letzten Zensus der Han-Zeit hundert Jahre zuvor mit 33 Millionen Menschen nur mehr eine Zahl von sieben Millionen. Dieser dramatische Schwund ist sicher zu einem großen Teil auf den Verlust des Zugriffs der Zentrale auf viele steuerpflichtige Haushalte bzw. Steuerflucht zurückzuführen, zu einem kleineren Teil aber auch auf tatsächliche Bevölkerungsverluste durch die Bürgerkriege, Naturkatastrophen und Epidemien der letzten Jahrzehnte der Han-Zeit, ohne dass wir den jeweiligen Anteil dieser Phänomene quantifizieren könnten.[91]

---

[88] Mansvelt Beck 1986, 324 f., 335–340, 361 f.; Ying-Shih 1986, 430–436; Ebrey 1986, 628–630; Lewis 2007, 27 f., 203 f.; Lewis 2009a, 32 f., 199 f.; Espesset 2009; Marks 2017, 109 f.; de Crespigny 2019, 27 f.; Bokenkamp 2019, 556–558.

[89] Zitiert nach Lewis 2007, 27; vgl. auch Lewis 2007, 28 f.; Lewis 2009a, 33–36; von Glahn 2016, 157 f.; de Crespigny 2019, 28–39.

[90] Bielenstein 1986a, 264; Mansvelt Beck 1986, 341–357, 368 f.; Lewis 2007, 28 f.; de Crespigny 2019, 39–42.

[91] Morabia 2009; von Glahn 2016, 159 f.; Marks 2017, 122 f.; Xiong 2019, 323–325.

Aus einem der letzten Jahre der formellen Herrschaft der Han-Dynastie ist eine interessante Deutung eines neuerlichen Seuchenausbruchs durch Cao Zhi (192–232), einem weiterer Sohn des Cao Cao und berühmten Dichter, erhalten:

> „[Im Jahr 217 n. Chr.] war eine Pestilenz weit verbreitet. Jede Familie trauerte um einen Toten, und aus jeder Hütte hörte man das Weinen und Wehklagen der Trauernden. Ganze Familien wurden ausgelöscht, ganze Clans zerstört. Es wird angenommen, dass Epidemien durch Dämonen und Götter verursacht werden. Aber diejenigen, die von der Krankheit infiziert sind, sind nur diejenigen, die in grobe Gewänder gekleidet sind, rohe Pflanzen zum Essen haben und in bescheidenen Hütten aus Dornenbüschen leben. Nur wenige Familien, die in Palästen leben, aus großen Töpfen essen und gefütterte Zobelroben tragen, sind betroffen. Wenn Yin und Yang ihre Position [relativ zueinander] verlieren und Kälte und Hitze zur falschen Zeit auftreten, ist dies die Ursache für einen Ausbruch von Epidemien. Die unwissenden Massen hängen Zauberamulette auf, um [die Dämonen] einzuschüchtern, das ist wirklich ziemlich lächerlich."[92]

Einmal mehr zeigt sich, wie die epidemiologische Realität der Seuche, die die wirtschaftlich Schwächeren besonders heimsucht, mit ihrer (von Cao Zhi) ebenfalls als Unterscheidungsmerkmal benutzten, je nach sozialer Schicht unterschiedlichen kulturellen Deutung eng verflochten ist: entweder ‚volkstümlich' als Wirken böser Dämonen oder ‚wissenschaftlich-aufgeklärt' als Folge eines meteorologisch-kosmischen Ungleichgewichts. Daraus resultieren auch jeweils unterschiedliche Reaktionen auf die Krankheit. De facto aber hatte das Unvermögen der Regierenden, zu den populären Vermutungen über die Ursache der Seuchen eine wirksame Alternative und eine Linderung der Not anzubieten, zum Entstehen der religiös-revolutionären Bewegungen des späteren 2. Jahrhunderts geführt, die zum Sturz der Han-Dynastie und – nach etwas mehr als 440 Jahren – zum Ende der politischen Einheit Chinas beitrugen. Die chinesische Geschichte bietet damit auch Vergleichsmaterial für die Geschehnisse im Römischen Reich, das um dieselbe Zeit erstmals von einer schweren Pandemie heimgesucht wurde.[93]

---

[92] Zitiert nach Volkmar 2000, 151.
[93] Vgl. auch Scheidel 2009. Für die weitere Entwicklung siehe das Kapitel zu China im parallel erschienenen Band *Der Lange Sommer und die Kleine Eiszeit*.

Was, frage ich euch, haben die Römer je für uns getan?[1]
Die ‚Blütezeit' des Imperium Romanum und ihr Ende zwischen zwei Seuchen

Im Winter des Jahres 51 n. Chr. promenierte Claudius (reg. 41–54 n. Chr.), der Stiefenkel und dritte Nachfolger des Octavian-Augustus, mit seinem Gefolge über das Forum Romanum. Unerwartet sah er sich plötzlich dem Zorn der Stadtbevölkerung ausgesetzt, wie Sueton (ca. 70–122 n. Chr.) in seiner Biografie des Kaisers beschreibt:

> „Als aber einmal wegen andauernder Missernten das Brotkorn sehr knapp geworden war, hielt ihn [Claudius] die Menge mitten auf dem Forum an und griff ihn mit Schimpfworten und zugleich mit Brotstücken so sehr an, dass er sich nur mit Not durch eine Hintertür auf den Palatin-Hügel [wo sich die Kaiserresidenz befand] zu retten vermochte. Daraufhin traf er alle erdenklichen Vorkehrungen, um die Kornzufuhr auch für die Zeit der Winterstürme zu sichern. So garantierte er z. B. den Kornhändlern ihre Gewinne, indem er den Verlust übernahm, wenn einer in der Sturmzeit Schiffbruch erleide, und gewährte denen, die Handelsschiffe bauten, jedem nach seinen Verhältnissen, große Vergünstigungen."[2]

Auch nach dem Übergang von der Republik zum Kaisertum blieb die Versorgung der Metropole am Tiber ein Problem, und ihre Störung konnte das neue Regime in Bedrängnis bringen. Der Historiker Publius Cornelius Tacitus (ca. 58–120 n. Chr.) nutzte diese Episode aber

---

[1] Zitat nach Monty Pythons „Das Leben des Brian" (Film, Großbritannien 1979), vgl. https://www.das-leben-des-brian.de/ [28.10.2020].
[2] Sueton, Claudius 18, 2; Übersetzung zitiert nach https://www.gottwein.de/Lat/suet/claud14.php [28.10.2020]. Den Niederschlagsrekonstruktionen des *Old World Drought Atlas* nach war der Sommer des Jahres 51 n. Chr. in Italien, Gallien und Südosteuropa sehr trocken, auf der Iberischen Halbinsel hingegen relativ feucht, vgl. Cook u. a. 2015.

darüber hinaus für eine generelle Kritik an der nunmehrigen Abhängigkeit der Stadt Rom von den imperialen Netzwerken:

„Vorher führte Italien den Legionen in entfernte Provinzen Lebensmittel zu, und auch jetzt kann man sich über Unfruchtbarkeit nicht beschweren. Aber wir bearbeiten lieber Afrika und Ägypten, und das Leben des römischen Volkes ist den Zufällen der Schifffahrt preisgegeben."[3]

Der Umweltwissenschaftler Brian J. Dermody und seine Ko-Autoren modellierten im Jahr 2014 das Römische Reich als ‚virtuelles Wasser-Netzwerk', in dem Niederschläge (die ja auch die Nilfluten bestimmten) in Form von Ernteüberschüssen über das Mittelmeer ausgetauscht wurden, wodurch sich die Widerstandskraft Roms gegenüber Klimaschwankungen von einem Jahr zum nächsten erhöht habe.[4] Tatsächlich mochten es diese weitreichenden Netzwerke gestatten, Ernteausfälle in einer der Provinzen durch vermehrte Lieferungen aus anderen Regionen zu kompensieren. Erhöhte sich jedoch die Häufigkeit von Missernten in Kernzonen wie Ägypten, etwa durch eine kurz- oder längerfristige Verschiebung klimatischer Parameter, führte dies trotzdem zu Engpässen. Darüber hinaus war der Preis der Vernetzung wie in anderen Fällen eine größere Wahrscheinlichkeit, dass ungebetene Gäste wie Pathogene mit an den Tiber reisten.[5] Noch kritischer wurde es, wenn die Sicherheit und Erhaltung des gesamten Netzwerks der imperialen Ökologie, etwa durch Bürgerkriege oder Invasionen, nicht mehr gewährleistet war. Kurzzeitig sorgten einzelne solcher Risiken schon in der frühen Kaiserzeit für Unruhe am Tiber. Frequenz, Dauer und Ausmaß dieser Gefahren sollten sich aber ab dem späteren 2. Jahrhundert n. Chr. erhöhen.

---

[3] Tacitus, Annalen XII, 43; Übersetzung zitiert nach Tacitus 1990, 519. Nach Angaben des Flavius Josephus (ca. 37–100 n. Chr.) hätte das Korn aus Nordafrika Rom für acht Monate und jenes aus Ägypten für vier Monate ernährt, vgl. Rickman 1980, 263 f. (mit den Quellenangaben); Abulafia 2011, 203.

[4] Dermody u. a. 2014.

[5] Vgl. Reff 2005, 43–45; Harper 2020.

Der Monarch als Bezwinger und Opfer der Krise: Brot, Wetter, Feuer und die Fragilität des Kaisertums zwischen Augustus und Nero

Octavian, am 27 v. Chr. vom Senat mit dem Ehrennamen „Augustus" („der Erhabene") ausgezeichnet, wurde mit einem Bündel an Ämtern und Vollmachten ausgestattet, die ihm die Alleinherrschaft als „Princeps" ermöglichte. Gleichzeitig blieb diese Herrschaft des nun auch dauerhaft den Caesar-Namen führenden „Kaisers" auf die Akzeptanz maßgeblicher Gruppen – der Armee, die nun endgültig zu einem Berufsheer wurde, des Senats und auch des Volks von Rom – angewiesen. Michael Sommer hält fest:

> „Ein guter Kaiser war, verkürzt formuliert, ein Kaiser, der es verstand, den Konsens mit all jenen herzustellen, die wichtig waren. Ein Kaiser, der hier versagte, verlor entsprechend bald die für ihn lebenswichtige Akzeptanz, drohte zu stürzen und als schlechter Kaiser in die Geschichte einzugehen."[6]

Für Octavian-Augustus galt es, die Wunden der vorangegangenen Bürgerkriege zu heilen, sowohl in symbolischer als auch materieller Weise. Soldaten und Anhänger wurden durch eine neue Welle von Koloniegründungen, auch in Italien, versorgt, wobei die früheren Grundbesitzer entschädigt wurden. Für Rom, das unter Augustus zu einer ‚Mega-City' von einer Million Einwohner weit über den nun nutzlos gewordenen Mauerring der republikanischen Zeit hinaus anwuchs, musste die Getreideversorgung nachhaltig gesichert werden. Eine wesentliche Grundlage für die Befriedigung dieser Ansprüche wurde das nach dem Sieg über Kleopatra VII. ins Reich eingegliederte Ägypten. Durch die Nilflut zumindest in den ersten zwei Jahrhunderten der Kaiserzeit meist verlässliche Überschüsse an Korn wurden nach Rom transportiert, wohl um die 133 000 Tonnen jährlich. Die sonstigen Abgaben aus Ägypten, das de facto in die direkte Verfügungsgewalt des Kaisers überging, trugen zu den Wohltaten der neuen Regierung bei. Wolfgang Blösel hält fest: „Erst die ägyptische Beute gestattete es Oktavian [...], die sozialen Verhältnisse Italiens wieder zu stabilisieren. Die nun allenthalben spürbaren finanziellen Entlastungen machten es den Römern leichter, sich in Oktavians Alleinherrschaft

---

[6] Sommer 2009, 11, 35.

zu ergeben."⁷ Um den Zugriff auf die so wichtige Provinz zu sichern, setzte Augustus von ihm ausgewählte Präfekten aus dem Ritterstand als Statthalter Ägyptens ein; der Historiker Publius Cornelius Tacitus (ca. 58–120 n. Chr.) verweist in diesem Zusammenhang aber auch auf die häufigen Unruhen im Land am Nil:

> „Ägypten und die Kriegsmacht, um es im Zaum zu halten, haben schon seit dem verewigten Augustus römische Ritter gleich Königen in Händen: so schien es zweckmäßig, die schwer zugängliche, getreidereiche, durch Aberglauben und Zügellosigkeit an Zwietracht volle und leicht aufzuregende Provinz, die nichts von Gesetzen weiß und welcher Staatsbehörden fremd sind, bei dem Herrscherhaus zu erhalten."⁸

Trotz dieser neuen imperialen Ökologie erwies sich auch das kaiserliche Regime zeitweilig als fragil und Zufallsereignissen klimatischer oder mikrobiologischer Natur gegenüber verwundbar. Im Jahr 23 v. Chr. wurden große Teile Roms durch ein Feuer verwüstet. Dem folgten schwere Stürme und eine Überschwemmung des Tibers; dabei wurden auch die Getreidevorräte zerstört. Schließlich brach eine Seuche aus, die viele Opfer forderte. Augustus selbst erkrankte schwer; sein Tod hätte wohl das Ende der gerade errichteten neuen Ordnung bedeutet. Der Kaiser erholte sich jedoch und ließ auf eigene Kosten Nahrungsmittel für 250 000 Menschen ankaufen, während sein Stiefsohn Tiberius für den Transport weiterer Vorräte sorgte. Im Folgejahr 22 v. Chr. kam es aber wieder zu Überschwemmungen, und auch die Seuche kehrte zurück, diesmal in ganz Italien. So wie bei früheren Epidemien blieben viele Äcker unbestellt; und zusätzlich fielen die Nilfluten zwischen 25 und 21 v. Chr. niedrig aus. Somit war die Ernährung Roms einmal mehr infrage gestellt. Nach Demonstrationen vor dem Senat übernahm Augustus persönlich die Verantwortung für die Getreideversorgung, wie er auch in seinem Tatenbericht festhielt: „In einer Zeit größter Getreideknappheit lehnte ich die Aufgabe der Getreideversorgung nicht ab, die ich so verwaltete, dass ich innerhalb weniger Tage das gesamte Volk auf eigene Kosten von der Angst und Gefahr befreite, in der es sich befand." Später setzte der Kaiser dauerhaft einen Präfekten für die Getreideversorgung ein. Allerdings kam es nach neuerlichen Versorgungsengpässen 19 v. Chr. sogar zu Straßenschlachten in Rom, und erst ab 18 v. Chr. entspannte sich die Situation nachhaltig, als der

---

7 Blösel 2015, 264. Vgl. auch Brooke 2014, 320; Harper 2020, 26.
8 Tacitus, Historien I, 11; Übersetzung zitiert nach Tacitus 1990, 100.

Kaiser wieder Zuschüsse aus seinem Privatvermögen an die Staatskasse zur Behebung des Mangels tätigte.[9]

Eine weitere Reihe von Versorgungskrisen bestimmte die Jahre 5 bis 9 n. Chr. Sie begannen mit unheilverheißenden Geschehnissen wie einer partiellen Sonnenfinsternis und einem Erdbeben, gefolgt von Überschwemmungen des Tibers und einer Verknappung der Nahrungsmittel in Rom. Letztere setzte sich im Jahr 6 n. Chr. fort, nachdem Missernten in verschiedenen Regionen mit Unruhen in Sardinien und in Nordafrika, einem neben Ägypten wichtigen Exportgebiet von Getreide für Rom, zusammenfielen.[10] Augustus ergriff außergewöhnliche Maßnahmen: Gladiatoren und zum Verkauf importierte Sklaven, somit die am meisten entrechteten Randgruppen, wurden auf eine Distanz von 100 Meilen aus der Stadt und ihrem Umland verbannt. Teile des Gefolges des Kaisers wurden entlassen und ausgewiesen; ebenso wurde es Senatoren erlaubt, sich auf ihre Landgüter außerhalb Roms zurückzuziehen. Die Getreideverkäufe wurden rationiert und unter strenge staatliche Aufsicht gestellt, während man gleichzeitig eine Gratisversorgung für die bedürftigen Bürger einrichtete. Dennoch blieb die Stimmung in Rom schlecht, bis der Mangel im Frühjahr des Jahres 7 behoben schien und auch wieder Gladiatorenspiele stattfinden konnten. Jedoch kehrte die Not später im Jahr zurück, und der Kaiser versuchte erneut, durch Getreidespenden und Spiele das Volk zu beruhigen.[11] Verschärfend wirkten Rebellionen, die zwischen 6 und 9 n. Chr. in Dalmatien und Pannonien ausbrachen. Tiberius wurde im Jahr 9 mit einer Armee entsandt und konnte im Sommer die Aufständischen besiegen. Die Feierstimmung in Rom wurde aber von der Nachricht der Vernichtung von drei Legionen unter dem Kommando des Varus im Teutoburger Wald in Germanien unterbrochen. Somit mussten weitere Truppen mobilisiert werden, weshalb auch die Versorgungslage in Rom bis zum

---

[9] Res Gestae Divi Augusti 5; Text nach: https://penelope.uchicago.edu/Thayer/E/Roman/Texts/Augustus/Res_Gestae/home.html [28.10.2020]. Vgl. auch Garnsey 1988, 219 f., 227; Camuffo/Enzi 1996; Aldrete 2006, 24, 132; Sommer 2009, 4, 42, 138; Eich 2014, 27, 42 f.; Wells 1985, 21 f., 65–67; Rohde/Sommer 2016, 92–94; Harper 2020, 139.

[10] Der Sommer des Jahres 6 n. Chr. wird in den Niederschlagsrekonstruktionen des *Old World Drought Atlas* für den westlichen Mittelmeerraum als relativ trocken angezeigt, vgl. Cook u. a. 2015.

[11] Die Sommer der Jahre 7, 8 und 9 n. Chr. scheinen in den Niederschlagsrekonstruktionen des *Old World Drought Atlas* für Italien als sehr trocken auf, der Sommer des Jahres 11 hingegen als relativ feucht, vgl. Cook u. a. 2015.

Abschluss dieser Feldzüge im Jahr 11 n. Chr. prekär blieb. In seinem Tatenbericht schwieg Augustus über diese Krise im letzten Jahrzehnt seiner Regierung. Als er im Jahr 14 n. Chr. starb, musste sich zeigen, ob die von ihm eingerichtete neue Ordnung auch den Wechsel an seinen Nachfolger Tiberius (reg. 14–37 n. Chr.) überstehen würde. Tatsächlich brach unter den Legionen an Rhein und Donau eine Revolte aus, die nur dadurch beendet werden konnte, dass der neue Kaiser den Forderungen der Soldaten nach einer Verkürzung der Dienstzeit entsprach und so ihre Akzeptanz gewann.[12]

Für eine Kontinuität in der Getreideversorgung Roms sorgte die lange Amtszeit des meist erfolgreich agierenden Präfekten Gaius Turranius Gracilis zwischen 14 und 48 n. Chr., der zuvor auch Statthalter Ägyptens gewesen war. Von den ca. einer Million Einwohner der Stadt waren 200 000 zum Bezug des staatlich verteilten Getreides berechtigt, zudem wurde manchmal auch Olivenöl verteilt. Schon unter Augustus hatte man die Hafenanlagen bei Puteoli westlich von Neapel ausgebaut, um den Import des Korns, insbesondere aus Ägypten und Nordafrika, zu erleichtern. In und um Rom wurden private Speicher vom Staat übernommen und neue errichtet.[13] Dennoch blieb das Versorgungssystem für klimatisch bedingte Schadensereignisse anfällig; neben Missernten sorgte schlechte Witterung im Jahr 19 n. Chr. für mehrere Schiffbrüche, sodass das Brot in Rom knapp wurde. Auf die Proteste der Bevölkerung reagierte Tiberius mit der Festsetzung von Maximalpreisen und Geldspenden. Als es 32 n. Chr. zu einer ähnlichen Situation kam, beschränkte sich der Kaiser, der sich inzwischen aus Rom auf die Insel Capri zurückgezogen und somit zeitweilig den direkten Nexus zwischen Herrschaft und Volk in Rom unterbrochen hatte, hingegen auf die Wiederherstellung der Ordnung durch den Einsatz von Truppen und setzte keine weiteren Maßnahmen zur Linderung der Not, wie ihm spätere Historiker vorwarfen.[14] Ebenfalls nicht umgesetzt wurde ein nach einem weiteren Tiber-Hochwasser im Jahr 15 n. Chr. entwickelter Plan, durch die Umleitung einiger Zuflüsse des Tibers, darunter des Clanis in den Arno, die Überschwemmungsgefahr für Rom zu reduzieren. Dagegen protestierten Anrainer-Gemeinden des Arno wie

---

[12] Garnsey 1988, 220–222, 229 f.; Camuffo/Enzi 1996; Aldrete 2006, 25; Sommer 2009, 44 f., 99–102, 109 f., 206; Eich 2014, 38–40, 50–53.
[13] Garnsey 1988, 218, 231–241; Eich 2014, 168–170.
[14] Wells 1985, 120 f.; Garnsey 1988, 222; Sommer 2009, 119–121; Eich 2014, 76 f.

jene von Florenz, die fürchteten, dann ihrerseits von stärkeren Fluten bedroht zu werden. Ausnahmsweise wurde den Bedürfnissen der Hauptstadt nicht Priorität eingeräumt und der Plan verworfen.[15]

Ein Mangel an Getreide trug vermutlich zum Sturz des Kaisers Caligula (reg. 37–41 n. Chr.) bei. Manche warfen ihm vor, durch seine extravaganten Unternehmungen wie einen Triumphzug über das Meer bei Neapel, für den eine fünf Kilometer lange Schiffsbrücke errichtet wurde, für die Versorgung Roms wichtige Ressourcen missbraucht zu haben. Auf jeden Fall wurde die Stellung des schon vorher unbeliebten Kaisers durch den Brotmangel nicht gestärkt; im Jänner des Jahres 41 ermordeten ihn Offiziere der Prätorianergarde, eigentlich die Leibwache des Kaisers.[16]

Auch Caligulas Nachfolger Claudius (reg. 41–54 n. Chr.) musste im Winter 51 n. Chr. während einer durch Missernten und die Schifffahrt behinderndes Schlechtwetter verursachten Nahrungskrise vor den zornigen Massen auf dem Forum Romanum die Flucht antreten, wie eingangs beschrieben. Allerdings hatte Claudius schon zu Beginn seiner Regierungszeit ab 42 n. Chr. mit dem Bau eines neuen Hafens für Rom (Portus Romae) begonnen, der durch einen künstlichen Kanal mit dem Tiber verbunden wurde, um den Transport von Getreide und anderen Gütern zu erleichtern. Der Historiker Cassius Dio (ca. 163–225 n. Chr.) lobt den Kaiser:

„Fast alles Getreide, das die Römer brauchten, war importiert, und trotzdem gab es im Gebiet nahe der Tibermündung keine sicheren Anlegestellen und keine geeigneten Häfen. […] Angesichts dieser Tatsachen unternahm Claudius die Errichtung eines Hafens. Ja, er ließ sich auch […] durch die zu erwartenden Kosten […] nicht davon abbringen."[17]

Auch ansonsten wurden Straßen, Brücken und andere Infrastruktur ausgebaut und die Wasserversorgung Roms mit der Fertigstellung zweier

---

[15] Tacitus, Annalen I, 76 und 79; Übersetzung in Tacitus 1990, 334 und 335. Keenan-Jones 2013, 248–250. Vgl. auch Wilson 2013, 269 f.
[16] Garnsey 1988, 222 f.; Sommer 2009, 123–127; Eich 2014, 67 f. Die Sommer der Jahre 39 und 40 n. Chr. fielen den Niederschlagsrekonstruktionen des *Old World Drought Atlas* nach in Gallien und Italien und vermutlich auch in Nordafrika sehr trocken aus, vgl. Cook u. a. 2015.
[17] Cassius Dio 60, 11; Übersetzung zitiert nach Wells 1985, 135.

neuer Aquädukte erweitert; für die Verwaltung der Wasserleitungen wurde ein eigener Prokurator eingesetzt.[18]

Bei Claudius' Nachfolger Nero (reg. 54–68 n. Chr.) wird das Problem der Getreideversorgung als Teil der ‚Kommunikationsstörung' zwischen dem in seinen späteren Regierungsjahren immer unbeliebteren Kaiser und dem Volk beschrieben. Als im Jahr 62 n. Chr. Stürme viele Schiffe der Getreideflotte zerstörten, soll Nero Teile der vorhandenen Kornvorräte trotzdem in den Tiber werfen haben lassen, da sie alt und verdorben gewesen seien (was aber allerdings angesichts der üblichen Lagerprobleme plausibel klingt). Auch das große Feuer des Jahres 64, das zehn der 14 Stadtregionen Roms verwüstete, zerstörte viele Speicheranlagen, sodass die obdachlosen Überlebenden an Hunger litten. Deshalb wurde aus vielen Orten nah und fern unter großem Aufwand Getreide herangebracht und der Brotpreis gesenkt. Dennoch, so überliefern spätere Historiker, ging das Gerücht um, der Kaiser selbst habe den Brand legen lassen. Um davon abzulenken, habe Nero deshalb die ohnehin unpopulären Christen in der Stadt als vermeintlich Schuldige verfolgen und auf grausame Art zu Tode bringen lassen.[19] Im Jahr 65 richteten jedoch Stürme weitere Zerstörungen an, im Herbst forderte eine Seuche tausende Tote. Das auf die Brandkatastrophe folgende gigantische Programm Neros zum Wiederaufbau Roms belastete die Staatskasse zusätzlich schwer. Die wachsende Schieflage des Staates kostete Nero das Leben. Mit seiner Ermordung im Juni 68 endete die Dynastie des Augustus, und mehrere Kandidaten rangen um den Thron.[20]

Der Ausbruch des Vesuv und die „glückselige" Epoche der Adoptivkaiser

Der folgende Bürgerkrieg der Jahre 68 bis 70 n. Chr., der erste nach fast 100 Jahren des (relativen) Friedens, gefährdete erneut die Versorgung Roms, standen doch zuerst Nordafrika, dann auch Ägypten auf

---

[18] Garnsey 1988, 223; Wells 1985, 132 f.; Thommen 2009, 111; Wilson 2013, 271 f.; Eich 2014, 78–82; Tietz 2015, 280 f.; Kröss 2016.

[19] Vgl. z. B. Tacitus, Annalen XV, 39; Übersetzung in Tacitus 1990, 609. Die Sommer der Jahre 60 bis 66 n. Chr. fielen den Niederschlagsrekonstruktionen des *Old World Drought Atlas* gemäß in Italien und zeitweilig in weiteren Teilen der westlichen Provinzen ziemlich trocken aus, vgl. Cook u. a. 2015.

[20] Garnsey 1988, 223 f.; Sommer 2009, 137 f.; Thommen 2009, 105 f.; Eich 2014, 83–87; Kinzig 2019, 28 f.; Harper 2020, 139. Zu Lagerfähigkeit und -verlusten von Getreide siehe Aldrete 2006, 136 f.; Tietz 2015, 179–181.

Seiten der Gegner des jeweils in der Hauptstadt regierenden Thronanwärters. Gleichzeitig suchten im Jahr 69 schwere Überschwemmungen Rom heim.[21] Der Historiker Tacitus fasste die Verheerungen dieser und der folgenden Jahre so zusammen:

> „Italien vollends wurde von neuen oder sich erst jetzt nach einer langen Reihe von Jahrhunderten wiederholenden Unglücksfällen heimgesucht, Städte wurden verschlungen oder verschüttet, in Kampaniens fruchtbarstem Küstenland [ein Verweis auf den Ausbruch des Vesuv, siehe unten], auch Rom durch Feuersbrünste verheert [...]."[22]

Nachdem sich der General Vespasian (reg. 69–79 n. Chr.) im Jahr 70 schließlich im ganzen Reich durchgesetzt hatte, begann er eine Sanierung der Staatsfinanzen, versuchte aber gleichzeitig die Bevölkerung Roms durch Bauten wie das Kolosseum auf seine Seite zu ziehen.[23] Die kurze Regierung seines Sohnes Titus (reg. 79–81 n. Chr.) wurde wenige Monate nach dessen Thronbesteigung durch den Ausbruch des Vesuvs nahe Neapel am Vormittag des 24. August des Jahres 79 erschüttert. Während die Bevölkerung in und um die Städte Pompeji und Herculaneum in tödlicher Gefahr war, versuchte die kaiserliche Flotte im nahe gelegenen Misenum unter ihrem Befehlshaber Plinius dem Älteren, auch berühmt als Autor einer mehrbändigen *Naturkunde*, die Menschen zu evakuieren. Charakteristisch für diese Katastrophenhilfe ist allerdings, dass Plinius, der dabei ums Leben kam, erst eingriff, als ihn das Hilfeersuchen einer befreundeten Adeligen erreichte. Tausende Menschen verloren ihr Leben, und Pompeji und Herculaneum wurden verschüttet. Die atmosphärischen Auswirkungen der Eruption waren darüber hinaus im ganzen Mittelmeerraum zu bemerken; Cassius Dio berichtet:

> „In der Tat war die Staubmenge insgesamt so groß, dass ein Teil davon Afrika, Syrien und Ägypten erreichte, und auch Rom, und die obere Luftschicht füllte und die Sonne verdunkelte. Dies erregte nicht geringe Angst, die mehrere Tage andauerte, da die Menschen nicht wussten und sich nicht vorstellen konnten, was passiert war, aber [...] glaubten,

---

[21] Aldrete 2006, 26 f. (mit Diskussion der Quellen); Camuffo/Enzi 1996.
[22] Tacitus, Historien I, 2; Übersetzung zitiert nach Tacitus 1990, 96.
[23] Garnsey 1988, 224 f.; Sommer 2009, 169 f., 177–182; Eich 2014, 88–102. Die Sommer der Jahre 72 bis 84 n. Chr. waren den Niederschlagsrekonstruktionen des *Old World Drought Atlas* nach in Italien relativ niederschlagsreich, vgl. Cook u. a. 2015.

dass die ganze Welt auf den Kopf gestellt wurde, dass die Sonne in der Erde verschwand und die Erde zum Himmel emporgehoben wurde."[24]

Der Vesuvausbruch des Jahres 79 hinterließ auch eine beachtliche chemische Signatur in Eisbohrkernen aus Nordwestgrönland; allerdings verursachte er keine mit größeren Eruptionen wie 426 oder 43 v. Chr. vergleichbare Kälte-Anomalie, die sich in den Baumringdaten abgezeichnet hätte. Cassius Dio schreibt weiters: „Diese Asche hat den Römern damals keinen großen Schaden zugefügt, obwohl sie später eine schreckliche Pest über sie brachte." Tatsächlich brach einige Wochen nach dieser Katastrophe eine Epidemie in und um die Stadt mit zehntausenden Toten aus. Ebenso zerstörte erneut ein Großbrand in Rom mehrere Stadtviertel und Tempel. Kaiser Titus mobilisierte aber alle möglichen Mittel zur Versorgung der Obdachlosen und Kranken und konnte sich erfolgreich als besorgter Landesvater inszenieren.[25]

Weniger glücklich agierte sein Bruder Domitian (reg. 81–96 n. Chr.), der sich mit seinem Regierungsstil dem Senat entfremdete; als er im Jahr 96 nach einer Hofintrige ermordet wurde, endete auch die Dynastie des Vespasian. Immerhin konnten sich die maßgeblichen Kreise in Rom diesmal ohne Bürgerkrieg auf einen neuen Kaiser einigen (auch wenn es wieder zu Unruhen in verschiedenen Provinzen kam), und der angesehene Jurist und Beamte Nerva bestieg den Thron (reg. 96–98 n. Chr.). Er begann die für die nächsten Generationen maßgebliche Praxis, seinen Nachfolger unter den geeigneten Kandidaten schon zu Lebzeiten durch Adoption zu bestimmen.[26] Die Wahl fiel auf Trajan (reg. 98–116 n. Chr.), der als einer der tatkräftigsten Kaiser gilt. Ab dem Jahr 103 ließ er den von Claudius errichteten neuen Hafen (Portus Romae) um ein 33 Hektar großes sechseckiges Becken erweitern und durch einen weiteren Kanal mit dem Tiber verbinden, um die Transportinfrastruktur der Stadt zu stärken. Auch ein zusätzliches, fast 60 Kilometer langes Aquädukt (Aqua Traiana) wurde für Rom angelegt; das gesamte Leitungssystem hatte nun eine Länge von 432 Kilometer und brachte täglich etwa eine Million Kubikmeter

---

[24] Cassius Dio 66, 23, 4; Übersetzung nach: https://penelope.uchicago.edu/Thayer/E/Roman/Texts/Cassius_Dio/home.html [28.10.2020].

[25] Wells 1985, 216–218; Thommen 2009, 116–121; Toner 2013, 46, 92 f.; Oppenheimer 2014, 110 f.; Eich 2014, 105–107; Harper 2020, 139. Zu den Daten aus Grönland: Sigl u. a. 2013; Sigl u. a. 2015.

[26] Garnsey 1988, 225–227; Sommer 2009, 185 f.; Eich 2014, 112 f.; Kulikowski 2016, 9–12.

Wasser in der Stadt. Das entsprach ungefähr 1000 Litern Wasser pro Kopf der Bevölkerung, was sogar das Doppelte der heutigen Kapazität des römischen Leitungsnetzes ausmacht. Der Schriftsteller Frontinus (gest. 103 n. Chr.) stellte die Aquädukt-Infrastruktur Roms schon vorher den riesigen, aber „unnützen" Pyramiden und Tempelbauten der Griechen gegenüber. Allerdings wurde dieses Wasser ungleich verteilt: Ein Sechstel war für den Bedarf des Kaisers und seines Hofes reserviert, ein weiteres Drittel für andere privilegierte Haushalte, und der Rest ging an die Öffentlichkeit. Durchaus bewusst war man sich der Vergiftungsgefahr durch die oft benutzten Bleirohre, allerdings mögen Kalkablagerungen aus dem Wasser an den Rohrinnenwänden die Aufnahme des Bleis reduziert haben.[27] Hingegen belasteten Trajans langen Feldzüge zuerst gegen die Daker nördlich der Donau im heutigen Rumänien (101/102 und 106 n. Chr.) und gegen die Parther in Armenien und Mesopotamien (114–116 n. Chr.) die Ressourcen des Reiches trotz der großen Beute schwer. Diese Gebiete waren nur unter hohen Kosten zu verteidigen, sodass Trajans Nachfolger Hadrian (reg. 117–138 n. Chr.) zumindest die Territorien östlich des Euphrat wieder aufgab. Hadrian ging als „Reisekaiser" in die Geschichte ein und ließ auf seinen Inspektionstouren durch das Reich vielen Gemeinden seine Wohltätigkeit in Form von Aquädukten, Hafenanlagen sowie Geld- und Getreidespenden zukommen, auch während einer Dürre, die in den Jahren vor 128 n. Chr. Nordafrika heimsuchte. Seine Regierungszeit und jene seines Nachfolgers Antoninus Pius (reg. 138–161 n. Chr.) gilt als Periode des Friedens und der Blüte des Imperiums, das damals vielleicht 65 bis 75 Millionen Einwohner hatte. Allerdings ging diese schon unter dem nächsten Kaiser Marcus Aurelius (reg. 161–180 n. Chr.) in dramatischer Weise zu Ende (siehe unten).[28]

Gute 200 Jahre nach der Machtergreifung des Augustus hatte sich also das monarchische Prinzip durchgesetzt, auch wenn die Stellung des jeweiligen Kaisers immer angreifbar und auf die Akzeptanz der

---

[27] Garnsey 1988, 227; Hughes 1994, 159–162; Thommen 2009, 110–112; Keenan-Jones 2013. Die Sommer der Jahre 101 und 102 n. Chr. fielen den Niederschlagsrekonstruktionen des *Old World Drought Atlas* nach sehr trocken aus, vgl. Cook u. a. 2015.

[28] Seelentag 2008; Sommer 2009, 192–201; Eich 2014, 117–145; Kulikowski 2016, 13–45; Benjamin 2018, 164; Harper 2020, 90 f., 94 f. Die Dürre der Zeit um 128 in Nordafrika wird auch in den (allerdings für diese Zeit für diese Region bis auf ein kleines Gebiet noch relativ wenig aussagekräftigen) Rekonstruktionen des *Old World Drought Atlas* angezeigt, vgl. Cook u. a. 2015.

maßgeblichen Gruppen, insbesondere der Armee, des Senats und der Bevölkerung des Residenzstadt Rom, angewiesen blieb. Dem Schicksal oder zürnenden Göttern zugeschriebene Ereignisse wie Witterungsextreme und Seuchen konnten, insbesondere bei Unterbrechung der Versorgung der Stadt, diese Akzeptanz infrage stellen; gelang es dem Herrscher jedoch, die Auswirkungen der Katastrophe zumindest in den Augen der relevanten Gruppen deutlich zu lindern, steigerte dies seine Legitimation. Den Gesamtbestand des Imperiums stellten diese Krisen jedenfalls noch nicht infrage.

Ökologische Auswirkungen der römischen Expansion in Italien und im Mittelmeerraum

Ab 200 v. Chr. gliederte Rom allmählich den gesamten Mittelmeerraum, der in einer neuen Dichte vernetzt wurde, in sein Imperium ein. Bevor jedoch die verschiedenen Regionen von einer Pax Romana (und dem im 3. Jahrhundert v. Chr. einsetzenden Römischen Klima-Optimum) profitieren konnten, richteten die Kriege zuerst im Rahmen der Eroberungen, dann der inneren Zwistigkeiten, die den Untergang der Römischen Republik begleiteten, in vielen Provinzen große Schäden an. Auch manche Landschafen Italiens wurden durch die ständigen Kriege nachhaltig verändert, etwa die Campagna Romana und die späterhin als Malaria-Herd berüchtigten Pontinischen Sümpfe südöstlich von Rom. Michael Sommer führt dazu aus:

> „Nachdem die Römer für ihre Flottenrüstung gegen Karthago große Teile der Bergwälder in der näheren Umgebung abgeholzt hatten, rauschten mit jedem größeren Regen Unmengen Wasser und Schlamm zu Tal – der Wasserspiegel stieg unaufhaltsam, die Ebene versumpfte, Malaria breitete sich aus. Antike Versuche – so unter Caesar – die südliche Campagna zu entwässern, scheiterten. Sie blieb ein einziger Morast, bis Mussolini in den 1920er Jahren ein dichtes Netz von Entwässerungsgräben anlegen und den Sumpf in einem gigantischen Kraftakt trockenlegen ließ."[29]

---

[29] Sommer 2013a, 50. Siehe auch Hughes 1994, 144; Sommer 2013b, 12; Russo Ermolli/Romano/Ruello 2013; Tietz 2015, 325 f. Zum Holzbedarf der römischen Flotten vgl. Hughes 1994, 86–88; Thommen 2009, 86 f.; Harris 2013.

Die ‚Blütezeit' des Imperium Romanum und ihr Ende   269

Somit waren die ökologischen Auswirkungen des Ringens mit Karthago noch mehr als 2000 Jahre später spürbar. Eine dauerhafte Herausforderung blieb, wie mehrfach erwähnt, die Versorgung Roms, nicht nur mit Getreide. Die wachsende Großstadt, so Werner Tietz, verschlang auch gewaltige Mengen an Holz:

> „Nach Möglichkeit brachte man es aus Etrurien auf dem Tiber in die Hauptstadt. Wurde mehr auf einmal benötigt, schaffte man es aus den großen Holzhäfen bei Ravenna (an der Adria), Genua und Luni (beide in Ligurien) heran. In Gebieten, die forstwirtschaftlich genutzt wurden, achtete man daher auf Nachhaltigkeit. Oft spielten dabei religiöse Motive eine Rolle, da die römische Religion in vieler Hinsicht von einer Beseelung der Natur ausging. Der Gott Silvanus schützte die Wälder, und jeder Baum konnte ebenso der Wohnsitz einer Nymphe oder einer anderen ländlichen Gottheit sein wie eine Quelle oder ein Sumpf […]. Im 2. Jahrhundert n. Chr. etwa gelobte der römische Prokurator für den Alpenraum. Titus Pomponius Victor, dem Silvanus zu Ehren 1000 große Bäume zu pflanzen, falls dieser ihm und seiner Familie eine glückliche Heimkehr gewähre und ihn danach auch bei der Bewirtschaftung seiner Güter in Italien unterstütze. […] Vermutlich achtete man also im eigenen Interesse darauf, die Wälder regelmäßig wieder aufzuforsten. In den höheren Lagen des Apennin blieben etwa zwei Drittel der Waldfläche unverändert erhalten."[30]

Der Holzzufuhr sowie der Überwachung der Wälder sowohl in Italien als auch in den Provinzen dienten auch eigene, zuerst in privaten Kollegien organisierte, dann von Staats wegen verpflichtete Dendrophori (griechisch „Baumträger"). Das erfolgreiche Wirken römischer Forstpolitik konnte aufgrund von Pollenanalysen z. B. für die Gegend von Rieti 81 Kilometer nordöstlich von Rom nachgewiesen werden, wo der Waldbestand während der Jahrhunderte der Kaiserzeit trotz intensiver Nutzung für die Bedürfnisse der Hauptstadt durch Wiederaufforstung stabil blieb. Erst als dieses Waldregime mit dem weströmischen Kaisertum zusammenbrach, sorgte nunmehr unkontrollierte Nutzung ab 500 n. Chr. für ein Verschwinden der Waldungen.[31]

Allerdings ging man nicht überall so pfleglich mit dem Waldbestand um wie in wichtigen Versorgungsgebieten der Hauptstadt:

---

[30] Tietz 2015, 327 f.
[31] Harris 2013, 190–192; Graham/Van Dam 2018; Hofrichter 2020, 376 f. Für die Pollendaten aus dem Rieti-Gebiet siehe Mensing u. a. 2015.

„Es gab nachweislich tiefe Eingriffe in das natürliche Gleichgewicht durch die völlige Rodung von Waldflächen in den Provinzen am Mittelmeer und auch in Mitteleuropa. Meist rodete man urtümliche Wälder, um Ackerland zu gewinnen. Häufig griff man dabei zur Brandrodung, da so auf bequeme Weise gleichzeitig bewirtschaftbare Flächen geschaffen und diese mit dem dabei anfallenden Kaliumkarbonat und Phosphor gedüngt wurden. Neues Ackerland führt zwar nicht zu so umfangreichen Kahlschlägen wie der Neubau ganzer Flotten, doch es sorgte für eine kontinuierliche Entwaldung vieler Gegenden des Imperium Romanum, besonders in den gallischen und germanischen Provinzen. In diesen Fällen kam es oft zu Erosion, also zur Abtragung der nun ungeschützten Humusschickt und der Erdkrume durch Wind und Regen. Eine Folge davon war die Verkarstung. […] Und noch eine andere Gefahr brachte das Abholzen der Wälder mit sich: Im Gefolge der Erosion stieg die Gefahr von Überschwemmungen, besonders im regenreichen Frühjahr. Das Regen- und Schmelzwasser wurde nicht mehr durch die Erdkrume oder die Wurzeln der Pflanzen verlangsamt und absorbiert. Die konnte in den küstennahen Fruchtebenen Italiens fatale Folgen haben: Die Erdkrume wurde nun auch dort fortgespült, Bewässerungssysteme wurden gestört, und oft wurde sogar das Trinkwasser verunreinigt."[32]

Eine weitere Gefahr für den Waldbestand war die Überweidung durch Ziegen, Schafe, Schweine und sogar Rinder; sie bevorzugten „schnellwachsende Bäume wie Birken, Ulmen und Weißtannen, und dieses Laub wurde auch gerne als Winterfutter eingelagert. Auf diese Weise wurde die Artenvielfalt der Bäume und Büsche im Wald stark beeinträchtigt". Die Folgen waren ähnlich wie bei der Rodung Erosion, Überschwemmungen und Verkarstungen.[33] Erhöhte sich nun während kurz- oder längerfristiger Klimaschwankungen die Häufigkeit von Starkregenfällen, dann konnte dies in Kombination mit solchen Erosionsprozessen zu umso schlimmeren Flutkatastrophen führen, die auch die Stadt Rom immer wieder heimsuchten. Auf jeden Fall wurde auch in diesen Fällen die Landschaft auf Jahrhunderte verändert.[34]

Ähnliches gilt für den römischen Bergbau auf der Iberischen Halbinsel, aus deren Süden die Römer Karthago zwischen 216 und 202 v. Chr.

---

[32] Tietz 2015, 328–330.
[33] Tietz 2015, 328–330. Zur Situation in den nordwestlichen Provinzen des Imperiums vgl. auch Haas 2006.
[34] Horden/Purcell 2000, 332–340.

vertrieben, nicht zuletzt wegen der reichen Edelmetallvorkommen. Für die Verhüttung von einer Tonne Silber, das die Grundlage des römischen Währungssystems wurde, waren bis zu 10 000 Tonnen Holz notwendig; nach einer Schätzung wurden für die spanischen Silberproduktion 5400 Hektar Wald pro Jahr abgeholzt. Gleichzeitig mussten für die Erzeugung einer Tonne Silber 400 Tonnen an Blei, das unter anderem aus Britannien importiert wurde, aufgewandt werden. Die dabei anfallenden bleihaltigen Schlacken verschmutzten nicht nur das Gebiet um die großen Bergbaureviere wie bei Tharsis am Rio Tinto (im heutigen Südwestspanien). Der Bleiausstoß vergiftete auch die in den Minen eingesetzten Sklaven, von denen 40 000 um 179 v. Chr. allein in den Minen um Carthago Nova (das heutige Cartagena) schufteten. Bleipartikel gerieten ebenso in die Atmosphäre und so bis in den Schnee, der in Grönland fiel, wo in früheren Eisschichten in Bohrkernen die Bleikonzentration der römischen Jahrhunderte gemessen werden kann. Diese Daten werden nun als ein Indikator für die Konjunktur des römischen Bergbaus verwendet; diese Kurve steigt während des 2. Jahrhunderts v. Chr. mehr oder weniger kontinuierlich nach oben, bis die römischen Bürgerkriege des 1. Jahrhunderts für einige deutliche Einbrüche sorgten und erst die politische Stabilisierung der Kaiserzeit eine Rückkehr zu früheren Niveaus ermöglichte.[35]

Der Rest der Iberischen Halbinsel, auf der eigentlich niederschlagsreichere und günstigere Bedingungen vorherrschten, die man als Ibero-Römische Feuchtperiode bezeichnet hat, erwies sich aber im 2. Jahrhundert v. Chr. als fast ständiger Unruheherd und erforderte die dauernde Präsenz großer Truppenverbände.[36] Während im Kampf gegen die keltiberischen Stämme die Beute aber meist relativ gering ausfiel (bis auf die große Anzahl an Sklaven, die verkauft oder in den Bergwerken eingesetzt wurden), lockten im Osten des Mittelmeerraums die reicheren Staaten und Städte der hellenistischen Welt. Dieses Staatensystem brachten die Römer in den folgenden 100 Jahren von der westlichen Peripherie her zum Einsturz und zerschlugen die von den Nachfolgern Alexanders des Großen errichteten Reiche. König Philipp V. von Makedonien (reg. 221–179 v. Chr.) ließ sich durch Hannibal in den

---

[35] Hughes 1994, 117–119, 126–128; Thommen 2009, 121–123; Harris 2013, 176 f.; Kay 2014, 43–58; Maschek 2018, 35 f. Zu den Bleikonzentrationen im grönländischen Eis siehe McConnell u. a. 2018; Brooke 2014, 321 f.; Terpstra 2019, 6–8 und auch die Angaben in Kapitel 5 im vorliegenden Band.

[36] Hin 2013, 84 f.; Maschek 2018, 36–40.

Krieg gegen Rom hineinziehen. Kurz nach ihrem Erfolg über Karthago nutzten die Römer die Gelegenheit zu einem Vorstoß über die Adria nach Osten. Makedonien wurde 197 v. Chr. besiegt und musste neben hohen Zahlungen die Hegemonie über die griechischen Stadtstaaten abgeben, die nun de facto Rom übernahm, auch wenn offiziell die Freiheit aller Griechen verkündet wurde. Der Ägäis-Raum blieb Kriegsschauplatz, als sich der Seleukidenkönig Antiochos III. (reg. 223–187 v. Chr.) vom aus Karthago geflohenen Hannibal 192 v. Chr. zu einem Angriff auf Griechenland überreden ließ. Dort wurde er aber ebenso besiegt wie 190 v. Chr. in der entscheidenden Schlacht bei Magnesia in Kleinasien, das die Seleukiden nun dem Königreich Pergamon und anderen Verbündeten Roms überlassen mussten. In diesen der Macht der Römer zugänglich gemachten Regionen übten sie im Gegensatz zu den im Westen eroberten Gebieten noch keine direkte Herrschaft aus; jedoch wuchs die Präsenz römischer und andere italienischer Händler und Unternehmer und damit das ökonomische Interesse an diesem Raum. Nach einem neuerlichen Krieg mit Makedonien wurde das Land 168 v. Chr. in vier Republiken zerschlagen, während sich die Römer die Kontrolle über die reichen Bergwerke sicherten. Weiteren Aufständen folgte aber letztlich 146 v. Chr. die Umwandlung Makedoniens in eine Provinz unter direkter römischer Verwaltung. Im selben Jahr, in dem auch Karthago von einer römischen Armee endgültig zerstört und seine Bevölkerung getötet oder versklavt wurde, verwüsteten römische Truppen die Stadt Korinth. Seine Bevölkerung wanderte gleichfalls in die Sklaverei wie zuvor schon 150 000 Menschen aus der nordwestgriechischen Region Epirus, wo die Armee der Römer mehr als 70 Städte zerstört hatte.[37]

Der griechische Historiker Polybios, der 167 v. Chr. als einer der führenden Männer der Peloponnes nach Rom deportiert worden war, machte sich trotz seiner Bewunderung der neuen Weltmacht über die kalkulierte Grausamkeit römischer Kriegsführung keine Illusionen:

„So handeln sie, wie mir scheint, um Schrecken zu verbreiten (und dadurch den Widerstand vollends zu brechen). Daher kann man oft in Städten, die von den Römern erobert worden sind, nicht nur

---

[37] Crawford 1984, 71–80, 104–106, 121; Scholz 2015, 204–211, 231–235; Blösel 2015, 120–123, 126–131; Maschek 2018, 41–52.

Menschenleichen, sondern auch Hunde sehen, die ein Schwertstreich zerteilt hat, und abgeschlagene Gliedmaßen anderer Tiere."[38]

Polybios schilderte auch demografische Entwicklungen in seiner Heimat: „In unserer Zeit hat ganz Griechenland eine Kinderlosigkeit, ja eine Bevölkerungsarmut erfasst, durch die die Städte verödeten und das Land brachlag, obwohl wir weder unter Kriegen von längerer Dauer noch unter Seuchen zu leiden hatten." Polybius führt diesen Bevölkerungsrückgang, der auch durch archäologische Survey-Daten belegt wird, auf die durch den Geiz der Menschen verursachte Weigerung zurück, zu heiraten und Kinder aufzuziehen. Doch waren dies entgegen den Beteuerungen des Polybios sehr wohl Strategien der Familienplanung in Reaktion auf die „Unsicherheit des Lebens inmitten von Krieg, Aufruhr und Piraterie, die im Gefolge des Auftretens der römischen Legionen auf dem Schauplatz alle im Zunehmen begriffen waren", wie der Althistoriker Frank W. Walbank festhält. Dieser Trend setzte sich, den archäologischen Daten zufolge, bis gegen Ende des 1. Jahrhunderts v. Chr. fort, nicht zuletzt, da Griechenland auch in der Zeit der römischen Bürgerkriege immer wieder zum Schlachtfeld wurde.[39]

Polybios hielt ebenso fest: „Zuvor waren die Taten der Welt, wie man sagen könnte, zerstreut [...]. Aber als Ergebnis dieser Ereignisse [der römischen Eroberungen] ist es so, als ob die Geschichte eine organische Einheit erlangt hat und die Taten Italiens und Libyens mit denen Asiens und Griechenlands verwoben sind."[40] Jedoch konnte Griechenland erst mit dem Beginn der tatsächlichen Pax Romana ab der Regierungszeit des Augustus (30 v. Chr.–14 n. Chr.) von dieser Einbindung in das nun die gesamte Mittelmeerwelt umspannende Imperium profitieren. Dies wird auch durch die neuen synthetischen Pollendaten von Adam Izdebski und seinem Team dokumentiert, die ab dem Ende des 1. Jahrhunderts v. Chr. ein Wachstum des Anbaus von Getreide,

---

[38] Polybios 10, 15, 4–6. Übersetzung zitiert nach Crawford 1984, 73. Zu archäologischen Befunden, die diese Schilderung bestätigen, vgl. Maschek 2018, 35 f., 106–108.

[39] Polybios 36, 17, 5; Übersetzung zitiert nach Walbank 1994, 171, vgl. auch 172–176. Ähnlich auch Garnsey 1988, 66. Zu Formen der Geburtenkontrolle im antiken Griechenland vgl. Bresson 2016, 51–54 und 61 f. (auch zu dieser Passage bei Polybios). Zu den archäologischen Daten siehe Bintliff 2012, 310–333; Ober 2015, 2–4; Bresson 2016, 59–61, und Izdebski u. a. 2020.

[40] Polybios 1, 3, 3–4; zitiert nach Horden/Purcell 2000, 27.

Wein und Oliven anzeigen, das bis ins 2. Jahrhundert n. Chr. anhielt.[41] Nicht eindeutig ist hingegen der Beitrag des sonst für die Zeit ab dem 3. Jahrhundert v. Chr. beschriebenen Klima-Optimums der Römerzeit. So zeigen die Sauerstoffisotopen-Daten aus den Tropfsteinen der Alepotrypa-Höhle im Süden der Peloponnes für die gesamte Zeit zwischen 500 v. Chr. bis in 3. Jahrhundert n. Chr., mit kurzen Unterbrechungen in den Jahrzehnten um Christi Geburt, relativ feuchte Verhältnisse an. Demgegenüber weisen die Daten aus der Kapsia-Höhle in der Zentralpeloponnes zwischen 400 und 100 v. Chr. eine feuchtere Periode aus, der zwischen 100 v. Chr. und 200 n. Chr. eine trockenere folgte.[42]

Große Rinder, kleine Menschen: Nutzen und Schaden des Imperiums

Wieweit die Masse der Bevölkerung von der Pax Romana profitierte, ist umstritten. Die Befriedung des Mittelmeerraums erleichterte nicht nur die Versorgung Roms, sondern auch den Handel zwischen den Provinzen des Reiches. Waren höherer Qualität wie etwa edles Tafelgeschirr vom Typ der Terra Sigillata fand von Werkstätten zuerst in Italien, später auch in Gallien und den germanischen Provinzen, weite Verbreitung nicht nur geografisch, sondern auch sozial über den Kreis der Eliten hinaus.[43] Letztere dominierten die hunderten Stadtgemeinden, die das Geflecht des Imperiums vor allem im Mittelmeerraum ausmachten, profilierten sich als Wohltäter durch den Bau von Bädern, Wasserleitungen und dergleichen und entlasteten damit die Reichszentrale, die sich auf ein relativ dünnes Netz an Beamten beschränken konnte, um Verwaltung und Besteuerung aufrecht zu erhalten (auch der zentralstaatliche Abgabendruck ging gegenüber der Zeit der späten Republik offenbar zurück).[44] Stärker war der Zugriff des Staates in Gestalt der insbesondere an den Grenzen stationierten Legionen der Berufsarmee, deren Nachfrage aber auch die Wirtschaft in den umliegenden Gebieten ankurbelte. Insgesamt wuchsen Bevölkerung, Produktion (auch

---

[41] Izdebski u. a. 2020.
[42] Weiberg u. a. 2016.
[43] Rohde/Sommer 2016, 57. Zu sonstigen Veränderungen z. B. der landwirtschaftlichen Praktiken durch die Einführung neuer Kulturpflanzen in der Römerzeit vgl. auch Kiehn 2017; Preiser-Kapeller 2018, 201–203, mit weiterer Literatur.
[44] Terpstra 2019, 27–29. Für die materiellen Beiträge von Gruppen, die nicht den Eliten angehörten, zum Gemeinwesen vgl. Petzold 2019.

des Silbers, wie die Bleidaten aus Grönland anzeigen) und materieller Wohlstand, allerdings erneut in sehr ungleicher Verteilung. Kleinere bäuerliche Haushalte blieben wohl nur knapp über dem Niveau der Eigenversorgung; dementsprechend gehörten auch in der Blütezeit des Imperium Romanum Mangeljahre und Hungersnöte zum Alltag. Der aus Pergamon in Westkleinasien stammende berühmte griechische Arzt Galen (ca. 130–200 n. Chr.) machte interessante Beobachtungen über Pufferstrategien der dortigen ländlichen Bevölkerung:

> „Wenn aber in meiner Heimat eine Hungersnot ausbricht, während es einen Überschuss an Eicheln und Mispeln gibt, dann sammeln die Landbewohner diese in Säcken und benutzen sie den ganzen Winter und den Frühlingsbeginn hindurch anstelle von Brotgetreide. Früher freilich [das heißt, bevor die Hungersnot anhand der schlechten Ernte absehbar war] waren solche Eicheln Futter für die Schweine gewesen; dann aber, wenn sie diese nicht mehr, wie sie es sonst gewohnt waren, den Winter hindurch füttern konnten, schlachteten sie sie beim ersten Wintereinbruch. Sie benutzten [die Schweine] dann zunächst als Nahrung, später aber öffneten sie die Säcke und begannen, die Eicheln zu essen, indem sie sie auf verschiedene Arten zubereiteten."[45]

Allerdings beschreibt Galen auch das Machtgefälle zwischen der Stadt und ihren urbanen Eliten und den kleineren und mittleren Bauern, das letztere in Zeiten des Mangels auch zum Rückgriff auf weniger traditionelle Notnahrung zwang:

> „Die Städter – ihr übliches Vorgehen ist es, sich gleich am Ende des Sommers mit einem Getreidevorrat fürs ganze Jahr zu versorgen – nahmen nun allen Weizen von den Feldern, dazu die Gerste, Bohne und Linsen; sie ließen den Landleuten nur die Hülsenfrüchte, und selbst davon nahmen sie einen Großteil mit in die Stadt. Nachdem die Leute auf dem Land das, was ihnen geblieben war, während des Winters verbraucht hatten, nahmen sie das ganze Frühjahr hindurch ungesunde Nahrungsmittel zu sich: Sie aßen Knospen und Zweige von Bäumen und Sträuchern, Knollen und Wurzeln von ungesunden Pflanzen, machten viel Gebrauch von sogenannten wilden Gemüsen – kurz, ein jeder aß, was er nur bekommen konnte. Ja, sie nahmen auch gekochte grüne Gräser zu sich, die sie zuvor noch nie, nicht einmal zur Probe, verwendet hatten. Ich selbst habe nun gesehen, wie viele von ihnen am Ende

---

[45] Galen, Über die Kraft der Nahrung 6, 620 f.; Übersetzung zitiert nach Tietz 2015, 161 f. Vgl. auch Harper 2020, 92 f.

des Frühjahrs und noch zu Beginn des Sommers mit zahlreichen Ausschlägen und Geschwüren gezeichnet waren, manche mit Wundrosen, andere mit entzündeten Tumoren, andere mit Blasen, wieder andere mit einem Ausschlag, der an Flechten, Krätze und Aussatz erinnerte."[46]

Während also die Lage der kleineren Grundbesitzer auch in den Blütezeiten des Imperiums prekär blieb, wuchs das Ausmaß großer Besitzkomplexe weiter. Insbesondere dort intensivierte sich die römische Landwirtschaft und Viehzucht. Der vermehrte Anbau neuer Weizensorten erlaubte den Umstieg von Getreidebrei auf Weißbrot immerhin auch unter den weniger wohlhabenden Schichten. Die aus Knochenfunden rekonstruierte Widerristhöhe (gemessen am Übergang vom Hals zum Rücken) von Rindern der römischen Kaiserzeit in Italien war zwanzig Zentimeter größer als in den Perioden davor und danach. Schafe erreichten fast dieselbe Größe wie heutige Züchtungen. Dementsprechend sehen manche Wissenschaftler auch Hinweise dafür, dass der Konsum von Fleisch zwischen dem 1. Jahrhundert v. Chr. und dem 4. Jahrhundert n. Chr. höher war als in den Perioden davor und danach.[47] Im Gegensatz dazu kamen Studien an Skeletten in Italien und in Britannien aber zum Ergebnis, dass die Menschen in der Römischen Kaiserzeit kleiner waren als in den Epochen davor und danach. Einmal mehr scheint der seit der Neolithisierung bestehende ‚Fluch' der Agrarzivilisationen, wie ihn James C. Scott und andere beschreiben, zugeschlagen zu haben. Nebst Arbeitsbelastung und zeitweiliger Mangelernährung machte sich insbesondere in Rom und in den größer werdenden Städten in den Provinzen der „urbane Friedhofseffekt" bemerkbar (dass Rom trotzdem wuchs und seine hohe Bevölkerungszahl beibehielt, verdankte es der ständigen Zuwanderung aus verschiedenen Regionen des Imperiums, wie auch neue paläogenetische Untersuchungen belegen).[48] Höhere Siedlungsdichten und trotz Aquädukten und Abwasserkanälen immer noch prekäre Hygiene ermöglichten die Verbreitung von Infektionskrankheiten und Darmparasiten, insbesondere bei niedri-

---

[46] Galen, Über gute und schlechte Säfte in der Nahrung, 1, VI; Übersetzung zitiert nach Wells 1985, 279.
[47] Hin 2013, 46–48; Brooke 2014, 321–324; Tietz 2015, 12 f., 49–51; McConnell u. a. 2018; MacKinnon 2018; Terpstra 2019, 221 f.; Harper 2020, 28, 68.
[48] Gowland/Walther 2018, auch mit einer Diskussion der Probleme der Dateninterpretation bezüglich Körpergrößen. Zu den paläogenetischen Daten für die Zuwanderung nach Rom siehe Tuross/Campana 2018; Antonio u. a. 2019.

geren Wasserständen im trockenen Sommer. Kyle Harper meint dazu: „Durchfall war vermutlich die Todesursache Nummer eins im Imperium." Die Vorliebe der Römer für Wasserbauten begünstigte sogar die Ausbreitung der tierischen Träger der Erreger der Malaria, die schon in den Jahrhunderten vor Christi Geburt in Süd- und Mittelitalien endemisch geworden war und sich nun mit den Römern auch in Feuchtgebieten nördlich der Alpen verbreitete, vermutlich zusätzlich gefördert durch die wärmeren Klimabedingungen. An weiteren Pathogenen, die möglicherweise um diese Zeit im Imperium gute Voraussetzungen für ihre Ausbreitung vorfanden, nennt Harper aufgrund neuerer Untersuchungen das Mycobacterium tuberculosis, den Erreger der Tuberkulose, die sich auch durch entsprechende Skelettschäden nachweisen lässt, und das Mycobacterium leprae, das Bakterium der Lepra, die als „Aussatz" auch im Neuen Testament eine prominente Rolle spielt. Die Ausbrüche dieser Krankheiten waren aber lokal beschränkt, von reichsweiten Pandemien blieb das Imperium in den zwei ersten Jahrhunderten nach der Machtübernahme des Octavian-Augustus weitgehend verschont.[49]

Insbesondere mit der Eroberung Ägyptens erhielten die Römer auch Zugang zu den maritimen Handelsnetzwerken des Indischen Ozeans, die das Land am Nil seit Jahrtausenden mit Südarabien und Ostafrika und ab den Jahrhunderten der Ptolemäerherrschaft auch direkt mit Indien verknüpften. Die Vereinigung der Mittelmeerwelt durch die Römer steigerte die Nachfrage nach den ‚exotischen' Gütern aus dem ‚fernen' Osten wie Pfeffer und andere Gewürze sowie Seide, die von China über verschiedene Routen nach Indien gelangte. Laut dem Geografen Strabon (gest. 23 n. Chr.) sollen jährlich 120 Schiffe aus Ägypten nach Indien aufgebrochen sein. Plinius der Ältere (gest. 79 n. Chr.) klagte wiederum darüber, dass 100 Millionen Sesterzen pro Jahr für diese exotischen Luxusgüter aufgewandt wurden.[50] Über diesen monetären Aderlass hinaus mochten diese Fernverbindungen im westlichen

---

[49] Harper 2020, 137–141. Vgl. auch Sallares 2002 (umfassend zur Malaria, auf dem damaligen Forschungsstand); Radkau 2002, 157 f.; Aldrete 2006, 143–154; Hin 2013, 92 f., 124–126, 221–228 (mit einer nuancierten Diskussion des „urbanen Friedhofeffekts" für die Stadt Rom); Antonio u. a. 2019, 213 f. (auch zu den neueren paläogenetischen Befunden für Malaria im antiken Rom); Terpstra 2019, 222–224, auch zu Studien, die zu einem anderen Ergebnis bezüglich der Körpergröße kommen; Hofrichter 2020, 270–273; Winegard 2020, 120–129.

[50] Ray 2003, 173–182; Parker 2008, 78–80; McLaughlin 2010, 2–11, 28–36, 104–106; Sommer 2013b, 54–61; Ball 2016, 141 f.; Seland 2016; Wilson/

Afro-Eurasien aber auch Pathogenen Zugangswege zum dichtbesiedelten und gut vernetzten Mittelmeerraum eröffnen.[51] Das Römische Reich als bislang größtes Imperium im Westen Afro-Eurasiens wurde somit wie andere Imperien vor und nach ihm unbeabsichtigt zum „Schauplatz eines Experiments, um Wechselwirkungen zwischen weit entfernt lebenden Menschen, nichtmenschlichen Organismen und der anorganischen Welt zu untersuchen."[52]

Die Antoninische Pest und das Ende des römischen Klima-Optimums, 160–180 n. Chr.

Im Jahr 163 n. Chr. betraute Kaiser Marcus Aurelius Antoninus (reg. 161–180) seinen zum Mitkaiser ernannten Adoptivbruder Lucius Verus (reg. 161–169) mit dem Kommando im Krieg gegen die Parther östlich des Euphrat. Mit dieser neuartigen Teilung der Macht deutete Marcus Aurelius an, dass seiner Ansicht nach die steigende Belastung des Imperiums an verschiedenen Fronten mehr als einen Herrscher erforderte. Im Osten gelang den Römern 165 der Vorstoß bis in den Kernraum parthischer Macht in Mesopotamien rund um das heutige Bagdad, wo die Stadt Seleukeia erobert und geplündert wurde.[53]

Diese Eroberung erwies sich aber als verhängnisvoll, weil die römischen Legionäre offenbar eine Seuche von diesem Feldzug ins Imperium einschleppten. Der römische Historiker Ammianus Marcellinus schrieb dazu 200 Jahre später:

> „Die Stadt (Seleukeia) wurde niedergebrannt. Die Soldaten, die einen Tempel durchsuchten, fanden ein schmales Loch, und als dieses geöffnet wurde, in der Hoffnung, etwas Wertvolles darin zu finden, entwich aus einer tiefen Kluft, die die Geheimwissenschaft der Chaldäer geschlossen hatte, eine Seuche, die mit der Kraft unheilbarer Krankheit beladen war und in der Zeit von Verus und Marcus Antoninus

---

Flohr 2016; Rohde/Sommer 2016, 69–74; Sommer 2017, 201–220; Gurukkal 2016, 42–45; Michaels 2017, 865 f.; Preiser-Kapeller 2018, 143–147.
[51] Kulikowski 2016, 118–121.
[52] Coen 2018, 5.
[53] Ellerbrock/Winkelmann 2012, 102 f.; Wells 1985, 247–250; Sommer 2009, 217, 220–226, 228; Eich 2014, 184–198; Demandt 2018, 160 f.; Harper 2020, 151.

die ganze Welt von den Grenzen Persiens bis zum Rhein und Gallien mit Ansteckung und Tod verschmutzte."⁵⁴

Ähnlich wie in der *Ilias* und bei anderen Seuchenausbrüchen wird ein Frevel gegen eine Gottheit vermutet, diesmal aber verknüpft mit der „Geheimwissenschaft der Chaldäer", einer Bevölkerungsgruppe in Südmesopotamien. Ihnen wurden verschiedene Praktiken der Zauberei ebenso zugeschrieben wie den „Magiern" (griechisch *Magoi*), den Priestern der iranischen Religion. In der Weihnachtsgeschichte kommen sie in positiver Gestalt als die „Drei Magier aus dem Morgenland" vor. Nach Ausbruch der Seuche im Jahr 165 vermuteten aber nun manche eine üble Hexerei des persischen Feindes als Grund der Krankheit. Dies bezeugt auch eine Inschrift, die in Ephesus entdeckt wurde, das damals mit dem Kult der Göttin Artemis ein wichtiges religiöses Zentrum darstellte. Bürger einer von der Seuche heimgesuchten (nicht näher bestimmbaren) Stadt wandten sich an die Göttin, die Heilung versprach. In der Inschrift heißt es:

> „Artemis wird Befreiung von eurem Leiden bringen und das Gift der Seuche auflösen, das die Menschen zerstört, und mit ihren flammentragenden Fackeln im nächtlichen Feuer die gekneteten Wachswerke, die Zeichen der bösen Kunst eines Magiers [griechisch *magos*], schmelzen."⁵⁵

Vermutet wird also auch hier Zauberei als Ursache der Krankheit, die über „geknetete Wachswerke" vielleicht ähnlich wie mit Voodoo-Puppen, den Menschen „angehext" wurde.⁵⁶

Auch in Rom selbst fanden, wie üblich, die Abwehrmaßnahmen vor allem auf religiöser Ebene statt. Kaiser Marcus Aurelius ließ Priester aller möglichen Kulte herbeirufen und ihre Rituale vollziehen, um die Stadt von der Unreinheit der Seuche zu reinigen. Zur Versöhnung der etablierten olympischen Götter wurden zwölf ihrer Standbilder sieben Tage lang üppig bewirtet. Doch traten in dieser Notzeit auch manche Scharlatane auf den Plan. Auf dem Marsfeld im Nordwesten Roms stieg ein selbsternannter Prophet auf einen wilden Feigen-

---

54 Ammianus Marcellinus 23, 6, 24. Text online: https://penelope.uchicago.edu/Thayer/L/Roman/Texts/Ammian/23*.html [28.10.2020]. Vgl. auch Sabbatani/Fiorino 2009, 263; Kulikowski 2016, 49 f.; Harper 2020, 103 f.
55 Zitiert nach Graf 1992, 268–269.
56 Vgl. auch Huber 2005, 136 f., zur Deutung der Inschrift.

baum und verkündete von dort, Feuer werde vom Himmel fallen und die ganze Welt zerstören. Als Beweis für seine Worte werde er vom Baum springen und sich in einen Storch verwandeln. Doch als sein Publikum beim Sprung erkannte, dass er einen Vogel unter seinem Gewand versteckt hatte, wurde er verhaftet. Man brachte den ungeschickten Möchtegern-Illusionisten als Betrüger vor den Kaiser, der ihn aber begnadigte.[57]

Während solche Episoden die mit der Seuche einhergehende Verunsicherung der Menschen illustrieren, ist die tatsächliche kurz- und langfristige Wirkung der „Antoninischen Pest" auf das Reich in der Forschung umstritten. In seinem 2017 auf Englisch erschienenen und 2020 ins Deutsche übersetzten Bestseller *Fatum. Das Klima und der Untergang des Römischen Reiches* schreibt Kyle Harper der Seuche eine Schwellenfunktion zwischen der Blütezeit und dem beginnenden Niedergang des Imperiums zu:

> „Angefangen bei den Relikten, die von einer beispiellosen religiösen Reaktion zeugen, bis zu den literarischen Quellen über ein todbringendes, das ganze Imperium umspannendes Geschehen, von den flüchtigen Einblicken in den Mikrokosmos der verheerenden Seuche bis zum großen Überblick über die ökonomischen Folgen, lasse alle Indizien den Schluss zu, dass die Antoninische Pest ein Ereignis von einer Größenordnung war, die das Imperium nie zuvor gekannt hatte."[58]

Demgegenüber widmet der berühmte deutsche Althistoriker Alexander Demandt in seiner 2018 publizierten Biografie des Marc Aurel der Seuche gerade sechs von 434 Seiten Text.[59] In einer sehr kritischen und ausführlichen Rezension zu Harpers Buch wird auch angemerkt:

> „Dass Harper […] eine extreme Position zu dieser Seuche einnimmt, indem er jene Publikationen ignoriert, die darauf hindeuten, dass sie weniger katastrophale Auswirkungen hatte, ist sehr problematisch. Die Untersuchung der Darstellung dieser Seuche [in Harpers Buch] ist insofern

---

[57] Demandt 2018, 175–177, 178–180, 194 f. Die Sommer der Jahre 165 und 166 n. Chr. fielen gemäß den Niederschlagsrekonstruktionen des *Old World Drought Atlas* in Italien relativ feucht aus, jene der Jahre 167 und 168 relativ trocken, vgl. Cook u. a. 2015.
[58] Harper 2020, 172 f.
[59] Demandt 2018. Demandt zitiert Harpers Buch (in der englischen Originalfassung publiziert 2017) nicht.

aufschlussreich, als sie Harpers Bereitschaft zeigt, kritische Stimmen zu ignorieren, um das Bild einer tödlichen Pandemie zu kreieren."[60]

Dem stehen allerdings auch viel positivere Besprechungen des Buches gegenüber.[61] Unklar ist, wie meist, die mikrobiologische Identität des Erregers. Immerhin hinterließ der Arzt Galen, der der Seuche in Rom und dann als Leibarzt des Marcus Aurelius im Heerlager in Aquileia begegnete, eine Beschreibung der Symptome der Krankheit, darunter Fieber, schwarzer Hautausschlag und Geschwüre in der Luftröhre. Kyle Harper hält deshalb, wie andere Gelehrte vor ihm, eine Pockeninfektion für die plausibelste Hypothese, eine Krankheit, die vermutlich schon im 12. Jahrhundert v. Chr. für Ägypten belegt ist. Mit einer Inkubationszeit zwischen sieben und 19 Tagen erlaubt der Erreger einem Kranken noch relativ lange nach der Infektion zu reisen und so für die weitere Verbreitung zu sorgen. Die Übertragung durch Tröpfchen, aber auch durch Staub etwa beim Ausschütteln von Kleidung oder Decken von Erkrankten, trägt zu einer raschen Ansteckung in noch nicht immunisierten Populationen bei, insbesondere unter beengten Wohnverhältnissen. Daten des 20. Jahrhunderts aus Pakistan dokumentierten eine siebzigprozentige Gefahr der Ansteckung bei Menschen im selben Haushalt; die Sterblichkeit betrug 30 bis 40 Prozent unter den Infizierten. Die Pocken hätten somit ein verheerendes epidemisches Potenzial im durch Straßen und Seerouten und die Mobilität von Soldaten, Beamten, Händlern und anderen Reisen gut vernetzten Imperium besessen; jedoch bleibt ohne paläogenetische Befunde ihre Identifikation als Erreger des Jahres 165 nur Vermutung.[62]

Ebenso unklar ist das räumliche Ausmaß der Seuche. In den Jahren nach 160 zu datierende Hinweise auf epidemische Erkrankungen wie der oben zitierte aus Ephesos können mit einiger Wahrscheinlichkeit mit Ausbrüchen der Antoninischen Pest verknüpft werden, aber auch von anderen Krankheiten herrühren. Kyle Harper, der auch annimmt,

---

[60] Haldon/Elton/Huebner/Izdebski/Mordechai/Newfield 2018b.
[61] Vgl. z. B. Sarris 2018 oder Meier 2018 (dort heißt es: „Diese sachgerechte, methodisch sensible Vorgehensweise macht nicht zuletzt den hohen Wert des Buches aus, das bislang vernachlässigte Faktoren, über die man erst seit wenigen Jahren einigermaßen valide Aussagen treffen kann, zu Recht in einem zentralen Diskussionskomplex verankert."
[62] Sabbatani/Fiorino 2009; Reff 2005, 46 f.; McMichael 2017, 146 f.; Harper 2020, 157–166; Demandt 2018, 175–177, 178–180; Haldon/Elton/Huebner/Izdebski/Mordechai/Newfield 2018b.

dass sich die Seuche schon auf anderen Wegen vor der Rückkehr der Armee aus Mesopotamien ausgebreitet hatte, verzeichnet all diese Fälle auf einer Landkarte und meint: „Überall, wo man Hinweise auf die Plage vermuten könnte, werden sie auch gefunden. Dieses Massensterben ist das erste, das wirklich den Namen Pandemie verdient." Er unterstellt damit aber eine Sicherheit der Zuschreibung dieser Belege an die Seuche, die nicht die gesamte Forschung teilt.[63] Noch umstrittener ist dementsprechend das Ausmaß der demografischen Wirkung der Epidemie. Kyle Harper selbst räumt ein, dass Schätzungen über den Anteil der Todesopfer an den damals zwischen 65 und 75 Millionen Bewohnern des Römischen Reiches zwischen zwei Prozent und einem Drittel liegen, also zwischen 1,5 und 25 Millionen Toten. Er selbst geht von etwa zehn Prozent aus und schreibt: „Wenn das Virus 7 oder 8 Millionen der 75 Millionen Seelen des Reichs hinweggerafft hat, war dies, absolut betrachtet, die bis dahin schlimmste Seuche in der Geschichte der Menschheit."[64] Diese Zahlen befinden sich gleichsam in der Mitte der Bandbreite der Schätzungen und werden somit in ähnlicher Weise auch in früheren Studien genannt. Weitgehende Einigkeit herrscht darüber, dass die Sterblichkeit in urbanen Ballungsräumen höher war; der Historiker Cassius Dio (ca. 163–235 n. Chr.) berichtet für den Höhepunkt der Epidemie von 2000 Toten pro Tag in Rom, und Kyle Harper geht von bis zu 300 000 Erkrankten und 150 000 Toten unter den vielleicht eine Million Einwohnern der Stadt aus. In der späteren Lebensbeschreibung der Marcus Aurelius wird berichtet, dass man von Staats wegen Fuhrwerke einsetzten musste, um die Leichen aus der Stadt zu transportieren und für ihre Bestattung zu sorgen. Dabei ging es nicht nur um Pietät; gemäß der Miasmata-Theorie des Hippokrates, die auch von Galen propagiert wurde, musste man befürchten, dass die „Verunreinigung" der Luft durch die verwesenden Leichen die Seuchengefahr noch verschlimmern konnte.[65]

Zur weiteren Verbreitung der Seuche trugen auch die Truppenbewegungen von der Ostgrenze an die Donau bei, die durch die Einfälle der germanischen Markomannen und Quaden notwendig gemacht wur-

---

[63] Harper 2020, 153–156, bes. 153 (Zitat) und 156 (Landkarte). Vgl. auch Sabbatani/Fiorino 2009, 263 f.
[64] Harper 2020, 165–168, 174 f. (Zitat). Vgl. auch Malanima 2013, 18 f.
[65] Vita Marci Antonini Philosophi 13, zitiert nach Sabbatani/Fiorino 2009, 264. Vgl. Hughes 1994, 187 f.; Sommer 2009, 221, 225; Eich 2014, 188–190; Benjamin 2018, 167, 272 f.; Harper 2020, 174 f.

den.⁶⁶ Im Jahr 166 n. Chr. stießen die Feinde sogar bis zur Stadt Aquileia in Norditalien vor. In Erinnerung an die Kimbern und Teutonen brach in der durch die Seuche ohnehin beunruhigten Hauptstadt eine „Markomannen-Furcht" aus. Für diese Zeit rekonstruiert Drake eine Umkehrung der Oszillationsmuster im Nordatlantik, die zu Dürren in Mitteleuropa beigetragen hätten.⁶⁷ Dazu passen würde eine berühmte, sogar auf der Marcus-Säule in Rom dargestellte Episode eines Feldzugs des Kaisers nördlich der Donau vermutlich im Raum der heutigen Westslowakei im Jahr 172. Im damals extrem heißen und trockenen Sommer, so der Bericht, litten die römische Truppen unter schwerem Wassermangel, während sie vom Feind bedroht wurden. Da brach wie durch ein Wunder ein heftiger Regen aus und linderte die Not der Römer, während Hagel und Blitze den Gegner schädigten. Spätere Quellen beantworteten je nach religiöse Präferenz die Frage, welcher Gott auf Seiten des Römer eingegriffen hatte, unterschiedlich: Für die Traditionalisten war es der Blitze schleudernde Jupiter, während Anhänger der neuen aus dem Osten übernommenen Kulte das Wunder dem bei den Soldaten populären Gott Mithras zuschrieben oder gar dem Gott der Christen, die es angeblich schon unter den Truppen gegeben hätte. Obwohl Letztere in der Regierungszeit des Marcus Aurelius eigentlich an verschiedenen Orten verfolgt wurden (siehe unten), setzte sich die christliche Deutung mit steigender Dominanz dieser Religion in den folgenden Jahrhunderten durch.⁶⁸ Ob und wie sehr diese kli-

---

66 Vgl. dazu Groh 2018, bes. 89–102, und Groh 2020, auch zu den Untersuchungen des Österreichischen Archäologischen Instituts der Österreichischen Akademie der Wissenschaften am Legionslager in Ločica bei Celje (Slowenien), das in der Zeit der Antoninischen Pest erbaut und zuerst mit einem Heeresspital (*valetudinarium*) und einem großen Getreidespeicher ausgestattet wurde. Stefan Groh nimmt an, dass dieses Lager auch als eine Art Quarantänestation an der Route vom Donauraum nach Italien diente. Solche Maßnahmen würden ebenso auf eine besondere Dimension der Epidemie hindeuten.

67 Kulikowski 2016, 50–54; Demandt 2018, 186–193; Drake 2017. In den Niederschlagsrekonstruktionen des *Old World Drought Atlas* werden die Sommer in den Jahren 165 bis 168 n. Chr. in den Siedlungsgebieten der Markomannen als trocken bis sehr trocken angezeigt, vgl. Cook u. a. 2015. Diese Trockenheit berührte diesen Rekonstruktionen zufolge allerdings andere Regionen des Rhein- und Donauraums nicht. Zu möglichen Zusammenhängen mit vulkanischen Eruptionen vgl. auch Rossignol/Durost 2007.

68 Eich 2014, 197; Kulikowski 2016, 55 f.; Demandt 2018, 212–223. Allerdings zeigt die Niederschlagsrekonstruktion des *Old World Drought Atlas* für den Donauraum generell im Jahr 172 n. Chr. einen sehr feuchten Sommer an,

matischen Schwankungen zur Mobilisierung der Markomannen und Quaden gegen die römischen Grenzen beitrugen, bleibt jedoch unklar. Denn insgesamt schienen alle Fronten des Imperiums in Bewegung zu geraten. Verbände des Reitervolks der Jazygen und der Vandalen überschritten ebenfalls 170 die Donau, während Kaledonier im selben Jahr das nördliche Britannien plünderten und die Bastarnen von nördlich des Donaudeltas sogar über das Schwarze Meer nach Nordwestkleinasien gelangten. Kurz danach stießen die Kostoboken 170/171 über die Donau bis nach Mittelgriechenland vor, und aufständische Gruppen aus Mauretanien segelten übers Meer nach Spanien.[69] Die Kosten all dieser Kriege und wohl auch die Folgen der Seuche belasteten die Staatskasse schwer; im Jahr 169 ließ Marcus Aurelius sogar Juwelen aus dem kaiserlichen Schatz versteigern, um mit dem Erlös die Truppen zu besolden. Gleichzeitig ergaben sich, vielleicht aufgrund der Bevölkerungsverluste, aber sicher auch aufgrund der steigenden Belastung an mehreren Fronten, Probleme bei der Rekrutierung neuer Soldaten, sodass auf freigekaufte Sklaven, darunter Gladiatoren, lokale Polizeitruppen und sogar amnestierte Räuberbanden zurückgegriffen wurde.[70]

172 bedrohte nach mehreren schlechten Nilfluten und einem Konflikt mit der örtlichen Garnison eine Rebellion von als *Bukoloi* (griechisch „Rinderhirten") bezeichneten, sonst in unzugänglichen Feuchtgebieten des westlichen Nildeltas weitgehend dem Staatszugriff entzogenen Gruppen sogar die Metropole Alexandria. Erst mit dem Einsatz weiterer Truppen konnte der General Avidius Cassius die Situation beruhigen. Als jedoch die Nachricht vom Tod des Marcus Aurelius im Osten eintraf, ließ sich Avidius Cassius von seinen Soldaten zum Kaiser ausrufen und hielt an diesem Anspruch auch fest, als sich die Kunde vom Ableben des Herrschers als falsch erwies. Dies zwang Marcus Aurelius, den Krieg gegen die Markomannen und Quaden zu unterbrechen, um gegen Avidius Cassius zu marschieren, der allerdings noch vor dem Aufeinandertreffen der Armeen ermordet wurde. Nach einem Triumphzug in Rom kehrte Marcus Aurelius im Jahr 178 an die Donaufront zurück, wo er im März 180, vermutlich in Vindobona (dem heutigen Wien),

---

jedoch mit einzelnen trockeneren Regionen, darunter im westslowakischen und westungarischen Raum, vgl. Cook u. a. 2015.

[69] Wells 1985, 247–250; Sommer 2009, 220–228; Eich 2014, 184–198; Demandt 2018, 205–209.

[70] Demandt 2018, 200–205; Haldon/Elton/Huebner/Izdebski/Mordechai/Newfield 2018b.

verstarb.[71] Die manchmal geäußerte Vermutung, auch der Kaiser selbst sei schließlich der Seuche erlegen, weist Alexander Demandt zurück; schließlich habe Marcus Aurelius auf dem Totenbett die Umstehenden aufgefordert, nicht um ihn, sondern um die Opfer der Pestilenz zu trauern, zu denen er sich demnach nicht zählte.[72] Eine düstere Bilanz der Antoninischen Pest zog schon vor Kyle Harper auch der deutsche Althistoriker Armin Eich:

„Die Gesamtsituation des Imperiums war in der Tat beängstigend. Während der Hochphase der durch die Militärbewegungen verbreiteten Epidemie mussten jährlich wahrscheinlich zehn bis zwanzig Prozent der Mannschaftsbestände ersetzt werden. Überall im Reich waren Rekrutierungsoffiziere unterwegs, um junge Männer für die Schlachtfelder an der Donau in Dienst zu stellen. Um dem stetig steigenden Steuerdruck und den Rekrutierungen zu entkommen, entschlossen sich wahrscheinlich viele, Haus und Hof zu verlassen. Aus einem Regierungsbezirk in Nordägypten ist eine Statistik aus den frühen 170er Jahren erhalten, die die Schrumpfung einzelner Dorfpopulationen gegenüber den alten Steuerregistern festhält: In einzelnen Dörfern des Bezirks fehlten über siebzig Prozent, in anderen sogar weit über neunzig Prozent der ursprünglich ansässigen Steuern zahlenden Bevölkerung. Die Fluchtbewegung und auch die durch die Epidemie bedingte Sterblichkeit können nicht überall so drastisch zutage getreten sein, aber die Krisensymptome sind insgesamt eindeutig."[73]

Allerdings ist zu den kurzfristigen Folgen der Seuche und der anderen Herausforderungen der Regierungszeit des Marcus Aurelius festzuhalten, dass sie im Gegensatz zur zeitgleichen Krise im chinesischen Reich der Han (siehe Kapitel 6 im vorliegenden Buch) die Integrität des Imperium Romanum nie in ähnlicher Weise bedrohten; dabei profitierte, wie auch Kyle Harper betont, das Römerreich von der relativen Stabilität des Regimes der vorangegangenen Jahrzehnte, die den Han schon seit dem früheren 2. Jahrhundert n. Chr. nicht vergönnt gewesen war.[74] Hil-

---

[71] Sommer 2009, 220–228; Eich 2014, 184–198; Demandt 2018, 210; Wilson 2013, 265.
[72] Demandt 2018, 401–409. Vgl. dagegen Kulikowski 2016, 59 f., der nach wie vor die Seuche als Todesursache erwägt.
[73] Eich 2014, 197–198. Für eine Diskussion verschiedener Aspekte der Antoninischen Pest und ihrer Auswirkungen vgl. auch Sabbatani/Fiorino 2009, 269–273; Lo Cascio 2012.
[74] Vgl. auch Sarris 2018.

mar Klinkott bettet die Antoninische Pest in eine systematische Erfassung der Seuchenausbrüche unter den Vorgängern des Marcus Aurelius ein, wodurch sich sogar, wie Alexander Demandt kommentiert, „die Pest des Galen sozusagen normalisiert."[75] Dem steht allerdings das Echo der (jedoch meist späteren) historischen Quellen gegenüber, die zumindest in der Retrospektive die Dimension der Epidemie als außergewöhnlich wahrnehmen. Ob allerdings mittel- und langfristig die Antoninische Pest jene einschneidende Epochengrenze markiert, wie sie Kyle Harper beschreibt, bleibt unklar.[76] Sie überlappt sich auf jeden Fall mit dem beginnenden Übergang vom Klima-Optimum der Römerzeit zu instabileren und oft ungünstigeren klimatischen Bedingungen. Neue Hinweise geben vielleicht die Pollendaten, die Adam Izdebski und sein Team für Griechenland ausgewertet haben; sie zeigen ein Ende der im späten 1. Jahrhundert v. Chr. einsetzenden agrarischen Wachstumsperiode im späteren 2. Jahrhundert n. Chr. an. Jedoch können diese Befunde wiederum nicht einfach auf andere Regionen des Imperiums übertragen werden.[77] In der Zeit um 165 n. Chr. beginnt aber auch ein deutlicher Einbruch im „Blei-Index" des römischen Silberbergbaus in Spanien auf Grundlage der Daten aus Grönland; bis zu Ende des Weströmischen Reiches wurde das vorangehende Niveau nie mehr erreicht.[78] Zumindest in einigen nicht unbedeutenden Regionen des Imperiums markierte die Antoninische Pest demnach möglicherweise einen Wendepunkt in der ökonomischen Dynamik. Weitere vergleichbare Daten aus anderen Provinzen könnten in den nächsten Jahren dieses Bild noch ergänzen. Bis dahin ist aber jedenfalls gegenüber dem generalisierenden Katastrophenszenario von Kyle Harper Vorsicht angebracht.[79]

Regional beschränkt blieben die Christenverfolgungen unter Marcus Aurelius, der selbst auf Grundlage seiner stoischen Philosophie eine kritische Einstellung gegenüber der neuen Religion einnahm. Die Christen hatten wie die Gemeinschaften andere Religionen aus dem Osten wie der Mithras-Kult oder die Verehrung der Isis von der weitreichenden

---

[75] Klinkott 2017. Vgl. auch Demandt 2018, 179 f.
[76] Scharfe Kritik an Harpers Szenario äußern in dieser Hinsicht Haldon/Elton/Huebner/Izdebski/Mordechai/Newfield 2018b.
[77] Izdebski u. a. 2020.
[78] McConnell u. a. 2018. Vgl. auch Harper 2020, 171 f.
[79] Terpstra 2019, 220 f. Vgl. auch Johne 2008, 826 f., wo eine relativ rasche demografische Erholung nach dem Ausklingen der Antoninischen Pest angenommen wird.

Vernetzung im Römischen Reich und ihren Möglichkeiten der Mobilität und Verbreitung neuer Ideen profitiert.[80] Schon seit den Verfolgungen in der Stadt Rom nach dem Brand unter Kaiser Nero im Jahr 64 n. Chr. war es aber auch mehrfach zu einzelnen lokalen Übergriffen gekommen; in der Regierungszeit des Marcus Aurelius ereigneten sie sich aber an mehreren Orten um dieselbe Zeit. Vielleicht spielten die Verunsicherung durch die Seuche und damit einhergehende wirtschaftliche Verwerfungen bei diesen Angriffen auf eine schon vorher scheel angesehene religiöse Minderheit eine Rolle; Denunzianten bereicherten sich jedenfalls am Besitz der verurteilten Christen. Zu den prominentesten Opfern gehörten Justinus, genannt „der Philosoph", und einige seiner Anhänger in Rom im Jahr 167, sowie der hochbetagte Bischof Polykarp in Smyrna in Westkleinasien um 167/168, der öffentlich den wilden Tieren vorgeworfen wurde. Die größte Verfolgung fand im Jahr 177 in Lyon in Gallien statt, wo man den Christen monströse Praktiken wie inzestuöse Orgien und Kannibalismus an Kindern vorwarf. 48 Gemeindemitglieder wurden in einer Tierhetze im Amphitheater vor 20 000 Zuschauern zu Tode gebracht. Dabei mag auch der durch die Pandemie und Rekrutierungen für die Armee bedingte Mangel an Gladiatoren eine Rolle gespielt haben, der 177 in einem Edikt *illa pestis* (jener Seuche) zugeschrieben und gerade für die gallischen Provinzen beklagt wurde. Ihm versuchte man mit einer Preisbegrenzung für Gladiatorensklaven zu begegnen, und er motivierte vielleicht auch die Suche nach anderen Möglichkeiten der Unterhaltung wie der Hinrichtung der Christen in Lyon. Wieweit die in den Märtyrerakten immer beschworene Standhaftigkeit der Verurteilten im Gegenzug auch beeindruckend und damit eigentlich ‚werbend' für das Christentum wirkte, ist hingegen schwer einzuschätzen.[81]

Die Cyprianische Pest und die Krise des Römischen Reiches im 3. Jahrhundert n. Chr.

Eine zumindest in der Berichterstattung zentrale Rolle nehmen die Christen dann bei der nächsten größeren Epidemie im Imperium Romanum ein, die sogar nach einem christlichen Autor, dem Bischof Cyprian von Karthago (ca. 200–258), in der Forschung als „Cyprianische Pest" bekannt ist und zwischen 250 und 271 im Reich mehr-

---

[80] Rüpke 2016, 270–302, 359–370.
[81] Reff 2005, 80 f.; Demandt 2018, 321–359; Kinzig 2019, 43–54.

fach auftrat. Kyle Harper nennt sie eine bei den Althistorikern „vergessene Pandemie"; tatsächlich findet sie in Standardstudien zu dieser Zeit wie David S. Potters *The Roman Empire at Bay, AD 180–395* de facto kaum Erwähnung. Demgegenüber bezeichnet sie Harper als „Kontinente übergreifende Seuche von gewaltigem Ausmaß".[82] Den Quellen zufolge gelangte die Epidemie wie die Antoninische Pest wieder von außerhalb der Grenzen in das Imperium, diesmal angeblich aus Äthiopien, wobei für diese Annahme aber auch die Beschreibung der Seuche in Athen um 430 v. Chr. bei Thukydides Pate gestanden haben könnte.[83] Um 249 scheint die Krankheit in Alexandria ausgebrochen zu sein, im Jahr 251 erreichte sie Rom und davor auch Karthago, wo Cyprian wirkte. Er beschreibt die Symptome, darunter Müdigkeit, Fieber, Wunden in der Speiseröhre, Erbrechen, Blut im Stuhl, Bindehautblutungen, Entkräftung, Gehörverlust und sogar Erblindung, verbunden mit brennendem Durst. Auf dieser Grundlage schlägt Harper zwei mögliche Anwärter für den Erreger vor: erstens eine pandemische Grippe, wobei er auf die „Spanische Grippe" der Jahre 1918 bis 1920 verweist, die weltweit Millionen Opfer forderte; da jedoch keine Atemwegssymptome beschrieben werden, hält Harper die Influenza für die weniger wahrscheinliche Möglichkeit. Eher sei an einen zoonotischen Erreger eines viralen hämorrhagischen, also von starken Blutungen begleiteten Fiebers zu denken, dem Insekten, Vögel oder Nagetiere als Wirt gedient haben könnten, ehe er auf den Menschen übersprang. In Frage kämen mehrere Erreger der Familien der Bunyaviren, der Arenaviren (darunter das Lassavirus) und der Filoviren (darunter das berüchtigte Ebolavirus). Ein solches Virus hätte weniger ansteckend gewirkt als die Pocken, die als Erreger der Antoninischen Pest vermutet werden, aber eine höhere Sterblichkeit verursacht. Jedoch bleibt all dies, ähnlich wie bei der Seuche unter Marcus Aurelius, mangels paläogenetischer Evidenz Spekulation. Dies gilt ebenso wieder für die Anzahl der Opfer unter der Bevölkerung des Imperium Romanum.[84] Diesbezüg-

---

[82] Harper 2020, 205 f.; Potter 2004; Reff 2005, 49 f. Harper 2016 versucht die demografischen und ökonomischen Auswirkungen der Seuchen des 2. und 3. Jahrhunderts auch an der Dynamik von Preisen im römischen Ägypten festzumachen.

[83] Dazu auch Haldon/Elton/Huebner/Izdebski/Mordechai/Newfield 2018b, insbesondere mit Kritik an Harpers Rekonstruktion der Verbreitungswege der Seuche.

[84] Harper 2020, 205–217; Kayser u. a. 2010, 527–536; Kulikowski 2016, 152 f.; McMichael 2017, 147 f.

lich wird das Szenario von Harper erneut scharf kritisiert; seine Argumente würden „durch schwerwiegende methodische Mängel und insbesondere durch die Tendenz, verfügbare (und oft problematische) Daten zu überinterpretieren und einen maximalistischen und dramatischen Ansatz zu verfolgen, geschwächt."[85]

Für Cyprian war die Seuche aber ohnehin weniger ein medizinisches Ereignis als eine göttliche „Prüfung, [die] als Glaubensbeweis gewinnbringend" sei:

> „Was für eine Größe des Geistes ist es, mit all den Kräften eines unerschütterlichen Geistes gegen so viele Einbrüche von Verwüstung und Tod zu kämpfen! Was für eine Erhabenheit, inmitten der Trostlosigkeit der Menschheit aufrecht zu stehen und sich nicht mit denen niederzuwerfen, die keine Hoffnung auf Gott haben, sondern sich zu freuen und den Nutzen des Anlasses anzunehmen; Wenn wir so tapfer unseren Glauben zeigen und durch anhaltendes Leiden auf dem engen Weg, den Christus gegangen ist, zu Christus vorwärts gehen, können wir den Lohn seines Lebens und Glaubens nach seinem eigenen Urteil erhalten!"[86]

Während deshalb die Christen unerschrocken der Seuche gegenübertreten und sich auch um erkrankte Verwandte, Freunde, Gemeindemitglieder und andere kümmern, würden die „Heiden", die der Tröstung des christlichen Glaubens nicht teilhaftig seien, aus Furcht ihre Verpflichtungen gegenüber ihren Nächsten vergessen, die Flucht ergreifen und verzweifeln. Kyle Harper nimmt deshalb wie andere Gelehrte auf Grundlage der Schilderungen des Cyprian und späterer christliche Autoren an, dass die Seuche eine „Schlüsselperiode" bei der weiteren Christianisierung des Römischen Reichs darstellte. Denn das Verhalten der Christen sei „eine glänzende Werbung für den Glauben, die Kirche ein sicherer Hafen im Sturm" gewesen.[87]

Harper verweist dazu auch auf den Brief des Bischofs Dionysius von Alexandria (amt. 248–264/265), der in der Kirchengeschichte des Eusebius von Caesarea (ca. 260–339/340) überliefert wird. Diesen

---

[85] Haldon/Elton/Huebner/Izdebski/Mordechai/Newfield 2018b. Vgl. aber die positiveren Kommentare bei Sarris 2018 und Meier 2018.
[86] Cyprian, De mortalitate; Text online: https://www.ewtn.com/catholicism/library/on-the-mortality-or-plague-de-mortalitate-11412 [28.10.2020].
[87] Harper 2020, 228–234, bes. 232 (Zitat). Vgl. auch Little 2006, 25 r.; Benjamin 2018, 257, 273 f.

Brief zieht Harper als weiteren Beleg für den Ausbruch der Cyprianischen Pest in Alexandria um 249 heran; allerdings datieren andere Forscher den Brief erst in die Zeit um 260, sodass er vielleicht im Zusammenhang mit einer anderen Epidemie (oder einem neuerlichen Ausbruch der Seuche von 249) steht. Interessant ist der Text als eine weitere Innensicht einer christlichen Gemeinde im Angesicht einer solchen Massenerkrankung. Dionysius schrieb:

> „Auf jeden Fall haben die meisten Brüder durch ihre Liebe und brüderliche Zuneigung zu uns weder sich selbst verschont noch einander verlassen, sondern ohne Rücksicht auf ihre eigene Gefahr diejenigen besucht, die krank wurden, sich fleißig um sie gekümmert und ihnen gedient und fröhlich ihr Schicksal mit ihnen geteilt, bereitwillig, mit der Krankheit von ihnen angesteckt […] zu werden. Nicht wenige starben auch selbst, nachdem sie andere wieder gesundgemacht hatten und übernahmen den Tod von ihnen […]. Auf jeden Fall hat eine erlesene Auswahl unserer Brüder auf diese Weise ihr Leben verloren, sowohl Priester als auch Diakone und einige hochgelobte unter den Laien, so dass diese Art des Sterbens nicht weit vom Martyrium entfernt zu sein scheint […]. Aber die Heiden verhielten sich ganz anders: Diejenigen, die anfingen krank zu werden, stießen sie weg, und ihre Liebsten flohen vor ihnen oder warfen sie halb tot auf die Straße: unbestattete Körper behandelten sie als abscheulichen Müll, denn sie versuchten die Ausbreitung […] der tödlichen Krankheit zu vermeiden, obgleich es schwierig war, ihr trotz all ihrer Pläne zu entkommen."[88]

Im Jahr 2005 legte der Anthropologe Daniel T. Reff eine spannende Studie vor; er ist ein Spezialist für die Rolle des Christentums nach der Unterwerfung der indigenen Völker Mittel- und Südamerikas durch die Spanier im 16. Jahrhundert. Die Azteken, Inka und andere Völker erlebten einen völligen Zusammenbruch der bisherigen Weltordnung und wurden von schweren Epidemien durch eingeschleppte Krankheitserreger heimgesucht. Das Christentum war nun zwar die Religion der Eroberer, bot aber auch alternatives Angebot zu den durch diese Katastrophen infrage gestellten bisherigen religiösen Traditionen. In letzterer Hinsicht zieht Reff einen Vergleich mit der Situation im Römischen Reich nach den Epidemien der Antoninischen und Cyprianischen Pest und den Verwerfungen des 3. Jahrhunderts n. Chr.; und in ähnlicher

---

[88] Zitiert nach Dionysius von Alexandria 1918, 71 f. Vgl. auch Reff 2005, 74 f. Zur Debatte über die Datierung dieses Briefes siehe Haldon/Elton/Huebner/Izdebski/Mordechai/Newfield 2018b.

Weise könnte das Christentum von diesen Krisen profitiert haben.[89] Zeitlich näher liegendes Vergleichsmaterial liefert die Geschichte der späten Han-Dynastie in China, wo schwere Epidemien im späteren 2. Jahrhundert n. Chr. ebenfalls die Ausbreitung neuer religiöse Kulte begünstigten, die jedoch im Gegensatz zum Römischen Reich eine revolutionäre, gegen das bestehende Regime gerichtete und militarisierte Form annahmen.[90]

Bischof Dionysius führte das unterschiedliche Verhalten der Nichtchristen und Christen aber umso mehr ins Treffen, da Letztere, auch aufgrund ihrer wachsenden Zahl, in jener Zeit erstmals zum Ziel reichsweiter Verfolgung wurden. Schon davor kam es so wie unter Marcus Aurelius wieder zu regionalen Übergriffen nach Extremereignissen; als im Jahr 235 schwere Erdbeben die Gebiete von Kappadokien und Pontus in Kleinasien verwüsteten, suchte man die Schuld bei den Christen, die angegriffen und ihre Kirchen zerstört wurden. Viele flohen in benachbarte Provinzen, wo sie unbehelligt blieben.[91] Unmittelbar vor dem Ausbruch der Seuche gab es eine ähnliche Konstellation 248/249 in Alexandria in Ägypten; dort herrschte, vielleicht aufgrund niedriger Nilfluten insbesondere in den Jahren zwischen 244 und 246, Mangel an Getreide und Hunger. In dieser schon aufgeheizten Situation habe ein heidnischer Seher mit Prophezeiungen die Bevölkerung der Stadt aufgewiegelt; die Häuser von Christen wurden geplündert, viele verletzt oder gar getötet. Der Staatsmacht gelang es längere Zeit nicht, die Ordnung wiederherzustellen.[92]

Einige Monate später stellte sich die Regierung dann offiziell gegen die Christen, als Kaiser Decius (reg. 249–251) im Dezember 249 alle Reichsbewohner per Edikt zu einem Opfer an die Götter verpflichtete, dessen Durchführung bescheinigt werden musste. Wer dieser Pflicht nicht nachkam, wurde verhaftet und gefoltert, der Besitz beschlagnahmt. Manche Christen wurden verbannt oder sogar hingerichtet. Diese Verfolgungen fanden vorerst ein Ende, als Kaiser Decius im Juni 251 in einer Schlacht gegen die Goten, die über die Donau weit in die süd-

---

[89] Reff 2005.
[90] Vgl. dazu Kapitel 6 im vorliegenden Buch. Zu den Nutznießern gehörte dabei auch der nicht auf politischen Umsturz abzielende, aus Indien nach China importierte Buddhismus.
[91] Kinzig 2019, 66.
[92] Kinzig 2019, 67; Harper 2020, 199–205. Haldon/Elton/Huebner/Izdebski/Mordechai/Newfield 2018b bezweifeln die Angaben Harpers zu niedrigen Nilfluten in diesen Jahren.

osteuropäischen Provinzen des Imperiums vorgedrungen waren, fiel. In Karthago kam es im Jahr 252, vielleicht unter dem Eindruck der Seuche (die offenbar auch Gegner und nicht nur Sympathisanten der Christen auf den Plan rief), zu nochmaligen Übergriffen. Im August 257 erneuerte aber Kaiser Valerian (reg. 253–260) generell die Politik seines Vorgängers; vor allem christliche Kleriker wurden inhaftiert, verbannt oder zur Zwangsarbeit in die Bergwerke geschickt, ab August 258 auch hingerichtet, wenn sie ihrem Glauben nicht abschworen. Diesmal erlitt auch Cyprian in Karthago den Märtyrertod. Diese Verfolgungswelle endete, als die Regierung des Kaisers Valerian im Jahr 260 mit seiner Gefangennahme durch die persischen Sasaniden ebenso ein unglückliches Ende fand.[93]

Diese ersten systematischen Verfolgungen der Christen wurden, so nimmt man an, vom Bemühen motiviert, die traditionellen Kulte zu stärken, um die Gunst der Götter für das krisengeschüttelte Reich zurückzugewinnen und den Zusammenhalt unter den Bewohnern des Reiches, die seit 212 mit Ausnahme der Sklaven alle das römische Bürgerrecht besaßen, zu stärken. Denn bereits in den Jahrzehnten vor dem Ausbruch der Cyprianischen Pest war das Imperium in Turbulenzen geraten, nachdem sich das Reich und seine Bevölkerung von der Antoninischen Pest gerade erholt hatten. Schon nach der Ermordung des unglücklich agierenden Sohns und Nachfolgers des Marcus Aurelius, Commodus (reg. 180–192), hatte sich wieder die Praxis mehrerer konkurrierender Kaisererhebungen der verschiedenen Heeresteile durchgesetzt; doch ging aus dem Fünfkaiserjahr 193 Septimius Severus (reg. 193–211) als Sieger hervor, der noch einmal eine bis 235 herrschende Dynastie begründete. Aber danach manifestierte sich der angesichts der außenpolitischen Bedrohungen noch gestiegene Einfluss der Armeen (ähnlich wie in der Zeit der späten Han-Dynastie) in einer „militärischen Anarchie", in der konkurrierende „Soldatenkaiser" an den verschiedenen Fronten ausgerufen wurden und um die Macht kämpften, während die Verteidigung der Grenzen vernachlässigt und Bevölkerung und Wirtschaft in manchen Provinzen schwer im Mitleidenschaft gezogen wurden. In den knapp 50 Jahren zwischen 235 und 284 lösten einander 26 Kaiser ab, insgesamt beanspruchten in dieser

---

[93] Rüpke 2016, 378–380; Kinzig 2019, 68–79; Terpstra 2019, 171 f.; Harper 2020, 228–234.

Zeit 70 Männer nach- und nebeneinander den Kaisertitel.[94] Während der „Reichskrise des 3. Jahrhunderts" sah sich das Römische Reich auch erstmals in seinem territorialen Zusammenhalt bedroht. Man versuchte, die Zentralmacht durch regionale Machtbildungen, welche die Probleme vor Ort bewältigen konnten, zu ersetzen. Das Reich der über weitreichende Handelsbeziehungen verfügenden Oasenstadt Palmyra umfasste zwischen 260/267 und 272 große Teile des Ostens mit Syrien und Ägypten, das Gallische „Sonderreich" zwischen 260 und 274 die Rheinprovinzen, Gallien, Britannien und Hispanien. Erst Kaiser Aurelian (reg. 270–275) konnte die Gesamtherrschaft wiederherstellen und den dauerhaften Zerfall des Imperiums verhindern. Aurelian initiierte auch den Bau einer neuen, 19 Kilometer langen Stadtmauer für Rom; dass nun auch die Hauptstadt wieder eines solchen Schutzes bedurfte, machte die veränderte Sicherheitslage allgemein sichtbar. Gleichzeitig verlor Rom in dieser Zeit seinen exklusiven Status als Kaiserresidenz; die ständigen Bedrohungen an allen Fronten motivierten die Herrscher, ihren Hof an näher an den Grenzen einzurichten und Rom selbst nur mehr selten zu besuchen (schon Marcus Aurelius hatte ja viele Jahre an der Donau verbracht). Dieser Trend setzte sich im 4. Jahrhundert fort, in dem Städte wie Trier, Mailand, Thessalonike oder Nikomedia (das heute Izmit in der Türkei) zu zeitweiligen Kaiserresidenzen aufstiegen – und mit Konstantinopel eine ganz neue Hauptstadt gegründet wurde. Damit wurde aber auch das seit Augustus wirksame Akzeptanzsystem zerbrochen; während die Kaiser immer mehr von der Zustimmung ihrer Soldaten abhingen, schwächte sich der Nexus mit dem Senat und dem Volk in Rom, sodass auch die Sorge um die Versorgung der Stadt eine nicht mehr so zentrale Stelle in den Überlegungen kaiserlicher Politik einnehmen musste wie früher.[95]

Kyle Harper spricht angesichts dieser dramatischen Entwicklungen sogar von einem „ersten Fall des Römischen Reiches" und weist der „Umwelt eine Hauptrolle bei der Schicksalswende des Reiches" zu. Dabei führt er neben der Cyprianischen Pest vor allem den klimatischen Wandel vom „römischen Klima-Optimum" zu instabilen Verhältnissen ab dem späteren 2. Jahrhundert ins Treffen.[96] Tatsächlich scheint

---

[94] Demandt 2007, 44–56; Johne 2008, bes. 161–324; Sommer 2010; Pferdehirt/Scholz 2012; Christian/Elbourne 2018.

[95] Johne 2008, 325–378; Sommer 2010; Eich 2014, 243–246, 263–267, 270–275; Kulikowski 2016, 174–185.

[96] Harper 2020, 184 f.

dieser Wandel durch einige Datensätze belegt: Die Frequenz ungünstiger Nilfluten etwa erhöhte sich in den Jahren zwischen 156 bis 299 n. Chr. gegenüber den 200 Jahren zu vor. Auf globaler Ebene nahm die Sonnenaktivität ab ca. 135 n. Chr. deutlich ab, mit einem Minimum zwischen 200 und 260, und erholte sich erst wieder um 300 n. Chr.[97] Harper verweist auch auf Bemerkungen von Zeitgenossen wie Cyprian von Karthago, der schrieb:

> „Im Winter gibt es keinen Überfluss an Regen mehr für die Aussaat, im Sommer nicht mehr die übliche Wärme, damit sie reifen kann, und weder ist das Frühjahr heiter, noch reich an Ernte der Herbst. Erlahmt ist in den erschöpften Minen die Förderung von Silber und Gold und im Niedergang die Produktion von Marmor. Ausgebeutet liefern die Adern von Tag zu Tag weniger. Es fehlt der Bauer auf den Feldern, der Seemann auf den Meeren, der Soldat in den Kasernen, auf dem Forum die Ehrlichkeit, vor Gericht die Gerechtigkeit, in der Freundschaft die Solidarität, in den Künsten die Erfahrung, in der Kleidung die Disziplin."[98]

Allerdings haben wir es hier, wie Michael Sommer bemerkte, mit der Perspektive eines Christen auf eine noch vom „Heidentum" dominierte Welt zu tun, deren Ende er erwartete; die von ihm beobachtete moralische Verwahrlosung musste mit einer materiellen Verarmung einhergehen, die sich ähnlich wie beim Konzept des Mandats des Himmels in China auch in einer „moralische Meteorologie" mit entsprechenden Extremen manifestierte. Als objektiver Beobachter klimatischer Veränderungen taugt Cyprian deshalb nur bedingt.[99]

Im Gegenteil finden wir eher Belege für starke zeitliche und regionale Unterschiede als für eine generelle Klimakrise des 3. Jahrhunderts. Die Sommerniederschlagsrekonstruktionen des *Old World Drought Atlas* (OWDA) zeigen für die Jahre zwischen 235 und 284 für den Westen des Römischen Reichs wechselnde Bedingungen zwischen trockenen bzw. sehr trockenen und feuchteren Bedingungen an, aber keine

---

[97] McCormick u. a. 2012; Manning 2013, 133 f.; McCormick 2013; Harper/McCormick 2018. Zu möglichen Zusammenhängen mit vulkanischen Eruptionen siehe Rossignol/Durost 2007, 424–429. Für eine vorsichtigere Deutung dieser Daten vgl. Haldon/Elton/Huebner/Izdebski/Mordechai/Newfield 2018b.

[98] Cyprian, Ad Demetrianum 3; Übersetzung zitiert nach Sommer 2009, 289. Vgl. auch Alföldy 1973; Harper 2020, 196 f.

[99] Sommer 2009, 289 f.; Sommer 2013b, 13; Demandt 2014, 347 f.

‚Mega-Dürre', wie sie etwa das letzte Jahrhundert des Assyrischen Reiches in Nordmesopotamien ab ca. 700 v. Chr. begleitete.[100] Die neueste Rekonstruktion der Sommertemperaturen für Mitteleuropa, so wie der OWDA ebenfalls aufgrund von Baumringdaten erstellt, weisen auf mehrere relativ kühle Sommer zwischen 250 und 270 n. Chr. hin, zeigen aber im Durchschnitt ‚normale' Schwankungen.[101] Ebenso deuten die Kohlenstoffisotopendaten aus der Sofular-Tropfsteinhöhle in der Nordwesttürkei, die vor allem mit den Niederschlägen im Schwarzmeer-Raum korrelieren, schwankende, aber im Durchschnitt nicht übermäßig trockene Verhältnisse an; ein Übergang zu einer deutlichen Dürrephase ist erst im früheren 4. Jahrhundert n. Chr. festzustellen.[102]

Auch hält Sommer fest, dass es keine Zeichen einer allgemeinen Wirtschaftskrise oder eines generellen demografischen Rückgangs in allen Teilen des Reiches gab:

„Während einzelne Regionen des römischen Westens wie etwa die Belgica und Nordgallien, aber auch Italien, eher auf der Verliererseite des Wandels standen, blieb die Bevölkerungszahl in anderen (Britannien, Nordspanien) nahezu konstant. Wieder andere Gebiete (Südgallien, Südspanien, Sizilien) erlebten just im 3. Jahrhundert eine Phase neuer Prosperität. Das gilt erstaunlicherweise auch für die von Einfällen besonders heimgesuchten Donauprovinzen. In der Osthälfte des Reiches nahm die Bevölkerungsdichte [auch trotz der Cyprianischen Pest] per Saldo vermutlich eher zu als ab."[103]

Dagegen sei, insbesondere durch den „stetig wachsenden Militärhaushalt" und die Steuerverluste durch Bürgerkriege und Invasionen, eine „chronische Überforderung" des staatlichen Budgets festzustellen, die sich auch im sinkenden Edelmetallgehalt – um 260 bestand die Standardmünze (der Denar) nur mehr aus zwei Prozent Silber – nieder-

---

[100] Vgl. Haas 2006; Cook u. a. 2015. Für die Klimageschichte des Assyrischen Reiches siehe Kapitel 3 im vorliegenden Band.
[101] Luterbacher u. a. 2016.
[102] Fleitmann u. a. 2009.
[103] Sommer 2009, 291, 393. Vgl. auch Johne 2008, 817–842, bes. 827 f. (wo man von einer relativ raschen demografischen Erholung nach dem Ausklingen der Cyprianischen Pest ausgeht) sowie 1035f. (wo ebenfalls sowohl eine generelle Wirtschaftskrise als auch eine allgemeine „ökologische Krise" im 3. Jahrhundert als „recht zweifelhaft" angesehen werden). Zur Schrumpfung von Bevölkerung und Landwirtschaft z. B. im nördlichen Gallien siehe auch Halsall 2007, 83 f.; Johne 2008, 69 f., 156; Tietz 2015, 333 f.

schlug. Auch die Bleidaten aus Grönland zeigen einem bis zum Untergang des Weströmischen Reiches beispiellosen Tiefpunkt des Silberbergbaus zwischen 240 und 260 n. Chr. an.[104]
Trotzdem gelang es, im Gegensatz zum Reich der späten Han-Dynastie, das um 208 bzw. 220 n. Chr. in drei Teilstaaten zerfiel, wie erwähnt ab Kaiser Aurelian (reg. 270–275) die Einheit des Imperiums wieder herzustellen; insgesamt beantworteten die regionalen Eliten am Ende des 3. Jahrhunderts die Frage „ob sie (…) das Imperium noch brauchten, wollten und für wert befanden, durch Steuern und Abgaben ökonomisch am Leben erhalten zu werden", vorerst noch mit Ja.[105] Kaiser Diokletian (reg. 284–305) durchbrach ab 284 die ‚Logik' der Militäranarchie, indem er die Aufteilung der Kaisermacht an verschiedenen Fronten mit der Tetrarchie (Viererherrschaft von zwei Haupt- und zwei Nebenkaisern) institutionalisierte. Gleichzeitig wurde die Anzahl der Provinzen verdoppelt und die Armee und der Verwaltungsapparat vergrößert, wodurch der staatliche Zugriff auf die Ressourcen ebenso verstärkt wurde wie durch ein neues Besteuerungssystem, das Kopf- und Grundsteuer und somit die Fläche und Qualität des Ackerlands mit der Anzahl der bearbeitenden Hände verknüpfte.[106] Im späteren sogenannten *Syrisch-römischen Rechtsbuch* heißt zu einem solchen Verfahren in einer Bergregion, für die man auch auf lokale Expertise zurückgriff:

> „Zur Zeit der Schätzung gab es bestimmte Männer, denen von der Regierung Macht verliehen war; sie riefen die anderen Bergbewohner aus anderen Gegenden ein und forderten sie auf, einzuschätzen, wieviel Land ihrer Erfahrung nach einen Scheffel Weizen oder Gerste in den Bergen hervorbringe. Auf diese Weise schätzten sie auch das unbestellte Land ein, nämlich das Weideland, in Bezug darauf, wieviel es dem Fiskus an Abgaben einbringen solle."[107]

Diese Schilderung erinnert an die Bemühungen des chinesischen Königreiches von Qin im 4. und 3. Jahrhundert v. Chr., alle Ressourcen zu erfassen und für staatliche Zwecke nutzbar zu machen; ein Teil der Forschung sprach sogar vom „spätrömischen Zwangsstaat". Dem hielt aber Alexander Demandt entgegen: „Der sogenannte spätantike Zwangsstaat

---

[104] Sommer 2009, 293–296; Rohde/Sommer 2016, 84 f.; McConnell u. a. 2018.
[105] Sommer 2009, 307.
[106] Sommer 2009, 336–344; Kulikowski 2016, 194–202; Kulikowski 2019, 9–12.
[107] Syrisch-römisches Rechtsbuch 121, zitiert nach Cameron 1994, 51.

ist ein Wahngebilde von Forschern, die gesetzliche Bestimmungen mit historischen Tatsachen verwechseln."[108]

Tatsächlich blieb auch nach den Reformen des Diokletians der Zugriff des Staates – unter vor-industriellen Bedingungen der Kommunikation und des Transports – auf Wirtschaft und Gesellschaft immer noch beschränkt. So scheiterte Diokletians Plan, dem Währungsverfall durch ein Maximalpreisedikt zu begegnen, ebenso wie ein letzter Versuch, die immer zahlreicheren Gemeinden der Christen durch eine reichsweite Verfolgung zurückzudrängen.[109] Die gestiegene Bedeutung der christlichen Kirche veranlasste schließlich Konstantin I. (reg. 306–337), der aus dem nach dem Rücktritt des Diokletian erneut ausbrechenden Bürgerkriegen schließlich 324 wieder als Alleinherrscher des Imperium hervorging, den neuen Glauben nicht nur zu gestatten, sondern aktiv zu fördern. Selbst erhielt er die Taufe erst auf dem Totenbett, aber der Anfang der Christianisierung des Kaisertums und des ganzen Imperiums war getan. Mit dem Ausbau der alten griechischen Kolonie Byzantion am Bosporus, strategisch günstig gelegen zwischen Mittelmeer und Schwarzem Meer sowie zwischen Europa und Asien, zur neuen Hauptstadt (als „Neues Rom", bald aber vor allem bekannt als Konstantinopel, die „Stadt des Konstantin") wurde auch der Beginn eine Schwerpunktverlagerung des Imperiums nach Osten gemacht.[110]

Somit mag Kyle Harper recht haben, dass nach der Krise des 3. Jahrhunderts „der geheilte Patient [das Römische Reich] nicht mehr derselbe wie vorher war".[111] Auch nach dem Tod des Konstantin I. 337 wurde das Reich, diesmal unter seinen drei Söhnen, aufgeteilt – und die Gliederung in zumindest zwei Reiche im Westen und im Osten erwies sich, mit kurzen Unterbrechungen im 4. Jahrhundert, als dauerhaft. Gleichzeitig blieb das Kaisertum wie im 3. Jahrhundert anfällig für Usurpationsversuche aus der Armee, insbesondere im Westen. Im Jahr 350 erhob sich der General Flavius Magnus Magnentius gegen Kaiser Constans (reg. 337–350), den jüngsten der Söhne des Konstantin. Dieser hatte schon zuvor seinen älteren Bruder Konstantin II. (reg.

---

[108] Demandt 2014, 584.
[109] Sommer 2009, 344–350; Rohde/Sommer 2016, 106–109; Kulikowski 2016, 211–215.
[110] Sommer 2010; Eich 2014, 243–246, 263–267, 270–275; Kulikowski 2016, 245–281. Siehe dazu auch das erste Kapitel im parallel erschienenen Band *Der Lange Sommer und die Kleine Eiszeit*.
[111] Harper 2020, 184 f.

337–340) herausgefordert, der dabei ums Leben kam. Nun unterlag Constans dem Usurpator und wurde seinerseits ermordet. Magnentius wurde wiederum 353 vom Ostkaiser Constantius II., dem Bruder des Constans, besiegt, der danach bis 361 nochmals das ganze Reich allein regierte. Insgesamt waren die während der Krise des 3. Jahrhunderts sichtbar gewordenen Bruchlinien im Westen des Imperiums nicht verschwunden. Das ‚imperiale Versprechen' von Frieden und Prosperität, das sich an alle Bewohner des Imperiums, besonders aber an die reichsweiten und lokalen Eliten, deren Kooperationswilligkeit für den Zusammenhalt des Staates wichtig war, richtete, war für manche Regionen brüchig geworden. Auch wenn, wie oben erwähnt, diese Eliten den Nutzen des Imperiums vorerst noch bejahten, so war doch eine Lockerung des Reichsgefüges im Gange.[112] Aber immerhin wurde das Imperium vorerst in seiner Gesamtheit erhalten, von begrenzten territorialen Verlusten wie in Dakien (im heutigen Rumänien) oder im Dekumatenland zwischen Rhein und Donau abgesehen. Diese Verluste könnten aber darauf hinweisen, dass die signifikanteren Auswirkungen des klimatischen Wandels des 3. Jahrhunderts nicht im Inneren des Römischen Reichs, sondern jenseits seiner Grenzen zu suchen sind. Initiierte der Klimawandel in dieser Zeit die ersten Erschütterungen der „Völkerwanderung"?

---

[112] Börm 2013, 28–30; Kulikowski 2016, 282–298. Für das imperiale Versprechen vgl. Münkler 2005.

Völkerwanderung oder Klimaflüchtlinge?
Die Barbaren und der Zerfall des Weströmischen Reiches vom Hunnenzug bis zum Rom der Päpste

In seiner neuen monumentalen Geschichte der Völkerwanderung zitiert der deutsche Althistoriker Mischa Meier in einem einleitenden Kapitel den römischen Philosophen Seneca (1–65 n. Chr.), der in einem Brief an seine Mutter mögliche Gründe der Migration zusammenfasste:

> „Die einen stieß die Zerstörung ihrer Städte, wenn sie den Schwertern der Feinde entronnen waren, in die Fremde, ihres Eigentums beraubt, andere vertrieb innerer Zwist, wieder andere ließ allzu großer Bevölkerungsüberschuss fortziehen, um den Druck zu mildern, andere zwangen eine Seuche oder häufige Erdbeben oder irgendwelche unerträglichen Mängel eines kargen Bodens zur Flucht; manche verführte auch die Kunde von einer fruchtbaren, über die Maßen gepriesene Küste. […] Ununterbrochen zieht die Menschheit hin und her."[1]

Die Idee, dass Migration gleichsam zum Naturzustand menschlicher Gemeinschaften gehört, übernahm Seneca ebenso aus der Tradition griechisch-römischer Gelehrsamkeit wie die Überlegungen zu den Gründen für solche Wanderungen. Die moderne Migrationsforschung spricht von Push- und Pull-Faktoren, und für die antiken Beobachter gehörten neben kriegerischen Auseinandersetzungen Naturkatastrophen und der Druck unzureichender agrarischer Erträge ebenso dazu wie die Anziehungskraft fruchtbarer und reicherer Gebiete. Nachdem sich Griechen und dann Römer mit ihren Heimatländern in der besten aller Klimazonen und deshalb auch an der Spitze der geistigen, ökonomischen und politischen Leistungskraft wähnten, musste es ihnen gleichsam auch als naturgegeben erscheinen, dass ‚barbarische' Gruppen aus klimatisch

---

[1] Seneca, Ad Helviam matrem de consolatione 6, 11; Übersetzung zitiert nach Meier 2019, 113.

weniger begünstigten Regionen, getrieben von Not und/oder aggressiven Nachbarn, gegen die Grenzen des Imperiums strebten.[2]

Nach der erfolg-, aber verlustreichen Abwehr der Markomannen und Quaden unter Kaiser Marcus Aurelius zwischen 165 und 180 n. Chr. schien ab den 230er Jahren ein ‚Sturm' loszubrechen, als neue, größere und gefährlichere Verbände mehrfach die Grenzen des Imperiums überwanden, vor allem die Alemannen an Rhein und oberer Donau, die Franken am Rhein, und die Goten aus der heutigen Ukraine und Rumänien, die nicht nur über die untere Donau, sondern über das Schwarze Meer zu Schiff bis in die Ägäis und sogar bis Kreta und Zypern vorstießen. Nachdem um dieselbe Zeit in Mesopotamien und Persien die Dynastie der Parther durch jene der Sasaniden abgelöst wurde, die eine aggressivere Politik verfolgten und mehrfach über den Euphrat weit nach Kleinasien und Syrien eindrangen, erwies sich das römische Verteidigungssystem als überfordert und konnte die Sicherheit nicht mehr an allen Fronten in gleichem Ausmaß aufrechterhalten. Erst gegen Ende des 3. Jahrhunderts gelang mit der Reformpolitik des Diokletian, der auch die Zahl der Truppen vermehrte, eine Stabilisierung der Grenzen. Diese sollte sich allerdings nur als vorläufig erweisen; mit dem Vorstoß der Hunnen in den osteuropäischen Raum um 375 geriet das ‚Barbaricum' umso mehr in Bewegung, sodass der römische Limes an Donau und Rhein letztlich gänzlich zusammenbrach.[3]

Bunte Kreise, spitze Pfeile:
Setzte das Klima der Spätantike Völker in Bewegung?

Die Forschung des 19. und 20. Jahrhunderts hat lange Zeit die antiken Vorstellungen über ‚wandernde Barbarenvölker' und deren Beweggründe weitgehend übernommen; bis heute finden sich deshalb in Geschichtsatlanten und Schulbüchern zur „Völkerwanderung" Landkarten Europas, auf denen bunte Kreise mit den Namen „Goten", „Franken", „Vandalen" usw. über Jahrhunderte entlang von Pfeilen von einer Region zur nächsten ziehen, bis sie über die Grenzen des Römischen

---

[2] Vgl. Müller 1997b, 160, 299 f., 483 f.; Halsall 2007, 46 f., 417–422. Für moderne Ansätze der Migrationsforschung vgl. Hoerder 2002; Schwenken 2018; Preiser-Kapeller/Reinfandt/Stouraitis 2020.

[3] Sommer 2009, 264–270, 273 f.; Eich 2014, 242 f., 246–256, 271–273; Wiemer 2018, 86–90.

Reichs vordringen und dort dann irgendwo entsprechend schraffierte dauerhafte Siedlungsgebiete einnehmen.[4]

Auch viele aktuelle Studien zu möglichen klimatischen Hintergründen dieser Migrationen übernehmen noch diese traditionelle Deutung der „Völkerwanderung" und versuchen, die wachsende Unruhe der bunten Kreise im 3., 4. oder 5. Jahrhundert n. Chr. ähnlich wie in der kinetischen Gastheorie, die den Einfluss wechselnder Temperaturen auf die Bewegung von Teilchen beschreibt, mit naturwissenschaftlichen Daten zu erklären. Dabei gehen Wissenschaftler mit recht unterschiedlicher Sorgfalt vor.[5] Relativ vorsichtig argumentierte der US-amerikanische Geograf David Harms Holt 2011, dass man annehmen könnte, dass die germanischen „Stämme [...] als Landwirtschaft betreibende Völker vom Klimawandel betroffen sein konnten, insbesondere wenn ihre Bevölkerung wuchs und ihre Pufferflächen abnahmen. Bis vor Kurzem waren hochauflösende Klima-Proxy-Daten jedoch nicht allgemein verfügbar, so dass diese Hypothesen nicht überprüfbar waren."[6] Holt untersuchte aber nun Baumringdaten von 20 Fundorten an Rhein, Main und Donau für die Zeit zwischen 200 und 400 n. Chr., ermittelte die darin rekonstruierbaren wachstumsschwachen Jahre und verglich sie mit den Jahren, für die römische Quellen ‚Aktivitäten' der germanischen Gruppen in diesem Raum, vor allem Raubzüge und Angriffe auf römisches Territorium, berichten. Holt kam dabei zu folgendem Ergebnis:

„Die Häufigkeit des gleichzeitigen Auftretens zwischen wachstumsschwachen Jahren, wie sie bei Bäumen erkennbar sind, und der Aktivität der Stämme war mit 74 Prozent für die ganzen zwei Jahrhunderte (136 Ereignisse) und mit 97 Prozent für die Jahre 269 bis 374 (61 Ereignisse) hoch. Die Ergebnisse dieser Studie können helfen, die verschiedenen Ereignisse und die Motivationen der germanischen Stämme im 3. und 4. Jahrhundert v. Chr. zu verstehen und sollte zumindest das Klima als Einfluss für die Migration [als Forschungsansatz] wiederherstellen."[7]

Holt verwies allerdings auch auf die Probleme der Erstellung und Interpretation der Baumringdaten; tatsächlich ist oft unklar, welche Faktoren in welcher Lage und Seehöhe für das Minderwachstum in einem

---

[4] Vgl. z. B. Hilgemann u. a. 2011, 114. Auch online: http://www.manfred-ebener.de/Voelkerwanderung.html [01.11.2020].
[5] Vgl. auch Brooke 2014, 337; McMichael 2017, 148–150.
[6] Holt 2011, 243.
[7] Holt 2011, 241.

bestimmten Jahr verantwortlich waren – z. B. Dürre, Kälte, Pflanzenkrankheiten oder Schädlinge –, und ob diese Faktoren nicht nur die Bäume, sondern auch die Ackerflächen betrafen.[8] Und auf der anderen Seite der statistischen Korrelation ist festzuhalten, dass sich hinter der „Aktivität der Stämme" höchst unterschiedliche Ereignisse und in den wenigsten Fällen größere Migrationsbewegungen verbergen. Falls wir den vielfachen Zusammenhang zwischen Beeinträchtigung des Pflanzenwachstums und „Aktivität" an den römischen Grenzen akzeptieren, dann klingt dies eher nach Versuchen, Missernten durch Raubzüge über den Limes zu kompensieren, als nach einer Erklärung für eine „Völkerwanderung".

Kühner als Holt ging der schon mehrfach erwähnte Archäologe Brandon Lee Drake vor, der bereits für die Wanderungen der Kimbern und Teutonen im späten 2. Jahrhundert v. Chr. und für die Vorstöße der Markomannen und Quaden im 2. Jahrhundert n. Chr. Schwankungen der Nord-Atlantik-Oszillation (NAO) verantwortlich macht; er schreibt: „Die periodische Schwächung der NAO verursachte in der Antike Dürre in den Herkunftsregionen dieser Stämme und könnte einen starken Schubfaktor für die Migration von Menschen geschaffen haben."[9] Einen ähnlichen ‚NAO-Schub' nimmt er auch für die Periode der gotischen Migration zwischen 376 und 410 n. Chr. und ab 490/500 für das ganze 6. Jahrhundert an. Dabei verweist er auf die Dürre der frühen 2000er Jahre in Syrien als (mögliche) Ursache für den dortigen Bürgerkrieg und die folgende Migration nach Europa. Diese vermeintliche Parallele zwischen antiker Völkerwanderung und modernen ‚Klimaflüchtlingen' macht Drakes Szenario für heutige Leser natürlich umso interessanter.[10] Im Jänner 2020 wurde auch vom UN-Menschenrechtsausschuss die „Klimaflucht" als möglicher Asylgrund anerkannt.[11] Allerdings legt Drake mit seiner Darstellung von mehrere Jahrzehnte andauernden NAO-Anomalien einen langfristigen „Migrationsschub" nahe, der sich in nach Jahren aufgelösten Klima-Rekonstruktionen für

---

[8] Holt 2011, 244.
[9] Drake 2017, 1.
[10] Drake 2017.
[11] Vgl. https://www.zeit.de/gesellschaft/zeitgeschehen/2020-01/un-menschenrechtsausschuss-klimafluechtlinge-asylrecht [01.11.2020]. Siehe auch Piguet 2013 und Bauer/Schraven 2017, die zu dieser auch für die Gegenwart oft simplifizierenden Debatte kritisch bemerken: „[…] die Gleichung ‚je mehr Klimawandel, desto mehr Migration' geht nicht auf. Denn Migrationsentscheidungen sind sehr komplex."

diesen Zeitraum nicht nachweisen lässt. So zeigen die Niederschlagsrekonstruktionen des *Old World Drought Atlas* für den Sommer des Jahres 375 Trockenheit in weiten Teilen der Gebiete zwischen Rhein und mittlerer Donau an; der Sommer 376 wird hingegen im Donauraum durch überdurchschnittliche Niederschläge gekennzeichnet. Und auch die nächsten Jahre bis um 410 weisen die üblichen Schwankungen zwischen feuchteren und trockeneren Jahre auf, aber keine längere Dürrezeit; ein Übergang zu längerfristig geringeren Sommerniederschlägen wird erst nach der Mitte des 5. Jahrhundert angezeigt.[12] Auf im Durchschnitt kühlere Sommertemperaturen in Mitteleuropa zwischen dem frühen 4. Jahrhundert und der Mitte des 5. Jahrhunderts wies hingegen eine ebenfalls auf Baumringen basierende Rekonstruktion von Ulf Büntgen und seinem Team aus dem Jahr 2011 hin, mit dem kältesten Sommer dieser Periode für 376, also dem Jahr des „Gotenzugs" über die untere Donau auf römisches Gebiet.[13] Eine verbesserte Rekonstruktion eines Teams um Jürg Luterbacher im Jahr 2016 bestätigte zwar den allgemeinen kühleren Trend für das 4. und frühere 5. Jahrhundert, datierte die kältesten Sommer jedoch in die Zeit zwischen 339 und 357, also mehr als zwanzig Jahre vor der gotischen Migration.[14] Darüber hinaus bleibt auch bei Drake, obwohl er im Anhang zu seiner Studie umfangreich aus antiken Quellen zitiert, der genaue Wirkzusammenhang zwischen klimatischer Anomalie und Migration unklar.

Der erwähnte „Gotenzug" des Jahres 376 war tatsächlich eine Bevölkerungsbewegung größeren Umfangs mit ‚Kind und Kegel'; allerdings handelte es sich dabei nicht um eine Invasion, sondern einen nach Verhandlungen mit dem Kaiser genehmigten Grenzübertritt von Flüchtlingen, vielleicht in der Gegend des heutigen Silistra in Nordostbulgarien an der Donau. Dennoch ging es dabei einigermaßen dramatisch zu, wie der zeitgenössische Historiker Ammianus Marcellinus schildert: „Daraufhin setzten sie Tag und Nacht scharenweise auf Schiffen, Flößen und ausgehöhlten Baumstämmen über. Da der Fluss [die Donau] der bei weitem gefährlichste von allen ist und damals gerade infolge zahlreicher Regenfälle Hochwasser führte, kamen bei dem übermäßigen Gedränge manche, die gegen die Sturzwellen ankämpften oder zu

---

[12] Vgl. Cook u. a. 2015 sowie http://drought.memphis.edu/OWDA/ [01.11.2020].
[13] Büntgen u. a. 2011.
[14] Luterbacher u. a. 2016. Eine grafische Darstellung dieser Daten findet sich im Anhang zum vorliegenden Band.

schwimmen versuchten, in den Fluten um." Tatsächlich weist, wie oben erwähnt, die Rekonstruktion des *Old World Drought Atlas* auf starke Regenfälle im Karpatenbecken im Sommer 376 hin.[15] Einen sonstigen klima- oder witterungsbedingten Hintergrund zur Flucht der Goten bieten die Quellen aber ansonsten nicht; unmittelbarer Anlass für den Versuch dieser Gruppen, sich auf römisches Gebiet zu retten, war die Furcht vor den Hunnen, die zuvor schon benachbarte gotische Gemeinschaften in der heutigen Ukraine und das Volk der Alanen nördlich des Kaukasus angegriffen hatten.

Die Hunnen waren für Ammianus Marcellinus die fremdartigsten, wildesten und gleichzeitig mobilsten unter den Barbaren:

> „Niemand baut bei ihnen das Feld oder berührt je eine Pflugschar. Ohne feste Wohnsitze, ohne Heimwesen und Gesetz oder bestimmte Sitte und Satzung ziehen sie mit ihren Wagen, die ihnen zur Wohnung dienen, Flüchtlingen gleich von einem Ort zum andern. […] Keiner von ihnen kann auf Befragen den Ort seiner Heimat angeben; denn an dem einen ist er gezeugt, fern davon geboren und noch weiter weg erzogen worden."[16]

Die (für Ammianus Marcellinus und andere Zeitgenossen) überraschende Invasion dieser ‚Aliens' aus den Tiefen der Steppen wollte die moderne Forschung mit ganz Eurasien überwindenden Migrationsbewegungen verknüpfen. Aufgrund der Namensähnlichkeit, die auch durch aktuelle linguistische Studien bestätigt wurde, verknüpfte man schon ab dem 18. Jahrhundert die Hunnen mit den in chinesischen Quellen erwähnten Xiongnu, die ab dem 3. Jahrhundert v. Chr. eine mächtige Stammesföderation in den mongolischen Steppen beherrschten. In den 80er Jahren des 1. Jahrhunderts n. Chr. brach ihr Reich jedoch auseinander, auch unter dem Einfluss von Witterungsextremen und Viehseuchen, die die Herden dezimierten und zehntausende hungernde Familien zur Migration bewegten, allerdings nicht in Richtung Westen, sondern nach Süden in die chinesischen Provinzen, wo

---

[15] Ammianus Marcellinus 31, 4, 5; Übersetzung zitiert nach Cameron 1994, 162. Für die Niederschlagsrekonstruktion siehe Cook u. a. 2015. Für diese Ereignisse vgl. auch Meier 2019, 171–175.

[16] Ammianus Marcellinus 31, 2, 1–11; Übersetzung zitiert nach Müller 1997b, 525–527. Vgl. auch Müller 1997b, 125, 521–529; Pohl 2005, 101; Meier 2019, 51–60.

sie auf Versorgung durch die Han-Dynastie hofften.[17] Diese nun nominell unter Oberhoheit der Han siedelnden Xiongnu spielten weiterhin eine wichtige militärische Rolle. Und als im frühen 4. Jahrhundert die Einheit des chinesischen Reichs zerfiel, versuchten ihre Anführer sogar, die Kontrolle über Nordchina zu erringen und eroberten 311 und 316 die kaiserlichen Hauptstädte Luoyang und Chang'an. Allerdings brach dieses neue Reich der Xiongnu schon um 330 wieder zusammen. Da danach um die Mitte des 4. Jahrhunderts auch im westlichen Zentralasien an den Grenzen zu Persien und Nordindien als „Hunas" bezeichnete Gruppen auftauchten, spekulierte man über eine weitreichende hunnische Migration zwischen dem Osten und dem Westen des eurasischen Steppengürtels, auch wenn hierzu die Quellenbelege fehlen.[18] Tatsächlich weisen besser dokumentierte Wanderungen auf die Möglichkeit der Überwindung großer Entfernungen innerhalb relativ kurzer Zeit hin: Als die Yuezhi, eine Gruppe, die ursprünglich in den Steppen im Nordwesten des nordchinesischen Kernlands siedelte, um 176 v. Chr. von den Xiongnu besiegt wurde, zog ein Teil von ihnen zuerst über tausende Kilometer nach Westen ins heutige Kasachstan (südlich des Balchaschsees) und von dort nach weiteren Angriffen um 130 v. Chr. nach Süden an den Amudarja und in den afghanischen Raum, wo sie später das Reich der Kushana gründeten.[19] Als um das Jahr 1125 n. Chr. die Kitan, deren Herrscherhaus in den zwei Jahrhunderten zuvor unter dem chinesischen Dynastienamen der Liao ein mächtiges Reich in der Mandschurei, der Mongolei und Nordchina beherrscht hatte, von dem aus der östlichen Mandschurei stammenden Volk der Jurchen besiegt wurden, gelang es einem Teil der Kitantruppen unter der Führung des Yelü Dashi (gest. 1143), sich über mehrere Stationen über tausende Kilometer nach Westen in das heutige Kirgisistan abzusetzen. Dort besiegten sie um 1134 die türkischen Karachaniden und übernahmen als „Kara Kitai" („Schwarze Kitan") deren Haupt-

---

[17] Bielenstein 1986, 268–270; Ying-Shih 1986, 400–405, 412–421, 461; Lewis 2007, 137 f. Vgl. auch Kapitel 6 im vorliegenden Buch. Zu den linguistischen Aspekten vgl. de la Vaissière 2005a.

[18] Brosseder/Miller 2011; Kim 2015; Meier 2019, 156–170, 272 f.; Kulikowski 2019, 75–79; Harper 2020, 281. Siehe dazu auch das Kapitel zu China im parallel erschienenen Band *Der Lange Sommer und die Kleine Eiszeit*.

[19] Ying-Shih 1986, 388–391, 407–412; Loewe 1986a, 164–170; Sadao 1986, 579; de La Vaissière/Trombert 2004; Benjamin 2018, 35–38, 68–86; Vogelsang 2019, 96–100.

stadt Balasagun im Tal des Tschüi-Flusses.[20] In beiden Fällen wurden innerhalb weniger Jahre enorme Distanzen überwunden; allerdings wanderte nie ein ‚ganzes' Volk, sondern einzelne Gruppen der Eliten und ihres Gefolges, wenn auch mit ihren Familien. Inwieweit ähnliche Migrationen zumindest kleinerer Verbände zwischen Ostasien, Zentralasien und Osteuropa auch für die Verbreitung des „Xiongnu/Hunnen"-Namens im 4. Jahrhundert verantwortlich waren oder der prestigereiche Name von anderen weiter westlich siedelnden Gruppen übernommen wurde, bleibt unklar.[21]

Solche Migrationsbewegungen wollte auf jeden Fall der Paläoklimatologe Edward Cook in einer Studie 2013 annehmen und sie mit klimatischen Extremen verknüpfen: Auf der Grundlage von Baumringen aus Dulan-Wulan in der Qinghai-Region in Nordwest-China (angrenzend an Tibet) rekonstruierte er für die Zeit zwischen 338 und 377 n. Chr. eine „Mega-Dürre" mit einem Höhepunkt um das Jahr 360, die die hunnische Migration aus den Steppen nach Osteuropa motiviert hätte. Cook verknüpfte diese Dürre mit Schwankungen der El Niño-Southern Oscillation, die die Niederschlagsmuster in Ostasien beeinflusst hätte.[22] Diese Studie fand weite Aufmerksamkeit; Kyle Harper etwa schreibt in gewohnt prägnanter Manier: „Die Hunnen waren bewaffnete Klimaflüchtlinge zu Pferde."[23] Und selbst Mischa Meier räumt ein:

> „Daneben deuten einige neuerdings ausgewertete Proxydaten darauf hin, dass sich in den zentralasiatischen Steppenzonen im 4. und 6. Jahrhundert die klimatischen Bedingungen für die Viehweidewirtschaft signifikant verschlechtert haben; extensive Dürreperioden, insbesondere in der Phase ca. 350–370, könnten den Migrationsdruck erhöht haben. Es ist also gut möglich, dass die Hunnen ebenso wie rund zwei

---

[20] Biran 2005. Zu möglichen klimahistorischen Hintergründen des Zusammenbruchs des Kitan/Liao-Reiches um 1125 siehe Li/Shelach-Lavi/Ellenblum 2019.
[21] Kim 2003; Stickler 2007; Brosseder/Miller 2011; Kim 2015, 5–12; Meier 2019, 156–170, 272 f. Auch neue paläogenetische Untersuchungen können zwar genetische Verwandtschaften zwischen Individuen über weite Distanzen im eurasischen Steppengürtel dokumentieren, aber nicht umfangreiche Migrationen ganzer ‚Völker' beweisen, vgl. Feuchter 2016; de Barros Damgaard u. a. 2018; Tuross/Campana 2018; Meier 2019, 837–840 und 938–940 (mit Diskussion ähnlicher neuer Untersuchungen an „angelsächsischen" und „langobardischen" Gräbern).
[22] Cook 2013. Vgl. auch Harper/McCormick 2018, 37 f.; Trouet 2020, 132 f.
[23] Harper 2020, 282.

Jahrhunderte später die Awaren nicht ganz freiwillig am Schwarzen Meer erschienen."[24]

Allerdings liegt Dulan-Wulan an der südlichen Peripherie des Steppengürtels, und die Aussagekraft der dortigen Befunde für den gesamten riesigen Raum von der Mandschurei bis zum Kaspischen Meer muss infrage gestellt werden – umso mehr, da wir nicht mit Sicherheit wissen, aus welchen Regionen sich jene „hunnischen" Gruppen auf den Weg machten, die um 375 in Osteuropa und den römischen Quellen auftauchten. Andere Ergebnisse nicht zu den Niederschlags-, aber Temperaturverhältnissen liefern Baumringdaten aus dem russischen Altai, quasi im Dreiländer-Eck zwischen Russland, der Mongolei und China und somit zentraler innerhalb der Steppengürtels gelegen. Darauf basierende Sommertemperaturrekonstruktionen zeigen zwar auch einen fallenden Temperaturtrend ab ca. 260 n. Chr. an, mit einer relativ kühlen Periode zwischen 320 und 380 und einem besonders kalten Sommer im Jahr 355. Jedoch verlief diese Kaltzeit viel weniger heftig als ein weit dramatischerer Einbruch in den Jahren zwischen 170 und 210 (mit dem Sommer 172 als kältesten der letzten 1900 Jahre) oder die Spätantike Kleine Eiszeit ab 536, der schon zwischen 460 und 520 eine im Durchschnitt kältere Periode als im 4. Jahrhundert voranging, sodass das 4. Jahrhundert nicht unbedingt als ausgesprochene Ungunstzeit gelten muss.[25]

Bei kritischer Betrachtung ist also der Zusammenhang zwischen (vermuteten) Klimaschwankungen und Migration in den hier diskutierten Fällen weniger klar als diese Studien nahelegen. Wie oben angedeutet, hängt dies auch mit der diesen Publikationen immer noch zugrunde liegende Annahme über den Charakter der Völkerwanderung als Massenmigration, die eben auch durch einen ‚massiven' Pull-Faktor motiviert sein müsste, zusammen. Demgegenüber hält etwa einer der international führenden Spezialisten für diese Epoche, Walter Pohl, fest:

> „Gewandert ist nicht ein Volk […], sondern verschiedene Gruppen, die sich nach mehrfachen Brüchen wieder neu bildeten und dabei an (ethnische) Traditionen anknüpften. […] Es waren nicht Völker, die sich auf Wanderschaft begaben, um Rom zu erobern, eher umgekehrt:

---

[24] Meier 2019, 162.
[25] Büntgen u. a. 2016. Eine grafische Darstellung dieser Daten findet sich im Anhang zum vorliegenden Band.

Die Kämpfe um die Macht im Imperium erforderten große Zusammenschlüsse, deren Erfolg ihren ethnischen Zusammenhalt verstärkte."[26]

Denn die moderne Forschung hat klargemacht, dass es sich bei den ‚Völkern' nicht um festgefügte ethnische Verbände handelte, die nach jahrhundertelanger Migration aus den Tiefen des Barbaricums gegen das Römische Reich stürmten. Vielmehr waren dies Gruppen, die sich überhaupt erst an oder sogar innerhalb der Grenzen des Imperiums formierten, auf der Grundlage längerer Interaktionen mit dem Weltreich. Mischa Meier fasst diese schon die gesamte Kaiserzeit stattfindenden Prozesse so zusammen:

> „Diplomatische Kontakte, gezielte Zuwendungen, Handelsaktivitäten in den breiten Grenzzonen und die Rückkehr auswärtiger Soldaten aus römischem Militärdienst in ihre Heimatregionen bewirkten einen kontinuierlichen Transfer römischer Güter, römischen Geldes, römischer Gebräuche und römischen Denkens in das Barbaricum, wodurch soziale Ausdifferenzierungsprozesse eingeleitet wurden, die schrittweise zur Ausbildung einer ökonomisch distinkten Kriegerelite führten. […] Mit zunehmender Entfernung vom Imperium Romanum, im Hinterland des Barbaricum, werden römische Importgüter hingegen seltener, wertvoller, prestigeträchtiger – mithin: statuskonstituierend. […] Der Zustrom römischer Güter, mit denen sich Reichtum gewinnen und Prestige demonstrieren ließ, beförderte […] Vergesellschaftungsprozesse. Die Position der kriegerischen Anführer erfuhr eine Aufwertung, Kriegergruppen, die sich um jene Gestalten scharten, wuchsen und gewannen an Schlagkraft und Ansehen; den auf diese Weise entstandenen Verbänden schlossen sich, wenn ihr Erfolg anhielt, weitere Gruppen an, getragen von der Hoffnung auf Beute und den Erwerb wertvoller Güter, andere wurden schlicht unterworfen."[27]

Einzelne dieser Anführer und Gruppen wurden zu bevorzugten Verhandlungspartnern der Römer, die damit auch das Vorfeld ihrer Grenzen in ihrem Interesse gestalten wollten. Doch förderten sie damit unabsichtlich die Formierung größerer Verbände, die in Gestalt der Alemannen, Franken oder Goten im 3. Jahrhundert zu Bedrohung wurden; Meier schreibt dazu:

---

[26] Pohl 2005, 20–30. Vgl. auch Sommer 2005, 57; Halsall 2007, 35–45, 457–462; Börm 2013, 162–165; Baumer 2014, 105–112.
[27] Meier 2019, 126 f.

„Die Römer hatten sich ihre zukünftigen Gegner gewissermaßen selbst geformt und bekamen deren neue Schlagkraft und kriegerische Effizienz, sicherlich nicht zufällig, just in jenem Moment erstmals mit voller Wucht zu spüren, als sie selbst in eine fatale Spirale eigener Unzulänglichkeiten und Probleme taumelten: während der sogenannten Krise des 3. Jahrhunderts."[28]

Fraglich ist, inwieweit demografisches Wachstum und intensivere Siedlungstätigkeit und Landnutzung im Barbaricum diese Formierungsprozesse unterstützten. In einzelnen germanischen Siedlungsgebieten gibt es archäologische Hinweise auf eine Zunahme der Bevölkerung vom 1. bis zum 3. Jahrhundert n. Chr., so wie im Imperium vielleicht unterstützt durch den begünstigenden Einfluss des Römischen Klima-Optimums.[29] Armin Eich vermutet, dass dieses demografische Wachstum sich auch dann fortsetzte, als das Römische Reich unter den Epidemien des 2. und 3. Jahrhunderts litt: „Während die Bevölkerung des Imperiums in der zweiten Hälfte des zweiten Jahrhunderts von einer tödlichen, weit ausgreifenden Epidemie heimgesucht wurde, sprechen einigen Indizien dafür, dass die Bevölkerungszahlen in der weiteren Peripherie des Reiches gestiegen sind." Er räumt allerdings ein: „Wirklich sicher ist [...] nur, dass es die verheerende Epidemie unter Marc Aurel tatsächlich gab. Wie viele Menschen ihr zum Opfer fielen und vor allem: wie sich dieser demographische Knick längerfristig auf die Bevölkerungsentwicklung des Reiches auswirkte, lässt sich kaum sagen. Ebenso sind Aussagen über die demographische Entwicklung außerhalb des Imperiums immer noch mit sehr hohen Unsicherheitsfaktoren belastet."[30] Wie Alexander Demandt in seiner Untersuchung *Der Fall Roms* darlegt, hat die Gegenüberstellung des „Menschenmangels" in einem durch Krankheiten geschwächten Römischen Reich mit dem demografischen Überschuss der Germanen eine lange Tradition inmitten der vielen „Untergangstheorien".[31] Neue Befunde zur Intensität landwirtschaftlicher Nutzung für verschiedene Gebiete des mitteleuropäischen ‚Barbaricums' auf der Grundlage von Pollendaten weisen einmal mehr auf große regionale Unterschiede hin: Während sich im Nordwesten des heutigen Polens und im nahe gelegenen Bran-

---

[28] Meier 2019, 128. Zur Formierung der Alemannen und Franken vgl. Meier 2019, 316–330.
[29] Eich 2014, 270 f.; Wiemer 2018, 99–104; Meier 2019, 129–131.
[30] Eich 2014, 270 f.
[31] Demandt 2014, 352–365, 633 f.

denburg keine besondere Dynamik beobachten lässt, steigt der Anteil von Getreidepollen, vor allem von Weizen, im Untersuchungsgebiet in Nordböhmen zwischen dem 3. Jahrhundert und der Mitte des 6. Jahrhunderts n. Chr. signifikant (wenn auch weit weniger als dann in der Wachstumsphase des Hochmittelalters). In Südpolen und im heutigen Niedersachsen geht dieser Anteil hingegen im 4. und 5. Jahrhundert zurück. Wieweit für diese Langzeittrends jeweils klimatische Faktoren, kriegerische Auseinandersetzungen und der Zu- ober Abzug größerer Gruppen eine Rolle spielten, müssen weitere Untersuchungen klären. Auf jeden Fall gibt es kein allgemeines Szenario, dass für alle Regionen jenseits des römischen Limes Anwendung finden könnte.[32]

Der Untergang des Weströmischen Reiches ...

Auch der ‚Gotenzug' des Jahres 376 fügte sich in eine längere Kette kriegerischer und friedlicher Interaktionen dieser Gruppe, der gotischen Tervingen, an der unteren Donau mit dem Imperium; auf jeden Fall waren es keine gänzlich Fremden, die nach Verhandlungen mit den Römern die Grenze überschritten. Ungewöhnlich war allenfalls die Dimension dieser Bevölkerungsbewegung. Dass sie aus dem Ruder geriet, lag, so beschreibt es Ammianus Marcellinus, vor allem an der Korruption und Unfähigkeit der Beamten, denen der damals im fernen Antiochia in Syrien weilende Kaiser des Ostens Valens (reg. 364–378) die Organisation der Ansiedlung der Neuankömmlinge anvertraute; diese versagten nicht nur bei der ausreichenden Versorgung der Goten, sondern versuchten sogar, sich an ihrer Not zu bereichern. Dem daraus resultierenden Aufstand schlossen sich auch weitere mit der Verwaltung des Reichs unzufriedene Gruppen an, sodass sich bald das gesamte Gebiet zwischen der unteren Donau und dem Vorfeld Konstantinopels im Aufruhr befand. Erst jetzt griff der Kaiser an der Spitze der Hauptarmee direkt ein, unterschätzte aber die Schlagkraft der Goten, deren Lager er unklugerweise nach einem mehrstündigen Marsch durch den heißen und trockenen Sommer Thrakiens am 9. August 378 angreifen ließ. In der folgenden Schlacht bei Adrianopel (dem heutigen Edirne) unterlagen die Römer, und Valens selbst kam ums Leben, was die Schockwirkung

---

[32] Izdebski/Koloch/Słoczyński/Tycner 2016. Neue Daten für eine andere Region Nordpolens bietet Lamentowicz u. a. 2019.

der Niederlage noch vergrößerte.³³ Nur mit Mühe gelang es dem vom Kaiser des Westens Gratian (reg. 375–383) entsandten Theodosius I. (reg. 379–395) die Lage in den südosteuropäischen Provinzen wieder unter Kontrolle zu bringen und 382 einen Vertrag mit den Goten zu schließen, der vermutlich ihre Ansiedlung und Versorgung auf römischem Boden regelte (ohne dass wir die Details des Abkommens kennen, sodass seine Vorbildwirkung für nachfolgende Ansiedlungsarrangement fraglich ist).³⁴

Während die Integration der Goten auch danach problematisch blieb, erwies sich insbesondere die Stabilität des kaiserlichen Regimes im vorläufig von den Goten noch nicht berührten Westen des Reiches als fragil. Zweimal erlangten innerhalb eines Jahrzehnts Usurpatoren dort die Macht, Magnus Maximus (reg. 383–388) und Eugenius (reg. 392–394), hinter dem der Heermeister Arbogast stand, dessen Vater Bauto wie andere Franken in die römische Armee eingetreten war und so auch die militärische Karriere seines Sohnes grundgelegt hatte. Unter großen Verlusten konnte Theodosius I. diese Gegenkaiser besiegen; schon davor hatte viele ‚Germanen' Aufnahme in das römische Heer gefunden. Nach diesen Bürgerkriegen musste man sich umso mehr bemühen, die Ausfälle durch Rekrutierungen diesseits und jenseits der Reichsgrenzen auszugleichen. Nach seinem Sieg 394 konnte Theodosius I. seine Söhne als Mitkaiser sowohl im Westen als auch im Osten einsetzen. Als er jedoch schon 395 starb, erwies sich nicht nur diese Reichsteilung endgültig als dauerhaft, sondern das Westreich, regiert von seinen Sohn Honorius unter der Vormundschaft des Heermeisters Stilicho, umso anfälliger für weitere Herausforderungen an seinen Grenzen, die sich mit der schwindenden Unterstützung des Regimes im Inneren vermengten.³⁵ Walter Pohl verweist diesbezüglich auf das „Gewaltpotential innerhalb der römischen Gesellschaft" und bemerkt dazu:

„[…] gerade Reichtum und Bündelung der Ressourcen führten im spätrömischen Reich zu ständigen Machtkämpfen, an denen Römer wie Barbaren gleichermaßen teilnahmen. Selbst Theodosius der Große herrschte am Ende des 4. Jahrhunderts kaum mehr unangefochten.

---

33 Stathakopoulos 2004, 204 f.; Pohl 2005, 49–52; Wiemer 2018, 92–98; Kulikowski 2019, 85–91; Meier 2019, 178–182.
34 Meier 2019, 183–190.
35 Sommer 2009, 454–456; Börm 2013, 33–36, 160–162 (zur ‚Barbarisierung' der römischen Armee); Steinacher 2016, 35–38; Wiemer 2018, 155–158; Kulikowski 2019, 118–122; Meier 2019, 387–400.

Die römischen Armeen gingen kaum schonender mit der Zivilbevölkerung um als einfallende oder angesiedelte Barbaren. Immer wieder wird auch berichtet, dass die römische Provinzialbevölkerung die Barbarenherrschaft dem Steuerdruck des Imperiums vorzog."[36]

Wie in der Zeit der späten Republik oder im 3. Jahrhundert gehörte die Loyalität dieser Soldaten, von denen auch immer mehr von außerhalb des Reiches kamen, ihren jeweiligen Befehlshabern und kaum dem Kaiser; darin unterschieden sich diese ‚Warlords' wiederum wenig von den entstehenden ‚Gewaltgemeinschaften' germanischer Verbände unter ihren jeweiligen Anführern, die ab dem frühen 5. Jahrhundert in immer größerer Zahl insbesondere im Westen des Reiches aktiv wurden.[37]

In Nordafrika erkannte der Feldherr Gildo, der sich schon vorher mit den Usurpatoren im Westen verbündet hatte, die Herrschaft des Honorius und Stilicho nicht an, unterstellte sich stattdessen nominell der Regierung in Konstantinopel (mit der Stilicho zeitweilig im Konflikt stand) und unterbrach die Getreideversorgung Roms, was 397 zu einer schweren Hungerkrise in der Stadt führte. Nordafrika war, insbesondere seit dem Kaiser Konstantin I. die Getreidetransporte aus Ägypten in seine neue Hauptstadt Konstantinopel umgelenkt hatte, umso wichtiger für die Versorgung Roms und gleichzeitig der größte Aktivposten im Budget der weströmischen Regierung. Jedoch suchten seit dem frühen 4. Jahrhunderten innerchristliche Zwistigkeiten wie der Streit zwischen der Sekte der sogenannten Donatisten und der vom Kaiser anerkannten Reichskirche, Konflikte mit den Stämmen der Mauren an den Grenzen und das Machtstreben ehrgeiziger Statthalter und Feldherrn die Provinz heim, die sich mehr und mehr von der westlichen Reichszentrale entfremdete. Allerdings konnte Gildo 398 besiegt und die Kontrolle über die Provinz nochmals wiederhergestellt werden.[38]

Dafür machte sich ein Teil der Goten aus dem Balkan unter der Führung des Alarich auf den Weg nach Westen und drang 401 schließlich nach Italien vor.[39] Um dieser und anderen Bedrohungen zu begeg-

---

[36] Pohl 2005, 258.
[37] Vgl. Wiemer 2018, 131 und 160–162, besonders zum Begriff der „Gewaltgemeinschaft", sowie Meier 2019, 1098. Auch Kulikowski 2019 sieht die Kämpfe dieser ‚Warlords' als entscheidend für den Zusammenbruch des Weströmischen Reiches an.
[38] Stathakopoulos 2004, 51, 217 f.; Halsall 2007, 94–96; Börm 2013, 44 f.; Steinacher 2016, 85–87; Meier 2019, 225–262.
[39] Börm 2013, 51 f.; Steinacher 2016, 41 f.; Meier 2019, 191–222.

nen, verlegte Stilicho Truppen vom Rhein nach Süden. Dies erlaubte wiederum zum Jahreswechsel 406/407 „wohl größeren Verbände, die auch Frauen und Kinder umfassten" und die als Alanen, Sueben, Vandalen, Franken und Burgunder in den Quellen auftauchen, vermutlich in der Gegend von Mainz, den Rhein zu überqueren. Dass der Fluss damals aufgrund extremer Kälte zugefroren gewesen und deshalb passierbar gewesen sei, ist eine spätere Annahme der Forschung, die in keiner antiken Quelle belegt ist. Ein Auslöser für diese Bevölkerungsbewegungen waren vermutlich erste hunnische Vorstöße in den Westen an die Donau; die Situation hätte demnach teilweise jener von 376 geglichen. Aus Gallien zog ein Teil dieser Verbände 409 auf die Iberische Halbinsel weiter.[40]

Angesichts dieser Bedrohungen an mehreren Fronten entschied sich die weströmische Regierung um diese Zeit zum Abzug von Truppen aus Britannien, das sich, 350 Jahre nach der römischen Eroberung, nun mehr und mehr selbst überlassen blieb.[41] Dennoch eskalierte die Lage in Italien nach verschiedenen Verhandlungen und Auseinandersetzungen mit den sich allmählich als „Westgoten" zusammenfindenden Verbänden um Alarich so weit, dass diese am 24. August des Jahres 410 Rom plünderten. Die Stadt wurde somit erstmals seit dem „Galliersturm" 800 Jahre zuvor wieder von auswärtigen Feinden erobert. Dementsprechend hinterließ dieses Ereignis bei den Zeitgenossen enormen Eindruck und weckte erste Zweifel an der Dauerhaftigkeit des Imperiums, auch wenn der Kaiser gar nicht mehr am Tiber, sondern im leichter zu verteidigenden Ravenna an der Adria residierte.[42]

Alarich starb kurze Zeit später nach heftigem Fieber, vielleicht infolge einer Malaria-Erkrankung, und die Westgoten zogen aus Italien in Richtung Gallien weiter, sodass die kaiserliche Herrschaft zumindest in Rom und im Kernland wiederhergestellt werden konnten. Dafür entzogen

---

[40] Michael Kulikowski (2000) hatte eine Vordatierung dieses Ereignisses auf den Jahreswechsel 405/406 vorgeschlagen, übernimmt aber in seiner jüngsten Publikation wieder das traditionelle Datum, siehe Kulikowski 2019, 138 f. Vgl. auch Halsall 2007, 211 f. (der den Vorschlag von Kulikowski von 2000 übernimmt); Sommer 2009, 457–473 (für das Zitat); Steinacher 2016, 49–57, 67–74; Meier 2019, 302–307, 377–379. Ein zugefrorener Rhein findet sich immer noch bei Hoffmann 2014, 53.

[41] Kulikowski 2000; Halsall 2007, 217–219; Steinacher 2016, 58 f.

[42] Halsall 2007, 214–217; Sommer 2009, 457–473; Börm 2013, 53–55; Kulikowski 2019; 144–150; Herrin 2020, 10–13, 18–21. Zur zeitgenössischen und späteren Deutung dieses Ereignisses ausführlich Meier/Patzold 2010.

sich immer weitere Teile der Provinzen in Gallien und Spanien der Kontrolle der Zentrale; nun begann der tatsächliche Zerfall des Weströmischen Reiches. Michael Sommer spricht von einem „circulus vitiosus", mit einer „wachsenden Bedrohung von außen, einer Erschöpfung der finanziellen Ressourcen, politischer Instabilität, Bürokratisierung und der Unfähigkeit der kaiserlichen Zentralgewalt, an den Brennpunkten Präsenz zu zeigen."[43] Kyle Harper widmet hingegen dieser eigentlich entscheidenden Phase des „Untergangs Roms" überraschenderweise gerade einmal fünf Seiten – vielleicht, weil sich für diese Jahrzehnte keine Pandemie und kein dramatischer Klimawandel ins Treffen führen lassen.[44] Allenfalls für die Zeit zwischen 425 und 475 zeigen die Rekonstruktionen des *Old World Drought Atlas* unterdurchschnittliche Sommerniederschläge für Italien und insbesondere für die Region um Rom (Latium) an.[45] Doch litt die Stadt am Tiber mehr unter dem allmählichen Zusammenbruch der Netzwerke der imperialen Ökologie. Entscheidend dafür war der Verlust Nordafrikas, der wichtigsten Kornkammer und Quelle an Steuereinnahmen des Weströmischen Reiches, ab 429 an die Vandalen, die unter Nutzung der seit Langem die Provinz beunruhigenden innerrömischen Kämpfe (siehe oben) 439 schließlich auch Karthago einnahmen. Ein zwischen Konstantinopel und Ravenna koordinierter Versuch zur Rückeroberung schlug 441 fehl. Zwar wurde auch danach noch Getreide nach Rom geliefert, aber nicht mehr als Abgabe, sondern gegen Bezahlung – und unter ständiger Drohung eines vandalischen Embargos.[46]

Um dieselbe Zeit hatten die Hunnen ihr Machtzentrum von nördlich des Schwarzen Meeres ins Karpatenbecken an die Donau und somit viel näher an die Reichszentren in Konstantinopel und in Rom bzw. Ravenna verlegt. Insbesondere unter der Herrschaft Attilas (reg. 434–453) pressten sie nach wiederholten Plünderungszügen beiden Reichen große Tribute ab. Als die Hunnen im Frühjahr 451 über den Rhein nach Gallien einfielen, konnten sie dort nur durch eine vom römischen Warlord Flavius Aetius (ca. 390–454) geschmiedete kurzlebige Allianz mit den mittlerweile auch im Land siedelnden germa-

---

[43] Sommer 2009, 434. Vgl. auch Pohl 2005, 36. Zur möglichen Malariainfektion Alarichs siehe Winegard 2020, 134 f.
[44] Harper 2020, 286–291.
[45] Cook u. a. 2015; vgl. auch http://drought.memphis.edu/OWDA/ [01.11.2020].
[46] Sommer 2009, 498–506; Abulafia 2011, 231–233; Börm 2013, 68–72; Steinacher 2016, 91–95, 98–107, 120–125, 137–145, 176–181; Meier 2019, 406–471, 656–671.

nischen Gruppen wie den Westgoten besiegt werden.[47] Diese Kämpfe erschöpften aber die Ressourcen des Aetius nachhaltig, sodass er nicht eingreifen konnte, als Attila 452 nach Italien vorstieß, das kurz zuvor 449/450 eine schwere Hungersnot durchlebt hatte. Prosper Tiro (ca. 390–455), Kanzleischreiber bei Papst Leo I. in Rom, klagte über die Lage in Italien um diese Zeit:

> „Alles stürzt jäh dem Ende entgegen. Ein und derselbe Tod rafft durch Schwert, Seuche, Hunger, Gefangenschaft, Hitze und Kälte tausendfach die Menschen dahin. Krieg tobt überall, Raserei packt alle, und mit zahllosen Waffen stürzen die Könige aufeinander. Unheilige Zwietracht wütet in der verwirrten Welt. Der Friede hat die Welt verlassen."[48]

Ungehindert stießen die Hunnen bis zur früheren kaiserlichen Residenzstadt Mailand vor, machten dann aber kehrt, als in der „schwül-heißen, malariaanfälligen Poebene" Krankheiten im Heer ausbrachen, zu denen sich Versorgungsprobleme gesellten. Not und Seuche und nicht, wie es die spätere Überlieferung wollte, die Ermahnung des Papstes Leo I. bewegten Attila zum Abzug. Im Folgejahr starb der Hunnenherrscher überraschend, und kurz nach seinem Tod zerfiel auch sein Reich, das auf seinem ständigen Waffenglück und dem Zustrom an Beute und Tributen gegründet gewesen war.[49]

Schließlich folgte zwischen 453 und 476 die letzte ‚Agonie' des Weströmischen Reiches, dominiert von „Männer[n] römischer und barbarischer Abkunft, die eigenständig agierende Truppenkörper anführten und mit diesem Druckmittel zunehmenden Einfluss auf die römische Innenpolitik nahmen, ohne dass ihnen die Kaiser, weitgehend vom Militär entkoppelt, wirksam Widerstand zu leisten vermochten." Für diese Anführer stellte sich immer mehr die Frage, ob eine Bindung an das „moribunde Kaisertum" für ihre Machtausübung noch notwendig war; der germanische General Odoaker beantwortete sie schließlich im August 476 mit Nein und setzte den letzten weströmischen Kai-

---

[47] Kim 2003; Halsall 2007, 242–254; Stickler 2007; Sommer 2009, 506–510; Börm 2013, 81–89; Rosen 2016; Wiemer 2018, 118–120.
[48] Übersetzung zitiert nach Börm 2013, 102. Zur vorangehenden Hungersnot vgl. auch Stathakopoulos 2004, 237 f.
[49] Meier 2019, 406–471 (Zitat 459). Vgl. ebenso Stathakopoulos 2004, 239. Zu Attilas Abzug aus Italien äußert sich auch Harper (2020, 289) noch einmal ausführlicher, der von einem „Schutzpanzer aus Krankheitserregern" für das „Kernland des Reichs" schreibt. Dazu auch Winegard 2020, 137 f.

ser Romulus Augustulus (geb. ca. 460) ab. Die kaiserlichen Insignien sandte er an den verbliebenen römischen Kaiser Zenon in Konstantinopel und erkannte damit gewissermaßen dessen Oberhoheit an. De facto war aber der Staat der Römer in ihrem ursprünglichen Kernland nach mehr als 1000 Jahren an sein Ende gelangt, nachdem sich schon davor das imperiale System im Westen mehr und mehr aufgelöst hatte.[50]

… und das Ende der antiken Großstadt Rom

Während dieser Jahrzehnte wurde auch die Versorgungslage Roms immer prekärer; 455 plünderten die Vandalen die Stadt, die 460 auch Sardinien, eines der letzten größeren Getreideliefergebiete Roms, eroberten. Ein letzter Versuch im Jahr 468, mit einer großen Invasionsflotte und -armee aus dem Ostreich Nordafrika zurückzuerobern und damit das Westreich zu stabilisieren, scheiterte unter enormen Kosten.[51] Zusätzlich plagten vor und nach einem Vesuvausbruch 472 (der unter anderem das 170 Kilometer lange, unter Augustus errichtete Wasserleitungssystem für die Großstadt Neapel beschädigte, das danach nicht wieder repariert wurde) eine Viehseuche, eine Epidemie unter den Menschen sowie Hungersnöte Italien.[52]

Entscheidend für den allmählichen, dann immer dramatischeren Rückgang der Bevölkerungszahl der Stadt war aber die Störung der weitreichenden Netzwerke ihres urbanen Stoffwechsels.

> „[Dieser Stoffwechsel] konnte seine Größe […] nur auf der Grundlage eines politischen Systems, das die Versorgungsströme garantierte, aufrechterhalten. Die dramatische Schrumpfung [der Stadt Rom] war nicht auf einen ökologischen Zusammenbruch zurückzuführen, sondern auf einen institutionellen Zusammenbruch. Der Stoffwechsel solcher Großsysteme ist nicht robust, weil er sich ohne ein großes kolonisiertes Hinterland nicht behaupten kann. Somit muss seine Bevölkerung auf eine Größe schrumpfen, die mit seinem ökonomisch und ökologisch definierten Hinterland im Gleichgewicht steht."[53]

---

[50] Meier 2019, 471–479 (Zitat); Halsall 2007, 257–283; Sommer 2009, 511–515; Börm 2013, 102–121; Wiemer 2018, 155–163; Kulikowski 2019, 214–230, 260–262.
[51] Halsall 2007, 254–256; Börm 2013, 109 f.; Steinacher 2016, 196–205, 221–225; Wiemer 2018, 161 f.; Terpstra 2019, 215 f.; Meier 2019, 678–683.
[52] Stathakopoulos 2004, 244; Meier 2019, 477; Morrissey 2020, 24 f.
[53] Baccini/Brunner 2012, 58.

Demensprechend ging während des Zerfalls des kaiserzeitlichen Systems im Westen die Bevölkerung Roms von je nach Schätzung 800 000 bis einer Million Einwohner um das Jahr 400 auf ca. 500 000 um 420 (zehn Jahre nach der Plünderung durch die Westgoten) zurück. Nach dem Verlust Nordafrikas und der vandalischen Plünderung 455 folgte ein noch rapiderer Schwund auf vermutlich 50 000 bis 100 000 Einwohner um das Jahr 500, wohl der niedrigste Bevölkerungsstand seit mehr als 700 Jahren. Auch neue archäologische und paläobotanische Untersuchungen legen nahe, den Vandalenangriff von 455 als entscheidenden Wendepunkt für den urbanen Metabolismus Roms zu deuten: Zum einen wurden danach Teile der im 1. und 2. Jahrhundert errichteten umfangreichen Hafeninfrastruktur nahe der Tibermündung (Portus Romae) aufgegeben, zum anderen sank der Anteil der zuvor aus Nordafrika importierten Weizenarten an den erhaltenen Resten von Nahrungspflanzen nach der Mitte des 5. Jahrhunderts dramatisch.[54]

Wie die letzten Kaiser residierte Odoaker nach seiner Machtergreifung 476 nicht in Rom, sondern in Ravenna. Die Stadt am Tiber hat er vermutlich nie besucht. Um 488 zogen die Ostgoten, die seit dem Zerfall des Attila-Reiches die Balkanprovinzen Ostroms in Unruhe gehalten hatten, unter dem Kommando des Theoderich auf Veranlassung des Ostkaisers Zenon nach Italien. Dort konnten sie bis 493 Odoaker verdrängen, der nach einer vorgeblichen Einigung von Theoderich eigenhändig ermordet wurde.[55] Auch Theoderich wählte als seine Hauptstadt das leichter zu verteidigende und versorgende Ravenna, das mit einem Palast, einem Aquädukt und seinem berühmten Grabmal ausgestattet wurde. Doch immerhin stattete der Ostgotenkönig auch Rom im Frühjahr des Jahres 500 einen Besuch ab. Die Stadt hatte noch 50 000 bis 100 000 Einwohner und war damit trotz aller Verluste nach wie vor die größte Metropole des westlichen Mittelmeerraums, auch wenn Konstantinopel es mit seinen mittlerweile 500 000 Einwohnern in den Schatten stellte. Dominiert wurde Rom von jenen senatorischen Familien, die zumindest ihre Besitzungen in Italien über den Zerfall des Kaiserreichs hinweg hatten retten können. Sie vermarkteten die Überschüsse ihrer Landgüter in eigenen Speichern in der Stadt, setzten sie

---

54 Wickham 2005, 709–712; Reff 2005, 53–55; Sommer 2009, 485; Börm 2013, 169 f. Für die neuen Befunde zum Portus Romae und der Paläobotanik siehe O'Connell u. a. 2019.
55 Börm 2013, 129–135; Wiemer 2018, 13–16, 123–145, 180–188; Herrin 2020, 80–85, 96–98.

aber auch gelegentlich für Brotspenden, die Finanzierung von Spielen und die Instandhaltung öffentlicher Bauten ein. Ähnliche Funktionen übernahm in wachsendem Ausmaß die Kirche unter der Führung des Papstes als Bischof von Rom, der durch Zuwendungen reicher Familien und früherer Kaiser ebenfalls über ausgedehnte Güter verfügte, darunter im für die Getreidezufuhr immer noch wichtigen Sizilien, dessen Kontrolle Odoaker nach Verhandlungen mit den Vandalen 477 zurückerlangt hatte. Bei seinem Besuch organisierte nun Theoderich gleich einem römischen Kaiser die Getreideversorgung Roms neu, ernannte dafür, so wie 500 Jahre zuvor Augustus, einen Präfekten und ließ pro Jahr 120 000 Scheffel Korn an Bedürftige verteilen, davon ein Siebtel an die vielen Bettler, die sich täglich rund um die Peterskirche versammelten. Darüber hinaus wurden jährlich 200 Pfund Gold für Reparaturen am Kaiserpalast und an den Stadtmauern zugesichert.[56] Für das geschrumpfte Rom reichten auch die Ressourcen und Netzwerke des auf Italien reduzierten Staates des Theoderich. Den nunmehrigen Zustand Roms, in dem sich innerhalb der im 3. Jahrhundert errichteten Stadtmauern nun verlassene Areale und Grünflächen auftaten, verglich der im Dienste des Theoderich stehende römische Senator Cassiodor „im Tonfall der Nostalgie", wie Hans-Ulrich Wiemer bemerkt, mit seiner früheren Größe und Macht:

> „Es ist offenkundig, wie groß das Volk von Rom einmal gewesen ist, wenn man sieht, dass es sogar durch Lieferungen aus weit entfernten Regionen gesättigt wurde, damit die umliegenden Provinzen für die Ernährung der Fremden ausreichten, während die importierte Fülle sich für sie aufsparte. Niemals konnte klein an Zahl sein, wer die Regierung der Welt innehatte. Von den Scharen der Bürger zeugen die weiträumigen Mauern, die ausgedehnte Kapazität der Spielstätten, die bewundernswerte Größe der Thermen und die große Anzahl an Mühlen, die offenkundig speziell für den Lebensunterhalt geschaffen worden ist. Denn diese Ausrüstung würde nicht für notwendig gehalten, wenn sie nicht zur Gewohnheit geworden wäre, da sie weder zur Zier beitragen kann noch für einen anderen Zweck passend ist. Wie wertvolle Kleider für den Körper so sind diese Bauwerke Wahrzeichen der

---

[56] Wiemer 2018, 22–30, 195, 241 f., 264–269, 415 f., 433–435, 463–467; Meier 2019, 520–532, 532 f.; Herrin 2020, 98–115, 126–129. Für die Behebung eines Kornmangels in Rom durch Papst Gelasius I. (amt. 492–496) vgl. Stathakopoulos 2004, 248.

Städte, da keiner sich herbeilässt, Überflüssiges zu schaffen, wenn er weiß, dass er es mit hohen Kosten verwirklichen muss."[57]

Immerhin trat in der Regierung des Theoderich eine gewisse Erholung in verschiedenen Regionen Italiens ein; für Sizilien fasste man 525 eine Steuererhöhung mit der Begründung ins Auge, die nunmehrige Friedenszeit hätte ein Wachstum der Bevölkerung und der Erträge gestattet.[58] Als der König ein umfangreiches Flottenbauprogramm vorbereitete, gab er dafür folgende Anweisungen: „Aus diesem Grund lasse in ganz Italien durch ausgesandte Handwerker nach Bauholz suchen, das für diese Aufgabe geeignet ist. Wo du Zypressen oder Pinien in Ufernähe findest, soll man die Eigentümer durch Zahlung eines angemessenen Preises abfinden." Es gibt ebenso Hinweise, dass die kaiserliche Forstpolitik fortgesetzt wurde.[59] Aber die ostgotischen Herrscher kümmerten sich auch sonst um die Provinzen; als 512 ein neuerlicher Ausbruch des Vesuv Teile des Umlands des Vulkans verwüstete, gewährte man für Kampanien eine Erleichterung der Steuerlast.[60] Während eines Kornmangels in Rom ordnete der Ostgotenkönig 522/523 den Zwangsverkauf von Getreide durch die Bewohner (des mittlerweile wieder aufgebauten) Kampaniens an, die aber unter Fürsprache des gelehrten Beamten Boethius (ca. 480–526) dagegen Einspruch erhoben, weil sie danach selbst vom Hunger bedroht seien. Als 526 in Rom erneut ein Engpass an Getreide herrschte, befahl Theoderich noch kurz vor seinem Tod Korn aus dem damals unter seiner Oberhoheit stehenden westgotischen Spanien zu importierten.[61] Bald danach erreichte seinen Nachfolger Athalarich (reg. 526–534) eine Beschwerde aus einer (leider nicht namentlich genannten) italienischen Provinz, dass in Erwartung einer schlechten Ernte und Preissteigerung einige reiche Großgrundbesitzer die gesamte Hirseernte aufgekauft hatten und nun das Getreide in Hoffnung auf weitere Gewinne horteten. Der König befahl den Spekulanten, nur Vorräte für den Eigenbedarf zu behalten und den Rest zu einem reduzierten Preis zu verkaufen. Diese Episode zeigt ebenso, wie

---

[57] Cassiodor Variae 11, 39, 1; Übersetzung zitiert nach Wiemer 2018, 463. Vgl. auch Harper 2020, 290.
[58] Wiemer 2018, 570.
[59] Übersetzung zitiert nach Wiemer 2018, 568–570.
[60] Wiemer 2018, 313 f.
[61] Stathakopoulos 2004, 51, 63, 261 und 263 (mit den entsprechenden Quellen).

(Markt)Machtverhältnisse und soziale Ungleichheiten auf dem Land auch das Ende des Imperiums überlebt hatten.[62]

Doch währte die ostgotische Friedenszeit nur kurz. Nachdem seinen Truppen überraschend schnell 533 bis 534 die Eroberung des Vandalenreichs in Nordafrika gelungen war, plante der oströmische Kaiser Justinian I. (reg. 527–565) nun auch die ‚Rückgewinnung' Italiens und die Wiederherstellung des Imperiums im ganzen Mittelmeerraum.[63] Nach der Invasion des Ostgotenreichs 535 konnten bis 540 weite Teile der Apenninenhalbinsel einschließlich Roms besetzt werden, doch unterbrachen dann militärische Misserfolge und ab 542 insbesondere der Ausbruch der sogenannten Justinianischen Pest den Siegeslauf. Es folgten bis 554 weitere zwölf Jahre Krieg, die gemeinsam mit der Seuche schwere Bevölkerungsverluste und Verwüstungen in Italien anrichteten. Auch Rom wechselte mehrfach den Besitzer und erlebte wiederholt die Not der Belagerung, gefolgt von Plünderungen und Zerstörungen. Als sich die oströmischen Truppen schließlich durchsetzten, war die Bevölkerung der Stadt auf unter 50 000 Menschen gesunken – ein Zwanzigstel der Zahl noch 150 Jahre zuvor. Mit der Eroberung durch Konstantinopel ging ebenso die Abschaffung der auch über 476 hinaus von Odoaker und Theoderich beibehaltenen weströmischen Hofverwaltung einher, an deren Stelle ein Provinzialregime trat.[64] Doch auch nach dem Ende der Gotenkriege waren Italien nur 14 Jahre Frieden vergönnt; um 568 zogen die Langobarden unter ihrem König Alboin aus Pannonien über die Alpen in die Poebene und verdrängten die noch wenig gefestigte (ost)römische Herrschaft aus dem Norden, dann auch aus Teilen Süditaliens. Reste römischer Kontrolle hielten sich an den Küsten und zwischen Rom und Ravenna, wobei Letzteres weiterhin als Hauptquartier des Statthalters Konstantinopels diente, während in Rom die Autorität des Papstes als Stadtherr wuchs. Immerhin ließ Kaiser Justin II. zwischen 575 und 579 erstmals seit dem 4. Jahrhundert wieder Getreide aus Ägypten nach Rom verschiffen, als dort Hunger drohte;

---

[62] Wiemer 2018, 419 f.
[63] Steinacher 2016, 293–313; Meier 2019, 721–730.
[64] Little 2006, 13 f.; Börm 2013, 135–139; Wiemer 2018, 589–617; Meier 2019, 805–824; Herrin 2020, 151–159, 174–183. Zu den Bevölkerungsschätzungen Devroey 2003, 217; Wickham 2005, 709–712; Sommer 2009, 485; Börm 2013, 169 f.; Kaiser 2014, 169. Zur Justinianischen Pest siehe auch das erste Kapitel im parallel erschienenen Band *Der Lange Sommer und die Kleine Eiszeit*.

allerdings verbreitete sich entlang dieser maritimen Verbindungslinien weiterhin der Pesterreger.⁶⁵

Ein Zustrom von Flüchtlingen aus von den Kriegen mit den Langobarden heimgesuchten Regionen ließ um diese Zeit die Bevölkerung Roms noch einmal etwas anwachsen, was aber auch die Verwundbarkeit gegenüber einer Epidemie verstärkte. Im Winter 589/590 wurde Rom nach einer Flut des Tibers von einem neuerlichen Ausbruch der Pest heimgesucht; der langobardische Historiker Paulus Diaconus (ca. 725–800) schrieb dazu:

> „In der Stadt Rom trat bei jener Überschwemmung der Tiber so hoch über die Ufer, dass seine Wasser über die Mauern liefen und einen großen Teil der Stadt überfluteten. Damals kam mit dem Strom außer einer großen Menge Schlangen auch ein Drache von wunderbarer Größe und schwamm zum Meer hinunter. Auf diese Überschwemmung folgte unmittelbar eine schwere Pest […], die so furchtbar unter der Bevölkerung wütete, dass von der unzähligen Menge nur eine kleine Anzahl am Leben blieb. Zuerst befiel sie den ehrwürdigen Papst Pelagius [II., amt. 579–590) und raffte ihn alsbald weg; nach des Hirten Tod verbreitete sie sich über das ganze Volk."⁶⁶

Der Drache bezieht sich wohl auf den Heilgott Asklepios, dessen Kult die Römer nach einem anderen Seuchenausbruch 293 v. Chr. auf Anraten der Sibyllinischen Bücher aus Epidauros in Griechenland transferiert hatten und der sich nach Auskunft des Ovid in Gestalt einer Schlange auf einer Insel im Tiber niedergelassen hatte, wo sein Tempel errichtet wurde. Nun verließ die heidnische Gottheit nach fast 900 Jahren das mittlerweile christliche Rom, und die antik-pagane Tradition der Seuchenbewältigung kam an ihr Ende. Der Nachfolger des verstorbenen Papstes Pelagius II., Gregor I., genannt „der Große" (amt. 590–604), setzte an ihre Stelle aufwändige Bittprozessionen, deren Form er wohl während seines Aufenthalts als Legat in Konstantinopel kennengelernt hatte und die über mehrere Tage hinweg aus sieben Richtungen kommend die Stadt vom Unheil der Seuche befreien sollten. Dabei stürzten angeblich nicht weniger als achtzig der mitmarschierenden Gläubi-

---

⁶⁵ Stathakopoulos 2004, 51, 63, 316; Wiemer 2018, 619–621; Meier 2019, 825–834; Herrin 2020, 203–222.
⁶⁶ Paulus Diaconus 3, 23–24; Übersetzung zitiert nach Paulus Diaconus 1992, 122 f. Vgl. auch den zeitgenössischen Bericht bei Gregor von Tours X, 1; Übersetzung in Gregor von Tours 1988, III 97–102.

gen von der Krankheit entkräftet tot zu Boden. Schließlich zeigte aber eine Vision des Erzengels Michael über dem Mausoleum des Kaisers Hadrian, das danach zur „Engelsburg" umgewidmet wurde, Gregor I. das Ende der Heimsuchung an.[67] Dennoch sah sich der Papst, ähnlich wie Zeitgenossen in anderen Teilen des Römischen Reichs im Osten, angesichts der Häufung an Katastrophen und Kriegen am Höhepunkt der Klimaperiode, die wir heute die Spätantike Kleine Eiszeit nennen, in einer Endzeit gefangen; so predigte er wenig später:

> „Ihr wisst, wie häufig wir schon von anderen Gegenden vernahmen, dass ein Erdbeben zahllose Städte einstürzen lässt. Unaufhörlich müssen wir Pestepidemien erdulden. Zwar sehen wir bislang noch keinerlei Zeichen an Sonne, Mond und Sternen, doch dass dies nicht mehr allzu weit entfernt ist, können wir aus klimatischen Veränderungen schließen. Immerhin haben wir, schon bevor Italien dem heidnischen Schwert [der Langobarden] ausgeliefert wurde, am Himmel feurige Schlachtreihen erblickt, sogar funkelndes Blut, welches später als das der Menschheit vergossen wurde. Ein außergewöhnliches Aufbrausen des Meeres und der Wogen ist bislang nicht eingetreten. Da sich aber viel Angekündigtes schon erfüllt hat, besteht kein Zweifel, dass auch das Wenige, das noch aussteht, folgt, bietet doch das Eintreten der vergangenen Ereignisse die Gewähr für das noch Kommende."[68]

Tatsächlich kehrte die Pest im 7. und 8. Jahrhundert noch mehrfach wieder, doch nutzte dies die Kirche auch zum weiteren Ausbau ihres Bewältigungsarsenals mit Heiligen wie dem römischen Märtyrer Sebastian (gest. um 288). Die Pfeile, die ihn beim ersten Versuch, ihn hinzurichten, nicht töten konnten, wurden mit den Pestpfeilen des heidnischen Gottes Apoll, auf denen in Homers *Ilias* Bezug genommen wird, verglichen, und Sebastian so zu einem Schutzheiligen gegen die Seuche umfunktioniert. Auch aus anderen Städte Italiens erbat man bald seine Reliquien, um Befreiung von der Epidemie zu erlangen.[69]

---

[67] Stathakopoulos 2004, 320 f.; Leppin 2005, 111–115; Little 2006, 30–32; Squatriti 2010a; Meier 2019, 847–851; Harper 2020, 356–359; Wozniak 2020, 415–416, 761 f. Zum Asklepioskult in Rom vgl. Flashar 2016, 222 f., 229 f. und Kapitel 5 im vorliegenden Buch.

[68] Gregor, Homiliae in evangelia 1, 1, 1; Übersetzung zitiert nach Meier 2019, 851.

[69] Paulus Diaconus 6, 5; Übersetzung in Paulus Diaconus 1992, 214 f. Dazu Stathakopoulos 2004, 150 f., 559; Leven 2005, 16 f.; Little 2006, 28–30. Zur

Als die Wellen der Justinianischen Pest um die Mitte des 8. Jahrhunderts verebbten, hatte Rom vermutlich nur mehr 20 000 Einwohner, und viele der antiken Großbauten lagen in Trümmern oder waren ganz verschwunden. An ihrer Stelle dominierten die Kirchen die Stadt, und der Papst herrschte über Rom und sein Umland.[70] 754 ließ er sich dies auch durch eine Urkunde des Frankenkönigs Pippin (reg. 751–768), des neuen starken Manns in Westeuropa, bestätigen. Pippins Sohn Karl den Großen (reg. 768–814), der das Langobardenreich in Italien eroberte, krönte dann Papst Leo III. (amt. 795–816) am 25. Dezember des Jahres 800, mehr als 300 Jahre nach der Absetzung des letzten weströmischen Kaisers, zum neuen Kaiser der Römer. Die christliche Glaubensgemeinschaft hatte unter anderem von den Erschütterungen der traditionellen Heilsvorstellungen in den Epidemien des 2., 3. und 6. bis 8. Jahrhunderts profitiert und sich immer mehr als religiöse Alternative etabliert. In Gestalt der römischen Kirche übernahm sie nun nicht nur das Erbe des Imperiums in der Stadt Rom, sondern als Haupt der übergreifenden Christenheit des ‚Abendlands' im gesamten ehemaligen Westen des Imperiums und beanspruchte sogar die Verfügungsgewalt über das Kaisertum.[71]

Dennoch war die Einheit des westlichen Imperiums dauerhaft zerbrochen und sollte nie wieder hergestellt werden. Die daraus resultierende politische und institutionelle Vielstimmigkeit Westeuropas wird mittlerweile in der Langzeitperspektive als Voraussetzung für den späteren ‚Aufstieg des Abendlandes' als militärisch und ökonomisch dominierende Weltregion ab dem Zeitalter der Entdeckungen im späten 15. Jahrhundert gedeutet.[72] Kurzfristiger wird man mit Mischa Meier festhalten, dass der Zusammenbruch des Weströmischen Reiches den Weg für neue Möglichkeiten politischer Formierung, die man als „ethnische Wende des Frühmittelalters" bezeichnet hat, ebnete: „Die Tatsache, dass sich Europa zu einem Konglomerat ethnisch denominier-

---

religiösen Bewältigung der Justinianischen Pest siehe auch das erste Kapitel im parallel erschienenen Band *Der Lange Sommer und die Kleine Eiszeit*.
[70] Osborne 2020.
[71] Baccini/Brunner 2012, 58, für das Zitat. Zu den Bevölkerungsschätzungen siehe auch Devroey 2003, 217; Wickham 2005, 709–712; Reff 2005, 53–55; Sommer 2009, 485; Börm 2013, 169 f. Zur Ereignisgeschichte Meier 2019, 835 f.; Herrin 2020, 363–374. Vgl. auch das entsprechende Kapitel im parallel erschienenen Band *Der Lange Sommer und die Kleine Eiszeit*.
[72] Hoffmann 2015, 107–116; Scheidel 2019.

ter christlicher, zunächst lateinisch geprägter Königreiche (und später Nationen) entwickelte, war durch die griechisch-römische Antike, in der Zugehörigkeiten und Identitäten vornehmlich auf (den Stadtstaat), die Republik oder das Imperium bezogen waren, nämlich mitnichten vorgegeben." Es ist aber ebenso klar, „dass die Existenz des Imperium Romanum die grundlegende Voraussetzung für die Entstehung neuer politischer Gebilde auf seinem Boden und an seinen Rändern war."[73]

Unmittelbar bedeutete die Zerschlagung des Netzwerks der imperialen Ökologie mit ihren weitreichenden Bewegungen von Menschen und Gütern einen Verlust an wirtschaftlicher Komplexität.[74] Hans-Ulrich Wiemer hält fest:

> „Der Zerfall des Weströmischen Reiches in verschiedene Königreiche führte daher fast überall [...] zu einer Vereinfachung und Schwächung staatlicher Strukturen [...]. Zugleich verengten sich die Räume, in denen gehandelt und kommuniziert wurde. Der Niedergang kaiserlicher Macht hatte darum mittelbar eine Reduktion und zumindest für die Eliten die Regionalisierung sozialen Handelns zur Folge."[75]

Dabei verlor nicht nur die Metropole Rom, sondern auch andere mit ihr bislang eng verflochtene Zentren:

> „Die Abspaltung Nordafrikas vom Römischen Reich wirkte sich [...] negativ auf Karthago aus, das an Größe, Reichtum und Pracht abnahm, obwohl es zum Zentrum des neuen Königreichs der Vandalen wurde. Dieser Rückgang passt zu einem Muster, in dem Gebiete, die einen Nettobeitrag zu den Finanzen des römischen Staates geleistet hatten, nach dem Verschwinden der kaiserlichen Besteuerung keinen Anstieg des Wohlstands verzeichneten. Dieses überraschende Ergebnis deutet darauf hin, dass die Regionen des Reiches davon profitiert hatten, Teil einer politischen, wirtschaftlichen und institutionellen Einheit zu sein, was wiederum impliziert, dass das Römische Reich mehr als die Summe seiner Teile gewesen war."[76]

Aber auch für eher periphere Regionen wie Britannien bedeutete das Ende der Integration in das Imperium einen dramatischen Verlust an

---

[73] Meier 2019, 1093 f.
[74] Vgl. auch Preiser-Kapeller 2019 und das Netzwerkmodell des Römischen Reiches in Kapitel 1 im vorliegenden Buch.
[75] Wiemer 2018, 151 f.
[76] Terpstra 2019, 215. Vgl. auch Wickham 2005, 72; Abulafia 2011, 232–238.

materiellem Wohlstand und Reichweite und Dichte ökonomischer Interaktion.⁷⁷

Derartige Entwicklungen treffen auch den Nerv moderner Beobachter in einer Zeit der globalen Verflechtung bzw. deren Infragestellung; überhaupt fasziniert und erschüttert der Zusammenbruch des Römischen Reiches nach wie vor. Alexander Demandt bemerkt dazu:

„Die Vergangenheit Roms lehrt die Vergänglichkeit alles Irdischen, nicht nur dass, sondern auch wie es verdirbt, denn die Struktur des Gewebes zeigt sich in der Auflösung. Das Ende der Antike wird als Problem empfunden, weil es zwei Erwartungen durchkreuzt. Es ist zum ersten die Vorstellung, ein wohlbegründeter Staat müsse ewig bestehen, und zum andern der Glaube, die Geschichte bewege sich in stetigem Fortschritt voran. Beide Annahmen werden durch den Zusammenbruch des Imperium Romanum in Frage gestellt."⁷⁸

Wer diesen ‚Klassiker' des zivilisatorischen Zusammenbruchs zusätzlich mit Klimawandel und Pandemie verknüpft, darf sich der breiten Aufmerksamkeit gewiss sein, weil er einmal mehr den Fall Roms mit aktuellen Untergangserwartungen in Deckung bringt.⁷⁹

Allerdings ist der Zusammenhang zwischen klimatischer Veränderung und imperialem Kollaps in der römischen Geschichte einmal mehr bei näherer Betrachtung keineswegs so eindeutig: Ihre schlimmste und letztlich fatale Krise erlebte die Römische Republik mitten im Römischen Klima-Optimum. Den Übergang von diesem Optimum hin zur Spätantiken Kaltzeit im 2./3. Jahrhundert überstand das Römische Reich im Westen für weitere zwei Jahrhunderte, um dann in einer kli-

---

⁷⁷ Ward-Perkins 2000; Ward-Perkins 2005; Sommer 2009, 417; Meier 2019, 925–927. Neue archäologische Befunde deuten darauf hin, dass auch Gebiete im ‚Barbaricum' jenseits des Rheins, die vorher vom Austausch mit dem Imperium profitiert hatten (siehe oben), unter dem Zusammenbruch der imperialen Ökologie Roms litten, vgl. Kulikowski 2019; Halsall 2019.

⁷⁸ Demandt 2014, 497. Zur Fragwürdigkeit von Untergangsszenarien, auch als Antwort auf die Thesen von Jared Diamond, vgl. die Beiträge in McAnany/Yoffee 2009.

⁷⁹ Vgl. dazu den Buchtrailer von Princeton University Press zu Harper 2020: https://vimeo.com/235744243 [01.11.2020]. Auch der Umschlagtext zur deutschen Ausgabe hält fest: „Kyle Harper [erzählt] die Geschichte eines Infernos, in dem wir in einem fernen Spiegel beängstigend vertraute Züge unserer eigenen Welt wiedererkennen." Siehe auch Radkau 2002, 183 f.; Scheidel 2018a.

matisch und epidemisch relativ ruhigen Phase im 5. Jahrhundert zu enden. Kyle Harper bemerkt an einer Stelle in seinem Buch: „Bakterien sind noch weitaus tödlicher als Barbaren".[80] Dies mag, bei aller Unsicherheit über die Opferzahlen der verschiedenen Pandemien, quantitativ stimmen; zerfallen aber ist das Weströmische Reich trotzdem aufgrund der (Fehl)Entscheidungen und Handlungen ‚barbarischer' und vor allem römischer Akteure makroskopischer Natur.[81]

---

[80] Harper 2020, 41.

[81] Michael McCormick (2019) wirft den Kritikern von Kyle Harpers Buch (deutsch Harper 2020) vor, die Bedeutung von Klima und Pandemien für den Untergang des Römischen Reichs zugunsten von „traditionellen politischen, sozialen und militärischen Gründen" zu negieren (unter Verweis auf Haldon/Elton/Huebner/Izdebski/Mordechai/Newfield 2018a–c). Dies ist allerdings unrichtig; kritisiert wird die meist „maximalistische" Deutung Harpers der keineswegs eindeutigen Evidenz für die tatsächliche (demografische oder ökonomische) Auswirkung dieser Phänomene und gefordert eine künftige nuanciertere Diskussion der Wechselwirkung zwischen klimatischen und epidemischen Extremen und den politischen und sozioökonomischen Strukturen des Imperiums.

Anhang:
Kategorien und Beispiele von Proxydaten zur Klimageschichte

Für die Rekonstruktion klimatischer Bedingungen vor der Periode moderner Messungen von Temperatur, Luftdruck oder Niederschlag (die je nach Region zwischen dem 18. und 20. Jahrhundert beginnt) greift man auf sogenannte „Proxydaten" zurück (siehe auch die Einleitung zum vorliegenden Buch). Dabei handelt es sich um Näherungswerte auf der Grundlage von Phänomenen, deren Wachstum oder wechselnde (chemische) Zusammensetzung in der Zeit von klimatischen Parametern wie Temperatur oder Niederschlag abhängt und somit eine Annäherung an diese erlaubt. Diese „Proxys" stammen zum einen aus den von Christian Pfister so bezeichneten „Archiven der Natur", die vor allem von der naturwissenschaftlich ausgerichteten Paläoklimatologie genutzt werden.[1] Die Archive der Natur liegen in sehr unterschiedlichen zeitlichen und räumlichen Auflösungen vor und erlauben manchmal Aussagen über die Veränderungen eines Parameters von einem Jahr zum nächsten oder auch nur von einem Jahrhundert oder Jahrtausend zum nächsten, oder für ein räumlich sehr begrenztes oder sehr großes Gebiet.[2]

---

[1] Pfister 2001.
[2] Mauelshagen 2010, 38 f.; Luterbacher u. a. 2012; Bradley 2014; Mathez/Smerdon 2018, 229–237; Rahmstorf/Schellnhuber 2019, 10–12. Zu einer Evaluierung einiger wichtiger Baumring-Datensätze siehe jetzt Ljungqvist u. a. 2020.

ARCHIVE DER NATUR[3]	Minimal erfassbarer Zeitraum (in Jahren)	Maximal erfassbarer Zeitraum (in Jahren)	Information zu
Eis	< 1	1 000 000	T, N, C, B, V, E, S
Marine Sedimente	10	100 000 000	T, C, B, E, M, N
Limnische Sedimente	< 1	100 000	T, B, E, N, V, C
Löss	100	1 000 000	N, B, E, V
Dünen	100	100 000	N, B
Böden	100	1 000 000	N, B
Speläotheme (Tropfsteine)	1	100 000	C, T, N
Fluviale Ablagerungen	100	10 000	N, B
Baumringe	< 1	10 000	T, N, B, V, E, S
Pollen	1	100 000	T, N, B
Korallen	1	10 000	C, M, T, N
Torf/Moore	100	10 000	B

T = Temperatur, N = Niederschlag, E = Veränderungen im Erdmagnetfeld, M = Meeresspiegelschwankungen, X = Extremereignisse, V = Vulkanausbrüche, C = chemische Zusammensetzung von Luft und Wasser, B = Biomasse und Vegetationszusammensetzung, S = Schwankungen in der Sonneneinstrahlung[3]

„Archive der Gesellschaft" sind demgegenüber auf menschliche Tätigkeit zurückgehende historische oder archäologische Befunde. Dies können niedergeschriebene direkte Beobachtungen zum Witterungsgeschehen sein, aber auch indirekte („phänologische") Beobachtungen über den alljährlichen jeweiligen Beginn der Weinernte an einem Ort oder z. B. der Kirschblüte in der damaligen japanischen Hauptstadt Kyoto.[4]

---

[3] Die Übersicht wurde übernommen aus Mauelshagen 2010, 38, mit leichten Modifikationen.
[4] Aono/Saito 2010; Labbé u. a. 2018.

ARCHIVE DER GESELLSCHAFT[5]

Direkte Daten – Beobachtungen	Direkte Daten – Messungen
• Anomalien • Naturgefahren • Wetterlagen • Tägliches Wetter • Sonnenaktivität	• Luftdruck • Temperatur • Niederschlag • Wasserstand
Indirekte Daten – Beobachtungen und Messungen von biologischen Phänomenen • Pflanzenphänologie: Blüte- und Reifezeit, Erntetermine und Erntevolumen von Kulturpflanzen • Messung von Umfang und Zuckergehalt und Wein- und Fruchternten	Indirekten Daten – Beobachtungen und Messungen von anorganischen Phänomenen • Hoch- und Niedrigwassermarken • Vereisung von Gewässern • Schneefall, Schneebedeckung
Indirekte Daten – kulturelle Phänomene • Bittprozessionen und andere religiöse Rituale (bei Trockenheit oder langandauerndem Starkregen, usw.) • Bildquellen • Archäologische Befunde	

Meist versucht man, Proxydaten aus den beiden Archiven der Natur und der Gesellschaft zu kombinieren und dann mit tatsächlichen Messzahlen für Temperatur oder Niederschlag zu verknüpfen, wo dies die chronologische Überlappung erlaubt. Auf dieser Grundlage werden mit verschiedenen statistischen Verfahren wie Regressionsanalysen frühere Temperatur- oder Niederschlagsbedingungen ‚rückgerechnet'.[6] Auf den folgenden Seiten werden einige solcher Proxy-Datenreihen und andere relevante Daten für im vorliegenden Buch behandelte Regionen beispielhaft dargestellt (Abb. 5 bis 9). Am Ende des Anhangs findet sich auch eine Übersicht zu durch große Vulkaneruptionen ausgelösten Klima-Anomalien der letzten 2500 Jahre.[7]

---

[5] Nach Mauelshagen 2010, 40, mit leichten Modifikationen.
[6] Mauelshagen 2010, 52–58.
[7] Nach Sigl u. a. 2015.

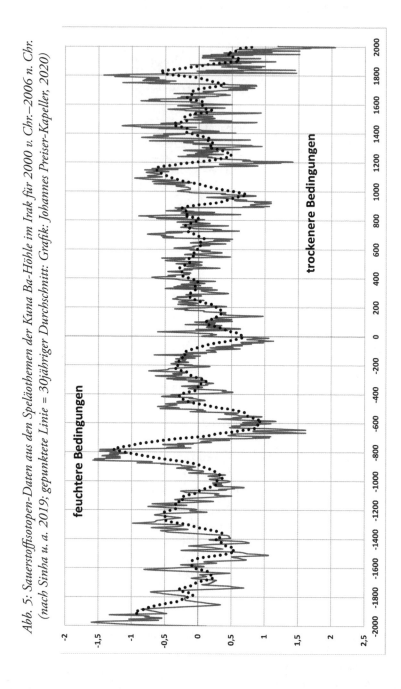

Abb. 5: Sauerstoffisotopen-Daten aus den Speläothemen der Kuna Ba-Höhle im Irak für 2000 v. Chr.–2006 n. Chr. (nach Sinha u. a. 2019; gepunktete Linie = 30jähriger Durchschnitt; Grafik: Johannes Preiser-Kapeller, 2020)

Kategorien und Beispiele von Proxydaten zur Klimageschichte 331

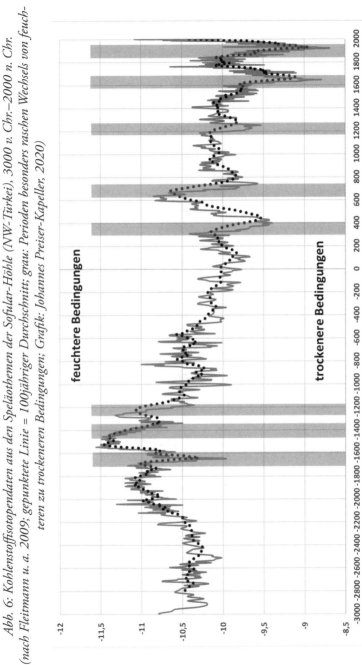

Abb. 6: Kohlenstoffisotopendaten aus den Speläothemen der Sofular-Höhle (NW-Türkei), 3000 v. Chr.–2000 n. Chr. (nach Fleitmann u. a. 2009; gepunktete Linie = 100jähriger Durchschnitt; grau: Perioden besonders raschen Wechsels von feuchteren zu trockeneren Bedingungen; Grafik: Johannes Preiser-Kapeller, 2020)

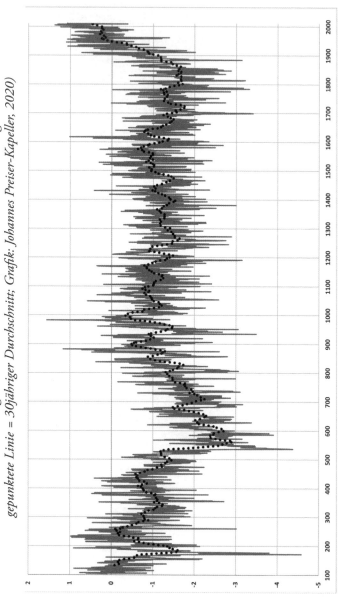

Abb. 7: Rekonstruierte durchschnittliche Sommertemperaturen im russischen Altai auf der Grundlage von Baumringen, 104–2011 n. Chr. (im Vergleich mit dem Durchschnitt 1900–2003; nach Büntgen u. a. 2016; gepunktete Linie = 30jähriger Durchschnitt; Grafik: Johannes Preiser-Kapeller, 2020)

Kategorien und Beispiele von Proxydaten zur Klimageschichte 333

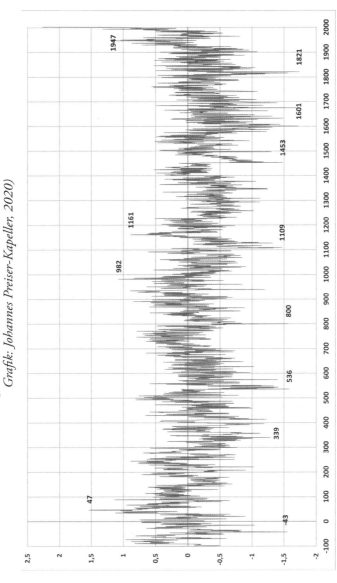

Abb. 8: Durchschnittliche Sommertemperaturen in Europa auf der Grundlage von Baumringen, 100 v. Chr.–2003 n. Chr. (Rekonstruktion im Vergleich zum Durchschnitt 1961–1990 nach Luterbacher u. a. 2016; Grafik: Johannes Preiser-Kapeller, 2020)

334 Kategorien und Beispiele von Proxydaten zur Klimageschichte

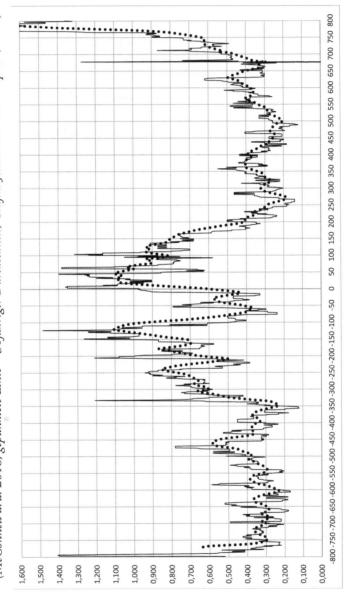

Abb. 9: Geschätzte Blei-Emissionen aus Europa in Kilotonnen/Jahr aufgrund der Grönland-Bohrkerne, 800 v. Chr.–800 n. Chr. (McConnell u. a. 2018; gepunktete Linie = 30jähriger Durchschnitt; Grafik: Johannes Preiser-Kapeller, 2020)

Kategorien und Beispiele von Proxydaten zur Klimageschichte 335

Durch große Vulkaneruptionen ausgelöste Klima-Anomalien der letzten 2500 Jahre[8]

Geschätzte Temperaturanomalie*	Globales Klima-Forcing (W/m²)	Jahr der Eruption	Besonders kaltes Jahr	Möglicher auslösender Vulkan
?	-35,6	-426	-425	U
-0,91	-32,8	1258	1258	Samalas/Indonesien
?	-23,2	-43	-43/-42	Okmok/Alaska
-1,03	-20,5	1458	1459	Kuwae/Vanuatu
-1,48	-19,1	540	541	Ilopango/El Salvador
-1,55	-17,1	1815	1816	Tambora/Indonesien
-0,65	-15,9	1230	1230	U
-0,97	-15,5	1783	1783	Laki/Island
-0,96	-15,4	682	682	Pago/Papua-Neuguinea
-0,94	-14,5	574	574	Rabaul/Papua-Neuguinea
-0,72	-14,5	266	268	U
-1,23	-12	1809	1810	U
-1,15	-12	1108	1109	U
-1,19	-11,8	1641	1641	Parker/Philippinen
-1,5	-11,6	1601	1601	Huaynaputina/Peru
-0,94	-11,5	169	170	U
-1,74	-11,3	536	536	U
-0,88	-11,3	1171	1171	U
-1,28	-10,2	1695	1696	U
-1,44	-10,1	939	940	Eldgjá/Island
-0,65	-9,7	1286	1288	Quilotoa/Ecuador
-0,25	-9,6	433	433	U
-0,49	-9,5	87	87	U
-1,48	-9,4	1345	1346	El Chichon/Mexiko
-0,93	-8,2	626	627	U

* für Europa/Arktis, Grad Celsius; Vergleich zu 1961–1990

U = unbekannt

[8] Nach Sigl u. a. 2015.

Landkarten

Die folgenden Karten zeigen ausgewählte Siedlungen (o), Fundorte von Proxy-Daten (◊) und Vulkane (Δ), die im Buch erwähnt werden. Viele Siedlungen existierten nicht gleichzeitig zur selben Zeit, werden aber zur Orientierung auf derselben Karte dargestellt. Alle Karten wurden vom Autor erstellt.

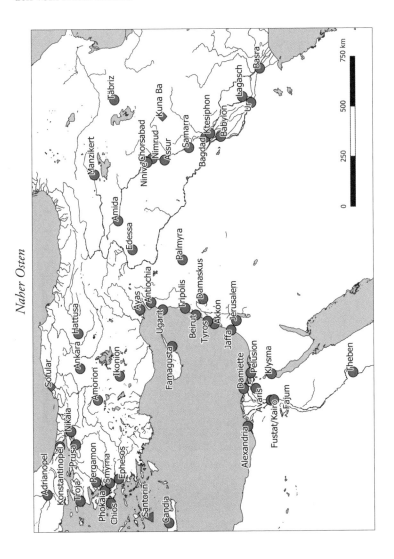

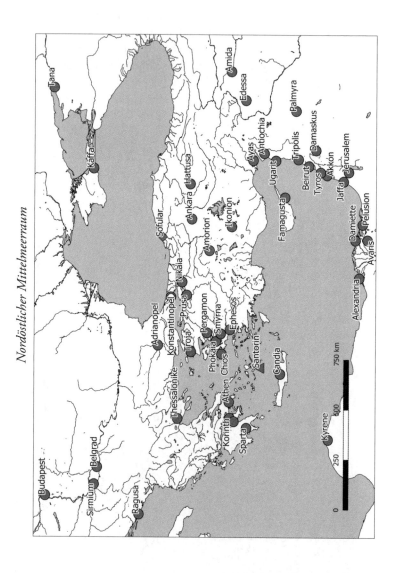

Landkarten 339

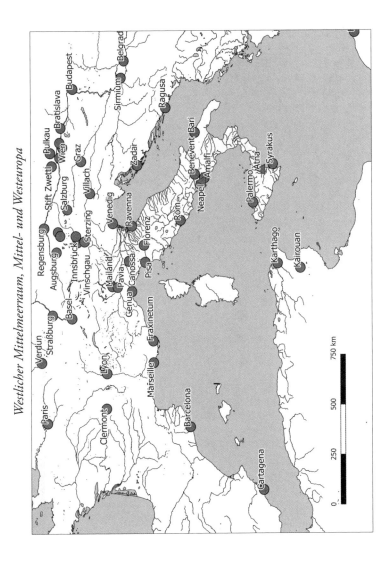

Westlicher Mittelmeerraum, Mittel- und Westeuropa

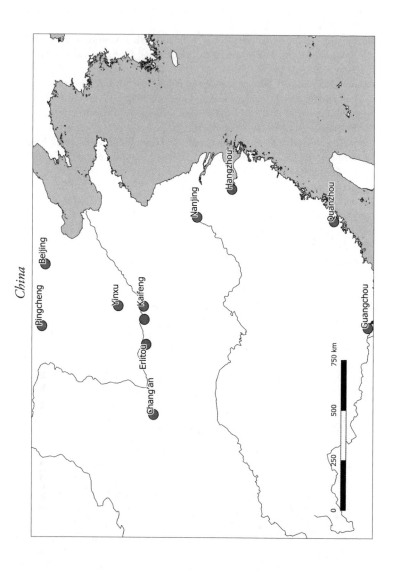

Quellen und Literatur

Abulafia 2011 = David Abulafia, The Great Sea. A Human History of the Mediterranean, London 2011.

Adamo u. a. 2018 = Nasrat Adamo u. a., Climate Change: Consequences on Iraq's Environment, in: Journal of Earth Sciences and Geotechnical Engineering 8/3 (2018), 43–58.

Adams 1965 = Robert McC. Adams, Land Behind Baghdad: A History of Settlement on the Diyala Plains, Chicago–London 1965.

Agarwal/Glenncross 2011 = Sabrina C. Agarwal/Bonnie A. Glenncross (Hg.), Social Bioarchaeology, Malden–Oxford 2011.

Agut/Moreno-García 2016 = Damien Agut/Juan Carlos Moreno-García, L'Égypte des pharaons. De Narmer à Dioclétien 3150 av. J.-C.–284 apr. J.-C., Paris 2016.

al-Balādhurī 2002 = Philip Khuri Hitti, The Origins of the Islamic State. Being a Translation from the Arabic Accompanied with Annotations and Geographic and Historical Notes of the Kitâb Futûḥ al-Buldân of al-Imâm abu-l ʿAbbâs Ahmad ibn-Jâbir al-Balâdhuri, New Jersey 2002.

Aldrete 2006 = Gregory S. Aldrete, Floods of the Tiber in Ancient Rome, Baltimore 2006.

Alfani/Murphy 2017 = Guido Alfani/Tommy E. Murphy, Plague and Lethal Epidemics in the Pre-Industrial World, in: The Journal of Economic History 77/1 (2017), 314–343.

Alföldy 1973 = Géza Alföldy, Der Heilige Cyprian und die Krise des römischen Reiches, in: Historia: Zeitschrift für Alte Geschichte 22/3 (1973), 479–501.

Algaze 1993 = Guillermo Algaze, The Uruk World System. The Dynamics of Expansion of Early Mesopotamian Civilization, Chicago–London 1993.

Al-Khafif u. a. 2018 = Ghada Darwish Al-Khafif u. a., The Immunodetection of Non-Falciparum Malaria in Ancient Egyptian Bones (Giza Necropolis), in: BioMed Research International 2018, online: https://doi.org/10.1155/2018/9058108 [30.11.2020].

al-Maqrīzī 1994 = Adel Allouche, Mamluk Economics: A Study and Translation of al-Maqrīzī's Ighāthah, Salt Lake City 1994.

Alram 2016 = Michael Alram, Das Antlitz des Fremden. Die Münzprägung der Hunnen und Westtürken in Zentralasien und Indien, Wien 2016.

Altaweel 2018 = Mark Altaweel, Water Management across Time: Dealing with too much or too little Water in Ancient Mesopotamia, in: Yijie Zhuang/Mark Altaweel (Hg.), Water Societies and Technologies from the Past and Present, London 2018, 180–199.

Anderson 2014 = Eugene N. Anderson, Food and Environment in Early and Medieval China, Philadelphia 2014.

Andrássy 2008 = Petra Andrássy, Untersuchungen zum ägyptischen Staat des Alten Reiches und seinen Institutionen, Berlin–London 2008, online: http://www2.rz.hu-berlin.de/nilus/net-publications/ibaes11 [30.11.2020].

Andwinge 2014 = Maria Andwinge, Reading Pollen Records at Peloponnese, Greece, MA-Thesis, Stockholm University, 2014.

Angel 1996 = Hans-Ferdinand Angel, Der religiöse Mensch in Katastrophenzeiten. Religionspädagogische Perspektiven kollektiver Elendsphänomene, Regensburg 1996.

Antonio u. a. 2019 = Margaret L. Antonio u. a., Ancient Rome: A Genetic Crossroads of Europe and the Mediterranean, in: Science 366 (2019), 708–714.

Aono/Saito 2010 = Yasuyuki Aono/Shizuka Saito, Clarifying Springtime Temperature Reconstructions of the Medieval Period by gap-filling the Cherry Blossom phenological Data Series at Kyoto, Japan, in: International Journal of Biometeorology 54 (2010), 211–219.

Assmann 2000 = Jan Assmann, Herrschaft und Heil. Politische Theologie in Altägypten, Israel und Europa, München 2000.

Assmann 2018 = Jan Assmann, Achsenzeit: Eine Archäologie der Moderne, München 2018.

Ayalon 2015 = Yaron Ayalon, Natural Disasters in the Ottoman Empire. Plague, Famine and other Misfortunes, Cambridge 2015.

Baccini/Brunner 2012 = Peter Baccini/Paul H. Brunner, Metabolisms of the Anthroposphere. Analysis, Evaluation, Design, Cambridge, Mass.–London 2012.

Baillie/McAneney 2015 = Mike Baillie/Jonny McAneney, Why we should not ignore the mid-24th Century BC when discussing the 2200–2000 BC Climate Anomaly, Andrew P. Fitzpatrick, Great Britain and Ireland in 2200 BC, in: Harald Meller/Helge Wolfgang Arz/Reinhard Jung/Roberto Risch (Hg.), 2200 BC – Ein Klimasturz als Ursache für den Zerfall der Alten Welt?, Halle 2015, 833–844.

Ball 2016 = Philip Ball, The Water Kingdom. A Secret History of China, London 2016.

Bankoff 2003 = Greg Bankoff, Cultures of Disaster. Society and Natural Hazard in the Philippines, London–New York 2003.

Barbieri/Drancourt 2018 = R. Barbieri/M. Drancourt, Two thousand Years of Epidemics in Marseille and the Mediterranean Basin, in: New Microbe and New Infect 26 (2018), online: https://doi.org/10.1016/j.nmni.2018.08.009 [30.11.2020].

Bard 2000 = Kathryn A. Bard, The Emergence of the Egyptian State (c. 3200–2686 BC), in: Ian Shaw (Hg.), The Oxford History of Ancient Egypt, Oxford 2000, 57–82.

Barfield 1989 = Thomas J. Barfield, The Perilous Frontier. Nomadic Empires and China, 221 BC to AD 1757, Cambridge, Mass.–Oxford 1989.

Bar Hebraeus 1932 = The Chronography of Gregory Abu'l-Faraj (1225–1286), the son of Aaron, the Hebrew Physician Commonly Known as Bar Hebraeus, being the first Part of his Political History of the World, translated by E. A. Wallis Budge, London 1932.

Barrett/Kuzawa/McDade/Armelagos 1998 = Ronald Barrett/Christopher W. Kuzawa/Thomas McDade/George J. Armelagos, Emerging and re-emerging Infectious Diseases: the third epidemiological Transition, in: Annual Review of Anthropology 27 (1998), 247–271.

Bauch/Schenk 2020a = Martin Bauch/Gerrit Jasper Schenk (Hg.), The Crisis of the 14th Century. Teleconnections between Environmental and Societal Change?, Berlin–Boston 2020.

Bauch/Schenk 2020b = Martin Bauch/Gerrit Jasper Schenk, Teleconnections, Correlations, Causalities between Nature and Society? An Introductory Comment on the "Crisis of the Fourteenth Century", in: Martin Bauch/Gerrit Jasper Schenk (Hg.), The Crisis of the 14th Century. Teleconnections between Environmental and Societal Change?, Berlin–Boston 2020, 1–22.

Bauer/Schraven 2017 = Steffen Bauer/Benjamin Schraven, Die Mär von den 200.000.000 Klimaflüchtlingen, in: Die Zeit, 8. November 2017, online: https://www.zeit.de/wirtschaft/2017-11/klimawandel-duerren-ueberschwemmungen-fluechtlinge-obergrenze [30.11.2020].

Baumer 2014 = Christoph Baumer, The History of Central Asia. The Age of the Silk Road, London–New York 2014.

Beck 1986 = Ulrich Beck, Risikogesellschaft. Auf dem Weg in eine andere Moderne, Frankfurt am Main 1986.

Behringer 2007 = Wolfgang Behringer, Kulturgeschichte des Klimas. Von der Eiszeit bis zur globalen Erwärmung, München 2007.

Behringer 2016 = Wolfgang Behringer, Tambora und das Jahr ohne Sommer: Wie ein Vulkan die Welt in die Krise stürzte, München 2016.

Bell 1975 = Barbara Bell, Climate and the History of Egypt: The Middle Kingdom, in: American Journal of Archeology 79 (1975), 223–269.

Benedictow 2004 = Ole J. Benedictow, The Black Death 1346–1353. The Complete History, Woodbridge 2004.

Benedictow 2010 = Ole J. Benedictow, What Disease was Plague? On the Controversy over the Microbiological Identity of Plague Epidemics of the Past, Leiden–Boston 2010.

Benjamin 2018 = Craig Benjamin, Empires of Ancient Eurasia. The First Silk Roads Era, 100 BCE–250 CE, Cambridge 2018.

Bianquis 1980 = Thierry Bianquis, Une crise frumentaire dans l'Égypte fatimide, in: Journal of the Economic and Social History of the Orient 23 (1980), 67–101.

Bianquis 1998 = Thierry Bianquis, Autonomous Egypt from Ibn Ṭūlūn to Kāfūr, in: Carl F. Petry (Hg.), The Cambridge History of Egypt. Volume 1, 640–1517, Cambridge 1998, 86–119.

Bielenstein 1986a = Hans Bielenstein, Wang Mang, the Restoration of the Han Dynasty, and Later Han, in: Denis Twitchett/Michael Loewe (Hg.); The Cambridge History of China, Vol. 1: The Ch'in and Han Empires, 221 BC–AD 220, Cambridge 1986, 223–290.

Bielenstein 1986b = Hans Bielenstein, The Institutions of Later Han, in: Denis Twitchett/Michael Loewe (Hg.); The Cambridge History of China, Vol. 1: The Ch'in and Han Empires, 221 BC–AD 220, Cambridge 1986, 491–519.

Bielenstein 1997 = Hans Bielenstein, The Six Dynasties, Vol. II, Stockholm 1997.

Bietak 2012 = Manfred Bietak, Die Zwischenzeiten Ägyptens: Eine vergleichende phänomenologische Studie, in: Arnold Suppan/Sigrid Deger-Jalkotzy (Hg.), Krise und Transformation. Beiträge des internationalen Symposiums vom 22.

bis 23. November 2010 an der Österreichischen Akademie der Wissenschaften, Wien 2012, 9–36.

Bini u. a. 2020 = M. Bini u. a., Hydrological changes during the Roman Climatic Optimum in northern Tuscany (Central Italy) as evidenced by Speleothem Records and Archaeological Data, in: Journal of Quarternary Science (Juni 2020), online: https://doi.org/10.1002/jqs.3224 [30.11.2020].

Bintliff 2012 = John Bintliff, The Complete Archaeology of Greece: From Hunter-Gatherers to the 20th Century A.D., Chichester 2012.

Biran 2005 = Michal Biran, The Empire of the Qara Khitai in Eurasian History: Between China and the Islamic World, Cambridge 2005.

Bisson 2009 = Thomas N. Bisson, The Crisis of the Twelfth Century. Power, Lordship, and the Origins of European Government, Princeton–Oxford 2009.

Blaschke 2018 = Theresa Blaschke, Euphrat und Tigris im Alten Orient, Wiesbaden 2018.

Blažina Tomić/Blažina 2015 = Zlata Blažina Tomić/Vesna Blažina, Expelling the Plague: The Health Office and the Implementation of Quarantine in Dubrovnik, 1377–1533, Montreal–Kingston 2015.

Blickman 1987 = Daniel R. Blickman, The Role of the Plague in the "Iliad", in: Classical Antiquity 6/1 (1987), 1–10.

Blösel 2015 = Wolfgang Blösel, Die römische Republik. Forum und Expansion, München 2015.

Bodde 1986 = Derk Bodde, The State and Empire of Ch'in, in: Denis Twitchett/Michael Loewe (Hg.); The Cambridge History of China, Vol. 1: The Ch'in and Han Empires, 221 BC–AD 220, Cambridge 1986, 20–100.

Bokenkamp 2019 = Stephen R. Bokenkamp, Daoism, in: Albert E. Dien/Keith N. Knapp (Hg.), The Cambridge History of China Vol. 2: The Six Dynasties, 220–589, Cambridge 2019, 553–578.

Boserup 1965 = Ester Boserup, The Conditions of Agricultural Growth: The Economics of Agrarian Change under Population Pressure, London 1965.

Bourriau 2000 = Janine Bourriau, The Second Intermediate Period (c. 1650–1550 BC), in: Ian Shaw (Hg.), The Oxford History of Ancient Egypt, Oxford 2000, 172–206.

Boyanton 2015 = Stephen Boyanton, The Treatise on Cold Damage and the Formation of Literati Medicine: Social, Epidemiological, and Medical Change in China, 1000–1400, PhD-Thesis, Columbia University, 2015.

Börm 2013 = Henning Börm, Westrom. Von Honorius bis Justinian, Stuttgart 2013.

Borsch 2005 = Stuart Borsch, The Black Death in Egypt and England: A Comparative Study, Austin 2005.

Borsch 2014 = Stuart Borsch, Plague Depopulation and Irrigation Decay in Medieval Egypt, in: The Medieval Globe 1/1 (2014), online: https://scholarworks.wmich.edu/tmg/vol1/iss1/7 [30.11.2020].

Borsch/Sabraa 2016 = Stuart Borsch/Tarek Sabraa, Plague Mortality in Late Medieval Cairo: Quantifying the Plague Outbreaks of 833/1430 and 864/1460, in: Mamluk Studies Review 19 (2016), 115–148.

Borsch 2017 = Stuart Borsch, The Black Death and the Human Impact on the Environment, in: Gerrit Jasper Schenk (Hg.), Historical Disaster Experiences.

Towards a Comparative and Transcultural History of Disasters Across Asia and Europe, Cham 2017, 93–106.

Bradley 2014 = Raymond S. Bradley, Paleoclimatology. Reconstructing Climates of the Quaternary, Amsterdam–Waltham–San Diego 2014.

Braudel 2001 = Fernand Braudel, Das Mittelmeer und die mediterrane Welt in der Epoche Philipps II, 3 Bände, Frankfurt am Main 2001.

Bravo-Paredes u. a. 2020 = Nieves Bravo-Paredes u. a., Pro-Pluvia Rogation Ceremonies in Extremadura (Spain): Are They a Good Proxy of Winter NAO?, in: Atmosphere 11 (2020), online: https://www.mdpi.com/2073-4433/11/3/282 [30.11.2020].

Brázdil u. a. 2005 = Rudolf Brázdil u. a., Historical Climatology in Europe – the State of the Art, in: Climate Change 70 (2005), 363–430.

Bresson 2016 = Alain Bresson, The Making of the Ancient Greek Economy. Institutions, Markets, and Growth in the City-States, Princeton–Oxford 2016.

Brett 2017 = Michael Brett, The Fatimid Empire, Edinburgh 2017.

Breuer 2014 = Stefan Breuer, Der charismatische Staat. Ursprünge und Frühformen staatlicher Herrschaft, Darmstadt 2014.

Briant 2002 = Pierre Briant, From Cyrus to Alexander: A History of the Persian Empire, Winona Lake 2002.

Broodbank 2013 = Cyprian Broodbank, The Making of the Middle Sea. A History of the Mediterranean from the Beginning to the Emergence of the Classical World, Oxford 2013.

Brooke 2014 = John L. Brooke, Climate Change and the Course of Global History. A Rough Journey, Cambridge 2014.

Brosseder/Miller 2011 = Ursula Brosseder/Bryan K. Miller (Hg.), Xiongnu Archaeology. Multidisciplinary Perspectives of the First Steppe Empire in Inner Asia, Bonn 2011.

Bryan 2000 = Betsy M. Bryan, The 18th Dynasty before the Amarna Period (c. 1550–1352 BC), in: Ian Shaw (Hg.), The Oxford History of Ancient Egypt, Oxford 2000, 207–264.

Bunbury 2019 = Judith Bunbury, The Nile and Ancient Egypt: Changing Land- and Waterscapes, from the Neolithic to the Roman Era, Cambridge 2019.

Büntgen u. a. 2011 = Ulf Büntgen u. a., 2500 Years of European Climate Variability and Human Susceptibility, in: Science 331 (2011), 578–583.

Büntgen u. a. 2016 = Ulf Büntgen u. a.: Cooling and Societal Change during the Late Antique Little Ice Age from 536 to around 660 AD, in: Nature Geoscience 9 (2016), 231–236.

Burn 2018 = John William Burn, A River in Drought: Consequences of a Low Nile at the End of the Old Kingdom, in: Environment and Ecology Research 6/5 (2018), 446–460.

Busse 2004 = Heribert Busse, Chalif und Großkönig. Die Buyiden im Irak (945–1055), Beirut 2004.

Büssow-Schmitz 2017 = Sarah Büssow-Schmitz, Fanāʾ and Fasād: Perceptions and Concepts of Crises and Disasters in Fourteenth-Century Egypt, in: Gerrit Jasper Schenk (Hg.), Historical Disaster Experiences. Towards a Comparative and Transcultural History of Disasters Across Asia and Europe, Cham 2017, 81–91.

Butzer 1984 = Karl W. Butzer, Long-Term Nile Flood Variation and Political Discontinuities in Pharaonic Egypt, in: Steven A. Brandt/J. Desmond Clark (Hg.), From Hunters to Farmers: the Causes and Consequences of Food Production in Africa, Berkeley 1984, 102–112.

Butzer 1996 = Karl W. Butzer, Sociopolitical Discontinuity in the Near East c. 2200 B.C.E.: Scenarios from Palestine and Egypt, in: H. Nüzhet Dalfes/George Kukla/Harvey Weiss (Hg.), Third Millennium BC Climate Change and Old World Collapse, Berlin–Heidelberg 1996, 245–296.

Cahen 1962 = Claude Cahen, Bagdad au temps de ses derniers califes, in: Arabica. Journal of Arabic and Islamic Studies 9 (1962), 289–302.

Callender 2000 = Gae Callender, The Middle Kingdom Renaissance (c. 2055–1650 BC), in: Ian Shaw (Hg.), The Oxford History of Ancient Egypt, Oxford 2000, 137–171.

Camenisch u. a. 2016 = Chantal Camenisch u. a., The 1430s: a cold Period of extraordinary internal Climate Variability during the early Spörer Minimum with social and economic Impacts in north-western and central Europe, in: Climate of the Past 12 (2016), 2107–2126.

Camenisch/Rohr 2018 = Chantal Camenisch/Christian Rohr, When the Weather turned bad. The Research of Climate Impacts on Society and Economy during the Little Ice Age in Europe. An Overview, in: Cuadernos de Investigación Geográfica 44/1 (2018), 99–114.

Cameron 1994 = Averil Cameron, Das späte Rom, München 1994.

Campbell 2016 = Bruce M. S. Campbell, The Great Transition. Climate, Disease and Society in the Late-Medieval World, Cambridge 2016.

Campopiano 2012 = Michele Campopiano, State, Land Tax and Agriculture in Iraq from the Arab Conquest to the Crisis of the Abbasid Caliphate (Seventh-Tenth Centuries), in: Studia Islamica 107 (2012), 1–37.

Camuffo/Enzi 1996 = Dario Camuffo/Silvia Enzi, The analysis of two bi-millennial Series: Tiber and Po river floods, in: Philip D. Jones/Raymond S. Bradley/Jean Jouzel (Hg.), Climatic Variations and forcing Mechanisms of the last 2000 Years, Heidelberg 1996, 434–450.

Chalyan-Daffner 2013 = Kristine Chalyan-Daffner, Natural Disasters in Mamlūk Egypt (1250–1517): Perceptions, Interpretations and Human Responses, Dissertation Universität Heidelberg 2013.

Chamberlain 1998 = Michael Chamberlain, The Crusader Era and the Ayyūbid Dynasty, in: Carl F. Petry (Hg.), The Cambridge History of Egypt. Volume 1, 640–1517, Cambridge 1998, 211–241.

Chang 1996 = Chia-Feng Chang, Aspects of Smallpox and its Significance in Chinese History, PhD-Thesis, University of London 1996.

Chen 2003/2004 = Zhi-Qiang Chen, The Sources of Roman-Greek World in Ancient and Medieval Chinese texts (1st cent. BC–19th cent. AD), in: Istorikogeographika 10 (2003–2004), 255–434.

Cheung u. a. 2019 = Christina Cheung u. a., Stable isotope and dental caries Data reveal abrupt Changes in subsistence Economy in ancient China in Response to Global Climate Change, in: PLoS ONE 14/7 (2019), online: https://doi.org/10.1371/journal.pone.0218943 [30.22.2020].

Christensen 1993 = Peter Christensen, The Decline of Iranshahr: Irrigation and Environments in the History of the Middle East, 500 B.C. to A.D.1500, Kopenhagen 1993.

Christensen 2003 = Peter Christensen, "In These Perilous Times": Plague and Plague Policies in Early Modern Denmark, in: Medical History 47 (2003), 413–450.

Christian/Elbourne 2018 = Cornelius Christian/Liam Elbourne, Shocks to military support and subsequent assassinations in Ancient Rome, in: Economics Letters 171 (2018), 79–82, online: https://doi.org/10.1016/j.econlet.2018.06.030 [30.11.2020].

Clark 2007 = Gregory Clark, A Farewell to Alms: A Brief Economic History of the World, Princeton–Oxford 2007.

Clausen/Geenen/Macamo 2003 = Lars Clausen/Elke M. Geenen/Elisio Macamo (Hg.), Entsetzliche soziale Prozesse. Theorie und Empirie der Katastrophe, Münster 2003.

Cline 2013 = Eric H. Cline, The Trojan War: A Very Short Introduction, Oxford 2013.

Cline 2014 = Eric H. Cline, 1177 B.C.: The Year Civilization Collapsed, Princeton 2014.

Coen 2018 = Deborah R. Coen, Climate in Motion. Science, Empire, and the Problem of Scale, Chicago–London 2018.

Coffel u. a. 2019 = Ethan D. Coffel u. a., Future Hot and Dry Years Worsen Nile Basin Water Scarcity Despite Projected Precipitation Increases, in: Earth's Future 7 (2019), 967–977.

Cohen/Westbrook 2000 = Raymond Cohen/Raymond Westbrook (Hg.), Amarna Diplomacy. The Beginnings of International Relations, Baltimore–London 2000.

Collet 2012 = Dominik Collet, „Vulnerabilität" als Brückenkonzept der Hungerforschung, in: Dominik Collet/Thore Lassen/Ansgar Schanbacher (Hg.), Handeln in Hungerkrisen. Neue Perspektiven auf soziale und klimatische Vulnerabilität, Göttingen 2012, 13–26.

Collet 2019 = Dominik Collet, Die doppelte Katastrophe. Klima und Kultur in der europäischen Hungerkrise 1770–1772, Göttingen 2019.

Congourdeau 1993 = Marie-Hélène Congourdeau, La société byzantine face aux grandes pandémies, in: Evelyne Patlagean (Hg.), Maladie et Société à Byzance, Split 1993, 21–41.

Congourdeau/Melhaoui 2001 = Marie-Hélène Congourdeau/Mohammed Melhaoui, La perception de la peste en pays chrétien byzantin et musulman, in: Revue des études byzantines 59 (2001), 95–124.

Cook 2013 = Edward R. Cook, Megadroughts, ENSO, and the Invasion of Late-Roman Europe by the Huns and Avars, in: William V. Harris (Hg.), The Ancient Mediterranean Environment between Science and History, Leiden–Boston 2013, 89–102.

Cook u. a. 2015 = Edward R. Cook u. a., Old World Megadroughts and Pluvials during the Common Era, in: Science Advance (November 2015), online: DOI: 10.1126/sciadv.1500561 [30.11.2020].

Cooper 2014 = John P. Cooper, The Medieval Nile. Route, Navigation, and Landscape in Islamic Egypt, Cairo–New York 2014.

Coughanowr 1985 = Effie N. Coughanowr, The Plague in Livy and Thucydides, in: L'Antiquité Classique 54 (1985), 152–158.

Crawford 1984 = Michael Crawford, Die römische Republik, München 1984.

Crawford 2007 = Dorothy Crawford, Deadly Companions. How Microbes shaped our History, Oxford 2007.

Cullen u. a. 2000 = H. M. Cullen u. a., Climate change and the collapse of the Akkadian Empire; evidence from the deep see, in: Geology 28 (2000), 379–382.

Cumming/Peterson 2017 = Graeme S. Cumming/Garry D. Peterson, Unifying Research on Social-Ecological Resilience and Collapse, in: Trends in Ecology & Evolution 32/9 (2017), 695–711.

Cunliffe 2015 = Barry Cunliffe, By Steppe, Desert, and Ocean. The Birth of Eurasia, Oxford 2015.

Cunliffe 2017 = Barry Cunliffe, On the Ocean. The Mediterranean and the Atlantic from Prehistory to AD 1500, Oxford 2017.

Cunliffe 2019 = Barry Cunliffe, The Scythians. Nomad Warriors of the Steppe, Oxford 2019.

Curtis 2014 = Daniel R. Curtis, Coping with crisis: the resilience and vulnerability of pre-industrial settlements, Farnham 2014.

Daoudy 2020 = Marwa Daoudy, The Origins of the Syrian Conflict: Climate Change and Human Security, Cambridge 2020.

Davies 1983 = John K. Davies, Das klassische Griechenland und die Demokratie, München 1983.

Davies 2005 = John K. Davies, Linear and Nonlinear Flow Models for Ancient Economies, in: Joseph Gilbert Manning/Ian Morris (Hg.), The Ancient Economy. Evidence and Models, Stanford 2005, 127–156.

Dávid-Barrett/Dunbar 2012 = Tamás Dávid-Barrett/R.I.M. Dunbar, Cooperation, behavioural Synchrony and Status in Social Networks, in: Journal of Theoretical Biology 308 (2012), 88–95.

Dávid-Barrett/Carney 2015 = Tamás Dávid-Barrett/James Carney, The Deification of historical Figures and the Emergence of Priesthoods as a Solution to a Network Coordination Problem, in: Religion, Brain & Behavior (2015), online: http://dx.doi.org/10.1080/2153599X.2015.1063001 [30.11.2020].

de Barros Damgaard u. a. 2018 = Peter de Barros Damgaard u. a., 137 Ancient Human Genomes from across the Eurasian Steppes, in: Nature 557 (2018), 369–374.

de Crespigny 2019 = Rafe de Crespigny, Wei, in: Albert E. Dien/Keith N. Knapp (Hg.), The Cambridge History of China Vol. 2: The Six Dynasties, 220–589, Cambridge 2019, 27–49.

de Haas/Tol 2017 = T.C.A. de Haas/G.W. Tol (Hg.); The Economic Integration of Roman Italy. Rural Communities in a Globalizing World, Leiden–Boston 2017.

de la Vaissière 2005a = Étienne de la Vaissière, Huns et Xiongnu, in: Central Asiatic Journal 49 (2005), 1–26.

de La Vaissière 2005b = Étienne de la Vaissière, Sogdian Traders: a History, Leiden 2005.

de la Vaissière 2007 = Étienne de la Vaissière, Samarcande et Samarra. Élites d'Asie centrale dans l'empire abbasside, Paris 2007.

de La Vaissière/Trombert 2004 = Étienne de la Vaissière/Éric Trombert, Des Chinois et des Hu: Migrations et intégration des Iraniens orientaux en milieu chinois durant le haut Moyen Âge, in: Annales. Histoire, Sciences Sociales 59 (2004), 931–969.

Demandt 2007 = Alexander Demandt, Die Spätantike. Römische Geschichte von Diocletian bis Justinian 284–565 n. Chr., München 2007.

Demandt 2014 = Alexander Demandt, Der Fall Roms. Die Auflösung des römischen Reiches im Urteil der Nachwelt, München 2014.

Demandt 2018 = Alexander Demandt, Marc Aurel. Der Kaiser und seine Welt, München 2018.

Demeure u. a. 2019 = Christian Demeure u. a., Yersinia pestis and plague: an updated view on evolution, virulence determinants, immune subversion, vaccination and diagnostics, in: Microbes and Infection 21 (2019), 202–212.

de Planhol 1975 = Xavier de Planhol, Kulturgeographische Grundlagen der islamischen Geschichte, Zürich–München 1975.

De Putter/Loutre/Wansard 1998 = Thierry De Putter/Marie-France Loutre/Guy Wansard, Decadal periodicities of Nile River historical discharge (A.D. 622–1470) and climatic implications, in: Geophysical Research Letters 25/16 (1998), 3193–3196.

Dermody u. a. 2014 = Brian J. Dermody u. a., A virtual water network of the Roman world, in: Hydrology and Earth System Sciences 18 (2014), 5025–5040.

de Vries 1980 = Jan de Vries, Measuring the Impact of Climate on History: The Search for Appropriate Methodologies, in: The Journal of Interdisciplinary History 10/4 (1980), 599–630.

DeWitte/Slavin 2013 = Sharon DeWitte/Philip Slavin, Between Famine and Death: England on the Eve of the Black Death—Evidence from Paleoepidemiology and Manorial Accounts, in: Journal of Interdisciplinary History 44/1 (2013), 37–60.

di Cosmo/Oppenheimer/Büntgen 2017 = Nicola di Cosmo/Clive Oppenheimer/Ulf Büntgen, Interplay of Environmental and Socio-political Factors in the Downfall of the Eastern Türk Empire in 630 CE, in: Climatic Change (November 2017), 1–13.

Dinges 1994 = Martin Dinges, Süd-Nord-Gefälle in der Pestbekämpfung. Italien, Deutschland und England im Vergleich, in: Wolfgang U. Eckart/Robert Jütte (Hg.), Das europäische Gesundheitssystem. Gemeinsamkeiten und Unterschiede in historischer Perspektive, Stuttgart 1994, 19–51.

Dionysius von Alexandria 1918 = St. Dionysius of Alexandria, Letters and Treatises, by Charles Lett Feltoe, New York 1918.

Dols 1974 = Michael W. Dols, Plague in Early Islamic History, in: Journal of the American Oriental Society 94/3 (1974), 371–383.

Dols 1977 = Michael W. Dols, The Black Death in the Middle East, Princeton 1977.

Dormeier 2003 = Heinrich Dormeier, Pestepidemien und Frömmigkeitsformen in Italien und Deutschland (14.–16. Jahrhundert), in: Manfred Jakubowski-Tiessen/Hartmut Lehmann (Hg.), Um Himmels Willen. Religionen in Katastrophenzeiten, Göttingen 2003, 14–50.

Doyle 2012 = Alister Doyle, Romans, Han Dynasty kick started Climate Change, in: ABC Science (4. Oktober 2012), online: https://www.abc.net.au/science/articles/2012/10/04/3603567.htm [30.11.2020].

Drake 2012 = Brandon L. Drake, The Influence of Climatic Change on the Late Bronze Age Collapse and the Greek Dark Ages, in: Journal of Archaeological Science 39/6 (2012), 1862–1870.

Drake 2017 = Brandon L. Drake, Changes in North Atlantic Oscillation drove Population Migrations and the Collapse of the Western Roman Empire, in: Nature Scientic Reports 7 (2017), online: https://www.nature.com/articles/s41598-017-01289-z [30.11.2020].

Drews 2013 = Kelly Drews, A Brief History of Quarantine, in: The Virginia Tech Undergraduate Historical Review 2 (2013), online: http://doi.org/10.21061/vtuhr.v2i0.16 [30.11.2020].

Dross 2016 = Fritz Dross, Stigma – Gnade – Skandal: der Nürnberger „portzel", in: Jörg Vögele/Stefanie Knöll/Thorsten Noack (Hg.), Epidemien und Pandemien in historischer Perspektive, Wiesbaden 2016, 51–58.

Düx u. a. 2020 = Ariane Düx u. a., Measles Virus and rinderpest Virus divergence dated to the sixth century BCE, in: Science 368/6497 (2020), 1367–1370.

Ebrey 1986 = Patricia Ebrey, The economic and social history of Later Han, in: Denis Twitchett/Michael Loewe (Hg.); The Cambridge History of China, Vol. 1: The Ch'in and Han Empires, 221 BC–AD 220, Cambridge 1986, 608–648.

Eich 2014 = Armin Eich, Die römische Kaiserzeit. Die Legionen und das Imperium, München 2014.

Eiríksson u. a. 2000 = Jón Eiríksson u. a., Chronology of late Holocene climatic events in the northern North Atlantic based on AMS 14C dates and tephra markers from the volcano Hekla, Iceland, in: Journal of Quaternary Science 15/6 (2000), 573–580.

Eisenberg/Mordechai 2019 = Merle Eisenberg/Lee Mordechai, The Justinianic Plague: an interdisciplinary review, in: Byzantine and Modern Greek Studies 43/2 (2019), 156–180.

Ellenblum 2012 = Ronnie Ellenblum, The Collapse of the Eastern Mediterranean. Climate Change and the Decline of the East, 950–1072, Cambridge 2012.

Ellerbrock/Winkelmann 2012 = Uwe Ellerbrock/Sylvia Winkelmann, Die Parther. Die vergessene Großmacht, Darmstadt–Mainz 2012.

Ellis 2020 = Erle C. Ellis, Anthropozän. Das Zeitalter des Menschen – eine Einführung, München 2020.

Elvin 2004 = Mark Elvin, The Retreat of the Elephants. An Environmental History of China, New Haven–London 2004.

Emmerich 2018 = Reinhard Emmerich, Die Autorität eines chinesischen Dynastiegründers. Das Beispiel des Ersten Kaisers, in: Matthias Becher/Stephan Conermann/Linda Dohmen (Hg.), Macht und Herrschaft transkulturell. Vormoderne Konfigurationen und Perspektiven der Forschung, Göttingen 2018, 223–268.

Engler 2012a = Steven Engler, Developing a historically based "Famine Vulnerability Analysis Model" (FVAM) – An interdisciplinary approach, in: Erdkunde – Archive for Scientific Geography 66/2 (2012), 157–172.

Engler 2012b = Steven Engler, Hungersnot – Bekannte Theorien und neue Analysemodelle, in: Dominik Collet/Thore Lassen/Ansgar Schanbacher (Hg.), Handeln in Hungerkrisen. Neue Perspektiven auf soziale und klimatische Vulnerabilität, Göttingen 2012, 67–83.

Espesset 2009 = Grégoire Espesset, Latter Han religious mass movements and the early Daoist church, in: John Lagerwey/Marc Kalinowski (Hg.), Early Chinese Religion: Part One: Shang through Han (1250 BC–220 AD), Leiden 2009, 1061–1102.

Fahlenbock 2009 = Michaela Fahlenbock, Der Schwarze Tod in Tirol. Seuchenzüge – Krankheitsbilder – Auswirkungen, Innsbruck–Wien–Bozen 2009.

Fang/Feinman/Nicholas 2015 = Hui Fang/Gary M. Feinman/Linda M. Nicholas, Imperial expansion, public investment, and the long path of history: China's initial political unification and its aftermath, in: PNAS 112/30 (2015), online: www.pnas.org/cgi/doi/10.1073/pnas.1419157112 [30.11.2020].

Fangerau/Labisch 2020 = Heiner Fangerau/Alfons Labisch, Pest und Corona: Pandemien in Geschichte, Gegenwart und Zukunft, Freiburg im Breisgau 2020.

Fassin 2009 = Didier Fassin, Les économies morales revisitées, in: Annales. Histoire, Sciences Sociales 64/6 (2009), 1237–1266.

Faure 1981 = Paul Faure, Die Griechische Welt im Zeitalter der Kolonisation, Stuttgart 1981.

Feldbauer 1995 = Peter Feldbauer, Die islamische Welt 600–1250. Ein Frühfall von Unterentwicklung?, Wien 1995.

Feldbauer 2019 = Peter Feldbauer, At-Tiğāra. Handel und Kaufmannskapital in der Islamischen Welt des 7.–13. Jahrhunderts, Wien 2019.

Feuchter 2016 = Jörg Feuchter, Über die Herausforderung der Geschichtswissenschaft durch die Genetik: Zwölf Thesen zur „Genetic History", 2016 online: https://mittelalter.hypotheses.org/7629 [30.11.2020].

Finkelstein/Silberman 2002 = Israel Finkelstein/Neil A. Silberman, Keine Posaunen vor Jericho. Die archäologische Wahrheit über die Bibel, München 2002.

Finné 2014 = Martin Finné, Climate in the Eastern Mediterranean during the Holocene and Beyond: A Peloponnesian Perspective, Stockholm 2014.

Finné u. a. 2017 = Martin Finné u. a., Late Bronze Age climate change and the destruction of the Mycenaean Palace of Nestor at Pylos, in: PLoS ONE 12/2 (2017), online: https://doi.org/10.1371/journal.pone.0189447 [30.11.2020].

Finné/Weiberg 2018 = Martin Finné/Erika Weiberg, Climate Change and Ancient Societies. Facing up to the Challenge of Chronological Control, in: Anneli Ekblom/Christian Isendahl/Karl-Johan Lindholm (Hg.), The Resilience of Heritage: Cultivating a Future of the Past. Essays in Honour of Professor Paul J.J. Sinclair, Uppsala 2018, 269–290.

Flamm 2008 = Heinz Flamm, Die ersten Infektions- oder Pest-Ordnungen in den österreichischen Erblanden, im Fürstlichen Erzstift Salzburg und im Innviertel im 16. Jahrhundert, Wien 2008.

Flannery/Marcus 2012 = Kent Flannery/Joyce Marcus, The Creation of Inequality. How our Prehistoric Ancestors Set the Stage for Monarchy, Slavery, and Empire, Cambridge, Mass.–London 2012.

Flashar 2016 = Hellmut Flashar, Hippokrates. Meister der Heilkunst, München 2016.
Fletcher 1995 = Roland Fletcher, The Limits of Settlement Growth. A Theoretical Outline, Cambridge 1995.
Frahm 2013 = Eckart Frahm, Geschichte des alten Mesopotamien, Stuttgart 2013.
Fraser 1972 = Peter M. Fraser, Ptolemaic Alexandria, Oxford 1972.
Fraser/Rimas 2010 = Even D. G. Fraser/Andrew Rimas, Empires of Food. Feast, Famine, and the Rise and Fall of Civilizations, New York u. a. 2010.
Frenkel 2019 = Yehoshua Frenkel, The Coming of the Barbarians: Can Climate Explain the Saljūqs' Advance?, in: L. E. Yang u. a. (Hg.), Socio-Environmental Dynamics along the Historical Silk Road, Heidelberg–New York 2019, 261–273.
Frey-Anthes 2007 = Henrike Frey-Anthes, Krankheit und Heilung (AT), in: WiBiLex. Das wissenschaftliche Bibellexikon im Internet, 2007, online: https://www.bibelwissenschaft.de/stichwort/24036/ [30.11.2020].
Gallagher/McIntosh 2015 = Daphne E. Gallagher/Roderick J. McIntosh, Agriculture and Urbanism, in: Graeme Barker/Candice Goucher (Hg.), The Cambridge World History, Vol. II: A World with Agriculture, 12,000 BCE–500 CE, Cambridge 2015, 186–209.
Garcin 1998 = Jean-Claude Garcin, The Regime of the Circassian Mamlūks, in: Carl F. Petry (Hg.), The Cambridge History of Egypt. Volume 1, 640–1517, Cambridge 1998, 290–317.
Garnsey 1988 = Peter Garnsey, Famine and Food Supply in the Greco-Roman World. Responses to Risk and Crisis, Cambridge 1988.
Gaube/Leisten 1993 = Heinz Gaube/Thomas Leisten, Kernländer des ʿAbbāsidenreiches im 10./11. Jh. Materialien zur TAVO-Karte B VII 6, Wiesbaden 1993.
Gerrard/Petley 2013 = Christopher M. Gerrard/David N. Petley, A risk society? Environmental hazards, risk and resilience in the later Middle Ages in Europe, in: Natural Hazards 69 (2013), 1051–1079.
Gerste 2015 = Ronald D. Gerste, Wie das Wetter Geschichte macht: Katastrophen und Klimawandel von der Antike bis heute, Stuttgart 2015.
Gerste 2019 = Ronald D. Gerste, Wie Krankheiten Geschichte machen: Von der Antike bis heute, Stuttgart 2019.
Gilligan 2019 = Ian Gilligan, Climate, Clothing, and Agriculture in Prehistory. Linking Evidence, Causes, and Effects, Cambridge 2019.
Gimatzidis/Weninger 2020 = Stefanos Gimatzidis/Bernhard Weninger, Radiocarbon dating the Greek Protogeometric and Geometric periods: The evidence of Sindos, in: PLoS ONE 15/5 (2020), online: https://doi.org/10.1371/journal.pone.0232906 [30.11.2020].
Glaser 2008 = Rüdiger Glaser, Klimageschichte Mitteleuropas. 1200 Jahre Wetter, Klima, Katastrophen, Darmstadt 2008.
Gleick 2014 = Peter H. Gleick, Weather, Drought, Climate Change and Conflict in Syria, in: Weather, Climate, and Society 6 (2014), 331–340.
Goldschmidt 2007 = Asaf Goldschmidt, Epidemics and Medicine during the Northern Song Dynasty: The Revival of Cold Damage Disorders (Shanghan), in: T'oung Pao Second Series 93/1/3 (2007), 53–109.

Gowland/Walther 2018 = Rebecca Gowland/Lauren Walther, Human Growth and Stature, in: Walter Scheidel (Hg.), The Science of Roman History. Biology, Climate, and the Future of the Past, Princeton–Oxford 2018, 174–204.

Graf 1992 = Fritz Graf, An Oracle against Pestilence from a Western Anatolian Town, in: Zeitschrift für Papyrologie und Epigraphik 92 (1992), 267–279.

Graham/Van Dam 2018 = Benjamin Graham/Raymond Van Dam, Modelling the Supply of Wood Fuel in Ancient Rome, in: Late Antique Archaeology 12 (2018), 148–159.

Graus 1988 = František Graus, Pest – Geißler – Judenmorde. Das 14. Jahrhundert als Krisenzeit, Göttingen 1988.

Greatrex/Lieu 2002 = Geoffrey Greatrex/Samuel N. C. Lieu, The Roman Eastern Frontier and the Persian Wars. Part II: A.D. 363–630. A narrative Sourcebook, London–New York 2002.

Green 2018 = Monica H. Green, Climate and Disease in Medieval Eurasia, in: David Ludden (Hg.), Oxford Research Encyclopedia of Asian History, New York 2018, online: https://doi.org/10.1093/acrefore/9780190277727.013.6 [30.11.2020].

Green 2019 = Monica H. Green, When Numbers Don't Count: Changing Perspectives on the Justianic Plague', Eidolon, 18 November 2019, online: https://eidolon.pub/when-numbers-dont-count-56a2b3c3d07 [30.11.2020].

Gregor von Tours 1988 = Gregor von Tours, Fränkische Geschichte, nach der Übersetzung von Wilhelm von Giesebrecht neu bearbeitet von Manfred Gebauer, 3 Bände, Essen 1988.

Groh 2018 = Stefan Groh, Im Spannungsfeld von Macht und Strategie. Die legio II Italica und ihre castra von Ločica (Slowenien), Lauriacum/Enns und Albing, Linz 2018.

Groh 2020 = Stefan Groh, Corona und die Antoninische Pest. Maßnahmen zur Eindämmung einer Epidemie im Römischen Reich, Der Standard Archäologieblog, 12. März 2020, online: https://www.derstandard.at/story/2000115623518/corona-und-die-antoninische-pest [30.11.2020].

Grove/Adamson 2018 = Richard Grove/George Adamson, El Niño in World History, London 2018.

Haak u. a. 2015 = Wolfgang Haak u. a., Massive migration from the steppe was a source of Indo-European languages in Europe, in: Nature 522 (2015), 207–211.

Haarmann 1994 = Ulrich Haarmann, Der arabische Osten im späten Mittelalter 1250–1517, in: Ulrich Haarmann (Hg.), Geschichte der arabischen Welt, München 1994, 217–263.

Haas 2006 = J. Haas, Die Umweltkrise des 3. Jahrhunderts n. Chr. im Nordwesten des Imperium Romanum. Interdisziplinäre Studien zu einem Aspekt der allgemeinen Reichkrise im Bereich der beiden Germaniae sowie der Belgica und der Raetia, Stuttgart 2006.

Häckel 2008 = Hans Häckel, Meteorologie, Stuttgart 2008.

Haldon/Elton/Huebner/Izdebski/Mordechai/Newfield 2018a = John Haldon/Hugh Elton/Sabine R. Huebner/Adam Izdebski/Lee Mordechai/Timothy P. Newfield, Plagues, climate change, and the end of an empire: A response to Kyle

Harper's The Fate of Rome (1): Climate, in: History Compass. 2018, online: https://doi.org/10.1111/hic3.12508 [30.11.2020].

Haldon/Elton/Huebner/Izdebski/Mordechai/Newfield 2018b = John Haldon/Hugh Elton/Sabine R. Huebner/Adam Izdebski/Lee Mordechai/Timothy P. Newfield, Plagues, climate change, and the end of an empire: A response to Kyle Harper's The Fate of Rome (2): Plagues and a crisis of empire, in: History Compass. 2018, online: https://doi.org/10.1111/hic3.12506 [30.11.2020].

Haldon/Elton/Huebner/Izdebski/Mordechai/Newfield 2018c = John Haldon/Hugh Elton/Sabine R. Huebner/Adam Izdebski/Lee Mordechai/Timothy P. Newfield, Plagues, climate change, and the end of an empire: A response to Kyle Harper's The Fate of Rome (3): Disease, agency, and collapse, in: History Compass 2018, online: https://doi.org/10.1111/hic3.12507 [30.11.2020].

Halm 1991 = Heinz Halm, Das Reich des Mahdi. Der Aufstieg der Fatimiden, München 1991.

Halm 2003 = Heinz Halm, Die Kalifen von Kairo: Die Fatimiden in Ägypten 973–1074, München 2003.

Halm 2014 = Heinz Halm, Kalifen und Assassinen: Ägypten und der Vordere Orient zur Zeit der ersten Kreuzzüge 1074–1171, München 2014.

Halsall 2007 = Guy Halsall, Barbarian Migrations and the Roman West 376–568, Cambridge 2007.

Halsall 2019 = Guy Halsall, Non-Migrating Barbarians: Late Antiquity in Northern Barbaricum, Blog Historian on the Edge, 24. Oktober 2019, online: https://600transformer.blogspot.com/2019/10/introduction-first-thing-i-want-to-say.html [30.11.2020].

Halstead 2014 = Paul Halstead, Two Oxen Ahead: Pre-Mechanized Farming in the Mediterranean, Malden–Oxford 2014.

Hämäläinen 2013 = Pekka Hämäläinen, What's in a concept? The kinetic empire of the Comanches, in: History and Theory 52/1 (2013), 81–90.

Harper 2016 = Kyle Harper, People, Plagues, and Prices in the Roman World: The Evidence from Egypt, in: Journal of Economic History 76 (2016), 803–839.

Harper/McCormick 2018 = Kyle Harper/Michael McCormick, Reconstructing the Roman Climate, in: Walter Scheidel (Hg.), The Science of Roman History. Biology, Climate, and the Future of the Past, Princeton–Oxford 2018, 11–52.

Harper 2020 = Kyle Harper, Fatum. Das Klima und der Untergang des Römischen Reiches, München 2020.

Harris 2013 = William V. Harris, Defining and Detecting Mediterranean Deforestation, 800 BCE to 700 CE, in: William V. Harris (Hg.), The Ancient Mediterranean Environment between Science and History (Columbia Studies in the Classical Tradition 39), Leiden–Boston 2013, 173–194.

Harrsch 2016 = Mary Harrsch, Hannibal's Route Over The Alps or just Horse S***?, in: Ancient Times, Blog-Eintrag 2016, online: https://ancientimes.blogspot.com/2016/04/hannibals-route-over-alps-or-just-horse.html [30.11.2020].

Harvie/Milburn 2013 = David Harvie/Keir Milburn, The Moral Economy of the English Crowd in the Twenty-First Century, in: South Atlantic Quarterly 112/3 (2013), 559–567, online: https://doi.org/10.1215/00382876-2146476 [30.11.2020].

Hassan 1996 = Fekri A. Hassan, Nile Floods and Political Disorder in Early Egypt, in: H. Nüzhet Dalfes/George Kukla/Harvey Weiss (Hg.), Third Millennium BC Climate Change and Old World Collapse, Berlin–Heidelberg 1996, 1–24.

Hassan 2007 = Fekri A. Hassan, Extreme Nile floods and famines in Medieval Egypt (AD 930–1500) and their climatic implications, in: Quaternary International 173–174 (2007), 101–112.

Hayakawa 2015 = Hisashi Hayakawa u. a., Records of sunspot and aurora during CE 960–1279 in the Chinese chronicle of the Song dynasty, in: Earth, Planets and Space 67, Article 82 (2015), online: https://doi.org/10.1186/s40623-015-0250-y [30.11.2020].

Hays 2006 = Jo N. Hays, Historians and Epidemics. Simple Questions, Complex Answers, in: Lester K. Little (Hg.), Plague and the End of Antiquity: The Pandemic of 541–750, Cambridge 2006, 33–56.

Headrick 2020 = Daniel R. Headrick, Humans versus Nature. A Global Environmental History, Oxford 2020.

Heimpel 2003 = Wolfgang Heimpel, Letters to the King of Mari: A New Translation, with Historical Introduction, Notes, and Commentary, State College 2003.

Hendrickx/Vermeersch 2000 = Stan Hendrickx/Pierre Vermeersch, Prehistory: From the Palaeolithic to the Badarian Culture (c. 700,000–4000 BC), in: Ian Shaw (Hg.), The Oxford History of Ancient Egypt, Oxford 2000, 16–40.

Herrin 2020 = Judith Herrin, Ravenna. Capital of Empire, Crucible of Europe, London 2020.

Herodot 1991 = Herodot, Historien, übersetzt von Walter Marg, München 1991.

Hessler 2020 = Peter Hessler, Die Stimmen vom Nil: Eine Archäologie der ägyptischen Revolution, München 2020.

Higginbotham 2019 = Adam Higginbotham, Mitternacht in Tschernobyl: Die geheime Geschichte der größten Atomkatastrophe aller Zeiten, Frankfurt am Main 2019.

Hilgemann u. a. 2011 = Werner Hilgemann u. a., dtv-Atlas Weltgeschichte: Band 1: Von den Anfängen bis zur Französischen Revolution, München 2011.

Hin 2013 = Saskia Hin, The Demography of Roman Italy. Population Dynamics in an Ancient Conquest Society, 201 BCE–14 CE, Cambridge 2013.

Hoerder 2002 = Dirk Hoerder, Cultures in Contact. World Migrations in the Second Millennium, Durham–London 2002.

Hoffmann 2014 = Richard C. Hoffmann, An Environmental History of Medieval Europe, Cambridge 2014.

Hoffmann 2015 = Philip T. Hoffmann, Why did Europe conquer the World?, Princeton–Oxford 2015.

Höflmayer 2015 = Felix Höflmayer, The southern Levant, Egypt, and the 4.2 ka BP event, in: Harald Meller/Helge Wolfgang Arz/Reinhard Jung/Roberto Risch (Hg.), 2200 BC – Ein Klimasturz als Ursache für den Zerfall der Alten Welt?, Halle 2015, 113–130.

Hofrichter 2020 = Robert Hofrichter (Hg.), Das Mittelmeer. Geschichte und Zukunft eines ökologisch sensiblen Raums, Berlin 2020.

Hohlhauser/Magny/Zumbuhl 2005 = Hanspeter Hohlhauser/Michel Magny/Heinz Zumbuhl, Glacier and lake-level variations in west-Central Europe over the last 3500 years, in: The Holocene 15/6 (2005), 789–801.

Hölbl 1994 = Günther Hölbl, Geschichte des Ptolemäerreiches. Politik, Ideologie und religiöse Kultur von Alexander dem Großen bis zur römischen Eroberung, Darmstadt 1994.

Holt 2011 = David Harms Holt, Germania and Climate Variability in 3rd and 4th Centuries A. D.: A Methodological Approach to Dendroclimatology and Human Migration, in: Physical Geography 32/3 (2011), 241–268.

Horden/Purcell 2000 = Peregrine Horden/Nicholas Purcell, The Corrupting Sea: A Study of Mediterranean History, Oxford–Malden 2000.

Horn/Bergthaller 2019 = Eva Horn/Hannes Bergthaller, Anthropozän zur Einführung, Hamburg 2019.

Horstmanshoff 1992 = Haak f. J. Horstmanshoff, Epidemie und Anomie. Epidemien in der griechischen Welt (800–400 v. Chr.), in: Medizinhistorisches Journal 27 (1992), 43–65.

Huang/Pang/Li 2002 = Chun Chang Huang/Jiangli Pang/Pinghua Li, Abruptly increased climatic aridity and its social impact on the Loess Plateau of China at 3100 a B. P., in: Journal of Arid Environments 52 (2002), 87–99.

Huber 2005 = Irene Huber, Rituale der Seuchen- und Schadensabwehr im Vorderen Orient und Griechenland: Formen kollektiver Krisenbewältigung in der Antike, Stuttgart 2005.

Hughes 1975 = J. Donald Hughes, Ecology in Ancient Civilizations, Albuquerque 1975.

Hughes 1994 = J. Donald Hughes, Pan's Travail. Environmental Problems of the Ancient Greeks and Romans, Baltimore–London 1994.

Hughes 2005 = J. Donald Hughes, The Mediterranean. An Environmental History, Santa Barbara–Denver–Oxford 2005.

Humphreys 1998 = R. Stephen Humphreys, Egypt in the World System of the later Middle Ages, in: Carl F. Petry (Hg.), The Cambridge History of Egypt. Volume 1, 640–1517, Cambridge 1998, 445–461.

Huntington 1915 = Ellsworth Huntington, Civilization and Climate, New Haven 1915.

Huß 2001 = Werner Huß, Ägypten in hellenistischer Zeit, 332–30 v. Chr., München 2001.

Hütteroth 1982 = Wolf-Dieter Hütteroth, Türkei. Wissenschaftliche Länderkunde, Darmstadt 1982.

Ibrahim 1996 = Fouad N. Ibrahim, Ägypten. Eine geographische Landeskunde, Darmstadt 1996.

Immel u. a. 2020 = Alexander Immel u. a., Gene-flow from steppe individuals into Cucuteni-Trypillia associated populations indicates longstanding contacts and gradual admixture, in: Scientific Reports 10 (2020), online: https://doi.org/10.1038/s41598-020-61190-0 [30.11.2020].

Izdebski/Koloch/Słoczyński/Tycner 2016 = Adam Izdebski/Grzegorz Koloch/Tymon Słoczyński/Marta Tycner, On the use of palynological data in economic

Gowland/Walther 2018 = Rebecca Gowland/Lauren Walther, Human Growth and Stature, in: Walter Scheidel (Hg.), The Science of Roman History. Biology, Climate, and the Future of the Past, Princeton–Oxford 2018, 174–204.

Graf 1992 = Fritz Graf, An Oracle against Pestilence from a Western Anatolian Town, in: Zeitschrift für Papyrologie und Epigraphik 92 (1992), 267–279.

Graham/Van Dam 2018 = Benjamin Graham/Raymond Van Dam, Modelling the Supply of Wood Fuel in Ancient Rome, in: Late Antique Archaeology 12 (2018), 148–159.

Graus 1988 = František Graus, Pest – Geißler – Judenmorde. Das 14. Jahrhundert als Krisenzeit, Göttingen 1988.

Greatrex/Lieu 2002 = Geoffrey Greatrex/Samuel N. C. Lieu, The Roman Eastern Frontier and the Persian Wars. Part II: A.D. 363–630. A narrative Sourcebook, London–New York 2002.

Green 2018 = Monica H. Green, Climate and Disease in Medieval Eurasia, in: David Ludden (Hg.), Oxford Research Encyclopedia of Asian History, New York 2018, online: https://doi.org/10.1093/acrefore/9780190277727.013.6 [30.11.2020].

Green 2019 = Monica H. Green, When Numbers Don't Count: Changing Perspectives on the Justianic Plague', Eidolon, 18 November 2019, online: https://eidolon.pub/when-numbers-dont-count-56a2b3c3d07 [30.11.2020].

Gregor von Tours 1988 = Gregor von Tours, Fränkische Geschichte, nach der Übersetzung von Wilhelm von Giesebrecht neu bearbeitet von Manfred Gebauer, 3 Bände, Essen 1988.

Groh 2018 = Stefan Groh, Im Spannungsfeld von Macht und Strategie. Die legio II Italica und ihre castra von Ločica (Slowenien), Lauriacum/Enns und Albing, Linz 2018.

Groh 2020 = Stefan Groh, Corona und die Antoninische Pest. Maßnahmen zur Eindämmung einer Epidemie im Römischen Reich, Der Standard Archäologieblog, 12. März 2020, online: https://www.derstandard.at/story/2000115623518/corona-und-die-antoninische-pest [30.11.2020].

Grove/Adamson 2018 = Richard Grove/George Adamson, El Niño in World History, London 2018.

Haak u. a. 2015 = Wolfgang Haak u. a., Massive migration from the steppe was a source of Indo-European languages in Europe, in: Nature 522 (2015), 207–211.

Haarmann 1994 = Ulrich Haarmann, Der arabische Osten im späten Mittelalter 1250–1517, in: Ulrich Haarmann (Hg.), Geschichte der arabischen Welt, München 1994, 217–263.

Haas 2006 = J. Haas, Die Umweltkrise des 3. Jahrhunderts n. Chr. im Nordwesten des Imperium Romanum. Interdisziplinäre Studien zu einem Aspekt der allgemeinen Reichkrise im Bereich der beiden Germaniae sowie der Belgica und der Raetia, Stuttgart 2006.

Häckel 2008 = Hans Häckel, Meteorologie, Stuttgart 2008.

Haldon/Elton/Huebner/Izdebski/Mordechai/Newfield 2018a = John Haldon/Hugh Elton/Sabine R. Huebner/Adam Izdebski/Lee Mordechai/Timothy P. Newfield, Plagues, climate change, and the end of an empire: A response to Kyle

Harper's The Fate of Rome (1): Climate, in: History Compass. 2018, online: https://doi.org/10.1111/hic3.12508 [30.11.2020].

Haldon/Elton/Huebner/Izdebski/Mordechai/Newfield 2018b = John Haldon/Hugh Elton/Sabine R. Huebner/Adam Izdebski/Lee Mordechai/Timothy P. Newfield, Plagues, climate change, and the end of an empire: A response to Kyle Harper's The Fate of Rome (2): Plagues and a crisis of empire, in: History Compass. 2018, online: https://doi.org/10.1111/hic3.12506 [30.11.2020].

Haldon/Elton/Huebner/Izdebski/Mordechai/Newfield 2018c = John Haldon/Hugh Elton/Sabine R. Huebner/Adam Izdebski/Lee Mordechai/Timothy P. Newfield, Plagues, climate change, and the end of an empire: A response to Kyle Harper's The Fate of Rome (3): Disease, agency, and collapse, in: History Compass 2018, online: https://doi.org/10.1111/hic3.12507 [30.11.2020].

Halm 1991 = Heinz Halm, Das Reich des Mahdi. Der Aufstieg der Fatimiden, München 1991.

Halm 2003 = Heinz Halm, Die Kalifen von Kairo: Die Fatimiden in Ägypten 973–1074, München 2003.

Halm 2014 = Heinz Halm, Kalifen und Assassinen: Ägypten und der Vordere Orient zur Zeit der ersten Kreuzzüge 1074–1171, München 2014.

Halsall 2007 = Guy Halsall, Barbarian Migrations and the Roman West 376–568, Cambridge 2007.

Halsall 2019 = Guy Halsall, Non-Migrating Barbarians: Late Antiquity in Northern Barbaricum, Blog Historian on the Edge, 24. Oktober 2019, online: https://600transformer.blogspot.com/2019/10/introduction-first-thing-i-want-to-say.html [30.11.2020].

Halstead 2014 = Paul Halstead, Two Oxen Ahead: Pre-Mechanized Farming in the Mediterranean, Malden–Oxford 2014.

Hämäläinen 2013 = Pekka Hämäläinen, What's in a concept? The kinetic empire of the Comanches, in: History and Theory 52/1 (2013), 81–90.

Harper 2016 = Kyle Harper, People, Plagues, and Prices in the Roman World: The Evidence from Egypt, in: Journal of Economic History 76 (2016), 803–839.

Harper/McCormick 2018 = Kyle Harper/Michael McCormick, Reconstructing the Roman Climate, in: Walter Scheidel (Hg.), The Science of Roman History. Biology, Climate, and the Future of the Past, Princeton–Oxford 2018, 11–52.

Harper 2020 = Kyle Harper, Fatum. Das Klima und der Untergang des Römischen Reiches, München 2020.

Harris 2013 = William V. Harris, Defining and Detecting Mediterranean Deforestation, 800 BCE to 700 CE, in: William V. Harris (Hg.), The Ancient Mediterranean Environment between Science and History (Columbia Studies in the Classical Tradition 39), Leiden–Boston 2013, 173–194.

Harrsch 2016 = Mary Harrsch, Hannibal's Route Over The Alps or just Horse S***?, in: Ancient Times, Blog-Eintrag 2016, online: https://ancientimes.blogspot.com/2016/04/hannibals-route-over-alps-or-just-horse.html [30.11.2020].

Harvie/Milburn 2013 = David Harvie/Keir Milburn, The Moral Economy of the English Crowd in the Twenty-First Century, in: South Atlantic Quarterly 112/3 (2013), 559–567, online: https://doi.org/10.1215/00382876-2146476 [30.11.2020].

Hassan 1996 = Fekri A. Hassan, Nile Floods and Political Disorder in Early Egypt, in: H. Nüzhet Dalfes/George Kukla/Harvey Weiss (Hg.), Third Millennium BC Climate Change and Old World Collapse, Berlin–Heidelberg 1996, 1–24.

Hassan 2007 = Fekri A. Hassan, Extreme Nile floods and famines in Medieval Egypt (AD 930–1500) and their climatic implications, in: Quaternary International 173–174 (2007), 101–112.

Hayakawa 2015 = Hisashi Hayakawa u. a., Records of sunspot and aurora during CE 960–1279 in the Chinese chronicle of the Song dynasty, in: Earth, Planets and Space 67, Article 82 (2015), online: https://doi.org/10.1186/s40623-015-0250-y [30.11.2020].

Hays 2006 = Jo N. Hays, Historians and Epidemics. Simple Questions, Complex Answers, in: Lester K. Little (Hg.), Plague and the End of Antiquity: The Pandemic of 541–750, Cambridge 2006, 33–56.

Headrick 2020 = Daniel R. Headrick, Humans versus Nature. A Global Environmental History, Oxford 2020.

Heimpel 2003 = Wolfgang Heimpel, Letters to the King of Mari: A New Translation, with Historical Introduction, Notes, and Commentary, State College 2003.

Hendrickx/Vermeersch 2000 = Stan Hendrickx/Pierre Vermeersch, Prehistory: From the Palaeolithic to the Badarian Culture (c. 700,000–4000 BC), in: Ian Shaw (Hg.), The Oxford History of Ancient Egypt, Oxford 2000, 16–40.

Herrin 2020 = Judith Herrin, Ravenna. Capital of Empire, Crucible of Europe, London 2020.

Herodot 1991 = Herodot, Historien, übersetzt von Walter Marg, München 1991.

Hessler 2020 = Peter Hessler, Die Stimmen vom Nil: Eine Archäologie der ägyptischen Revolution, München 2020.

Higginbotham 2019 = Adam Higginbotham, Mitternacht in Tschernobyl: Die geheime Geschichte der größten Atomkatastrophe aller Zeiten, Frankfurt am Main 2019.

Hilgemann u. a. 2011 = Werner Hilgemann u. a., dtv-Atlas Weltgeschichte: Band 1: Von den Anfängen bis zur Französischen Revolution, München 2011.

Hin 2013 = Saskia Hin, The Demography of Roman Italy. Population Dynamics in an Ancient Conquest Society, 201 BCE–14 CE, Cambridge 2013.

Hoerder 2002 = Dirk Hoerder, Cultures in Contact. World Migrations in the Second Millennium, Durham–London 2002.

Hoffmann 2014 = Richard C. Hoffmann, An Environmental History of Medieval Europe, Cambridge 2014.

Hoffmann 2015 = Philip T. Hoffmann, Why did Europe conquer the World?, Princeton–Oxford 2015.

Höflmayer 2015 = Felix Höflmayer, The southern Levant, Egypt, and the 4.2 ka BP event, in: Harald Meller/Helge Wolfgang Arz/Reinhard Jung/Roberto Risch (Hg.), 2200 BC – Ein Klimasturz als Ursache für den Zerfall der Alten Welt?, Halle 2015, 113–130.

Hofrichter 2020 = Robert Hofrichter (Hg.), Das Mittelmeer. Geschichte und Zukunft eines ökologisch sensiblen Raums, Berlin 2020.

Hohlhauser/Magny/Zumbuhl 2005 = Hanspeter Hohlhauser/Michel Magny/Heinz Zumbuhl, Glacier and lake-level variations in west-Central Europe over the last 3500 years, in: The Holocene 15/6 (2005), 789–801.

Hölbl 1994 = Günther Hölbl, Geschichte des Ptolemäerreiches. Politik, Ideologie und religiöse Kultur von Alexander dem Großen bis zur römischen Eroberung, Darmstadt 1994.

Holt 2011 = David Harms Holt, Germania and Climate Variability in 3rd and 4th Centuries A. D.: A Methodological Approach to Dendroclimatology and Human Migration, in: Physical Geography 32/3 (2011), 241–268.

Horden/Purcell 2000 = Peregrine Horden/Nicholas Purcell, The Corrupting Sea: A Study of Mediterranean History, Oxford–Malden 2000.

Horn/Bergthaller 2019 = Eva Horn/Hannes Bergthaller, Anthropozän zur Einführung, Hamburg 2019.

Horstmanshoff 1992 = Haak f. J. Horstmanshoff, Epidemie und Anomie. Epidemien in der griechischen Welt (800–400 v. Chr.), in: Medizinhistorisches Journal 27 (1992), 43–65.

Huang/Pang/Li 2002 = Chun Chang Huang/Jiangli Pang/Pinghua Li, Abruptly increased climatic aridity and its social impact on the Loess Plateau of China at 3100 a B. P., in: Journal of Arid Environments 52 (2002), 87–99.

Huber 2005 = Irene Huber, Rituale der Seuchen- und Schadensabwehr im Vorderen Orient und Griechenland: Formen kollektiver Krisenbewältigung in der Antike, Stuttgart 2005.

Hughes 1975 = J. Donald Hughes, Ecology in Ancient Civilizations, Albuquerque 1975.

Hughes 1994 = J. Donald Hughes, Pan's Travail. Environmental Problems of the Ancient Greeks and Romans, Baltimore–London 1994.

Hughes 2005 = J. Donald Hughes, The Mediterranean. An Environmental History, Santa Barbara–Denver–Oxford 2005.

Humphreys 1998 = R. Stephen Humphreys, Egypt in the World System of the later Middle Ages, in: Carl F. Petry (Hg.), The Cambridge History of Egypt. Volume 1, 640–1517, Cambridge 1998, 445–461.

Huntington 1915 = Ellsworth Huntington, Civilization and Climate, New Haven 1915.

Huß 2001 = Werner Huß, Ägypten in hellenistischer Zeit, 332–30 v. Chr., München 2001.

Hütteroth 1982 = Wolf-Dieter Hütteroth, Türkei. Wissenschaftliche Länderkunde, Darmstadt 1982.

Ibrahim 1996 = Fouad N. Ibrahim, Ägypten. Eine geographische Landeskunde, Darmstadt 1996.

Immel u. a. 2020 = Alexander Immel u. a., Gene-flow from steppe individuals into Cucuteni-Trypillia associated populations indicates longstanding contacts and gradual admixture, in: Scientific Reports 10 (2020), online: https://doi.org/10.1038/s41598-020-61190-0 [30.11.2020].

Izdebski/Koloch/Słoczyński/Tycner 2016 = Adam Izdebski/Grzegorz Koloch/Tymon Słoczyński/Marta Tycner, On the use of palynological data in economic

Gowland/Walther 2018 = Rebecca Gowland/Lauren Walther, Human Growth and Stature, in: Walter Scheidel (Hg.), The Science of Roman History. Biology, Climate, and the Future of the Past, Princeton–Oxford 2018, 174–204.

Graf 1992 = Fritz Graf, An Oracle against Pestilence from a Western Anatolian Town, in: Zeitschrift für Papyrologie und Epigraphik 92 (1992), 267–279.

Graham/Van Dam 2018 = Benjamin Graham/Raymond Van Dam, Modelling the Supply of Wood Fuel in Ancient Rome, in: Late Antique Archaeology 12 (2018), 148–159.

Graus 1988 = František Graus, Pest – Geißler – Judenmorde. Das 14. Jahrhundert als Krisenzeit, Göttingen 1988.

Greatrex/Lieu 2002 = Geoffrey Greatrex/Samuel N. C. Lieu, The Roman Eastern Frontier and the Persian Wars. Part II: A.D. 363–630. A narrative Sourcebook, London–New York 2002.

Green 2018 = Monica H. Green, Climate and Disease in Medieval Eurasia, in: David Ludden (Hg.), Oxford Research Encyclopedia of Asian History, New York 2018, online: https://doi.org/10.1093/acrefore/9780190277727.013.6 [30.11.2020].

Green 2019 = Monica H. Green, When Numbers Don't Count: Changing Perspectives on the Justianic Plague', Eidolon, 18 November 2019, online: https://eidolon.pub/when-numbers-dont-count-56a2b3c3d07 [30.11.2020].

Gregor von Tours 1988 = Gregor von Tours, Fränkische Geschichte, nach der Übersetzung von Wilhelm von Giesebrecht neu bearbeitet von Manfred Gebauer, 3 Bände, Essen 1988.

Groh 2018 = Stefan Groh, Im Spannungsfeld von Macht und Strategie. Die legio II Italica und ihre castra von Ločica (Slowenien), Lauriacum/Enns und Albing, Linz 2018.

Groh 2020 = Stefan Groh, Corona und die Antoninische Pest. Maßnahmen zur Eindämmung einer Epidemie im Römischen Reich, Der Standard Archäologieblog, 12. März 2020, online: https://www.derstandard.at/story/2000115623518/corona-und-die-antoninische-pest [30.11.2020].

Grove/Adamson 2018 = Richard Grove/George Adamson, El Niño in World History, London 2018.

Haak u. a. 2015 = Wolfgang Haak u. a., Massive migration from the steppe was a source of Indo-European languages in Europe, in: Nature 522 (2015), 207–211.

Haarmann 1994 = Ulrich Haarmann, Der arabische Osten im späten Mittelalter 1250–1517, in: Ulrich Haarmann (Hg.), Geschichte der arabischen Welt, München 1994, 217–263.

Haas 2006 = J. Haas, Die Umweltkrise des 3. Jahrhunderts n. Chr. im Nordwesten des Imperium Romanum. Interdisziplinäre Studien zu einem Aspekt der allgemeinen Reichkrise im Bereich der beiden Germaniae sowie der Belgica und der Raetia, Stuttgart 2006.

Häckel 2008 = Hans Häckel, Meteorologie, Stuttgart 2008.

Haldon/Elton/Huebner/Izdebski/Mordechai/Newfield 2018a = John Haldon/Hugh Elton/Sabine R. Huebner/Adam Izdebski/Lee Mordechai/Timothy P. Newfield, Plagues, climate change, and the end of an empire: A response to Kyle

Harper's The Fate of Rome (1): Climate, in: History Compass. 2018, online: https://doi.org/10.1111/hic3.12508 [30.11.2020].

Haldon/Elton/Huebner/Izdebski/Mordechai/Newfield 2018b = John Haldon/ Hugh Elton/Sabine R. Huebner/Adam Izdebski/Lee Mordechai/Timothy P. Newfield, Plagues, climate change, and the end of an empire: A response to Kyle Harper's The Fate of Rome (2): Plagues and a crisis of empire, in: History Compass. 2018, online: https://doi.org/10.1111/hic3.12506 [30.11.2020].

Haldon/Elton/Huebner/Izdebski/Mordechai/Newfield 2018c = John Haldon/Hugh Elton/Sabine R. Huebner/Adam Izdebski/Lee Mordechai/Timothy P. Newfield, Plagues, climate change, and the end of an empire: A response to Kyle Harper's The Fate of Rome (3): Disease, agency, and collapse, in: History Compass 2018, online: https://doi.org/10.1111/hic3.12507 [30.11.2020].

Halm 1991 = Heinz Halm, Das Reich des Mahdi. Der Aufstieg der Fatimiden, München 1991.

Halm 2003 = Heinz Halm, Die Kalifen von Kairo: Die Fatimiden in Ägypten 973–1074, München 2003.

Halm 2014 = Heinz Halm, Kalifen und Assassinen: Ägypten und der Vordere Orient zur Zeit der ersten Kreuzzüge 1074–1171, München 2014.

Halsall 2007 = Guy Halsall, Barbarian Migrations and the Roman West 376–568, Cambridge 2007.

Halsall 2019 = Guy Halsall, Non-Migrating Barbarians: Late Antiquity in Northern Barbaricum, Blog Historian on the Edge, 24. Oktober 2019, online: https://600transformer.blogspot.com/2019/10/introduction-first-thing-i-want-to-say.html [30.11.2020].

Halstead 2014 = Paul Halstead, Two Oxen Ahead: Pre-Mechanized Farming in the Mediterranean, Malden–Oxford 2014.

Hämäläinen 2013 = Pekka Hämäläinen, What's in a concept? The kinetic empire of the Comanches, in: History and Theory 52/1 (2013), 81–90.

Harper 2016 = Kyle Harper, People, Plagues, and Prices in the Roman World: The Evidence from Egypt, in: Journal of Economic History 76 (2016), 803–839.

Harper/McCormick 2018 = Kyle Harper/Michael McCormick, Reconstructing the Roman Climate, in: Walter Scheidel (Hg.), The Science of Roman History. Biology, Climate, and the Future of the Past, Princeton–Oxford 2018, 11–52.

Harper 2020 = Kyle Harper, Fatum. Das Klima und der Untergang des Römischen Reiches, München 2020.

Harris 2013 = William V. Harris, Defining and Detecting Mediterranean Deforestation, 800 BCE to 700 CE, in: William V. Harris (Hg.), The Ancient Mediterranean Environment between Science and History (Columbia Studies in the Classical Tradition 39), Leiden–Boston 2013, 173–194.

Harrsch 2016 = Mary Harrsch, Hannibal's Route Over The Alps or just Horse S***?, in: Ancient Times, Blog-Eintrag 2016, online: https://ancientimes.blogspot.com/2016/04/hannibals-route-over-alps-or-just-horse.html [30.11.2020].

Harvie/Milburn 2013 = David Harvie/Keir Milburn, The Moral Economy of the English Crowd in the Twenty-First Century, in: South Atlantic Quarterly 112/3 (2013), 559–567, online: https://doi.org/10.1215/00382876-2146476 [30.11.2020].

Hassan 1996 = Fekri A. Hassan, Nile Floods and Political Disorder in Early Egypt, in: H. Nüzhet Dalfes/George Kukla/Harvey Weiss (Hg.), Third Millennium BC Climate Change and Old World Collapse, Berlin–Heidelberg 1996, 1–24.

Hassan 2007 = Fekri A. Hassan, Extreme Nile floods and famines in Medieval Egypt (AD 930–1500) and their climatic implications, in: Quaternary International 173–174 (2007), 101–112.

Hayakawa 2015 = Hisashi Hayakawa u. a., Records of sunspot and aurora during CE 960–1279 in the Chinese chronicle of the Song dynasty, in: Earth, Planets and Space 67, Article 82 (2015), online: https://doi.org/10.1186/s40623-015-0250-y [30.11.2020].

Hays 2006 = Jo N. Hays, Historians and Epidemics. Simple Questions, Complex Answers, in: Lester K. Little (Hg.), Plague and the End of Antiquity: The Pandemic of 541–750, Cambridge 2006, 33–56.

Headrick 2020 = Daniel R. Headrick, Humans versus Nature. A Global Environmental History, Oxford 2020.

Heimpel 2003 = Wolfgang Heimpel, Letters to the King of Mari: A New Translation, with Historical Introduction, Notes, and Commentary, State College 2003.

Hendrickx/Vermeersch 2000 = Stan Hendrickx/Pierre Vermeersch, Prehistory: From the Palaeolithic to the Badarian Culture (c. 700,000–4000 BC), in: Ian Shaw (Hg.), The Oxford History of Ancient Egypt, Oxford 2000, 16–40.

Herrin 2020 = Judith Herrin, Ravenna. Capital of Empire, Crucible of Europe, London 2020.

Herodot 1991 = Herodot, Historien, übersetzt von Walter Marg, München 1991.

Hessler 2020 = Peter Hessler, Die Stimmen vom Nil: Eine Archäologie der ägyptischen Revolution, München 2020.

Higginbotham 2019 = Adam Higginbotham, Mitternacht in Tschernobyl: Die geheime Geschichte der größten Atomkatastrophe aller Zeiten, Frankfurt am Main 2019.

Hilgemann u. a. 2011 = Werner Hilgemann u. a., dtv-Atlas Weltgeschichte: Band 1: Von den Anfängen bis zur Französischen Revolution, München 2011.

Hin 2013 = Saskia Hin, The Demography of Roman Italy. Population Dynamics in an Ancient Conquest Society, 201 BCE–14 CE, Cambridge 2013.

Hoerder 2002 = Dirk Hoerder, Cultures in Contact. World Migrations in the Second Millennium, Durham–London 2002.

Hoffmann 2014 = Richard C. Hoffmann, An Environmental History of Medieval Europe, Cambridge 2014.

Hoffmann 2015 = Philip T. Hoffmann, Why did Europe conquer the World?, Princeton–Oxford 2015.

Höflmayer 2015 = Felix Höflmayer, The southern Levant, Egypt, and the 4.2 ka BP event, in: Harald Meller/Helge Wolfgang Arz/Reinhard Jung/Roberto Risch (Hg.), 2200 BC – Ein Klimasturz als Ursache für den Zerfall der Alten Welt?, Halle 2015, 113–130.

Hofrichter 2020 = Robert Hofrichter (Hg.), Das Mittelmeer. Geschichte und Zukunft eines ökologisch sensiblen Raums, Berlin 2020.

Hohlhauser/Magny/Zumbuhl 2005 = Hanspeter Hohlhauser/Michel Magny/Heinz Zumbuhl, Glacier and lake-level variations in west-Central Europe over the last 3500 years, in: The Holocene 15/6 (2005), 789–801.

Hölbl 1994 = Günther Hölbl, Geschichte des Ptolemäerreiches. Politik, Ideologie und religiöse Kultur von Alexander dem Großen bis zur römischen Eroberung, Darmstadt 1994.

Holt 2011 = David Harms Holt, Germania and Climate Variability in 3rd and 4th Centuries A. D.: A Methodological Approach to Dendroclimatology and Human Migration, in: Physical Geography 32/3 (2011), 241–268.

Horden/Purcell 2000 = Peregrine Horden/Nicholas Purcell, The Corrupting Sea: A Study of Mediterranean History, Oxford–Malden 2000.

Horn/Bergthaller 2019 = Eva Horn/Hannes Bergthaller, Anthropozän zur Einführung, Hamburg 2019.

Horstmanshoff 1992 = Haak f. J. Horstmanshoff, Epidemie und Anomie. Epidemien in der griechischen Welt (800–400 v. Chr.), in: Medizinhistorisches Journal 27 (1992), 43–65.

Huang/Pang/Li 2002 = Chun Chang Huang/Jiangli Pang/Pinghua Li, Abruptly increased climatic aridity and its social impact on the Loess Plateau of China at 3100 a B. P., in: Journal of Arid Environments 52 (2002), 87–99.

Huber 2005 = Irene Huber, Rituale der Seuchen- und Schadensabwehr im Vorderen Orient und Griechenland: Formen kollektiver Krisenbewältigung in der Antike, Stuttgart 2005.

Hughes 1975 = J. Donald Hughes, Ecology in Ancient Civilizations, Albuquerque 1975.

Hughes 1994 = J. Donald Hughes, Pan's Travail. Environmental Problems of the Ancient Greeks and Romans, Baltimore–London 1994.

Hughes 2005 = J. Donald Hughes, The Mediterranean. An Environmental History, Santa Barbara–Denver–Oxford 2005.

Humphreys 1998 = R. Stephen Humphreys, Egypt in the World System of the later Middle Ages, in: Carl F. Petry (Hg.), The Cambridge History of Egypt. Volume 1, 640–1517, Cambridge 1998, 445–461.

Huntington 1915 = Ellsworth Huntington, Civilization and Climate, New Haven 1915.

Huß 2001 = Werner Huß, Ägypten in hellenistischer Zeit, 332–30 v. Chr., München 2001.

Hütteroth 1982 = Wolf-Dieter Hütteroth, Türkei. Wissenschaftliche Länderkunde, Darmstadt 1982.

Ibrahim 1996 = Fouad N. Ibrahim, Ägypten. Eine geographische Landeskunde, Darmstadt 1996.

Immel u. a. 2020 = Alexander Immel u. a., Gene-flow from steppe individuals into Cucuteni-Trypillia associated populations indicates longstanding contacts and gradual admixture, in: Scientific Reports 10 (2020), online: https://doi.org/10.1038/s41598-020-61190-0 [30.11.2020].

Izdebski/Koloch/Słoczyński/Tycner 2016 = Adam Izdebski/Grzegorz Koloch/Tymon Słoczyński/Marta Tycner, On the use of palynological data in economic

history: New methods and an application to agricultural output in Central Europe, 0–2000 AD, in: Explorations in Economic History 59 (2016), 17–39.

Izdebski u. a. 2016 = Adam Izdebski u. a., Realising consilience: How better communication between archaeologists, historians and natural scientists can transform the study of past climate change in the Mediterranean, in: Quaternary Science Reviews 136 (2016), 5–22.

Izdebski u. a. 2020 = Adam Izdebski u. a., Landscape Change and Trade in Ancient Greece: Evidence from Pollen Data, in: The Economic Journal (Februar 2020), online: https://doi.org/10.1093/ej/ueaa026 [30.11.2020].

Jackson 2017 = Peter Jackson, The Mongols and the Islamic World. From Conquest to Conversion, New Haven–London 2017.

Jankrift 2012 = Kay Peter Jankrift, Krankheit und Heilkunde im Mittelalter, Darmstadt 2012.

Jiwa 2018 = Shainool Jiwa, The Fatimids: 1. The Rise of a Muslim Empire, London 2018.

Johne 2008 = Klaus-Peter Johne (Hg.), Die Zeit der Soldatenkaiser: Krise und Transformation des Römischen Reiches im 3. Jahrhundert n. Chr. (235–284), Berlin 2008.

Johnson u. a. 2015 = Christine K. Johnson u. a., Spillover and pandemic properties of zoonotic viruses with high host plasticity, in: Nature Scientific Reports 5, 14830 (2015), online: https://doi.org/10.1038/srep14830 [30.11.2020].

Johnson u. a. 2020 = Christine K. Johnson u. a., Global shifts in mammalian population trends reveal key predictors of virus spillover risk, in: Proceedings of the Royal Society 297 (2020), online: https://doi.org/10.1098/rspb.2019.2736 [30.11.2020].

Jones 1907 = William Henry Samuel Jones, Malaria. A neglected factor in the history of Greece and Rome, Cambridge 1907.

Jones u. a. 2019 = Susan D. Jones u. a., Living with plague: Lessons from the Soviet Union's antiplague system, in: PNAS 116/19 (2019), 9155–9163.

Jotheri 2016 = Jaafar Hamza Abdulhussein Jotheri, Holocene avulsion history of the Euphrates and Tigris rivers in the Mesopotamian floodplain, Dissertation, Durham University, 2016.

Jung/Weninger 2015 = Reinhard Jung/Bernhard Weninger, Archaeological and environmental impact of the 4.2ka cal BP event in the central and eastern Mediterranean, in: Harald Meller/Helge Wolfgang Arz/Reinhard Jung/Roberto Risch (Hg.), 2200 BC – Ein Klimasturz als Ursache für den Zerfall der Alten Welt?, Halle 2015, 205–234.

Kaegi 1998 = Walter E. Kaegi Jr., Egypt on the Eve of the Muslim Conquest, in: Carl F. Petry (Hg.), The Cambridge History of Egypt. Volume 1, 640–1517, Cambridge 1998, 34–61.

Kagan u. a. 2015 = Elisa Joy Kagan u. a., Dead Sea Levels During the Bronze and Iron Ages, in: Radiocarbon 57/2 (2015), 237–252.

Kaiser 2014 = Reinhold Kaiser, Die Mittelmeerwelt und Europa in Spätantike und Frühmittelalter, Frankfurt am Main 2014.

Kaniewski u. a. 2010 = David Kaniewski u. a., Late second-early first millennium BC abrupt climate changes in coastal Syria and their possible significance for the history of the Eastern Mediterranean, in: Quaternary Research 74 (2010), 207–215.

Kaniewski/Guiot/Van Campo 2015 = David Kaniewski/Joël Guiot/Elise Van Campo, Drought and societal collapse 3200 years ago in the Eastern Mediterranean: a review, in: WIREs Climate Change 6 (2015), 369–382.

Kaniewski u. a. 2017 = David Kaniewski u. a., Climate change and water management in the biblical city of Dan, in: Science Advance 3/11 (2017), online: https://advances.sciencemag.org/content/3/11/e1700954.full [30.11.2020].

Kappas 2009 = Martin Kappas, Klimatologie. Klimaforschung im 21. Jahrhundert – Herausforderung für Natur- und Sozialwissenschaften, Heidelberg 2009.

Katrantsiotis u. a. 2016 = C. Katrantsiotis u. a., High-resolution environmental reconstruction in SW Peloponnese, Greece, covering the last c. 6000 years: Evidence from Agios Floros fen, Messenian plain, in: The Holocene 26 (2016), 188–204.

Kay 2014 = Philip Kay, Rome's Economic Revolution, Oxford 2014.

Kayser u. a. 2010 = Fritz H. Kayser u. a., Medizinische Mikrobiologie, Stuttgart 2010.

Keenan-Jones 2013 = Duncan Keenan-Jones, Large-scale Water Management Projects in Roman Central-Southern Italy, in: William V. Harris (Hg.), The Ancient Mediterranean Environment between Science and History, Leiden–Boston 2013, 233–256.

Keller u. a. 2019 = Marcel Keller u. a., Ancient Yersinia pestis genomes from across Western Europe reveal early diversification during the First Pandemic (541–750), in: PNAS June 18, 2019 116 (25) 12363–12372.

Kelley u. a. 2015 = Colin P. Kelley u. a., Climate change in the Fertile Crescent and implications of the recent Syrian drought, in: PNAS 112/11 (2015), 3241–3246.

Kennedy 1998 = Hugh Kennedy, Egypt as Province in the Islamic Caliphate, in: Carl F. Petry (Hg.), The Cambridge History of Egypt. Volume 1, 640–1517, Cambridge 1998, 62–85.

Kennedy 2005 = Hugh Kennedy, When Baghdad ruled the Muslim World. The Rise and Fall of Islam's Greatest Dynasty, Cambridge 2005

Kennedy 2011 = Hugh Kennedy, The Feeding of the five Hundred Thousand: Cities and Agriculture in Early Islamic Mesopotamia, in: Iraq 73 (2011), 177–199.

Kiehn 2017 = Monika Kiehn, Exemplarische Studien zu Nutz- und Zierpflanzen der römischen Antike, Dissertation, Univ. Wien 2017.

Kießling/Konersmann/Troßbach 2016 = Rolf Kießling/Frank Konersmann/Werner Troßbach, Grundzüge der Agrargeschichte. Vom Spätmittelalter bis zum Dreißigjährigen Krieg (1350–1650), Köln–Weimar–Wien 2016.

Kim 2003 = Hyun Jin Kim, The Huns, Rome and the Birth of Europe, Cambridge 2003.

Kim 2015 = Hyun Jin Kim, The Huns, London–New York 2015.

Kinzig 2019 = Wolfram Kinzig, Christenverfolgung in der Antike, München 2019.

Kirleis/Herles 2007 = Wiebke Kirleis/Michael Herles, Climatic Change as a reason for Assyro-Aramaean conflicts? Pollen evidence for drought at the end of the 2nd millennium BC, in: State Archives of Assyria Bulletin 16 (2007), 7–37.

Klinkott 2017 = Hilmar Klinkott, Parther – Pest – Pandora-Mythos. Katastrophen und ihre Bedeutung für die Regierungszeit von Marc Aurel, in: Volker Grieb (Hg.), Marc Aurel – Wege zu seiner Herrschaft, Gutenberg 2017, 285–306.

Knapp/Manning 2016 = A. Bernard Knapp/Sturt W. Manning, Crisis in Context: The End of the Late Bronze Age in the Eastern Mediterranean, in: American Journal of Archaeology 120 (2016), 99–149.

Koenen 2013 = Klaus Koenen, Stadtklagen (Alter Orient), in: WiBiLex. Das wissenschaftliche Bibellexikon im Internet, 2013, online: http://www.bibel wissenschaft.de/stichwort/30274/ [30.11.2020].

Kohler/Smith 2018 = Timothy A. Kohler/Michael E. Smith (Hg.), Ten Thousand Years of Inequality. The Archaeology of Wealth Differences, Tucson 2018.

Köpp-Junk 2017 = Heidi Köpp-Junk, Mobilität, Fremdheit und Integration im Alten Ägypten, in: Harald Mehler u. a. (Hg.), Migration und Integration von der Urgeschichte bis zum Mittelalter. Halle 2017, 129–144.

Krämer 2012 = Daniel Krämer, Vulnerabilität und die konzeptionellen Strukturen des Hungers. Eine methodische Annäherung, in: Dominik Collet/Thore Lassen/Ansgar Schanbacher (Hg.), Handeln in Hungerkrisen. Neue Perspektiven auf soziale und klimatische Vulnerabilität, Göttingen 2012, 45–66.

Krämer 2015 = Daniel Krämer, „Menschen grasten nun mit dem Vieh". Die letzte große Hungerkrise der Schweiz 1816/17, Basel 2015.

Krause/Haak 2017 = Johannes Krause/Wolfgang Haak, Neue Erkenntnisse zur genetischen Geschichte Europas, in: Harald Meller u. a. (Hg.), Migration und Integration von der Urgeschichte bis zum Mittelalter, Halle an der Saale 2017, 21–38.

Kröss 2016 = Katja Kröss, Die Datierung von Claudius' Maßnahmen zugunsten einer verlässlichen Getreideversorgung, in: Historia 65 (2016), 211–219.

Kulikowski 2000 = Michael Kulikowski, Barbarians in Gaul, Usurpers in Britain, in: Britannia 31 (2000), 325–345.

Kulikowski 2016 = Michael Kulikowski, Imperial Triumph. The Roman World from Hadrian to Constantine, London 2016.

Kulikowski 2019 = Michael Kulikowski, Imperial Tragedy. From Constantine's Empire to the Destruction of Roman Italy AD 363–568, London 2019.

Labbé u. a. 2018 = Thomas Labbé u. a., The longest homogeneous series of grape harvest dates, Beaune 1354–2018, and its significance for the understanding of past and present climate, in: Climate of the Past Discussions, 2018, online: https://doi.org/10.5194/cp-2018-179 [30.11.2020].

Lafont/Tenu/Joannès/Clancier 2017 = Bertrand Lafont/Aline Tenu/Francis Joannès/Philippe Clancier, La Mésopotamie. De Gilgamesh à Artaban 3300–120 av. J.-C., Paris 2017.

Lamentowicz u. a. 2019 = M. Lamentowicz u. a., Always on the tipping point. A search for signals of past societies and related peatland ecosystem critical transitions during the last 6500 years in N Poland, in: Quaternary Science Reviews 225 (2019), online: https://doi.org/10.1016/j.quascirev.2019.105954 [30.11.2020].

Lander 2015 = Brian G. Lander, Environmental Change and the Rise of the Qin Empire: A Political Ecology of Ancient North China, Dissertation, Columbia University 2015.

Langbein 2015 = Kurt Langbein, Landraub. Die globale Jagd nach Ackerland, Wals 2015.

Latacz 2001 = Joachim Latacz, Troia und Homer: Der Weg zur Lösung eines alten Rätsels, München–Berlin 2001.

Lee/Crawford/Liu/Chen 2007 = Gyoung-Ah Lee/Gary W. Crawford/Li Liu/Xingcan Chen, Plants and people from the Early Neolithic to Shang periods in North China, in: PNAS 104/3 (2007), 1087–1092.

Leppin 2005 = Hartmut Leppin, Gregor der Große. Die heilsame Seuche, in: Mischa Meier (Hg.), Pest. Die Geschichte eines Menschheitstraumas, Stuttgart 2005, 108–116.

Le Strange 1900 = G. Le Strange, Baghdad during the Abbasid Caliphate. From Contemporary Arabic and Persian Sources, London–New York 1900.

Lexers 1978 = Matthias Lexers, Mittelhochdeutsches Taschenwörterbuch, Leipzig 1978.

Leven 1995 = Karl-Heinz Leven, Athumia and philanthropia: Social Reactions to Plagues in Late Antiquity and Early Byzantine Society. In: Ph. J. van der Eijk u. a. (Hg.), Ancient Medicine in Its Socio-Cultural Context, Amsterdam–Atlanta 1995, 393–407.

Leven 1997 = Karl-Heinz Leven, Die Geschichte der Infektionskrankheiten. Von der Antike bis ins 20. Jahrhundert, Landsberg–Lech 1997.

Leven 2005 = Karl-Heinz Leven, Von Ratten und Menschen – Pest, Geschichte und das Problem der retrospektiven Diagnose, in: Mischa Meier (Hg.), Pest. Die Geschichte eines Menschheitstraumas, Stuttgart 2005, 11–32.

Leven 2007 = Karl-Heinz Leven, „Unfaßbar für den Verstand" – zur Deutung der Pest in der byzantinischen Literatur, in: Das Mittelalter. Perspektiven mediävistischer Forschung 12 (2007), 113–126.

Leven 2008 = Karl-Heinz Leven, Kaiser, Komet und Katastrophe – die „Justinianische" Pest und das Ende der Antike, in: Praxis. Schweizerische Rundschau für Medizin 97 (2008), 1631–1637.

Leven 2016 = Karl-Heinz Leven, „Vandalisches Minimum" und molekularisierte Medizingeschichte: Neuere Entwicklungen in der Seuchengeschichte des Frühen Mittelalters, in: Jörg Vögele/Stefanie Knöll/Thorsten Noack (Hg.), Epidemien und Pandemien in historischer Perspektive, Wiesbaden 2016, 35–50.

Levine 2014 = Ari Daniel Levine, Walls and Gates, Windows and Mirrors: Urban Defences, Cultural Memory, and Security Theatre in Song Kaifeng, in: East Asian Science, Technology and Medicine 39 (2014), 55–118.

Lewis 2007 = Mark Edward Lewis, The Early Chinese Empires. Qin and Han, Cambridge, Mass.–London 2007.

Lewis 2009a = Mark Edward Lewis, China between Empires. The Northern and Southern Dynasties, Cambridge, Mass.–London 2009.

Lewis 2009b = Mark Edward Lewis, China's cosmopolitan Empire. The Tang Dynasty, Cambridge, Mass.–London 2009.

Li/Shelach-Lavi/Ellenblum 2019 = Yali Li/Gideon Shelach-Lavi/Ronnie Ellenblum, Short-Term Climatic Catastrophes and the Collapse of the Liao Dynasty (907–1125): Textual Evidence, in: Journal of Interdisciplinary History 49/4 (2019), 591–610.
Liedl/Feldbauer 2017 = Gottfried Liedl/Peter Feldbauer, Al-Filāḥa – Islamische Landwirtschaft, Wien 2017.
Lienau 1989 = Cay Lienau, Griechenland. Geographie eines Staates der europäischen Südperipheries, Darmstadt 1989.
Little 2006 = Lester K. Little (Hg.), Plague and the End of Antiquity: The Pandemic of 541–750, Cambridge 2006.
Liu 2013 = Ts'ui-jung Liu, A Retrospection of Climate Changes and their Impacts in Chinese History, in: Carmen Meinert (Hg.), Nature, Environment and culture in East Asia, Leiden 2013, 107–136.
Livius 2019 = Titus Livius, Ab urbe condita Libri I-V, Lateinisch/Deutsch, hg. von Marion Giebel, Ditzingen 2019.
Ljungqvist u. a. 2020 = Fredrik Charpentier Ljungqvist u. a., Ranking of tree-ring based hydroclimate reconstructions of the past millennium, in: Quaternary Science Reviews 230 (2020), online: https://doi.org/10.1016/j.quascirev.2019.106074 [30.11.2020].
Lloyd 2000a = Alan B. Lloyd, The Late Period (664–332 BC), in: Ian Shaw (Hg.), The Oxford History of Ancient Egypt, Oxford 2000, 364–387.
Lloyd 2000b = Alan B. Lloyd, The Ptolemaic Period (332–30 BC), in: Ian Shaw (Hg.), The Oxford History of Ancient Egypt, Oxford 2000, 388–413.
Lo Cascio 2012 = Elio Lo Cascio (Hg.), L'Impatto della 'Peste Antonina', Bari 2012.
Loewe 1986a = Michael Loewe, The Former Han dynasty, in: Denis Twitchett/Michael Loewe (Hg.); The Cambridge History of China, Vol. 1: The Ch'in and Han Empires, 221 BC–AD 220, Cambridge 1986, 103–220.
Loewe 1986b = Michael Loewe, The conduct of government and the issues at stake (A.D. 57–167), in: Denis Twitchett/Michael Loewe (Hg.); The Cambridge History of China, Vol. 1: The Ch'in and Han Empires, 221 BC–AD 220, Cambridge 1986, 291–316.
Loewe 1986c= Michael Loewe, The structure and practice of government, in: Denis Twitchett/Michael Loewe (Hg.); The Cambridge History of China, Vol. 1: The Ch'in and Han Empires, 221 BC–AD 220, Cambridge 1986, 463–488.
Loewe 1986d = Michael Loewe, The concept of sovereignty, in: Denis Twitchett/Michael Loewe (Hg.); The Cambridge History of China, Vol. 1: The Ch'in and Han Empires, 221 BC–AD 220, Cambridge 1986, 726–746.
Loewe/Shaughnessy 1999 = Michael Loewe/Edward L. Shaughnessy (Hg.), The Cambridge History of Ancient China. From the Origins of Civilization to 221 B.C., Cambridge 1999.
Loiseau 2014 = Julien Loiseau, Les Mamelouks XIIIe–XVIe siècle. Une expérience du pouvoir dans l'Islam médiéval, Paris 2014.
Lomas 2017= Kathryn Lomas, The Rise of Rome. From the Iron Age to the Punic Wars, 1000 BC.–264 BC, London 2017.
Lombard 1992 = Maurice Lombard, Blütezeit des Islam. Eine Wirtschafts- und Kulturgeschichte 8.–11. Jahrhundert, Frankfurt am Main 1992.

Long/Taylor 2015 = Tengwen Long/David Taylor, A revised chronology for the archaeology of the lower Yangtze, China, based on Bayesian statistical modelling, in: Journal of Archaeological Science 63 (2015), 115–121.

Longman u. a. 2018 = Jack Longman u. a., Exceptionally high levels of lead pollution in the Balkans from the Early Bronze Age to the Industrial Revolution, in: PNAS 115/25 (2018), online: https://doi.org/10.1073/pnas.1721546115 [30.11.2020].

Ludlow/Manning 2016 = Francis Ludlow/Joe G. Manning, Revolts under the Ptolemies: A Palaeoclimatological Perspective, in: John J. Collins/Joe G. Manning (Hg.), Revolt and Resistance in the Ancient Classical World and the Near East. In the Crucible of Empire, Leiden–Boston 2016, 154–171.

Luterbacher u. a. 2012 = Jürg Luterbacher u. a., A Review of 2000 Years of Paleoclimatic Evidence in the Mediterranean, in: Pietro Lionello (Hg.), The Climate of the Mediterranean region: From the Past to the Future, Amsterdam 2012, 87–185.

Luterbacher u. a. 2016 = Jürg Luterbacher u. a., European summer temperatures since Roman times, in: Environmental Research Letters 11 (2016), online: https://iopscience.iop.org/article/10.1088/1748-9326/11/2/024001 [30.11.2020].

Ma 2014 = Ye Ma, The State Civilian Granary System and the Rice Market in 18th–19th Century China, University of Groningen Working paper (2014), online: http://www.cgeh.nl/sites/default/files/Ye%20Ma_Guilin%20workshop-1.pdf [30.11.2020].

MacKinnon 2018 = Michael MacKinnon, Zooarchaeology: Reconstructing the Natural and Cultural Worlds from Archaeological Faunal Remains, in: Walter Scheidel (Hg.), The Science of Roman History. Biology, Climate, and the Future of the Past, Princeton–Oxford 2018, 95–122.

Mahaney u. a. 2019 = William C. Mahaney u. a., Reconnaissance of the Hannibalic Route in the Upper Po Valley, Italy: Correlation with Biostratigraphic Historical Archaeological Evidence in the Upper Guil Valley, France, in: Archaeometry 61/1 (2019), 242–258.

Malanima 2013 = Paolo Malanima, Energy Consumption in the Roman World, in: William V. Harris (Hg.), The Ancient Mediterranean Environment between Science and History, Leiden–Boston 2013, 13–36.

Malek 2000 = Jaromir Malek, The Old Kingdom (c. 2686–2160 BC), in: Ian Shaw (Hg.), The Oxford History of Ancient Egypt, Oxford 2000, 83–107.

Manning 1996 = Sturt W. Manning, Cultural Change in the Aegean c. 2200 BC, in: H. Nüzhet Dalfes/George Kukla/Harvey Weiss (Hg.), Third Millennium BC Climate Change and Old World Collapse, Berlin–Heidelberg 1996, 149–171.

Manning 2013 = Sturt W. Manning, The Roman World and Climate: Context, Relevance of Climate Change, and some Issues, in: William V. Harris (Hg.), The Ancient Mediterranean Environment between Science and History, Leiden–Boston 2013, 103–170.

Manning u. a. 2017 = Joseph G. Manning u. a., Volcanic suppression of Nile summer flooding triggers revolt and constrains interstate conflict in ancient Egypt, in: Nature Communications 8 (2017), online: https://www.nature.com/articles/s41467-017-00957-y [30.11.2020].

Manning 2018 = Joseph G. Manning, The Open Sea. The Economic Life of the Ancient Mediterranean World from the Iron Age to the Rise of Rome, Princeton–Oxford 2018.

Mansvelt Beck 1986 = B. J. Mansvelt Beck, The Fall of Han, in: Denis Twitchett/Michael Loewe (Hg.); The Cambridge History of China, Vol. 1: The Ch'in and Han Empires, 221 BC–AD 220, Cambridge 1986, 317–376.

Marangudakis 2006 = Manussos Marangudakis, The Social Sources and Environmental Consequences of Axial Thinking: Mesopotamia, China, and Greece in Comparative Perspective, in: Europäisches Archiv für Soziologie 47/1 (2006), 59–91.

Marks 2017 = Robert B. Marks, China. An Environmental History, Lanham–Boulder–New York–London 2017.

Marozzi 2019 = Justin Marozzi, Islamic Empires. Fifteen Cities that define a Civilization, London 2019.

Marquardt 2013 = Peggy Marquardt, Römische Kriegsfinanzierung, 280–88 v. Chr., Dissertation, Freie Universität Berlin 2013.

Marston 2011 = John M. Marston, Archaeological Markers of Agricultural Risk Management, in: Journal of Anthropological Archaeology 30 (2011), 190–205.

Mårtensson 2011 = Ulrika Mårtensson, "It's the Economy, Stupid": Al-Tabarī's Analysis of the Free Rider Problem in the ʿAbbāsid Caliphate, in: Journal of the Economic and Social History of the Orient 54 (2011), 203–238.

Marx 1844 = Karl Marx, Zur Kritik der Hegelschen Rechtsphilosophie, Paris 1844.

Maschek 2018 = Dominik Maschek, Die römischen Bürgerkriege. Archäologie und Geschichte einer Krisenzeit, Darmstadt 2018.

Mathez/Smerdon 2018 = Edmond A. Mathez/Jason E. Smerdon, Climate Change. The Science of Global Warming and our Energy Futures, New York–Chichester 2018.

Mauelshagen 2010 = Franz Mauelshagen, Klimageschichte der Neuzeit, Darmstadt 2010.

Mauersberg 2019 = Martin Mauersberg, Die „Griechische Kolonisation". Ihr Bild in der Antike und der modernen altertumswissenschaftlichen Forschung, Bielefeld 2019.

McAnany/Yoffee 2009 = Patricia A. McAnany/Norman Yoffee (Hg.), Questioning Collapse: Human Resilience, Ecological Vulnerability, and the Aftermath of Empire, Cambridge 2009.

McConnell u. a. 2018 = Joseph R. McConnell u. a., Lead pollution recorded in Greenland ice indicates European emissions tracked plagues, wars, and imperial expansion during antiquity, in: PNAS 115 (2018), online: www.pnas.org/cgi/doi/10.1073/pnas.1721818115 [30.11.2020].

McConnell u. a. 2020 = Joseph R. McConnell u. a., Extreme climate after massive eruption of Alaska's Okmok volcano in 43 BCE and effects on the late Roman Republic and Ptolemaic Kingdom, in: PNAS (Juni 2020), online: https://doi.org/10.1073/pnas.2002722117 [30.11.2020].

McCormick u. a. 2012 = Michael McCormick u. a., Climate Change during and after the Roman Empire: Reconstructing the Past from Scientific and Historical Evidence, in: Journal of Interdisciplinary History 43/2 (2012), 169–220.

McCormick 2013 = Michael McCormick, What Climate Science, Ausonius, Nile Floods, Rye, and Thatch tell us about the Environmental History of the Roman Empire, in: William V. Harris (Hg.), The Ancient Mediterranean Environment between Science and History, Leiden–Boston 2013, 61–88.

McCormick 2019 = Michael McCormick, Radiocarbon dating the end of urban services in a late Roman town, in: PNAS 116/17 (2019), 8096–8098.

McMichael 2017 = Anthony McMichael, Climate Change and the Health of Nations. Famines, Fevers, and the Fate of Populations, Oxford 2017.

McLaughlin 2010 = Raoul McLaughlin, Rome and the Distant East. Trade Routes to the Ancient Lands of Arabia, India and China, London–New York 2010.

McNeill 1976 = William H. McNeill, Plagues and Peoples, New York 1976.

Meier 2003 = Mischa Meier, Das andere Zeitalter Justinians. Kontingenzerfahrungen und Kontingenzbewältigung im 6. Jahrhundert n. Chr., Göttingen 2003.

Meier/Patzold 2010 = Mischa Meier/Steffen Patzold, August 410 – Ein Kampf um Rom, Stuttgart 2010.

Meier 2016 = Mischa Meier, The 'Justinianic Plague': the economic consequences of the pandemic in the eastern Roman empire and its cultural and religious effects, in: Early Medieval Europe 24/3 (2016), 267–292.

Meier 2018 = Mischa Meier, Rezension zu Kyle Harper: The Fate of Rome. Climate, Disease, and the End of an Empire, Princeton–Oxford: Princeton University Press 2017, in: sehepunkte 18/4 (2018), online: www.sehepunkte. de/2018/04/31054.html [30.11.2020].

Meier 2019 = Mischa Meier, Geschichte der Völkerwanderung. Europa, Asien und Afrika vom 3. bis zum 8. Jahrhundert n. Chr., München 2019.

Meister 2013 = Klaus Meister, Thukydides als Vorbild der Historiker. Von der Antike bis zur Gegenwart, Paderborn 2013.

Mensing u. a. 2015 = Scott A. Mensing u. a., 2700 years of Mediterranean environmental change in central Italy: a synthesis of sedimentary and cultural records to interpret the past impacts of climate on society, in: Quaternary Science Reviews 116 (2015), 72–94.

Michaels 2017 = Axel Michaels, Südasien und Südostasien, in: Hans-Joachim Gehrke (Hg.), Die Welt vor 600. Frühe Zivilisationen, München 2017, 763–908.

Michel 2010 = Andreas Michel, Hunger/Hungersnot (AT), in: WiBiLex. Das wissenschaftliche Bibellexikon im Internet, 2010, online: http://www.bibelwissen schaft.de/stichwort/21634/ [30.11.2020].

Midant-Reynes 2000 = Béatrix Midant-Reynes, The Naqada Period (c. 4000–3200 BC), in: Ian Shaw (Hg.), The Oxford History of Ancient Egypt, Oxford 2000, 41–56.

Mikhail 2008 = Alan Mikhail, The Nature of Plague in Late Eighteenth-Century Egypt, in: Bulletin of the History of Medicine 82/2 (2008), 249–275.

Mikhail 2011 = Alan Mikhail, Nature and Empire in Ottoman Egypt: An Environmental History, Cambridge 2011.

Mikhail 2013 = Alan Mikhail, Plague and Environment in Late Ottoman Egypt, in: Alan Mikhail (Hg.), Water on Sand. Environmental Histories of the Middle East and North Africa, Oxford 2013, 111–131.

Mikhail 2017 = Alan Mikhail, Under Osman's Tree. The Ottoman Empire, Egypt and Environmental History, Chicago 2017.

Miller/Nesbitt 2014 = Timothy S. Miller/John W. Nesbitt, Walking Corpses. Leprosy in Byzantium and the Medieval West, Ithaca–London 2014.

Mischke u. a. 2019 = Steffen Mischke u. a., Landscape Response to Climate and Human Impact in Western China during the Han Dynasty, in: L. E. Yang u. a. (Hg.), Socio-Environmental Dynamics along the Historical Silk Road, Heidelberg 2019, 45–66.

Mischlewski 1976 = Adalbert Mischlewski: Grundzüge der Geschichte des Antoniterordens bis zum Ausgang des 15. Jahrhunderts, Wien 1976.

Moeller 2005 = Nadine Moeller, The First Intermediate Period: A Time of Famine and Climate Change?, in: Ägypten und Levante 15 (2005), 153–167.

Morabia 2009 = Alfredo Morabia, Epidemic and population patterns in the Chinese Empire (243 B.C.E. to 1911 C.E.): quantitative analysis of a unique but neglected epidemic catalogue, in: Epidemiology and Infection 137 (2009), 1361–1368.

Mordechai/Eisenberg 2019 = Lee Mordechai/Merle Eisenberg, Rejecting Catastrophe: The Case of the Justinianic Plague, in: Past & Present 244/1 (2019), 3–50.

Moreno 2007 = Alfonso Moreno, Feeding the Democracy: The Athenian Grain Supply in the Fifth and Fourth Centuries BC, Oxford 2007.

Moreno García 2015 = Juan Carlos Moreno García, Climatic change or sociopolitical transformation? Reassessing late 3rd millennium BC in Egypt, in: Harald Meller/Helge Wolfgang Arz/Reinhard Jung/Roberto Risch (Hg.), 2200 BC – Ein Klimasturz als Ursache für den Zerfall der Alten Welt?, Halle 2015, 79–94.

Mull 2017 = Jörg Mull, Mythen und Metalle. Der Trojanische Krieg, die Seevölker und der Kulturbruch am Ende der Bronzezeit, Leipzig 2017.

Müller 1997a = Johannes Müller, Kulturlandschaft China. Anthropogene Gestaltung der Landschaft durch Landnutzung und Siedlung, Gotha 1997.

Müller 1997b = Klaus E. Müller, Geschichte der antiken Ethnologie, Reinbek 1997.

Müller 2008 = Sabine Müller, Regen, Erdbeben und Klimawandel. Die Katastrophe der unrechtmäßigen Herrschaft in antiker literarischer Tradition, in: Behemoth. A Journal on Civilisation 3 (2008), 57–72.

Münkler 2005 = Herfried Münkler, Imperien: Die Logik der Weltherrschaft – vom Alten Rom bis zu den Vereinigten Staaten, Berlin 2005.

Murray 1995 = Oswyn Murray, Das frühe Griechenland, München 1995.

Nagel 1993 = Tilman Nagel, Timur der Eroberer und die islamische Welt des späten Mittelalters, München 1993.

Nagel 1994 = Tilman Nagel, Das Kalifat der Abbasiden, in: Ulrich Haarmann (Hg.), Geschichte der arabischen Welt, München 1994, 101–165.

Nāsir-i Chusrau 1993 = Naser-e-Khosrou, Safarname. Ein Reisebericht aus dem Orient des 11. Jahrhunderts, herausgegeben, bearbeitet und aus dem Persischen übersetzt von Seyfeddin Najmabadi und Siegfried Weber, München 1993.

Nerlich u. a. 2008 = Andreas G. Nerlich u. a., Plasmodium falciparum in Ancient Egypt, in: Emerging Infectious Diseases 14/8 (2008), 1317–1318.

Neugebauer u. a. 2015 = Ina Neugebauer u. a., Evidences for centennial dry periods at ~3300 and ~2800 cal. yr BP from micro-facies analyses of the Dead Sea sediments, in: The Holocene 25/8 (2015), 1358–1371.

Newfield 2009 = Timothy Newfield, A cattle panzootic in early fourteenth-century Europe, in: Agricultural History Review 57 (2009), 155–190.

Newfield 2017 = Timothy Newfield, Malaria and malaria-like disease in the early Middle Ages, in: Early Medieval Europe 25/3 (2017), 251–300.

Newfield 2018a = Timothy Newfield, in: The Climate Downturn of 536–50, in: Sam White/Christian Pfister/Franz Mauelshagen (Hg.), The Palgrave Handbook of Climate History, London 2018, 447–493.

Newfield 2018b = Timothy Newfield, Mysterious and Mortiferous Clouds: The Climate Cooling and Disease Burden of Late Antiquity, in: Adam Izdebski/Michael Mulryan (Hg.), Environment and Society in the Long Late Antiquity (Late Antique Archaeology 12), Leiden 2018, 89–115.

Norrie 2014 = Philip Norrie, An Account of Diseases in the Near East during the Bronze Age – an Historical View, Dissertation, University of New South Wales, 2014.

Norrie 2016 = Philip Norrie, A History of Disease in Ancient Times. More Lethal than War, London 2016.

North/Wallis/Weingast 2009 = Douglass North/John Joseph Wallis/Barry R. Weingast, Violence and Social Orders: A Conceptual Framework for Interpreting Recorded Human History, Cambridge 2009.

Northedge 2007 = Alastair Northedge, The Historical Topography of Samarra, London 2007.

Northrup 1998 = Linda S. Northrup, The Baḥrī Mamlūk Sultanate, 1250–1390, in: Carl F. Petry (Hg.), The Cambridge History of Egypt. Volume 1, 640–1517, Cambridge 1998, 242–289.

Ober 2015 = Josiah Ober, The Rise and Fall of Classical Greece, Princeton–Oxford 2015.

O'Connell u. a. 2019 = Tamsin C. O'Connell u. a., Living and dying at the Portus Romae, in: Antiquity 93/369 (2019), 719–734.

Oesterle 2009 = Jenny Rahel Oesterle, Kalifat und Königtum. Herrschaftsrepräsentation der Fatimiden, Ottonen und frühen Salier an religiösen Hochfesten, Darmstadt 2009.

Ó'Gráda 2009 = Cormac Ó'Gráda, Famine: A Short History, Princeton–Oxford 2009.

Ogilvie 1988 = Robert M. Ogilvie, Das frühe Rom und die Etrusker, München 1988.

Oppenheimer 2014 = Clive Oppenheimer, Eruptions that Shook the World, Cambridge 2014.

Orengo/Livarda 2016 = Hector A. Orengo/Alexandra Livarda, The seeds of commerce: a network analysis-based approach to the Romano-British transport system, in: Journal of Archaeological Science 66 (2016), 21–35.

Osborne 2020 = John Osborne, Rome in the Eighth Century: A History in Art, Cambridge 2020.

Pamuk 2007 = Ş. Pamuk, The Black Death and the Origins of the "Great Divergence" across Europe, 1300–1600, in: European Review of Economic History 11 (2007), 289–317.

Panagiotakopulu 2004 = Eva Panagiotakopulu, Pharaonic Egypt and the Origins of Plague, in: Journal of Biogeography 31 (2004), 269–275.

Papagrigorakis u. a. 2006 = Manolis J. Papagrigorakis u. a., DNA examination of ancient dental pulp incriminates typhoid fever as a probable cause of the Plague of Athens, in: International Journal of Infectious Diseases 10 (2006), 206–214.

Parker 2008 = Grant Parker, The Making of Roman India, Cambridge 2008.

Parzinger 2010 = Hermann Parzinger, Die Skythen, München 2010.

Paul 2016 = Jürgen Paul, Nomads and Bukhara. A Study in Nomad Migrations, Pasture, and Climate Change (11th century CE), in: Der Islam 93/2 (2016), 495–531.

Paulette 2012 = Tate Paulette, Domination and Resilience in Bronze Age Mesopotamia, in: J. Cooper/P. Sheets (Hg.), Surviving Sudden Environmental Change: Answers from Archaeology, Boulder 2012, 163–195.

Paulus Diaconus 1992 = Geschichte der Langobarden. Paulus Diakonus und die Geschichtsschreiber der Langobarden, nach der Übersetzung von Otto Abel neu herausgegeben von Alexander Heine, Kettwig 1992.

Peacock 2015 = Andrew C. S. Peacock, The Great Seljuk Empire, Edinburgh 2015.

Pei/Zhang 2014 = Qing Pei/David D. Zhang, Long-term relationship between climate change and nomadic migration in historical China, in: Ecology and Society 19/2 (2014), online: http://dx.doi.org/10.5751/ES-06528-190268 [30.11.2020].

Petry 1998 = Carl F. Petry (Hg.), The Cambridge History of Egypt. Volume 1, 640–1517, Cambridge 1998.

Petzold 2019 = Konrad Petzold, Die großen Taten der kleinen Leute im Alten Rom, Stuttgart 2019.

Pfeiffer 2008 = Stefan Pfeiffer, Die Bekämpfung einer drohenden Hungersnot durch Ptolemaios III. und seine Gemahlin Berenike II., in: Andreas Gestrich/Lutz Raphael (Hg.), Inklusion/Exklusion. Studien zu Fremdheit und Armut von der Antike bis zur Gegenwart, Frankfurt am Main–Berlin–Bern–Wien 2008, 245–263.

Pfeilschifter 2013 = Rene Pfeilschifter, Der Kaiser und Konstantinopel. Kommunikation und Konfliktaustrag in einer spätantiken Metropole, Berlin–Boston 2013.

Pferdehirt/Scholz 2012 = Barbara Pferdehirt/Markus Scholz (Hg.), Bürgerrecht und Krise. Die Constitutio Antoniniana 212 n. Chr. und ihre innenpolitischen Folgen, Mainz 2012.

Pfister/Brázdil 2006 = Christian Pfister/Rudolf Brázdil, Social vulnerability to climate in the "Little Ice Age": an example from Central Europe in the early 1770s, in: Climate of the Past 2 (2006), 115–129.

Pfister 2001 = Christian Pfister, Klimawandel in der Geschichte Europas. Zur Entwicklung und zum Potenzial der Historischen Klimatologie, in: Österreichische Zeitschrift für Geschichtswissenschaften 12/2 (2001), 7–43.

Pfister 2019 = Rudolf Pfister, Üble Kerne unter der Haut. Neu erschlossene medizinische Quellen zur Beulenpest im frühmittelalterlichen China, in: Pest! Eine Spurensuche. Ausstellungskatalog Westfälisches Landesmuseum, Darmstadt 2019, 64–75.

Piguet 2013 = Etienne Piguet, From "Primitive Migration" to "Climate Refugees": The Curious Fate of the Natural Environment in Migration Studies, in: Annals of the Association of American Geographers 103/1 (2013), 148–162.

Pines 2012 = Yuri Pines, Everlasting Empire. The Political Culture of Ancient China and Its Imperial Legacy, Princeton–Oxford 2012.

Platon 1994 = Platon, Sämtliche Werke Band 4. Timaios, Kritias, Minas, Nomoi, übersetzt von Hieronymus Müller und Friedrich Schleiermacher, Reinbek 1994.

Plinius 2008 = C. Plinius Secundus d. Ä., Naturkunde, herausgegeben und übersetzt von Roderich König u. a., 5 Bände, Düsseldorf 2008.

Podany 2010 = Amanda H. Podany, Brotherhood of Kings. How International Relations shaped the Ancient Near East, Oxford 2010.

Pohl 2005 = Walter Pohl, Die Völkerwanderung. Eroberung und Integration, Stuttgart–Berlin–Köln 2005.

Pommerening 2009 = Tanja Pommerening Krankheit und Heilung (Ägypten), in: WiBiLex. Das wissenschaftliche Bibellexikon im Internet, 2009, online: https://www.bibelwissenschaft.de/stichwort/24048/ [30.11.2020].

Pongratz/Caldeira/Reick/Claussen 2011 = Julia Pongratz/Ken Caldeira/Christian H. Reick/Martin Claussen, Coupled climate-carbon simulations indicate minor global effects of wars and epidemics on atmospheric CO_2 between AD 800 and 1850, in: The Holocene, online 20 January 2011: http://hol.sagepub.com/content/early/2011/01/15/0959683610386981 [30.11.2020].

Popovic 1999 = Alexandre Popovic, The Revolt of African Slaves in Iraq in the 3rd/9th Century, Princeton 1999.

Post 1985 = John D. Post, Food Shortage, Climatic Variability, and Epidemic Disease in Preindustrial Europe. The Mortality Peak in the Early 1740s, Ithaca–London 1985.

Post 2017 = Ruben Post, The environmental history of Classical and Hellenistic Greece: The contribution of environmental archaeology, in: History Compass 15/10 (2017), online: https://onlinelibrary.wiley.com/doi/abs/10.1111/hic3.12392 [30.11.2020].

Potter 2004 = David S. Potter, The Roman Empire at Bay AD 180–395, London–New York 2004.

Preiser-Kapeller 2012b = Johannes Preiser-Kapeller, Complex historical dynamics of crisis: the case of Byzantium, in: Sigrid Jalkotzy-Deger/Arnold Suppan (Hg.), Krise und Transformation, Wien 2012, 69–127.

Preiser-Kapeller 2015a = Johannes Preiser-Kapeller, Piketty in Byzanz? Ungleichverteilungen von Vermögen und Einkommen im Mittelalter, 6. Februar 2015, online: https://www.dasanderemittelalter.net/news/piketty-in-byzanz-ungleichverteilungen-von-vermogen-und-einkommen-im-mittelalter/ [30.11.2020].

Preiser-Kapeller 2015b = Johannes Preiser-Kapeller, The Maritime Mobility of Individuals and Objects: Networks and Entanglements, in: J. Preiser-Kapeller/F.

Daim (Hg.), Harbours and Maritime Networks as Complex Adaptive Systems, Mainz 2015, 119–140.

Preiser-Kapeller 2015c = Johannes Preiser-Kapeller, A Collapse of the Eastern Mediterranean? New Results and Theories on the Interplay between Climate and Societies in Byzantium and the Near East, ca. 1000–1200 AD, in: Jahrbuch der Österreichischen Byzantinistik 65 (2015), 195–242.

Preiser-Kapeller 2018a = Johannes Preiser-Kapeller, Jenseits von Rom und Karl dem Großen. Aspekte der globalen Verflechtung in der langen Spätantike, 300–800 n. Chr., Wien 2018.

Preiser-Kapeller 2018b = Johannes Preiser-Kapeller, The Climate of the Khagan. Observations on Palaeoenvironmental Factors in the History of the Avars (6th–9th Century), in: Jörg Drauschke u. a. (Hg.), Lebenswelten zwischen Archäologie und Geschichte. Festschrift für Falko Daim zu seinem 65. Geburtstag, Mainz 2018, 311–324.

Preiser-Kapeller 2019 = Johannes Preiser-Kapeller, Networks and the resilience and fall of empires. A macro-comparison of the Imperium Romanum and Imperial China, in: Siedlungsforschung. Archäologie – Geschichte – Geographie 36 (2019), 59–98.

Preiser-Kapeller/Reinfandt/Stouraitis 2020 = Johannes Preiser-Kapeller/Lucian Reinfandt/Yannis Stouraitis, Migration History of the Afro-Eurasian Transition Zone, c. 300–1500: An Introduction, in: Johannes Preiser-Kapeller/Lucian Reinfandt/Yannis Stouraitis (Hg.), Migration Histories of the Medieval Afroeurasian Transition Zone. Aspects of mobility between Africa, Asia and Europe, 300–1500 C.E., Leiden 2020, 1–49.

Quack 2012 = Joachim Friedrich Quack, Gibt es in Ägypten schriftliche Quellen zum Thera-Ausbruch?, in: Harald Meller u. a. (Hg.), 1600 – Kultureller Umbruch im Schatten des Thera-Ausbruchs?, Halle 2012, 221–233.

Quack 2013 = Joachim Friedrich Quack, Hungersnotstele, in: WiBiLex. Das wissenschaftliche Bibellexikon im Internet, 2013, online: http://www.bibelwissenschaft.de/stichwort/21646/ [30.11.2020].

Quack 2017 = Joachim Friedrich Quack, "Assur Will Suffer:" Predicting Disaster in Ancient Egypt, in: Gerrit Jasper Schenk (Hg.), Historical Disaster Experiences. Towards a Comparative and Transcultural History of Disasters Across Asia and Europe, Cham 2017, 189–206.

Radkau 2002 = Joachim Radkau, Natur und Macht. Eine Weltgeschichte der Umwelt, München 2002.

Radner 2011 = Karen Radner, The Assur-Nineveh-Arbela Triangle. Central Assyria in the Neo-Assyrian Period, in: Peter A. Miglus/Simone Mühl (Hg.), Between the Cultures. The Central Tigris Region from the 3rd to the 1st Millennium BC, Heidelberg 2011, 321–329.

Radner 2017 = Karen Radner, Mesopotamien. Die frühen Hochkulturen an Euphrat und Tigris, München 2017.

Rapoport/Savage-Smith 2018 = Yosef Rapoport/Emilie Savage-Smith, Lost Maps of the Caliph. Drawing the World in the Eleventh-Century Cairo, Oxford 2018.

Rahmstorf/Schellnhuber 2019 = Stefan Rahmstorf/Hans Joachim Schellnhuber, Der Klimawandel. Diagnose, Prognose, Therapie, München 2019.

Raphael 2013 = Sarah Kate Raphael, Climate and Political Climate. Environmental Disasters in the Medieval Levant, Leiden–Boston 2013.

Rascovan u. a. 2019 = Nicolás Rascovan u. a., Emergence and Spread of Basal Lineages of Yersinia pestis during the Neolithic Decline, in: Cell 176 (2019), 295–305.

Rassi 2017 = Juliette Rassi, Several Natural Disasters in the Middle East (at the Beginning of the Eleventh Century) and Their Consequences, in: Gerrit Jasper Schenk (Hg.), Historical Disaster Experiences. Towards a Comparative and Transcultural History of Disasters Across Asia and Europe, Cham 2017, 63–79.

Rebay-Salisbury u. a. 2018 = Katharina Rebay-Salisbury u. a., Motherhood at early Bronze Age Unterhautzenthal, Lower Austria, in: Archaeologia Austriaca 102 (2018), 71–134.

Reff 2005 = Daniel T. Reff, Plagues, Priests, Demons. Sacred Narratives and Rise of Christianity in the Old World and the New, Cambridge 2005.

Reichert 1996 = Ramón Reichert, Auf die Pest antwortet die Ordnung. Zur Genealogie der Regierungsmentalität 1700–1800, in: Österreichische Zeitschrift für Geschichtsforschung 3 (1996), 327–357.

Rickman 1980 = G. E. Rickman, The Grain Trade under the Roman Empire, in: Memoirs of the American Academy in Rome 36 (1980), 261–275.

Ritner 1998 = Robert K. Ritner, Egypt under Roman Rule: The Legacy of Ancient Egypt, in: Carl F. Petry (Hg.), The Cambridge History of Egypt. Volume 1, 640–1517, Cambridge 1998, 1–33.

Roberts u. a. 2012 = Neil Roberts u. a., Palaeolimnological evidence for an east-west climate see-saw in the Mediterranean since AD 900, in: Global and Planetary Change 84–85 (2012), 23–34.

Roberts 2015 = Charlotte Roberts, What did Agriculture do for us? The Bioarchaeology of Health and Diet, in: Graeme Barker/Candice Goucher (Hg.), The Cambridge World History, Vol. II: A World with Agriculture, 12,000 BCE–500 CE, Cambridge 2015, 93–123.

Robertson 2010 = Warren C. Robertson, Drought, Famine, Plague and Pestilence. Ancient Israel's Understandings and Responses to Natural Catastrophes, Piscataway 2010.

Robinson 2008 = James A. Robinson, Die treibenden Kräfte der Geschichte. Eine Einleitung, in: James A. Robinson/Klaus Wiegandt (Hg), Die Ursprünge der modernen Welt. Geschichte im wissenschaftlichen Vergleich, Frankfurt am Main 2008, 11–41.

Rohde/Sommer 2016 = Dorothea Rohde/Michael Sommer, Geschichte in Quellen – Antike Wirtschaft, Darmstadt 2016.

Rohr 2007 = Christian Rohr, Extreme Naturereignisse im Ostalpenraum. Naturerfahrung im Spätmittelalter und am Beginn der Neuzeit, Köln–Weimar–Wien 2007.

Rohr 2013 = Christian Rohr, Floods of the Upper Danube River and Its Tributaries and Their Impact on Urban Economies (c. 1350–1600): The Examples of the Towns of Krems/Stein and Wels (Austria), in: Environment and History 19 (2013), 133–148.

Rosen 2016 = Klaus Rosen, Attila. Der Schrecken der Welt. Eine Biographie, München 2016.

Rosenzweig 2016 = Melissa Rosenzweig, 'Ordering the chaotic periphery': the environmental impact of the Neo-Assyrian empire on its provinces, in: John MacGinnis/Dick Wicke/Tina Greenfield (Hg.), The Provincial Archaeology of the Assyrian Empire, Oxford 2016, 49–58.

Rossignol/Durost 2007 = Benoît Rossignol/Sébastien Durost, Volcanisme global et variations climatiques de courte durée dans l'histoire romaine (Ier s. av. J.-V. – IVème s. ap. J.-C.): leçons d'une archive glaciaire (GISP 2), in: Jahrbuch des Römisch-Germanischen Zentralmuseums 54 (2007), 395–438.

Ruddiman 2005 = William f. Ruddiman, Plows, Plagues, and Petroleum: How Humans Took Control of Climate, Princeton–Oxford 2005.

Rührdanz 1991 = Karin Rührdanz, Das alte Bagdad – Hauptstadt der Kalifen. Freiburg im Breisgau 1991.

Rüpke 2016 = Jörg Rüpke, Pantheon. Geschichte der antiken Religionen, München 2016.

Rustow 2020 = Marina Rustow, The Lost Archive. Trace of a Caliphate in a Cairo Synagogue, Princeton–Oxford 2020.

Russo Ermolli/Romano/Ruello 2013 = Elda Russo Ermolli/Paola Romano/Maria Rosaria Ruello, Human-Environment Interactions in the Southern Tyrrhenian Coastal Area: Hypotheses from Neapolis and Elea-Velia, in: William V. Harris (Hg.), The Ancient Mediterranean Environment between Science and History, Leiden–Boston 2013, 213–231.

Sabbatani/Fiorino 2009 = Sergio Sabbatani/Sirio Fiorino, La peste antonina e il decline dell'Impero Romano. Ruolo della guerra partica e della guerra marcomannica tra il 164 e il 182 d.C. nella diffusione del contagio, in: Le Infezioni in Medicina 4 (2009), 261–275.

Sadao 1986 = Nishijima Sadao, The economic and social history of Former Han, in: Denis Twitchett/Michael Loewe (Hg.); The Cambridge History of China, Vol. 1: The Ch'in and Han Empires, 221 BC–AD 220, Cambridge 1986, 545–606.

Sallares 2002 = Robert Sallares, Malaria and Rome: A History of Malaria in Ancient Italy, Cambridge 2002.

Sallares/Bouwman/Anderung 2004= Robert Sallares/Abigail Bouwman/Cecilia Anderung, The Spread of Malaria to Southern Europe in Antiquity: New Approaches to Old Problems, in: Medical History 48 (2004), 311–328.

Sanders 1998 = Paula A. Sanders, The Fāṭimid State, 969–1171, in: Carl F. Petry (Hg.), The Cambridge History of Egypt. Volume 1, 640–1517, Cambridge 1998, 151–174.

Sarris 2018 = Peter Sarris, Review of Kyle Harper, The Fate of Rome. Climate, Disease, and the End of an Empire, in: American Historical Review (December 2018), 1627–1629.

Sarris 2020 = Peter Sarris, Climate and Disease, in: Erik Hermans (Hg.), Companion to the Global Early Middle Ages, Amsterdam 2020, 511–538.

Scheffer 2009 = Marten Scheffer, Critical Transitions in Nature and Society, Princeton 2009.

Scheidel 2009 = Walter Scheidel (Hg.), Rome and China. Comparative Perspectives on Ancient World Empires, Oxford 2009.

Scheidel/Meek u. a. 2014 = Walter Scheidel/Elijah Meek u. a., ORBIS: The Stanford geospatial network model of the Roman World, 2014, online: http://orbis.stanford.edu/ [30.11.2020].

Scheidel 2018a = Walter Scheidel, Introduction, in: Walter Scheidel (Hg.), The Science of Roman History. Biology, Climate, and the Future of the Past, Princeton–Oxford 2018, 1–10.

Scheidel 2018b = Walter Scheidel, Nach dem Krieg sind alle gleich. Eine Geschichte der Ungleichheit, Darmstadt 2018.

Scheidel 2019 = Walter Scheidel, Escape from Rome. The Failure of Empire and the Road to Prosperity, Princeton–Oxford 2019.

Schlögl 2006 = Hermann A. Schlögl, Das Alte Ägypten. Geschichte und Kultur von der Frühzeit bis zu Kleopatra, München 2006.

Schmidt 2016 = Klaus Schmidt, Sie bauten die ersten Tempel: Das rätselhafte Heiligtum am Göbekli Tepe, München 2016.

Schmidt-Hofner 2016 = Sebastian Schmidt-Hofner, Das klassische Griechenland. Der Krieg und die Freiheit, München 2016.

Schneider/Adali 2014 = Adam W. Schneider/Selim f. Adali, "No harvest was reaped": demographic and climatic factors in the decline of the Neo-Assyrian empire, in: Climatic Change 127 (2014), 435–446.

Schneider/Adali 2016 = Adam W. Schneider/Selim f. Adali, Further Evidence for a "Late Assyrian Dry Phase" in the Near East during the mid-to-late Seventh Century B.C.?, in: Iraq 78 (2016), 159–174.

Scholz 2006 = Piotr O. Scholz, Nubien. Geheimnisvolles Goldland der Ägypter, Stuttgart 2006.

Scholz 2015 = Peter Scholz, Der Hellenismus. Der Hof und die Welt, München 2015.

Schönwiese 2008 = Christian-Dietrich Schönwiese, Klimatologie, Stuttgart 2008.

Schott 2014a = Dieter Schott, Urban Development and Environment, in: Mauro Agnoletti/Simone Neri Serneri (Hg.), The Basic Environmental History, Heidelberg 2014, 171–198.

Schott 2014b = Dieter Schott, Europäische Urbanisierung (1000–2000). Eine umwelthistorische Einführung, Köln–Weimar–Wien 2014.

Schottenhammer 2014a = Angela Schottenhammer, Yang Liangyaos Reise von 785 n. Chr. zum Kalifen von Bagdad: Eine Mission im Zeichen einer frühen sino-arabischen Mächte-Allianz?, Gossenberg 2014.

Schottenhammer 2014b = Angela Schottenhammer, Erdbeben in China und ein Tsunami auf den Ryūkyū-Inseln. Entzug des "Himmlischen Mandats" oder Verlust des Yin-Yang-Equilibriums, in: Christa Hammerl/Ilja Steffelbauer (Hg.), Naturkatastrophen. Dramatische Naturereignisse aus kulturwissenschaftlicher Perspektive, Wien 2014, 90–129.

Schrakamp 2018 = Ingo Schrakamp, Irrigation in 3rd Millennium Southern Mesopotamia: Cuneiform Evidence from the Early Dynastic IIIb City-State of Lagash (2475–2315 BC), in: Jonas Berking (Hg.), Water Management in Ancient Civilizations, Berlin 2018, 117–195.

Schulz 2011 = Anne Schulz, Essen und Trinken im Mittelalter (1000–1300). Literarische, kunsthistorische und archäologische Quellen, Berlin–Boston 2011.
Schuol 2000 = Monika Schuol, Die Charakene. Ein mesopotamisches Königreich in hellenistisch-parthischer Zeit, Stuttgart 2000.
Schwenken 2018 = Helen Schwenken, Globale Migration zur Einführung, Hamburg 2018.
Scott 1977 = James C. Scott, The Moral Economy of the Peasant: Rebellion and Subsistence in Southeast Asia, Yale 1977.
Scott 2019 = James C. Scott, Die Mühlen der Zivilisation: Eine Tiefengeschichte der frühesten Staaten, Frankfurt am Main 2019.
Seelentag 2008 = Gunnar Seelentag, Der Kaiser als Fürsorger. Die italische Alimentarinstitution, in: Historia 57 (2008), 208–241.
Seidlmayer 2000 = Stephan Seidlmayer, The First Intermediate Period (c. 2160–2055 BC); in: Ian Shaw (Hg.), The Oxford History of Ancient Egypt, Oxford 2000, 108–136.
Seland 2016 = Eivind H. Seland, Ships of the Desert and Ships of the Sea: Palmyra in the World Trade of the First Three Centuries CE, Wiesbaden 2016.
Selz 2010 = Gebhard J. Selz, Sumerer und Akkader: Geschichte, Gesellschaft, Kultur, München 2010.
Sen/Dreze 1999 = Amartya Sen/Jean Dreze, The Amartya Sen and Jean Dreze Omnibus: Comprising Poverty and Famines, Hunger and Public Action, and India: Economic Development and Social Opportunity, Oxford 1999.
Shangjun shu 2017 = Shangjun shu. Schriften des Fürsten von Shang, übersetzt und kommentiert von Kai Vogelsang, Stuttgart 2017.
Shavitsky 2012 = Ziva Shavitsky, The Mystery of the Ten Lost Tribes: A Critical Survey of Historical and Archaeological Records relating to the People of Israel in Exile in Syria, Mesopotamia and Persia up to ca. 300 BCE, Cambridge 2012.
Shaw 2000 = Ian Shaw, Egypt and the Outside World, in: Ian Shaw (Hg.), The Oxford History of Ancient Egypt, Oxford 2000, 308–323.
Shea 1976 = William Henry Shea, Famines in the Early History of Egypt and Syro-Palestine, Dissertation, Univ. Michigan 1976.
Shiue 2004 = Carol H. Shiue, Local Granaries and Central Government Disaster Relief. Moral Hazard and Intergovernmental Finance in Eighteenth and Nineteenth Century China, in: Journal of Economic History 64/1 (2004), 100–124.
Shultz/Costopoulos 2019 = Daniel R. Shultz/Andre Costopoulos, Modeling environmental variability and network formation among pastoral nomadic households: Implications for the rise of the Mongol Empire, in: PLoS ONE 14/10 (2019), online: https://doi.org/10.1371/journal.pone.0223677 [30.11.2020].
Siebert/Simkin/Kimberly 2010 = Lee Siebert/Tom Simkin/Paul Kimberly, Volcanoes of the World, Washington, D. C. 2010.
Siegmund 2019 = Frank Siegmund, Die Justinianische Pest. Ihre Auswirkungen bei den Alemannen und Franken im 6. und 7. Jahrhundert, in: Pest! Eine Spurensuche. Ausstellungskatalog Westfälisches Landesmuseum, Darmstadt 2019, 56–62.

Sigl u. a. 2013 = Michael Sigl u. a., A new bipolar ice core record of volcanism from WAIS Divide and NEEM and implications for climate forcing of the last 2000 years, in: Atmospheres 118 (2013), 1151–1169.

Sigl u. a. 2015 = Michael Sigl u. a., Timing and Climate Forcing of Volcanic Eruptions for the Past 2,500 Years, in: Nature 523 (2015), 543–549.

Sinha u. a. 2019 = Ashish Sinha u. a., Role of climate in the rise and fall of the Neo-Assyrian Empire, in: Science Advance 5 (2019), online: https://advances.sciencemag.org/content/5/11/eaax6656/tab-pdf [30.11.2020].

Sirocko 2015 = Frank Sirocko, Winter climate and weather conditions during the "Little-Ice-Age-like cooling events" of the Holocene: implications for the spread of "Neolithisation"?, in: Harald Meller/Helge Wolfgang Arz/Reinhard Jung/Roberto Risch (Hg.), 2200 BC – Ein Klimasturz als Ursache für den Zerfall der Alten Welt?, Halle 2015, 579–594.

Slavin 2019 = Philip Slavin, Experiencing Famine in Fourteenth Century Britain, Turnhout 2019.

Smith 2005 = Monica L. Smith, Networks, Territories, and the Cartography of Ancient States, in: Annals of the Association of American Geographers 95/4 (2005), 832–849.

Smith 2007 = Monica L. Smith, Territories, Corridors, and Networks: A Biological Model for the Premodern State, in: Complexity 12/4 (2007), 28–35.

Sneath 2007 = David Sneath, The Headless State. Aristocratic Orders, Kinship Society, and Misrepresentations of Nomadic Inner Asia, New York 2007.

Snowden 2020 = Frank M. Snowden, Epidemics and Society. From the Black Death to the Present, New Haven–London 2020.

Sołtysiak 2016 = Arkadiusz Sołtysiak, Drought and the fall of Assyria: quite another story, in: Climatic Change 136 (2016), 389–394.

Sommer 2005 = Michael Sommer, Die Phönizier. Handelsherren zwischen Orient und Okzident, Stuttgart 2005.

Sommer 2009 = Michael Sommer, Römische Geschichte II. Rom und sein Imperium in der Kaiserzeit, Stuttgart 2009.

Sommer 2010 = Michael Sommer, Die Soldatenkaiser, Darmstadt 2010.

Sommer 2013a = Michael Sommer, Römische Geschichte I. Rom und die antike Welt bis zum Ende der Republik, Stuttgart 2013.

Sommer 2013b = Michael Sommer, Wirtschaftsgeschichte der Antike, München 2013.

Sommer 2017 = Michael Sommer, Palmyra. Biographie einer verlorenen Stadt, Darmstadt 2017.

Squatriti 2010a = Paolo Squatriti, The Floods of 589 and Climate Change at the Beginning of the Middle Ages: An Italian Microhistory, in: Speculum 85 (2010), 799–826.

Squatriti 2010b = Paolo Squatriti, Trees, Nuts, and Woods at the End of the First Millennium: A Case from the Amalfi Coast, in: Scott Bruce (Hg.), Ecologies and Economies in Medieval and Early Modern Europe, Leiden 2010, 22–43.

Spyrou u. a. 2018 = Maria A. Spyrou u. a., Analysis of 3800-year-old Yersinia pestis genomes suggests Bronze Age origin for bubonic plague, in: Nature Com-

munications 9 (2018), online: https://www.nature.com/articles/s41467-018-04550-9 [30.11.2020].
Spyrou u. a. 2019 = Maria A. Spyrou u. a., Phylogeography of the second plague pandemic revealed through analysis of historical Yersinia pestis genomes, in: Nature Communications 10 (2019), online: https://doi.org/10.1038/s41467-019-12154-0 [30.11.2020].
Stangl 2020 = W. Stangl, Stichwort: ‚dominante Koalition'. Online Lexikon für Psychologie und Pädagogik, 2020, online: https://lexikon.stangl.eu/17763/dominante-koalition [30.11.2020].
Stanley 2019 = Jean-Daniel Stanley, Egypt's Nile Delta in Late 4000 Years BP: Altered Flood Levels and Sedimentation, with Archaeological Implications, in: Journal of Coastal Research 35/5 (2019), 1036–1050.
Stantis u. a. 2020 = Chris Stantis u. a., Who were the Hyksos? Challenging traditional narratives using strontium isotope (87Sr/86Sr) analysis of human remains from ancient Egypt, in: PLoS ONE 15/'7 (2020), online: https://doi.org/10.1371/journal.pone.0235414 [30.11.2020].
Stathakopoulos 2004 = Dionysios Ch. Stathakopoulos, Famine and Pestilence in the Late Roman and Early Byzantine Empire. A Systematic Survey of Subsistence Crises and Epidemics, Aldershot 2004.
Steger 2020 = Florian Steger, Ein wertvoller Blick in die Antike für heute. Von der Attischen Seuche in Zeiten der Pandemie COVID-19, in: Antike Welt 4 (2020), 58–62.
Stein 1999 = Gil J. Stein, Rethinking World Systems. Diasporas, Colonies, and Interaction in Uruk Mesopotamia, Tucson 1999.
Steinacher 2016 = Roland Steinacher, Die Vandalen. Aufstieg und Fall eines Barbarenreichs, Stuttgart 2016.
Stein-Hölkeskamp 2015 = Elke Stein-Hölkeskamp, Das Archaische Griechenland. Die Stadt und das Meer, München 2015.
Stickler 2007 = Timo Stickler, Die Hunnen, München 2007.
St. John 2013 = Rachel St. John, Imperial spaces in Pekka Hämäläinen's The Comanche Empire, in: History and Theory 52 (2013), 75–80.
Strabon 2007 = Strabo, Geographica, in der Übersetzung von Dr. A. Forbiger, Wiesbaden 2007.
Stock u. a. 2020 = Friederike Stock u. a., Human-environment interaction in the hinterland of Ephesos – As deduced from an in-depth study of Lake Belevi, west Anatolia, in: Quaternary Science Reviews 244 (2020), online: https://doi.org/10.1016/j.quascirev.2020.106418 [30.11.2020].
Stoclet 2006 = Alain J. Stoclet, Consilia humana, ops divina, superstitio. Seeking Succor and Solace in Times of Plague, with Particular Reference to Gaul in the Early Middle Ages, in: Lester K. Little (Hg.), Plague and the End of Antiquity: The Pandemic of 541–750, Cambridge 2006, 135–149.
Stone 2018 = Elizabeth C. Stone, The Trajectory of Social Inequality in Ancient Mesopotamia, in: Timothy A. Kohler/Michael E. Smith (Hg.), Ten Thousand Years of Inequality. The Archaeology of Wealth Differences, Tucson 2018, 230–261.

Tacitus 1990 = Cornelius Tacitus, Sämtliche erhaltene Werke, unter Zugrundelegung der Übertragung von Wilhelm Bötticher neu bearbeitet von Andreas Schaefer, Essen 1990.

Tainter 1988 = Joseph A. Tainter, The Collapse of Complex Societies, Cambridge 1988.

Taylor 2000 = John Taylor, The Third Intermediate Period (1069–664 BC), in: Ian Shaw (Hg.), The Oxford History of Ancient Egypt, Oxford 2000, 324–363.

Teferi Taye/Willems/Block 2015 = Meron Teferi Taye/Patrick Willems/Paul Block, Implications of climate change on hydrological extremes in the Blue Nile basin: A review, in: Journal of Hydrology: Regional Studies 4/B (2015), 280–293.

Telelis 2004 = Ioannis G. Telelis, Meteorologika phainomena kai klima sto Byzantio, 2 Bände, Athen 2004.

Terpstra 2019 = Taco Terpstra, Trade in the Ancient Mediterranean. Private Order and Public Institutions, Princeton–Oxford 2019.

Tichy 1985 = Franz Tichy, Italien. Eine geographische Landeskunde, Darmstadt 1985.

Thommen 2009 = Lukas Thommen, Umweltgeschichte der Antike, München 2009.

Thompson 1971 = Edward P. Thompson, The Moral Economy of the English Crowd in the Eighteenth Century, in: Past and Present 50 (1971), 76–136.

Thompson 1991 = Edward P. Thompson, The Moral Economy Reviewed, in: Customs in Common: Studies in Traditional Popular Culture, New York 1991, 259–351.

Thukydides 1996 = The Landmark Thucydides. A Comprehensive Guide to the Peloponnesian War, edited by Robert B. Strassler, New York u. a. 1996.

Tian u. a. 2011 = Huidong Tian u. a., Reconstruction of a 1,910-y-long locust series reveals consistent associations with climate fluctuations in China, in: PNAS 108/35 (2011), 14521–14526.

Tietz 2015 = Werner Tietz, Hirten, Bauern, Götter. Eine Geschichte der römischen Landwirtschaft, München 2015.

Tin-bor Hui 2005 = Victoria Tin-bor Hui, War and State Formation in Ancient China and Early Modern Europe, Cambridge 2005.

Toner 2013 = Jerry Toner, Roman Disasters, Cambridge 2013.

Tor 2018 = Debora Tor, The Eclipse of Khurāsān in the Twelfth Century, in: Bulletin of the School of Oriental and African Studies 81/2 (2018), 251–276.

Trouet 2020 = Valerie Trouet, Tree Story. A History of the World Written in Rings, Baltimore 2020.

Tuan 2008 = Yi-Fu Tuan, A Historical Geography of China, Chicago 2008.

Turchin 2016 = Peter Turchin, Ultrasociety: How 10,000 Years of War Made Humans the Greatest Cooperators on Earth, Chaplin 2016.

Tuross/Campana 2018 = Noreen Tuross/Michael G. Campana, Ancient DNA, in: Walter Scheidel (Hg.), The Science of Roman History. Biology, Climate, and the Future of the Past, Princeton–Oxford 2018, 205–223.

Twitchett/Loewe 1986= Denis Twitchett/Michael Loewe (Hg.); The Cambridge History of China, Vol. 1: The Ch'in and Han Empires, 221 BC–AD 220, Cambridge 1986.

Ur 2018 = Jason Ur, Water for Arbail and Nimrud, in: Hartmut Kühne (Hg.), Water for Assyria, Wiesbaden 2018, 57–75.

Valtueña u. a. 2016 = Aida Andrades Valtueña u. a., The Stone Age Plague: 1000 years of Persistence in Eurasia, in: bioRxiv preprint 15. Dezember 2016, online: http://dx.doi.org/10.1101/094243 [30.11.2020].

van Bavel/Campopiano/Dijkman 2014 = Bas van Bavel/Michele Campopiano/Jessica Dijkman, Factor Markets in Early Islamic Iraq, c. 600–1100 AD, in: Journal of the Economic and Social History of the Orient 57 (2014), 262–289.

van Bavel 2016 = Bas van Bavel, The Invisible Hand? How Market Economies have Emerged and Declined Since AD 500, Oxford 2016.

van Bavel/Buringh/Dijkman 2018 = Bas van Bavel/Eltjo Buringh/Jessica Dijkman, Mills, cranes, and the great divergence: the use of immovable capital goods in western Europe and the Middle East, ninth to sixteenth centuries, in: The Economic History Review 71/1 (2018), 31–54.

van Bavel 2019 = Bas van Bavel, Power concentration and state capture: Insights from history on consequences of market dominance for inequality and environmental calamities, in: Human Development Report 2019, 60–63.

van Berkel/El Cheikh/Kennedy/Osti 2013 = Maaike van Berkel/Nadia Maria El Cheikh/Hugh Kennedy/Letizia Osti, Crisis and Continuity at the Abbasid Court. Formal and Informal Politics in the Caliphate of al-Muqtadir (295–320/908–32), Leiden–Boston 2013.

van Besouw/Ansink/van Bavel 2016 = Bram van Besouw/Erik Ansink/Bas van Bavel, The economics of violence in natural states, in: Journal of Economic Behavior & Organization 132 (2016), 139–156.

Van de Mieroop 2010 = Marc Van de Mieroop, The Eastern Mediterranean in the Age of Ramesses II, Malden–Oxford 2010.

van Dijk 2000 = Jacobus van Dijk, The Armana Period and the Later New Kingdom (c. 1352–1069 BC), in: Ian Shaw (Hg.), The Oxford History of Ancient Egypt, Oxford 2000, 265–307.

van Ess 1977 = Josef van Ess, Chiliastische Erwartungen und die Versuchung der Göttlichkeit. Der Kalif Al-Hākim (386–411 AH.), Heidelberg 1977.

van Oosten/Schats/Fast 2018 = Roos van Oosten/Rachel Schats/Kerry Fast (Hg.), The Urban Graveyard. Archaeological Perspectives, Leiden 2018.

Varlık 2015 = Nükhet Varlık, Plague and Empire in the Early Modern Mediterranean World. The Ottoman Experience, 1347–1600, Cambridge 2015.

Veal 2013 = Robyn Veal, Fuelling Ancient Mediterranean Cities: a Framework for Charcoal Research, in: William V. Harris (Hg.), The Ancient Mediterranean Environment between Science and History, Leiden–Boston 2013, 37–58.

Verkinderen 2015 = Peter Verkinderen, Waterways of Iraq and Iran in the Early Islamic Period. Changing Rivers and Landscapes of the Mesopotamian Plain, London–New York 2015.

Vieweger 2019 = Dieter Vieweger, Geschichte der Biblischen Welt, 3 Bände, Gütersloh 2019.

Vogelsang 2012 = Kai Vogelsang, Geschichte Chinas, Stuttgart 2012.

Vogelsang 2019 = Kai Vogelsang, Kleine Geschichte Chinas, Stuttgart 2019.

Volkmar 2000 = Barbara Volkmar, The Concept of Contagion in Chinese Medical Thought: Empirical Knowledge versus Cosmological Order, in: History and Philosophy of the Life Sciences 22/2 (2000), 147–165.

von Glahn 2016 = Richard von Glahn, The Economic History of China. From Antiquity to the Nineteenth Century, Cambridge 2016.

Walbank 1994 = Frank W. Walbank, Die hellenistische Welt, München 1994.

Walker 1998 = Paul E. Walker, The Ismāʿīlī Daʿwa and the Fāṭimid Caliphate, in: Carl F. Petry (Hg.), The Cambridge History of Egypt. Volume 1, 640–1517, Cambridge 1998, 120–150.

Wang u. a. 2010 = Xunming Wang u. a., Climate, Desertification, and the Rise and Collapse of China's Historical Dynasties, in: Human Ecology 38/1 (2010), 157–172.

Wang u. a. 2016 = Jianjun Wang u. a., The abrupt climate change near 4,400 yr BP on the cultural transition in Yuchisi, China and its global linkage, in: Nature Scientific Reports 6 (2016), online: https://www.nature.com/articles/srep27723 [30.11.2020].

Ward-Perkins 2000 = Bryan Ward-Perkins, Specialized Production and Exchange, in: Averil Cameron/Bryan Ward-Perkins/Michael Whitby (Hg.), The Cambridge Ancient History, Volume XIV: Late Antiquity: Empire and Successors, A.D. 425–600, Cambridge 2000, 346–391.

Ward-Perkins 2005 = Bryan Ward-Perkins, The Fall of Rome and the End of Civilization, Oxford 2005.

Wei u. a. 2015 = Zhudeng Wei u. a., Macro-economic cycles related to climate change in dynastic China, in: Quaternary Research 83 (2015), 13–23.

Weiberg u. a. 2016 = Erika Weiberg u. a., The socio-environmental history of the Peloponnese during the Holocene: Towards an integrated understanding of the past, in: Quaternary Science Reviews 136 (2016), 40–65.

Weintritt 2009 = Otfried Weintritt, The Floods of Baghdad. Cultural and Technological Responses, in: Christof Mauch/Christian Pfister (Hg.), Natural Disasters, Cultural Responses. Case Studies toward a Global Environmental History, Lanham u. a. 2009, 165–182.

Weiss 1996 = Harvey Weiss, Late Third Millennium Abrupt Climate Change and Social Collapse in West Asia and Egypt, in: H. Nüzhet Dalfes/George Kukla/Harvey Weiss (Hg.), Third Millennium BC Climate Change and Old World Collapse, Berlin–Heidelberg 1996, 711–724.

Weiss 2015 = Harvey Weiss, Megadrought, collapse, and resilience in late 3rd millennium BC Mesopotamia, in: Harald Meller/Helge Wolfgang Arz/Reinhard Jung/Roberto Risch (Hg.), 2200 BC – Ein Klimasturz als Ursache für den Zerfall der Alten Welt?, Halle 2015, 35–52.

Wells 1985 = Colin Wells, Das römische Reich, München 1985.

Wengrow 2010 = David Wengrow, What Makes Civilization? The Ancient Near East and the Future of the West, Oxford 2010.

White 2011 = Sam White, The Climate of Rebellion in the Early Modern Ottoman Empire, Cambridge 2011.

Wickham 2005 = Chris Wickham, Framing the Early Middle Ages. Europe and the Mediterranean, 400–800, Oxford 2005.

Wiemer 2018 = Hans-Ulrich Wiemer, Theoderich der Große. König der Goten – Herrscher der Römer, München 2018.

Wiesehöfer 1993 = Josef Wiesehöfer, Das antike Persien. Von 550 v. Chr. bis 650 n. Chr., Zürich 1993.

Wilkinson 2014 = Toby C. Wilkinson, Tying the Threads of Eurasia: trans-regional routes and material flows in eastern Anatolia and wester Central Asia, c. 3000–1500 BC, Leiden 2014.

Wilkinson 2015 = Toby Wilkinson, Aufstieg und Fall des Alten Ägypten. Die Geschichte einer geheimnisvollen Zivilisation vom 5. Jahrtausend v. Chr. bis Kleopatra, München 2015.

Will 2019 = Wolfgang Will, Athen oder Sparta. Eine Geschichte des Peloponnesischen Krieges, München 2019.

Willershäuser 2014 = Timo Willershäuser, Holocene Tsunami Events in the Eastern Ionian Sea – Geoscientific evidence from Cefalonia and the western Peloponnese (Greece), PhD thesis, Johannes Gutenberg-Universität 2014.

Wilson 2013 = Andrew Wilson, The Mediterranean Environment in Ancient History: Perspectives and Prospects, in: William V. Harris (Hg.), The Ancient Mediterranean Environment between Science and History, Leiden–Boston 2013, 259–276.

Wilson/Flohr 2016 = Andrew Wilson/Miko Flohr (Hg.), Urban Craftsmen and Traders in the Roman World, Oxford 2016.

Winegard 2020 = Timothy C. Winegard, Die Mücke. Das gefährlichste Tier der Welt und die Geschichte der Menschheit, Salzburg/München 2020.

Winiwarter/Knoll 2007 = Verena Winiwarter/Martin Knoll, Umweltgeschichte. Eine Einführung, Köln 2007.

Winter/Dignas 2001 = Engelbert Winter/Beate Dignas, Rom und das Perserreich. Zwei Weltmächte zwischen Konfrontation und Koexistenz, Berlin 2001.

Wittfogel 1963 = K.A. Wittfogel, Oriental Despotism. A Comparative Study of Total Power, New Haven 1963.

Woolf 2020 = Greg Woolf, The Life and Death of Ancient Cities. A Natural History, Oxford 2020.

Wozniak 2020 = Thomas Wozniak, Naturereignisse im frühen Mittelalter. Das Zeugnis der Geschichtsschreibung vom 6. bis 11. Jahrhundert, Berlin–Boston 2020.

Xenophon 2009 = The Landmark Xenophon's Hellenika, edited by Robert B. Strassler, translated by John Marincola, New York 2009.

Xiong 2019 = Victor Cunrui Xiong, The Northern Economy, in: Albert E. Dien/Keith N. Knapp (Hg.), The Cambridge History of China Vol. 2: The Six Dynasties, 220–589, Cambridge 2019, 309–328.

Xoplaki u. a. 2018 = Elena Xoplaki u. a., Modelling Climate and Societal Resilience in the Eastern Mediterranean in the Last Millennium, in: Human Ecology 46 (2018), 363–379.

Ying-Shih 1986 = Yü Ying-Shih, Han foreign relations, in: Denis Twitchett/Michael Loewe (Hg.); The Cambridge History of China, Vol. 1: The Ch'in and Han Empires, 221 BC–AD 220, Cambridge 1986, 377–462.

Yurco 1999 = Frank J. Yurco, End of the Late Bronze Age and Other Crisis Periods: A Volcanic Cause, in: Emily Teeter/John Larson, John (Hg.), Gold of Praise: Studies on Ancient Egypt in Honor of Edward f. Wente, Chicago 1999, 455–463.

Zhang u. a. 2006 = David D. Zhang u. a., Climatic Change, Wars and Dynastic Cycles in China Over the Last Millennium, in: Climatic Change 76 (2006), 459–477.

Zhang 2016 = Ling Zhang, The River, the Plain, and the State: An Environmental Drama in Northern Song China, 1048–1128, Cambridge 2016.

Zhou u. a. 2020 = Z. Zhou u. a., The EnteroBase User's Guide, with Case Studies on Salmonella Transmissions, Yersinia pestis Phylogeny, and Escherichia Core Genomic Diversity, in: Genome Research 30 (2020), 138–152.

Zürcher 2007 = Erik Zürcher, The Buddhist Conquest of China. The Spread and Adaptation of Buddhism in Early Medieval China, Leiden 2007.